■ 中国具有发展潜力会展城市

■ 中国人居环境奖

■ 国家生态园林城市

■ 国家卫生城市

■ 国家环保模范城市

■ 国家知识产权示范强市建设试点城市

■ 国家可持续发展实验区

■ 国家公共文化服务体系示范区

■ 国家外贸转型升级基地

图书在版编目（CIP）数据

东营区年鉴. 2024 / 中共东营市东营区委党史研究中心，东营市东营区地方史志研究中心编. -- 北京 ： 方志出版社，2024. 11. -- ISBN 978-7-5144-6535-8

Ⅰ. Z525.24

中国国家版本馆 CIP 数据核字第 20244LL343 号

责任编辑：李丝雨
责任校对：张玉霞
责任印制：梅中英
出 版 者：方志出版社
地　　址：北京市朝阳区潘家园东里 9 号（国家方志馆 4 层）
邮　　编：100021
网　　址：http://www.zgfzcb.cn
发　　行：方志出版社图书营销中心（010-67110500）
印　　刷：山东金鼎彩印有限公司
开　　本：889 毫米×1194 毫米　1/16
印　　张：29.5
字　　数：770 千字
版　　次：2024 年 11 月第 1 版
印　　次：2024 年 11 月第 1 次印刷
定　　价：180.00 元

中共东营市东营区委党史研究中心

主　　任　（暂缺）

副主任　王　青　李　鹏

《东营区年鉴（2024）》编审人员

主　审　杨奎强

副主审　李建波

主　编　王　青　李　鹏

编　辑　赵晓燕　禹　芳　盖艳洁　王璐燕

特约编辑　兰　峰　綦　磊　刘云龙　刘　姚　王　琳

特约图片编辑　蒲创科　延海涛　刘智峰

英文翻译　姜美玲

编 辑 说 明

一、《东营区年鉴》是中共东营市东营区委党史研究中心，东营市东营区地方史志研究中心编纂的年度资料性文献，旨在全面、准确、翔实地记述东营区自然、政治、经济、文化、社会等方面的基本面貌和社会主义现代化建设中出现的新情况、新问题、新进展，为各行各业提供咨询服务，为各级领导提供决策依据，为续修地方志积累资料，同时向国内外宣传介绍东营区。《东营区年鉴（2024）》（以下简称本年鉴）是2000年创编以来连续出版的第25卷年鉴。

二、本年鉴坚持以马克思列宁主义、毛泽东思想、邓小平理论、“三个代表”重要思想、科学发展观、习近平新时代中国特色社会主义思想为指导，坚持辩证唯物主义和历史唯物主义的立场、观点和方法，力求观点正确、分类科学、结构严谨、内容翔实。

三、本年鉴记述东营区2023年1月1日至12月31日的基本情况和重要信息，力求突出反映东营区特色、优势和各部门、各单位在工作中的新举措、新进展。根据具体情况，部分资料适当上溯。卷首以图片的形式反映年度东营区重点工作和重大成就。为增加信息量，增强实用性，各部类使用了相关的数据资料。本年鉴为彩版印刷并设随文图片。

四、2019年1月，东营区东城街道、胜利街道等划转移交东营经济开发区代管。本年鉴记述2023年的工作，主要记述东营区管辖范围。

五、本年鉴设22个类目：特载，大事记，区情概览，中国共产党东营市东营区委员会，东营区人民代表大会，东营区人民政府，中国人民政治协商会议东营区委员会，中国共产党东营区纪律检查委员会 东营区监察委员会，群众团体，法治 军事，综合经济管理，农业和农村，工业，服务业，金融，城建 环保，社会事业，镇、街道概况，石油，高等学校，人物，附录。主体内容一般划分为类目、分目、条目三个层次，少数分目下设子分目。条目为年鉴内容的基本单元，标题用黑体加【 】表示。

六、本年鉴数字用法、标点符号用法分别采用国家标准《出版物上数字用法》（GB/T 15835—2011）、《标点符号用法》（GB/T 15834—2011），计量单位采用国家技术监督局1993年12月发布的《量和单位》系列国家标准。考虑到社会使用习惯，全书“亩”不作统一换算。

七、本年鉴检索系统：卷首设中、英文目录；正文以类目标题为书眉，部分交叉内容在文中设括号注释参见体系；卷末设按汉语拼音字母顺序排列的主题分析索引。

八、本年鉴稿件由各镇、街道，区直各部门、单位及辖区内中直、市直单位供稿，并经各供稿单位领导审阅，部分稿件由区委党史研究中心撰写。国民经济和社会发展的重要数据，以区统计局年报数据为准。为示负责，撰稿人署名于条目或分目之后。

数字东营区 2023

- 辖区面积：1179.19 平方千米
- 年末常住人口：55.46 万人
- 地区生产总值：592.03 亿元
- 第一产业增加值：15.47 亿元
- 第二产业增加值：206.50 亿元
- 第三产业增加值：370.06 亿元
- 三次产业结构：2.6 : 34.9 : 62.5
- 农林牧渔业增加值：16.94 亿元
- 工业企业增加值：152.83 亿元
- 一般公共预算收入：34.92 亿元
- 一般公共预算支出：55.03 亿元
- 年末实有各类市场主体：95605 个
- 年末实有个体工商户：58512 个
- 社会消费品零售总额：354.00 亿元
- 外贸进出口：270.08 亿元
- 城镇居民人均可支配收入：62205 元
- 农村居民人均可支配收入：28853 元
- 城镇居民人均消费支出：34870 元
- 农村居民人均消费支出：18793 元
- 年末全区国家 A 级旅游景区：12 家
- 全年实现旅游总收入：64.36 亿元
- 全年接待国内外游客：693.93 万人
- 全区共有小学、初中：40 所
- 在校生：65429 人
- 全区共有幼儿园：76 所
- 在园幼儿：16467 人
- 各类体育场地场馆：1775 个
- 全区图书馆及服务点藏书：106.8 万册
- 医疗卫生机构总数：432 家
- 卫生机构床位数：2032 张

时政要闻

2024 年 1 月 20 日，区委经济工作会议召开

2024 年 2 月 2—3 日，中国人民政治协商会议第十届东营市东营区委员会第三次会议召开

2024 年 2 月 3—4 日，东营市东营区第十五届人民代表大会第三次会议召开

2023 年 3 月 14 日，东营区油地“万名干部下基层”活动动员会议召开

2023 年 4 月 25 日，黄河流域生态保护和高质量发展工程咨询论坛举行

2023 年 6 月 6 日，东营区第一批油地干部挂职工作总结暨第二批油地校干部挂职启动会议召开

2023 年 6 月 6 日，东营区油城人才引领“四链”融合创新突破暨金桥工程 2.0 版发布会举行

2023 年 11 月 2 日，全省城乡公益性岗位扩容提质行动现场推进会在东营区举行

（区融媒体中心　供稿）

产业转型动力强劲

2023年9月26—28日，第十六届中国（东营）国际石油石化装备与技术展览会在东营区举行

2023年10月19—20日，第十七届中国精密铸造年会在东营区举行

“智慧养老” 惠民生（刘智峰　摄影）

东营算力中心

广域科技展示中心

威飞海洋装备制造有限公司研发的国内首个浅水水下生产系统(刘智峰　摄影)

山东汉德自动化控制设备有限公司的全省首台碱性水电解制氢装置成功下线

鸿港医院临家老年照护中心

汉德自动化(刘智峰　摄影)

(区卫生健康局、区贸促会、东营高新区　供稿)

园区能级系统提升

2023 年 6 月 16 日，东营高新区“金桥工程”俱乐部系列活动暨“金桥工程”专家现场调研活动

2023 年 7 月，东营市科教园区管理服务中心开展第一期“汇聚菁英人才，共话企业发展”惠企知识主题讲座

2023 年 10 月 26 日，东营区化工产业园区入选“2023 年中国化工最具发展潜力十强园区”

东营产业技术研究院

东营区化工产业园区一角

中心城区综合物流园建设效果图、现状图

（东营区化工产业园区、东营高新区、东营科教园区、区城资集团　供稿）

创新驱动发展活力

2023年6月6日，胜利济阳页岩油国家级示范区——牛页一区试验井组首口压裂井牛页1-3-501HF顺利完成压裂施工（王国章　摄影）

2023年10月19日，“牢记嘱托 再立新功 再创佳绩”胜利油田重大标志性成果发布会召开（夏兆明　摄影）

山东科瑞油气装备有限公司电驱修井机作业阿曼现场

胜机公司大修作业自动化设备在郝现管理区河106—29井运行现场

海科新源（辛义　摄影）

天东制药生产车间（刘智峰　摄影）

智能化改造工程（刘智峰　摄影）

专精特新企业——山东万邦石油科技股份有限公司

（区工业和信息化局　供稿）

区域统筹一体融合

2023年6月，东辛片区城市更新项目航拍

建设中的现河片区（刘智峰　摄影）

2023年6月，牛庄镇金丰家庭农场夏收作业现场

东营区现代高效农业园区之水之方基地（刘智峰　摄影）

黄河三角洲鲜花港

中国科学院STS滨海盐碱地高耐盐经济植物筛选与规模化繁育基地（刘智峰　摄影）

2023年10月20日，胜利油田新东营原油库被认证为国内首座“碳中和”原油库

（朱克民　摄影）

东营区油地融合产业园鸟瞰图

全国油气勘探开发技术公共创新基地

史口镇瑞丰家庭农场（刘智峰　摄影）

（牛庄镇、区住房城乡建设局、东营自然资源和规划分局　供稿）

环境优化发展生态

2023年3月，东营区垃圾分类分拣中心投入运营

2023年5月26日，2023全国垃圾分类高峰论坛举行，东营区围绕《环卫一体 造血反哺——生活垃圾综合治理“黄河口模式”》作典型经验交流分享

东营区化工产业园区污水处理厂（刘智峰 摄影）

2023年10月7日，东营区水环境工作会议召开

菏泽路口袋公园

龙居镇开展农村公路网化行动，修建村内8条道路，建设“四好农村路”

龙居镇美丽庭院

沿黄生态长廊建设龙居镇黄河沿线

农村生活污水收集池

泮水公园

（东营生态环境分局、区综合执法局、龙居镇、油城公用事业集团有限公司　供稿）

幸福提升民生改善

2023 年 5 月 21 日，“河海相约　缘定东营”集体婚礼在黄河公园举行

2023 年 5 月 28 日，2023 黄河流域（东营）铁人三项赛在龙栖湖湿地公园举行

2023 年 6 月 21 日，2023 山东（东营）黄河口暨沿黄九市全民健身龙舟赛在龙栖湖湿地公园开赛

2023 年，牛庄派出所被山东省公安厅命名为省级“枫桥式公安派出所”

2023 年 9 月，2023 中国沿黄九省区新时代民歌艺术展演在东营区举行

2023 年 9 月，东营市胜利第二小学新校建成启用

2023 年 9 月 18 日，黄河流域退役军人就业创业工作协同发展暨退役军人创业创新成果展销对接会在东营区启动

城市“夜经济”（徐斌　摄影）

体育公园鸟瞰图

2023 年 8 月 26—27 日，2023 东营文汇河海音乐节举行

2023 年 11 月 17 日，东营区企业“山石”双选会举行

胜利油田

2023年9月12日，胜利油田学习贯彻习近平新时代中国特色社会主义思想主题教育第一批总结暨第二批部署会议召开（王国章　摄影）

2023年5月6日，胜利油田最大光伏电站——孤东厂管理一区106兆瓦光伏电站施工现场（朱克民　摄影）

2023年2月21—24日，2022年全国行业职业技能竞赛井下作业工具工竞赛在胜利油田举行（王国章　摄影）

2023年6月8日，胜利油田员工在胜利广场“看到你——寻找胜利好传统”会战老照片展前，倾听老党员讲述石油故事（夏兆明　摄影）

2023年10月26日，国内首座“碳中和”原油库——胜利油田新东营原油库正在进行原油储运工作（王国章　摄影）

山东石油化工学院

2023年4月15日，山东石油化工学院学习贯彻习近平新时代中国特色社会主义思想主题教育工作会议召开

2023年7月3日，山东石油化工学院高质量发展推进会议召开

2023年12月22日，重质油全国重点实验室碳中和联合研究院在山东石油化工学院揭牌成立

2023年12月4—13日，山东石油化工学院党委书记孟晓雷率团到阿联酋、埃及、土耳其高校、科研院所、国际组织、商协会、企业等友好访问

2023年4月22日，第一届黄河三角洲“碳中和”专家行活动举行

2023年10月19—22日，山东石油化工学院健美操队在山东省第十三届全民健身运动会小集体组中获第一名

（山东石油化工学院　供稿）

中国石油大学（华东）东营科教园区

2023年5月，中国石油大学（华东）经管学院学生参观东营老校区

2023年6月，中国石油大学（华东）博士团队参加东营市“百名博硕走进黄河口”暨黄河流域博硕创新发展联盟成立大会活动

2023年9月5日，学生在驻中国石油大学（华东）东营科教园区的石油工业训练中心实习（梁冬松　摄影）

2023年11月2日，中国石油大学（华东）东营科学技术研究院与东胜工贸签署战略合作协议（凌大为　摄影）

2023年10月19日，市人大常委会副主任梁海伟一行到中国石油大学（华东）东营科教园区调研研究生工作

（中国石油大学(华东)东营科教园区　供稿）

审图号：东营区S(2021)001号

山东天元信息技术集团有限公司 编制

目　录

特　载

大事记

区情概览

中国共产党东营市东营区委员会

东营区人民代表大会

东营区人民政府

中国人民政治协商会议东营区委员会

中国共产党东营区纪律检查委员会　东营区监察委员会

群众团体

法治　军事

综合经济管理

农业和农村

工　业

服务业

金　融

城建　环保

社会事业

镇、街道概况

石　油

高等学校

人　物

附　录

索　引

Contents

Dongying District People's Congress

People's Government of Dongying District

Dongying District Committee of Chinese People's Political Consultative Conference

CPC Dongying District Discipline Inspection Commission, Dongying District Supervisory Commission

Mass Organization

Rule of Law and Military Affairs

Economic Administration

Agriculture and Rural Areas

Industry

Service Industry

Finance

City Construction and Environmental Protection

Social Life

General Information of the Rural Towns and Subdistricts

Petroleum

Higher Education Schools

People

Appendixes

Indexes

特　载

深学笃行习近平新时代中国特色社会主义思想
为推进中国式现代化贡献力量

——赵明印同志在东营区学习贯彻习近平新时代中国特色社会主义思想主题教育读书班（第三专题）上的党课讲稿

（2023 年 10 月 27 日）

同志们：

按照全区主题教育工作安排，从今天起，我们利用两天的时间，举办第三专题读书班，主题是“深入学习贯彻习近平总书记关于树立和践行正确政绩观的重要论述，完整准确全面贯彻新发展理念，正确理解和大力推进中国式现代化”。根据日程安排，今天下午，为大家讲一次专题党课，一同学习领悟习近平总书记关于中国式现代化的重要论述，准确把握科学内涵和实践要求，更好以学铸魂、以学增智、以学正风、以学促干。

下面，结合这段时间的学习思考，围绕“深学笃行习近平新时代中国特色社会主义思想，为推进中国式现代化贡献力量”主题，和大家交流一下认识和体会。

第一，深刻领会中国式现代化的科学内涵，准确把握实践要求。党的二十大以来，习近平总书记围绕推进中国式现代化作出一系列重要论述，深刻阐释了中国式现代化的中国特色、本质要求、重大原则、重大关系等一系列重大理论和实践问题，极大丰富和发展了中国式现代化理论。对此，我们要深刻领会、准确把握，将其作为做好工作的重要指引和根本遵循。

（一）深刻领会五个方面中国特色。习近平总书记在党的二十大报告中指出，中国式现代化，是中国共产党领导的社会主义现代化，既有各国现代化的共同特征，更有基于自己国情的中国特色。具体来看：一是人口规模巨大的现代化。这是中国式现代化的显著特征。目前全球进入现代化的国家不超过 30 个，总人口 10 亿人左右。我国 14 亿多人整体迈入现代化，规模超过当前现代化国家人口的总和，将极大地改变现代化的世界版图。如何将现代化建设与大规模人口国情相结合，变人口压力为发展动力，是一个巨大挑战。因此，我们想问题、作决策、办事情，首先要考虑人口基数问题，既要有紧迫感，又要保持历史耐心，坚持稳中求进、循序渐进、持续推进。二是全体人民共同富裕的现代化。

这是区别于西方现代化的显著标志。西方现代化的最大问题，在于以资本为中心而不是以人民为中心，导致贫富差距大、两极分化严重。中国式现代化坚持发展为了人民、发展依靠人民、发展成果由人民共享，在推动全体人民共同富裕上取得重要进展。也要看到，实现共同富裕是一项长期工程，必须持续用力、久久为功。三是物质文明和精神文明相协调的现代化。既要物质富足、也要精神富有，是中国式现代化的崇高追求。如今，西方国家日渐陷入困境，一个重要原因就是无法克服资本贪婪的本性，无法解决物质主义膨胀、精神贫瘠等痼疾。中国式现代化既要物质财富极大丰富，也要精神财富极大丰富。必须坚持两手抓、两手都要硬，让老百姓在物质富足的同时精神上也更富有，促进社会文明程度普遍提高和人的全面发展。四是人与自然和谐共生的现代化。这是中国式现代化的鲜明特点。西方国家在现代化进程中，大多走过一条先污染后治理的道路，带来严重的生态环境问题。我国人均能源资源禀赋不足，加快发展面临更多的能源资源和环境约束，决定了我国不可能走西方现代化的老路。中国式现代化坚持可持续发展，为实现中华民族永续发展开辟了广阔前景。我们必须坚定践行“两山论”，以高品质的生态环境支撑高质量发展。五是走和平发展道路的现代化。这是中国式现代化的突出特征。西方国家的现代化，充满战争、殖民、掠夺，给广大发展中国家带来深重苦难。中华民族经历了西方列强侵略、凌辱的悲惨历史，深知和平的宝贵，决不可能重蹈西方国家的覆辙。中国式现代化坚持独立自主、自力更生，推动构建人类命运共同体。我们要高举和平、发展、合作、共赢旗帜，努力为人类和平与发展作出更大贡献。这五个方面中国特色，既是理论概括，也是实践要求。我们要认真领会，结合东营区实际，有针对性地推动各项事业发展，努力把中国特色转化为成功实践。

（二）深刻领会九个方面本质要求和五个方面重大原则。习近平总书记在党的二十大报告中，明确提出了中国式现代化的本质要求，即坚持中国共产党领导，坚持中国特色社会主义，实现高质量发展，发展全过程人民民主，丰富人民精神世界，实现全体人民共同富裕，促进人与自然和谐共生，推动构建人类命运共同体，创造人类文明新形态。我体会，这九个方面具有清晰的内在逻辑，蕴含了我们党治国理政的成功经验，反映了中国特色社会主义的本质特征，标注了中国式现代化的历史深度、时代高度和世界维度。在此基础上，习近平总书记提出了推进中国式现代化必须把握的五个重大原则。这是对长期奋斗历史经验的科学总结和丰富发展，为全面建设社会主义现代化国家提供了根本遵循，必须准确理解、牢牢把握。一是坚持和加强党的全面领导，强调的是领导力量，必须坚决维护党中央权威和集中统一领导，为现代化建设提供根本保证。二是坚持中国特色社会主义道路，强调的是方向道路，必须坚定道路自信，把中国发展进步的命运牢牢掌握在自己手中。三是坚持以人民为中心的发展思想，强调的是价值立场，要让现代化建设成果更多更公平惠及全体人民。四是坚持深化改革开放，强调的是发展动力，必须着力破除体制机制障碍，让中国式现代化充满活力。五是坚持发扬斗争精神，强调的是精神状态，必须增强忧患意识，坚持底线思维，依靠顽强斗争打开事业发展新天地。

（三）深刻领会六个方面重大关系。习近平总书记强调（2023年2月7日，在新进中央委员会的委员、候补委员和省部级主要领导干部学习贯彻习近平新时代中国特色社会主义思想和党的二十大精神研讨班上），推进中国式现代化是一个系统工程，需要统筹兼顾、系统谋划、整体推进，正确处理好顶层设计与实践探索、战略与策略、守正与创新、效率与公平、活力与秩序、自立自强与对外开放等一系列重大关系。我体会，这六个方面重大关系，坚持理论和实践相结合、战略和战术相贯通、世界观和方法论相统一，既讲怎么看、又讲怎么干，是推进中国式现代化的重要遵循，必须用心领悟、用心实践。要把顶层设计与实践探索有机结合起来，既不折不扣贯彻党中央决策部署，又联系实际大胆探索，努力创造更多经验做法；把战略的原则性与策略的灵活性有机结合起来，在因地制宜、顺势而为中把握战略主动；把守正与创新有机结合起来，既守好本和源、根和魂，又积极识变应变求变，大力推进各方面创新；把提高效率与保障公平有机结合起来，充分发挥市场在资源配置中的决定性作用，更好发挥政府作用；把激发活力与维护秩序有机结合起来，更好统筹发展和安全；把自立自强与对外开放有机结合起来，用好国内国际两种资源，积极融入新发展格局。总之，我们要全面领会把握六个方面重大关系，努力运用到实践中，转化为推动现代化建设的实际成效。

第二，科学谋划推动新时期东营区高质量发展，为推进中国式现代化贡献力量。党的十八大以来，习近平总书记多次亲临山东视察，多次发表重要讲话、作出重要指示，为山东发展把舵领航、指引方向。其中2021年10月，习近平总书记亲临东营视察，谋篇布局黄河三角洲生态保护和高质量发展，赋予我们重大使命，指引我们前进方向。习近平总书记一系列重要指示要求，一以贯之、一脉相承，为我们确立了总遵循、总航标，我们一定要深学笃用、坚定践行。特别是在推进中国式现代化上，东营区作为黄河三角洲中心城市的主城区、胜利油田主战场，有条件、有基础、有能力扛起更大的使命担当。最根本的就是要深入贯彻习近平总书记对山东工作和视察东营重要指示要求，科学谋划推动新时期东营区高质量发展，为推进中国式现代化贡献力量。

近年来，全区上下坚持以习近平新时代中国特色社会主义思想为指导，深入贯彻习近平总书记对山东工作和视察东营重要指示要求，牢记嘱托、感恩奋进、真抓实干，推动全区经济社会发展取得一系列关键性、趋势性、突破性变化，我区跻身全国综合实力百强区第90位、全国投资潜力百强区第63位，踏上了高水平现代化强区建设的新征程。实践证明，我们推动高质量发展的定位是准确的、谋划是精准的、措施是有力的。面向未来，无论形势怎么变，既定的工作思路、重点任务不能变，凡事当标杆、争第一的定位不能变，推动高质量发展的目标不能变。具体工作中，要聚焦聚力抓好以下几个方面。

（一）要聚力推动经济平稳健康发展。习近平总书记多次强调要着力保持平稳健康的经济环境。作为全市人口最多、市场主体最密集的中心城区，保持经济平稳健康发展至关重要，我们的核心目标就是确保实现“两个高于”。从前三季度情况看，全区经济社会发展承压前行，主要经济指标增长乏力，结构亟待优化，不少问题需要高度关注。要扛牢职责担当，始终保持“争第一”的骨气、志气、傲气，攻坚克难、加压奋进，加快实现经济运行整体好转。关键是推动“三驾马车”协同发力。一要发挥投资关键作用。新发展格局下，投资仍然是拉动经济增长的主要动力。前三季度，无论是投资规模还是投资结构，我区情况都不够理想，这也是下一步上项目、扩投资的重要方向。今天的投入就是明天的产出。要聚焦“往哪投”，突出实体经济和产业升级，重点加大“四新”经济和数字经济等领域投入力度。要聚焦“谁来投”，充分发挥政府专项债、政策性金融工具等助力作用，千方百计激活民间投资，多措并举招引外来投资。要聚焦“怎么投”，提升园区平台承载能力，完善全链条要素保障体系，真正让“好马吃到好料”。要健全储备一批、开工一批、建设一批、竣工一批工作机制，保持项目建设滚动接续。要进一步梳理完善明年重点项目清单，加快推进前期手续办理，尽早达到开工条件。二要发挥消费基础作用。我们作为中心城区，人口密集、交通便利，消费潜力巨大，前三季度社会消费品零售总额占到全市的40%以上。促进消费，重点是以高质量产品和服务供给创造新需求。要注重特色化、差异化布局，顺应消费者尤其是年轻群体的消费心理，多引入一些首店经济、即时零售、沉浸式体验等新模式新业态，加快拓展消费新场景，促进线上线下深度融合，持续释放消费潜力。要结合城市更新，推动一批老旧街区发展成为新型文旅商业消费集聚区，集中打造特色街区，迭代升级传统商圈消费模式，重塑西城商贾如流的繁华景象。要抓好重点文旅项目建设，系统布局“吃住行、游购娱”等功能要素，策划承办一批影响力大的重大赛事、文旅活动，全面擦亮“游在黄河口、玩在中心城”的名片。三要发挥出口支撑作用。前三季度，全区外贸进出口总额达到185.7亿元、位列各县区第二，其中出口同比增长21.5%，分别高于全国、全省、全市20.9个、19个、29.9个百分点，开放型经济基础更加巩固。同时也要看到，当前外贸形势严峻复杂，据世贸组织最新预测，受美元升值、地缘政治紧张局势等因素影响，今年全球商品贸易量增长将放缓至0.8%。我们必须准确把握这些形势变化、精准施策，促进外贸固稳提质。要加快对外开放平台建设和体制创新，放大展会资源集聚效应、跨境电商产业园载体支撑效应，鼓励高端装备、绿色精铸产业龙头企业抱团出海抢占海外市场，积极开拓共建“一带一路”、RCEP等新兴市场，不断塑造开放型经济新优势。

（二）要聚力深化油地融合发展。习近平总书记亲临东营视察，赋予我们服务保障国家能源安全的重大使命。东营区因油而生、因油而兴，油地融合一直是我区发展的独特优势、重要潜力。胜利油田、工程公司100余家机关部门、二级单位在我区分布，14余万名石油技术人才在地集聚，页岩油勘探开发技术走在了全国最前列，对我们发展形成强势拉动。近年来，油地同心同向贯彻落实习近平总书记视察重要指示要求，开辟了产业共育、城市共建、科技共享、人才共用、社会共治新路径，油地融合进入了最好的时期。要在已有工作基础上，进一步拓宽合作领域增进融合，积极搭建平台支撑融合，创新制度政策推进融合，不断开创油地深度融合发展的新篇章。一要以更大力度拓宽产业合作领域。今年，碳科公司与胜利油田合作建设子公司、石化总厂混改等重大事项相继取得突破性进展。对这些重点任务、重大事项，要积极跟进、靠前服务，与油田建立更加紧密的沟通协调机制，协同推进落实落地。要瞄准油田产能布局和转型方向，加快石油装备、石油化工等产业链高端升级，引导重点企业参与页岩油勘探开发，围绕油田需求联合开展供应链企业招商，积极争取油田在我区新设立企业、新上马项目，在服务保障国家能源安全上再创佳绩、再立新功。二要以更大力度用好科技人才资源。油地科技、人才等创新资源富集，关键是如何用好用活、转移转化。要做强东营高新区、东营科教园“两大阵地”，抓好全国油气勘探开发技术公共创新基地等重大载体建设，搭建产学研合作和科技成果转化高端平台，促进“政产学研金服用”等要素高效集聚、协同创新。要借鉴省海洋油气钻采关键装备技术创新中心模式，支持油田科研院所以关键技术与地方企业共建一批引领性攻关性项目，融合提升区域科技创新能力。各级各部门要进一步解放思想，把出台的政策、搭建的平台加快向油田延伸，着力营造“拴心留人”的创新创业环境。三要以更大力度共建美好幸福家园。西城是油地居民共同的家园。要联合油田开展闲置低效土地整合利用，全面摸排油田工矿废弃用地存量，加强清理收储和回收再利用，为城市更新及教育、医疗等公共事业发展拓展更大空间。要健全完善以党建为引领、以油地携手为重点的“151”基层治理体系（党建引领区、镇街、社区三级体制机制“一大变革”，整合用好油地携手、深度挖潜、社村结对、公共统筹、社会联动“五方力量”，建立幸福满意“一套标准”），用好“油地干部下基层”等工作载体，推动油地干部职工、退休老党员、志愿者等力量融入基层治理，凝聚共建共治强大合力。要扎实做好“三供一业”移交后半篇文章，高标准建好社会服务中心、老年大学等公共服务设施，深化油地阵地联建、资源联享、活动联办，不断巩固“一盘棋、一家人、一条心”的良好局面。

（三）要聚力突破产业转型升级。习近平总书记强调，中国式现代化不能走脱实向虚的路子，必须加快建设以实体经济为支撑的现代化产业体系。对我区来说，传统产业特色鲜明，新兴产业蓬勃发展，园区平台起势成势，具备高端升级的坚实基础。同时也要看到，传统产业同质化竞争、产业链条不完善、“四新”经济培育不足等问题还比较突出，必须在提高质量效益上下功夫。一要加快传统优势产业升级。当前，我区石油装备产业集群产品发展到37个系列、1500多个品种，产业规模约占全省的70%，全国的30%；化工产业形成上中下游的完整产业链条，产值占到全区工业产值的60%以上，海科、万通、神驰三家企业入围2023中国民营企业500强；精铸产业打入核电、航空航天、高铁等高端市场，2022年出口创汇占全区出口总值的20%。这些传统优势产业，是我们发展的坚实家底，必须坚定不移转型升级、做大做强。要锚定高端化、绿色化、智能化转型方向，推动产业发展由过去的要素投入为主，向要素投入和技术创新共同驱动转变，在延长产业链、提升附加值上下功夫，增强产业核心竞争力。要把技术改造作为促进传统产业升级的重要抓手，谋划实施一批重点项目。二要攻坚突破“四新”经济和数字经济。特别是数字经济方面，省市高度重视，专门召开工作推进会议。我们要立足现有基础，在提升数字产业能级、推进数实融合发展、夯实数字关键支撑、优化数字生态等方面聚力攻坚，集中力量抓好黄河三角洲绿色算力中心等重点项目建设，努力把数字经济打造成高质量发展的新引擎。在发展“四新”经济方面，一方面要推动海工装备、生物医药、新材料等有基础有优势的产业，加快由“量的积累”向“质的跃升”转变；另一方面要大力引育平台经济、共享经济、体验经济、创意经济等新业态新模式，超前布局虚拟现实、区块链、物联网等未来产业，争取在新赛道上跑出加速度。三要全力抓好重点园区建设。园区是产业升级的主战场、主阵地。要突出抓好东营高新区、化工产业园区“两大产业园区”，以及中心城区综合物流园、黄河三角洲铁路物流园“两大物流园区”建设，着力优化东营科教园区发展空间，把空间布局、基础配套、要素保障等基础性、长远性工作做扎实，夯实产业转型升级的“四梁八柱”。要提高园区土地利用效率，加强闲置厂房、低效用地等存量资源盘活利用，以投资强度、亩均税收等刚性指标严卡入园标准，让园区发展更集约、更高效。对东营高新区创建国家高新区、化工产业园区扩区等全局性的重大任务，各级各有关部门要树牢“一盘棋”思想，在规划、手续、项目、对上争取等方面加强协调联动，齐心协力推动园区发展提档升级。

（四）要聚力加快西城城市更新。习近平总书记指出，城市是人民的城市，要多打造市民休闲观光、健身活动的地点，让人民群众生活更方便、更丰富多彩。近年来，我们坚决扛牢市委、市政府赋予的加快西城城市更新的重要使命，科学谋篇布局，创新思路举措，聚力攻坚克难，西城建设发展取得了看得见的变化。前期通过实地调研，也切身感受到西城城市更新的显著成效，令人振奋、催人奋进。要深入贯彻习近平总书记关于人民城市的重要理念，把增强群众获得感、幸福感作为推进西城城市更新的根本落脚点，狠抓品质提升、功能完善、精细管理等重点任务，努力让城市生活更加美好。一要着力提升城市品质。西城作为老城区，经过油田“基地”建设至今60多年的发展，已经进入了以内涵式提升为主的城市发展阶段，提升存量、做强品质是重中之重。要坚持规划科学是最大的效益，对重点片区更新规划一个一个地论证完善，确保不干则已、干就干出一流，真正以高质量规划引领高品质建设。要加强对上争取力度，争取我们的规划纳入上级的规划、我们的项目纳入上级的“盘子”。对正在实施或下一步谋划的重点城建项目，要树牢精品意识、标杆意识，突出抓好工程质量安全保障，构建从设计、到施工、到验收、再到运维的闭环管理制度，确保干成良心工程、放心工程、民心工程。二要着力完善城市功能。优质公共服务功能和资源集聚，是我们城市发展的最核心优势。教育方面，我区现有各级各类学校176所，学前教育普惠率、义务教育优质资源覆盖率分别达到97.9%、82.5%，拥有胜利一中、胜利二中等优质名校，山东石油化工学院、石油大学研究生院在地发展，构建起全链条、全梯度教育体系。医疗方面，现有各级各类医疗机构427家、床位数4465张，数量和服务水平均居全市各县区首位，5家区级医疗机构错位发展，油田中心医院是全市最好的三级医院。公园方面，现有城市公园、街头游园等各类公园游园104处，公园绿地服务半径覆盖率达到92%，正加快实现“300米见绿、500米见园”。这些都是立足于增进民生福祉的工作部署，要坚定不移推进下去。对正在实施的学校改扩建、医疗机构服务能力提升、城市公园建设等工程项目，要把高标准、严要求贯穿始终，尽快建成达效、发挥效益，放大优质资源辐射带动力。三要着力加强精细管理。城市三分在建、七分在管，必须下足“绣花功夫”。要推动城市运行一网统管，加强人工智能等先进技术应用，建好用好“城市大脑”，增强城市整体运行管理、决策辅助、应急处置能力。要制度化解决乱搭、乱建、乱堆、乱停等城市顽疾，精细化管理城市公园、绿化、市政设施，建立创建全国文明城市常态化机制，让城市处处整洁、干净有序。要聚焦学校、医院、商超、景点、楼宇等停车紧张部位，通过新建一批、改造一批、共享一批等方式，增设城市停车场，强化地下空间、机关单位等资源挖潜，加快城市停车管理数字化转型，着力缓解“停车难”“停车乱”问题。

（五）要聚力深化改革创新。习近平总书记强调，要把全面深化改革作为推进中国式现代化的根本动力，作为稳大局、应变局、开新局的重要抓手。当前，我们发展还面临着经济增长的难点、产业升级的痛点、创新驱动的堵点，不深化改革不行，深化改革力度小了也不行。要善于打开解放思想的“总开关”，围绕制约发展的瓶颈、群众关注的热点等方面寻找切入点和突破口，努力在破除体制障碍、机制弊端上下功夫，大胆地试、大胆地闯，勇当全市深化改革的开路先锋。一要聚焦顶层设计抓改革。要项目化推进“六大专项领域”改革（深化经济体制和生态文明体制改革、深化民主法制领域改革、深化文化体制改革、深化社会体制改革、深化党的建设制度改革、深化纪律检查体制改革），广泛学习借鉴先进地区经验做法，结合我区实际做好消化吸收再创新的文章，努力创出一批改革典型。在这方面，要建立健全重大改革项目领衔机制，区级领导和各部门“一把手”要挂帅出征、亲力亲为，以“头雁效应”激发“群雁活力”。当前，党和国家机构改革工作正有序推进，这是接下来我们要面临的重大改革任务。要自觉在大局下思考、在大局下行动，认真落实上级改革部署，立足我区实际，加强顶层设计、整体谋划、压茬推进，确保高质量完成各项改革任务。二要聚焦营商环境抓改革。要立足于打造市场化、法治化、国际化营商环境，进一步深化简政放权、流程再造，大力优化涉企服务，让企业腾出精力抓生产、谋发展。今年，省委、省政府对促进民营经济高质量发展作出重要部署。我们要把服务民营企业作为改革发展的重要抓手，思想上树牢“服务企业无事不扰、支持企业有需必应”的理念，政策上健全企业诉求闭环解决、惠企政策落实、涉企执法服务、企业家荣誉激励等制度，发展上在创新、转型、人才等方面给予全力支持，着力创造有利于民营企业高质量发展的优质生态。三要聚焦创新驱动抓改革。总书记指出，创新是改革开放的生命。当前，全市正加快建设高水平国家创新型城市，油田正全力推进科技自立自强，我区作为战略腹地，必须当好龙头、作好表率。要发挥企业主体作用，加强企业主导的产学研深度融合，激励企业加大研发投入力度。要发挥人才支撑作用，支持化工学院、石油大学研究生院高质量发展，围绕重大平台建设、新上研发课题、引育高端人才等方面给予全力服务保障，完善油地人才“金桥工程”、在外油城子女“同城朋友圈”等制度载体，在全市人才引领“四链”融合发展示范区建设中争一流、走在前。

（六）要聚力推进共同富裕。习近平总书记指出，全体人民共同富裕是中国式现代化的本质特征。习近平总书记历次亲临山东视察，都会走进村居社区、田间地头、企业车间，近距离了解群众生产生活情况，对保障和改善民生作出重要要求。特别是习近平总书记2021年视察山东时强调，不断改善人民生活、促进共同富裕。我们要进一步深化对党的性质宗旨的认识，更加自觉地把人民放在心中最高位置，不断增进民生福祉，提高人民生活品质，在全市建设共同富裕先行区中走在前列。一要办好民生实事。对正在推进的民生实事项目，有关部门单位要落实应尽之责，工作专班要及时跟进各项实事进展情况，对进度滞后的项目“挂牌亮灯”通报预警，确保各事项按时序进度推进实施。现在群众通过网络、自媒体、政务热线等反映问题的渠道都很畅通，这些都是民智、民意、民情的汇聚地，也是我们民生工作的晴雨表。要及时收集群众诉求信息，有针对性地改进我们的工作，确保群众满意度得到本质上的提升。二要注重群众参与。实践证明，涉及群众利益的事，要在群众内部商量好怎么办，不商量或者商量不够，想要把事情办成是很难的。比如，我们开展群众满意度工作，对民生实事成效如何、还有哪些短板、有没有不符合实际情况的地方等，都要通过走访入户把群众的意见收集上来，精准施策、靶向整改。对群众的意见建议，要本着尽力而为、量力而行的原则，能马上解决的要马上解决，短期内能解决的要尽快实施，需要长期解决的要尽快拿出工作方案，及时回应群众关切，确保形成工作闭环。走访入户要做到真走访、真入户，带着笑脸去，带着问题回，让群众真正感受到我们的行动。要通过新闻发布、征求意见、实地调研等方式，畅通公众参与决策渠道，最大限度把群众的积极性创造性调动起来，为高质量发展献计出力。三要夯实共富根基。乡村振兴是实现共同富裕的重要根基，是中国式现代化的题中之义。我区是首批省级城乡融合发展试验区，目前城镇化率已达到78.6%，推动城乡统筹发展、高质量发展，乡村振兴发挥着重要的“压舱石”作用。要进一步健全城乡融合发展的体制机制，推动基础设施一体化、环境整治一体化、公共服务一体化、社会治理一体化，不断提升农业农村现代化发展水平。要突出产业富民这个重要抓手，紧密结合农业园区建设，充分发挥各类新型农业经营主体带动作用，通过提供就业岗位、签订种养协议、帮助销售农产品等形式，将小农户嵌入到农业产业大链条，让农民分享更多产业增值收益。要优化农民创业就业环境，统筹推进城乡公益性岗位扩容提质、乡村就业创业促进等重点行动，加强农民创业信贷支持，从严查处拖欠农民工工资行为。

（七）要聚力防范化解重大风险。习近平总书记强调，推进中国式现代化，是一项前无古人的开创性事业，必然会遇到各种可以预料和难以预料的风险挑战、艰难险阻甚至惊涛骇浪，必须增强忧患意识，坚持底线思维。我们要始终保持清醒头脑，以“时时放心不下”的责任感、紧迫感，落实好“一排底线”工作机制，切实防范化解各类风险，实现高质量发展和高水平安全的良性互动。有四个方面尤其要抓好。一要突出防范舆情风险。随着网络信息化的高速发展，很多舆情“一点就燃”。各级各部门要切实增强敏感性，习惯于在新形势下开展工作，推动工作首先要考虑舆情方面的因素，做到关口前移、源头管控。对舆情处置工作，“快”是第一位的，要第一时间作出回应，遏制舆情发酵。要坚持以事实为依据，亮明观点、表达态度，同时抓好舆情反映问题的线下处置。要切实提升网信工作水平，加大网络信息管控力度，防范网络意识形态风险，塑造良好网络生态。二要突出防范社会矛盾风险。开展一轮全方位的隐患排查梳理，对重点领域、重点人员精准研判施策，推动矛盾纠纷妥善化解。特别是前期经过不懈努力，部分重点矛盾问题化解顺利推进，要始终坚持市场化、法治化路径，扎实做好后续工作，坚决守住来之不易的工作成果。三要突出防范生产安全风险。持续深入开展起底式安全隐患大排查大整治，加大危化品、建筑施工、燃气等重点行业领域整治力度，落实落细“八抓20条”创新举措，压紧压实企业安全生产主体责任，不断提升安全生产治理能力和本质安全水平。四要突出防范生态环境风险。特别是要下决心解决好制约水环境质量改善的突出问题，扎实推进“两清零一提标”，高标准实施广利河、五六干合排治理工程，推动水环境质量持续改善。

以上七个方面重点工作，基本涵盖经济社会发展各个领域，符合习近平总书记的重要指示要求，体现了中国式现代化的内涵特征。只要我们科学谋划、锚定目标、狠抓落实，就一定能谱写新时期高质量发展的新篇章，为推进中国式现代化贡献力量。

第三，坚持不懈把全面从严治党向纵深推进，为各项事业发展提供坚强保障。习近平总书记指出，党的领导关系中国式现代化的根本方向、前途命运、最终成败。我体会，只有坚持党的领导才能不偏离航向，只有坚持不懈把全面从严治党向纵深推进，才能永葆生机活力、走好新的赶考之路。我们要始终牢记“两个永远在路上”，始终保持党员队伍先进性和纯洁性，以全面从严治党的实际成效引领和保障高质量发展。

一要扛牢压实责任。各级党委（党组）作为管党治党的领导主体、落实主体，履行主体责任既是做到“两个维护”的具体行动，也是自身的分内之事。要从事关党的执政地位巩固、事关党同人民群众的血肉联系的高度，深刻认识主体责任的政治属性，不断强化管党治党的使命感责任感。党委（党组）书记要认真履行第一责任人责任，对党负责，对本辖区本单位的政治生态负责，对干部健康成长负责，把压力传导下去、责任压实下去。班子成员要认真落实“一岗双责”，加强对分管领域的常态化监督和全方位管理，确保形成工作合力。要加强对党员、干部的教育监管，善用活用“四种形态”，对苗头性、倾向性问题露头就打，对违纪违法问题不护短、不遮丑、不包庇。特别是对党员干部和公职人员酒驾问题，要建立健全追责问责、警示教育、常态宣传等工作机制，从根源上遏制问题发生。

二要建强干部队伍。总体来看，全区干部队伍能力作风是好的，但面对新任务新挑战，还存在不相适应的地方。要全面提升干部队伍素质能力，在提高政治能力、推动高质量发展能力、服务群众能力、改革攻坚能力、防范化解风险能力上下更大功夫，不断提升专业素养，更好推动各项事业向前发展。领导干部特别是“一把手”要以上率下，具体负责同志把自己该承担的工作抓细抓实，真正把心放在工作上、把工作放在心上，力戒形式主义，不做表面文章，努力把各项任务落到实处。面对困难问题，要多想“怎么办”的方法，少讲“办不了”的理由，努力把更多“不行”

变成“可行”。要勇于争先进位，确定好对标对表的对象，制定赶超进位的目标，拿出争一流、上水平的硬招实招，力争更多工作进入全国全省先进行列。要牢固树立正确政绩观，少一些夸夸其谈、多一些扎扎实实，少一些应付了事、多一些认真对待，少一些人情世故、多一些坚持原则，努力交出经得起实践、人民和历史检验的答卷。

三要夯实基层基础。基础不牢，地动山摇。推进全面从严治党，必须扎实做好抓基层、打基础的工作，使每个基层党组织都成为坚强战斗堡垒。党的二十大部署了“增强党组织政治功能和组织功能”的重大任务。当前和今后一个时期，要以此来指导党的基层组织建设。要建立完善严密的组织体系，持续深化抓党建促乡村振兴，加强城市社区党建工作，全面提高机关党建质量，推进区属国有企业在完善公司治理中加强党的领导，抓实新经济组织、新社会组织、新就业群体党的建设，加强和改进党员特别是流动党员教育管理，把各领域党员、群众组织好凝聚好。要突出抓好农村党建，各镇街开展一轮全方位摸排，该支持的支持、该整治的整治，着力建强带头人队伍，更好推进抓党建促乡村振兴。新一轮党和国家机构改革，对成立社会工作部作出重要部署，统筹指导信访、基层治理、社会领域党建等工作，将带来基层社会治理格局的系统性重塑。我们要紧密跟进上级工作部署，扎实推进相关改革任务，特别是对“151”基层治理体系、新就业群体党建等近年来探索形成的好经验、好做法，要结合改革实施不断丰富完善，使基层治理组织方式、工作方式更加符合实践需要。

四要做到团结干事。团结是事业发展的根本保证。要坚持凡事以事业为重、以大局为重，相互信任、相互支持，步调一致向前走，不断提升凝聚力、向心力和战斗力。这方面，从我自身做起，从常委同志抓起，区委班子要率先垂范、当好表率。要加强党的全面领导，结合上级决策部署和全区重点工作，优化完善区委议事协调机构运行，及时研究解决重要事项、重大问题。要坚持民主集中制，做到集体领导与分工负责相结合，凡是“三重一大”事项都要经过集体研究决定，集体决定一旦作出，就要自觉服从、坚决执行，确保政令畅通、令行禁止。

当前，全区上下正深入开展主题教育，广大党员干部要坚持学思用贯通、知信行统一，推动主题教育走深走实。一要聚焦理论学习。坚持不懈用习近平新时代中国特色社会主义思想凝心铸魂，全面系统“学”，融会贯通“悟”，躬身力行“用”，着力在深化、内化、转化上下功夫。要深刻把握习近平新时代中国特色社会主义思想的世界观和方法论，坚持好、运用好贯穿其中的立场观点方法，用以解决我们工作中遇到的困惑。二要聚焦调查研究。把“四下基层”（领导干部宣传党的路线、方针、政策下基层，调查研究下基层，信访接待下基层，现场办公下基层）作为重要抓手，调查研究直奔问题去，注重“小切口”，拿出实打实的具体对策，推动从解决“一件事”向办好“一类事”延伸。特别越是到村、社区等基层一线，越要突出一个“实”字，广泛听取群众意见，把解决群众的操心事烦心事揪心事作为着力点，落实落细惠民政策和为民服务，确保取得实实在在的成效。三要聚焦推动发展。通过调查研究，摸清制约全区高质量发展的深层次和关键性问题，找准问题的症结所在，一个问题一个问题解决，一个难题一个难题突破，以推动高质量发展的实际成效检验主题教育成果。要牢牢把握“四个高”工作要求和“两个高于”工作目标，全力拼经济、拼项目、拼投资，冲刺四季度、决胜下半年，确保圆满完成全年目标任务，努力在全市考核中争先进位。四要聚焦检视整改。坚持边学习、边对照、边检视、边整改，既解决党员干部自身存在问题、又解决群众急难愁盼问题，既解决制约高质量发展的问题、又解决全面从严治党中的问题，推动各领域工作提质增效。

同志们，习近平总书记关于中国式现代化的重要论述，立意高远、思想深邃、内涵丰富。我们要坚持以习近平新时代中国特色社会主义思想为指导，深入学习领会中国式现代化这一重大理论创新成果，用以武装头脑、指导实践、推动工作，奋力开创新时期高质量发展新局面，为推进中国式现代化贡献力量！

我就和大家交流这些，谢谢大家。

赵明印同志
在区委经济工作会议上的讲话

（2024 年 1 月 20 日）

同志们：

这次会议的主要任务是，以习近平新时代中国特色社会主义思想为指导，深入学习贯彻党的二十大精神，全面贯彻习近平总书记对山东工作和视察东营重要指示要求，认真落实中央经济工作会议、省委十二届五次全会暨省委经济工作会议、市委经济工作会议部署，总结去年全区经济工作，安排部署今年任务。刚才，6 位同志作了发言，从中感受到了拼劲干劲、信心决心，要立足于干、狠抓落地，确保取得实实在在的成效。下面，根据区委常委会研究的意见，讲三个方面的问题。

第一，坚定信心、鼓足干劲，巩固来之不易的良好发展态势。刚刚过去的一年极具挑战、极不平凡。一年来，面对严峻复杂的外部环境和经济社会发展的艰巨繁重任务，我们牢记嘱托、感恩奋进，经历了风雨洗礼，看到了美丽风景，取得了沉甸甸的收获。大家记住了一年来的不易，也对未来充满信心。

令人自豪的是，我们保持定力、勇担重任，开启了强区建设的崭新局面。以扎实开展学习贯彻习近平新时代中国特色社会主义思想主题教育为动力，深入贯彻习近平总书记视察东营重要指示要求，全面落实黄河重大国家战略，创新实干、事争一流，开启了高水平现代化强区建设的新征程。经济社会发展稳中向好，2023 年，全区固定资产投资、规模以上工业增加值、社会消费品零售总额同比分别增长 7.6%、7.1%、8.2%，预计地区生产总值增长 6% 以上。我区获评省民营经济高质量发展先进区、省文旅康养强县，跻身全国综合实力百强区第 90 位、全国投资潜力百强区第 61 位。服务“国之大者”成效更加显著，新东营原油库完成国内首座“碳中和”原油库认证，“盐碱地生态农业发展”案例入选农业农村部绿色发展典型案例。

催人奋进的是，我们主动作为、攻坚突破，夯实了创新发展的牢固根基。东营高新区入选省绿色低碳高质量发展先行区建设试点产业园区，化工产业园区顺利完成 10.46 平方公里的扩区目标，建成投产威飞年 300 套海洋水下生产系统、胜利工程年 4 万吨化学剂产业基地等总投资 24 亿元的 13 个重点工业项目，锂电池电解液溶剂、本体法 ABS 高端树脂等新兴动能加速扩量提质。创新驱动活力愈加充沛，新增市级以上创新创业平台 33 个，引进各类人才过万人，均创历史新高、列全市各县区首位，在全市唯一入选国家知识产权强县建设示范县、省人才工作表现突出单位、省人才引领县域高质量发展试点。聚力支持民营经济高质量发展，海科、万通、神驰入围中国民营企业500强、省民营企业100强，海科新源成功上市；培育国家级专精特新"小巨人"企业6家、高新技术企业56家、省级专精特新企业37家、省级创新型中小企业87家，备案国家科技型中小企业362家，数量均列全市各县区首位。

使人鼓舞的是，我们抢抓机遇、乘势而上，厚植了跨越赶超的特色优势。以更大力度推进城市更新，7大重点片区累计拓出10075亩发展空间，城市要素集聚力、发展承载力显著增强。结合城市更新有机导入城市经济，首家文商旅综合体东营吾悦广场开业运营，税收过千万的楼宇达到15栋，2023年商品房网签面积、建筑业总产值同比分别增长6.4%、10%。数字经济蓬勃发展，东营市算力中心开工建设，中心城区综合物流园落地京东智能化无人仓库、京东数字仓库等一批引领性项目，预计数字经济核心产业增加值同比增长150%以上。统筹城乡融合、区域协调发展，打造了一批国家和省级农业产业强镇、农业500强企业、知名农产品品牌，油地校在产业、科技、人才等方面实现更深层次、更高水平融合。成功举办石油装备展、精密铸造年会等"国字号"展会，引进500强企业项目8个、总投资35亿元，津潍高铁东营区段、G220改建工程、东青高速扩建工程等重大基础设施加快建设，开放型发展新优势不断厚植。

暖人心怀的是，我们坚守初心、紧贴民心，绘就了人民满意的幸福画卷。12件区级民生实事完成目标任务，民生类支出占一般公共预算支出比重达72.7%。两批17项"您提我办"为民实事落地见效，形成社区小额"救急难"专项基金、群众看病就医"一次挂号七天有效"等一批制度性成果。基础保障持续增强，城乡公益性岗位扩容提质、医保门诊慢性病延伸服务、困难群众救助保障等水平不断提高。胜利二小、行知实验学校建成投用，投资10.8亿元的医疗机构服务能力提升项目有序实施，教育满意之区、区域医疗高地建设全面起势。扎实推进共同富裕，建成共富项目40个，预计2023年居民人均可支配收入同比增长6%以上。守紧守牢民生底线，健全统筹发展和安全的工作机制，安全生产形势总体平稳，生态环境质量稳步改善，企业债务风险有序化解，平安法治建设持续深化，社会大局保持和谐稳定。

让人振奋的是，我们提振精神、激扬状态，凝聚了团结干事的磅礴力量。坚持以高质量党建引领高质量发展，创新公务员专项考核、"三进"系统帮扶工程等制度载体，开展不担当不作为乱作为假作为问题专项整治，完善正向激励、容错纠错等机制，真正以实干论实绩、以实绩看德才、凭德才用干部，营造起了风清气正、干事创业的良好政治生态。广大企业和党员干部立足职责、真抓实干，有的为了重点项目顺利推进，吃住在工地、盯靠在现场，千方百计赶工期、追进度；有的为了争取上级支持，星夜兼程、连续奔波，持续盯紧靠牢；有的为了突破"卡脖子"技术、"首台套"产品，专注企业创新，努力做大做强，成为全区发展的优势所在、底气所在。一年多的成绩来之不易，根本在于习近平新时代中国特色社会主义思想的科学指引，是省委省政府、市委市政府坚强领导的结果，是全区上下勠力同心、拼搏奋斗的结果，是驻区各有关方面支持帮助的结果。在这里，我代表区委向大家表示衷心的感谢和崇高的敬意！

同时，也要清醒认识到，当前外部环境的复杂性、严峻性、不确定性上升，风险隐患仍然较多，要素约束日益趋紧，全区经济社会发展面临不少困难挑战。一是经济回升向好的基础尚不牢固。主要经济指标与"两个高于"的目标要求还有较大差距，特别是投资支撑仍显不足，消费潜力亟待进一步释放，部分企业扩大生产的意愿不强。二是产业转型升级面临较大压力。传统产业占比仍然较高，盈利能力和竞争力偏弱，生产性服务业发展难以满足转型需要。新领域、新赛道的基础优势没有巩固好、拓展好，反映发展质量、发展动能的“四新”经济投资、高技术产业投资等，去年出现负增长。企业研发创新不够活跃，高能级创新平台培育不足的问题仍较突出。三是促进民生改善和共同富裕任务依然繁重。距离共同富裕先行区建设要求，在政策举措制度、平台载体创新方面还有不小差距，教育、医疗、养老、就业等领域不同程度存在短板弱项，部分群众关心关切解决得还不彻底。四是重点领域风险不容忽视。生态环保、安全生产、社会稳定、网络舆情等领域风险管控难度大、压力大，融资平台风险需持续关注，重点纾困企业走出困境还面临不少困难，考验着我们科学决策水平和应对复杂局面的能力。

我们更要看到，当前发展面临的有利条件强于不利因素，经济回升向好、长期向好的基本趋势没有改变。中央经济工作会议释放了“坚持稳中求进、以进促稳、先立后破”的积极信号，提出“把非经济性政策纳入宏观政策取向一致性评估”，为我们完整准确全面贯彻新发展理念，在投资、消费、外贸等基础领域扎实“稳”，在“四新”经济、数字经济等新领域、新赛道加速“进”，在区域融合、科技创新等禀赋优势方面主动“立”，在落后动能方面坚决“破”上提供了重要契机和稳定的政策环境。党中央和省里一揽子政策措施陆续出台，今年地方政府专项债规模将达到4万亿元左右，发行1万亿元超长期特别国债专项用于重大战略实施和重点领域安全能力建设，省里推出了2024年第一批“促进经济巩固向好、加快绿色低碳高质量发展”政策清单，将对我们发展带来重大利好。市委经济工作会议提出持续深入实施“二三五”战略，杨国强书记在市九届人大三次会议东营区代表团审议时，要求我区在强化创新驱动、加快打造现代化产业体系上争一流、走在前，在推进党建引领幸福家园建设、提升城市治理水平上争一流、走在前，在深化油地校融合发展、构建和谐共赢新型油地关系上争一流、走在前，在推进共同富裕、持续增进民生福祉上争一流、走在前，在统筹发展和安全、守住守牢底线上争一流、走在前，对于我们计定长远、谋篇布局具有关键性指引作用。我区作为中心城区，区位交通优势、园区空间优势、功能配套优势相互叠加，推动高质量发展的条件更加成熟、后劲更加充足。只要我们坚定信心、鼓足干劲，巩固良好态势，抢抓发展机遇，就一定能够实现更有效率、更可持续、更高质量的发展。

第二，锚定目标、砥砺奋进，开创新时期高质量发展新局面。做好今年经济工作的总体要求是：以习近平新时代中国特色社会主义思想为指导，深入学习贯彻党的二十大精神，全面贯彻习近平总书记对山东工作和视察东营重要指示要求，认真落实中央经济工作会议、省委十二届五次全会暨省委经济工作会议、市委经济工作会议精神，抢抓黄河流域生态保护和高质量发展、山东绿色低碳高质量发展先行区建设重大战略机遇，锚定“走在前、开新局”，坚持“四个高”“两个高于”，聚焦“五个争一流、走在前”，加力提速高端装备、高端化工、未来产业、文旅康养、城市经济、现代农业“六条赛道”，持续深化城市更新、创新驱动、改革开放、生态环保、基层治理“五大攻坚”，抓牢抓实项目带动、油地融合、民生保障、安全底线“四项重点”，加快打造活力幸福新油城，全面谱写高水平现代化强区建设新篇章。

——打造产城融合、创新踊跃的活力之城。当前，高水平现代化强区建设正处在关键时期，既面临难得的机遇，也面临不少风险挑战，必须把高质量发展摆在更为突出更加重要的位置。要坚持稳中求进、以进促稳、先立后破，全力以赴扩投资、促消费、稳外贸，推动产业发展加力“新赛道”、打造“升级版”，优化区域创新创业环境，全面深化改革、扩大开放，提升绿色低碳发展水平，不断释放高质量发展的动力活力。年内，预计地区生产总值增长6%以上，规模以上工业增加值增长7%以上，固定资产投资增长6%以上，社会消费品零售总额增长5%以上，一般公共预算收入增长6%以上，外贸进出口促稳提质，全面完成节能减排降碳和环境质量改善约束性指标。对于财政收入，我们要树牢信心，力争重回40亿元以上。

——打造宜居宜业、人民满意的幸福之城。习近平总书记视察东营时强调，“要扎实做好安居富民工作”“努力把社区建设成为人民群众的幸福家园”。深入贯彻落实习近平总书记视察东营重要指示要求，东营区使命在肩、责任重大。要扎实推进共同富裕，推动社会事业全面进步、民生保障更加有力、人文精神积极向上，统筹新型城镇化和乡村全面振兴，以党建为引领提升基层治理水平，不断增强人民群众获得感、幸福感、安全感。年内，预计居民人均可支配收入增长6%以上，居民消费价格涨幅保持在合理区间，新增就业8500人以上。

——打造特色鲜明、和谐共赢的石油之城。东营区因油而生、因油而兴，城市的建设发展处处留下了石油的烙印，油地融合一直是我区的独特优势、重要潜力。习近平总书记亲临视察，赋予油地重大使命，油地融合进入新时期、新阶段。要扛牢服务保障国家能源安全的重大使命，抢抓油地融合黄金机遇期，不断开辟产业共育、城市共建、科技共享、人才共用、社会共治新路径，把石油文化、胜利精神提炼、嵌入城市建设发展的各领域、全过程，更好留住油城的历史印记，着力构建和谐共赢新型油地关系。

实现上述目标，要聚焦全局性、战略性的重大事项，抓紧抓实重点任务落实落地，培优塑强东营区高质量发展新优势。

（一）加力提速“六条赛道”，打造产业转型“升级版”。坚持工业立区、产业强区不动摇，突出新老产业并重、存量变革与增量崛起并举，推动六大产业功能区迭代升级，发力主攻链条经济，加快构建绿色低碳现代化产业体系。

一要做强东营高新区、加力提速高端装备新赛道。聚焦“高”和“新”的核心定位，深入开展对标提升，以更大力度推进国家高新区创建，壮大特色产业集群优势，把高端装备打造成最亮眼的产业名片。重点抓好总投资55亿元的31个高端装备项目，开工建设胜机高端智能装备产业园、瑞茂莱年8000吨深海大通径钻采设备制造项目，建成利丰智能油田专用车研发制造车间，推动汉德氢能装备制造、科美分布式能源装备研发扩大产能，畅通骨干企业集群协作网络，加快向产业链上下游延伸、价值链中高端攀升。依托智慧油服基地吸引更多实体企业入驻，加快建设数智产业园、石油装备“产业大脑”，助力高端装备数字化升级。建成启用全国油气勘探开发技术公共创新基地、科创小镇，加强东营云创享产业园建设运营，链接油田、高校等创新资源，打造集科研创新、孵化中试、成果转化于一体的南二路科创走廊。谋划建设高端装备核心零部件产业基地，强化龙头企业带动整合、招大引强，争创省级绿色低碳铸造中心。接续抓好总投资49亿元的基础设施配套提升工程，稳步推进北高村、凯通翼达、利源管业等地块开发和资源利用，加快符合新型产业用地政策的标准厂房建设，进一步优化产业布局空间。

二要做优化工产业园区、加力提速高端化工新赛道。抢抓国家炼化行业政策调整窗口期机遇，深入推进上大压小、减油增化和延链强链，力争通过3—5年的时间，实现园区产值翻番，打造千亿级生态化工科技产业园。重点抓好总投资173亿元的15个高端化工项目，推动亿科高端树脂新材料产业园一期项目、海科生物基航空燃料技改项目尽快投产，服务神驰新智汇丙烯醛联产戊二醛、轻烃制高纯烷烃项目落地，加快石油钻采专用化学材料产业园一期规模集聚、二期开工建设，全力支持胜利石化总厂打造油田特种油品、高端化工产业基地，构建“油头、化身、高化尾”产业格局。健全完善“退旧进新”机制，加快清除停产企业和低效闲置用地，进一步腾拓发展空间、提升安全效能。高标准建设黄河三角洲铁路物流园，推动西郊铁路货场扩容增产，深入实施铁路专用线进企入园工程，构建“公路+铁路+管道”高效物流体系。扎实推进园区扩区后基础设施配套提升工程，完善智慧化管理平台功能，全面提升园区承载能力。

三要做活东营科教园区、加力提速未来产业新赛道。未来产业并不是遥不可及、高不可攀，而是未来已来、未来可期。前期，雪英区长牵头开展了研究分析，详细梳理了我区在碳捕集利用与封存、高性能复合材料、深海高端装备、深部矿产和地热资源共采、通用人工智能等14个领域所具备的发展基础。要立足我区优势基础，深入研究我们有什么、能做什么、该怎么做等问题，加快实施未来产业培育发展行动计划，抢先一步研究制定工作方案和支持政策，力争在全市乃至全省占据一席之地。全省新型工业化推进大会，明确提出各市要依托具有一定基础的园区基地，谋划一批未来产业加速园，搭建孵化载体空间。要发挥东营科教园区链接高校资源优势，为山东石油化工学院扩大规模、新上研发平台留足空间，提升东营产业技术研究院、蓝马孵化基地等现有载体，推动油地校企围绕发展新质生产力深化产学研协作和创新策源，加快引育一批产业和科创平台项目，打通未来产业培育的“最初一公里”。我们作为中心城区，布局未来产业就是要当仁不让、走在前列。广大企业和各级各部门都要强化战略思维，对已有的项目和载体深度挖潜，对好的思路想法落实课题化研究、前瞻性布局、项目化推进，努力打造新的经济增长极。

四要做精城南文旅片区、加力提速文旅康养新赛道。以广利河两岸辐射城市南部区域，发挥高铁、高速、主干道等区位优势，广利河、耿井湿地、森林乐园、动物园等资源优势，星级酒店、文商旅综合体、医疗康养机构等服务优势，物流园、农业园等承载优势，加强“吃住行、游购娱”等全要素功能配套，打造黄河口生态旅游集散保障基地。高标准建设黄河揽翠生态旅游度假区，开工建设富海观塘·灵鳌岛、嘎嘎奇想岛等重点文旅项目，争创国家级旅游度假区。持续策划承办音乐节、文体赛事等一批特色活动，整合文商旅综合体、景区景点、网红打卡地、街头市集等各类资源，加快构建“商旅+文旅+农旅+体旅”产业发展矩阵，力争全年旅游收入达60亿元以上。抓好牛庄吕韵老街、六户城南庙会、史口博昌古镇、龙居沿黄文化带等载体打造，围绕农文旅融合开展提升攻坚。全面擦亮吕剧发源地品牌，组建传承弘扬吕剧文化工作专班，深入实施“一十百千万”突破工程，精心设计吕剧卡通形象、微信表情包等系列文创产品，建好用好吕剧艺术演艺中心、“胜利之城吕剧故乡”抖音号等线上线下载体，推动优秀传统文化创造性转化、创新性发展。

五要做细城市核心区域、加力提速城市经济新赛道。结合城市更新有机导入新模式、新业态，打造区域新兴消费目的地。对我区来说，现代服务业就是未来产业、最大优势。实施服务业提升行动，重点抓好优驱数智控制柜研发制造、汉威油藏智能管理平台等总投资96亿元的13个生产性服务业项目建设，赋能新型工业化升级。完善“智慧楼宇”等服务平台，一楼宇一产业、一楼宇一园区，力争年内全区楼宇入驻率达70%以上，税收过千万元的楼宇达到16栋。加快突破商圈经济，推动济南路、万达广场、新区片区等新老商圈改造提升和智慧化建设，实施15个市级以上“一刻钟便民生活圈”改造升级，激发有潜能的消费。坚持专班化推进，大力引育首店经济、即时零售等新业态。实施数字经济核心产业扩量倍增行动，启动建设黄河三角洲（东营）制造业数字赋能中心，建成运行东营市算力中心，论证实施物探院云计算中心建设，依托抖音集团中国内容质量与用户体验中心建设数字经济产业园，集成式打造西四路数字经济廊道，力争数字经济核心产业增加值占比提高1个百分点以上。扎实推进中心城区综合物流园建设，推动京东智能化无人仓库、数字仓库尽快达到试运营条件，发展智能化仓储管理、供应链金融等新模式。培育发展医康养产业、银发产业，加快东营明德康养中心、鲁辰综合养老服务中心等项目建设，服务德康宁医养中心、东营临家老年照护中心健康运营，争创省级医养结合高质量发展创新引领区。

六要做实乡村振兴示范片区、加力提速现代农业新赛道。深入学习运用“千万工程”经验，高标准打造“魅力城南”市级乡村振兴示范片区，推动“吕乡田园”争创省级乡村振兴齐鲁样板示范区、“龙居甜源”争创省级衔接乡村振兴集中推进区，确保通过国家农业现代化示范区验收。扛牢粮食安全和盐碱地利用的重要职责，改造提升高标准农田2万亩，完成盐碱地等耕地后备资源综合利用试点项目，确保粮食播种面积稳定在37万亩以上、产量稳定在2.8亿斤以上。抓好数字农批冷链物流产业园、山东泽膳净菜工厂等总投资46亿元的19个重点农业项目建设，深化农村“三次”产业融合发展，加强与省农科院、山东农业大学等高校院所的深度合作，补齐精深加工、冷链物流、技术研发等短板弱项。积极培育电商直采、定制生产、直播带货等新模式，全面叫响史口烧鸡、龙居丸子、六户葡萄、牛庄花卉等品牌影响力。

（二）持续深化“五大攻坚”，夯实稳中求进“基本盘”。聚焦打基础、利长远、增后劲的大事要事，保持战略定力，全力攻坚突破，加快提质增效。

一要深化城市更新集中攻坚。近两年，西城的变化有目共睹，改变了过去东西城城市品质差距大的局面，得益于我们在城市更新方面作出的不懈努力。要持续扛牢西城更新的重要使命，全力打造舒朗大气、生态宜居的魅力城区。用好入选全国自然资源节约集约示范县的机遇，积极争取上位规划支持，以高质量规划引领高品质建设。扎实稳妥推进重点片区更新，高标准抓好东辛、油田中心医院、东营科教园片区开发建设，深入规划论证原油库和“老三院”片区功能布局，着力提升城市建设发展的可持续性。全力抓好颐园小区、北王屋村、辛镇村等村居社区安置房建设，探索第四代住宅建设试点，精准支持改善型和刚性住房需求。加快建设公园城市，实施20个老旧小区配套功能完善提升工程，大力推行“公园+”和“+公园”模式，尽快实现“300米见绿、500米见园”。推动路网、管网、绿网一体同构，实施14公里的10条城市道路工程、150公里的城区老旧管网维修改造，新增绿化面积21.5万平方米。加强城市精细化管理，实施“城市大脑”提升行动，建立创建全国文明城市、国家卫生城市常态化机制，不间断开展清脏治乱和打非拆违，建设西城东环卫运营综合体，持续提升改善城市环境。

二要深化创新驱动集中攻坚。优化整合油田、高校等区域创新资源，支持油地校企共同组建创新联合体，新培育市级以上创新创业平台17个，实现20项科研成果在地转化，积极争取8个省级技术攻关项目立项。突出企业创新主体作用，构建“科技型中小企业—高新技术企业—科技领军企业”梯次培育平台，新培育省级以上单项冠军、专精特新、瞪羚企业25家以上，国家科技型中小企业、高新技术企业分别突破400家、240家。全力推进企业研发机构从“有形覆盖”向“有效覆盖”转变，力争研发投入达14亿元以上、占地区生产总值的比重达2.4%以上。加强人才引领“四链”融合发展示范区建设，面向30余个“一带一路”国家城市组建海外共建油城子女“同城朋友圈”，建设能源网络和国际石油人才培育中心，新引进各类人才1.1万人以上，高标准打造省人才引领县域高质量发展试点。

三要深化改革开放集中攻坚。围绕六大专项领域改革，谋划推出10个左右具有突破性、集成性、牵引性的改革项目，新增省级以上改革试点15个以上、国家层面认可推广改革经验10项以上。深入实施营商环境创新提升行动、护航优化营商环境专项行动，全面推进商事登记制度、工程项目审批制度、“高效办成一件事”等改革。探索设立区企业服务中心，建设“政企直通车”平台，构建企业诉求收集解决反馈闭环工作机制。以更大力度推进“双招双引”，深入研究招什么、从哪招、怎么招等重要问题，强化专业招商、企业招商、以商招商，积极引进产业基金、创投风投等机构，力争年内签约招商项目不少于50个、到位资金110亿元以上。办好第十七届中国（东营）国际石油石化装备与技术展览会，发展壮大龙工场跨境电商产业园，鼓励企业“抱团出海”，扩大高端装备、精密铸造等优势产品出口规模。加快区市政控股集团境外债发行，年内实际利用外资1.3亿美元以上。优化金融生态，力争新增贷款85亿元以上，年内实现胜利监理北交所上市。

四要深化生态环保集中攻坚。统筹推进减污、降碳、扩绿、增长，全力争创国家生态文明建设示范区。系统实施生态环境导向开发EOD项目，抓好城乡水质改善工程、中心城区雨污分流改造及排水系统提升工程等子项目建设，努力走出一条生态建设、经济发展的“双赢”之路。高标准推进总投资6.16亿元的11个水气土废治理项目，巩固提升“两清零一提标”工作成效，加强PM2.5、挥发性有机物等协同治理，深入开展“无废城市”建设，从严抓好中央和省环保督察反馈问题整改任务，推动环境质量持续向好。健全农村人居环境整治工作标准体系，扎实推进农村“四大堆”、生活污水、“空中蜘蛛网”等专项整治，巩固农村“厕所革命”、生活垃圾分类等工作成果，打造6个市级以上和美乡村典范村。推动能耗“双控”逐步向碳排放“双控”转变，抓好高新区综合智慧零碳电厂、龙居零碳小镇等项目建设，加强地热资源开发利用，助力“双碳”战略落地见效。

五要深化基层治理集中攻坚。加强党建引领幸福家园建设，丰富完善“151”基层治理体系，健全多元矛盾纠纷化解机制、网格化服务管理模式，积极探索共建共治共享的基层治理新实践。推动“三进”系统帮扶工程与“油地干部下基层”活动同向发力，探索建立“镇街大党委”同题共答工作机制，协同解决好民生难题。出台《城市社区党组织书记管理办法》《城市社区星级管理办法》，深化社区工作者五级成长体系建设，全面激发社区工作队伍活力，壮大社区治理“新能人”队伍。突出抓好新业态新就业群体党建工作，着力构建“有门可找、有家可归、有心可依”的服务体系。深入开展信访问题源头治理三年攻坚行动，新产生信访事项一次性化解率达90%以上，争创全省信访工作示范区。深化区域警务联调联战体系建设，常态化开展扫黑除恶斗争，确保社会大局和谐稳定。

（三）抓牢抓实“四项重点”，筑牢高效发展“强支撑”。聚焦聚力抓好最具支撑性、保障性的重点任务，把最强引擎培育好、最大潜力发挥好、最稳局面巩固好。

一要突出项目带动。项目是高质量发展的支撑。今年谋划的197个重点项目中，投资50亿元以上的项目2个，10亿—50亿元的项目24个，列入省市重点项目41个，投资结构、项目质量和成熟度都较往年有了新的提升。要树牢“以项目论英雄、以项目论能力、以项目论作风”的鲜明导向，全力以赴谋划项目、招引项目、争取项目、推进项目，为高水平现代化强区建设提供坚实支撑。坚持工作项目化、项目清单化、清单责任化，每个项目干什么、怎么干、干到什么程度，都要有清晰的时间表、路线图。坚持时时谋项目、处处谋项目，立足发展所需、发挥我区所长，谋划一批牵引性强、落地性强的重点项目，更多激发社会投资活力，不断积蓄高质量发展动能。强化

“要素跟着项目走”，对建设类项目特别是一季度拟开工项目，顶格推进、倒排工期、挂图作战，全力争取专项债券、国债等支持，确保快开工、快建设、快投产。

二要深化油地融合。东营区作为胜利油田主战场，为油田职工居民生产生活提供高品质服务，我们责无旁贷；我们推动任何工作，也都离不开油田的大力支持。要树牢“一家人、一盘棋、一条心、一起干”的理念，进一步拓宽领域增进融合，搭建平台支撑融合，创新制度深化融合，不断开创区域共赢发展新局面。扛牢服务保障国家能源安全的重大使命，引导骨干企业积极参与油田页岩油开发、长停井复产，年内吸引落户油田供应链企业12家以上，保障油田效益稳产2340万吨以上。用好油田二氧化碳捕集利用及封存技术和平台优势，合力打造碳产业高地。健全双向挂职、“揭榜挂帅”机制，升级人才“金桥工程”3.0版，完善油城人才幸福家园体系，支持油田企业、人才通过地方申报重点工程，激发创新创业活力。协同开展油田工矿废弃地等低效用地盘活工作，扎实做好油田办社会职能分离移交“后半篇文章”，高标准建好社会服务中心、老年大学等公共服务设施，以更大力度共建美好幸福家园。

三要加强民生保障。我们推动各项工作，出发点和落脚点都是为了增进群众获得感、幸福感。要扎实办好民生实事，力争民生支出占比稳定在80%以上。全力稳就业保就业，统筹抓好高校毕业生、农民工、残疾人、退役军人等重点群体就业，滚动实施城乡公益性岗位扩容提质行动，鼓励企业积极吸纳“零就业”家庭和困难群体就业。坚定不移打造教育满意之区，扎实推进胜利五十八中、石大附中、胜利第二初级中学、东辛幼儿园等教育项目建设，实施34所中小学、幼儿园办学条件提升工程，全面推进“三名两体”工程建设，争创全国学前教育普及普惠县（区）。坚定不移打造区域医疗高地，建成区中心医院康复楼、区妇幼保健院综合服务楼，启用区中医院综合楼，争取新增国家“推荐标准”基层医疗机构4处，完成国家医保延伸服务标准化建设试点验收。织密扎牢社会保障网，全面实施社保待遇领取资格“静默认证”，更好发挥社区小额“救急难”专项基金作用，稳步提升各类保险标准和社会救助保障水平。巩固“三资”清管一体专项行动成果，新培育共富公司、共富工坊20家以上，更好促进集体增收、群众致富。

四要守牢安全底线。安全是发展的条件和保障。要始终保持“时时放心不下”的责任感、紧迫感，完善落实好“一排底线”工作机制，精准防范化解各类风险隐患。毫不松懈抓牢安全生产，严格落实国家“十五条硬措施”和省“八抓20条”创新举措，实施安全生产治本攻坚三年行动，扎实开展危化品、交通运输、消防、燃气等领域安全生产专项整治，坚决防范重特大事故发生。把牢意识形态工作主动权，抓紧抓实网络舆情管控，切实提升网信工作水平和应急处置能力，强化关口前移、源头管控，守住不发生重大敏感舆情和网络安全事件的底线。统筹抓好食品药品安全、校园安全、社会治安、疫病防控等各领域重点工作，严厉打击各类违法犯罪活动，建设更高水平的平安东营区。筑牢金融安全屏障，“一企一策”稳妥推进重点企业债务风险处置，确保不良贷款率持续下降。严控政府债、城投债等各类债务风险，引导国有企业市场化转型，增强自身“造血”能力。

第三，改进作风、狠抓落实，以高质量党建引领高质量发展。 推动经济社会发展，关键是狠抓落实，核心在干部队伍。各级各部门要坚持把党的领导贯穿经济工作各领域全过程，切实锤炼苦干实干的务实作风、增强干事成事的过硬本领，为推动新时期高质量发展提供坚强保障。

一要扛牢责任抓落实。围绕“六条赛道”“五大攻坚”“四项重点”，每个领域都要明确牵头区领导、牵头部门、责任单位，全力推进各项具体任务落实。区领导要带头研究，各级各部门“一把手”要带头攻坚，把该扛的责任扛起来、该挑的担子挑起来，一级抓一级、层层抓落实。对重点任务、重大事项，成立短平快、奇兵式的小专班、小分队集中推进，鼓励区领导、部门单位、骨干企业“揭榜挂帅”，健全完善专项考核、即时奖励机制，推动重点工作落地见效。要慎终如始抓好主题教育，深入落实“四下基层”制度，将主题教育激发出来的热情和干劲转化为加压奋进、跨越赶超的实际行动，不断在以学铸魂、以学增智、以学正风、以学促干上取得新进展新成效。

二要实干争先抓落实。广大党员干部要把心放在工作上、把工作放在心上，扎扎实实做好自己担负的每项任务，坚决不搞形式主义、不做表面文章、不急功近利，全心全意做实力、做实事，努力创造出更多经得起历史和群众检验的实绩。要树立拼抢意识，把“争一流、走在前”贯穿融入到各领域重点工作，在全区营造出比担当、比贡献、比速度、比效益的浓厚氛围，力争更多工作进入全国全省先进行列，更多镇街、园区、部门迈入第一方阵。“争一流、走在前”不是喊出来的，要切实做有创造力的执行者，多想“怎么办”的方法，少讲“办不了”的理由，把更多“不行”变成“可行”。要端正工作态度，勇于担当作为，保持干事创业的精气神，坚决不当“躺平式”“休眠式”干部。要勇于涉险滩、破坚冰，以“钉钉子”精神动真碰硬推动问题解决，依靠顽强斗争打开事业发展新天地。

三要完善机制抓落实。健全责任分解、督导调度、成果检验等闭环落实机制，推动各项工作一贯到底，坚决杜绝“半拉子工程”。要完善正向激励、容错纠错等机制，强化考核结果运用，建立干部正负面清单，充分包容在攻坚克难、创新探索中出现的失误，严肃整顿不担当、不作为、乱作为、假作为等行为，真正让能者上、平者让、庸者下。要深刻把握一心干事和一身干净的内在逻辑，划定“警戒线”、严守“高压线”，知道什么可以做、什么不能做，严于用权、秉公用权。要持之以恒从严正风肃纪反腐，对“四风”问题露头就打、反复敲打，加大为基层、企业松绑减负力度，用铁的纪律、严的问责倒逼责任落实、工作落地。

同志们，征途漫漫，唯有奋斗。让我们更加紧密地团结在以习近平同志为核心的党中央周围，在省委省政府和市委市政府的坚强领导下，锚定目标加油干、凝心聚力促发展，加快打造活力幸福新油城，为高水平现代化强区建设不懈奋斗！

政府工作报告

——2024 年 2 月 3 日在东营区第十五届人民代表大会第三次会议上

东营区区长 燕雪英

各位代表：

现在，我代表区人民政府向大会报告工作，请予审议，并请区政协委员和其他列席会议的同志提出意见。

2023 年工作回顾

过去一年，全区上下坚持以

习近平新时代中国特色社会主义思想为指导，全面贯彻党的二十大精神，深入落实习近平总书记对山东工作和视察东营重要指示要求，认真落实市委、市政府和区委决策部署，抢抓山东绿色低碳高质量发展先行区建设机遇，坚持“四个高”和“两个高于”，着力扩内需、优结构、保民生、防风险，高水平现代化强区建设开创新局面，跻身全国综合实力百强区第90位、全国投资潜力百强区第61位。2023年，全区生产总值同比增长6.3%，固定资产投资、规模以上工业增加值、社会消费品零售总额分别增长7.6%、7.1%、8.2%，金融机构存贷款余额较年初分别增长173.2亿元、90.6亿元，一般公共预算收入扣除政策性因素影响后增长1.8%，税收收入增长12.7%。

一、狠抓强基固本，产业强区增创新优势。产业转型动力强劲。新型工业加力提速。装备制造业向高端化、智能化迈进，实施总投资55.2亿元的36个重点项目，威飞海洋水下采油树系统首次实现多台（套）设备集中下线，汉德全省首台碱性水电解制氢装置成功下线，石油钻采装备产业集群入选省特色产业集群。石化产业向高性能、高附加值延伸，中浩建年产10万吨高性能新材料、亿科高端树脂新材料产业园年产15万吨ABS改性及配套等9个项目建成投产，布局建设全国首家石油钻采专用化学材料产业园。精密铸造产业向绿色化、智能化转型，产值连续3年保持25%以上增长，承办第十七届中国精密铸造年会，谋划建设总投资30亿元的高端装备核心零部件产业基地。数实融合不断深化。东营市算力中心开工建设，抖音集团中国内容质量与用户体验中心投入运营，在全市率先完成3家工业企业数字经济板块剥离。累计开通5G基站1320个，工业互联网二级节点标识企业819家、解析185.5亿次，省市级智能工厂和数字化车间达到18家，首版次高端软件产品达到24个，石油装备“产业大脑”入选全省建设试点，数字经济核心产业增加值增长150%。现代服务业稳步发展。科技服务业营业收入占服务业比重超过40%，中石化石油工程设计公司、科瑞油服等年营业收入过亿元企业达到11家，广域科技入选全省软件和信息技术服务业百强企业。韵达、圆通、申通、邮政等快递品牌企业在我区设立分拣中心，快递进村实现全覆盖，规模以上交通运输、仓储和邮政企业达到25家，营业收入同比增长25.5%。文旅产业回暖复苏，六户镇、龙居镇入选全省精品文旅名镇，全区游客人数、旅游收入分别达到580万人次、60亿元。德康宁医养中心建成全市体量最大的医康养综合服务机构，东营鸿港医院临家老年照护中心通过全国医养结合示范机构验收，智慧医养服务工作模式入选国家养老服务业发展典型案例，获评省文旅康养强县。

园区能级系统提升。东营高新区，在全省开发区中首批通过扩区调区后合规性认定，油地融合产业园作为“区中园”纳入高新区总体布局，核准面积扩大到14.97平方公里，胜利工程党校、胜利泵业完成搬迁，胜机集团启动“退城入园”，高端要素资源加快集聚。化工产业园区，在全省率先完成沿黄重点地区合规工业园区认定，5个邻避村庄全部完成搬迁安置，发展空间实现一年两扩，新增面积5.46平方公里，智慧管理平台、封闭化管理系统、污水处理厂和“四横三纵”路网体系建成投用，入选全国智慧化工园区、中国化工最具发展潜力十强园区。东营科教园区，山东石油化工学院获批建设“山东省应用型本科高校”，在校生突破万人。探索建立“油地校企”深度融合发展模式，东营产业技术研究院、中开院创新孵化基地入驻科研机构、企业达到89家。中心城区综合物流园，起步区物流总部大厦完成主体施工，市邮政快递分拨集散中心、京东集配中心数字仓库等重点项目开工建设，标杆型物流枢纽建设加速推进。

助企成长成效显著。建立区级班子成员与企业常态化沟通交流机制，实施“高效办成一件事”

提升行政效能15项措施，高标准推出“2107”接诉即办，涉企事项办理时限较省、市分别提前8个、3个工作日。全面提升金融服务实体经济质效，开展政银企对接活动42场，创新推出“油田订单贷”“黄河口生态贷”等金融产品，海科新源在深交所创业板上市。创新建立“以警之力”护航项目机制，扎实开展“千名干部进企业、百个部门进工地”等活动，组合式推进减税降费31.8亿元，兑现政策奖励资金1.8亿元，全年新增市场主体10587户，3家企业入围中国民营企业500强，获评山东省民营经济高质量发展先进县。

二、狠抓创新驱动，发展动能释放新活力。创新载体提档扩容。新增市级以上研发机构24家，新认定高新技术企业56家，国家科技型中小企业达到362家、居全市首位，高新技术产业产值占比提高到49.3%。新培育国家级专精特新“小巨人”企业6家、省级制造业单项冠军企业7家、专精特新企业37家、瞪羚企业5家。创新成果不断涌现。高端装备、新材料等领域取得一批标志性成果，攻克了原油降凝剂、深水可燃冰开采水下混输增压泵等一批“卡脖子”技术难题，打破了欧美国家技术垄断。天东制药依诺肝素钠原料药占到国际市场的22%、针剂占到国内市场的15%。新授权发明专利761件、占全市总量的42.1%，海科新源电子级碳酸乙烯酯纯化方法及纯化装置专利被评为全市唯一重大高价值专利，获评国家知识产权强县建设示范县。创新生态持续优化。健全“科创贷”服务体系，新增省科技成果转化贷款1.2亿元，贷款额度列全市首位。出台8类人才“政策包”，发放各类人才补贴1.3亿元，新引进各类人才1.1万人。入选国家级人才工程5人、泰山产业领军人才11人，新增院士和享受国务院、省政府特殊津贴专家10人，数量均创历史新高、居全市首位，获评全省人才工作表现突出单位。

三、狠抓区域统筹，一体融合开创新局面。城市品质迭代升级。高标准编制完成西城控制性详细规划，统筹实施7大片区更新，累计拆迁10075亩、117万平方米，腾拓城市发展空间6200多亩，耿井片区综合更新改造被评为全省城市更新示范项目，东辛片区入选省级城市更新试点片区，新建商品房网签成交面积增速稳居全省中心城区前列。城市经济蓬勃发展，打造国家级“一刻钟便民生活圈”试点5处，东营吾悦广场开业运营，税收过千万楼宇达到15栋，“人城产”融合共生。乡村振兴步伐有力。新建成20个百亩攻关区、6个万亩示范区，超额完成大豆玉米复合种植任务，“盐碱地生态农业发展”案例入选农业农村部绿色发展典型案例。全省首个兰花出口标准基地建成投产，3个农产品成为全国“名特优新”，牛庄镇入选首批国家农业产业强镇，龙居镇跻身省级农业产业强镇。组建共富联合体8处，农民专业合作社、家庭农场分别达到389家、321家，农村居民人均可支配收入同比增长6.8%，集体年收入低于10万元村全部“清零”。“三资”清管不断深入，追缴费用、清收债权5000多万元，收回土地1.1万亩，入选国家级解决农村承包地细碎化试点。油地校融合成果丰硕。科瑞油气装备与胜利工程公司合作承接土库曼斯坦油井大修项目，获得增产原油权益份额2.14万吨，成为全市油地携手开拓国际市场的最大项目。新东营原油库完成国内首座“碳中和”原油库认证，胜机—中石化四机厂共建重装基地、山东省碳捕集利用与封存重点实验室正式落地，胜利工程公司年产4万吨化学剂产业基地投产运营，10家油田供应链企业落地发展。全国油气勘探开发技术公共创新基地加快推进，石油化工学院绿色低碳能源产业学院成功获批省级现代产业学院，重质油国家重点实验室碳中和联合研究院揭牌运营。高标准共建社会服务中心、老年大学等公共服务设施，油地6044名党员干部常态化联系服务19万户社区居民，32名油田职工兼任小区“幸福观察员”，合心唱响“融合发展、共赢未来”最强音。

四、狠抓环境优化，发展生态展现新气象。政务服务更加高效。实施营商环境创新突破行动，高质量完成177项企业全生命周期服务改革任务，工程建设项目审批容错报备制度、涉案企业合规改革、社保静默认证等9项改革案例在全国、全省推广。以更大力度推动全流程场景再造、业务再造、服务再造，企业开办半个工作日成为常态，6000余项政务服务事项实现“减证办”，依申请政务服务事项网办率超过99%，营商环境位居全省全市第一方阵。城乡环境更加宜居。突出建管并重，打通11条“断头路”，泮水公园、沂山路带状公园、菏泽路口袋公园等20处公园游园建成开园，垃圾分类运营中心投入运营，生活垃圾综合治理“黄河口模式”在全国垃圾分类高峰论坛上作经验交流，入选全省公园城市建设试点。扎实推进美丽宜居乡村建设，清淤疏浚排沟26千米，配建水工构筑物122处，改造危桥8座，城乡一体化供水率达到100%，农村无害化卫生厕所覆盖率达到95%，省级美丽河湖在全市率先实现全覆盖，农村人居环境整治样板区渐成体系，入选“四好农村路”省级示范县。生态环境更加优良。深入推动新一轮生态环保和“四减四增”三年行动计划，提前两年完成省定“两清零一提标”任务，大气环境质量改善率居全市各县区第一位，市控及以上河流水质稳定达到地表水V类标准，生态环境导向的开发（EOD）项目入选全省试点，蓝天、白云、碧水成为新常态。深入贯彻“四水四定”原则，黄河水资源超载治理有序推进，沿黄生态长廊新增提升林地3110亩，生态湿地、森林公园等生态功能区保护力度持续加大，生态环境成为东营区最美“底色”。

五、狠抓幸福提升，民生改善交出新答卷。民生保障稳步提升。12件民生实事全面完成目标任务，累计支出40亿元用于民生事业。城镇新增就业9058人，“东营公岗580”品牌入选山东省“高质量充分就业省份”揭榜领题标志性项目。稳步提高企业退休人员养老金和工伤保险待遇，城乡低保对象、特困人员、困难残疾人等9类困难群众救助保障标准居全市前列。社会事业繁荣发展。城乡教育更加优质均衡，改扩新建中小学、幼儿园9所，胜利二小、行知实验学校等5所学校幼儿园建成投用，平稳应对小学秋季入学最高峰，在全市唯一获评山东省教育评价改革实验区。区域医疗高地建设扎实推进，挂牌成立区疾病预防控制局，区中医院医技综合楼建设完成，区中心医院门诊病房楼、妇幼保健院综合服务楼完成主体施工，县域省级临床重点专科数量位居全市首位。先后举办黄河流域铁人三项赛、沿黄九市全民健身龙舟赛等重大赛事，承办沿黄九省区民歌艺术展演、第九届戏剧红梅大赛吕剧专场。国防动员建设进一步加强，成功举办首届山东省暨黄河流域退役军人创业创新成果展销对接会，圆满完成省“双拥模范城”实地验收。风险防控有力有效。部署开展安全生产规范提升年、重大事故隐患排查、化工行业安全生产整治提升行动，全区事故起数、死亡人数较前三年平均值分别下降30%、13%。食品药品安全形势稳定向好。不良贷款余额、不良贷款率实现“双下降”，牢牢守住区域金融安全底线。深入推进社会治安突出问题打击治理、信访积案攻坚化解，常态化开展扫黑除恶斗争，圆满完成重大安保维稳任务，牛庄派出所创建为省级“枫桥式公安派出所”。

过去一年，人口计生、档案史志、人民防空、工青妇、残疾人、志愿服务、关心下一代等事业健康发展，老龄、红十字会、民族宗教、审计统计、机关事务、融媒体、对口支援、外事侨务、对台等工作取得新成绩。

各位代表！过去一年极不平凡、极具考验，成绩的取得殊为不易。最根本在于习近平总书记领航掌舵，是在习近平新时代中国特色社会主义思想科学指引，省委省政府、市委市政府正确领导、科学决策，区委坚强领导下，全区上下一道拼出来、干出来、奋斗出来的！在此，我代表区人民政府，向各位人大代表、政协委员，向在我区创业发展的投资建设者，向所有关心、支持东营区发展的社会各界人士，表示衷心的感谢、致以崇高的敬意！

在总结成绩的同时，我们也清醒地看到，当前全区经济社会发展还面临不少困难和挑战：稳增长的基础尚不牢固，消费市场恢复不及预期，财政收支持续处于“紧平衡”状态；产业转型任务艰巨，创新能力亟待提升，推动绿色高质量发展任重道远；民生工作还有短板，与群众对高品质生活的期盼还有差距；政府工作还有薄弱环节，作风建设仍需加强，高效能服务型政府建设还需久久为功。对此，我们将坚持问题导向，树立有解思维，发扬斗争精神，靶向精准施策，有效应对和解决。

2024年工作安排

2024年是中华人民共和国成立75周年，是实现“十四五”规划目标、加快高水平现代化强区建设的关键一年。当前经济回升向好、长期向好的基本趋势没有改变，14多亿人口的超大市场规模形成健康的国内大循环，完整坚韧的产业链让我国在全球供应链中的地位不可替代；我区重大战略机遇密集交汇，传统“地标”产业根基稳固，新兴未来产业茁壮成长，油地融合进入最好时期，城市承载力、吸引力、竞争力持续增强；广大党员干部、群众和企业家敢闯、敢干、敢首创，93万名油城人思进、思强、思发展，汇聚起攻坚克难的强大力量。只要我们抓住一切有利时机，利用一切有利条件，坚定信心、顺时应势、笃行实干，就一定能够开创东营区更加美好的明天。

今年政府工作的总体要求是：坚持以习近平新时代中国特色社会主义思想为指导，全面贯彻党的二十大和中央经济工作会议精神，深入落实习近平总书记对山东工作和视察东营重要指示要求，坚持稳中求进工作总基调，坚持以人民为中心，完整、准确、全面贯彻新发展理念，抢抓黄河流域生态保护和高质量发展、山东绿色低碳高质量发展先行区建设重大战略机遇，主动服务和融入新发展格局，锚定“走在前、开新局”，牢牢把握“四个高”工作要求和“两个高于”工作目标，聚焦“五个争一流、走在前”，加力提速“六条赛道”，持续深化“五大攻坚”，抓牢抓实“四项重点”，统筹扩大内需和深化供给侧结构性改革，统筹新型城镇化和乡村全面振兴，统筹高质量发展和高水平安全，巩固和增强经济回升向好态势，持续推动经济实现质的有效提升和量的合理增长，加快打造活力幸福新油城，全面谱写高水平现代化强区建设新篇章。

主要预期目标是：地区生产总值增长6%左右，一般公共预算收入增长6%左右，居民人均可支配收入增长6%以上，城镇新增就业8500人以上，居民消费价格涨幅保持在合理区间，全面完成市级下达的节能减排降碳约束性指标和环境质量改善目标。

围绕上述目标，重点抓实抓好九个方面工作。

一、抓实抓好转型升级，系统构建现代化产业体系

激发创新发展动能。开展科技领军企业量质提升行动，新培育国家专精特新“小巨人”、瞪羚企业10家以上，国家科技型中小企业、高新技术企业分别突破400家、240家。积极融入东营市科技大市场建设，实施专利转化运用专项行动，推广应用首台套、首批次、首版次产品12项以上。全力推进市级重点实验室“四化”改革，新培育市级以上创新创业平台17个，争取8个省级技术攻关项目立项，力争企业研发投入达到14亿元以上、占地区生产总值的比重达到2.4%以上。深化山东省人才引领县域高质量发展试点区建设，建设能源网络和国际石油人才培育中心，引进高层次人才团队100个以上，让更多人才在油城创新创业、施展才华。

推动产业扩链建群。大力推进新型工业化。加力提速高端装备新赛道，实施总投资55亿元的

31个高端装备项目，推动汉德氢能装备制造、科美分布式能源装备等扩大产能，巩固在全市、全省高端装备制造“领跑”地位。支持“精密智造”园中园招大引强，鼓励企业建设绿色工厂，创建省级绿色低碳高端铸造中心，推动精密铸造加快迈向工业4.0。突出抓好亿科高端树脂新材料产业园、新智汇丙烯醛联产戊二醛等总投资245亿元的15个重点高端化工项目，加快石油钻采专用化学材料产业园规模集聚，全力推进胜利石化总厂特种油项目扩规提质，打造千亿级化工产业集群。攻坚突破数字经济。实施黄河三角洲绿色算力产业园、东营高新区数智产业园等总投资17亿元的5个数字经济项目，规划建设西四路数字经济产业带，建成东营市算力中心，支持广域科技、云科汉威、哲远科技等软件企业高端升级。加快推进产业数字化，加速工业互联网二级节点标识应用，布局建设黄河三角洲（东营）制造业数字赋能中心，集中实施总投资20.9亿元的39个高水平技改和“智改数转”项目，年内数字经济核心产业增加值占比达4%以上。抢先布局新兴未来产业。聚力突破碳捕集利用与封存（CCUS）、深海高端装备、高性能复合材料等14个具有先发优势的领域，深度谋划一批先行先试项目和应用场景，加快形成更多新质生产力。油地共建“碳源汇”平台，以胜利发电厂百万吨二氧化碳捕集与利用工程为引领，全力服务胜利油田与中石化碳科公司合资合作，打造CCUS全产业链示范基地；支持胜利油田升级“源网荷储”智慧能源系统，抓好牛庄“清洁供暖无烟小镇”、吾悦广场地热替代供暖等地热资源开发省级试点项目建设；加快海科、神驰等10家企业的新材料项目落地，持续丰富新能源装备、新能源汽车、航空航天等产品材料种类，打造新能源新材料产业集群。支持天东制药完成糜蛋白酶、胰激肽原酶项目中试，推荐诺康生物申报省级海洋生物医药重点企业，筹建中医专科医养基地，力争年内医养健康产业增加值突破30亿元。

加强园区载体建设。东营高新区，加快国家高新区创建进程，联合油田共建“研发+中试+制造”“一站式”全链条转化基地。接续实施总投资49亿元的基础设施配套提升工程，加快科创小镇片区城市更新，推动北高地块科研功能导入，系统布局智能电网、智慧储能、蒸汽管网，打造全省绿色低碳高质量发展先行区建设试点。化工产业园区，实施扩区后基础设施配套提升工程，拓展路网体系、电力迁改、热力管网、公共管廊等8.9公里，实现智慧管理全覆盖，高标准建设黄河三角洲铁路物流园，推动西郊铁路货场扩容增产，全面提升园区承载力。加快盘活闲置用地，深入推进减油增化和延链强链，力争3—5年内实现园区产值翻番。中心城区综合物流园，完成物流总部大厦和邮政、京东快递分拨集散中心建设，加快基础设施配套，推动中储粮集团粮仓、海口市乡村振兴投资集团农产品双向流通、同福集团分拨集散中心等项目落地，构建“供产储销”现代农业产业全链条发展体系，打造面向全国的公铁联运现代物流中心。东营科教园区，加快推进总长度9.2公里的6条道路建设，实施城北湿地生态修复项目，全力服务山东石油化工学院“三中心一公寓”建设，打造未来产业发展加速区。启动配套安置区建设，支持山东石油化工学院达标创建，服务国家级“碳谷”落地，加快布局一批科创平台项目，实现科创园区、大学校区和城市社区“三区融合”发展。

二、抓实抓好扩大需求，全力稳定经济增长

全力挖掘消费潜力。着力丰富消费载体，改造升级海通知味谷、“燕香里”夜经济集聚区等“网红打卡地”，年内打造5个“一刻钟便民生活圈”，让城市烟火气更旺、生活味更浓。不断创新消费场景，大力培育社区团购、同城配送等新业态，抓好城南教育综合体、银河央玺、东营腾街等项目建设，精心打造沉浸式、体验式消费新模式。积极培育国货“潮品”，深度挖掘包装龙居丸子、史口烧鸡等18种特色产品和传统技艺，支持申报“老字号”品牌。积极促进大宗消费，加快充电桩等基础设施建设，多措并举扩大住房改善、新能源汽车、绿色家电家装等刚性需求。

有效增强投资效能。健全重大项目协调机制，畅通要素优先和手续优先“双通道”，加快实施总投资1063亿元的197个省市区重点项目，年内完成投资300亿元以上。强化项目生成意识，精准谋划一批基础设施、产业升级、科技创新、国计民生重大项目，有效储备规模达2500亿元以上。用好全省支持民营经济高质量发展若干意见，加快实施总投资312亿元的98个民间投资项目，引导民间资本想投、敢投、能投。打好招大引强“组合拳”，谋划招引一批标杆企业、引擎项目，积极引进产业基金、创投风投等机构，力争年内签约项目50个以上、到位资金110亿元以上。

努力扩大外贸外资。深度融入“好品山东、鲁贸全球”市场开拓行动，大力培育海外仓、市场采购、保税维修等外贸新业态，加快发展服务贸易、数字贸易，广泛开展境外品牌推广，全力帮助企业抢订单、拓份额。做强外贸供应链头部企业，支持神驰、万通用足用好原油进口指标配额，发展壮大龙工场跨境电商产业园、易和外贸数字经济产业园，扩大先进技术、关键设备、日用消费品进口，确保进出口固稳向好。瞄准制造业和高技术产业外资，主动对接世界500强和行业领军企业，支持外资企业通过增资扩股、利润再投资、返程投资等形式引进境外资本，加快境外债发行，年内实际利用外资保持在1亿美元以上。

三、抓实抓好品质提升，聚力打造活力幸福城市

持续推动城市品质跃升。深入实施城市更新“十大工程”，高标准做好东辛、油田中心医院、区人民医院片区开发建设，科学规划胜利新区和“老三院”片区功能布局，打造城市有机更新样板。加快推进7个老旧小区改造，建设10个完整社区，实施27.1万平方米城区既有建筑节能改造，探索第四代住宅建设试点，渐进式改善群众居住生活条件。聚焦“公园城市”建设，强化园林景观、公共绿地和开放空间统筹，加快构建全域公园体系。着眼畅通城市建设，实施天目山路、潍坊路等11条道路建设，构建级配更高的城市路网体系。

充分释放城市经济活力。优化全域商业网点布局，加快东营壹号购物中心总部和胜利大厦项目落地，联动幻太奇海洋公园、乐活城、商河路商业街，完善停车场等配套设施，畅通游购娱循环线路，重塑老城区商圈活力。实施广利河南北商业区域贯通和夜经济提质工程，全力推进东营黄河揽翠生态旅游度假区建设，加快富海观唐·灵鳌岛、揽翠湖温泉康养、西庐金融街、泮水婚礼主题公园等重点项目建设，带动新区人气商机加速集聚。

系统强化城市精致管理。探索“全民城管”工作机制，多元主体协同发力，构建共治共享“大城管”格局。持续强化城市环境集中整治，推动城市管理向背街巷道、房前屋后延伸，让西城“颜值”蝶变、“价值”倍增。扎实开展物业服务领域集中整治专项行动，培育一批群众满意的物业公司。统筹推进生活垃圾、建筑垃圾治理，健全垃圾分类收集处理体系，提升资源化利用和处置水平。完善提升市政配套设施，敷设电力线路87.3公里、燃气供水供热管网40.2公里，新建改造雨污泵站20座、城市公厕3处，增设智慧停车泊位1000个，让城市焕新、幸福升级。

四、抓实抓好强农固基，推进乡村全面振兴

做实高效农业基础。高标准打造“魅力城南”市级乡村振兴示范片区、“吕乡田园”省级乡村振兴齐鲁样板示范区、“龙居甜源”省级衔接乡村振兴集中推进区。坚决遏制耕地“非农化”、严格控制“非粮化”，全面落实大豆玉米复合种植、马铃薯扩种任务，改造提升2万亩高标准农田，打造千亩盐碱耕地改造提升样板。实施总投资46亿元的19

个重点农业项目，开工建设数字农批产业园，加快泽膳日产30吨净菜工厂建设，年内新认证绿色食品5个、评选省级乡土名品村10个，市级以上重点农业龙头企业达到42家。

做优美丽宜居乡村。高标准编制镇域国土空间总体规划和村庄规划，加强村庄风貌特征、历史文化保护传承，留住乡愁记忆。积极推动新型城镇化建设，支持牛庄镇争创小城镇创新提升行动试点。完善农村基础设施，升级路网130公里，改造农村供水主管道76公里、危桥4座，完成4500户农房保温节能改造、900户农村电代煤改造。深入学习运用“千万工程”经验，健全农村人居环境整治长效机制，打造6个省市级和美乡村示范村、60个和美乡村提升村。推动城乡教育医疗一体化发展，实施农村学校办学条件提升工程，建成六户镇中心幼儿园，增设3处“名医基层工作站”，让群众幸福感在“家门口”升级。

做足强村富民文章。重启六户城南庙会，精心打造牛庄吕韵老街、史口博昌古镇、龙居湾沿黄乡村文化振兴展示带，争创国家休闲农业重点县。创新乡村人才培养机制，建设农业科技示范展示基地3个，年内培养产业领军人才和高素质农民200人以上。抓好防止返贫监测，落实帮扶措施，脱贫人口人均纯收入年增长7.8%以上。巩固“三资”清管专项行动成果，启用农村经济智慧监管平台，让村务在阳光下运行。实施“头雁工程”，新培育共富公司、“共富工坊”20家以上，村集体经济收入50万元以上村达40%以上，让乡亲们的日子越过越红火。

五、抓实抓好改革开放，释放发展动力活力

深化重点领域改革。聚焦“六大专项领域改革”，深化重大任务攻坚，破解体制机制障碍，新增省级以上改革试点15个以上、国家层面认可推广经验10项以上。扎实推进自然资源节约集约利用改革，加大批而未供和闲置低效土地盘活力度，精准高效保障土地要素供应。深化农村土地制度、农业水价、供销合作社等综合改革，全面提升农业发展质效。大力实施国有企业改革深化提升行动，加快市场化转型和AA+主体信用评级进程，打造高信用主体矩阵，增强国有企业市场竞争力和抗风险能力。

聚力优化营商环境。创新推出“营商环境创新提升行动5.0版”，系统升级政务、市场、法治、要素等方面“软环境”，打造企业家和创业者的“温暖良港”。聚力推动“高效办成一件事”改革，实施“亲清互动、相伴同行”暖企行动，深化个体工商户分型分类精准培育，促进市场主体稳步高质增长。坚定落实“两个毫不动摇”，组织开展行政执法领域问题专项整治，持续规范提升涉企服务，实施包容审慎监管，兑现267项轻罚免罚政策，让国企敢干、民企敢闯、外企敢投蔚然成风。

扩大高水平对外开放。顺应国际格局演变趋势，持续扩大高端油气装备、精细化工、精密铸造等主导产业出口规模，鼓励企业通过线上参展洽谈、境外机构参展等模式，广泛开辟“一带一路”和RCEP新兴市场。积极融入黄河重大国家战略和山东半岛城市群、省会经济圈等区域发展战略，抓好黄大铁路运维中心、东营高铁现代综合客运枢纽建设，服务推进津潍高铁、G220东深线、国家能源博兴电厂铁路专用线等重大交通基础设施工程，年内实现东青高速改扩建工程全线通车，加速构建内畅外联对外开放大通道。

六、抓实抓好油地校融合，深层推进共兴共赢

以更大力度推动产业共育。瞄准油田产能布局和创新方向，积极发展软件设计、工业研发、检验检测、油气增产等工业服务业，保障油田效益稳产2340万吨以上。依托海洋油气钻采关键装备技术创新中心，加快建设智能钻井自动化装备、钻完井智能工具生产线，抓好胜机高端石油智能化装备研发制造基地、瑞茂莱年产8000吨深海大通径钻采设备制造等项目建设，推动主导产业与油田市场互补赋能、“耦合”发展。持续发力油田产业链、供应链企业招商，打造石油装备与油服产业供应链金融服务平台，年内新招引落户油田供应链企业12家以上。

以更大力度推动资源共享。坚持外优布局、内畅体制，集聚油地校科技人才，打造产业协同研发平台，畅通油地校科技成果产业转化通道，提升产业核心竞争力。规划布局全国油气勘探开发技术公共创新基地配套服务区和辐射带动区，以“交钥匙”方式推动油田“三院”整建制入驻。全力支持石油化工学院加快专业硕士点、绿色低碳产学研协同创新示范区建设，以碳中和联合研究院、现代产业学院为牵引，持续引进一批学术领军人才和高水平创新团队。升级人才“金桥工程”3.0版，面向“一带一路”国家组建海外油城子女“同城朋友圈”。

以更大力度推动社会共治。坚持油地文化资源共享、设施共用、活动共办，支持油地工会、妇联、共青团携手搭建沟通交流的桥梁纽带。协同推进矿区资源优化整合，全力支持油田布局丛式井组、井工厂。全面升级油田移交小区物业管理，加快运旺片区等迁建小区建设，提升改造16个公园广场，让油田干部职工住得安心、生活得舒心。健全油田退休党员党组织关系常态化移交机制，全面推行“社区幸福合伙人”制度，常态化开展“油地干部下基层”“一老一青”进社区活动，凝聚基层治理强大合力。

七、抓实抓好生态保护，巩固绿色发展基底

加快绿色低碳转型。实施第三轮“四减四增”行动，完善能源消耗总量和强度调控，“一业一策”推进高碳行业减排，强化“三线一单”刚性约束，严把“两高”项目审批准入门槛，加快向碳排放“双控”转变。加强绿色低碳技术应用示范，大力发展零碳制造和绿电制造产业，加快实施东营高新区综合智慧零碳电厂、龙居零碳小镇等重点项目，鼓励碳票、CCER开发和交易，探索生态价值多元实现的“东营区样板”。

守好蓝天、碧水、净土。强化生态环境问题整改闭环管理，高标准完成环保督察反馈问题整改任务。实施总投资53.5亿元的9个生态环保项目，推动氮氧化物和挥发性有机物减排，完成城乡水质改善工程建设，强化固体废物减量治理，提级重点行业环保绩效，争创国家生态文明建设示范区、国家环境健康管理试点。

筑牢生态保护屏障。高标准实施沿黄生态长廊建设和生物多样性工程，新造、修复林地2700多亩，构建绿色生态屏障，全力保障黄河安澜。开展道路两侧林带、景观绿化带补绿补栽，塑造“绿不断线、景不断链”城市景观。强化河湖长制责任落实，健全河湖管护体系，一体推进水资源超载治理与节水型社会建设，推动美丽幸福河湖建设走深走实，描绘水清岸绿、景美人和的生态画卷。

八、抓实抓好和谐稳定，筑牢安全发展防线

全面抓牢公共安全。实施安全生产治本攻坚三年行动，推动公共安全治理向事前预防转型，夯实全员安全生产责任体系，提高事故隐患“人防”“技防”能力，坚决遏制较大及以上事故发生。强化食品药品安全监管，健全重大传染病监测预警体系。加强战略和应急物资储备，提升极端天气、突发事件应对能力。宣传普及总体国家安全观，防范化解意识形态领域风险。

持续优化金融环境。深化政银企合作，大力发展普惠金融、绿色金融、科创金融、供应链金融，引导更多金融活水流向实体经济。加快企业上市步伐，力争年内实现胜利监理北交所上市。加大金融风险防范力度，强化企业债务风险监测预警，“一企一策”推进重点企业债务风险处置。加强地方债务风险管控，持续优化城投公司债务结构。优化商品房预售资金监管，促进房地产市场平稳健康发展。严厉打击非法集资、恶意逃废金融债务行为，维护金融秩序安全稳定。

提升社会治理水平。坚持和发展新时代“枫桥经验”，完善多元矛盾纠纷化解机制、网格化基层善治模式，打造“油城卫士”群防群治品牌。推进侦查、执法监督、执法办案“三大中心”一体化运行，争创全省社会治安防控体系建设示范区。依法管理民族宗教事务。大力开展信访问题源头治理和信访积案化解，打好新一轮禁毒人民战争攻坚战，常态化推进扫黑除恶，严厉打击电信网络诈骗等各类违法犯罪，全力建设更高水平“平安东营区”。

九、抓实抓好民生改善，提高人民生活品质

强化就业和社会保障。深化城乡公益性岗位扩容提质行动，统筹抓好高校毕业生、农民工、退役军人等重点群体就业保障，支持发展灵活就业和新就业形态。加快推动青年发展友好型县域建设，完善青年优居、子女教育等精准服务体系。优化生育配套支持措施，多渠道增加托育服务供给。健全多层次多支柱社保体系，全面实施社保待遇领取资格“静默认证”，稳步提高各类保险标准和社会救助保障水平。加强未成年人保护工作，深入推进儿童友好城市建设。

办好人民满意教育。持续打造教育满意之区，抓好胜利五十八中、石油大学附属中学等5所中小学、幼儿园改扩新建，升级改造29所中小学、幼儿园教育教学设施，全面推进“三名两体”建设，争创全国学前教育普及普惠县、义务教育优质均衡县。提高中等教育办学水平，全力服务胜利一中、胜利二中等在地高中改造扩建，支持区职业中专、金盾司法学校打造职业教育高地，加快构建多层次、高水平教育体系。

建设区域医疗高地。深化疾病预防控制中心省级改革试点，完成总投资10.8亿元的医疗机构服务能力提升项目建设，服务胜利油田中心医院创建省级区域医疗中心，打造县域医共体“东营区模式”。加快鲁辰综合养老服务中心、明德医养中心建设，服务区中心医院、德康宁医养中心健康运营，全区综合性医养结合机构达到12家，争创省级医养结合高质量发展创新引领区、国家医养结合示范县。

丰富精神文化生活。加强吕剧文化遗产保护传承，实施“一十百千万”突破工程，开展“戏曲文化月”“周末戏相逢”等吕剧活动100场以上，让优秀传统文化浸润人心。高标准实施“文化惠民”工程，创设“融媒+”线上文化惠民服务中心，精心组织“进千村乐万家”“新六艺”全民公益课堂等群众性文化活动。举办第二届河海音乐节、东营首届大学生音乐节等系列特色文旅活动，构建“文旅+”产业生态圈，打造全市新青年潮流文化集聚区。

用心办好民生实事。各位代表；区政府在广泛征集各方面意见的基础上，论证提出西城居住环境提升、交通体系配套升级、区域医康养能力提升、教育资源优质均衡、丰富群众文化生活、全民健身服务提升、就业创业扩容提质、城乡养老体系完善、妇女儿童关心关爱、困难群众兜底保障、特殊群体救助关怀、生命财产安全守护等12件民生实事。这12件民生实事共包含54个子项，总投资31.2亿元，在此一并提交会议审议。我们将采取重点督办、定期回访等方式，及时跟踪问效，真正让群众在每件实事中看到变化、得到实惠、感到幸福。

全面加强政府自身建设

把政治建设摆在首位。始终扛牢政府系统党的建设重大责任，把忠诚拥护“两个确立”、坚决做到“两个维护”作为最根本的政治要求，坚持不懈用习近平新时代中国特色社会主义思想凝心铸魂，不断提高政治判断力、政治领悟力、政治执行力，始终在思想上政治上行动上同以习近平同志为核心的党中央保持高度一致，不折不扣贯彻落实中央大政方针和省市、区委决策部署，不断提升政府治理体系和治理能力现代化水平。

把法治建设推向纵深。深入践行习近平法治思想，自觉运用法治思维和法治方式深化改革、推动发展、化解矛盾、维护稳定。全面加强法治政府建设，严格规范重大行政决策程序，深化政务公开，充分听取各方面意见，使各项决策制定更顺民意、更有质量。依法接受区人大及其常委会法律监督，自觉接受区政协民主监督，主动接受社会和舆论监督，加强审计和统计监督，认真办好人大代表建议和政协委员提案。强化重点领域执法监督，严格过错责任追究，确保政府工作始终在法治轨道上规范运行。

把作风建设引向深入。驰而不息纠“四风”、树新风，把心放在工作上、把工作放在心上，敢有作为、善有作为、快有作为，让务实担当、履职尽责成为政府工作的鲜明底色。坚持以人民为中心的发展思想，自觉践行初心使命，坚定不移走共同富裕道路，让现代化建设成果更多更公平惠及全区人民。坚持发扬斗争精神，较真碰硬督查督办，打通堵点、直击痛点、消除“中梗阻”，全力战胜前进道路上各种困难挑战，依靠顽强斗争打开事业发展新天地。

把廉政建设贯穿始终。严格落实中央八项规定及其实施细则精神，持续加强政府系统党风廉政建设。完善监督机制，强化行政审批、工程建设、招投标等关键领域监管，斩断违规干预之“手”，打造更多阳光工程、民心工程。持续优化财政支出结构，带头过“紧日子”，严控“三公”经费，全面实施预算绩效管理，提高财政资金使用效益。主动配合巡视巡察、联动监督，坚持以“零容忍”态度反腐惩恶，切实以严的基调强化正风肃纪，坚决打歪风、治邪气，扬新风、树正气。

各位代表！星光不问赶路人，历史属于奋进者。让我们紧密团结在以习近平同志为核心的党中央周围，在市委、市政府和区委坚强领导下，保持战略定力，坚定发展信心，奋力开创高水平现代化强区建设新局面。

大事记

2023年1—12月

大事记

2023 年 1—12 月

1 月

3 日　九届区委常委会第 53 次（扩大）会议召开，传达学习习近平总书记在中央农村工作会议上的重要讲话精神、在中共中央政治局民主生活会上的重要讲话精神，传达学习省委经济工作会议精神、市两会精神，听取关于全区森林湿地长制工作情况汇报；会议还研究其他事项。区委书记苟宏水主持会议并讲话，区委副书记、区长燕雪英，区委常委出席会议；区政协主席杜书亮、区政府分管负责人列席会议。

4—5 日　中国人民政治协商会议第十届东营市东营区委员会第二次会议召开。会议通过《关于接受李新军辞去十届区政协常务委员会委员职务的决定》《政协第十届东营市东营区委员会提案审查委员会关于十届二次会议提案审查情况的报告》和《政协第十届东营市东营区委员会第二次会议决议》。

5—6 日　东营市东营区第十五届人民代表大会第二次会议召开。会议以无记名投票方式，补选李新军、管斌为区人大常委会委员；表决通过区十五届人大城乡建设环境保护委员会主任委员人选名单；表决通过关于政府工作报告的决议、关于东营区 2022 年国民经济和社会发展计划执行情况与 2023 年计划的决议、关于东营区 2022 年预算执行情况和 2023 年预算的决议、关于东营区人民代表大会常务委员会工作报告的决议、关于东营区人民法院工作报告的决议、关于东营区人民检察院工作报告的决议及东营区 2023 年民生实事项目。

7 日　东营区组织收听收看市委经济工作会议。区委书记苟宏水，区委副书记、区长燕雪英，区委副书记胥高远等在东营区分会场参加收听收看。

同日　九届区委常委会第 54 次（扩大）会议召开，传达学习市委经济工作会议精神，研究区委经济工作会议有关事宜；会议还研究了其他事项。区委书记苟宏水主持会议并讲话，区委副书记、区长燕雪英，区委副书记胥高远，区委常委出席会议；区政府分管负责人列席会议。

同日　区委副书记、区长燕雪英主持召开第 15—23 次区政府常务会议。会议传达学习习近平总书记在中共中央政治局民主生活会上的重要讲话精神；传达学习中央经济工作会议、省委经济工作会议精神；传达学习中央农村工作会议精神；传达学习市“两会”会议精神——杨国强参加东营区代表团审议时的讲话和陈必昌作《政府工作报告》精神传达提纲；传达学习《山东省建设绿色低碳高质量发展先行区三年行动计划（2023—2025年）》；传达学习《黄河流域生态保护和高质量发展奖补资金管理办法》；听取并原则同意区发展改革局关于2023年全区重点项目情况的汇报；听取并原则同意区政府办公室关于《燕雪英在区委经济工作会议上的讲话》起草情况的汇报。

8日　东营区委经济工作会议召开。区委书记荀宏水主持会议并讲话，区委副书记、区长燕雪英出席会议并讲话，区委副书记胥高远等参加会议。

9日　省妇联对美丽庭院建设工作中表现突出的村集体给予通报表扬，牛庄镇王庄村、龙居镇谢何村入选。

10日　九届区委常委会第56次（扩大）会议召开，听取2022年度镇（街道）和区委有关直属党（工）委书记全面从严治党述责述廉和抓基层党建工作述职。区委书记荀宏水主持会议并讲话，区委副书记、区长燕雪英，区委常委出席会议；区政府分管负责人列席会议。

同日　2023年西城高品质现代化城市建设座谈会召开。区委书记荀宏水出席会议并讲话。

15日　区委常委、副区长蒋峰主持召开第15—24次区政府常务会议。会议听取并原则同意区财政局关于东营区2023年第一批专项债券资金发债项目拟确定情况的汇报。

17—18日　区委书记荀宏水到区人武部、区疾控中心、中石化石油工程设计有限公司、交警二大队、山东永利精工石油装备股份有限公司开展春节走访慰问活动。

19日　九届区委常委会第57次（扩大）会议召开，传达学习习近平总书记对政法工作作出的重要指示精神、省“两会”精神，研究并原则同意《关于推动东营高新区、胜园街道融合发展的意见》《东营区加快推进“山东省现代流通强县”建设的实施意见》；会议还研究了其他事项。区委书记荀宏水主持会议并讲话，区委副书记、区长燕雪英，区委副书记胥高远，区委常委出席会议；区人大常委会主任张汝淮、区政协主席杜书亮、区政府分管负责人列席会议。

同日　区委副书记、区长燕雪英主持召开第15—25次区政府常务会议。会议传达学习习近平总书记在党外人士新春座谈会上的重要讲话精神；传达学习关于公安部嘉奖令有关情况的汇报；听取并原则同意区发展改革局关于《东营区“十四五”社会信用体系建设规划（讨论稿）》起草情况的汇报；听取并原则同意区商务局关于《东营区加快推进“山东省现代流通强县”建设的实施意见（讨论稿）》起草情况的汇报；听取并原则同意区农业农村局《关于加快推动东营区预制菜产业高质量发展的实施意见（讨论稿）》起草情况的汇报；听取并原则同意区委组织部关于全区教育、卫生、吕剧人才政策起草情况的汇报；听取并原则同意区市场监管局关于成立东营区实施标准化战略领导小组有关情况的汇报。

同日　自然资源部公布首批全国自然资源节约集约示范县（市）认定名单，东营区入选。

26—27日　区领导开展“走基层 进企业”活动。26日，区委书记荀宏水先后到德仕能源科技集团股份有限公司、山东广域科技有限责任公司、胜利油田胜机石油装备有限公司开展调研并听取相关情况汇报。27日，区委副书记、区长燕雪英先后到海泽检测集团、山东科瑞油气装备有限公司调研并听取相关情况汇报。26日，区委副书记胥高远到山东万通石油化工集团有限公司调研并听取相关情况汇报。26日，区人大常委会主任张汝淮到山东广域科技有限责任公司调研并听取相关情况汇报。26日，区政协主席杜书亮先后到山东神驰化工集团有限公司、中胜实业有限公司调研并听取相关情况汇报。

27日　省文明办公布2022年度学雷锋志愿服务“四个100”先进典型名单，东营区4个先进典型入选。其中，东营油城义工爱心协会秘书长张素梅获评“最美志愿者”，黄河路街道万泉村志愿服务队获评“最佳志愿服务组织”，东营区新时代文明实践志愿集市项目获评“最佳志愿服务项目”，辛店街道福兴社区获评“最美志愿服务社区”。

30日　市委副书记、市长陈必昌到东营区督导调研重点项目建设。胜利石油工程公司总经理、党委副书记张宗檩，市委常委、副市长何宪卓，副市长、区委书记荀宏水等参加调研。

31日　九届区委常委会第58次（扩大）会议召开，传达学习二十届中央纪委第二次全体会议、十二届省纪委二次全会、市纪委七届二次全体会议精神，听取关于市对区综合考核指标进展情况的汇报、全区基本公共服务群众满意度测评情况的汇报、市区领导干部“走基层、进企业”活动有关情况的汇报；会议还研究其他事项。区委书记荀宏水主持会议并讲话，区委副书记、区长燕雪英，区委副书记胥高远，区委常委出席会议；区人大常委会主任张汝淮、区政协主席杜书亮、区政府分管负责人列席会议。

2月

2日　中国共产党东营市东营区第九届纪律检查委员会第三次全体会议举行。区委书记荀宏水出席会议并讲话，区委副书记、区长燕雪英，区委副书记胥高远，区人大常委会主任张汝淮，区政协主席杜书亮等参加会议。

3日　东营区组织收听收看东营市2022年度“创新实干、事争一流”综合表彰暨作风建设大会。区委副书记胥高远、区人大常委会主任张汝淮、区政协主席杜书亮等在东营区分会场参加收听收看。

同日　东营区加力提速工业经济高质量发展暨招商引资工作会议召开。区委书记荀宏水出席会议并讲话，区委副书记、区长燕雪英主持会议，区委副书记胥高远、区人大常委会主任张汝淮、区政协主席杜书亮等参加会议。

6日　东营区组织收听收看市委理论学习中心组专题辅导报告会暨全市干部大讲堂。区委书记荀宏水，区委副书记、区长燕雪英，区委副书记胥高远，区人大常委会主任张汝淮，区政协主席杜书亮等在东营区分会场参加收听收看。

7—11日　东营区2023年科级干部党的二十大精神第二期专题学习班举办。2022年11月21日，科级干部党的二十大精神第一期专题学习班开班。全区1100余名科级干部分两批集中轮训。

8日　克拉玛依市委常委、常务副市长、一级巡视员钱志福带领考察团到东营区考察学习。考察团先后到全国油气勘探开发技术公共创新基地、德仕能源科技集团、东营智慧油服产业基地、山东海科新源材料科技股份有限公司考察并听取相关情况汇报。副市长、区委书记荀宏水，市政府党组成员、副市长边志伟等陪同考察。

同日　东营区委常委会召开2022年度民主生活会。市委常委、市纪委书记、市监委主任连峻峰到会指导。区委书记荀宏水主持会议并代表区委常委会作对照检查。市纪委常委、市委巡察办主任孟宪忠出席会议。

同日　省住建厅网站推荐分享山东省城乡生活垃圾分类典型案例。东营区案例《“闭环管理 生物处理”东营市东营区提升厨余垃圾资源化利用水平》获全省推广。

10日　国家能源集团胜利电厂三期第二台机组项目和氢能源装备制造项目在北京签约。区委副书记、区长燕雪英代表区政府与国家能源投资集团有限责任公司签约国家能源集团胜利电厂三期第二台机组项目。汉德能源设备有限公司与华格立德（北京）氢能科技有限公司签约氢能源装备制造项目。

12日　中国科学院院士、中国地质大学（武汉）校长王焰新，国家能源集团烟台龙源电力首席专家杨天亮，国家能源集团科技部处长李井风等到东营区考察省级改革创新试点项目——牛庄镇清洁取暖无烟小镇情况并举行座谈会。区委书记荀宏水参加座谈并讲话，区委副书记、区长燕雪英等参加座谈。

13日　东营区组织收听收看

市委农村工作会议。区委副书记胥高远、区人大常委会主任张汝淮、区政协主席杜书亮等在东营区分会场参加收听收看。

14日　全省高质量发展重大项目建设现场推进会和全市高质量发展重大项目建设现场推进会通过视频连线方式举行。东营区在亿科高端树脂新材料项目现场设分会场。副市长、区委书记苟宏水汇报东营区重点项目开工情况，区人大常委会主任张汝淮等参加会议。

同日　2023年东营区高质量发展重点项目创新创优劳动竞赛启动，为亿科高端树脂新材料项目、胜利泵业高新采油装备制造基地项目等参赛单位授旗。区委书记苟宏水出席仪式并宣布竞赛启动。

15日　驻东营市全国人大代表到东营高新区胜利泵业采油装备制造基地开展会前调研。市人大常委会副主任王吉能、副市长边志伟、区人大常委会主任张汝淮等陪同调研。

17日　东营区组织收听收看全市领导干部警示教育大会。区委书记苟宏水，区委副书记、区长燕雪英，区人大常委会主任张汝淮，区政协主席杜书亮等在东营区分会场参加收听收看。

同日　区委副书记、区长燕雪英主持召开第15—26次区政府常务会议。

18日　青岛大学党委书记胡金焱到青岛大学东营研究院考察。区委副书记、区长燕雪英等参加考察。

同日　林洪生首都国医名师传承工作站东营基地签约揭牌仪式举行。首都国医名师林洪生与东营区中心医院签约。林洪生、区委书记苟宏水共同为林洪生首都国医名师传承工作站东营基地揭牌。

19—21日　区委书记苟宏水带队赴深圳、东莞、上海考察学习。苟宏水先后到深圳湾创业广场展厅、深圳市芯海科技有限公司、深圳市乐凡信息科技有限公司、深圳市东华实业（集团）有限公司、深圳改革开放干部学院、中国科学院深圳先进技术研究院、华为松山湖工业园、松山湖材料实验室、中国石化上海海洋石油局洽谈重点项目，开展对标学习和产才项目对接。

20日　东营区大型原创现代吕剧《油城壮歌》新闻发布会举行。21日，《油城壮歌》上演。省戏剧家协会常务副主席柴心记，省京剧院副院长、省戏剧家协会副主席、戏剧“梅花奖”获得者刘建杰，省吕剧艺术保护传承中心（山东省吕剧院）副主任、副院长吴海涛，市委常委、胜利石油管理局有限公司党委常务副书记、工会主席韩辉，胜利石油工程公司党委副书记、纪委书记、工会主席、监事魏永军，区委副书记胥高远等观看演出。

21日　东营区组织收听收看全市深化新旧动能转换推动绿色低碳高质量发展动员大会。区委副书记、区长燕雪英，区人大常委会主任张汝淮，区政协主席杜书亮等在东营区分会场收听收看。

23日　东营区组织收听收看全市“四新”经济和数字经济攻坚突破大会。区委书记苟宏水参加收听收看并作汇报发言。区委副书记胥高远、区人大常委会主任张汝淮、区政协主席杜书亮等收听收看。

同日　九届区委常委会第59次（扩大）会议召开，传达学习习近平总书记主持中共中央政治局第二次集体学习时的重要讲话精神、在学习贯彻党的二十大精神研讨班开班式上的重要讲话精神，传达学习2月16日中央政治局常务委员会会议精神、2月21日中共中央政治局会议精神，研究区委经济工作会议有关事宜；研究并原则同意《关于做好2023年全面推进乡村振兴重点工作的实施意见》；听取区人大常委会、区政府、区政协党组，区纪委监委，区法院、区检察院党组，区委教育工委、区委区直机关工委、区属国有企业党委2022年工作情况汇报；听取2022年区委常委会履行全面从严治党主体责任情况汇报；听取区委常委和区人大常委会、区政协、区法院、区检察院党组书记履行全面从严治党责任情况汇报；会议还研究了其他事项。区委书记苟宏水主持会议并讲话，区委副书记胥高远、区委常委出席会议；区人大常委会主任张汝淮、区政协主席杜书亮、区政府分管负责人列席会议。

24 日　东营区十五届人大常委会第 9 次会议召开，会议审议通过区人大常委会 2023 年工作要点，依法进行人事任免事项，举行新任命人员向宪法宣誓仪式。区人大常委会主任张汝淮出席会议并讲话。

同日　区委书记苟宏水带队赴济南山乡集团、山东（济南）预制菜产业园考察学习。区委副书记胥高远等参加考察。

同日　商务部发布《关于2022 年度国家外贸转型升级基地考核结果的公示》，山东省东营市东营区国家外贸转型升级基地（石油装备）通过商务部考核。

27 日　全区领导干部警示教育大会召开。区委书记苟宏水出席会议并讲话，区委副书记、区长燕雪英主持会议，区委副书记胥高远、区人大常委会主任张汝淮、区政协主席杜书亮等参加会议。

28 日　市委常委、东营军分区政委张启军到东营区开展民兵整组潜力调查工作。张启军先后到威飞海洋装备制造有限公司、山东海科控股有限公司调研并听取相关情况汇报。区委副书记、区长燕雪英等陪同调查。

3 月

1 日　东营区组织收听收看全省安全生产工作会议。区委书记苟宏水等在东营区分会场参加收听收看。

同日　亿科高端树脂新材料产业园项目、海科生物基航空燃料技术改造及配套项目开工仪式举行。区委书记苟宏水出席仪式并讲话。

2 日　南京市高淳区人大常委会考察组到东营区考察。考察组先后到东营体育公园、泮水公园、东营胜利石油科技展览馆、耿井湿地参观调研并听取相关情况介绍。

3 日　区政府与市人民医院、市妇幼保健院合作共建签约暨揭牌仪式举行。仪式上，区政府分别与市人民医院、市妇幼保健院签约。区妇幼保健院挂牌市人民医院、市妇幼保健院合作医院。区委书记苟宏水出席仪式并为合作医院揭牌。

同日　区委农村工作会议召开。区委书记苟宏水出席会议并讲话，区委副书记、区长燕雪英主持会议，区人大常委会主任张汝淮、区政协主席杜书亮等参加会议。

7 日　市委常委、副市长何宪卓到东营区调研经济运行工作。何宪卓先后到科瑞集团、胜利泵业有限责任公司、山东广域科技有限责任公司、胜利油田物探研究院、山东梦立方数字产业孵化基地调研并听取相关情况汇报。区委副书记、区长燕雪英等陪同调研。

8 日　九届区委常委会第 61 次（扩大）会议召开，传达学习《习近平同志在中央政治局第三次集体学习时的重要讲话》《中国共产党第二十届中央委员会第二次全体会议公报》和习近平总书记在中共中央民主协商会上的重要讲话精神，传达学习全国、全省纪检监察干部队伍教育整顿动员部署会议精神，研究并原则同意《中共东营区委常委会 2023 年工作要点及分工方案》；会议还研究其他事项。区委书记苟宏水主持会议并讲话，区委副书记、区长燕雪英，区委常委出席会议；区人大常委会主任张汝淮、区政府分管负责人列席会议。

同日　区委副书记、区长燕雪英主持召开第 15—28 次区政府常务会议。会议传达学习习近平总书记在二十届中共中央政治局第三次集体学习时的重要讲话精神；传达学习中国共产党第二十届中央委员会第二次全体会议公报；听取并原则同意区发展改革局关于《东营区深化新旧动能转换推动绿色低碳高质量发展三年行动计划（2023—2025 年）（讨论稿）》《东营区推动绿色低碳高质量发展 2023 年重点工作任务（讨论稿）》起草情况的汇报；

听取并原则同意区发展改革局关于《关于加快推动“四新”经济和数字经济攻坚突破实施方案（讨论稿）》起草情况的汇报；听取并原则同意东营自然资源和规划分局关于国土变更调查和耕地保护有关情况的汇报；听取并原则同意东营生态环境分局关于全区生态环境保护工作情况及建议的汇报；听取并原则同意区工业和信息化局关于《东营区支持企业冲刺“一季度”夺取“全年好”奖励方案（讨论稿）》起草情况的汇报；听取并原则同意区民政局关于《关于提高困难群众救助保障水平的通知（讨论稿）》起草情况的汇报；听取并原则同意区投资促进发展服务中心关于落实新城吾悦文旅综合体项目第二次产业扶持奖励资金的汇报。

9 日　东营区组织收听收看全市“万名干部下基层”活动动员会议。区委书记荀宏水等收听收看。

同日　东营公安分局民警王汝云获公安部、全国妇联通报表扬。

10 日　河口区委副书记、区长李宝带队到东营区考察重点企业。考察团先后到德仕能源科技集团股份有限公司、科瑞集团、东营高新区展示中心、东营海森密封技术有限责任公司、胜利油田胜机石油装备有限公司、山东永利精工石油装备股份有限公司调研并听取相关情况介绍。区委书记荀宏水等陪同考察。

同日　东营区组织广大干部群众开展春季义务植树活动。现场种植核桃树、白皮松 1500 余株。区委书记荀宏水、区委副书记胥高远、区人大常委会主任张汝淮等到龙居镇临黄堤，与全区机关干部职工、志愿者一起参加义务植树活动。

10—11 日　区委副书记、区长燕雪英带队赴武汉开展东营区招才引智高校行（武汉）暨中国地质大学校园招聘活动。

13 日　九届区委常委会第 62 次（扩大）会议召开，传达学习全市“万名干部下基层”活动动员会议精神，研究并原则同意《关于推进落实全市“万名干部下基层”活动进一步深化常态化联系服务群众的实施方案》《关于开展干部作风建设提升行动进一步推动“创新实干、事争一流”的实施方案》《关于加快推动“四新”经济和数字经济攻坚突破实施方案》，听取并原则同意关于落实招商引资激励政策及新城吾悦文旅综合体项目第二次产业扶持奖励资金的汇报；会议还研究了其他事项。区委书记荀宏水主持会议并讲话，区委副书记、区长燕雪英，区委常委出席会议；区人大常委会主任张汝淮、区政府分管负责人列席会议。

同日　区政府和山东省工程咨询院战略合作签约仪式举行。山东省工程咨询院党组书记、院长李天生出席仪式并讲话，山东省工程咨询院党组成员、副院长王清出席仪式，区委书记荀宏水出席仪式并讲话，区委副书记、区长燕雪英主持仪式。

14 日　油地“万名干部下基层”活动动员会议召开。市委常委、胜利石油管理局有限公司党委常务副书记、工会主席韩辉出席会议并讲话；市委常委、组织部部长刘忠远出席会议；副市长、区委书记荀宏水出席会议并讲话；胜利石油工程有限公司党委副书记、纪委书记、工会主席、监事魏永军，东营区驻村第一书记和工作队工作专班牵头负责人、省政府研究室办公室（人事处）二级调研员张增洲，胜利石油管理局有限公司副总经济师兼公共事业管理部经理、住房资金管理中心经理朱吉忠出席会议；胜利石油管理局有限公司党委组织部部长、人力资源部经理李修伟出席会议并安排油地单位党组织“干部职工下一线、服务资源到基层、幸福满意进万家”行动；区委副书记、区长燕雪英主持会议；区委副书记胥高远等参加会议。

同日　商建楼烈士骨灰安葬仪式举行。商建楼于 1927 年出生，1942 年参加革命，时任广北县九区区长张浩然的通讯员。1947 年任渤海纵队连文化教员，1948 年前后相继参加济南、淮海、渡江等战役，1951 年枪伤复发牺牲，牺牲前任连长。1951 年被省人民政府评为烈士。区委副书记、区长燕雪英等出席仪式。

16日　东营区组织收听收看省、市稳就业工作电视会议。区委副书记、区长燕雪英在东营区分会场收听收看。

17日　九届区委常委会第63次（扩大）会议召开，传达学习十四届全国人大一次会议、全国政协十四届一次会议精神，传达学习林武在东营调研时的工作要求；会议还研究其他事项。区委书记荀宏水主持会议并讲话，区委副书记、区长燕雪英，区委副书记胥高远，区委常委出席会议；区人大常委会主任张汝淮、区政协主席杜书亮、区政府分管负责人列席会议。

19日　区委副书记、区长燕雪英主持召开第15—29次区政府常务会议。会议传达学习中国银保监会印发《银行业保险业贯彻落实〈国务院关于支持山东深化新旧动能转换推动绿色低碳高质量发展的意见〉实施意见的通知》；传达学习《数字中国建设整体布局规划》；传达学习习近平总书记关于统计工作的重要批示精神和省领导有关批示要求，学习《防范和惩治统计造假、弄虚作假重要文件汇编》；传达学习全国、全省、全市统计工作会议精神，听取并原则同意区统计局关于全区第五次全国经济普查有关情况的汇报；听取并原则同意区投资促进发展服务中心关于全区招商引资工作进展情况的汇报；听取并原则同意区人力资源和社会保障局关于传达全省、全市稳就业工作电视会议精神及东营区贯彻落实意见的汇报；听取并原则同意区卫生健康局关于兑现涉胜利油田计生关系移交相关人员待遇资金有关情况的汇报；听取并原则同意区卫生健康局关于2023年公开招聘卫生类事业单位工作人员有关事项的汇报；听取并原则同意区住房和城乡建设局关于2023年全区老旧小区改造计划的汇报；听取并原则同意区教育局关于东营区第三实验幼儿园（万通海欣盈园配套幼儿园）等3所幼儿园启用有关情况的汇报；听取并原则同意区教育局关于石油大学幼儿园移交情况的汇报。

20—22日　第九届山东省戏剧红梅大赛（吕剧专场）在东营区举行。来自全省21家专业院团的105名选手参赛。

22日　市委党校第76期县处级领导干部进修班赴东营区开展现场教学。进修班学员先后到东营体育公园、区区域治理运行管理中心、平安东营区综合体、黄河路街道玉景社区现场教学，并听取东营区相关情况介绍。区委副书记、区长燕雪英等参加教学活动。

23日　东营区组织收听收看全省质量大会。区委副书记、区长燕雪英，区人大常委会主任张汝淮，区政协主席杜书亮等在东营区分会场收听收看。

同日　东营区创建新一届全国“双拥模范城”动员会议召开。区委副书记胥高远出席会议并讲话。

同日　油地共建老年大学分校及教学点集中揭牌仪式举行。仪式上宣读了胜利油田老年大学胜中分校等15处分校、福兴社区教学点等28处教学点名单。区委副书记胥高远等出席仪式。

23—26日　区委书记荀宏水带队到荆州、长沙、成都、德阳开展油田产业链招商活动。荀宏水先后到中石化四机石油机械公司、三一集团、宏华集团考察，洽谈重点项目合作事宜。胜利石油工程公司执行董事、党委书记孙永壮，胜利石油工程公司副总经理、党委委员李兵，胜利石油工程公司风险防控首席专家兼纪委副书记、纪检监督部部长来庆良，胜利石油工程公司物资装备首席专家兼物资管理中心党委书记、副经理，资产调剂租赁公司执行董事、党委书记王东，胜利石油工程公司装备管理首席专家李晓明等参加招商。

同日　2023“惠享消费年 食在黄河口”餐饮促消费系列活动启动仪式在东营万达万恋街举行。副市长孙永，区委副书记、区长燕雪英等出席仪式。

26日　东营区组织收听收看2023山东省旅游发展大会开幕式。

区委副书记胥高远、区政协主席杜书亮等在东营区分会场参加收听收看。

27日　区政府与国家能源集团山东电力有限公司战略合作协议签约仪式举行。国家能源集团山东电力有限公司党委书记、董事长李文学，党委副书记、总经理徐连兵，党委委员、副总经理张伟，区委书记荀宏水等出席仪式。

28日　第三届儒商大会东营推介对接活动——2023东营市投融资合作创新发展大会在济南举行，东营区总投资20.8亿元的润元智能消费数字经济产业园项目和上海达坦能源年产500台（套）高性能螺杆及钻井提速工具项目在会上签约。

29日　区委书记荀宏水参加所在区委办公室党支部组织生活会。区委常委、办公室主任、宣传部部长杨奎强主持会议，区委常委、市直驻东营区下派工作队队长徐文辉参加会议。

30日　市人大常委会副主任王吉能带领2023年油城环保世纪行采访团到东营区开展集中采访活动。采访团先后到胜利发电厂、西城南污水处理厂开展集中采访活动，听取相关情况介绍。区委副书记、区长燕雪英等陪同采访活动。

31日　九届区委常委会第64次（扩大）会议召开，研究并原则同意《东营区深化新旧动能转换推动绿色低碳高质量发展三年行动计划（2023—2025年）》《东营区推动绿色低碳高质量发展2023年重点任务分工方案》，传达学习全省城市基层党建现场会精神，研究并原则同意《中共东营区委2023年度同区各民主党派无党派人士政党协商计划》《关于常态化开展油地干部双向挂职工作的实施意见》；会议还研究其他事项。区委书记荀宏水主持会议并讲话，区委副书记、区长燕雪英，区委常委出席会议；区政协主席杜书亮、区政府分管负责人列席会议。

同日　2023年油地物资贸易合作洽谈暨科技成果推介会举行。9家油地企业代表现场签订物资贸易合作协议和油田科技成果转化合作协议。胜利油田物资贸易项目部与胜利油田方圆化工有限公司和胜利油田胜机石油装备有限公司分别签订委托采购协议，与山东华滨建工有限公司签订战略合作协议，与胜利油田胜利自动化开发有限责任公司签订科技成果转化委托加工协议。胜利油田分公司胜利采油厂技术管理部与东营新瑞石油科技有限责任公司，检测评价研究公司与胜利星科检测技术有限公司分别签订科技成果转化合作协议。区委书记荀宏水出席签约仪式并致辞，胜利石油管理局有限公司党委常委、油田分公司副总经理王跃刚出席签约仪式并讲话，区委副书记、区长燕雪英主持仪式。

同日　东营区安全生产工作会议暨区安委会成员（扩大）会议召开。区委书记荀宏水主持会议并讲话，省“四进”驻东营区工作队支队长郝政出席会议，区委副书记、区长燕雪英出席会议并讲话，区委副书记胥高远等参加会议。

同日　东营区政协十届五次常委（扩大）会议召开，传达学习全国政协十四届一次会议精神；审议通过《东营区政协2023年协商工作计划》《东营区政协2023年工作要点》。区政协主席杜书亮出席会议并讲话。

4月

2日　区委副书记、区长燕雪英主持召开第15—30次区政府常务会议。会议传达学习习近平总书记在中共中央政治局会议上的重要讲话精神；传达学习林武署名文章《加快塑造山东高质量发展新优势》；听取并原则同意区卫生健康局关于迎接国家卫生城市复审有关情况的汇报；听取并原则同意区城乡基层治理服务中心关于《东营区“十四五”城乡社区服务体系建设规划（讨论稿）》起草情况的汇报；听取并原则同意区地方金融监管局关于《东营区招引银行、保险公司、证券公司聚集发展优惠政策（试行）》起草情况的汇报；听取并原则同意区教育局关于稳妥应对2023年秋季小学入学高峰工作情况的汇报；听取并原则同意区工业和信息化局关于2021年度山东省工业强县专项资金分配情况的汇报；听取并原则同意区工业和信息化局关于全区工业和信息化领域需兑付政策资金审核情况的汇报；听取并原则同意区政府办公室关于《区政府领导工作分工方案（讨论稿）》的汇报。

4日　九届区委常委会第65次（扩大）会议召开，传达学习3月30日中共中央政治局会议精神和习近平总书记在中共中央政治局第四次集体学习时的重要讲话精神，听取关于稳妥应对2023年秋季小学入学高峰工作情况的汇报；会议还研究了其他事项。区委书记荀宏水主持会议并讲话，区委副书记、区长燕雪英，区委副书记胥高远，区委常委出席会议；区人大常委会主任张汝淮、区政协主席杜书亮、区政府分管负责人列席会议。

7日　区人民政府与胜利油田中心医院合作共建签约暨揭牌仪式举行。区委书记荀宏水，市卫生健康委党组书记、主任鲍建强出席仪式并为“胜利油田中心医院医联体单位”揭牌。胜利油田中心医院党委书记颜培光等参加仪式。

同日　东营区2023年老旧小区改造及清洁取暖节能改造开工会议召开。东营区2023年老旧小区改造及东营区清洁取暖节能改造（二期）工程涉及文汇街道、黄河路街道、辛店街道、区商贸园管理服务中心辖区的23个小区，其中20个小区进行老旧小区改造，14个小区进行外墙保温改造。老旧小区改造总建筑面积38.3万平方米，总投资3947.586万元；清洁取暖节能改造23.8685万平方米，投资4296.33万元。

9日　区委副书记、区长燕雪英主持召开第15—31次区政府常务会议。会议传达学习习近平总书记在中共中央政治局第四次集体学习时的重要讲话精神；传达学习省自然资源厅《关于印发加强自然资源要素保障服务经济高质量发展若干政策措施的通知》；传达学习《关于印发东营市2023年财源建设工作要点的通知》，听取《东营区2023年财源建设重点攻坚事项实施意见》；传达学习《东营市党政机关和公职人员政商交往“正面清单”和“负面清单”》；传达学习中共东营市委组织部《关于服务支持县区（开发区）的十条措施》；听取并原则同意区投资促进发展服务中心关于全区招商引资工作进展情况的汇报；听取并原则同意区住房和城乡建设局关于全区重点片区城市更新经济可行性分析情况的汇报；听取并原则同意区文化和旅游局关于传达学习2023年山东省旅游发展大会精神及东营区贯彻落实意见的汇报；听取并原则同意区防汛抗旱指挥部办公室关于全区防汛备汛工作情况的汇报；听取并原则同意东营自然资源和规划分局关于全区耕地保护有关情况的汇报；听取并原则同意区食安办关于全区食品安全“两个责任”落实情况及下一步工作建议的汇报。

10日　九届区委常委会第66次（扩大）会议召开，传达学习习近平总书记在学习贯彻习近平新时代中国特色社会主义思想主题教育工作会议上的重要讲话精神、2023山东省旅游发展大会精神，听取关于全区耕地保护有关情况、招商引资工作进展情况的汇报；会议还研究其他事项。区委书记荀宏水主持会议并讲话，区委副书记、区长燕雪英，区委副书记胥高远，区委常委出席会议；区政协主席杜书亮、区政府分管负责人列席会议。

11日　省政协常委、教科卫体委员会主任燕翔带队到东营区调研“城乡建设绿色低碳发展”工作。调研组到文汇街道榴香园生活垃圾示范小区、东营区“两清零、一提标”雨污分流改造项目胜利油建工程公司改造点、东营区生活垃圾分类西城北分拣中心考察并听取相关情况汇报。市政协副主席王志安、区政协主席杜书亮等参加调研。

12日　河南省鹤壁市、安徽省宿州市考察团到东营区考察慢性病医保延伸工作。考察团到胜园街道温家村、黄河路街道玉景社区医保延伸点考察。区委书记荀宏水等参加考察。

同日　东营区创建全国文明城市暨巩固国家卫生城市创建成果工作推进会议召开。区委书记荀宏水出席会议并讲话，区委副书记、区长燕雪英主持会议，区委副书记胥高远、区人大常委会主任张汝淮、区政协主席杜书亮等参加会议。

16日　区委书记荀宏水带队赴徐州开展东营区招才引智高校行（徐州）暨中国矿业大学校园招聘活动。

18日　东营区党建赋能民营企业发展实训营在深圳开班。本次实训营由区人民政府、中国科技开发院主办，区委组织部、区工商联、中开院东营基地联合承办，培训对象为胜利油田胜机石油装备、山东万海控股集团、山东广域科技有限责任公司、东营海森密封技术有限责任公司等30余家东营区规模以上企业、改制企业、专精特新企业创始人及高管。

19日　东营区组织收听收看全市生态环境保护暨“无废城市”建设动员会议。区委副书记、区长燕雪英参加收听收看并作汇报发言。

同日　九届区委常委会第67次（扩大）会议召开，传达学习习近平总书记在广东考察时有关重要讲话精神，听取关于全区重点片区城市更新经济可行性分析情况、精铸产业发展情况的汇报；会议还研究其他事项。区委书记荀宏水主持会议并讲话，区委副书记、区长燕雪英，区委副书记胥高远，区委常委出席会议；区人大常委会主任张汝淮、区政协主席杜书亮、区政府分管负责人列席会议。

同日　省住房和城乡建设厅印发《关于公布小城镇创新提升行动试点名单的通知》，确定100个镇为全省小城镇创新提升行动试点镇。牛庄镇入选特色专业镇试点名单。

20日　东营区歌手、区音乐家协会主席马树亮在2023年中国·柳州“鱼峰歌圩”全国山歌邀请赛中获一等奖。

22日　区委副书记、区长燕雪英主持召开第15—32次区政府常务会议。会议传达学习习近平总书记在广东考察时的重要讲话精神；传达学习林武书记署名文章《全面落实党的二十大精神、在构建新安全格局中贡献山东力量》；传达学习《省文化和旅游厅关于赴浙江考察旅游发展情况的报告》；听取并原则同意区卫生健康局关于《东营区医疗卫生事业高质量发展方案（讨论稿）》起草情况的汇报；听取并原则同意区供销合作社联合社关于成立东营区供销合作社社有企业的汇报；听取并原则同意区教育局关于《东营区教育救助基金管理使用办法（讨论稿）》起草情况的汇报。

同日　落实黄河重大国家战略劳模工匠东营行暨高技能人才合作交流大会东营区分会场石油装备产业发展座谈会举行。来自全国各地的全国劳模、中华技能大奖获得者、国家级技能大师工作室带头人等15人参加座谈并交流发言。区委书记荀宏水出席会议并致辞，区委副书记胥高远出席会议。

23日　东营区组织收听收看全省全市安全生产工作视频会议。区委书记荀宏水，区委副书记、区长燕雪英，区委副书记胥高远收听收看。会后，区委副书记、区长燕雪英安排部署全区安全生产工作。

同日　“全民阅读　书香东营”2023齐鲁书香节暨第八届东营读书节启动仪式在东营区举行。区委书记荀宏水出席仪式并致辞。

同日　东营区委全面深化改革委员会第十五次会议召开。会议研究通过《中共东营区委全面深化改革委员会2022年工作总结》《中共东营区委全面深化改革委员会2023年工作要点》。区委书记、区委全面深化改革委员会主任荀宏水主持会议并讲话。

24日　东营区教育基金会第一届理事会第五次会议暨2022年度会议召开。区委书记荀宏水出席会议并讲话，区委副书记胥高远宣读胜利油田东胜精攻石油开发集团股份有限公司、山东建大建设集团有限公司、山东海科控股有限公司等6个基金会副理事长单位及3个名誉副理事长单位、8个理事单位名单。

25日　东营区十五届人大常委会第10次会议召开。会议审议通过区法院关于行政审判工作情况的报告、区检察院关于适用认罪认罚从宽制度情况的报告、区政府关于2022年度全区环境状况和环境保护目标完成情况的报告、区人大监司委关于2022年规范性文件备案审查工作有关情况的报告，依法进行人事任免事项并举行新任命人员向宪法宣誓仪式。区人大常委会主任张汝淮出席会议并讲话。

25—26日　黄河流域生态保护和高质量发展工程咨询论坛在东营区举行。中国工程咨询协会副秘书长刘洁、省发展和改革委员会总经济师王晓燕出席开幕式并致辞；西宁市政府副秘书长、西宁市发展和改革委员会党组成员、副主任（援青）苑芳凯出席开幕式；山东省工程咨询院党组书记、院长，省工程咨询协会会长李天生出席开幕式并致辞；副市长、区委书记荀宏水出席开幕式并致辞。中国国际工程咨询有限公司首席规划咨询师、区域发展与规划业务部主任、研究员郭建斌，中国社会科学院生态文明研究智库理论部主任黄承梁等出席开幕式并作主旨演讲。来自沿黄省份工程咨询协会、单位的89名专家参加论坛。

26日　省文化和旅游厅党组成员、副厅长王炳春带队到东营区调研文旅项目建设发展工作。王炳春到泮水公园、新城吾悦文旅综合体项目、耿井片区及重点项目、黄河三角洲动物园调研并听取相关情况汇报。区委副书记、区长燕雪英陪同调研。

同日　山东建大建设集团有限公司董事长王爱军，山东广域科技有限责任公司技术员戴吉勇，黄河路街道耿井村党总支书记、村委会主任耿考亮，黄河路街道锦城社区网格员赵大仿，东营市东营区金丰家庭农场经理庞增华，胜利油田胜机石油装备有限公司党委书记、董事长张喜庆等6人被省委、省政府评为山东省劳动模范。

27日　“新业态 新经济 新发展”2023东营区“双招双引”杭州推介会暨项目集中签约仪式举行。副市长、区委书记荀宏水出席仪式并致辞，市政府副秘书长、市投资促进局局长高瑞国主持仪式。区委副书记胥高远参加仪式。

28日　东营区组织收听收看市政府全体（扩大）会议暨廉政工作会议。区委副书记、区长燕雪英收听收看。

同日　东营区庆祝“五一”国际劳动节大会召开。区委书记荀宏水出席会议并讲话，区委副书记、区长燕雪英，区委副书记胥高远，区人大常委会主任张汝淮，区政协主席杜书亮参加会议。

是月　市蓝海餐旅管理学校实训中心指导教师许凯君被中华全国总工会授予全国五一劳动奖章。

5月

4日　市委副书记、市长陈必昌带队到东营区调研城市更新工作。陈必昌到胜利新区、区人民医院、科教园、泮水公园、东辛等重点片区，以及中心城区综合物流园项目建设现场调研并听取相关情况汇报。副市长梁润生，副市长、区委书记荀宏水，区委副书记、区长燕雪英，区委副书记胥高远参加调研。

同日　区行政审批服务局为山东创兴工程项目管理有限公司法定代表人颁发东营区首张加载“企业码”的营业执照，标志着东营区“二码合一”试点工作落地开展。

5日　九届区委常委会第68次（扩大）会议召开，传达学习习近平总书记在中央政治局会议上的重要讲话精神，传达学习全省民营经济高质量发展工作会议精神，听取区政府党组关于一季度全区经济运行情况及下步工作建议的汇报；会议还研究其他事项。区委书记荀宏水主持会议并讲话，区委副书记、区长燕雪英，区委常委出席会议；区人大常委会主任张汝淮、区政协主席杜书亮、区政府分管负责人列席会议。

6日　东营区组织收听收看全省全市突出生态环境问题整改推进会议。区委副书记、区长燕雪英收听收看。

同日　东营区区级退休老干部现场观摩活动举行。观摩组到胜利第一医院医疗服务能力提升、东辛片区城市更新、胜利一中片区建设、科教园片区拆迁改造、胜利第二小学改扩建、东营区化工产业园区基础设施配套及产业、东营高新区胜利泵业高端装备基地以及蓝海逸园农业嘉年华项目现场观摩，听取相关情况汇报。区委书记苟宏水、区人大常委会主任张汝淮、区政协主席杜书亮参加观摩。

同日　东营区城市发展投资集团有限公司与中国邮政集团有限公司东营市分公司、京东科技集团签约仪式举行。市邮政管理局、中国邮政集团有限公司东营市分公司、京东科技集团山东区有关负责人出席仪式。区委书记苟宏水出席仪式并讲话，区委副书记胥高远主持仪式。

9日　2023东台基层社区交流活动在东营区文汇街道中山社区启动。来自台湾高雄、台南的社区参访团24人参加交流。

同日　山东省科普教育基地授牌暨东营区科技服务专家人才聘任仪式举行。由东营爱尔眼科医院申报的东营眼健康科普教育基地被省科学技术协会认定为“山东省科普教育基地”。

10日　市委常委、宣传部部长于红波到东营区调研数字文旅项目建设。于红波到中国直播产业创新基地、第六空间、红领幸福·城市书房调研。区委副书记、区长燕雪英陪同调研。

12日　2023年全省“防治碘缺乏病日”宣传启动仪式在东营区举行。省卫生健康委员会党组成员、副主任盖英群，副市长孙永，区委副书记、区长燕雪英出席仪式。

同日　九届区委常委会第69次（扩大）会议召开，传达学习习近平总书记在河北雄安新区考察时的重要讲话精神、在二十届中央财经委员会第一次会议上的重要讲话精神，传达学习《领导干部报告个人有关事项规定》，听取关于“油地干部下基层”活动开展情况、成立东营区供销合作社社有企业的汇报；会议还研究了其他事项。区委书记苟宏水主持会议并讲话，区委副书记、区长燕雪英，区委常委出席会议；区人大常委会主任张汝淮、区政协主席杜书亮、区政府分管负责人列席会议。

13日　东营区医疗卫生事业高质量发展大会召开。区委书记苟宏水出席会议并讲话；西城服务协调中心党委书记、副经理于强，西城服务协调中心经理、党委副书记王涌出席会议；区委副书记、区长燕雪英主持会议；区人大常委会主任张汝淮、区政协副主席刘瑞俭参加会议。

同日　区委副书记、区长燕雪英主持召开第15—33次区政府常务会议。会议传达学习习近平总书记在二十届中央全面深化改革委员会第一次会议上的重要讲话精神；传达学习习近平总书记在二十届中央财经委员会第一次会议上的重要讲话精神；传达学习《山东省自然资源厅2023年度土地利用计划管理实施细则》；听取并原则同意区司法局关于2023年以来全区行政复议应诉工作情况的汇报；听取并原则同意区文化和旅游局关于《关于推动文旅产业高质量发展的实施方案（讨论稿）》起草情况的汇报；听取并原则同意东营自然资源和规划分局关于迎接2023年国家自然资源例行督察工作情况的汇报；听取并原则同意东营自然资源和规划分局关于全区占补平衡指标调剂有关情况的汇报；听取并原则同意区教育局关于2023年公开招聘教育类事业单位工作人员有关事项的汇报。

同日　东营区政府全体（扩大）会议暨廉政工作会议召开，学习贯彻习近平总书记重要讲话精神，落实上级有关会议精神，总结2022—2023年东营区政府系统党风廉政建设和反腐败工作，安排部署下一步重点工作任务。

区委副书记、区长燕雪英出席会议并讲话。

15 日　东营区、滨海公安局区域警务联调联战动员大会召开。会上，宣布关于部分滨海公安局干部兼任职务调整的决定，宣读《中共东营区委、山东省滨海公安局党委关于加强党建引领建立区域警务联调联战工作机制的实施意见》。区委书记荀宏水，市委政法委分管日常工作的副书记牛永昌，滨海公安局党委书记、局长武镇出席会议并讲话；滨海公安局副局长郭新农参加会议；区委副书记胥高远主持会议。

同日　《关于东营区新区医院更名的通知》（东区编发〔2023〕5 号）印发，东营区新区医院更名为东营区胜利第一医院。

17 日　省政协副主席刘均刚带队到东营区围绕“我省黄河流域生态保护专项民主监督”开展专题调研。市政协主席刘美华，副市长、区委书记荀宏水，市政协副主席常准诚，区政协主席杜书亮参加调研。

17—19 日　东营区领导分别开展“全国助残日”走访慰问活动。18 日，区委书记荀宏水到胜园街道走访慰问。19 日，区委副书记胥高远到东营仁爱医院儿童启智中心，六户镇李宅村、梅宅村走访慰问。17 日，区人大常委会主任张汝淮到黄河路街道蓝天幼儿园、万泉村走访慰问；区政协主席杜书亮到东营润康医院、牛庄镇陈庄村、牛庄镇张庄村走访慰问。

19 日　济宁医学院与东营区人民政府战略合作签约仪式举行。济宁医学院党委书记高哲学、区委书记荀宏水出席仪式并致辞。济宁医学院党委委员、副院长于景科出席仪式。

20 日　油城资源型高校校友服务中心筹备座谈会召开。会前，与会人员到胜利大学生创业园、中国东营智慧油服产业基地、东营高新区党建人才综合体观摩。东北石油大学、中国矿业大学、中国地质大学（北京）、山东石油化工学院等高校代表，胜利石油工程公司党委组织部、东营高新区、东营区化工产业园区、区工信局、区科技局、区人力资源社会保障局相关负责人参加会议。

22 日　九届区委常委会第 70 次（扩大）会议召开，传达学习习近平总书记在河北考察以及听取陕西省委和省政府工作汇报时的重要讲话精神、在中国—中亚峰会上的重要讲话精神，研究《关于推动文旅产业高质量发展的实施方案》《关于油地老干部工作融合发展的实施意见》；会议还研究了其他事项。区委书记荀宏水主持会议并讲话，区委副书记胥高远、区委常委出席会议；区人大常委会主任张汝淮、区政协主席杜书亮、区政府分管负责人列席会议。

23 日　东营区组织收听收看全省乡村振兴齐鲁样板现场推进会议。区委书记荀宏水、区委副书记胥高远参加收听收看。

同日　中共东营市委党校第 77 期县处级领导干部进修班学员到东营区开展现场教学。进修班学员到黄河路街道玉景社区、平安东营区综合体、区区域治理运行管理中心、东辛公园片区城市更新项目、胜利一中片区建设项目开展现场教学活动，并听取相关情况汇报。区委书记荀宏水参加学习活动。

23—29 日　东营区领导分别开展六一儿童节走访慰问。26 日，区委书记荀宏水到胜利实验小学、胜利第一实验幼儿园走访慰问。29 日，区委副书记、区长燕雪英到胜利第五十九中学、胜利现河幼儿园走访慰问。23 日，区委副书记胥高远到区行知实验学校、胜东辛兴幼儿园走访慰问。25 日，区人大常委会主任张汝淮到区黄河中学、区黄河幼儿园走访慰问。25 日，区政协主席杜书亮到区第一中学、区第二实验幼儿园走访慰问。

25 日　省人大常委会委员、省人大社会建设委员会主任委员张光峰带队到东营区调研。张光峰到玉景社区卫生服务站、东营鸿港医院调研。市人大常委会副主任郭顺先，副市长、区委书记荀宏水，区人大常委会主任张汝淮参加调研。

同日　东营区援疆干部人才

座谈会召开。会前，区委书记苟宏水会见第十批援疆干部。

26日　东营区2023年度黄河防洪抢险综合应急演练举行。区委书记苟宏水出席演练活动并讲话。

28日　2023黄河流域（东营）铁人三项赛在龙居镇龙栖湖湿地公园开赛。本次比赛参赛选手344人，80人来自国外及省外，全国26个地方铁人三项协会或铁人三项俱乐部参赛。中国铁人三项运动协会产业委员会主任、裁判员委员会主任祝曦东，副市长、区委书记苟宏水出席比赛开幕式；区委副书记、区长燕雪英主持开幕式。

29日　区委副书记、区长燕雪英主持召开第15—34次区政府常务会议。会议传达学习习近平总书记在河北考察并主持召开深入推进京津冀协同发展座谈会时的重要讲话精神；传达学习习近平总书记在主持首届中国—中亚峰会时的重要讲话精神；传达学习林武在数字强省建设工作推进会上的讲话；听取并原则同意区司法局关于《东营区人民政府2023年度重大行政决策事项目录（讨论稿）》起草情况的汇报；听取并原则同意区应急管理局关于《全区重大事故隐患专项排查整治2023行动实施方案（讨论稿）》起草情况的汇报；听取并原则同意区市场监管局关于全区知识产权工作情况的汇报；听取并原则同意区乡村振兴局关于全区第一轮巩固拓展脱贫攻坚成果督导工作开展情况的汇报；听取并原则同意区水利局关于《东营市东营区水利发展总体规划（2021—2035）》编制情况的汇报；听取并原则同意区人力资源和社会保障局关于2023年优秀人才引进有关事项的汇报；听取并原则同意区政府办公室关于《中共东营区人民政府党组调查研究工作方案（讨论稿）》起草情况的汇报。

同日　《关于东营区卫生健康局加挂东营区疾病预防控制局牌子的通知》（东区编发〔2023〕7号）印发，在东营区卫生健康局加挂东营区疾病预防控制局牌子。

30日　市政协调研组到东营区开展“加强新时代高技能人才队伍建设”月度协商调研活动。调研组到胜利油建职工培训中心、中石化胜利石油工程公司党委培训中心、蓝海国际大饭店调研并听取相关情况汇报。区政协主席杜书亮陪同调研。

6月

1日　区委书记苟宏水实地调研工业项目并督导安全生产工作。苟宏水到东营天锦石油科技开发有限公司连续油管作业装备制造项目、山东科美动力科技有限公司分布式燃气动力装备研发项目、东营市三和石油装备有限公司博洋高端智能化新材料项目、山东海嘉石油化工有限公司采油助剂项目、山东亿科化学有限责任公司高端树脂新材料产业园项目调研并听取相关情况汇报。

2日　东营市第二十二个“安全生产月”启动暨“居安思危”应急安全文化活动颁奖仪式举行。市委常委、副市长何宪卓出席仪式并讲话，副市长、区委书记苟宏水出席仪式，市政府副秘书长、市应急管理局党委书记刘良范主持仪式，区委副书记、区长燕雪英出席仪式并致辞。

3日　“绿色行动　油地同行”东营市倡树绿色低碳生活方式十大行动宣传推广活动在区体育公园举行。副市长、区委书记苟宏水参加活动。

同日　九届区委常委会第72次（扩大）会议召开，听取市对区综合考核结果分析情况的汇报，部分部门单位就考核结果位居下游的指标作分析汇报。区委书记苟宏水主持会议并讲话，区委副书记、区长燕雪英，区委常委出席会议；区政府分管负责人列席会议。

4日　区委副书记、区长燕雪英主持召开第15—35次区政府常务会议。会议传达学习习近平总书记在二十届中央审计委员会第一次会议时的重要讲话精神；传达学习习近平总书记在中共中央政治局第五次集体学习时的重要讲话精神；传达学习习近平总书记在二十届中央国家安全委员会第一次会议时的重要讲话精神；听取并原则同意东营自然资源和规划分局《关于推进东营区自然资源（土地类）节约集约利用的实施意见（讨论稿）》起草情况的汇报；听取并原则同意区工业和信息化局关于全区加力提速工业经济高质量发展一季度奖励资金申报情况的汇报；听取并原则同意区工业和信息化局关于提高民营企业家健康服务标准的汇报；听取并原则同意区商务局关于兑现鼓励利用外资政策有关情况的汇报；听取并原则同意区国资局关于东营光伏太阳能有限公司有关情况的汇报。

5日　东营区组织收听收看全省化工行业安全生产整治提升专项行动动员部署会议。区委副书记、区长燕雪英参加收听收看。

同日　市政协主席刘美华到东营区调研养老事业和养老产业发展工作。刘美华到德康宁医养结合服务中心、史口镇幸福院、东营区中心医院康养中心、油城护理院养老服务中心、工农小区综合养老服务中心调研并听取相关情况汇报。区委书记荀宏水，区委副书记、区长燕雪英参加调研。

同日　九届区委常委会第73次（扩大）会议召开，传达学习习近平总书记在中共中央政治局第五次集体学习时的重要讲话精神、在北京育英学校考察时的重要讲话精神、在文化传承发展座谈会上的重要讲话精神、在二十届中央国家安全委员会第一次会议上的重要讲话精神，研究并原则同意《东营市东营区水利发展总体规划（2021—2035）》《推进东营区自然资源（土地类）节约集约利用的实施意见》，传达学习全市“万名干部下基层”活动推进会议精神；会议还研究其他事项。区委书记荀宏水主持会议并讲话，区委副书记、区长燕雪英，区委副书记胥高远，区委常委出席会议；区政府分管负责人列席会议。

6日　第一批油地干部挂职工作总结暨第二批油地校干部挂职启动会议召开。会上，与会人员共同观看油地挂职干部短片——《油地一盘棋 焕发新活力》，为22名受表扬的挂职干部颁发荣誉证书，部分挂职干部代表和区油地校融合办主要负责人作交流发言。市委常委，胜利石油管理局有限公司党委常务副书记、工会主席韩辉，副市长、区委书记荀宏水出席会议并讲话；胜利石油工程公司党委副书记、纪委书记、工会主席、监事魏永军，山东石油化工学院党委委员、副院长张思峰，市委组织部分管日常工作的副部长石循刚，胜利油田党委组织部副部长、人力资源部副经理陈锋，胜利石油工程公司党委组织部副部长、人力资源部副经理王雷出席会议。

同日　油城人才引领“四链”融合创新突破暨金桥工程2.0版发布会召开。市委常委，胜利石油管理局有限公司党委常务副书记、工会主席韩辉出席会议并讲话；副市长、区委书记荀宏水主持会议；胜利石油工程公司党委副书记、纪委书记、工会主席、监事魏永军，山东石油化工学院党委委员、副院长张思峰，东营职业学院党委副书记、院长解涛，东营市技师学院党委副书记、副院长崔相国出席会议。

8日　疏勒县委书记宋良强带领党政考察团到东营区考察。考察团到东营区化工产业园区管理服务中心、黄河路街道玉景社区考察并听取相关情况汇报。区委书记荀宏水陪同考察。

9日　全市第五次经济普查综合试点启动仪式在东营区举行。市统计局党组书记、局长宋保辉出席仪式并讲话，区委副书记、区长燕雪英出席仪式并致辞。

同日　区委副书记、区长燕雪英主持召开第15—36次区政府常务会议。会议传达学习习近平总书记在文化传承发展座谈会上的重要讲话精神；传达学习习近平总书记在内蒙古巴彦淖尔考察并主持召开加强荒漠化综合防治和推进“三北”等重点生态工程建设座谈会时的重要讲话精神；传达学习林武书记在全省乡村振兴齐鲁样板现场推进会议上的讲话；听取并原则同意区司法局关于《东营区涉诉工作管理暂行办法（讨论稿）》起草情况的汇报；听取并原则同意东营自然资源和规划分局关于2023年国家自然资源例行督察问题整改工作情况的汇报；听取并原则同意东营生态环境分局关于《东营区国家生态文明建设示范区规划（2022—2030年）》编制情况的汇报。

13日　市政协主席刘美华带队到东营区调研养老服务产业发展情况。刘美华到揽翠湖康养项目、东营市大养堂康养中心项目调研并听取相关工作情况汇报。市政协副主席韩利学、区政协主席杜书亮参加调研。

同日　2023年东营区企业家协会年会在成都举行。区委副书记、区长燕雪英出席会议并讲话；区人大常委会主任张汝淮等参加会议；东营区企业家协会副会长、胜利油田胜机石油装备有限公司董事长张喜庆代表企业家协会作2022年工作报告；东营区企业家协会副会长、胜利油田大明集团有限公司总裁李家健主持会议并宣读东营区企业家协会一般会员单位升任理事单位名单、新入东营区企业家协会成员单位名单；麦肯锡全球副董事合伙人、麦肯锡麦府学堂创始人孟勐讲授“麦肯锡百年的人才培养理念”。

15日　在全省县级融媒体高质量发展推进暨培训现场会上，东营区“魅力校园”助力教育满意之区建设和东营区“感恩祖国　情满家园”朗诵比赛投票活动2个案例作为典型全省分享。

15—16日　区委副书记、区长燕雪英赴长春、梅河口、四平开展招商活动，对接学习当地优质文旅项目。燕雪英分别到这有山、东北不夜城、海龙湖公园、知北村、“仁兴里”沉浸式街区、长拖1958项目考察并听取相关情况汇报。

21日　2023山东（东营）黄河口暨沿黄九市全民健身龙舟赛开幕式在龙居镇举行。50支队伍参赛，其中，市外队伍20支，省内沿黄九市全部组队参赛；市内队伍30支。省体育局党组书记、局长乔云萍出席仪式并宣布赛事开幕；副市长、区委书记苟宏水出席仪式并致欢迎辞；副市长边志伟主持仪式；省体育局群众体育处处长马国庆，省体育局青少年体育处处长宋振波，市政府副秘书长王震波，市体育局党组书记陈金亮，市文化和旅游局党组书记、局长李慧芬，市体育局局长迟健，区委副书记、区长燕雪英参加开幕式。

同日　九届区委常委会第74次（扩大）会议召开，传达学习习近平总书记在内蒙古考察并主持召开加强荒漠化综合防治和推进“三北”等重点生态工程建设座谈会时的重要讲话精神，听取关于油地融合有关重点项目进展情况的汇报、关于加快重点文旅项目快速突破有关工作的汇报；会议还研究了其他事项。区委书记苟宏水主持会议并讲话，区委副书记、区长燕雪英，区委常委出席会议；区政协主席杜书亮、区政府分管负责人列席会议。

同日　中央精神文明建设办公室发布“2023年第一季度中国好人榜”，辛店街道赵晓凤入选“中国好人榜”，被授予“助人为乐好人”称号，是东营区第一位获此荣誉的个人。

22日　区委书记苟宏水带队调研城建项目建设情况。苟宏水到胜利一中片区项目、胜利五十八中改（扩）建项目、胜利新区片区宝莫地块及中央公园项目、胜利一中初中部项目、东营区中医院改造项目、胜利二中初中部项目、西二路—广利河节点提升项目、区妇幼保健院改造项目、东营科教园区路网及城北湿地公园项目调研并听取相关情况汇报。区委副书记、区长燕雪英参加调研。

26日　省委编办政策法规处党支部、东营市委编办机关党支部、东营区委编办党支部开展“支部联建强党性　踔厉奋发建新功”联合主题党日活动。全体党员到垦利区杨庙社区、山东亿科化学有限责任公司高端树脂新材料项目现场观摩。区委书记苟宏水参加活动。

27日　2023年山东精铸产业国际采购对接会欧洲专场（线上）在黄河国际会展中心举行。德国联邦中小企业联合会莱茵美茵地区法兰克福分会会长弗里德曼·霍菲格通过视频致辞；省贸促会党组成员、副会长贺忠军出席会议并致辞；省铸造协会秘书长、中国铸造协会兼职副秘书长张江出席会议；区委副书记、区长燕雪英介绍东营区及精密铸造产业情况。

27—30 日　区领导分别走访慰问中华人民共和国成立前老党员和生活困难党员。27 日，区委书记苟宏水到牛庄镇牛庄村走访慰问中华人民共和国成立前老党员解秀英和生活困难党员李凤兰。30 日，区委副书记、区长燕雪英到史口镇刘营村走访慰问中华人民共和国成立前老党员刘玉贞和生活困难党员张登福。27 日，区人大常委会主任张汝淮走访慰问黄河路街道锦城社区机关小区生活困难党员薛防、万泉村世福源小区生活困难党员张荣华。27 日，区政协主席杜书亮走访慰问黄河路街道南王屋小区生活困难党员王永华、机关小区生活困难党员王英。

28 日　国家能源博兴电厂一期 2×100 万千瓦机组铁路专用线工程开工仪式举行。国家能源博兴电厂一期 2×100 万千瓦机组铁路专用线工程接轨黄大铁路油郭站，主要为满足国家能源博兴发电有限公司燃煤运输需要，减少公路运输对生产安全的压力。专用线自北向南经过东营市东营区、滨州市博兴县，线路正线全长 20.788 千米。副市长、区委书记苟宏水出席仪式并宣布项目开工；国家能源集团山东电力有限公司党委副书记、总经理徐连兵，中铁十四局集团公司副总经理王维民，中铁设计咨询集团济南院院长陈洪涛出席仪式并致辞；国能黄大铁路有限责任公司党委书记、董事长李保龙参加仪式。

29 日　中国残联党组成员、副主席、副理事长程凯带队到东营区调研残疾人工作。程凯到六户镇“如康家园”残疾人之家、百华石油技术开发有限公司调研。区委书记苟宏水陪同调研。

同日　2023 年东营区“光荣在党 50 年”纪念章颁发仪式举行。区委书记苟宏水出席仪式并讲话；区委副书记、区长燕雪英，东营区驻村第一书记和工作队工作专班牵头负责人、省政府研究室办公室（人事处）二级调研员张增洲，区政协主席杜书亮出席仪式。

30 日　山东国际花卉科技合作大会暨黄河三角洲首届花卉节开幕式在牛庄镇双福福盛花卉基地举行。本次大会于 6 月 30 日至 7 月 2 日举办，以“科技创造美丽世界”为主题。开幕式上签约植物凤梨新品种育苗与市场推广项目，为农业农村部华东都市农业重点实验室设施花卉联合研发中心和省农科院休闲农业研究所博士工作站揭牌。省农科院副院长刘开昌、中国花卉报社社长王振海、省林木种苗协会会长徐金光、省农科院休闲所所长王绛辉等出席开幕式；区委副书记、区长燕雪英出席开幕式并致辞。

同日　东营区戏剧家协会成立并召开第一次会员代表大会。来自全区各大戏剧文化艺术团的会员代表 80 余人参会。会上宣读《东营区戏剧家协会章程》，选举产生协会主席、副主席、秘书长。吕剧非物质文化遗产传承人王玲玲当选东营区戏剧家协会主席。

7 月

1 日　区委书记苟宏水参加所在区委办公室党支部“七一”主题党日活动。苟宏水与支部党员到中铁二十一局东营制梁场、中铁大桥局集团有限公司津潍高铁先开段项目调研，听取有关情况介绍。调研完成后，区委办公室党支部与中铁二十一局集团有限公司津潍高铁站前八标项目经理部党支部开展联学交流活动。

2 日　九届区委常委会第 77 次（扩大）会议召开，传达学习习近平总书记在中共中央政治局第六次集体学习时的重要讲话精神，研究《东营区推进省级法治政府建设示范区创建工作方案》《东营区化工行业安全生产整治提升专项行动总体工作方案》；会议还研究了其他事项。区委书记苟宏水主持会议并讲话，区委副书记、区长燕雪英，区委常委出席会议；区人大常委会主任张汝淮、区政协主席杜书亮、区政府分管负责人列席会议。

4日　东营海关党委书记、关长刘永华带队到东营区开展外贸工作调研。刘永华到山东海科化工有限公司50万吨/年生物基航空燃料技术改造及配套项目、山东神驰化工集团有限公司、威飞海洋装备制造有限公司、科瑞集团展厅、东营天东制药有限公司调研并听取有关情况汇报。区委副书记、区长燕雪英陪同调研。

5日　九届区委常委会第78次（扩大）会议召开，听取关于东营区铁路沿线环境综合整治情况的汇报。区委书记荀宏水主持会议并讲话，区委副书记、区长燕雪英，区委常委出席会议；区人大常委会主任张汝淮、区政协主席杜书亮、区政府分管负责人列席会议。

6日　省委主题教育第十三巡回指导组组长孙庆雷带领督导组到山东神驰化工集团有限公司开展化工专项整治督导。市委常委、副市长何宪卓，区委副书记、区长燕雪英等参加督导。

同日　区行政审批服务局为史口镇禾霖农业合作社发放编号为乡字第370502202300001的乡村规划许可证，这是全区发放的首张乡村规划许可证电子证照。

6—7日　区委书记荀宏水带队到深圳开展招商活动。荀宏水到国兴汇金（深圳）科技有限公司、深圳市社区云科技服务有限公司、中国科技开发研究院、中科睿极（深圳）医学科技有限公司、深圳正威集团有限公司考察并座谈交流。

7日　2023东营·深圳“双招双引”恳谈会暨项目集中签约仪式举行。东营区总投资14亿元的欢乐油城项目、数字社区E体化服务驿站项目在会上签约。市委副书记、市长陈必昌出席仪式并致辞；市委常委、组织部部长刘忠远，市委常委、副市长杨同贤，区委书记荀宏水等参加仪式。北京建中冶能投资有限责任公司总经理张泽云，华南理工大学党委常委、副校长晋刚，江西理工大学副校长廖春发，五赫兹大美（深圳）生物科技有限公司董事长张立波，长峡电能（广东）有限公司总经理黄莺分别致辞。

同日　东营区企业山东海科新源材料科技股份有限公司（股票名称：海科新源，股票代码：301292）在深圳证券交易所创业板上市。

8日　区委副书记、区长燕雪英主持召开第15—38次区政府常务会议。会议传达学习习近平总书记在6月30日中共中央政治局会议上的重要讲话精神；传达学习习近平总书记在中共中央政治局第六次集体学习时的重要讲话精神；传达学习习近平总书记在上海合作组织成员国元首理事会第二十三次会议上的重要讲话精神；传达学习习近平总书记对防汛救灾工作作出的重要指示精神；听取并原则同意区政府办公室关于《东营区深化营商环境2023年创新提升行动实施方案（讨论稿）》起草情况的汇报。

11日　东营市首届博士后创新创业大赛暨中国·山东博士后创新创业大赛东营赛区选拔赛举行。全市报名参赛135个项目，涉及博士后（团队）325人。

同日　东营区首列中亚国际班列发车。该列车单趟装载50车组，约3200吨，主要运送石油套管、钢管、石油钻杆等4类石油装备物资，经由新疆霍尔果斯出境，到达土库曼斯坦、乌兹别克斯坦。

14日　省工信厅公示山东省第五批专精特新“小巨人”企业和第二批专精特新“小巨人”复核通过企业名单，东营区胜利油田胜机石油装备有限公司、山东科瑞油气装备有限公司、胜利油田利丰石油设备制造有限公司、山东万海电气科技有限公司、山东鑫瑞安装工程有限公司、威飞海洋装备制造有限公司等6家企业入选。

16日　“职引未来·创聚青春”河海大学2023年暑期大学生基层实践东营团座谈会召开。区委书记荀宏水，河海大学就业中心副主任、水利部人才资源开发中心挂职干部王健出席会议并讲话。

17日　九届区委常委会第79次（扩大）会议召开，传达学习习近平总书记在江苏考察时的重要讲话精神、全省主题教育专项整治工作会议精神，研究《东营区深化营商环境2023年创新提升行动实施方案》；会议还研究了其他事项。区委书记荀宏水主持会议并讲话，区委副书记、区长燕雪英，区委常委出席会议；区人大常委会主任张汝准、区政协主席杜书亮、区政府分管负责人列席会议。

18日　东营区科学技术协会第五次代表大会召开。大会审议并通过区科协工作报告，选举产生区科协新一届委员会主席、副主席、常务委员，陈秀卫当选区科协主席并代表东营区科协第五届委员会作表态发言。区委书记荀宏水出席会议并讲话，区人大常委会主任张汝准参加会议。

同日　全国少工委发布《关于命名2023年度全国红领巾中队的决定》，东营区第三中学七（10）中队、牛庄镇中心小学四（1）中队、文汇街道嵩山社区少先队中队等3个少先队中队获“2023年度全国红领巾中队”称号。

19日　中华人民共和国应急管理部危化监管二司司长洪宇带领国务院安委办山东督导帮扶第二工作组到东营区督导化工行业安全专项整治工作。督导组到东营区化工产业园区、山东神驰化工集团有限公司督导并听取有关情况汇报。副市长边志伟，区委副书记、区长燕雪英参加督导。

同日　省住房和城乡建设厅厅长王玉志带队到东营区调研重点工作建设情况。王玉志到全国油气勘探开发技术公共创新基地项目、东辛片区城市更新项目调研并听取有关情况汇报。副市长梁润生、区委书记荀宏水参加调研。

同日　市委副书记、政法委书记孙早军带队到东营百华石油装备技术有限公司调研残疾人就业工作。区委书记荀宏水、区政协主席杜书亮参加调研。

20日　省政协副主席，民盟中央常委、省委会主委王修林带领调研组到东营区调研推进居家社区养老服务工作情况。王修林到东营鸿港医院临家老年照护中心、德康宁医养结合服务中心调研并听取有关情况汇报。区委书记荀宏水、区政协主席杜书亮陪同调研。

24日　东营区组织收听收看全省第五次全国经济普查电视电话会议。区委副书记、区长燕雪英收听收看。

25日　九届区委常委会第80次（扩大）会议召开，传达学习习近平总书记在全国生态环境保护大会上的重要讲话精神，听取2023年上半年全区党风廉政建设和反腐败工作情况汇报；会议还研究其他事项。区委书记荀宏水主持会议并讲话，区委副书记、区长燕雪英，区委常委出席会议；区政协主席杜书亮、区政府分管负责人列席会议。

同日　东营区2022年度基层社会治理“双星双优”表扬大会召开。大会评选出牛庄镇大杜社区曹家村网格等95个五星级网格、黄河路街道科兴社区第二网格等190个四星级网格、谭花蕊等97名非常优秀网格员、郭明英等190名优秀网格员；杨相波等10名网格员报送的网格事件被评为基层社会治理优秀网格事件；张振美等10名热心群众获“啄木鸟”奖；东营高新区（胜园街道）企业专属网格工作委员会等4个单位被评为优秀专属工作委员会；关芳等5名工作委员被评为优秀专属网格工作委员会成员。

26日　黄河魂·英雄梦——山东省讲好黄河流域英烈和退役军人故事行动在东营市启动。省退役军人事务厅副厅长金刚芹出席活动；解放军军事科学院研究员陈宇出席活动并讲话；副市长、区委书记荀宏水参加活动；副市长边志伟出席活动并讲话；区委副书记、区长燕雪英参加活动。

28日　省沿黄重点地区工业项目入园及严控“三高”项目工作协调机制督导组到东营高新区开展调区扩区现场核查工作。督导组到全国油气勘探开发技术公共创新基地项目、山东永利精工石油装备股份有限公司调研并听取有关情况介绍。区委副书记、区长燕雪英陪同督导。

29日　东营区组织收听收看全省台风“杜苏芮”应对工作会议。

会后，区委书记苟宏水，区委副书记、区长燕雪英分别安排部署东营区有关落实工作。

同日　区委副书记、区长燕雪英主持召开第15—40次区政府常务会议。会议传达学习习近平总书记在全国生态环境保护大会上的重要讲话精神；传达学习习近平总书记在中央财经委员会第二次会议上的重要讲话精神；传达学习习近平总书记在中共中央政治局第七次集体学习时的重要讲话精神；传达学习中共山东省委十二届四次全会精神；传达学习《关于印发山东省房屋产权确权颁证历史遗留问题处置指导政策的通知》；听取并原则同意区发展改革局关于上半年全区经济运行情况及下一步工作建议的汇报；听取并原则同意东营公安分局关于2023年上半年全区电信网络诈骗案件发案形势相关情况的汇报；听取并原则同意区政府办公室关于迎接省市市场主体满意度中期评估工作的汇报；听取并原则同意区贸促会关于第十六届中国（东营）国际石油石化装备与技术展览会筹备情况的汇报；听取并原则同意区教育局关于胜利油田原民办代课教师教龄补助发放工作有关情况的汇报；听取并原则同意区人力资源和社会保障局关于2023年调整退休人员基本养老金的汇报。

30日　全市首家现役军人服务站在龙居镇便民服务中心揭牌成立。

31日　九届区委常委会第81次（扩大）会议召开，传达学习习近平总书记在四川考察时的重要讲话精神，听取区政府党组关于上半年全区经济运行情况及下步工作建议的汇报、关于第十六届中国（东营）国际石油石化装备与技术展览会筹备情况的汇报；会议还研究了其他事项。区委书记苟宏水主持会议并讲话，区委副书记、区长燕雪英，区委常委出席会议；区人大常委会主任张汝淮、区政协主席杜书亮、区政府分管负责人列席会议。

7月31日至8月1日　“齐鲁最美”系列先进典型评选发布仪式举行，活动评选出10名“齐鲁最美退役军人”、10名“齐鲁最美拥军人物”，东营区2人入选。其中，东营市三角洲养殖繁育有限公司总经理赵龙获评2023年“齐鲁最美退役军人”，东营市红五星公益志愿服务中心理事长赵秀丽获评2023年“齐鲁最美拥军人物”。

是月　区领导分别开展“八一”走访慰问。区委书记苟宏水到东营军分区和优抚对象陈荣清家中走访慰问；区委副书记、区长燕雪英到区人武部和困难退役军人耿连杰家中走访慰问；区人大常委会主任张汝淮到牛庄镇魏家村优抚对象王志军家中、前邵村优抚对象张兰增家中走访慰问；区政协主席杜书亮到六户镇东辛集村优抚对象张延森家中、武王村优抚对象张兰孔家中走访慰问。

8月

6日　东营区人民政府与市城市建设发展集团战略合作协议签约仪式举行。副市长、区委书记苟宏水，市城市建设发展集团有限公司党委书记、董事长胥高远出席仪式并致辞；区委副书记、区长燕雪英与市城市建设发展集团有限公司党委副书记、总经理李德月签订战略合作协议。

同日　区妇幼保健院新建综合楼项目封顶仪式举行。区妇幼保健院新建综合楼项目分为新建门诊、病房综合服务楼和改造提升旧病房楼、门诊楼两个部分。项目总占地面积28300平方米，建筑面积17796平方米，总投资1.79亿元，工期为2022年10月至2024年12月。

8日　省发展和改革委员会、省科学技术厅、省工业和信息化厅、省自然资源厅、省生态环境厅、省水利厅、省商务厅、省应急管理厅联合印发《关于公布沿黄重点地区扩区调区后合规工业园区名单（第三批）的通知》，同意东营高新技术产业开发区扩区调区的申请。东营高新区调整后核准面积1496.9002公顷，采用“一区两园”布局，即东营高新区核心区、高端智能装备制造产业园、石油科技创新研发基地。其中，东营高新区核心区核准面积 1151.4287 公顷，东起西三路、燕山路，西至西六路，北起五干排、嘉祥路、邹城路，南至威海路、电厂铁路、南二路；高端智能装备制造产业园核准面积 261.6330 公顷，北起创新路，南至创汇路，东起规划经三路，西至规划西一号路；石油科技创新研发基地核准面积 83.8385 公顷，西起胜利石油管理局、胜利广场、勘探开发研究院西侧支路，东至西二路，北起胜泰路、淄博路、设计院内部路、胜利油田中心医院内部路，南至北一路。

9 日　区委副书记、区长燕雪英主持召开第 15—41 次区政府常务会议。会议传达学习习近平总书记在四川考察时的重要讲话精神；传达学习习近平总书记对防汛救灾工作作出的重要指示精神；传达学习市委主要领导批示；听取并原则同意区政府办公室关于《贯彻落实李强总理在山东调研时工作要求的责任分工方案（讨论稿）》起草情况的汇报；听取并原则同意东营自然资源和规划分局关于全区房屋产权确权颁证历史遗留问题专项整治工作进展情况的汇报；听取并原则同意东营自然资源和规划分局关于全区耕地保护等自然资源管理情况的汇报。

11 日　东营区电影电视艺术家协会成立暨第一次会员代表大会召开，选举产生理事会、主席、副主席和秘书长。

15 日　全国生态日东营主场活动暨龙居生态林场林业碳汇项目启动（签约）仪式在龙居镇龙栖湖省级湿地公园举行。

17 日　省财政厅一级巡视员王晶带队到胜利油田科技展览中心调研政府采购工作。区委副书记、区长燕雪英陪同调研。

同日　恒丰银行济南分行党委委员、副行长王妤，恒丰银行东营分行党总支书记、代职行长王丽华到东营区调研。调研组到山东胜利长龙管道科技有限公司，东营百华石油技术开发有限公司，东营区中心医院门诊病房楼、康复楼项目，胜利油田妇幼保健院区医疗机构服务能力提升项目，尧舜大厦区城市健康医养中心项目调研并听取有关情况介绍。区委副书记、区长燕雪英参加调研。

18 日　北京市育英学校校长于会祥到东营区考察教育发展情况。于会祥到东营区第二实验幼儿园、东营区一中考察，并召开座谈会。市人大常委会副主任王吉能，区委副书记、区长燕雪英陪同考察。

同日　2023 年上半年东营区经济运行情况党外人士通报会举行。会上，5 名党外人士代表交流发言，围绕应急救援、经济发展、社会治安综合治理等全区重点工作提出具体意见建议。区委副书记、区长燕雪英出席会议并讲话。

同日　智慧（东营）大数据有限公司取得全市首个使用不动产权预告登记办理的建设工程规划许可证。

19 日　区委副书记、区长燕雪英主持召开第 15—42 次区政府常务会议。会议传达学习习近平总书记关于首个全国生态日重要指示精神；传达学习林武书记在济南调研时的讲话精神；传达学习省政府安委会关于切实做好当前安全生产工作的通知及市长陈必昌的批示；听取并原则同意区综合行政执法局关于《全区城镇燃气安全专项整治工作方案（讨论稿）》起草情况的汇报；听取并原则同意区应急管理局关于全区化工行业安全生产整治提升专项行动工作推进情况的汇报；听取并原则同意区住房城乡建设局关于全区城乡建设领域安全生产情况的汇报；听取并原则同意区住房城乡建设局关于全区房屋市政工程安全隐患排查整治工作情况的汇报；听取并原则同意区财政局关于追加及调整项目资金有关情况的汇报。

同日　东营区第五次全国经济普查工作动员会议暨领导小组第一次（扩大）会议召开，贯彻落实省、市关于第五次全国经济普查的工作安排，对东营区第五次经济普查工作作动员部署。区委副书记、区长燕雪英出席会议并讲话。

21 日　九届区委常委会第

82次（扩大）会议召开，传达学习习近平总书记对防汛救灾工作作出的重要指示精神和在8月17日中共中央政治局常务委员会会议上的重要讲话精神，研究《全区城镇燃气安全专项整治工作方案》，听取关于全区化工行业安全生产整治提升专项行动工作推进情况的汇报、关于全区城乡建设领域安全生产情况的汇报、关于全区房屋市政工程安全隐患排查整治工作情况的汇报；会议还研究了其他事项。区委副书记、区长燕雪英主持会议并讲话，区委常委出席会议；区人大常委会主任张汝淮、区政协主席杜书亮、区政府分管负责人列席会议。

25日　东营区组织收听收看全省生态环境保护大会暨美丽山东建设推进会。区委副书记、区长燕雪英，区政协主席杜书亮收听收看。

同日　东营区组织收听收看山东部署审计查出问题整改工作视频会议。区委副书记、区长燕雪英收听收看。

同日　东营市胜利第二小学教学楼启用仪式举行。东营市胜利第二小学改扩建项目用地面积42亩，建筑面积2.8万平方米，包括教学楼、报告厅、风雨操场、城市书房及配套工程，其中教学楼面积1.6万平方米，设计规模40个标准班。市委教育工委常务副书记，市教育局党组书记、局长董玉奎，区委副书记、区长燕雪英出席仪式并揭牌；西城服务协调中心党委书记、副总经理于强，区政协主席杜书亮，胜利石油管理局公共事业管理部副经理张宝华，西城服务协调中心公共事务协调总监张红利出席仪式；胜利新邦控股集团总经理张文庆汇报项目建设情况。

26日　2023年秋季全市高质量发展重大项目建设现场推进会采取视频连线形式举行，东营区在中心城区综合物流园项目现场设分会场。此次全区集中开工项目31个，总投资205.8亿元。副市长、胜利石油管理局有限公司党委常委、副总经理舒华文，区委副书记、区长燕雪英参加会议。

同日　区委副书记、区长燕雪英主持召开第15—43次区政府常务会议。会议传达学习习近平总书记在8月17日中共中央政治局常务委员会会议上的重要讲话精神；传达学习《中国共产党东营市第七届委员会第四次全体会议公报》；听取并原则同意区基本公共服务满意度专班关于全区基本公共服务满意度调查有关情况和《东营区基本公共服务满意度集中攻坚行动实施方案（讨论稿）》起草情况的汇报；听取并原则同意区水利局关于《东营区2023年度河湖长制工作要点（讨论稿）》等3个文件起草情况的汇报；听取并原则同意区商务局关于《东营区商业网点规划（2020—2035年）（讨论稿）》起草情况的汇报；听取并原则同意东营自然资源和规划分局关于全区房屋产权确权颁证历史遗留问题专项整治工作进展情况的汇报。

27日　中共东营市东营区第九届委员会第五次全体会议举行。全会听取和讨论燕雪英受区委常委会委托作的工作报告，批准周玲、李荀辞去九届区委委员职务。区委委员27人、候补区委委员8人出席会议，区纪委常委和有关方面负责人、部分区第九次党代会基层一线代表列席会议。

28日　九届区委常委会第84次（扩大）会议召开，传达学习习近平总书记出席金砖国家领导人第十五次会晤时的重要讲话精神，听取关于全区基本公共服务满意度调查有关情况的汇报，研究《东营区基本公共服务满意度集中攻坚行动实施方案》《东营区2023年度河湖长制工作要点》；会议还研究了其他事项。区委副书记、区长燕雪英主持会议并讲话，区委常委出席会议；区人大常委会主任张汝淮、区政协主席杜书亮、区政府分管负责人列席会议。

同日　东营区十五届人大常委会第13次会议召开。会议听取审议区政府关于东营区2023年上半年国民经济和社会发展计划执行情况的报告、关于2022年区级财政决算和2023年上半年预算执行情况的报告、关于2022年度区级预算执行和其他财政收支情况的审计工作报告，审查2022年区级财政决算，进行人事任免。区人大常委会主任张汝淮出席会议并讲话。

是月　由威飞海洋装备制造有限公司联合中海油自主研发制造的全国首套浅水水下注水井口和注水树在南海西部涠洲11-2油田40米水深的海底完成安装。

是月　中央宣传部公布2022年全国文化科技卫生“三下乡”活动示范项目、优秀团队、服务标兵名单。东营区推荐的“新时代文明实践公益集市项目”入选示范项目。

9月

4日　2023年中国国际服务贸易交易会服务示范案例评选结束，东营区森诺科技有限公司“新型水处理+碳中和”一体化运营模式获评“科技创新服务示范案例”。

9日　胜利石油工程公司、东营区人民政府“油地校联动共筑胜利人才高地”座谈研讨会召开。会议邀请上海交通大学、山东大学、中国石油大学（华东）等26所高校参加。胜利石油工程公司总经理、党委副书记张宗檩，区委副书记、区长燕雪英出席会议并致辞。

同日　东营区教育高质量发展暨第39个教师节庆祝大会召开。区委副书记、区长燕雪英出席会议并讲话；胜利油田西城服务协调中心经理王涌、区人大常委会主任张汝淮、区政协主席杜书亮参加会议。

12—14日　第十六届山东国际大众艺术节暨2023中国沿黄九省区新时代民歌艺术展演在东营区举行。来自沿黄九省区及黑龙江省、湖北省的众多民歌艺术家和国内民间音乐研究领域的专家参加活动，44组选手参加展演。活动期间，还举办2023中国沿黄九省区新时代民歌艺术展演、沿黄九省区民歌艺术发展暨黄河流域文艺人才交流共育座谈会等活动。山东省政协常委王世农，山东省文联党组书记、副主席何思清，山东省文联党组成员、副主席马述兴，内蒙古文联党组成员、副主席海山，中国音协合唱联盟副主席李仲党，河南省文联副主席李新现，北京市文联二级巡视员、北京音协副主席赵金波，山西省文联秘书长、一级调研员樊丽红，山东省文旅厅原一级巡视员、省音乐家协会名誉主席张桂林，副市长边志伟，中石化胜利石油管理局有限公司党委常委、油田分公司副总经理王跃刚，胜利石油工程公司党委副书记、纪委书记、工会主席、监事魏永军，山东石油化工学院党委委员、纪委书记、监察专员张崇广，区委副书记、区长燕雪英等出席活动开幕式。

14日　九届区委常委会第86次（扩大）会议召开，传达学习全省学习贯彻习近平新时代中国特色社会主义思想主题教育第一批总结暨第二批部署会议和市委主题教育工作会议精神，研究部署全区主题教育工作。区委副书记、区长燕雪英主持会议并讲话，区委常委出席会议；区人大常委会主任张汝淮、区政协主席杜书亮、区政府分管负责人列席会议。

15日　东营区学习贯彻习近平新时代中国特色社会主义思想主题教育工作会议召开，深入学习贯彻党的二十大精神，认真落实习近平总书记重要讲话、重要指示精神，按照党中央和省委、市委决策部署，对全区开展学习贯彻习近平新时代中国特色社会主义思想主题教育进行部署。省委第五巡回督导组副组长、省政协人口资源环境委员会副主任，驻东营市省派工作队牵头负责人李振波及督导组成员出席会议；区委副书记、区长燕雪英出席会议并讲话；省政府研究室办公室（人事处）二级调研员、区驻村第一书记和工作队工作专班牵头负责人张增洲及工作专班成员出席会议；区人大常委会主任张汝淮、区政协主席杜书亮参加会议。

16日　区委副书记、区长燕雪英主持召开第15—44次区政府常务会议。会议听取并原则同意区国资局关于东营区财金控股集团有限公司公开出让山东瑞鸿能源服务集团股份有限公司股份的汇报。

18 日　东营区组织收听收看全市质量大会。区人大常委会主任张汝淮、区政协主席杜书亮等参加收听收看。

同日　九届区委常委会第 87 次（扩大）会议召开，传达学习习近平总书记对新时代办公厅工作作出的重要指示精神，听取关于市对区综合考核半年评估情况的汇报；会议还研究了其他事项。区委副书记、区长燕雪英主持会议并讲话，区委常委出席会议；区人大常委会主任张汝淮、区政协主席杜书亮、区政府分管负责人列席会议。

19 日　黄河流域退役军人就业创业工作协同发展暨退役军人创业创新成果展销对接会启动仪式举行。会上，沿黄省（区）共同签署黄河流域九省（区）退役军人就业创业工作协同发展合作备忘录，发布黄河流域退役军人就业创业工作协同发展《东营倡议》。退役军人事务部就业创业司副司长、一级巡视员于朝运出席仪式；省退役军人事务厅厅长廖发银出席仪式并讲话；市委副书记、市长陈必昌致辞；副市长边志伟，区委副书记、区长燕雪英参加仪式。

21—22 日　区委举办学习贯彻习近平新时代中国特色社会主义思想主题教育读书班。省委第五巡回督导组副组长、省政协人口资源环境委员会副主任，驻东营市省派工作队牵头负责人李振波及督导组成员出席读书班；区委副书记、区长燕雪英作动员讲话；区人大常委会主任张汝淮、区政协主席杜书亮等参加读书班。

22 日　“庆丰收·促和美”2023 年东营区中国农民丰收节活动举行。活动现场，为东营区最美巾帼致富带头人、东营区第四届农民科学素质大赛获奖者、东营区“万企兴万村”典型企业颁奖，为六户番茄认证企业和六户草莓认证企业颁授发全国名优特新农产品证书。

23 日　中国万达 · 2023 黄河口（东营）马拉松赛倒计时暨东营市“乡村振兴齐鲁样板——村村有好戏”乡村体育赛事活动启动仪式在龙居镇举行，同时举办“奔跑吧黄河”山东省沿黄九市健身跑挑战赛暨中国万达 · 2023 黄河口（东营）马拉松赛热身赛。市人大常委会副主任郭顺先、副市长边志伟、市政协副主席王志安出席仪式并为“奔跑吧黄河”山东省沿黄九市健身跑挑战赛暨中国万达 · 2023 黄河口（东营）马拉松赛热身赛鸣笛发令。区委副书记、区长燕雪英出席仪式并致辞。

25 日　全国海外留学人才石油装备产业对接洽谈会在东营举办。会上，为东营市油城海创园海外高层次人才飞地共享中心揭牌，邀请胜利油田政策研究室、科技管理部相关人员分别做油田技术需求情况介绍，7 组优秀海外人才及团队创业企业就石油装备产业中的新技术、新产品做案例分享。针对相关油气行业市场海外人才及团队的产品、技术、项目等，进行与油田增储上产等核心业务相关的研讨、对接，并对落地及后续业态、产能、配套等项目孵化方案进行研讨。

同日　全国资源型高校专家“油城行”活动举办，邀请来自中国石油大学（北京）、中国石油大学（华东）、西南石油大学、西安石油大学、东北石油大学、长江大学、中国地质大学（武汉）、中国地质大学（北京）、中国矿业大学、中国矿业大学（北京）、山东石油化工学院等 10 所资源型高校的近 50 名高校专家，赴胜利油田勘探开发研究院、山东海科新源材料科技股份有限公司、威飞海洋装备制造有限公司、胜利油田胜利泵业有限责任公司、东营区化工产业园区管理服务中心考察，对接产学研合作。

同日　市委副书记、市长陈必昌会见参加第十六届中国（东营）国际石油石化装备与技术展览会的乌干达共和国驻华大使奥利弗 · 沃内卡，南非驻华大使馆公使衔参赞约瑟夫 · 蒂莫，加蓬驻华大使馆文化参赞班布等外宾。中国机电产品进出口商会秘书长郭奎龙，市委常委、副市长杨同贤，副市长、市政府秘书长师辉，区委副书记、区长燕雪英等参加会见。

26日　东营—鞑靼斯坦共和国产业合作交流会举行。鞑靼斯坦共和国副总理、工业和贸易部部长奥列格·科罗布琴科出席交流会并致辞，市委常委、副市长杨同贤出席交流会并致欢迎辞，区委副书记、区长燕雪英出席交流会。

同日　黄河三角洲技能人才联合培育中心揭牌暨东营区产业人才图谱发布会在胜利石油工程公司党委党校举办。该活动是首届黄河国际人才周暨第八届东营·海外留学人才石油装备产业对接洽谈会系列活动之一。会上，有关与会人员共同触发启动屏幕，标志着黄河三角洲技能人才联合培育中心正式启用；黄河三角洲技能人才联合培育中心与院校代表德州职业技术学院、企业代表东营嘉扬精密金属有限公司签订联合培育协议；发布东营区产业人才图谱、校园招聘计划、黄河三角洲技能人才联合培育中心培训能力。中石化胜利石油工程有限公司人力资源首席专家，市区有关单位部门、中石化胜利石油工程有限公司党校、培训中心、德州职业技术学院、东营职业学院、山东胜利职业学院、山东工程技师学院、天津石油职业技术学院石油工程学院有关负责人和重点企业代表出席活动。

同日　东营石油装备产教融合共同体成立大会召开，搭建产学研合作平台，推动人才链、创新链、产业链有机衔接，构筑现代化产业体系新支柱。副市长、市政府秘书长师辉出席会议并讲话；山东石油化工学院党委委员、副院长冯其红，东营职业学院党委副书记、院长解涛出席会议并致辞；区委副书记、区长燕雪英主持会议；东营市油地校融合发展办公室党组成员、副主任王建文出席会议并致辞；中国石油大学（华东）东营科学技术研究院副院长燕振功，东营市技师学院党委委员、副院长郭琳，东营科技职业学院党委委员、副院长宋惠中，山东胜利职业学院石油工程学院党支部书记、院长刘立支等出席会议。

26—28日　第十六届中国（东营）国际石油石化装备与技术展览会在黄河国际会展中心举办。本届展会以“探芯赋能 智领高地”为主题，线上参展企业1300余家，线下布展企业400余家，总展览面积4万多平方米，参展展品涉及2800多个品种、18000余件。来自36个国家和地区的3600余名展商、2万余名专业采购商到场布展参观，总参观人数突破6万人次。展出产品涉及海陆石油钻采设备、勘探设备、集输设备、固井设备、特种车辆等20个大系列、2800多个品种，展示最新科技成果817项，新产品220个，其中24项新产品首次在国内展会展出。达成贸易合同（意向协议）376个，协议意向金额74.7亿元，涵盖高端化工、高端装备、新材料、新能源、油服等领域。展会同期举办油气田增产及提高石油采收率技术研讨会、东营石油装备产教融合共同体成立大会、2023中国（东营）石油装备产业发展论坛、展会成果及“双招双引”项目签约仪式等15场专业会议。

28日　第十六届中国（东营）国际石油石化装备与技术展览会成果及“双招双引”项目签约仪式举行。此次活动集中签约年产100万米新材料防腐钢管项目、数字化油田监测光纤传感技术人才引进项目、中石化玻璃钢管线组采框架协议等18个项目，签约金额47亿元，涵盖高端化工、高端装备、新材料、新能源等领域。区政协主席杜书亮出席仪式并致辞。

同日　全市离退休干部党员学习新时代党的创新理论轮训启动暨市委老干部党校分校集中揭牌仪式在东营区举行。揭牌仪式结束后，参会人员到东营区老年大学新校施工现场、东营区老年大学东利社区教学点观摩。

29日　东营区组织收听收看全省全市调度中秋、国庆假期期间值班值守和安全防范工作。区委副书记、区长燕雪英收听收看。会后，燕雪英就有关工作安排部署。

30日　东营市在东营革命烈士陵园烈士纪念广场举行烈士公祭活动。市委书记、市人大常委会主任杨国强，市委副书记、市长陈必昌，市委副书记、政法委书记孙早军，市政协主席刘美华，区委副书记、区长燕雪英等与各界代表700余人参加公祭活动。

是月 由中铁二十一局承建的津潍高铁黄河大桥段首个承台完成混凝土浇筑，标志着津潍高铁进入地上桥梁墩身施工阶段。

10月

7日 东营区组织收听收看全市生态环境保护大会暨美丽东营建设推进会议。区委副书记、区长燕雪英收听收看。

9—10日 2023年山东省“万企兴万村”行动工作推进现场会在东营区举行。省人大常委会副主任、省工商联主席、省总商会会长王随莲出席会议并讲话；市委书记、市人大常委会主任杨国强出席会议并致辞。省委统战部副部长、省工商联党组书记、常务副主席张鲲主持会议，省直有关部门机构负责人，市有关领导出席会议。会前，与会人员到蓝海供应链展销中心、胜大农业产业化联合体、“龙居湾”沿黄乡村振兴示范片区和东营市双福福盛农业开发有限公司进行现场观摩。其间举行东营区“双招双引”推介和东营市农业产业发展情况推介活动。区委副书记、区长燕雪英参加活动。

11日 省政府研究室办公室主任于美山带队到东营区调研重点项目建设情况。调研组先后到东辛片区城市更新项目、全国油气勘探开发技术公共创新基地、山东海科新源材料科技股份有限公司、德仕能源科技集团股份有限公司、山东科瑞集团进行实地查看并听取相关情况介绍。区委副书记、区长燕雪英，东营区驻村第一书记和工作队工作专班牵头负责人、省政府研究室办公室（人事处）二级调研员张增洲等参加调研。

12日 包头市政协副主席郝文带队到东营区考察农业发展情况。考察团先后到东营市双福福盛农业开发有限公司、山东蓝海生态农业有限公司、牛庄镇1.1万亩高标准农田建设项目、牛庄镇金丰家庭农场进行参观并听取相关情况介绍。市政协副主席韩利学、区政协主席杜书亮参加考察。

13日 区委副书记、区长燕雪英主持召开第15—45次区政府常务会议。会议传达学习习近平总书记对新时代办公厅工作作出的重要指示精神、习近平总书记在中共中央政治局第八次集体学习时的重要讲话精神、习近平总书记在浙江考察和返京途中在山东枣庄考察时的重要讲话精神和习近平总书记就推进新型工业化作出的重要指示精神，听取并原则同意区投资促进发展服务中心关于2023年前三季度全区招商引资工作进展情况的汇报、区教育局关于全区教育领域安全生产工作情况的汇报、区商务局关于兑现东营奥祥石油化工销售有限公司外资奖励资金有关情况的汇报、区国资局关于区油城公用事业集团有限公司子公司发行境外债及成立境外子公司有关情况的汇报。

16日 全区领导干部会议召开。市委常委、组织部部长刘忠远出席会议并宣读任职通知，赵明印任东营区委书记。区委副书记、区长燕雪英主持会议。

同日 东营区组织收听收看市委理论学习中心组专题辅导报告会暨全市干部大讲堂。区人大常委会主任张汝淮、区政协主席杜书亮等一同收听收看。

18日 区委书记赵明印到中国石化胜利油田天然气销售有限公司庐山路配气站、东营吾悦广场、山东海科新源材料科技股份有限公司督导安全生产工作。

同日 东营区组织收听收看全市数字经济高质量发展工作推进会议。区委副书记、区长燕雪英一同收听收看。

18—19日 东营区学习贯彻习近平新时代中国特色社会主义思想主题教育读书班（第二专题）举行。区委书记赵明印出席开班式并作动员讲话，区委副书记、区长燕雪英主持开班式。

18—20日 第十七届中国精密铸造年会在东营黄河国际会展中心举办。中国铸造协会执行副会长兼秘书长王东生、副市长孙永出席开幕式并致辞，来自全国各地的380多家会员单位近800名代表参加会议，220余家企业参展。区委书记赵明印，区委副书记、区长燕雪英参加活动。

20日　区委书记赵明印到胜利发电厂首站、东辛换热站建设施工现场、锦绣龙轩二区供暖设备间现场、东营区供暖生产调度大厅督导全区供暖保障工作。

同日　区委副书记、区长燕雪英到东营市技师学院开展政校企产才对接交流活动。

21日　区委书记赵明印主持召开九届区委常委会第89次（扩大）会议。会议传达学习习近平总书记在浙江考察和返京途中在山东枣庄考察时的重要讲话精神、习近平总书记对宣传思想文化工作作出的重要指示精神，传达学习全市首届慈善大会精神，听取关于九届区委第三轮巡察情况的综合报告，会议还研究其他事项。

25日　沿黄九省区驻京办事处到东营区考察。考察组先后到泮水公园、东辛片区、胜利石油科技馆、科瑞集团展厅等进行参观并听取相关情况介绍。区委副书记、区长燕雪英参加考察。

26日　全省黄河文化育人资源整合与运用现场会在东营区开幕。省教育科学研究院党委书记、院长申培轩出席活动并讲话。市政府办公室副主任陈俊林、区委书记赵明印致辞。

同日　区十五届人大常委会第14次会议召开。会议听取审议区政府关于东营区“十四五”规划纲要实施中期情况的报告、关于2022年度全区国有自然资源（资产）管理情况的专项报告、关于西城高品质现代化城市建设推进情况的报告，审议区政府关于2022年度全区国有资产管理情况的综合报告，进行人事任免。

27日　省文化和旅游厅公布2023年度山东省精品文旅名镇命名名单，东营区六户镇和龙居镇入选，并被授予“山东省精品文旅名镇（乡村旅游重点镇）”称号。

27—28日　东营区学习贯彻习近平新时代中国特色社会主义思想主题教育读书班（第三专题）开班。区委书记赵明印讲专题党课。省委第五巡回督导组、市委主题教育联络二组派员参加，东营区驻村第一书记和工作队工作专班牵头负责人、省政府研究室办公室（人事处）二级调研员张增洲，区人大常委会主任张汝准，区政协主席杜书亮等参加。

30日　区委学习贯彻习近平新时代中国特色社会主义思想主题教育领导小组第二次会议召开。会议传达学习中央第九指导组下沉调研、王宇燕调研指导东营市主题教育有关精神并研究东营区贯彻落实意见，听取全省农村集体“三资”侵占挪用问题专项整治动员部署会议暨工作专班第一次会议精神及东营区贯彻落实意见的汇报，东营区主题教育工作开展情况的汇报，东营区承担的省委、市委专项整治工作和东营区确定的专项整治工作开展情况的汇报。区委书记赵明印出席会议并讲话，区委副书记、区长燕雪英，区人大常委会主任张汝准，区政协主席杜书亮等参加会议。

同日　区委副书记、区长燕雪英主持召开第15—46次区政府常务会议。会议传达学习习近平总书记在进一步推动长江经济带高质量发展座谈会上的重要讲话精神、习近平总书记在江西考察时作出的重要指示精神，听取并原则同意区发展改革局关于前三季度全区经济运行情况及下一步工作建议的汇报。

31日　省交通运输厅、省财政厅、省农业农村厅、省乡村振兴局联合发布关于2022年“四好农村路”省级示范市、示范县命名通报。东营区被命名为“四好农村路”省级示范县。

同日　区领导分别开展老年节走访慰问。区委书记赵明印到胜利老年公寓和文汇街道辛镇社区马英花、康文岗老人家中走访慰问；区委副书记、区长燕雪英到东营鸿港医院临家老年照护中心、东赵居民小区李法现、赵德丰老人家中走访慰问；区人大常委会主任张汝准到史口镇幸福院和王子敬、曲爱荣老人家中走访慰问；区政协主席杜书亮到辛店街道老年公寓和宋继续、盖玉英老人家中走访慰问。

是月 东营区化工产业园入选“2023中国化工最具发展潜力十强园区”。

是月 省住房和城乡建设厅公布《关于印发青岛等地深化提升“齐鲁红色物业”经验做法的通知》，其中东营区经验做法获全省推广。

是月 东营区（龙居）黄河口龙舟赛、东营市东营区史口烧鸡入选省文化和旅游厅2022年度“好客山东·乡村好时节”优秀案例。

11月

2日 东营区人武部党委第一书记任职会议召开。市委常委、东营军分区大校政治委员张启军出席会议并宣读任职批复，区委书记赵明印任区人武部党委第一书记。区委常委、人武部上校部长毕岩辉主持会议。

2—3日 全省城乡公益性岗位扩容提质行动现场推进会议在东营区召开。与会人员先后到文汇街道嵩山社区党群服务中心、胜园街道党群服务中心、龙居林场公岗驿站、龙居社区党群服务中心进行现场观摩并举行全体会议。省公共就业和人才服务中心党委书记、主任衣军强出席会议并讲话，市委常委、副市长何宪卓出席会议并致辞。会上，东营区作交流发言。副市长孙永、区委书记赵明印参加活动。

3日 省工业和信息化厅公布第七批山东省制造业单项冠军拟认定名单和第一、四批复核拟通过名单。东营区7家申报企业全部入选，入选数量位居全市第一。全区累计培育省级以上制造业单项冠军20家，居全市第一。

同日 省工业和信息化厅发布2023年山东省智能工厂、数字化车间、智能制造场景及智能制造系统解决方案供应商名单。东营高新区威飞海洋装备制造有限公司的水下装备智能工厂入选2023年省级智能工厂，山东万海电气科技有限公司的智能电气设备数字化车间入选2023年省级数字化车间，山东广域科技有限责任公司获得“2023年度省级智能制造系统解决方案供应商”称号。

5日 2023东营市招商引资项目集中签约仪式在上海举行。东营区揽翠湖康养文旅小镇项目、高端树脂和新型环保防污涂料项目、丙烯醛联产戊二醛项目在会上签约。

7日 第十九届“中国会展之星”颁奖盛典发布2023年度中国会展之星“创新争优”行业先锋榜、百强榜、品牌榜。中国（东营）国际石油石化装备与技术展览会荣获“2023年中国优秀特色专业展会”称号。

7—8日 东营区学习贯彻习近平新时代中国特色社会主义思想主题教育读书班（第四专题）开班。市委主题教育联络二组派员参加，区委书记赵明印，区委副书记、区长燕雪英，区人大常委会主任张汝准，区政协主席杜书亮等参加。

8日 东营区开展2023年市级老干部观摩活动。观摩团先后到山东省海洋油气钻采关键装备技术创新中心、全国油气勘探开发技术公共创新基地项目、泮水公园、东辛片区城市更新项目进行观摩。

9日 省发展改革委公布山东省绿色低碳高质量发展先行区建设试点名单。东营高新区入选产业园区试点名单，威飞海洋装备制造有限公司、胜利油田胜机石油装备有限公司、东营高新区配售电股份有限公司3家企业入选企业试点名单。

10日 应急管理部危化监管二司司长洪宇带领国务院安委办山东督导帮扶第二工作组到东营区督导化工行业安全专项整治工作。洪宇先后到东营神驰石油化工销售有限公司、山东海科石化销售有限公司督导并召开座谈会，听取全区化工行业安全专项整治工作汇报。副市长边志伟，区委副书记、区长燕雪英参加督导。

11日 区委副书记、区长燕雪英主持召开第15—47次区政府常务会议。会议传达学习习近平总书记在中共中央政治局第九次集体学习时的重要讲话精神、习近平总书记在中央金融工作会议上的重要讲话精神，听取并原则同意区政府办公室《关于“高效办成一件事”大力提升行政效能的实施意见（讨论稿）》等文件起草情况的汇报。省人大常委会选聘专家顾问、山东农业农村专家顾问团农产品质量安全分团团长杨理健教授围绕“农产品质量安全法”主题作专题法治讲座。

12 日　区委书记、党校校长赵明印主持召开九届区委常委会第 90 次（扩大）会议。会议传达学习习近平总书记在进一步推动长江经济带高质量发展座谈会和在江西考察时的重要讲话精神，传达学习上级主题教育有关指示和会议精神，听取区政府党组关于前三季度全区经济运行情况及下步工作建议的汇报，会议还研究其他事项。

14 日　市委依法治市办对党政主要负责人履行推进法治建设第一责任人职责督察座谈会在东营区召开。市委依法治市办督察一组组长、市委依法治市办副主任、市委政法委分管日常事务的副书记牛永昌出席会议并讲话，区委书记、党校校长赵明印主持会议。

同日　省总工会公布 2023 年鲁班首席工匠、齐鲁大工匠、齐鲁工匠、山东省全员创新企业、山东省劳模和工匠人才创新工作室名单。胜利油田胜机石油装备有限公司抽油泵厂首席技师、高级技师张明德和东营黄河河务局麻湾管理段副段长、高级技师李兆杰被评为第六届“齐鲁工匠”。

15 日　东营区组织收听收看落实黄河重大国家战略工作推进会议。区委书记、党校校长赵明印，区委副书记、区长燕雪英，区人大常委会主任张汝淮等收听收看。

同日　区委书记、党校校长赵明印主持召开九届区委常委会第 91 次（扩大）会议。会议传达学习习近平总书记在中央金融工作会议上的重要讲话精神、习近平总书记在北京河北考察灾后恢复重建工作时的重要讲话精神、习近平总书记主持二十届中共中央政治局第九次集体学习时的重要讲话精神，听取关于全区主题教育工作推进情况、服务业发展情况、安全生产工作情况的汇报。市委副书记、市长陈必昌到会指导，副市长、市政府秘书长师辉参加会议。

16 日　市委书记、市人大常委会主任杨国强到东营区文汇街道党群服务中心调研主题教育开展情况和房屋产权确权颁证历史遗留等专项问题整治情况。市委常委、秘书长成秋林，区委书记、党校校长赵明印参加调研。

18 日　区委副书记、区长燕雪英主持召开第 15—48 次区政府常务会议。会议传达学习习近平总书记在中央全面深化改革委员会第三次会议上的重要讲话精神、习近平总书记在北京河北考察灾后恢复重建工作时的重要讲话精神、习近平总书记对山西吕梁市永聚煤矿一办公楼火灾事故作出的重要指示精神，听取并原则同意区消防救援大队关于全区消防安全工作情况的汇报、区疾病预防控制中心关于《东营区疾病预防控制中心改革试点工作方案（讨论稿）》起草情况的汇报。

同日　2023 年中国中小城市高质量发展指数研究成果公布。东营区入选 2023 年度全国综合实力百强县市、全国投资潜力百强区，这也是东营区连续多年入围。

20 日　东营区 2023 年“慈心一日捐”捐赠活动举行。当日区慈善总会接收到捐款 6.1 万元。

23 日　区委副书记、区长燕雪英主持召开第 15—49 次区政府常务会议。会议传达学习习近平总书记在亚太经合组织第三十次领导人非正式会议上的重要讲话精神，听取并原则同意区国资局关于东营区财金控股集团有限公司收购山东蓝海股份有限公司部分资产有关情况的汇报。

同日　省委组织部公布 2023 年度省级“发现榜样”人选名单。东营区牛庄镇东庞社区党委副书记、西庞村村委会主任庞增华入选。

24 日　东营区“纪念延安双拥运动 80 周年”暨“纪念抗美援朝战争胜利 70 周年”楹联作品展开幕。市楹联协会首席顾问姜振邦出席活动并致辞，市文联党组书记、主席隋强宣布楹联展开幕。区委书记、党校校长赵明印参加有关活动。

同日　省工业和信息化厅公布2022年度山东省民营经济高质量发展先进县（市、区）综合评价结果。东营区被确定为2022年度山东省民营经济高质量发展先进县（市、区），全省共有12个县（市、区）通过综合评价，东营区位列第7。

25日　副市长、市公安局局长赵海带领全市公安机关重点工作观摩团到东营区进行现场观摩。观摩团先后到东营公安分局执法监督中心、执法办案中心、侦查中心、亿科高端树脂新材料项目“项目警长”全科服务站进行观摩并听取相关情况介绍。区委书记、党校校长赵明印，区委副书记、区长燕雪英等参加观摩。

27日　东营区组织收听收看全省府院联动第一次协调会议。区委副书记、区长燕雪英收听收看。

28日　区委书记、党校校长赵明印主持召开九届区委常委会第93次（扩大）会议。会议传达学习习近平总书记主持召开中央全面深化改革委员会第三次会议时的重要讲话精神和对山西吕梁市永聚煤矿一办公楼火灾事故作出的重要指示精神，听取关于全区重大事故隐患专项排查整治行动进展情况的汇报，会议还研究其他事项。

同日　区委书记、党校校长、区人武部党委第一书记赵明印主持召开区委常委会议军会议。会议深入学习贯彻习近平新时代中国特色社会主义思想和习近平强军思想，研究解决制约国防动员建设发展重大问题，动员部署下一步重点任务。

29日　东营区组织收听收看全省安全生产视频会议和市安委会成员（扩大）会议。区委副书记、区长燕雪英收听收看。

同日　山东省第一批知识产权保护示范区评审结果公布。东营区作为东营市唯一县区上榜，是全省获评的8个县区之一。

是月　中央宣传部、文化和旅游部、河南省人民政府共同主办第四届全国红色故事讲解员大赛。区人民医院李超超荣获全国“优秀志愿讲解员”称号。

12月

4日　省双拥模范城考评组组长，省双拥办副主任、省退役军人事务厅双拥处处长张同华带队到东营区进行省双拥模范城实地考评。考评组先后到东营区人武部、文汇街道中山社区、东营区文华学校、金盾国防教育研学实践基地、东营退役军人就业创业园进行实地考评，区委书记、党校校长赵明印主持考评汇报会并汇报东营区双拥工作情况。副市长边志伟，区委副书记、区长燕雪英参加活动。

5日　东营区政府第二次全体会议暨全区第四季度安委会成员（扩大）会议召开。区委副书记、区长燕雪英出席会议并讲话。

6日　东营市2023年食品安全宣传周在东营吾悦广场启动。副市长、市食药安委副主任王秀凤出席并宣布活动启动，区委书记、党校校长赵明印出席活动。

7日　东营区组织收听收看市委理论学习中心组法治专题讲座暨全市干部大讲堂，世界互联网大会秘书长、国家网信办原副主任任贤良作专题报告。区委书记、党校校长赵明印收听收看。

同日　“科技赋能智领未来”东营智慧养老产业高质量发展交流研讨会举行。东营区人民政府与上海长三角区域养老服务促进中心签署战略合作协议，山东爱瑞医养健康产业有限公司与大湾区智慧健康联合创新中心签订战略合作协议。市政协副主席段鸿，区委副书记、区长燕雪英出席活动并致辞，区政协主席杜书亮主持。活动中，段鸿和上海长三角区域养老服务促进中心理事长冯建光为黄河三角洲区域智慧养老产业发展智库揭牌，燕雪英为智库成员代表颁发证书。

同日　区委编办印发《关于加强防震减灾机构职能有关事项的通知》，区应急局加挂区地震局牌子。印发《关于撤销东营市胜利第二十三中学的批复》，撤销东营市胜利第二十三中学。

8日　东营区油地干部职工“三进”系统帮扶工程暨“百名金融专员联百村”工作动员部署

会议召开。区委书记、党校校长赵明印出席会议并讲话。

同日 区委副书记、区长燕雪英主持召开第15—50次区政府常务会议。会议传达学习习近平总书记关于宪法的重要论述、习近平总书记在二十届中共中央政治局第十次集体学习时的重要讲话精神和习近平总书记在深入推进长三角一体化发展座谈会上的重要讲话精神，听取并原则同意东营生态环境分局关于《东营区水环境治理、固废防治、农村人居环境整治重点任务清单（讨论稿）》编制情况的汇报。

11日 东营区冬季供暖及防范一氧化碳中毒调度会议召开。区委副书记、区长燕雪英主持会议并讲话。

13日 驻东营全国、省人大代表到东营区视察。代表们先后到全国油气勘探开发技术公共创新基地项目、山东省海洋油气钻采关键装备技术创新中心、东营德康宁医养中心项目、东辛片区城市更新项目、泮水公园、区行知实验学校二期项目视察并听取相关情况介绍。市人大常委会副主任李俊峰，区委书记、党校校长赵明印，区委副书记、区长燕雪英，区人大常委会主任张汝准参加活动。

14日 区委常委会召开主题教育调研成果交流暨典型案例剖析会。区委书记、党校校长赵明印主持会议并讲话，省委第五巡回督导组成员王长恒、市委主题教育联络二组副组长高明宝到会指导，区委副书记、区长燕雪英，区人大常委会主任张汝准，区政协主席杜书亮出席会议。

15日 东营区组织收听收看省、市主题教育整改整治工作推进会。区委书记、党校校长赵明印，区委副书记、区长燕雪英收听收看。

16日 东营区生态环境保护暨学习运用“千万工程”经验推动乡村振兴提档升级会议召开。区委书记、党校校长赵明印出席会议并讲话，区委副书记、区长燕雪英主持会议。

17日 东营区组织收听收看省市低温雨雪冰冻灾害防范应对工作视频会议。区委副书记、区长燕雪英收听收看并安排部署有关工作。

18日 东营区企业家座谈会召开，22位民营企业家代表参加座谈并作交流发言。区委书记、党校校长赵明印出席会议并讲话，区委副书记、区长燕雪英主持会议。

19日 首届黄河口地名文创大赛展示暨“乡村著名行动”启动仪式在东营区举行。民政部地名研究所副所长宋久成，副市长梁润生出席仪式并致辞；民政部地名研究所应用理论室研究室主任张清华出席仪式；省民政厅区划地名处处长张子龙，区委书记、党校校长赵明印出席仪式并致辞。

20日 东营区“进现场、解难题、促发展”调研座谈会召开。省商务厅党组成员、驻厅纪检监察组组长梁永军出席会议并讲话，市商务局党组书记、局长张子柱主持会议。区委副书记、区长燕雪英参加会议。

同日 区委全面依法治区委员会第十一次会议暨述法评议会议召开。区委书记、党校校长、区委全面依法治区委员会主任赵明印主持会议并讲话。

同日 东营区顺利通过省级复审，被重新确认为山东省慢性病综合防控示范区。

21日 市委副书记孙早军到东营区调研农村“三资”工作。孙早军到胜园街道南田社区农村“三资”监管平台和我爱我村阳光财务公开监督平台调研平台运行情况。区委副书记、区长燕雪英参加调研。

21—22日 东营区、胜利石油管理局有限公司联合赴上海考察并开展“双招双引”活动。考察组先后到上海浦东软件园、张江人工智能岛、零号湾等地考察并听取相关情况介绍。召开在沪油城子女代表“同城朋友圈”座谈会，40余名在沪杰出油城子女代表参加座谈会。区委书记、党校校长赵明印，胜利石油管理局有限公司党委组织部副部长、人力资源部副经理谭运成，市委人才发展服务中心主任刘晓伟出席并讲话；中国石油大学（华东）合作发展处副处长、校友总会副秘书长刘会军出席并致辞。

23日　区委书记、党校校长赵明印主持召开九届区委常委会第94次（扩大）会议。会议传达学习习近平总书记在中央经济工作会议上的重要讲话精神、习近平总书记在12月8日中共中央政治局会议上的重要讲话精神、习近平总书记在中共中央党外人士座谈会上的重要讲话精神，传达学习全省、全市主题教育有关会议精神，听取关于全区耕地保护有关情况的汇报，会议还研究其他事项。

同日　区委副书记、区长燕雪英主持召开第15—51次区政府常务会议。会议传达学习习近平总书记在上海考察和返京途中在江苏盐城考察时的重要讲话精神、习近平总书记在中央经济工作会议上的重要讲话精神，传达学习中央农村工作会议精神，听取并原则同意区安委会办公室关于国务院安全生产和消防工作考核巡查反馈问题整改情况的汇报、区国资局关于区财金控股集团有限公司融资有关情况的汇报、区财政局《关于2023年东营区财政预算调整方案（草案）的报告（讨论稿）》起草情况的汇报。

24日　东营区组织收听收看全市新型工业化推进大会。区委书记、党校校长赵明印，区委副书记、区长燕雪英，区人大常委会主任张汝淮，区政协主席杜书亮等收听收看。

25日　东营区组织收听收看全市耕地保护和粮食安全工作会议。区委书记、党校校长赵明印，区委副书记、区长燕雪英等收听收看。

同日　东营区组织收听收看全市党风廉政警示教育大会。区委书记、党校校长赵明印，区委副书记、区长燕雪英，区人大常委会主任张汝淮，区政协主席杜书亮收听收看。

26日　全区党风廉政警示教育大会召开。区委书记、党校校长赵明印出席会议并讲话，区委副书记、区长燕雪英主持会议，区人大常委会主任张汝淮等会议。

26—28日　省巩固拓展脱贫攻坚成果后评估考核组到东营区考核脱贫攻坚工作。考核组先后到牛庄镇、史口镇、龙居镇对脱贫户帮扶工作开展情况、行业帮扶政策落实情况和帮扶项目等工作开展实地检查。市委副书记孙早军，副市长梁润生，市农业农村局党组成员、局长、市乡村振兴局局长王英明，区委书记、党校校长赵明印，区委副书记、区长燕雪英等参加活动。

27日　东营区“四下基层”暨主题教育整改整治工作推进会议召开。区委书记、党校校长、区委主题教育领导小组组长赵明印出席会议并讲话，市网格化管理服务中心主任、市委主题教育联络二组副组长高明宝到会指导。

28日　区委书记、党校校长赵明印主持召开九届区委常委会第96次（扩大）会议。会议传达学习习近平总书记主持中共中央政治局专题民主生活会时的重要讲话精神、习近平总书记在纪念毛泽东同志诞辰130周年座谈会上的重要讲话精神，传达学习省委十二届五次全会暨省委经济工作会议、市委七届五次全会精神，研究区委九届六次全会有关事宜，听取关于加快东营高新区高质量发展有关情况的汇报，会议还研究了其他事项。

29日　中国共产党东营市东营区第九届委员会第六次全体会议召开。全会以习近平新时代中国特色社会主义思想为指导，深入学习贯彻党的二十大精神，全面贯彻习近平总书记对山东工作和视察东营重要指示要求，认真落实省委十二届五次全会暨省委经济工作会议、市委七届五次全会精神，听取和讨论赵明印受区委常委会委托作的工作报告，审议《关于全区深入开展学习贯彻习近平新时代中国特色社会主义思想主题教育工作情况的报告》，审议通过《中国共产党东营市东营区第九届委员会第六次全体会议公报（草案）》。

同日　区委书记、党校校长赵明印主持召开九届区委常委会第97次会议。会议听取分组讨论区委常委会工作报告、《关于全区深入开展学习贯彻习近平新时代中国特色社会主义思想主题教育工作情况的报告》、《中国共产党东营市东营区第九届委员会第六次全体会议公报（草案）（讨论稿）》有关情况的汇报。

30日　区委副书记、区长燕雪英主持召开第15—52次区政府常务会议。会议传达学习习近平总书记在主持中共中央政治局专题民主生活会时的重要讲话精神，传达学习省委十二届五次全会暨省委经济工作会议、市委七届五次全会精神，听取并原则同意区考核办关于市对区综合考核指标进展情况的汇报、区区域治理运行管理中心关于“12345”热线集中攻坚“回头看”有关情况的汇报、区推动黄河三角洲生态保护和高质量发展领导小组办公室关于《东营区贯彻落实“四水四定”原则专题研究报告（讨论稿）》起草情况的汇报和区水利局关于《东营区贯彻落实“四水四定”原则工作方案（讨论稿）》起草情况的汇报、区地方金融监管局关于《东营区支持企业上市挂牌十条措施（讨论稿）》起草情况的汇报、区商务局关于《2021年度山东省现代流通强县专项资金使用方案（讨论稿）》起草情况的汇报、区人力资源社会保障局《关于支持新型职业农民创新创业发展的若干措施（讨论稿）》起草情况的汇报和关于提高全区居民基本养老保险基础养老金最低标准的汇报。

是年　东营区化工产业园扩区申请获得省政府批复。

是年　省文化和旅游厅公布2022年度山东省文旅康养强县名单。东营区荣获2022年度“山东省文旅康养强县”称号。

是年　全区一般公共预算收入累计完成349168万元，完成调整预算的100.05%。全区一般公共预算支出完成550328万元，完成调整预算的100%，其中民生类支出完成400082万元，占一般公共预算支出的72.70%。

区情概览

- 历史与区划
- 自然环境
- 人口 · 民族
- 2023 年东营区国民经济和社会发展情况
- 组织机构与领导人

历史与区划

【概况】 东营区域地历史悠久。据对出土文物考证，早在4000年前，已有人类在此繁衍生息。商为薄姑国领地。周为齐地。秦属齐郡，西汉属千乘郡琅槐县、湿沃县，东汉属乐安国博昌县、湿沃县，三国时属魏国齐郡，西晋属广饶县、湿沃县，南北朝时属乐安郡广饶县、湿沃县，唐宋时属渤海郡千乘县、蒲台县，元明清三朝境域东部属乐安县、西部属蒲台、博兴县。民国年间，为广饶、蒲台、博兴三县交界之地。

战国时期，人们在此“伐刍薪煮海水为盐”，盐业生产已有一定规模。明朝洪武、永乐年间，大批移民自山西洪洞、直隶枣强迁移至此，构成境内居民的主体。悠久的历史造就绚丽多彩的地方民间文化。东营区牛庄镇时家村是吕剧的发源地。清光绪二十六年（1900），时殿元等人将琴书《王小赶脚》由坐唱改为化妆演出，形成吕剧雏形，逐步发展成为一个独具地方特色的大剧种，并跻身国家地方戏曲艺术之林。

1940年后，境域属抗日民主政府清河区行政专员公署。解放战争时期，境域属广饶县、蒲台县，隶属渤海区清河专署。中华人民共和国成立后，境域隶属惠民专区。1961年4月，东营村（今东营居委会）东打出的华北第8号探井首次获得日产8吨的工业油流，拉开了华北石油会战的帷幕。1962年9月23日，营2井喷出当时全国日产原油最高555吨的油流，“九二三厂”（胜利油田）诞生。

1982年11月10日，《国务院关于山东省设立东营市的批复》批准设置东营市东营区、牛庄区。1983年10月15日东营市成立。1984年1月12日，市辖东营区、牛庄区（东营区辖42个行政村，牛庄区辖179个行政村）成立。1987年7月2日东营、牛庄2个区合并为东营区。建市后，选定沙营以东总面积约100平方千米的地区作为东营市中心城，称“东城”，市委、市政府设在东城。胜利油田机关所在的矿区城镇相应称“西城”，东城距西城15千米。区委、区政府驻东、西城之间东营区新区。

东营区是东营市中心区。1987年辖辛店、胜利、六户、牛庄4个镇和史口、油郭、西范、龙居4个乡及西城街道办事处，共221个行政村。1988年4月，撤销西城街道办事处，设立泰安路、海河路街道办事处。1991年3月设立东城街道办事处，与胜利镇合署办公。1992年10月，史口乡撤乡设镇。1995年3月，东城街道办事处与胜利镇分设。

2001年3月，乡镇街道规模调整，撤销油郭乡，将其行政区域并入史口镇；撤销西范乡，将其行政区域并入牛庄镇；撤销胜利镇，设立胜利街道办事处；撤销辛店镇、海河路街道办事处、泰安路街道办事处，设立辛店街道办事处、黄河路街道办事处、文汇街道办事处。11月，撤销龙居乡，设立龙居镇。2003年11月，成立胜园街道办事处。将史口镇北高、卢家、丁家、姜王、业基王、温家、东商、赵家8个村和黄河路街道办事处东现河、南田、西现河、王连、东升、陈家6个村（居），划入胜园街道办事处管辖。

2019年1月12日，根据《东营市人民政府关于印发东营经济技术开发区调整代管范围划转移交工作方案的通知》，东营区东城街道及8个社区、1个村转居、38个居委会，胜利街道及4个社区、26个居委会、1个行政村，六户镇5个行政村，黄河路街道广利港居委会划转移交东营经济技术开发区，由东营经济技术开发区代管。调整后，东营区辖4个镇、4个街道。

【区管镇、街道社区、村居名录】

牛庄镇村居名录

社区：聚华

农村社区：东庞、牛庄、辛集、陈庄、大杜、西范

村民委员会：辛集、小宋、东隋、牛庄、解家、魏家、陈庄、西薛、东薛、车里、东范、大杜、官庄、西范、湾杨、黄庙、大武、陈桥、何家、张庄、王庄、西隋、褚家、曹家、小杜、贾刘、王营、前邵、后邵、邵桥、谭家、东武、东张、岳家、东庞、西庞、店子、中武、坡楼、卢家、时家、西小武

六户镇村居名录

社区：瑞景

村民委员会：东六户、西六户、武王、小许、李宅、梅宅、神堂、东辛集

史口镇村居名录

社区：胜花、博昌

村民委员会：大宋、元里、石庄、西商、北四、于林、东寨、张店、楼李、南一、南二、南三、南四、南王、苏家、郑营、劳家、纪家、培李、北一、北二、北三、刘一、刘二、刘三、刘四、油坊、徐家、曲家、杨家、小刘、曹家、马家、寨王、袁家、范家、林家、陈家、三里、吕家、刘营、张营、油郭、西高、木李、艾家、初家、生家、刘董、香坊、前王、后王、万家、五甲王、东一、东二、东三、东四、安子张、都福李、十一图

龙居镇村居名录

村民委员会：盐坨、韩楼、龙西、龙东、大张、方家、朱家、南高、杨集、老于、三里、赵家、大孙、谢何、麻一、麻二、麻三、高家、崔家、南李、北薛、小张、曹店、北李、西史、常家、尚家、董王、圈张、生家、陈家、朱闫、小孙、边家、林家、刘家、吕家、蒋家、司家、庄子、棒李、双庙、大杨、小杨、王家、官增王、牛家寺、二甲张、东南史、十三图、打渔张、寺前杨、银匠王、湾东刘、小麻湾

辛店街道村居名录

村民委员会：茶坡村、前进村、哨头村、立新村、唐家村、周家村、赵家村、成寨村

村转居民委员会：红卫社区、刘家社区、玛琅社区、北田社区、南庄社区、姜家社区、孙路社区、皂户社区

城市社区：辛店社区、西营社区、明珠社区、福兴社区、西苑社区、怡安社区、钻井北社区、钻井中社区、胜望社区、胜凯社区、胜荣社区、雅苑社区、萃苑社区、泽苑社区、玉兰社区、百合社区、钻井南社区、舒苑社区、银杏社区、桐凤社区

黄河路街道村居名录

村民委员会：万泉村、景屋村、耿井村

村转居民委员会：南李社区、南王屋社区、东赵社区

城市社区：燕山社区、鑫源社区、丰泽社区、锦城社区、汇泉社区、汇丰社区、祥河社区、辛兴社区、物华社区、科兴社区、南苑社区、玉景社区、兴河社区、东利社区、科怡社区、阳城社区、聚园社区、现河社区、宁河社区、鸿港社区、东升社区

文汇街道村居名录

社区居委会：胜安、颐园、商隆、嵩山、北胜、青山、共建、胜泰、蓝海、东旭、文华、蓝天、荟萃、龙轩、官锦、中山、绣园、油建、青华、敬业、龙潭、石大、中王屋、东营

村民委员会：北王屋、辛镇、张盖、王营、韩家、兰赵

胜园街道村居名录

城市社区：科苑社区、东现河社区、南田社区

村民委员会：北高村、卢家村、丁家村、南王村、温家村、东商村、赵家村、西现河村、王连村、东升村、陈家村、姜王村

自然环境

【境域位置】 东营市东营区位于山东省东北部，黄河三角洲腹地。地跨北纬37°14′13″—37°31′57″，东经118°12′42″—118°59′52″。东濒渤海，西依黄河，南与广饶县、博兴县接壤，北与垦利县毗邻。东西最大横距67.5千米，南北最大纵距26.5千米，辖区面积1179.19平方千米。城区北距垦利县城15千米，西距利津县城20千米，南距广饶县城50千米，西南到省会济南220千米，西北到首都北京450千米。2019年1月，东营经济技术开发区调整代管范围。原属东营区管辖的东青高速以东区域划转移交东营经济技术开发区代管。调整后，东营区实际管辖面积658平方千米。

【地质地貌】 境区内地势平坦，广为第四系覆盖，地表无基岩出露。据钻井资料，区内地层自下而上发育太古界变质岩系、新生界下第三系和上第三系、第四系，其中下第三系尤为发育，沉积厚度巨大，是重要的生油层系和储油层系，蕴藏着丰富的油气资源。东营区地处黄河冲积平原的滨海地带，属黄河三角洲尾闾部分。地势总体平缓，但西高东低，比降为1/10000，最高高程海拔11.5米，最低点海拔2.5米，地面高程一般在6—8米。

【土壤植被】 境内土壤成土母质为黄河沉积物，因受地下高矿化度潜水和人为耕作活动的影响发育而成，故不同程度地发生盐化现象。东部沿海一带地势平缓，受海潮侵袭，盐化现象严重。境域地处暖温带半湿润地区，在植物地理分布上，属落叶阔叶林带。因受自然条件和人为活动的影响，整个植被还处在以草本植物为主阶段。

【河流】 全区共有河流9条。黄河是境内唯一的自然河流。区内有排水河道8条：支脉河、广利河、广蒲沟、武家大沟、五六干合排、溢洪河、广蒲河、东营河。其中东营河汇入溢洪河，广蒲河汇入支脉河，后入海。

【海域】 东营区海岸线南起支脉河，北至丁字坝，总长43.33千米，地势低平，属粉沙淤泥质海岸。滩涂总面积21万亩，浅海区域-10米浅海面积为534平方千米，是进行浅海滩涂养殖和采捕贝类的最佳基地。潮汐属不规则日潮和不规则半日潮的不同潮型，每日2次，潮流为来复流，潮差一般为2米，潮汐流速平均为1.1海里/小时。沿海受季风性大陆性气候影响，季风影响显著，四季分明，多风，冬季多偏北风，夏季多偏南风，沿海气温以1月最低，平均-4—-1℃，7—8月最高，平均24—27℃，海水表层水温年平均12℃，海水盐度一般为22‰，汛期降至15‰。水温的年度变化与气温大致相同，鱼类生长期较长，浮游生物种类繁多，天然饵料丰富，是鱼、虾、蟹、贝类索饵、繁殖的天然场所。

【气候】 2023年，东营区年平均气温15.2℃，较常年偏高1.3℃，各季气温均偏高；年降水量475.0毫米，较常年偏少19%，其中冬、夏、秋季降水量偏少，春季降水量偏多；年日照时数2563.1小时，接近常年，略偏多1%，其中冬、夏、秋季日照时数略偏多，春季日照时数略偏少。

【自然资源】 土地管理 至2023年底，东营区土地11.79万公顷。其中，农用地6.66万公顷，建设用地3.48万公顷，未利用地1.65万公顷。耕地2.27万公顷，林地0.93万公顷。

水资源 历年平均降水产生的地表水径流量为0.58亿立方米，多集中在夏季，大部分排入渤海，利用率尚低。全区浅层地下淡水面积为26.67平方千米，2023年平均水量为4627.28万立方米。黄河是境内主要客水水源，1950—1999年，利津水文站年径流量平均为352亿立方米，年际间丰枯

变化较大，一年之内水量分布不均，多年平均流量为 1264 米³/秒。2001 年后，由于实施黄河水量统一调度，保证利津站全年不断流。另外，支脉河入境内流域面积 1388 平方千米，年均流量 433 米³/秒；广利河入境流域面积 510 平方千米，年均流量 143 米³/秒。

矿产资源　全区已发现矿产资源石油、天然气、地热、天然卤水（深层）、岩盐、贝壳及少量砖瓦用黏土 7 种，其中具有资源储量的矿种 6 个。石油、天然气资源富集，含油层系多，油气藏类型多，主要分布于现河、东辛、六户、牛庄、王岗等处。

生物资源　野生动物中兽类有野兔、刺猬、獾、黄鼠狼、鼹鼠、狐狸等；鸟类有燕、雀、水凫、鸭蓝、大雁等，珍贵鸟类有大天鹅、白头鹤、大鸨等。水产资源中鱼类以梭鱼、青鳞鱼、鲈鱼、斑鲫、刀鲚为主；虾类以毛虾、对虾、青虾、脊背白虾为多；蟹类有三疣梭子蟹、梭子蟹等；贝类有文蛤、毛蚶、鱼回蛏、竹蛏、兰蛤等；黄河鲤鱼、黄河刀鱼为淡水名产。野生植物中的中草药有益母草、菟丝子、车前子、茵陈、罗布麻等数 10 种。

人口·民族

【概况】　据公安部门统计，2023 年底，东营区户籍人口共计 485636 人，总户数 186388 户，平均每户 2.61 人，其中男性 238922 人，女性 246714 人，男女性别比为 97；地方人口 275508 人，油田人口 210128 人；全年出生人数 2443 人，出生率 5.03‰。全年死亡人数 1357 人，死亡率 2.79‰。2023 年自然增长 1086 人，自然增长率为 2.24‰。

【人口分布】　2023 年年底，辛店街道办事处 113582 人；黄河路街道办事处 104670 人；文汇街道办事处 129049 人；胜园街道办事处 10041 人；牛庄镇 40027 人；六户镇 10350 人；史口镇 40022 人；龙居镇 37895 人。

【年龄构成】　2023 年底，全区人口中 18 岁以下的人口为 83763 人，占总人口的 17.25%；18—34 岁的人口为 79329 人，占总人口的 16.34%；35—59 岁的人口为 203131 人，占总人口的 41.83%；60 岁以上的人口为 119413 人，占总人口的 24.59%。

【民族构成】　2023 年底，全区人口中汉族人口为 481882 人，占总人口的 99.23%；各少数民族人口为 3754 人，占总人口的 0.77%。其中，回族 1474 人、藏族 16 人、苗族 114 人、彝族 51 人、壮族 113 人、满族 1156 人、侗族 54 人、瑶族 16 人、白族 32 人、黎族 16 人、佤族 2 人、畲族 5 人、土家族 19 人、羌族 1 人、蒙古族 325 人、布依族 32 人、朝鲜族 63 人、土家族 182 人、哈尼族 5 人、高山族 1 人、纳西族 1 人、景颇族 2 人、仫佬族 1 人、锡伯族 17 人、裕固族 2 人、维吾尔族 25 人、哈萨克族 2 人、达斡尔族 22 人、俄罗斯族 1 人、鄂温克族 1 人、鄂伦春族 3 人。

【文化构成】　2023 年年底，全区人口中，接受大学（指大专以上）教育的 87025 人，占 17.92%；接受高中以上（含中专）教育的 127320 人，占 26.22%；接受初中及以下教育的 271291 人，占 55.86%。

2023 年东营区国民经济和社会发展情况

【概况】　根据县区级生产总值统一核算结果，2023 年，全区生产总值初步核算数为 592.03 亿元，按可比价格计算，同比增长 6.3%。其中，第一产业增加值 15.47 亿元，同比增长 4.6%；第二产业增加值 206.50 亿元，同比增长 6.3%；第三产业增加值 370.06 亿元，同比增长 6.3%。三次产业的比例调整为 2.6∶34.9∶62.5。

全年城镇新增就业 9058 人，完成市定任务的 102.7%。其中，失业人员再就业 3236 人，就业困难人员就业 525 人。新引进初次到山东的大学生7137人，引进海外留学人员43名，引进博士后人员32人。

年末常住人口55.46万人，比上年末增加0.31万人，其中城镇人口43.93万人，农村人口11.53万人，常住人口城镇化率79.21%。年末户籍人口48.56万人，其中0—17岁人口8.38万人，18—59岁人口28.24万人，60岁及以上人口11.94万人。

年末实有各类市场主体95605个，同比增长4.2%。其中，实有各类企业36764个，同比增长8.3%；实有个体工商户58512个，同比增长2.0%。

全年“四新”经济增加值150.84亿元，同比增长6.0%，占区生产总值比重为25.5%。“四新”经济投资、民间经济投资占全部投资比重分别为36.7%、53.3%，高新技术产业产值占规模以上工业总产值比重达到49.3%。

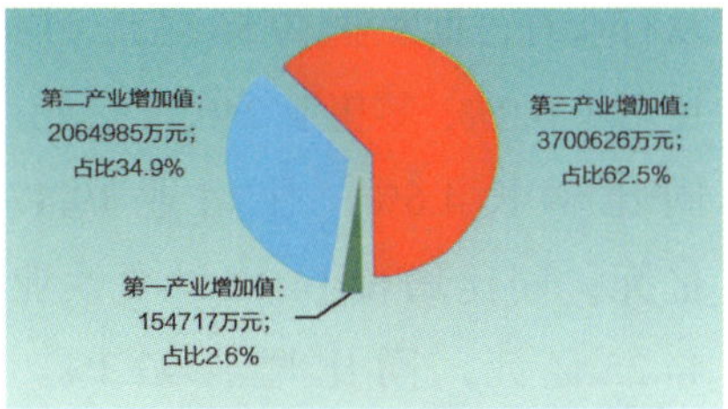

2023年东营区地区生产总值构成图

【农林牧渔业】 全年农林牧渔业增加值16.94亿元，同比增长4.8%。农林牧渔业总产值30.81亿元，按可比价格计算，同比增长5.2%。其中，农业产值15.52亿元，同比增长4.5%；林业产值0.87亿元，同比增长14.9%；牧业产值9.44亿元，同比增长5.9%；渔业产值1.92亿元，同比增长3.7%；农林牧渔服务业产值3.06亿元，同比增长7.2%。

2023年东营区农林牧渔业总产值及增长速度情况统计表

表1

指标名称	总产值（万元）	同比增长（%）
农林牧渔及其服务业	308079	5.2
一、农业	155164	4.5
二、林业	8671	14.9
三、牧业	94417	5.9
四、渔业	19193	3.7
五、服务业	30634	7.2

粮食播种面积37.36万亩，同比增长0.6%，粮食总产量14.49万吨，同比增长3.4%。其中，夏粮播种面积18.06万亩，同比增长0.5%，夏粮总产量7.44万吨，同比增长1.6%；秋粮播种面积19.30万亩，同比增长0.7%，秋粮总产量7.05万吨，同比增长5.4%。森林抚育面积1200公顷，更新造林面积49.09公顷；新增种苗育苗面积1810亩，全区种苗育苗总面积达16680亩。

2023年东营区主要农产品产量及增长速度情况统计表

表2

指标名称	产量（吨）	同比增长（%）
粮食	144934	3.4
夏粮	74388	1.6
秋粮	70546	5.4
棉花	560	-31.2
油料	912	2.1
蔬菜及食用菌	93651	3.4
水果	24185	13.0
园林水果	11726	14.9

肉蛋奶总产量3.57万吨，同比增长6.2%。其中，肉类总产量2.36万吨，同比增长7.0%；奶类总产量0.75万吨，同比增长3.5%；禽蛋总产量0.47万吨，同比增长6.8%。

2023年东营区主要畜禽情况统计表

表3

指标	单位	绝对量
猪存栏	万头	9.26
牛存栏	万头	1.40
羊存栏	万只	0.70
家禽存栏	万羽	130.29
猪出栏	万头	16.05
牛出栏	万头	1.05
羊出栏	万只	2.07
家禽出栏	万羽	558.87

全区水产品总产量达5104吨，比上年增长3.0%；水产养殖面积911公顷。

全区年末设施农业个数1465个，设施种植面积6281亩，同比增长11.3%。设施蔬菜产量22025吨，同比增长13.7%；设施瓜果产量4993吨，同比增长5.8%。

全区新型农业经营主体发展到722家，其中合作社及家庭农场650家，龙头企业72家。实施“麻湾西瓜”地理标志保护工程，成功举办龙居湾西瓜品鉴推介会，史口烧鸡入围2023中央广播电视总台预制菜争霸赛“十佳预制菜美味榜”，东营区入选“四好农村路”省级示范县。

【工业和建筑业】 总产值152.83亿元，同比增长5.9%，其中规模以上工业增加值同比增长7.1%。全区156家规模以上工业企业实现总产值746.88亿元，高新技术产业产值占比49.3%。

获评省级民营经济高质量发展先进区、省级建设信息基础设施和推进产业数字化数字产业化成效明显县区，石油装备“产业大脑”入选全省建设试点，“亩产效益”改革案例荣获2023年全国“亩均论英雄”专项创新案例。德仕集团入选国家级制造业单项冠军企业；胜机公司、科瑞油气等6家企业获评国家专精特新“小巨人”企业，全区“小巨人”企业总数达到18家。

2023年东营区规模以上工业主要产品产量及增长速度情况统计表

表4

指 标	单位	产 量	同比增长(%)
原油加工量	吨	4997861	-16.7
汽油	吨	1116665	-17.2
柴油	吨	1855436	-1.6
燃料油	吨	415362	121.7
液化石油气	吨	400777	-48.6
石油焦	吨	229668	-41.7
发电量	万千瓦时	332274	6.8

全年全社会建筑业实现增加值61.41亿元，同比增长9.2%。资质以上总专包建筑业企业完成总产值189.44亿元，同比增长10.0%。

【服务业】 全年服务业实现增加值370.06亿元，同比增长6.3%，占全区生产总值比重为62.5%。其中，信息传输、软件和信息技术服务业增加值同比增长4.7%，租赁和商务服务业增加值同比增长13.0%，科学研究和技术服务业增加值同比增长8.3%，居民服务、修理和其他服务业增加值同比增长10.6%，文化、体育和娱乐业增加值同比增长3.2%。规模以上服务业营业收入达到224.62亿元，同比增长9.7%。

年末全区国家A级旅游景区12家，其中国家AAAA级旅游景区2家，国家AAA级旅游景区10家。旅行社及分社61家，其中具备出境游资质的旅行社3家，普通旅行社及分社58家。星级饭店9家，其中五星级2家，四星级2家，三星级5家。全年全区实现旅游总收入64.36亿元，接待国内外游客693.93万人次。

全年公路客运量198.65万人，公路旅客周转量53463万人千米。公路货物运输量1077.99万吨，同比增长28.7%；公路货物运输周转量195111万吨千米，同比增长5.1%。

年末等级公路（现行区管范围）通车里程1008.38千米（包含高速公路、国道、省道、县道、乡道、村道与专用公路），其中高速公路里程22.87千米，国道25.91千米，省道54.57千米，县道100.98千米，乡道171.26千米，村道520.95千米，专用公路111.84千米。

【固定资产投资】 固定资产投资同比增长7.6%。从产业构成看，第一产业投资同比增长48.9%，第二产业投资同比增长15.4%，第三产业投资同比下降11.9%；分领域看，工业技改投资同比增长15.2%，制造业技改投资同比增长8.3%，高技术产业投资同比增长3.3%，民间投资同比增长2.8%，“四新”经济投资同比下降5.3%。房地产开发投资71.80亿元，同比下降9.2%。房屋施工面积337.10万平方米，房屋竣工面积34.39万平方米。商品房销售面积84.18万平方米，同比增长4.6%。

【国内外贸易】 全年社会消费品零售总额354.0亿元，同比增长8.2%。从所在地看，城镇实现297.36亿元，乡村实现56.64亿元。从行业看，批发业49.56亿元，同比增长0.9%；零售业240.72亿元，同比增长4.6%；住宿业19.47亿元，同比增长14.4%；餐饮业44.25亿元，同比增长42.3%。从限额以上限额以下看，限额以上消费品零售额120.88亿元，同比增长5.6%；限额以下消费品零售额233.12亿元，同比增长10.5%。

全年全区实现外贸进出口270.09亿元，同比下降13.3%。其中，出口65.04亿元，同比增长

21.4%；进口 205.05 亿元，同比下降 20.5%。

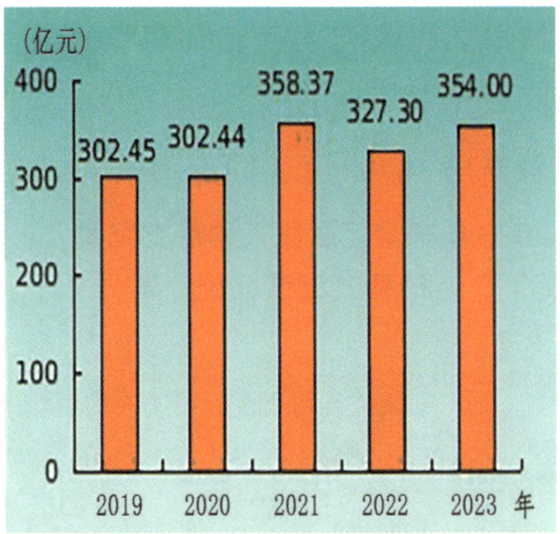

2019—2023 年东营区社会消费品零售总额

【财政和金融】 全区一般公共预算收入 34.92 亿元，扣除政策性退税和成品油划转机制因素影响后同比增长 1.8%。其中，税收收入 28.18 亿元，同比增长 14.0%。税收收入占一般公共预算收入的比重为 88.1%。

从主要税种看，增值税完成 10.76 亿元，同比增长 29.4%；城市维护建设税完成 2.81 亿元，同比增长 15.5%；契税完成 2.70 亿元，同比增长 38.2%；房产税完成 1.10 亿元，同比增长 3.6%；印花税完成 0.74 亿元，同比增长 20.8%。

一般公共预算支出 55.03 亿元，同比增长 7.5%。其中，社会保障和就业支出 6.97 亿元，同比增长 2.9%；农林水支出 4.32 亿元，同比增长 24.2%；商业服务业等支出 0.61 亿元，同比增长 21.9%；节能环保支出 0.61 亿元，同比增长 25.9%。

年末金融机构本外币存款余额 1620.17 亿元，比年初增加 173.23 亿元；本外币贷款余额 763.75 亿元，比年初增加 90.55 亿元。

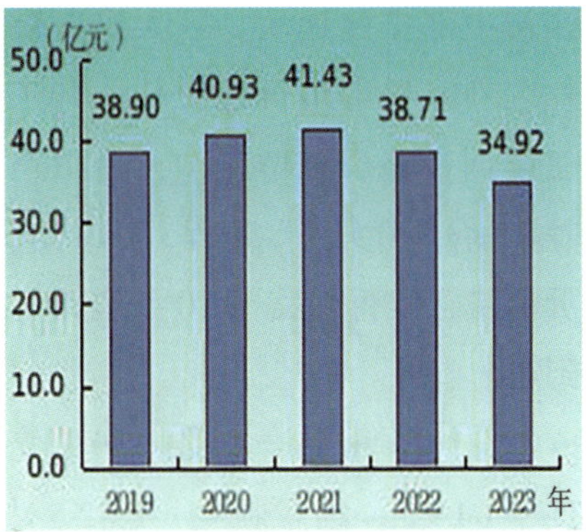

2019—2023 年东营区一般公共预算收入

【科学技术、教育】 新增省级科技成果转化中试基地 1 家，新认定市级重点实验室 3 家，新备案省级科技企业孵化器 1 家、省级众创空间 1 家。现有院士工作站 1 家，市级以上科技企业孵化器 6 家、众创空间 8 家。年内 91 家企业备案高新技术企业，净增 54 家，总数达到 227 家。362 家企业入库科技型中小企业库，是上年的 1.27 倍。

全年发明专利授权量 761 件，同比增长 6.0%；累计有效发明专利拥有量 3072 件，同比增长 31.8%。

全年全区普通小学适龄儿童入学率 100%，巩固率 100%。全年参加高等教育自学考试考生 1709 人，比上年增加 931 人；毕业 25 人，比上年增加 18 人；在籍高等教育自学考试考生 1.1 万人。全年参加夏季高考 3295 人，比上年增加 469 人；春季高考报名 721 人。

2023 年东营区各级各类学校学生、教职工情况统计表

表 5

学校类别		学校所数	班级个数	毕业学生人数	在校学生人数	教职工人数	
						合计	其中：专任教师
初中		5	182	2116	8477	804	767
小学		15	384	3052	16941	1129	1110
九年一贯制	初中	20	381	4005	17148	2966	1493
	小学		504	3000	22863		1390
幼儿园		76	624	8612	16467	2599	1865

【文化、体育和卫生】 区图书馆本馆、分馆及服务点藏书总量 106.8 万册，全年图书借阅量 23 万余册次，接待读者 30 万人次；本年新增持证读者 9707 人，持证读者总人数达到 15.97 万人。举办省级龙舟赛、顶流音乐会等文旅活动，共接待游客 15 万余人次；举办“河海音乐节”，打造具有油城特色的音乐节品牌，吸引 4.5 万余名观众到现场参与活动。“吕剧进校园”入选山东省乡村特色文化艺术典型案例。

全区共有各级各类体育场地场馆 1775 个，人均体育场地面积达 3.6 平方米。城市社区体育设施覆盖率达到 100%，农民体育健身工程覆盖率达到 98.5%。

年末各级各类医疗卫生机构达到 432 家，其中医院 21 家，社区卫生服务中心（站）27 家，卫生院 4 家，村卫生室 128 家，门诊部、个体诊所、卫生所、医务室250家，疾病预防控制机构（卫生监督机构）1家，妇幼卫生机构1家。卫生机构实有床位数2032张，其中医院1724张，妇幼卫生机构19张，社区卫生服务机构182张，卫生院107张。区域内国家免疫规划疫苗报告接种率96.62%，65岁及以上老年人规范健康管理率69.85%。

2023年东营区卫生机构、床位、人员情况统计表

表6

项　目	单位	数量
一、卫生机构数	个	432
其中：医院	个	21
基层医疗卫生机构	个	409
#卫生院	个	4
#社区卫生服务机构	个	27
#村卫生室	个	128
#个体诊所	个	250
专业公共卫生机构	个	2
其他	个	—
二、卫生机构床位数	张	2032
三、卫生技术人员	人	4370
其中：医生	人	1960

【城市建设、生态环境和安全生产】加快推进城市更新，顺利完成油田中心医院片区棚户区、胜北片区初中部扩建地块、区人民医院片区刘家村等地拆迁工作。开工建设烟台路、潍坊路、天目山路等21条“断头路”工程，新泰路、沂山路、太行山路等10条道路达到通车条件。

空气质量综合指数4.39，优良率64.9%，细颗粒物（PM2.5）平均浓度36微克/立方米。重点河流水环境质量指数6.75，同比改善33.8%；市控以上河流月均值水质达到地表水V类标准，城市黑臭水实现动态清零。

全年未发生较大以上生产安全事故，事故起数、死亡人数较前三年平均值分别下降30%、13%，安全生产形势持续稳定。

【居民生活和社会保障】　全年全体居民人均可支配收入54404元，同比增长6.1%。其中，城镇居民人均可支配收入62205元，同比增长5.0%；农村居民人均可支配收入28853元，同比增长6.8%。全体居民人均消费支出31110元，同比增长6.3%。其中，城镇居民人均消费支出34870元，同比增长5.8%；农村居民人均消费支出18793元，同比增长9.8%。

2023年东营区居民人均可支配收入、消费支出情况统计表

表7

指标名称	居民人均可支配收入		居民人均消费支出	
	绝对值（元）	同比增长（%）	绝对值（元）	同比增长（%）
全体居民	54404	6.1	31110	6.3
城镇居民	62205	5.0	34870	5.8
农村居民	28853	6.8	18793	9.8

年末居民基本养老保险和医疗保险参保人数分别为9.89万人、20.53万人。年末职工基本养老、基本医疗、失业、工伤、生育保险参保人数分别为13.27万人、10.67万人、6.81万人、11.81万人、7.88万人。企业退休人员基本养老金月人均2348元。居民基本养老保险基础养老金最低标准为每人每月243元，居民基本医疗保险财政补贴标准640元。

2023年末东营区每百户居民家庭主要耐用消费品拥有量统计表

表8

指标名称	单位	全体居民	城镇居民	农村居民
家用汽车	辆	100	103	79
助力车	台	42	32	120
洗衣机	台	101	101	98
电冰箱（柜）	台	100	100	100
微波炉	台	45	49	12

续表 8

指标名称	单位	全体居民	城镇居民	农村居民
彩色电视机	台	112	113	100
空调	台	196	200	159
热水器	台	100	101	87
排油烟机	台	97	97	92
固定电话	线	3	2	6
移动电话	部	209	209	209
计算机	台	68	74	18

全年完成20个老旧小区改造，涉及134栋住宅楼、4219户居民，完成14户农村低收入群体危房改造任务；基本建成棚户区改造住房329套（户），分房安置329套（户）。全年发放公租房租赁补贴4户，发放保障性租赁住房补贴45户。

注：资料来源于《2023年东营区国民经济发展和社会发展情况》

组织机构与领导人
（截至2024年10月30日）

【区级领导班子】

中共东营区委员会

书　　记　赵明印

副 书 记　燕雪英（女）

　　　　　蒋　峰

常　　委　陈林廷　朱科峰

　　　　　毕岩辉　赵　波

　　　　　王海明　杨奎强

　　　　　盖　滨　张树卫

　　　　　卜晓辉（挂职）

东营区人民代表大会常务委员会

党组书记、主任　张汝淮

副 主 任　李雪梅（女）

　　　　　王欣华　杨松根

　　　　　王敬之　刘杰三

党组副书记　王欣华

党组成员　杨松根　王敬之

　　　　　刘杰三

　　　　　李士花（女）

　　　　　许海涛

东营区人民政府

党组书记、区长　燕雪英（女）

副 区 长　朱科峰　盖　滨

　　　　　周　强

　　　　　李庆华（女）

　　　　　李志平　王国敬

　　　　　马　波（兼）

　　　　　毕玉军（挂职）

党组副书记　朱科峰

党组成员　盖　滨　周　强

　　　　　李庆华（女）

　　　　　李志平　王国敬

　　　　　张星原（挂职）

　　　　　张乃青

政协东营区委员会

党组书记、主席　杜书亮

副 主 席　刘瑞俭　马献忠

　　　　　陈卫红（女）

　　　　　沈彦明（不驻会）

　　　　　张乐春　吕全友

党组副书记　王海明

　　　　　张乐春

党组成员　吕全友

　　　　　刚宪珍（女）

　　　　　生利林

中共东营区纪律检查委员会（东营区监察委员会）

书　　记（主任）

　　　　　陈林廷

分管日常工作的副书记（副主任）

　　　　　马红光

副书记（副主任）

　　　　　韩　霞（女）

纪委常委　于晓辉　苏向坤

　　　　　刘旭光

监委委员　苏向坤

区纪委区监委派驻第一纪检监察组组长

　　　　　周金锴

区纪委区监委派驻第二纪检监察组组长
王林章
区纪委区监委派驻第三纪检监察组组长
燕致昌
区纪委区监委派驻第四纪检监察组组长
陈俊胜
区纪委区监委派驻第五纪检监察组组长
刘东峰
区纪委区监委派驻第六纪检监察组组长
崔洪勤

【区法院、区检察院】

东营区人民法院
院　　长　丁文强
东营区人民检察院
检 察 长　崔江西

【区人大专门委员会、区政协专门委员会】

区人大常委会办公室
主　　任　许海涛
区人大常委会人事代表工作委员会
主　　任　李　锋（女）
区人大常委会预算工作委员会
主　　任　魏国英（女）
区人大监察和司法委员会
主任委员　孟繁武
区人大财政经济委员会
主任委员　陈焕新
区人大教科文卫委员会
主任委员　李光强
区人大城建环保委员会
主任委员　李新军（兼）
区人大农业农村委员会
主任委员　张希国
区人大社会建设委员会
主任委员　李　锋（女）
区政协办公室
主　　任　王　彬
区政协文化文史和学习委员会
主　　任　生金山
区政协提案与社会法制委员会
主　　任　黄　岗
区政协经济委员会
主　　任　杨庆军（女）
区政协教科卫体委员会
主　　任　刘　岩（女）
区政协民族宗教与联谊委员会
主　　任　丁立强
区政协农业和农村委员会
主　　任　孙海军
区政协委员联络工作委员会
主　　任　刘红蕾（兼）
区政协综合保障中心
主　　任　宋　雪（女）

【正处级事业单位】

东营市科教园区管理服务中心
主　　任　（暂缺）
副 主 任　王　勇

【区委工作机构、区委巡察机构】

中共东营区委办公室
主　　任　杨奎强
分管日常工作的副主任
李建波
中共东营区委组织部
部　　长　赵　波
分管日常工作的副部长
管　斌
中共东营区委宣传部
部　　长　杨奎强
分管日常工作的副部长
苏鹤亭
中共东营区委统一战线工作部
部　　长　王海明
分管日常工作的副部长
（暂缺）
中共东营区委社会工作部
部　　长　孙利强
中共东营区委政法委员会
书　　记　张树卫
分管日常工作的副书记
王保军
中共东营区委机构编制委员会办公室
主　　任　（暂缺）
中共东营区委区直机关工作委员会
书　　记　李耀成
中共东营区委巡察工作领导小组办公室
主　　任　于晓辉
中共东营区委巡察一组
组　　长　綦新林
中共东营区委巡察二组
组　　长　王增利
中共东营区委巡察三组
组　　长　孙林光

中共东营区委巡察四组
组　　长　董海霞（女）
中共东营区委巡察五组
组　　长　刘学刚
中共东营区委党校
校　　长　赵明印
分管日常工作的副校长
　　　　李广明

【区直群团组织】

东营区总工会
主　　席　杨松根
常务副主席　张向明
共青团东营区委员会
书　　记　侯承志
东营区妇女联合会
主　　席　李永芳（女）
东营区科学技术协会
主　　席　陈秀卫（女）
东营区文学艺术界联合会（挂区社会科学界联合会牌子）
主　　席　李江伟
东营区工商业联合会（挂区民营经济发展局牌子）
党组书记　刘　霞（女）
主　　席　李新军
东营区残疾人联合会执行理事会
理 事 长　王清君
东营区红十字会
会　　长　（暂缺）
常务副会长　张福寅（正科）
东营区计划生育协会
会　　长　（暂缺）
常务副会长　缪春建（正科）
东营区贸促会
会　　长　张方海
东营区法学会
会　　长　（暂缺）

【民主党派】

民革东营区基层委
主　　委　刘红蕾
民盟东营区总支
主　　委　王爱华
民建东营区总支
主　　委　常　亮
民进东营区支部
主　　委　杨长国
农工党东营区支部
主　　委　王韫华
致公党西城支部
主　　委　耿　涛
九三学社东营区支社
主　　委　崔显芳（女）

【区政府工作部门、部门管理机构、派出机构】

东营区人民政府办公室
主　　任　张乃青
东营区发展和改革局
局　　长　成绍敏
东营区教育局
局　　长　齐方国
东营区科学技术局
局　　长　郭玉海
东营区工业和信息化局
局　　长　王荣国
东营区民政局
局　　长　张　凯
东营区司法局
党组书记　成振华
局　　长　刘红蕾
东营区财政局
局　　长　刘明明
东营区人力资源和社会保障局
局　　长　赵宝杰（女）
东营区住房和城乡建设局
局　　长　徐文明
东营区交通运输局
局　　长　曹永刚
东营区水利局
局　　长　马献宝
东营区农业农村局
局　　长　聂登凌
东营区商务局
局　　长　夏永廷
东营区文化和旅游局
局　　长　翟书琴
东营区卫生健康局
局　　长　周　凯
东营区退役军人事务局
党组书记　刘　冬
局　　长　夏　晴（女）
东营区应急管理局
局　　长　孙　伟
东营区区域治理运行管理中心
主　　任　何关涛（副县）
东营区审计局
局　　长　朱国庆
东营区行政审批服务局
局　　长　李玉琴（女）
东营区市场监督管理局
局　　长　王　飞
东营区综合行政执法局
局　　长　孙海深
东营区统计局
局　　长　孙　芳（女）

东营区医疗保障局
局　　长　许　可（女）
东营区机关事务管理局
局　　长　王玉川
东营区信访局
局　　长　燕婷婷（女）
东营区油地校融合发展办公室
主　　任　陈吉强
东营高新技术产业开发区管理委员会
党工委书记、管委会主任
　　　　李　强
党工委副书记　（暂缺）
纪检监察工委书记
　　　　陈绍志
副 主 任　刘克克　李皓亮
　　　　扈献文

【东营区正科级事业单位】

东营区廉政教育中心
主　　任　（暂缺）
中共东营区委党史研究中心
主　　任　（暂缺）
中共东营区委政策研究中心
主　　任　林　伟
东营区档案馆
馆　　长　刘钦光
中共东营区委党员教育中心
主　　任　郑　嵘（女）
东营区老干部服务中心
主　　任　张金华
东营区综合考核服务中心
主　　任　蒋冰冰
东营区新时代文明实践中心
主　　任　李冬梅（女）
东营区网络运行管理服务中心
主　　任　卜祥磊
东营区融媒体中心
主　　任　王国亮
东营区社会治安综合治理服务中心
主　　任　张在博
东营区事业单位绩效评价中心
主　　任　谭春玲（女）
东营区大数据服务中心
主　　任　刘　廷
东营区政府研究中心
主　　任　（暂缺）
东营区服务业发展促进中心
主　　任　王全磊
东营区教育质量和效能评价中心
主　　任　曹振华
东营区职业中专
校　　长　隋新防
东营区非公有制经济发展促进中心
主　　任　于建波
东营石油经济技术研究院管理中心
主　　任　张　东
东营区非税征收服务中心
主　　任　吴海滨
东营区国库集中收付中心
主　　任　毕建现
东营区国有资产管理服务中心
主　　任　孙　静（女）
东营区公共就业和人才服务中心
主　　任　（暂缺）
东营区社会保险事业中心
主　　任　尚　杰
东营区城市更新服务中心
主　　任　张新民
东营区城市建设发展研究中心
主　　任　刘　康
东营区建设工程管理服务中心
主　　任　郭尊亮
东营区物业管理服务中心
主　　任　张文斌
东营区危险化学品道路运输安全管理服务中心
主　　任　单振雷
东营区公路事业发展中心
主　　任　（暂缺）
东营区农业综合服务中心
主　　任　黄金海
东营区畜牧业发展服务中心
主　　任　王培海
东营区石油装备产业公共服务中心
主　　任　郭玉宝
东营区文化活动中心
主　　任　隋红霞（女）
东营区疾病预防控制中心
主　　任　缪建防
东营区人民医院
党委书记、理事长　周曙光
东营区胜利第一医院
党总支书记　季广东
东营区全民健康保障中心
主　　任　隋同琳
东营区综合行政执法大队
大 队 长　任修领
东营区市政管理服务中心
主　　任　曲向明
东营区园林绿化中心
主　　任　（暂缺）
东营区统计调查大队
队　　长　王　韫（女）
东营区机关事务服务中心
主　　任　王爱忠

东营区投资促进发展服务中心
主　　任　武兴亮
龙居林场建设发展服务中心
主　　任　闫　涛
东营区林业发展服务中心
主　　任　（暂缺）
东营区海洋渔业发展服务中心
主　　任　姜　垒
东营区商贸园管理服务中心
主　　任　燕会冰
东营区城乡基层治理服务中心
主　　任　（暂缺）
东营区化工产业园区管理服务中心
主　　任　隋　涛
东营区供销合作社联合社
主　　任　张宝业

【区属国有企业】

区财金控股集团有限公司
董 事 长　郝宝清
总 经 理　生金菊（女）
监事会主席　杨同亮
区城市发展投资集团有限公司
董 事 长　盖举福
总 经 理　李明明
监事会主席　张　强
区油城公用事业集团有限公司
董 事 长　杨相军
总 经 理　许国明
监事会主席　隋胜利

【协管单位】

东营区税务局
局　　长　魏边江
东营自然资源和规划分局
局　　长　杨成武
东营公安分局
局　　长　周　强（副县）
政　　委　（暂缺）
东营黄河河务局
局　　长　牛仲杰（副县）
东营生态环境分局
局　　长　宫振卫
东营区供电公司
总 经 理　杨　宁
党委书记　许　波

【镇、街道】

牛庄镇
党工委书记　马守良
镇　　长　宋　轲
六户镇
党工委书记　刘国强
镇　　长　司红芳
史口镇
党工委书记　王国敬
镇　　长　隋　涛
龙居镇
党工委书记　隋海伟
镇　　长　刘　松
辛店街道
党工委书记　伊　亮
办事处主任　刘春亮
黄河路街道
党工委书记　曲建仿
办事处主任　张云浦
文汇街道
党工委书记　隋长杰
办事处主任　安飞飞
胜园街道
党工委书记　王　佳
办事处主任　李兴民

（区委组织部、有关单位）

中国共产党东营市东营区委员会

中国共产党东营市东营区委员会

综 述

【概况】2023年，中共东营区委坚持以习近平新时代中国特色社会主义思想为指导，深入学习贯彻党的二十大精神，抢抓黄河流域生态保护和高质量发展、山东绿色低碳高质量发展先行区建设重大战略机遇，牢牢把握“四个高”工作要求和“两个高于”工作目标，着力稳增长、优结构、惠民生、防风险、保稳定，东营区获评省民营经济高质量发展先进区、省文旅康养强县，跻身全国综合实力百强区第90位、全国投资潜力百强区第61位，经济社会高质量发展实现新突破、开启新局面。

【扎实开展主题教育】2023年，区委把扎实开展学习贯彻习近平新时代中国特色社会主义思想主题教育作为重大政治任务，聚焦聚力学思践悟、入脑入心。开展区委常委会会议“第一议题”学习31次，区委理论学习中心组集体研讨16次，高质量完成4期专题读书班，2043名基层党支部书记和4.56万名党员全面完成集中轮训培训。聚焦聚力整改整治，突出问题导向，区级领导领衔调研课题37个、推动解决问题74个，各级召开典型案例剖析会，推进816个问题整改、23项专项整治。4923户房屋产权确权颁证问题破题化解，代表东营市迎接中央和省调研。形成社区小额“救急难”专项基金、群众看病就医“一次挂号七天有效”等制度成果，实现从解决“一件事”到解决“一类事”延伸。聚焦聚力推动发展、为民造福。深入开展“我为发展献良策、解难题、建新功”系列活动，推动“千名干部进企业、百个部门进工地”，引导党员干部立足岗位作贡献。深化运用“四下基层”制度，与“干部作风建设提升行动”和“油地干部下基层”活动有机结合，“面对面”收集解决群众诉求1.6万件次，两批17项“您提我办”为民实事落地见效。聚焦聚力牢记嘱托，把开展主题教育与贯彻落实习近平总书记视察东营重要指示要求紧密结合，建立完善顶格推进、挂图作战、专项考核、专项监督等工作机制，对204项年度任务定期晾晒，全力服务保障生态安全、粮食安全、能源安全。创新公务员专项考核助力原油库迁建的有关做法，在全国扩大公务员绩效管理试点工作研讨班上得到肯定。

【全力稳定经济运行】狠抓工业运行。认真落实省、市加力提速工业经济高质量发展、推进新型工业化的部署要求，全力推动工业经济提速增效。2023年，全年工业实现增加值152.83亿元，同比增长5.9%，其中规模以上工业增加值同比增长7.1%。全区156家规模以上工业企业实现总产值746.88亿元，高新技术产业产值占比49.3%。实体化成立工业运行指挥部，创新稳存量、扩增量、促增长机制，落实日监测、周报告、月分析制度，支持企业开足马力、释放产能。投产总投资24.51亿元的14个重点工业项目，预计每年新增产值57.54亿元。

狠抓项目建设。把项目建设作为经济发展的第一支撑，推动政策向项目聚焦、要素向项目集聚，13个省重点、35个市重点项目开工率均100%。2023年全年固定资产投资同比增长7.6%。第一产业投资同比增长48.9%，第二产业投资同比增长15.4%，第三产业投资同比下降11.9%。强化政府投资引导，争取下达5批专项债25.18亿元、支持10个项目建设。组织到上海参加"双招双引"等活动，签约招商项目59个、到位资金102.38亿元，其中投资过亿元的项目55个、500强企业投资项目8个。

狠抓消费升级。开展黄河大集、"2023惠享东营"等系列促消费活动，分4轮发放各类消费券1000余万元，首家文商旅综合体东营吾悦广场开业运营。2023年全年社会消费品零售总额354亿元，同比增长8.2%。限额以上消费品零售额120.88亿元，同比增长5.6%；限额以下消费品零售额233.12亿元，同比增长10.5%。积极承办黄河流域铁人三项赛、沿黄九市全民健身龙舟赛等重大赛事，上线河海音乐节、草坪生活节等特色活动，布局建设黄河揽翠生态旅游度假区、富海观唐·灵鳌岛等重点文旅项目，加快构建"商旅+文旅+农旅+体旅"产业发展矩阵。2023年全区实现旅游总收入64.36亿元，接待国内外游客693.93万人次。

狠抓企业服务。坚定落实"两个毫不动摇"，召开企业家座谈会，开展护航营商环境专项行动，打造惠企助企的良好环境。新培育国家级专精特新"小巨人"企业6家、省级专精特新企业37家、省级创新型中小企业61家、省制造业单项冠军企业7家、省瞪羚企业5家，新认定高新技术企业56家，数量均列全市各县区首位。海科、万通、神驰入围中国民营企业500强、省民营企业100强，2023年新登记市场主体1.09万家。

【绿色低碳高质量发展】做大做强园区阵地。东营高新区加快国家高新区创建步伐，胜利泵业高新采油装备制造基地建成投用，胜机集团加快"退城入园"，入选省绿色低碳高质量发展先行区建设试点产业园区。化工产业园区在全省率先通过沿黄重点地区扩区调区后合规工业园区认定，顺利完成10.46平方千米的扩区目标，总投资27亿元的基础配套设施提升工程一期全面完工，入选全国智慧化工园区、中国化工最具发展潜力十强园区。中心城区综合物流园起步区建设有序推进，物流总部大厦完成主体施工，邮政市级分拨集散中心、京东智能化无人仓库等4个先导性、示范性项目落地建设。东营科教园区创新集聚能力不断提升，东营产业技术研究院、中国科技开发院创新孵化基地等累计入驻科研机构和企业89家，完成科技成果转化185项，全力打造未来产业发展加速园。

改造提升传统产业。推动石油装备产业升级，实施汉德海洋自动化钻井电控系统等总投资55.2亿元的36个重点项目，石油钻采装备产业集群入选国家中小企业特色产业集群。推动石化产业延链拓链，亿科高端树脂新材料产业园ABS（热塑型高分子材料）改性项目即将投产，海科化工年50万吨生物基航空燃料技术改造及配套项目开工建设，石油钻采专用化学材料产业园建成，运行胜工科技、海嘉化工2个优势项目。推动精铸产业市场拓展，承办第十七届中国精密铸造年会，谋划建设总投资30亿元的高端装备核心零部件产业基地，2023年全年精铸产业实现出口7.78亿元。

发展壮大新兴产业。加力开辟新领域、新赛道，海洋油气钻采关键装备技术创新中心在省技术创新中心绩效评价中获评优秀等级，天东制药入选创建世界一流专精特新示范企业，海科新源锂电池电解液溶剂全球市场份额占比超过35%。聚力攻坚突破数字经济和"四新"经济，开工建设总投资4.5亿元的东营市算力中心，抖音集团中国内容质量与用户体验中心落地建设，累计培育省市级智能工厂和数字化车间18

家、首版次高端软件产品24个，油田两处二级节点标识东营区企业392家、解析量37.2亿次。2023年全区数字经济核心产业增加值20.77亿元，增速155.44%。“四新”经济增加值总量150.84亿元，增加值占地区生产总值比重25.48%。

优化科技创新生态。加快构建科技型企业梯次培育体系，累计培育市级以上创新创业平台216个，完成国家科技型中小企业备案362家，规模以上工业企业规范化研发机构覆盖率超过80%，高新技术产业产值占比达到48.4%。新授权发明专利705件，占全市新授权总量的42.2%，东营区入选全省第一批知识产权保护示范区建设单位。扎实推进人才引领“四链”融合发展示范区建设，出台8类人才“政策包”，发放各类人才补贴1.28亿元，新引进高层次人才99人、大学生9908人，入选国家级人才工程5人、泰山产业领军人才11人，数量均创历史新高、均列全市各县区首位，东营区获评省人才工作表现突出单位。

提升绿色发展水平。推动减污降碳、节能减排协同增效，服务国电胜利三期第二台66万千瓦机组建设，探索以区内炼化企业为碳源、以油田为碳汇的互利共赢新模式。召开生态环境保护暨学习运用“千万工程”经验推动乡村振兴提档升级会议，细化梳理水环境治理、固废防治、农村人居环境整治任务清单，系统抓好水、气、土、废污染防治。2023年全年全区空气质量综合指数4.39，优良率64.9%，细颗粒物（PM2.5）平均浓度36微克/立方米。重点河流水环境质量指数6.75，同比改善33.8%；市控以上河流月均值水质达到地表水V类标准，城市黑臭水实现动态清零。总投资31.8亿元的生态环境导向开发（EOD）项目列入全省8个试点之一。严格贯彻“四水四定”原则，东营区获评全国第六批节水型社会建设达标县（区），2家企业跻身省级节水标杆企业。老广蒲沟创建成为省级美丽幸福示范河湖，全区美丽幸福河湖在全市率先实现全覆盖。

【统筹协调发展】聚力推进西城城市更新。以内涵式城市更新为主抓手，统筹推进7大重点城市片区更新，累计完成拆迁10075亩，为城市未来发展预留空间6278亩，城市更新经验做法上报中央改革办，获省政府研究室、省住建厅发文推广。扎实推进公园城市建设，泮水公园建设完成，20处街头游园、口袋公园建成开园，新增绿化面积78万平方米、城市绿道15千米，公园绿地服务半径覆盖率达到92%，舒朗大气、生态宜居的城市特质更加彰显。坚持城市更新与产业导入一体实施，税收过千万元的楼宇达到15栋，建成万达·万恋街、燕山路美食街等11条省、市级特色街区，打造区中心医院医养中心、德康宁医养中心等5处辐射全域的中高端医养产业集群，促进“人城产”融合共生。

聚力推进油地校深度融合。持续拓宽产业合作空间，胜机—中石化四机厂共建智能自动修井机项目落地实施，石油开发中心、鲁明公司在东营区成立长停井项目部，服务推进碳科公司与油田成立合资公司落地、胜利石化总厂新上特种油项目等重点事项，吸引10家油田供应链企业落地发展。优化整合区域创新资源，全国油气勘探开发技术公共创新基地建设加快推进，启动第二批121名油地校干部双向挂职，32名油田“金桥工程”专家到东营区企业开展实质合作，在北京、上海等7个城市建立起“同城朋友圈”、覆盖在外油城子女2300余人。团结共建美好幸福家园，高标准建设社会服务中心、老年大学等公共服务设施，丰富完善以党建为统领、以油地携手为重点的“151”基层治理体系，“一盘棋、一家人、一条心”的良好局面不断巩固。

聚力推进乡村全面振兴。坚持点上发力、线上贯通、面上拓展，一体谋划推进“五大振兴”，高标准创建国家农业现代化示范区、省级现代农业产业园。扛牢保障粮食安全的重要使命，超额完成大豆、玉米带状复合种植任务，粮食生产实现“二十连丰”，盐碱地生态农业发展入选全国农业绿色发展典型案例。争取引黄抗旱指标1764万立方米，保障冬小麦种植。加快农业全产业链发展，牛庄镇入选首批国家农业产业强镇、第十二批全国“一村一品”示范镇，蓝海生态农业、海勤供应链跻身中国农业企业500强。深化农村人居环境整治，美丽乡村、文明村镇、美丽庭院覆盖率分别达到44.5%、98.4%、62%。推动农村“三资”清管一体专项行动扩点增面，东营区被确定为国家级解决农村承包地细碎化试点。2023年全年全体居民人均可支配收入54404元，同比增长6.1%。其中，城镇居民人均可支配收入62205元，同比增长5.0%；农村居民人均可支配收入28853元，同比增长6.8%。

【全面深化改革开放】深化“六大专项领域”集成改革，新业态新就业群体党建集成改革经验被中央政研室刊发，新承接国家级试点5项、省级试点32项，5项改革做法得到省部级以上领导肯定性签批，60余项改革成果在全国全省宣传推广。以更大力度加快全流程场景再造、业务再造、服务再造，推进涉企证照“一照关联”“一码通行”，9000余项政务服务事项实现“免证办”，企业开办半个工作日成为常态、全程网办率达到95%以上。实施营商环境创新行动4.0版，高质量完成企业全生命周期服务改革任务。试点开展油田工矿废弃地综合利用，东营区获评全国自然资源节约集约示范县。深化对外开放，2023年全年全区实现外贸出口65.04亿元，同比增长21.4%。顺利通过国家外贸转型升级基地复审。成功举办第十六届中国（东营）国际石油石化装备与技术展览会，参展商、采购商层次和规模创历年新高，荣获“2023年度中国优秀特色专业展会”。津潍高铁东营区段全线开工，东青高速改扩建工程东半幅即将通车，国道220线改建工程获省批复，开放型发展优势不断厚植。

【推进民生改善和共同富裕】牢固树立以人民为中心的发展思想，持续加大民生投入力度，12件区级民生实事全部达到时序进度，民生类支出占一般公共预算支出比重达81.2%。全力稳就业保就业，新增城镇就业9100人以上，“东营公岗580”品牌入选省“高质量充分就业省份”揭榜领题标志性项目。坚持教育优先发展，胜利二小、行知实验学校建成投用，学前教育普惠率、义务教育优质资源覆盖率分别达到98.04%、82.5%，东营区获评省教育评价改革试验区，教育满意之区建设全面起势。实施总投资10.8亿元的医疗机构服务能力提升项目，推动5家区级医院、15家镇卫生院和社区卫生服务中心锻长补短，油田中心医院门急诊综合楼正在进行施工设计。优化公共卫生体系建设，挂牌成立区疾病预防控制局，整合组建区疾病预防控制中心，实现服务保障与监督执法有机融合。完善困难群众救助体系，城乡低保、特困、孤困儿童、残疾人“两项补贴”标准连续三年提高5%以上。东营区被确定为全省基层党建与静默认证双融共促赋能高质量发展创新试点先行区。深化双拥共建，成功举办黄河流域退役军人就业创业工作协同发展系列活动暨首届退役军人创业创新成果展销对接会。积极应对寒潮雨雪冰冻天气，抓好集中供暖、交通出行、物资储备等重点保障，让群众“暖身”又“暖心”。

【坚决守牢“一排底线”】守牢政治安全底线。健全完善国家安全工作体系和责任体系，严密防范和打击敌对势力渗透破坏、颠覆分裂活动。严格落实意识形态工作责任制，新媒体传播指数综合排名位列全省第一，未发生重大敏感舆情。抓好省民族宗教工作实地检查反馈意见整改。守牢生产安全底线。认真落实国家“十五条”硬措施和省“八抓20条”创新举措，深入开展安全生产规范提升年、重大事故隐患专项排查整治等行动，系统推进重点行业领域安全整治。2023年全年未发生较大以上生产安全事故，事故起数、死亡人数较前三年平均值分别下降30%、13%，安全生产形势持续稳定。守牢社会安全底线。坚持和发展新时代“枫桥经验”“浦江经验”，建成区镇村三级95处“一站式”矛调中心，信访事项及时受理率、按期办结率均达100%，初信初访一次性化解率、满意率均达95%以上。中央联席办、国家信访局交办东营区第三批32件重复信访、信访积案全部化解完成。完成食品药品监督抽检3694批次，守护群众“舌尖上的安全”。常态化开展扫黑除恶斗争，依法严厉打击各类违法犯罪活动。守牢金融安全底线。开展重点企业金融辅导需求摸底，推动银行机构结对帮扶企业162家，解决融资需求38.18亿元。“一企一策”妥善化解企业债务风险，处置不良贷款5.17亿元。加快推动重点企业上市，海科新源在深交所创业板成功上市，胜利监理、德仕能源向山东证监局提交辅导申请，上市后备企业达到18家。

【从严管党治党】 全面加强党的政治建设。深化运用“三函一单”专项监督机制，举一反三抓好省委专项巡视、省审计等反馈意见整改，建立市委“巡视+”区级工作台账，各项整改任务扎实推进。定期听取区几大班子党组和区委常委履行全面从严治党责任情况汇报，开展抓主题教育主体责任谈话、廉政谈话，督促各级严于律己、严负其责、严管所辖。深化政治巡察，高质量完成九届区委第二轮、第三轮巡察以及教育系统上下联动巡察。

全面加强基层基础建设。树牢大抓基层的鲜明导向，创新实施油地“干部职工”进农村、“一老一青”进社区、“红领书记”进企业系统帮扶工程，同步开展“百名金融专员联百村”活动，推动各类资源向基层倾斜。逐村开展村“两委”班子履职评估，建立社区工作者五级成长体系，率先全域推进小区公共收益管理，圆满完成全省城市基层党建引领基层治理工作会议现场观摩任务。实施“红色小巨人”计划，制定加强产业链党建联建10条措施，成立产业链党委10个。

全面加强干部队伍建设。树立鲜明正确用人导向，坚持重实干、重实绩、重担当，以“四查三融”考准考实干部政治素质表现，探索推行干部精准化评价体系，提拔重用干部58人。开展镇（街）换届后领导班子运行评估暨区直干部队伍建设深度调研工作，为612名重点关注干部精准画像。健全完善中层干部选育管用全链条机制，举办“7+N”一线实践锻炼专题培训班和中层干部提质赋能培训班，蓄好干部队伍“源头活水”。

全面加强党风廉政建设。开展不担当、不作为、乱作为、假作为问题专项整治，查处形式主义官僚主义16起32人，党纪政务处分24人，聚焦乡村振兴等重点领域，查处侵害群众利益问题42起、62人。一体推进“三不腐”，立案226件、结案166件、党纪政务处分163人。召开警示教育大会3次，组织观看廉政舞台剧，纵深推进新时代廉洁文化建设。坚持严管与厚爱结合，完善容错纠错机制，已容错免责5起、6人，为8名党员干部澄清正名。

区委常委会高度重视自身建设，带头深学笃行习近平新时代中国特色社会主义思想，坚定不移推动习近平总书记重要指示要求和党中央决策部署落实落地。带头落实民主集中制和区委工作规则，严肃党内政治生活，认真开展批评和自我批评。带头践行党的群众路线，深入学习运用“四下基层”工作方法，认真开展调查研究，落实公开接访、带案下访，及时回应群众关切，解决群众急难愁盼。带头履职尽责，深入摸透实情，努力提升能力本领，就事关全区发展大局的重大问题及时研究解决、督促落实。带头加强和改进对各方面工作的领导，支持区几大班子依法履职，不断巩固统一战线政治优势和群团组织政治功能，定期召开区委常委会议军会议，切实发挥区委总揽全局、协调各方的领导核心作用。常委认真落实区委常委会的决策部署，牵头推进重要事项、重点工程、重大项目，严格遵守党章党规党纪，自觉接受监督，树立良好形象。

（区委办公室）

重要会议、文件及活动

【重要会议】1月8日，区委经济工作会议召开。会议以习近平新时代中国特色社会主义思想为指导，全面贯彻落实党的二十大精神，深入学习贯彻中央和省委、市委经济工作会议精神，总结2022年全区经济工作，分析当前经济形势，研究部署2023年经济工作，推动全区上下坚定信心、加压奋进，创新实干、事争一流，为打造石油科技之城、活力宜居之地、教育满意之区、吕剧文化之乡而不懈奋斗。区委书记荀宏水主持会议并讲话，区委副书记、区长燕雪英出席会议并讲话，区委副书记胥高远，区人大常委会主任张汝淮，区政协主席杜书亮等区级领导出席会议。

1月28日，东营区2023年西城高品质现代化城市建设推进会议召开。会议全面学习贯彻党的二十大精神和习近平总书记视察东营重要指示要求，引领全区上下进一步聚焦城市主题，锚定目标任务，奋力攻坚克难，掀起新一轮高品质现代化城市建设热潮。区委书记荀宏水出席会议并讲话，区委副书记、区长燕雪英主持会议，区委副书记胥高远，区人大常委会主任张汝淮，区政协主席杜书亮等区级领导出席会议。区委常委、副区长朱科峰通报西城高品质现代化城市建设有关情况。

2月3日，东营区加力提速工业经济高质量发展暨招商引资工作会议召开。会议深入学习贯彻党的二十大精神和习近平总书记关于工业经济发展的重要指示要求，认真落实省市加力提速工业经济高质量发展大会精神，对全区工业发展、招商引资重点任务进行安排部署。区委书记荀宏水出席会议并讲话，区委副书记、区长燕雪英主持会议，区委副书记胥高远，区人大常委会主任张汝淮，区政协主席杜书亮等参加会议。

3月3日，区委农村工作会议召开。会议全面贯彻落实党的二十大精神，深入贯彻落实习近平总书记关于"三农"工作的重要论述和视察东营重要指示要求，学习贯彻中央和省委、市委农村工作会议精神，总结全区农业农村发展情况，分析当前形势，研究部署2023年乡村振兴重点任务。区委书记荀宏水出席会议并讲话，区委副书记、区长燕雪英主持会议，区委副书记胥高远，区人大常委会主任张汝淮，区政协主席杜书亮等参加会议。

3月14日，东营区油地"万名干部下基层"活动动员会议召开。会议动员广大党员干部迅速行动起来，深入基层、走进群众，践行初心、干事创业，为油地共赢发展、高质量发展提供坚强保障。市委常委、胜利石油管理局有限公司党委常务副书记、工会主席韩辉出席会议并讲话；市委常委、组织部部长刘忠远出席会议；区委书记荀宏水出席会议并讲话；胜利石油工程有限公司党委副书记、纪委书记、工会主席、监事魏永军，东营区驻村第一书记和工作队工作专班牵头负责人、省政府研究室办公室（人事处）二级调研员张增洲，胜利石油管理局有限公司副总经济师兼公共事业管理部经理、住房资金管理中心经理朱吉忠出席会议；胜利石油管理局有限公司党委组织部部长、人力资源部经理李修伟对油地单位党组织"干部职工下一线、服务资源到基层、幸福满意进万家"行动进行安排；区委副书记、区长燕雪英主持会议；区委副书记胥高远参加会议，区委常委、组织部部长、统战部部长赵波对"万名干部下基层"活动进行安排。

5月13日，东营区医疗卫生事业高质量发展大会召开。会议深入学习贯彻党的二十大精神和习近平总书记关于医疗卫生事业发展的重要指示要求，统一思想认识、明确思路举措，凝聚打造区域医疗高地的强大合力，为高品质现代化城市建设蓄势赋能。区委书记荀宏水出席会议并讲话；西城服务协调中心党委书记、副经理于强，西城服务协调中心经理、党委副书记王涌出席会议；区委副书记、区长燕雪英主持会议；区人大常委会主任张汝淮等参加会议。副区长李庆华就《东营区医疗卫生事业高质量发展方案》作说明。

8月27日，中国共产党东营市东营区第九届委员会第五次全体会议举行。全会深入学习贯彻党的二十大精神，认真落实省委十二届四次全会和市委七届四次全会精神，听取和讨论区委副书记、区长燕雪英受区委常委会委托作的工作报告，审议通过《中国共产党东营市东营区第九届委员会第五次全体会议公报（草案）》。出席这次全会的有区委委员27人，候补区委委员8人。区纪委常委和有关方面负责人、部分区第九次党代会基层一线代表列席会议。

9月15日，东营区学习贯彻习近平新时代中国特色社会主义思想主题教育工作会议召开。会议深入学习贯彻党的二十大精神，认真落实习近平总书记重要讲话、重要指示要求，按照党中央和省委、市委决策部署，对全区开展学习贯彻习近平新时代中国特色社会主义思想主题教育进行部署。省委第五巡回督导组副组长、省政协人口资源环境委员会副主任，驻东营市省派工作队牵头负责人李振波及督导组成员出席会议；区委副书记、区长燕雪英出席会议并讲话；省政府研究室办公室（人事处）二级调研员、区驻村第一书记和工作队工作专班牵头负责人张增洲及工作专班成员出席会议；区人大常委会主任张汝淮、区政协主席杜书亮参加会议；区委常委、组织部部长赵波主持会议。市委主题教育领导小组办公室派员参加。

12月8日，东营区油地干部职工“三进”系统帮扶工程暨“百名金融专员联百村”工作动员部署会议召开。会议总结第十一批下派帮扶工作，安排部署油地“干部职工”进农村、“一老一青”进社区、“红领书记”进企业、“百名金融专员联百村”工作，推动广大党员干部走进基层、践行初心、服务群众、促进发展，以实际行动夯实高水平现代化强区建设根基。区委书记赵明印出席会议并讲话；胜利石油管理局有限公司党委组织部部长、人力资源部经理李修伟，省政府研究室办公室（人事处）二级调研员、驻东营区省派工作队牵头负责人张增洲，胜利石油工程有限公司党委组织部（人力资源部）党建管理专家李建富出席会议；区委常委、组织部部长赵波主持会议。

12月29日，中国共产党东营市东营区第九届委员会第六次全体会议举行。全会深入学习贯彻党的二十大精神，全面贯彻习近平总书记对山东工作和视察东营重要指示要求，认真落实省委十二届五次全会暨省委经济工作会议、市委七届五次全会精神，听取和讨论区委书记赵明印受区委常委会委托作的工作报告，审议通过《关于全区深入开展学习贯彻习近平新时代中国特色社会主义思想主题教育工作情况的报告》。出席这次全会的有区委委员35人，候补区委委员10人。区纪委常委和有关方面负责人、部分区第九次党代会基层一线代表列席会议。

【区委常委会会议】2023年，区委共召开常委会会议44次，以下为部分会议内容。

九届区委常委会第53次（扩大）会议　1月3日召开。传达学习习近平总书记在中央农村工作会议上的重要讲话精神、在中共中央政治局民主生活会上的重要讲话精神，传达学习省委经济工作会议精神、市“两会”精神，听取关于全区森林湿地长制工作情况汇报，会议还研究了其他事项。

九届区委常委会第54次（扩大）会议　1月7日召开。传达学习市委经济工作会议精神，研究区委经济工作会议有关事宜，会议还研究了其他事项。

九届区委常委会第56次（扩大）会议　1月10日召开。听取2022年度镇（街道）和区委有关直属党（工）委书记全面从严治党述责述廉和抓基层党建工作述职，会议还研究了其他事项。

九届区委常委会第57次（扩大）会议 1月19日召开。传达学习习近平总书记对政法工作作出的重要指示精神、省“两会”精神，研究并原则同意《关于推动东营高新区、胜园街道融合发展的意见》《东营区加快推进“山东省现代流通强县”建设的实施意见》，会议还研究了其他事项。

九届区委常委会第58次（扩大）会议 1月31日召开。传达学习二十届中央纪委第二次全体会议、十二届省纪委二次全会、市纪委七届二次全体会议精神，听取关于市对区综合考核指标进展情况的汇报、全区基本公共服务群众满意度测评情况的汇报、市区领导干部“走基层、进企业”活动有关情况的汇报，会议还研究了其他事项。

九届区委常委会第59次（扩大）会议 2月23日召开。传达学习习近平总书记主持中共中央政治局第二次集体学习时的重要讲话精神、在学习贯彻党的二十大精神研讨班开班式上的重要讲话精神，传达学习2月16日中央政治局常务委员会会议精神、2月21日中共中央政治局会议精神，研究区委经济工作会议有关事宜；研究并原则同意《关于做好2023年全面推进乡村振兴重点工作的实施意见》；听取区人大常委会、区政府、区政协党组，区纪委监委，区法院、区检察院党组，区委教育工委、区委区直机关工委、区属国有企业党委2022年工作情况汇报；听取2022年区委常委会履行全面从严治党主体责任情况汇报；听取区委常委和区人大常委会、区政协、区法院、区检察院党组书记履行全面从严治党责任情况汇报，会议还研究了其他事项。

九届区委常委会第61次（扩大）会议 3月8日召开。传达学习《习近平同志在中央政治局第三次集体学习时的重要讲话》《中国共产党第二十届中央委员会第二次全体会议公报》和习近平总书记在中共中央民主协商会上的重要讲话精神，传达学习全国、全省纪检监察干部队伍教育整顿动员部署会议精神，研究并原则同意《中共东营区委常委会2023年工作要点及分工方案》，会议还研究了其他事项。

九届区委常委会第62次（扩大）会议 3月13日召开。传达学习全市“万名干部下基层”活动动员会议精神，研究并原则同意《关于推进落实全市“万名干部下基层”活动进一步深化常态化联系服务群众的实施方案》《关于开展干部作风建设提升行动进一步推动“创新实干、事争一流”的实施方案》《关于加快推动“四新”经济和数字经济攻坚突破实施方案》，听取并原则同意关于落实招商引资激励政策及新城吾悦文旅综合体项目第二次产业扶持奖励资金的汇报，会议还研究了其他事项。

九届区委常委会第63次（扩大）会议 3月17日召开。传达学习十四届全国人大一次会议、全国政协十四届一次会议精神，传达学习省委书记林武在东营调研时的工作要求，会议还研究了其他事项。

九届区委常委会第64次（扩大）会议 3月31日召开。传达学习全省城市基层党建现场会精神，研究并原则同意《东营区深化新旧动能转换推动绿色低碳高质量发展三年行动计划（2023—2025年）》《东营区推动绿色低碳高质量发展2023年重点任务分工方案》《中共东营区委2023年度同区各民主党派无党派人士政党协商计划》《关于常态化开展油地干部双向挂职工作的实施意见》，会议还研究了其他事项。

九届区委常委会第65次（扩大）会议 4月4日召开。传达学习3月30日中共中央政治局会议精神和习近平总书记在中共中央政治局第四次集体学习时的重要讲话精神，听取关于稳妥应对2023年秋季小学入学高峰工作情况的汇报，会议还研究了其他事项。

九届区委常委会第66次（扩大）会议 4月10日召开。传达学习习近平总书记在学习贯彻习近平新时代中国特色社会主义思想主题教育工作会议上的重要讲话精神、2023山东省旅游发展大会精神，听取关于全区耕地保护有关情况、招商引资工作进展情况的汇报，会议还研究了其他事项。

九届区委常委会第67次（扩大）会议　4月19日召开。传达学习习近平总书记在广东考察时有关重要讲话精神，听取关于全区重点片区城市更新经济可行性分析情况、精铸产业发展情况的汇报，会议还研究了其他事项。

九届区委常委会第68次（扩大）会议　5月5日召开。传达学习习近平总书记在中央政治局会议上的重要讲话精神，传达学习全省民营经济高质量发展工作会议精神，听取区政府党组关于一季度全区经济运行情况及下一步工作建议的汇报，会议还研究了其他事项。

九届区委常委会第69次（扩大）会议　5月12日召开。传达学习习近平总书记在河北雄安新区考察时的重要讲话精神、在二十届中央财经委员会第一次会议上的重要讲话精神，传达学习《领导干部报告个人有关事项规定》，听取关于“油地干部下基层”活动开展情况的汇报，成立东营区供销合作社社有企业的汇报，会议还研究了其他事项。

九届区委常委会第70次（扩大）会议　5月22日召开。传达学习习近平总书记在河北考察以及听取陕西省委和省政府工作汇报时的重要讲话精神、在中国—中亚峰会上的重要讲话精神，研究《关于推动文旅产业高质量发展的实施方案》《关于油地老干部工作融合发展的实施意见》，会议还研究了其他事项。

九届区委常委会第72次（扩大）会议　6月3日召开。听取市对区综合考核结果分析情况的汇报，部分部门单位就考核结果位居下游的指标作分析汇报，会议还研究了其他事项。

九届区委常委会第73次（扩大）会议　6月5日召开。传达学习习近平总书记在中共中央政治局第五次集体学习时的重要讲话精神、在北京育英学校考察时的重要讲话精神、在文化传承发展座谈会上的重要讲话精神、在二十届中央国家安全委员会第一次会议上的重要讲话精神，研究并原则同意《东营市东营区水利发展总体规划（2021—2035年）》《推进东营区自然资源（土地类）节约集约利用的实施意见》，传达学习全市“万名干部下基层”活动推进会议精神，会议还研究了其他事项。

九届区委常委会第74次（扩大）会议　6月21日召开。传达学习习近平总书记在内蒙古考察并主持召开加强荒漠化综合防治和推进“三北”等重点生态工程建设座谈会时的重要讲话精神，听取关于油地融合有关重点项目进展情况的汇报、关于加快重点文旅项目快速突破有关工作的汇报，会议还研究了其他事项。

九届区委常委会第76次（扩大）会议　6月26日召开。传达学习习近平总书记对宁夏银川市兴庆区富洋烧烤店燃气爆炸事故作出的重要指示精神，听取2023年度市对区综合考核办法的有关说明，听取并原则同意2022年度全区综合考核情况的汇报、事业单位服务高质量发展绩效考核工作情况的汇报，会议还研究了其他事项。

九届区委常委会第77次（扩大）会议　7月2日召开。传达学习习近平总书记在中共中央政治局第六次集体学习时的重要讲话精神，研究《东营区推进省级法治政府建设示范区创建工作方案》《东营区化工行业安全生产整治提升专项行动总体工作方案》，会议还研究了其他事项。

九届区委常委会第78次（扩大）会议　7月5日召开。听取关于东营区铁路沿线环境综合整治情况的汇报。

九届区委常委会第79次（扩大）会议　7月17日召开。传达学习习近平总书记在江苏考察时的重要讲话精神、全省主题教育专项整治工作会议精神，研究《东营区深化营商环境2023年创新提升行动实施方案》，会议还研究了其他事项。

九届区委常委会第80次（扩大）会议　7月25日召开。传达学习习近平总书记在全国生态环境保护大会上的重要讲话精神，听取2023年上半年全区党风廉政建设和反腐败工作情况汇报，会议还研究了其他事项。

九届区委常委会第81次（扩大）会议　7月31日召开。传达学习习近平总书记在四川考察时的重要讲话精神，听取区政府党组关于上半年全区经济运行情况及下步工作建议的汇报、关于第十六届中国（东营）国际石油石化装备与技术展览会筹备情况的汇报，会议还研究了其他事项。

九届区委常委会第82次（扩大）会议　8月21日召开。传达学习习近平总书记对防汛救灾工作作出的重要指示精神和在8月17日中共中央政治局常务委员会会议上的重要讲话精神，研究《全区城镇燃气安全专项整治工作方案》，听取关于全区化工行业安全生产整治提升专项行动工作推进情况的汇报、关于全区城乡建设领域安全生产情况的汇报、关于全区房屋市政工程安全隐患排查整治工作情况的汇报，会议还研究了其他事项。

九届区委常委会第84次（扩大）会议　8月28日召开。传达学习习近平总书记出席金砖国家领导人第十五次会晤时的重要讲话精神，听取关于全区基本公共服务满意度调查有关情况的汇报，研究《东营区基本公共服务满意度集中攻坚行动实施方案》《东营区2023年度河湖长制工作要点》，会议还研究了其他事项。

九届区委常委会第85次（扩大）会议　9月13日召开。传达学习习近平总书记在黑龙江考察、在新时代推动东北全面振兴座谈会上，以及听取新疆维吾尔自治区党委和政府、新疆生产建设兵团工作汇报时的重要讲话精神，听取2023年上半年区委常委会履行全面从严治党主体责任情况汇报，听取区委常委和区人大常委会、区政协、区法院、区检察院党组书记和区委区直机关工委、区委教育工委、区属国有企业党委书记履行全面从严治党责任情况汇报，会议还研究了其他事项。

九届区委常委会第86次（扩大）会议　9月14日召开。传达学习全省学习贯彻习近平新时代中国特色社会主义思想主题教育第一批总结暨第二批部署会议和市委主题教育工作会议精神，研究部署全区主题教育工作，会议还研究了其他事项。

九届区委常委会第87次（扩大）会议　9月18日召开。传达学习习近平总书记对新时代办公厅工作作出的重要指示精神，听取关于市对区综合考核半年评估情况的汇报，会议还研究了其他事项。

九届区委常委会第89次（扩大）会议　10月21日召开。会议传达学习习近平总书记在浙江考察和返京途中在山东枣庄考察时的重要讲话精神、习近平总书记对宣传思想文化工作作出的重要指示精神，传达学习全市首届慈善大会精神，听取关于九届区委第三轮巡察情况的综合报告，会议还研究了其他事项。

九届区委常委会第90次（扩大）会议　11月12日召开。会议传达学习习近平总书记在进一步推动长江经济带高质量发展座谈会和在江西考察时的重要讲话精神，传达学习上级主题教育有关指示和会议精神，听取区政府党组关于前三季度全区经济运行情况及下一步工作建议的汇报，会议还研究了其他事项。

九届区委常委会第91次（扩大）会议　11月15日召开。会议传达学习习近平总书记在中央金融工作会议上的重要讲话精神、习近平总书记在北京河北考察灾后恢复重建工作时的重要讲话精神、习近平总书记主持二十届中共中央政治局第九次集体学习时的重要讲话精神，听取关于全区主题教育工作推进情况、服务业发展情况、安全生产工作情况的汇报。

九届区委常委会第93次（扩大）会议　11月28日召开。会议传达学习习近平总书记主持召开中央全面深化改革委员会第三次会议时的重要讲话精神和对山西吕梁市永聚煤矿一办公楼火灾事故作出的重要指示精神，听取关于全区重大事故隐患专项排查整治行动进展情况的汇报，会议还研究了其他事项。

九届区委常委会第94次（扩大）会议　12月23日召开。会议传达学习习近平总书记在中央经济工作会议上的重要讲话精神、习近平总书记在12月8日中共中央政治局会议上的重要讲话精神、习近平总书记在中共中央党外人士座谈会上的重要讲话精神，传达学习全省、全市主题教育有关会议精神，听取关于全区耕地保护有关情况的汇报，会议还研究了其他事项。

九届区委常委会第96次（扩大）会议　12月28日召开。会议传达学习习近平总书记主持中共中央政治局专题民主生活会时的重要讲话精神、习近平总书记在纪念毛泽东同志诞辰130周年座谈会上的重要讲话精神，传达学习省委十二届五次全会暨省委经济工作会议、市委七届五次全会精神，研究区委九届六次全会有关事宜，听取关于加快东营高新区高质量发展有关情况的汇报，会议还研究了其他事项。

九届区委常委会第97次会议　12月29日召开。会议听取分组讨论区委常委会工作报告、《关于全区深入开展学习贯彻习近平新时代中国特色社会主义思想主题教育工作情况的报告》《中国共产党东营市东营区第九届委员会第六次全体会议公报（草案）（讨论稿）》有关情况的汇报。

【重要文件提要】《中共东营区委、东营区人民政府关于做好2023年全面推进乡村振兴重点工作的实施意见》　扎实做好“三农”工作，稳住农业基本盘，加快建设农业强区，全力打造乡村振兴“升级版”。提升粮食和重要农产品供给保障能力，全力稳定粮食生产，构建多元化食物体系，全面加强耕地保护，推进盐碱地综合开发利用，配套完善农田水利基础设施，强化农业防灾减灾能力建设。加快推进国家农业现代化示范区建设，推进农村一二三产业深度融合发展，培育多元化农业经营主体，强化农业科技和物质装备支撑，加快推进农业绿色发展，强化农产品质量品牌建设。巩固拓展脱贫攻坚成果，精准落实帮扶政策，加强防止返贫动态监测帮扶，增强脱贫群众内生发展动力。建设宜居宜业和美乡村，加强村庄规划建设，深化农村人居环境整治，加强农村公共基础设施建设，提升乡村基本公共服务能力，拓宽农民增收致富渠道。全面提升乡村治理效能，加强农村基层党组织建设，提升乡村善治水平，深入推进农村精神文明建设。加大政策保障力度，深化农业农村改革，加大乡村振兴投入力度，加强人才队伍建设，强化用地政策落实。完善工作推进机制，加强组织领导，突出示范引领，加大“三争”工作力度，强化督导考核，全面推进乡村振兴。

《中共东营区委、胜利石油管理局有限公司党委组织部、胜利石油工程有限公司党委组织部印发〈关于加强党建引领深化油地融合全力建设“油城e家·幸福家园”的实施意见〉的通知》　全面贯彻落实习近平总书记视察东营、视察胜利油田重要指示要求，坚持以人民为中心的发展思想，着眼构建和谐共赢的新型油地关系，进一步凝聚思想共识和奋斗合力，创新打造党建统领共治、油地携手联治、内部挖潜自治、村社结对融治、公共安全协治、社会联动同治的“六治融合共同体”，在全省全国打造独立工矿区国企办社会职能移交后，党建引领城乡基层治理建设幸福家园的“油城样板”。坚持要事共商，构建协调联动的工作机制，优化顶层设计，实行常态会商，支持区域联建；坚持阵地共建，构建优质充分的保障机制，共同拓展党群服务阵地功能，共同赋能推动社区自我发展；坚持协同共治，构建平急结合的治理机制，油地携手联治，深度挖潜自治，村社结对融治，公共安全协治，社会联动同治；坚持资源共享，构建互融互通的服务机制，推动公共服务集成供给，推动服务场景全面覆盖，推动油城先模融入社区；构建务实管用的激励机制，工作激励贯通，精神激励联通，政治激励畅通。压实责任、高位推进，开门创建、群众参与，广泛宣传、营造氛围，让高品质现代化城市建设成果更好惠及油城居民群众，推动油地深度融合，共建“油城e家·幸福家园”。

《中共东营区委、胜利石油管理局有限公司党委组织部、胜利石油工程有限公司党委组织部关于常态化开展油地干部双向挂职工作的实施意见》 全面贯彻落实习近平总书记视察东营、视察胜利油田重要指示要求，深刻把握油地深度融合时代命题，坚持立足当前、着眼长远，以加强新时代优秀干部人才培养为主线，以推动区域协同发展为目的，聚焦油地产业共育、城市共建、科技共享、人才共用、社会共治，全面融入黄河流域生态保护和高质量发展新格局，为加快西城高品质现代化城市建设和构建新型能源保障体系提供强力干部支撑。选派原则，坚持按需选派，坚持事业至上，坚持务求实效，坚持锻炼提升。推进措施，坚持优中选优，高质高效选派挂职干部，明确岗位要求，严格选人标准，周密程序步骤；坚持管用结合，有力有效管培挂职干部，精细干部培训，做实干部管理，严格干部考核；坚持宽严相济，从严从紧监督挂职干部，规范干部日常行为，开展常态化谈心谈话，加强干部关心关爱；优化制度体系，全面保障挂职干部工作，创新工作推进机制，建立信息通报机制，优化问题解决机制，进一步统筹油地干部资源，凝聚油地工作力量，构建新型油地关系，有效推动区域经济社会健康协同发展。

《中共东营区委、东营区人民政府关于印发〈东营区深化新旧动能转换推动绿色低碳高质量发展三年行动计划（2023—2025年）〉的通知》 深入落实习近平总书记对山东工作和视察东营重要指示要求，抢抓山东建设绿色低碳高质量发展先行区机遇，深入实施黄河重大国家战略、创新驱动发展战略“两大战略”，以推动高质量发展为主题，以深化新旧动能转换为中心任务，以形成绿色低碳生产生活方式为主攻方向，以改革创新为根本动力，统筹发展和安全，不断开创高水平现代化强区建设新局面。到2025年，绿色低碳高质量发展取得重大进展，综合实力大幅提高，探索形成一批可复制、可推广的经验做法，在全省绿色低碳高质量发展先行区建设中争一流、走在前，在全市绿色低碳高质量发展中树标杆、作示范。生态环境治理迈上新台阶，科技创新体系焕发新活力，经济社会高质量发展取得新突破，促进共同富裕展现新境界，区域治理效能实现新跃升。突出降碳减污扩绿增长，促进人与自然和谐共生，坚持生态优先、绿色发展，牢固树立“绿水青山就是金山银山”的理念，高水平做好生态保护修复和环境综合治理，优化国土空间开发格局，全方位贯彻落实“四水四定”原则，保障黄河长久安澜，加快形成绿色低碳的生产生活方式。协调推进黄河三角洲生态保护，全面加强生态保护修复，强化国土空间规划引领，着力提升国土绿化水平；夯实水资源安全基础，强化水资源刚性约束，优化水资源空间配置，构筑黄河安澜屏障；抓好环境污染综合治理，全力打好蓝天保卫战，全力打好碧水保卫战，全力打好净土保卫战；倡导绿色低碳生产生活方式，创新绿色低碳发展体制机制，深入实施绿色低碳全民行动；全力推进能源绿色低碳转型，加快绿色能源发展，推动化石能源清洁高效开发利用，打造二氧化碳捕集利用及封存示范基地。着力提升科技创新水平，高水平建设科技强区，聚焦科技自立自强，推进“政产学研金服用”深度融合，完善科技创新体系，优化创新资源配置，提升创新驱动发展水平，建设更高水平、更有影响力的国家创新型城市。到2025年，万人高价值发明专利拥有量达到10件，全社会研发经费投入强度达到2.9%，基础研究经费投入占研发经费投入比重达到2%左右。加强科技力量建设，搭建高能级创新平台，加速培育孵化平台，加快技术攻关。突出企业创新主体地位，梯次培育科技型企业，持续优化创新生态，构建科技成果转化服务体系；激发人才创新创造活力，积极构建全方位引才格局，优化良好人才发展生态，支持发展高等教育和职业教育。持续深化新旧动能转换，建设现代产业体系，始终把发展经济的着力点放在实体经济上，把制造业高质量发展作为经济高质量发展的重中之重，坚决淘汰落后动能，坚决改造提升传统动能，坚决培育壮大新动能，发力主攻链条经济，加快突破“四新”经济、数字经济，推进产业基础高级化、产业链现代化，着力打造具有持续竞争力的现代产业体系。到 2025 年，“四新”经济占地区生产总值比重年均提高 2 个百分点，制造业增加值占比稳定在 17% 左右，高新技术产业产值占比达到 48%。加快传统支柱产业绿色化高端化发展，有序推动传统产业转型升级，加快工业绿色低碳转型，促进“两高”行业规范健康发展；培育壮大新兴产业，聚力发展新兴产业，构建优质高效服务业体系；积极发展数字经济，做大做强数字产业，加力提速布局数字基础设施，全面深化数字赋能。加快城市更新改造，建设高品质现代化城市，着眼宜居城市、绿色城市、韧性城市、智慧城市、人文城市建设，坚持公共优先、系统观念，片区化、系统化推进城市更新，进一步优化西城城市发展框架和空间布局，持续提升城市综合实力和竞争力。打造生态宜居的魅力城区，科学推进城市更新，抓好城市系统治理，全面优化城市生态；建设韧性宜居的智慧城市，实施新型智慧城市提升行动。坚定不移扩大内需，服务和融入新发展格局。将实施扩大内需战略同深化供给侧结构性改革有机结合，纵深推进“十大扩需求”行动，促进消费扩容提质，扩大精准高效投资，更好服务畅通国内大循环，融入国内国际双循环。促进消费扩容提质，充分激发消费市场潜力，积极开拓城乡消费市场；扩大精准高效投资，分类推进优质项目建设，创新投融资体制机制；打造综合交通物流网络，构建现代流通体系，建设高效低碳智慧交通。持续深化改革，激发高质量发展动力，坚持社会主义市场经济改革方向，推动更深层次改革，打造有效服务市场经济发展的体制机制环境，充分释放发展动能。激发市场主体活力，提高国企核心竞争力，支持民营经济改革发展，建设高标准市场体系；深化财税金融体制改革，推进财政体制改革，探索创新绿色金融生态产品价值实现机制；打造一流营商环境，建设高效能服务型政府，持续推进政府职能转变。统筹推进区域协调发展，拓展对外开放合作新优势，坚持城乡一体、区域融合，深入落实区域协调发展战略、新型城镇化战略，加快推动油地融合，大力提升对外开放水平，推动形成全面开放新格局，提高发展的整体性、协同性。到 2025 年，常住人口城镇化率达到 81% 左右。构建区域协调发展格局，深化区域合作交流，深化油地校融合发展，加快新型城镇化建设；推进高水平对外开放，推进外贸提质增效，提高招商引资质量，提升对外合作水平。加快农业农村现代化步伐，推动乡村全面振兴，坚持农业农村优先发展，畅通城乡要素流动，系统抓好乡村发展、乡村建设、乡村治理等重点工作，加快农业农村现代化建设步伐，促进农业高质高效、乡村宜居宜业、农民富裕富足。以国家农业现代化示范区创建为统领，整体推进“三农”工作、“五大振兴”，打造东营区特色乡村振兴齐鲁样板“升级版”。到 2025 年，全区农林牧渔业总产值达到 34.2 亿元，基本实现农业现代化。加强盐碱地综合利用，实施国家盐碱地等耕地后备资源综合利用试点，推动盐碱地农业创新；优化农业稳产保供体系，强化耕地保护与建设，提升重要农产品保供能力；培育高质高效农业，推动农业全链条融合发展，加快推进农业绿色发展，打响农产品质量品牌，大力培育农业新型业态；提升农民生活品质，巩固拓展脱贫攻坚成果，鼓励农民创业创新；推进美丽乡村建设，优化农村人居环境，持续深化农村综合改革，加强和改进乡村治理。繁荣发展文化事业和文化产业，不断增强文化软实力，坚持以先进文化为引领，涵养城市文化底蕴，培育区域特色文化品牌，提高公共文化服务水平，更好满足人民群众精神文化需求。深入推进文明东营区建设，深化实施文明创建，持续强化文明培育，拓展新时代文明实践，着力提升新闻舆论质效；健全现代公共文化服务体系，传承弘扬中华优秀传统文化，创新实施文化惠民工程；推动文旅深度融合发展，加快发展文化创意产业，深化文化旅游融合发展。持续增进民生福祉，高效推进共同富裕，坚持把实现好、维护好、发展好最广大人民根本利益作为发展的出发点和落脚点，扎实推进共同富裕，抓好社会民生，推动基础教育高质量发展，提升卫生健康保障水平，促进居民就业增收，健全基本公共服务体系，不断增强人民群众获得感、幸福感、安全感。到2025年，居民人均可支配收入年均增长5.5%以上，人均预期寿命达到82岁左右。打造教育满意之区，落实立德树人根本任务，推动教育高质量发展，着力完善教育保障体系；促进居民就业增收，提高城乡居民收入水平，促进高质量充分就业，推动创业带动就业；提升卫生健康保障水平，健全公共卫生体系，提升医疗卫生服务能力，加快建设体育强区；促进人口长期均衡发展，构建生育友好社会环境，完善养老服务体系；增强社会民生保障能力，全面完善社会保障体系，兜牢基本民生保障底线。统筹发展和安全，建设更高水平平安东营区，坚持统筹发展和安全两件大事，把安全发展贯穿经济社会发展各领域和全过程，不断提高安全工作水平。坚决守牢粮食、能源、金融、生态和产业链供应链安全等“一排底线”，为绿色低碳高质量发展塑造安全、稳定、和谐发展环境。保障人民生命健康安全，加强疾病防控与救治，筑牢安全生产底线，强化食品药品安全监管；确保经济运行安全，保障粮食能源安全，妥善防范化解金融风险，完善现代应急管理体系；维护社会大局和谐稳定，不断提升基层治理现代化水平，完善社会治安防控体系。强化组织实施，全面加强党的领导，健全组织实施机制，健全政策支持体系，强化统筹督导调度，营造浓厚社会氛围，进一步深化新旧动能转换，推动绿色低碳高质量发展。

《中共东营区委、东营区人民政府关于推进东营区自然资源（土地类）节约集约利用的实施意见》 贯彻落实党的二十大精神和习近平总书记视察东营重要指示要求，完整准确全面贯彻新发展理念，抢抓黄河流域生态保护和高质量发展重大战略机遇，把节约集约用地与生态文明建设、经济高质量发展相结合作为主攻方向，通过开展自然资源节约集约利用，使全区土地利用效率显著提高、空间开发布局更加合理、绿色低碳高质量发展更具活力、生态人居环境更加优美。创建目标：2025年底，将东营区打造成为油地融合绿色低碳高质量发展典型区、油地携手贯彻落实习近平总书记重要指示要求示范区、培育土地资源高效利用增长极，谱写油地深度融合发展新篇章。示范期内，实现单位国内生产总值建设用地下降率年均保持在15%左右。到2025年，全区土地供应率实现100%，开发区实际建成率达到96%，已供应土地闲置率维持在1%以下，城乡建设用地规模不高于40.2万亩，目标落实率低于110%，人均城镇建设用地面积由269平方米/人下降至248平方米/人，节约城镇建设用地2.67万亩，违法用地面积占新增建设用地总面积的比例控制在5%以内，违法用地占用耕地面积控制在2%以内，通过实施土地整治补充耕地面积1500亩，盘活建设用地空间1000亩。完善政策引领机制，加快实现以更规范为方向的势能升级，推动政策规范化，推动标准规范化，推动评价规范化。完善空间利用机制，加快实现以更深层为方向的潜能升级，推进全域土地综合整治，实施油田工矿废弃地更新挖潜，推进油田生产用地节约集约利用，实施低效用地盘活挖潜，积极有效盘活农村集体存量建设用地。完善计划调节机制，加快实现以更精准为方向的动能升级，指标投放更加精准，空间规划更加精准，耕地保护更加精准。完善用地管控机制，加快实现以更严格为方向的效能升级，严格控制用地标准，强化土地市场建设，探索混合用地管控，提档“标准地”管控，深入用地保障管控，强化监管与目标考核，有序推进城市更新。进度安排：全面建设阶段（创建认定至中期评估）。各部门单位对照自然资源节约集约示范县（市）验收标准和指标体系，逐项落实土地节约集约利用具体内容，强化引领激励措施，加强可达性分析，强化调度考核，放大特色优势，补齐差距短板，实现各项指标全面达标。创新提高阶段（中期评估至期末总结）。总结近年来自然资源节约集约利用方面取得的经验和成绩，围绕油地融合用地节地模式创新，形成好做法、新机制、新制度，认真查摆问题，并将成功经验上升为制度规范，深入研究制定节约集约利用土地的政策意见，健全长效管理机制。核查验收阶段（期末总结）。按程序向省自然资源厅提出评估申请，抓好省级预审交办问题整改落实，通过省级预审后上报自然资源部，全力争取自然资源部来东营区组织现场核查，确保如期高质量通过考核验收，与此同时继续做好创建全国自然资源节约集约利用示范县（市）各项工作，保持荣誉称号。成立由区委、区政府主要领导牵头负责、胜利油田有关部门配合的区推进自然资源（土地类）节约集约利用工作领导小组，充分发挥牵头抓总、统筹协调作用。东营自然资源和规划分局牵头组建区级工作专班，抽调区直有关部门单位、镇街及园区工作人员集中办公，具体负责创建工作保障、运行调度和宣传报道等工作，推进落实创建工作相关部署要求，协调解决创建工作推进过程中的困难问题。

《中共东营区委办公室、东营区人民政府办公室关于印发〈东营区加快推进“山东省现代流通强县”建设的实施意见〉的通知》统筹推进现代流通体系软硬件建设，提升流通服务产业能力，优化流通网络布局，强化流通体系支撑，创新流通业态模式，进一步提高流通效率，降低流通成本，全面构建现代流通发展新优势，提升东营区商贸流通现代化水平。坚持立足行业，优化体系；突出重点，务求实效；典型引导，有序推进的基本原则。总体目标：到2025年，东营区流通领域主要指标能够领跑全省县区，现代流通与重点产业全面融合、相互促进，初步建立起全产业链流通、全要素流通、全过程流通、全生命周期流通、全开放流通的现代流通体系。对经济社会贡献进一步加强。到2025年，社会消费品零售总额力争达到370亿元，年均增长5%；限额以上批发零售业年销售额达到1000亿元，限额以上零售额达到130亿元；流通现代化水平进一步提高。全社会物流总费用占地区生产总值的比重下降2—3个百分点；培育壮大一批现代物流企业，骨干物流企业达到3家以上，规模以上物流企业年营业收入突破20亿元；业态结构不断优化。新型消费不断涌现，实物商品网络零售额占社会消费品零售总额比重达到全省平均水平，网络零售额突破60亿元；服务消费成为流通领域重要增长点，服务消费占居民消费支出比重位居全省县区第一梯队；消费扩容提质更加显著。全区重点培育1条以上省级商业步行街，3条以上市级特色商业街；培育建设10个年交易额超过亿元的商品交易市场；“城市一刻钟便民生活圈”实现全区全覆盖；协调发展迈出新步伐。区域市场一体化程度大幅度提高，应急保供能力显著增强，城乡商贸供给能力差距进一步缩小，推动形成以乡镇为中心的农村流通服务网络；治理体系更为完善。政策体系、配套机制更加健全，商务领域监督管理不断加强，以诚信为核心的商业文化建设成效显著。聚焦现代流通强县建设的“主体、业态、布局、融合、载体、平台、标准、安全”等重点方面，围绕“三个全面”“三个突出”“三个促进”“三个优化”开展建设工作。全面提升流通设施水平，推动商贸设施改造升级，夯实民生消费基础。全面完善供应链体系，打造“平台＋园区＋企业”的供应链体系。扎实推进中心城区综合物流园项目建设，着力打造精准服务产业基地生产、流通的供应链基地。全面推进城乡流通一体化发展，补齐农村流通体系建设短板，强化城乡流通联动互补。突出商贸流通企业发展，做大做强骨干商贸流通企业，做优做精本地特色商贸企业，推动中小商贸流通企业服务工作。突出流通主体创新能力提升，培育一批数字化实体零售龙头企业，突出流通商业带头人培育，鼓励开展流通商业带头人培育计划，举办创业创新和技能大赛，挖掘商业人才。促进新兴业态培育，构建良好和谐电商生态圈，推动“线上引流＋实体消费”新模式发展。促进消费扩容升级，提升传统市场消费，培育新型消费。促进发掘商贸流通大数据应用价值，加强政务和企业大数据的整合、分析与利用，推动流通大数据赋能。优化政务服务，继续深化“放管服”改革，持续优化营商环境。优化人才保障服务，加大人才培养和引进力度，优化人才发展环境。优化金融服务，提高流通金融保障水平，支持重点流通项目建设。成立东营区推进“山东省现代流通强县”建设工作专班，强化规划引领，科学编制《东营区“山东省现代流通强县”建设规划（2022—2025年）》，强化规划引导约束作用，统筹项目推进，加强数据统计，加快推进“山东省现代流通强县”全面建设。

《中共东营区委办公室、东营区人民政府办公室关于印发〈东营区儿童友好城市建设行动方案（2023—2025年）〉的通知》坚持以人民为中心的发展思想，以立德树人为根本，以儿童需求为导向，以儿童更好成长为目标，将儿童优先原则贯穿经济社会发展全过程和各方面，健全儿童发展政策机制，优化儿童公共服务，完善儿童权利保障，拓展儿童成长空间，改善儿童发展环境，促进儿童全面发展，实现幼有善育、学有优教，保障儿童生存、发展、受保护和参与的权利，让儿童友好成为全社会的共同理念、行动、责任和事业，培养广大儿童成长为德智体美劳全面发展的社会主义建设者和接班人。坚持儿童优先，普惠共享；立足实际，突出特色；因地制宜，创新推动；多元参与，全域共建的基本原则。全区上下全面参与儿童友好城市建设，在全区范围内开展若干儿童友好城市建设试点，统筹实施各领域儿童友好行动，实施一批儿童友好重大政策、重大行动、重大项目，培育一批儿童友好示范点。到2025年，儿童友好理念成为全区共识，在规划编制、政策制定、公共服务、权利保障、成长空间和发展环境等方面充分体现儿童友好要求。展望到2035年，儿童友好成为城市高质量发展的重要标识，儿童友好理念成为社会共识和全民自觉，广大儿童享有更加美好的生活。围绕“社会政策友好、公共服务友好、权利保障友好、成长空间友好、发展环境友好、生态文明友好”六个方面制定东营区儿童友好城市建设行动方案，实施十九大行动70项任务。社会政策友好：构建系统完备的政策体系，开展儿童友好政策研究行动，实施儿童优先发展战略，开展儿童发展现状和需求调研分析，建立儿童优先政策支持体系，编制儿童友好空间指引，开展儿童友好城市建设督导评估。开展儿童友好参与实践行动，实施儿童议事会培育计划，实施儿童参与公共空间建设计划，开展儿童实践系列主题活动。开展儿童友好社会共建行动，调动社会各界力量共同致力儿童发展，实施儿童类社会组织和队伍培育计划。公共服务友好：提供优质均衡的公共服务，开展婴幼儿照护服务提升行动，建立普惠性托育服务体系，加强婴幼儿照护服务专业队伍建设，普及婴幼儿照护知识和家庭指导。开展儿童教育促进行动，实施学前教育行动计划，实施义务教育优质均衡发展计划，实施乡村教育振兴计划，实施特殊儿童教育保障计划，解决义务教育阶段学生午餐问题，实施课后服务提升增效计划，加强课外实践服务。开展儿童健康提升行动，完善儿童健康服务体系，实施母婴安全行动提升计划，优化儿童保健服务和管理，实施儿童营养改善计划，实施儿童口腔健康提升计划，实施儿童眼健康“启明行动”，实施校园健身行动计划，建立儿童心理健康教育指导公共服务网络，为儿童提供性教育和性健康服务，建设儿童友好医院。开展儿童医疗保障提升行动，做好儿童医疗保障工作，加快儿童医学人才培养。开展儿童文化服务提升行动，加强儿童文体服务普惠供给，支持儿童参与优秀民族传统文化保护、传承和创新，推进儿童文艺作品创作。权利保障友好：完善公益普惠的儿童福利，开展困境儿童关爱行动，加强孤困儿童生活保障，加强流浪儿童救助保护，建立健全基层儿童保护机制，加强留守儿童关爱。开展残疾儿童康复救助行动，提升残疾儿童康复救助服务水平。成长空间友好：营造生态宜居的城市空间，开展儿童生活空间适儿化改造行动，加快推进工会“妈妈小屋”建设，升级改造儿童厕位及洗手池，公园适儿化改造，交通体系适儿化改造。开展儿童生活空间拓展行动，建设儿童友好社区（小区），建设儿童友好村庄，建设儿童友好街区，建设儿童友好企业。开展儿童学习空间优化行动，建设儿童友好学校，打造儿童友好阅读空间。发展环境友好：优化儿童健康成长社会环境，开展家庭家教家风建设行动，加强未成年人思想道德建设，深入开展家庭教育指导服务，巩固发展学校家庭教育指导，建立健全涉未成年人案件家庭教育工作体系。开展儿童友好文化宣传行动，开展儿童友好城市立体化宣传，开展儿童权利保护知识培训及法治宣传，组织儿童友好城市建设交流研讨。开展儿童友好产业提升行动，推进儿童产业融合。开展儿童安全发展屏障构筑行动，加强儿童用品安全监管，加强儿童出行安全保障，严厉打击侵害未成年人犯罪行为，预防未成年人犯罪。开展儿童成长环境保障行动，优化校园周边环境，加强儿童使用网络分类教育指导，强化网络环境保护。生态文明友好：助力绿色低碳高质量发展，开展儿童友好生态城市建设行动，赋予儿童友好生态文明内涵，增强儿童生态文明素养，深化绿色家庭创建，推进美丽庭院建设，打造生态研学实践教育品牌。组建区儿童友好城市建设工作专班，负责儿童友好城市建设工作的组织协调和管理监督，指导各责任单位开展相关工作。加大投入力度，鼓励社会参与，强化监测评估，确保落实成效，加大宣传力度，形成社会共识，典型示范带动，试点建设先行，全面推动各层次、各领域儿童友好城市建设工作。

《中共东营区委办公室、东营区人民政府办公室关于印发〈东营区涉诉工作管理暂行办法〉的通知》 区直各部门单位、区属国有企业、学校（幼儿园、中小学）、医疗机构（医院、卫生院、社区卫生服务中心）及各镇（街道）应建立涉诉工作制度，明确分管领导，确定负责股室，制定诉讼工作具体流程、责任追究办法等。由具体负责股室做好诉讼工作的组织、协调等有关工作，并及时向区司法局报送有关诉讼情况。由区司法局牵头，区纪委监委机关及各相关涉诉单位主管部门成立诉讼案件责任评估及认定小组，负责诉讼案件的责任评估与认定工作。涉诉单位自收到人民法院受理通知或应诉通知之日起三日内，将案情报送区司法局，并按照区司法局的要求及时提报案情进展和应诉工作情况。区属国有企业、学校（幼儿园、中小学）、医疗机构（医院、卫生院、社区卫生服务中心）作为涉诉单位时要上报其主管部门。区法院与区司法局应加强沟通、信息通报，行政案件自收到涉诉材料七日内、民事案件自立案起三十日内，区法院应当向区司法局通报案件基本情况，包括立案时间、案由、当事人名称等信息。区法院在案件审理过程中，认为涉诉单位可能存在公职人员故意或重大过失损害国家利益、公共利益或造成经济损失或不良影响的，应当在裁判生效后十五日内通报区司法局。区司法局根据情况决定是否启动责任评估及认定程序，经分析研判认为需要追责的，将有关情况报送区纪委监委，区纪委监委依规依纪依法启动问责程序；构成犯罪的，依法追究刑事责任；导致国家赔偿的，依法向有关单位或个人追缴部分或全部赔偿费用。

《中共东营区委办公室、东营区人民政府办公室印发〈关于常态化开展联系服务油田单位工作的实施意见〉的通知》 抢抓习近平总书记视察东营、视察胜利油田带来的重大历史机遇，认真贯彻落实各级决策部署，以推动油地深度融合为核心，以助力油地高质量发展为主线，以沟通对接、服务保障为目标，以多沟通、勤帮助、解难题、促融合为重点，不断深化油地融合战略共识，畅通信息共享交流渠道，推动油地在民生改善、城市建设、税源管理、人才交流、科技创新、社会治理等方面全方位深度融合，构筑“产业共育、科技共享、人才共用、城市共建、社会共治”的融合大格局。联系对象：胜利石油管理局有限公司、胜利油田分公司、胜利石油工程公司、经纬公司等所属的驻东营区二级单位、机关部室、直属单位。服务内容：“三常”，即常对接联系、常宣讲政策、常推介通报；“三助”，即助生活解难、助生产纾困、助家园共建；“四促”，即促党建提升、促项目建设、促“双招双引”、促融合共进。工作机制：建立常态化沟通联系机制，区级领导牵头对接，责任单位联系服务；建立工作和信息报告机制，工作信息收集通报，重大情况分级报告，经验亮点宣传推介；建立问题分类解决机制，对于一般问题，由相关对接联系服务的责任单位负责协调解决，业务相关单位解决不了的由牵头单位协调解决。对于共性问题、难以解决的问题、影响油地关系和谐稳定的重大问题，由牵头单位提交至工作专班汇总，呈报相关区领导牵头解决，区委、区政府督查部门跟办落实。工作专班汇总各责任单位为联系对象解决的重大困难问题，每半年向各联系对象进行反馈，由其对相关工作成效进行综合评价。成立工作专班，负责日常工作组织协调。

《中共东营区委办公室印发〈关于加强年轻干部队伍建设的实施意见〉的通知》 全面贯彻新时代党的建设总要求和新时代党的组织路线，围绕区第九次党代会提出的打造石油科技之城、活力宜居之地、教育满意之区、吕剧文化之乡目标，按照“拓宽来源、优化结构、改进方式、提高质量”的要求，进一步创新理念思路、创新模式机制，以大力发现培育为基础，以强化实践锻炼为重点，以确保选准用好为根本，以从严管理监督为保障，着力建设一支素质高、能力强、能扛硬活、敢打硬仗、善打胜仗、数量充足的年轻干部队伍。坚持发现与培养相结合、储备与使用相结合，每年培养30岁以下年轻干部不少于100名、储备30岁以下优秀年轻干部不少于50名、提拔或进一步使用优秀年轻干部不少于15名。打破隐形台阶，对表现优秀的年轻干部直接提拔进班子。2023年底前，年轻干部配比达到《2019—2023年全国党政领导班子建设规划纲要》要求，并动态保持。夯实基础，蓄足年轻干部源头活水。实施“青鸟引进计划”，实施“三个一批”年轻干部引进计划，实施建库培优计划，建立优秀年轻干部库，实行动态调整、重点培养。提质增效，优化年轻干部成长路径。实施一线培养工程，开展挂职培优计划，实行中层调整预审制。综合施策，提升年轻干部综合能力。开展培训提能计划，开展专业蓄能计划，开展导师帮带计划。严管厚爱，助推年轻干部成长成才。建立谈心谈话制度，建立定期调研机制，建立信息反馈机制。把年轻干部培养选拔工作作为党委（党组）重要政治责任，作为领导班子年度考核的重要内容，积极为年轻干部成长创造条件、搭建平台。

《中共东营区委办公室印发〈关于提升理论武装成效的若干

意见〉的通知》 为持续推动学习贯彻习近平新时代中国特色社会主义思想走深走实，更好地用党的创新理论武装头脑、指导实践、推动工作，切实做到学思用贯通、知信行统一。强化理论学习中心组学习过程控制。建立学习旁听人才库，开展中心组成员领题领学，严格理论学习中心组自学补学审签，深入一线调研问策，做实集体学习研讨，推动学习成果转化。建立健全行业系统理论武装工作机制。建立健全常态学习机制，建立健全体悟交流机制，建立健全成果转化机制。提升基层党组织理论学习实效。聚焦主题学，主动参与学，突出实效学。扩大群众性理论宣教工作覆盖面。建立"菜单式"宣教资源，组建分众化宣教队伍，开展主题性宣教活动，搭建多元化宣教平台，健全常态化宣教机制。严格落实理论武装工作主体责任。各级党委（党组）要把提升理论学习成效摆上突出位置，结合实际制定具体落实措施，综合运用各类媒体、采取多种方式，实施创新工作"揭榜领题"和"镇街有品牌、部门有典型"培育工作，凸显东营区特色。

（区委办公室）

区委办公室工作

【以文辅政】研究制定《关于在全区大兴调查研究的实施方案》《区委常委会调查研究工作方案》，督促各级领导干部扑下身子真调研、真解决问题；联合区政府研究中心下发《2023 年全区重点调研课题计划》，全年收集梳理调研课题 78 个，指导形成调研报告 52 篇；聚焦区委中心工作，会同相关部门形成《关于东营区城市更新工作的调研报告》等 7 篇，为区委领导决策提供高质量参谋服务；同时报送市委"二三五"战略落实等成效经验材料 30余篇，被《东营通讯》采用 21 篇。全年起草各类讲话、汇报、发言、致辞等文字材料总计 220 余份、90 余万字，高质量完成区委经济工作会议、区委九届五次全会、区委九届六次全会等重大会议的材料起草工作，整理讲话录音 2800 余分钟、40 余万字，审核编发新闻稿件 200 余份，形成《经济运行情况分析报告》12 期，得到区委主要领导充分肯定。全年向省委办公厅、市委办公室采集上报信息 602 篇，被采用 400 篇以上，编发《今日要览》《领导专供》《东营区信息》3 种刊物 163 期，获区委领导批示 13 次。东营区信息工作保持全市前列，获评省、市委信息工作先进单位。

【统筹协调】坚持围绕区委中心大局，发挥运转中枢作用，照应各方关切、配置各方资源、调动各方力量，切实当好协调各方的"联络部"。强化对上服务、对外协调，加强与省委、市委办公厅（室）和省委、市委改革办等上级部门的沟通联系，经常对接汇报工作，争取更多指导和支持，顺利完成全年 2 次迎市重点项目观摩、全市改革系统"四比四看"观摩迎检，主要领导带队到中办、省委改革办等汇报对接工作 10 余次，2 篇信息获中办简报综合采用，2 篇改革案例被省委改革办刊发并上报中改办。加强与油田、石油化工学院等各方面的沟通联系，维护良好的油地校关系。周密细致做好重大活动组织协调工作，累计接待省、市和其他地区来宾调研、考察、检查等活动 397 人次，组织协调召开全区企业家年会、招商考察等外出活动 21 次、500 余人，联系对接区级领导调研、督导、走访活动 131 次。强化对内管理、对下联系，加强与几大班子办公室以及各镇（街）、区直部门办公室的联系服务指导工作，定期召开几大班子办公室主任联席会议，及时通报区委有关要求精神，及时收集各方面问题建议，及时掌握各方面信息动态；做好区委全面从严治党主体责任落实情况的综合协调工作，协助组织安排区委常委会会议、党的建设工作领导小组会议、党委（党组）书记履行全面从严治党述责述廉评议会议等重要会议活动，推动管党治党主体责任落实落地；对一些急事、难事、琐事、棘手的事，办公室主动承担，搞好协调服务，切实做到难事不推、急事不缓、琐事不烦。积极配合省派驻东营区“四进”工作支队开展工作，加强常态化对接联系，及时协调处理有关问题，督促做好反馈问题整改落实，保证“四进”工作在东营区顺利开展。

【督促检查】坚持把习近平总书记视察东营重要指示要求的贯彻落实情况作为督查工作首要任务，以“一机制、两台账”为抓手，颗粒化分解任务、清单化督促落实，重点抓好市、区工作台账月调度、季督导、暗访核查，书面调度进展情况10次，开展季督导4次，累计实地督查镇街部门50余个，现场核查重点项目、重点任务40余个，发现问题11个，收到基层反映困难4个，实行督帮一体，推动问题解决。建立区委决策事项“2+N”报告机制，及时、准确、滚动、全流程报告区委重大决策部署和重要工作落实情况，共形成《督查专报》（专刊）19期、《东营区督查》15期、《督查专报》34期，获区委主要领导批示14件，有力推动了各项决策部署落实落地。制定《2023年市级“稳中向好、进中提质”政策争取任务分工方案》等立项文件10余个，下发区委常委会交办事项签发单、区委督查事项签发单45份，全年立项任务达200余项。办理上级领导批示件46件，区委领导批示件175件，下发领导批示事项督办（转办）通知单200余次。印发《关于切实做好区人大代表建议、区政协委员提案办理工作的通知》，交办完成4项人大代表建议、14项政协委员提案。

【运行保障】坚持“全天候、无间隙、零失误”要求做好值班工作，累计处理各级、各部门来文来电2095份，下发各类通知735个，处理镇街和区直部门主要领导外出报告单724份，接收各部门来宾报告单876份，高标准组织服务区委九届六次全会、区委经济工作会议、全区领导干部会议等区委重大会议78场次。坚持“身在兵位、胸为帅谋”，不断提升文秘工作质效，严格落实“保持科学压减态势”要求，累计制发各类公文157件，累计接收、运转上级发文432件，办理区委主要领导批示件100件；依规审查规范性文件及其他政策性文件25件，完成向市委备案文件15件；完成2007—2021年文书档案移交进馆。加强区委常委会会议全流程规范化建设，全年高质量组织筹备区委常委会会议44次，研究议题214个，其中“第一议题”制度103件次，撰写决策参考20万余字，起草会议纪要44份、新闻稿35份。稳慎做好机要、保密工作，发挥区委党校保密教育主阵地作用，把保密教育纳入党校主体班次，共开展专题培训4次，培训各级领导干部160余名；办理各类电报200余份，未发生错办、漏办事故；完成第一批安可替代工程，上桌率100%；建成启用全省首个县级涉密载体销毁中心（与胜利油田共享）。扎实做好专用通信工作，全年共承办各级电视会议140次，确保会议通信安全。

【党史、地方史志工作】积极开展年鉴编纂工作，4月《东营区年鉴》（2022卷）出版发行，年底完成2023卷年鉴初稿编辑工作。开展《东营区大事记》季刊编辑工作，编印完成季刊4期。认真做好基层志业务指导工作，3月《黄河路街道志》召开评审会，《东营区地名志》完成初稿。组织渤海区抗战烈士祠、东营革命烈士陵园、区方志馆参加东营红色文化教育基地联盟成员单位申报，全部入选。联合牛庄镇政府完成渤海区抗战烈士祠红色宣传视频制作，上报市院、省院。做好老照片搜集整理工作，挖掘搜集1950年全国战斗英雄代表会议及东营区2名全国战斗英雄刘梅村、李文学相关照片资料。区方志馆全年接待参观1万多人次；举办作家新书发布会等各类文化活动4次；参与撰写的《这就是东营区》视频文案，网上点击率过百万次；方志馆改造升级项目进展顺利，搜集整理各类照片3万多张，购置各类实物资料200多件，区方志馆获得东营区爱国主义教育基地、东营市社科普及教育基地、东营市中小学生社会实践基地等称号。

（区委办公室　李晓岗）

组织工作

【概况】2023年，东营区委组织部树立“创新实干、事争一流”的鲜明导向，大力弘扬“严真细实快”工作作风，扎实开展全区组织系统“质效提升年”活动，抓重点、攻难点、创亮点、争优先，圆满完成各项工作任务，为东营区高质量发展提供坚强组织保证。公务员专项考核等工作迎接中组部、省委组织部、市委领导实地调研肯定20余次；承接全省城市基层党建引领基层治理工作会议、全省老干部发挥作用工作推进会；获评“山东省人才工作表现突出单位”，全省组织系统信息宣传“双先进”，被纳入省委组织部“深化城市基层党建引领基层治理”联系点名单；全市组织工作创新奖和基层党建“优秀突破项目”各2项，数量位列全市第一；区委组织部承担市考核指标位列五县区第一位。至2023年12月31日，全区共有基层党组织2179个，其中党（工）委142个、党总支66个、党支部1971个、党员45645名。

【学习贯彻习近平新时代中国特色社会主义思想主题教育】打起“双重责任”，坚持学做结合、查改贯通，突出真学、真信、真干、真见效，努力在铸魂增智正风促干方面，取得实实在在成效。制定县处级以上领导班子和领导干部工作安排，明确5项30个主要动作40项工作任务，举办四期读书班，组织37名县级干部、85名镇街党政正职和区直部门单位、企事业单位主要负责人集中学习，同步开展区委理论学习中心组学习研讨，带动区人大常委会、区政府、区政协党组和县级干部所在单位开展集体学习25次。区分农村、城市社区、机关等7个领域基层党组织和新就业群体、离退休干部、流动党员3类群体，分类制定工作安排、工作清单，精准开展推送提醒、跟踪评估。依托区委党校，分领域举办5期基层党组织书记培训班，培训基层党组织书记1336人次。完成党员轮训14568名。积极承接省市确定的专项整治任务，省级第一批9项专项整治事项已完成3项，省级第二批4项专项整治事项，明确整改措施17条，市级层面确定的4项专项整治事项，明确整改措施27条。

【干部队伍建设】落实新时代好干部标准，坚持重实干重实绩重担当导向，一体推进干部选育管用工作，重点划出“三大赛道”。划出立体识人、精准识人赛道。制定出台《优化干部政治素质考察体系实施方案》，结合2022年度领导班子和领导干部考核，对1185名区管干部及推荐人选开展政治素质“微表现”正反向测评。全市组织系统探索建立“知事识人、能岗匹配”工作机制，构建干部“六力”智能评价体系，破解干部画像不立体、使用不精准问题。开展镇街换届后领导班子运行评估暨区直干部队伍建设深度调研工作，成立4个工作调研组，对全区78个镇街道、区直部

2023年8月1—2日，东营区驻村第一书记和工作队“抓党建促乡村振兴”擂台比武活动举行

门单位及区属国有企业进行全覆盖调研，累计谈话1780余人次，为612名重点关注干部精准画像，考察识别使用优秀干部13名。划出过程管控、选优培优赛道。联合胜利石油管理局、胜利石油工程公司党委组织部印发《关于常态化开展油地干部双向挂职工作的实施意见》，构建常态化挂职机制，召开第一批油地干部挂职工作总结暨第二批油地校干部挂职启动会议，推动第二批油地校121名挂（兼）职干部到岗到位。深化年轻干部“7+N”一线培养工程，优化调整选派岗位15人次，提报工作月报7期，组织第一批培养期满的36名年轻干部开展专题培训，加快培养年轻干部能力素质提升。聚焦高品质城市建设、“四新”经济等市区中心工作，持续推进2023年公务员专项考核任务，明确6项重点工作，其中1项纳入全市考核台账，351人纳入考核。先后迎接时任中组部公务员局局长黄川、省委组织部公务员三处处长丛松刚到东营原油库、龙居社区等地调研公务员专项考核工作，东营区将专项考核作为推进干部工作落实的“发动机”、用于考核大事难事、设置1+3考核指标体系、“兵将同考”等做法，获得上级认可。划出从严管理、激先促后赛道。结合九届区委第二轮、九届区委上下联动以及九届区委第三轮巡察，对45个单位开展选人用人专项检查，制定《东营区选人用人工作易发多发问题清单》涉及5大方面35个问题，组织全区各部门单位进行自查、整改。召开全区专题部署会议，采取与“部内科室＋部门单位＋镇街”联动的方式，及时依法依规妥善化解组织系统风险隐患，6月在全市干部监督工作座谈会上，东营区作为全市唯一的县区就信访工作做典型发言。发挥考核“指挥棒”作用，召开2022年度市对区综合考核结果、2023年市对区综合考核半年评估专题常委会会议，全面系统分析梳理东营区考核工作中存在的突出问题和短板弱项，对重点指标实行“双周调度、月度研判”，并建立4级责任体系和5类指标精准周调度机制，选取7项主要经济指标对镇街开展月评估，凝聚攻坚合力。强化结果运用，考核结果与年度考核等次、表彰奖励推荐、干部提拔重用、职级晋升等方面挂钩，激励干部同台竞技、奋勇争先。

【人才工作】坚持党管人才原则，实行更加积极、更加开放、更加有效的人才政策。健全党管人才工作体系。组织召开区委人才工作领导小组（扩大）会议，出台《关于完善党管人才工作体系和推进机制的若干措施》。制定《高层次人才项目转办推进机制工作方案》，实现高层次人才项目招引落地全闭环管理。严格执行“半月调度、双月通报、季度观摩、半年述职”督导机制，本年度已组织召开14次调度例会、1次半年述职会。坚持人才引领“四链”融合。以全市人才引领“四链”融合发展示范区建设为契机，全面推动实施“金桥工程”2.0版，以三座金桥助推人才引领“四链”融合创新突破。搭建区域内油地校企互联互通的“融合桥”，油地人才“金桥工程”专家库人数达到188名，企业技术需求72个，油田“金桥工程”专家服务民营企业的范围从技术攻关扩展到市场开拓、行政管理，32位专家入企开展工作；与山东石油化工学院等本土院校打造市域产教联合体，聘任27位专家到地方企业担任“科技副总”，建设实习实训基地和成果转化基地15处，每年定制化培训培养技能人才2600人以上。搭建与全国资源型高校共谋发展的“合作桥”，与全国石油、地质、矿业类高校共建资源型高校人才科技联盟，实体化运营资源型高校人才服务中心，组织63家次市外高校到东营区开展“校企联动共筑人才高地”“资源型高校油城行”等系列活动，推动科技创新领军人才开展“一企一校”联合攻关，其中4个校企合作项目获省级以上立项支持。搭建与在外油城子女共叙乡情的“亲情桥”，联合胜利油田共建“1+n+π”在外油城子女“同城朋友圈”体系，以党政人才、企业经营管理人才、高校院所专家

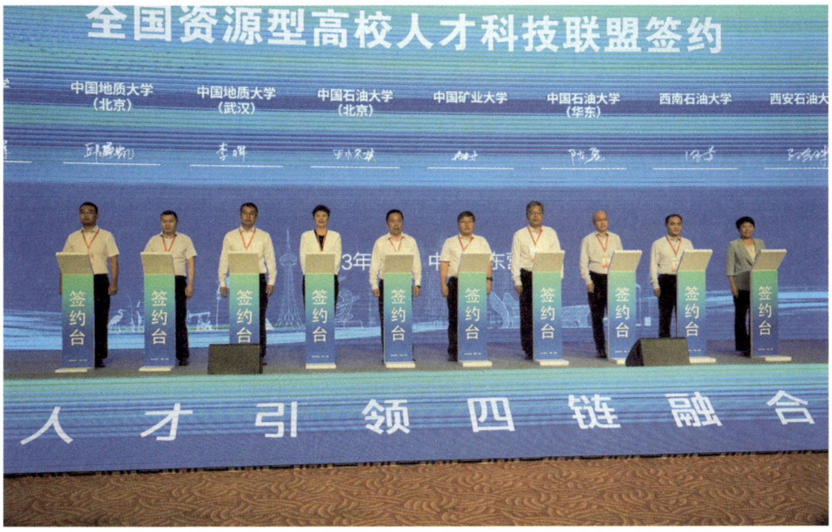

2023 年 9 月 25 日，东营首届黄河国际人才周活动人才科技联盟签约仪式举行

等为重点，挖掘覆盖胜利油田籍、东营籍在外人才及石油大学校友等2300余人，在北京、深圳、杭州、成都等7个城市建立“同城朋友圈”。通过建立在外人才服务库、组织在外油城子女活动、做实在外油城子女及眷属服务，实地回引落地项目9个，技术需求“难题揭榜”6项。强化战略人才引育留用。坚持“一把手”抓“第一资源”，区委、区政府主要领导8次带队赴杭州、武汉、成都、青岛等地开展产才对接、校园招聘等活动，制定全区人才工作差异化考核任务清单和38个党委（党组）书记人才项目。累计对接院士团队11个，其中韩布兴院士、王志章院士、庄庆发院士、杨天亮院士团队项目已签约落地。入选国家级人才工程专家5人、泰山产业领军人才4人、黄河三角洲人才工程专家9人，引进青年人才8170人，数量均列各县区、开发区第一位。东营区被省委、省政府评为山东省人才工作表现突出单位，区委人才工作服务中心被市委、市政府表彰为“全市创新实干先进集体”。打造一流人才发展生态。出台《东营区人才政策清单》18项配套实施细则，在原有高端人才、海外人才等5个“政策包”基础上，印发教育、医疗卫生和吕剧专项引才政策，“校园直聘”教育人才和医疗卫生人才49人，发放人才政策补贴6057万元。构建“1+5+N”人才幸福家园阵地体系。优化“油城人才幸福家园”线上平台，完成823张“油城英才卡”发放工作，配备人才服务专员78人，为油地高层次人才开通“绿色通道”，涉及子女入学、交通出行、医疗保健等18项业务。承办首届黄河国际人才周暨第八届东营·海外留学人才石油装备产业对接洽谈会，组织开展油城人才元宵茶话会、共植人才林、油地青年联训班等区级人才活动60余场。多种形式推动人才公寓扩面，东营区商贸园人才公寓项目运营管理方完成签约。对接蓝海国际、胜利宾馆、东胜大厦等8家星级酒店，到东营区对接洽谈的高层次人才可享受1—3天免费住宿，全面打造人才舒心满意之城，为高品质现代化城市建设提供有力人才支撑。

【基层党组织建设】树立大抓基层的鲜明导向，抓党建促乡村振兴、以党建引领基层治理，全面增强基层党组织的政治功能、组织功能。推进抓党建促乡村振兴。开展全区村党组织分类推进整体提升“全面规范”年行动，全面摸排党组织软弱涣散、集体资产量大、廉政风险高、治理难度大的村16个，确定“强基”村8个、“创优”村121个、“示范”村66个，结成导师帮带对子67对，对标41个省内外标杆开展学习提升活动542次，组织98名村党组织书记外出体悟实训，重点培育“三年行动”示范村30个，深入推动升级晋档。抓好村党组织书记“头雁领航”行动，常态化开展擂台比武245次，对部分优秀村党组织书记落实事业编制人员及副科级干部报酬待遇。选派金融、技术等“共富合伙人”50余名，指导成立8个镇街共富联合体，培育现代高效农业产业项目43个，村党组织领办“共富市集”“共富超市”“共富工坊”等20余个，累计带动9000余户农户增收300余万元，六户镇武王村党支部领办全市首家村级农资供销平台项目迎接中组部调研观摩并获得高度认可。实施村党组织领办合作社规范提升行动，推行“一社一档”管理，建立“四个一”工作机制，实地督导清理“空壳社”“僵尸社”71家、规范提升23家，组织学习培训200余人次，帮助协调融资300余万元。结合主题教育深入开展农村集体“三资”侵占挪用专项整治工作，动真碰硬解决整改问题合同1207笔，追缴承包费、租赁费1603万元，清收债权1143万元，收回土地等资产资源6700余亩，着力维护村集体和村民利益，推动121个村集体收入增加1074万元。扎实做好党建综合阵地建设试点工作，抓好基层党组织建设、党员教育培训、抓党建促乡村振兴、基层治理等工作。聚力提升城市基层党建引领基层治理效能。推动所有镇街成立基层治理领导协调机制，建强上下贯通的基层治理主轴。优化社区管理运行，制定《城市社区星级管理暂行办法》，根据社区治理服务水平评定星级、分类管理。全面推开小区公共收益清理规范，203个小区实现收益315.97万元，清理公共用房122处，面积22551.82平方米，利用收益资金实施显示屏更换、大门亮化、路面修补、供暖设施维修等项目109个，相关经验做法在《人民日报》《中国组织人事报》等主流媒体刊发。积极探索“五社联动”实现路径，在全市率先成立区级社区治理发展基金，支出146万元实施“暖心参”关爱社区新能人、新能人领办公益创投、“共富工坊”、社区“微治理”等项目40个，挖掘新能人680余人，培育社区社会组织20个。鼓励有条件的社区兴办公共经济，重塑“油建冰糕”等历史品牌，所得收益反哺社区发展。推动将社区综合服务设施建设纳入黄河流域生态保护和高质量发展重点任务及2023年度民生实事，投资5766万元，改造提升42处社区（小区）党群服务阵地，全面构建“区—镇（街道）—社区—小区”党群服务阵地体系。建立区、镇（街道）、社区三级油地党建联建机制，推动76个区直单位和70个油田单位下派干部职工共计7647人，联系小区432个，实现居民全覆盖。推动72名滨海公安机关多个层级负责兼职区委政法委及相关镇（街）、社区党组织副书记，深化警地联调联战，强化校地共商共治。重点抓好骨干队伍的管理，制定《东营区城市社区党组织书记管理暂行办法》，开展社区党组织书记“擂台比武”5次，举办社区骨干培训班4次。加强社区工作力量统筹，推动“一支队伍抓治理”，面向城市网格员招考社区工作者102名，着力建强幸福家园建设队伍。聚力加强新经济组织、新社会组织、新就业群体党建。实施新兴领域党建“活力焕新”工程，印发《全区新兴领域党建活力焕新工程实施意见》，全力推动各项工作落地落实。组织开展“两新”党务工作者专题培训班、重点民营企业党员出资人培训班等培训3次，承办全省县级“两新”组织党建工作示范点党员出资人（党组织书记）培训班，来自4个地市的100名县级示范点党员出资人参加培训。建立点题创新制度，召开全区行业党建工作推进会议，引导各行业党组织提报年度行业党建创新项目16个。将行业党组织工作开展情况列入部门单位差异化考核内容，持续优化党群服务中心实体化运行机制，开展关心关爱活动，推广“新新向党”系统，深化融入治理工作，开展道路运输行业专项扩覆盖行动，全区105家道路运输行业党组织全部完成党的工作覆盖。打造“红运畅行·新新向党”党建品牌，承办省市两级道路运输现场会。实施“红色小巨人”培育计划，出台科创券、融资和上市激励等“一揽子政策”，推动产业链党建融入产业发展。制定《关于加强重点产业链党建工作的实施方案》《关于加强全区产业链党建联建的十条措施》《东营区产业链党委工作规则》3个制度措施，选优配强“红链专员”，建立“吹哨报到”机制，搭建企业与政府沟通桥梁。

（区委组织部 王禹含）

宣传工作

【概况】2023年，全区宣传思想文化战线统筹推进各项工作，服务高水平现代化强区建设。东营区成功入选全省文旅康养强县；在中央级主流媒体头版刊发东营区经济社会高质量发展案例10次，3件新闻作品获省级奖项；“新时代文明实践公益集市项目”获评全国文化科技卫生“三下乡”活动示范项目；《聚力打造“吕剧文化之乡” 塑造独具魅力城市文化典范》典型经验被中国政府网、省文旅厅官网采用推广；《吕剧之乡唱吕剧》荣获“中国少儿戏曲小梅花”优秀集体节目；“非遗在社区”典型案例入选全国优秀案例；区委理论学习中心组获评全省先进县级党委（党组）理论学习中心组，区委宣传部获评全省基层理论宣讲表现突出集体；顺利通过省级志愿服务标准试点验收；入选“中国民间文化艺术之乡高质量发展机会清单”1个、全省文化“两创”实践案例1个、全省文化体验廊道文明实践展示带1个、全省文明实践典型案例3个、全省基层宣讲典型案例2个、全市优秀红色故事5个；获评2023年度齐鲁最美基层宣传文化工作者1人。多项工作走在全国、全省、全市前列。

【理论武装】理论学习见行见效。探索“学习研讨+”，组织区委理论学习中心组集体学习16次，开展专题辅导报告4场、读书班4期、现场体悟学习2次，80余名领导干部上讲台开展理论宣讲。制定《关于提升理论武装成效的若干意见》《党委（党组）理论学习中心组列席旁听工作实施方案》，按月推送中心组学习任务书12期，组织专题培训139场次，开展列席旁听67场次。构建横向联动、纵向延伸的理论学习中心组联学体系，各级开展联学96场次。开展“学习强国”学习平台推广活动180余次，新建、改建“学习强国”学习平台线下空间20余处，惠及居民群众2.3万余人。理论宣讲入脑入心。创新推进新时代理论宣讲工作体系化建设，推行宣讲轮值机制，推行“声动油城”百姓宣讲纪实管理护照。在全省率先打造区级沉浸式理论宣讲基地、镇（街）22个特色化宣讲工作室，建立八个一标准化宣讲宣教清单，开展重大主题宣讲7000余场，打造涵盖“汇声汇色”“半晌讲台”等特色品牌的“1+8+N”宣讲矩阵。创新开展理论宣讲“码”上听活动，录制宣讲视频300余个，受众人群达10万余人，被省委宣传部作为创新案例进行推介。培育500余名优秀宣讲员，其中1人荣获全国红色故事大赛志愿组优秀讲解员、1人荣获全省红色故事讲解大赛金牌，4人荣获全省百姓宣讲比赛二等奖。理论研究走深走实。开展宣传思想文化系统全战线大调研，先后在上级媒体平台发表5篇理论文章，1篇调研报告入选全省讲师团系统大调研成果汇编。社科工作持续加强，新入库社科专家12名，开展社科普及志愿活动20余场次，辛店街道获评省社科普及示范街道，锦城社区、祥和社区、瑞景社区获评省社科普及示范社区，区社科联被授予“全国社科组织先进单位”。理论研究成果显著，30余个课题入选全市重点社会科学课题立项，10余人次荣获全市优秀社科成果奖。

2023年3月22日，第九届山东省戏剧红梅大赛（吕剧专场）颁奖晚会在东营区举行

2023年5月28日，水城旅游·2023黄河流域（东营）铁人三项赛在龙栖湖开赛

【舆论宣传】加大主题宣传。开设“强信心　稳经济　促发展”等专题专栏10余个，制作推送融媒宣传产品24.5万余件，原创产品2.8万余条，全区新闻传播力考核年度排名全省第一。推出正能量爆款产品2100余个，其中浏览量超100万次以上940个、超1000万次以上90个。下力气“攻大台、登大报、上头条”，在央级主流媒体发稿643条、同比增长34.9%，在省级主流媒体发稿387条、同比增长54.8%，5次登上央媒头版头条，取得历史性突破。对上推送重点主题宣传素材216条，推送主题新闻产品310余条次，组织现场采访采风活动22场次、行进式主题采访活动5场次，邀请62家次、358人次中央及省市主流媒体走进全区生产生活一线，原创短视频《“央视男神”任鲁豫现身东营牛庄大集》总浏览量超200万次。打造新闻发布品牌，将新闻发布会开到现场一线，围绕乡村振兴、增进民生福祉等主题召开新闻发布会42场次，发布权威信息65条次。深化对外宣传。统筹用好国内外宣传资源，制作推送《烟火东营　一起向好》等“视听山东”优秀双语短视频作品35部，在《人民日报海外版》《中国日报》等涉外媒体刊发稿件81篇。打造海媒粉丝数过万账号13个，总粉丝数达30.9万人，发布主题帖文4.2万余条。开展“走读山东”活动6次，邀请辖区内外国友人沉浸式品美味鲁菜、赶黄河大集、观龙舟比赛。组织“文化山东”交流活动3次，与意大利利诺沃市中学生线上连线推介东营区非遗产品与经典吕剧，向俄罗斯、埃及、哈萨克斯坦等近百名外国友人线下推介“东营区好品”。推进媒体融合。坚持信息生产和综合服务并重，丰富“新闻+政务服务商务”运营模式，开设群众就业培训、志愿服务点接单和民生投诉建议等服务板块，成立“东营品牌宣传战略联盟”，依托网红主播团队策划制作主播互动类短视频352个，开展系列直播活动60余场，服务力建设综合排名全市第一。完善“声屏报微端”联动传播机制，建成“知东营”APP1个自有平台、《今日东营区》等4个传统媒体、“爱油城”公众号等12个新媒体平台、“四季油城”抖音号等多个特色品牌的全媒体传播矩阵，实现主旋律传播的全方位覆盖、全天候延伸、全领域拓展，全网总粉丝数达1100万人。加强舆论引导。建立全区正能量传播体系，打造“这就是东营 见证新西城”等网宣品牌。用好“一键统发”传播矩阵，启用网络圈群4812个，覆盖人群达22万余人次，组织“品质民生 幸福万家”等主题活动58次，推送重点主题宣传产品406条。创新打造“油城时评”网评品牌，组建全区130余人的网评大队，完成网评任务500余次，转发跟评点赞4万余条。建强用好网络名人特战队，开展“见证新西城”“吕韵乡情休闲汇”等座谈采风活动8场、新闻发布活动10余场，倡树正能量典型4位，围绕热点话题集中发布正面引导作品160余条，浏览量320余万次。在全省首次利用地方戏曲吕剧创新开展网络宣传教育，被中新网、《光明日报》等主流媒体报道。

【文明建设】滋养道德。承办“德润东营”全市公民道德宣传日主题宣传暨身边好人与道德模范现场交流活动，创作歌曲《微光》、微电影《刘幸福的幸福》等系列文艺作品，挂牌“好人工作室”11处，推出“中国好人”1人、“山东好人”9人、省级道德模范2人、市级道德模范（含提名）4人。建立全环境立德树人工作协调机制，实施法葵少年领航行动、友善班级共建计划，组织举办“油地同心　共育未来”油地家庭教育发展论坛、“新时代好少年”学习宣传、“美德少年”选树、黄河口“国学小名士”中华经典诵读等活动，5人获评省市“新时代好少年”（含提名），22人获评省市“美德少年”，8人荣获市级“国学小名士”大赛奖项。在全省首推国防教育进家庭若干措施，打造市级国防教育基地1处、区级国防教育基地2处。新增市级爱国主义教育基地3处。文明培育。入选全省美德信用建设试点区，实施美德信用“五促”“五进”“五化”工程，编制美德信用赋能清单，开设文明实践“美德讲堂”，搭建美德积分管理体系，举办“我的美德信用生活”征文活动，开展美德信用宣讲活动2000余场次，涌现出北胜社区“有邻邮局”、玉景社区积分超市、瑞景社区信用积分等一批特色品牌，美德信用经验《“全覆盖”做好美德信用“融合文章”》在全省会议上进行书面交流。移风易俗工作不断推进，打造新风礼堂样板10余个，举办全市“和美乡村树新风　移风易俗倡文明”主题活动、油地青年集体婚礼、金婚庆典等系列活动。深化网络文明建设，实施“中国好网民工程”“网络公益工程”，建成省级网络素养教育基地，打造网络文明主题广场，设立网络文明志愿服务岗，高质量举办网络文明周活动、全民数字素养与技能提升月活动，开展“网聚职工正能量”等活动120余场。文明创建。以全国文明城市创建为牵引，区领导牵头领办“十大攻坚提升行动”，精准实行20条常态长效措施，多领域搭建“城”势而上竞赛比武擂台，推出公益广告提升、飞线整治、“文明创建敲门”、文明小区评比等特色动作。打造倡树新时代美德健康生活方式“和美万家”示范片区，改造升级新时代美德健康示范点40个。创建省市文明单位、文明村镇、文明社区等各类文明集体312个。文明实践。推开文明实践基层基础提升行动，接续推送中心主任给实践所所长一封信，240余个文明实践中心（所、站）、380余处基地（广场、家庭站）实现全覆盖式达标达效。打造“品质油城　幸福家园”等9条特色文明实践展示带（区）。全面推开文明实践“五聚”资源配送，统筹整合17个重点职能部门优质资源，实施11大类“五聚”项目，配送图书举办阅读活动1000余场次、举办文艺表演130余场、开展科普宣传60余次。推进“一站一品”建设，征集家门口的“五为”项目70余个，探索推出“社会+志愿”“邻舍邻里”等特色志愿模式。策划“我为困难群众送年货”、文明春联征集、“学雷锋”三关爱、“我们的节日”等系列活动，举办美德信用“五进”启动仪式、倡树绿色低碳生活方式十大行动宣传推广活动等10余次

2023年6月3日，“绿色行动 油地同行”东营市倡树绿色低碳生活方式十大行动宣传推广活动在东营区体育公园举行

2023年9月21日，东营市公民道德宣传日主题宣传暨身边好人与道德模范现场交流活动举行

集中示范活动，组织发动各级各类“五为”志愿活动1.3万余场次。

【文化“两创”】文化传承创新生机迸发。改造建设吕剧艺术演艺中心，承办省戏剧红梅大赛（吕剧专场）赛事并斩获2个一等奖、2个二等奖、3个三等奖，《情归》荣获全省第六届吕剧票友大赛“优秀剧目展演”奖，推出大型原创现代吕剧《油城壮歌》，新创精品小戏《远行》等5部优秀作品，开展新创、传统吕剧剧目巡演50余场次。实施“吕剧进校园”校本课程标准化工程，校本教材《吕剧·传承》纳入全区30余所学校音乐课堂，近万名孩子接受吕剧艺术教育，“吕剧进校园”入选全省乡村特色文化艺术典型案例。聚力打响“吕剧文化之乡”创新探索被评为全市基层公共文化服务高质量发展案例，“文润吕乡”项目入选全市“五个十”基层公共文化服务品牌，区吕剧保护传承发展中心被省文旅厅评为“全省群众性小戏小剧巡演优秀单位”。推进“山东手造·非遗工坊”建设，新建成省级非遗工坊1处、市级非遗工坊3处。开展“集美”非遗集市活动45场次，吸引游客15万余人次。文艺精品创作百花齐放。开展全区文艺精品项目评选，评定7名最美文艺工作者、10支最美文艺团体、20部文艺精品给予培育扶持。围绕黄河文化、石油文化，创作群众性文艺作品136部，2部作品入选“齐鲁文艺高峰计划”、3幅中国画作品入选国家级大展、2部作品入选全市百姓宣传重点项目。《风起胶济》入选全省“十四五”重点文艺选题项目、党的二十大主题文艺创作重点项目，短篇小说《小羊咩咩》获第六届“泰山文艺奖”。文旅产业发展动能激活。14个重点文旅项目稳步推进。成功举办沿黄九省区民歌艺术展演、省级美术新人新作展、省级龙舟赛、“河海音乐节”、大型游园会等文旅活动，接待游客15万余人，实现旅游收入近5000万元。开展“乡村微度假·周末请上车”“油城夜宴七点半”系列文商旅活动，服务游客近40万人，带动消费9600余万元。新印象休闲街区获评省旅游休闲街区，六户镇、龙居镇获评省精品文旅名镇。公共文化服务增效惠民。举办“进千村乐万家”文化惠民演出、“美丽东营区 欢乐石油城”广场群众文化活动等2000余场次，线上辐射260万人次。组织举办乡村文化旅游节，梳理“村村有好戏”“两节四集四赛”一揽子活动清单，全覆盖推开“村村有好礼”“我要上村晚”首创性活动，高标准打造“龙居湾”沿黄乡村文化振兴展示带。组织开展“新六艺”公益培训、文化讲堂、数字文化广场培训、非遗进校园等各类惠民培训800余课次，培训学员4万余人次。举办“全民阅读　书香东营”主题活动，区图书馆获评国家县级一级图书馆并在全国“新时代乡村阅读季”活动中荣获“优秀推广单位”。

（区委宣传部 张茜）

统战工作

【概况】2023年，区委统战部贯彻中央和省委、市委相关工作会议精神，组织召开区委统战工作会议、区委台港澳工作会议、区民族工作协调机制暨宗教工作联席会议等，为做好新时代统战工作提供遵循。持续抓好《中国共

2023 年 5 月 1 日，全区统战系统重点工作调度会暨创新创造行动动员会召开

产党统一战线工作条例》学习宣传贯彻。建立健全民族工作、海外、党外知识分子等工作专项协调机制，建立宗教工作联席会议月度会商研判机制，整合各方资源，凝聚工作合力，完善党委统一领导、统战部门牵头协调、有关方面各负其责的大统战工作格局。防范化解统战领域风险隐患，聚焦守牢“一排底线”，有效做好监测预警、分析研判、应急处置等工作，守住底线。

【思想政治引领】出台 2023 年度政党协商计划，围绕区委中心工作和广大群众关注的热点问题确定油地融合、乡村振兴、数字经济等 12 个协商议题，开展油地融合、经济运行等专题会议协商 9 次、书面协商 5 次，督办党外人士意见建议 32 件；区直相关部门聘任特约人员 55 名，组织开展特约人员活动 17 次。健全“党委出题点题、党派解题破题”工作机制，选定 7 个调研课题，组织各民主党派开展安全生产领域、法治政府建设等专项民主监督2次，提交调研报告 7 篇。常态化开展油地民主党派结对进社区共建活动，组织民主党派开展义诊、联学、调研等共建活动 26 次。动态完善民主党派、无党派、党外知识分子、新的社会阶层人士和网络代表人士信息台账，动态完善党外科级干部数据库。

【服务民营经济发展】实施“青企惠城”“服务惠企”“公益惠民”三大工程，为民营经济发展保驾护航。联合区司法局组织举办专题培训，帮助企业提高法律风险管理水平，成立东营区总商会人民调解委员会，有关工作在国家层面第三方机制管委会涉案企业合规巡回检查调研座谈会上作交流发言。开展镇街商会规范化建设暨“一商会一品牌”工作评选活动，赴杭州、成都等地对标学习，加大与异地山东商会、东营商会以及友好工商联交流与合作。开展“明实情强信心 · 解难题促发展”主题调研，先后到 180 余家民营企业、商会进行实地调研，鼓励企业家讲问题、说痛点、献良策，促进企业健康发展。成立区工商联青年企业家委员会，组织开展青年企业家教育培训班、民营企业发展实训营、“赓续红色基因 永葆先进本色”主题活动等，打造一支高水平现代化青年民营企业家队伍。

【新的社会阶层人士统战工作】打造“营新聚力”工作品牌，完

2023 年 8 月 2 日，史口镇协管员、网格员民族宗教政策法规培训班举行

2023年10月1日，2023东台基层社区交流活动——参观东营市油城海外人才创新创业园举行

成区新联会换届工作，加强新媒体专委会力量，吸纳“丸子哥”等8名本地知名大V加入，组织“同心共富·共话油地人才融合”微沙龙等活动4次，开展公益惠民服务12次，在中国直播产业基地打造网络人士实践创新基地，引导网络人士依托基地服务社会。组织区职业中专和龙居职业中等专业学校参加第七届山东省黄炎培职业教育创新创业大赛，区职教社在全省职教社工作研讨班暨规范化建设现场推进会表态发言。发挥海联会平台作用，举办“不负韶华·未来可期”沙龙活动2期、“人才聚·企业兴”人才政策宣讲会暨税务政策进企业等活动5场，激发会员企业生产经营活力。

【港澳台工作】 开展港澳台侨资源普查工作，系统摸清东营区涉港澳台人员和企业数量，进一步夯实联络联谊朋友圈。举办2023东台基层社区交流活动，签订友好交流合作协议，深化东台社区交流合作。

【侨务工作】在玉兰社区建设“侨胞之家”，开展侨法宣传进社区暨中医送健康暖侨等行动3次，走访慰问侨界人士10余名，为中考学生办理三侨考生认证2次，协调区教育局解决台胞子女入学问题，用心解决港澳台侨人士急难愁盼的问题。提升海创园服务功能，开展人才派对等活动12次，累计服务出国、归国留学生637人，为140名中学生普及海外知识，柔性引进2名博士签约园区，与6家海外联络机构建立起友好联系，提升海外留学生和归国留学人才幸福感和归属感。

【示范区创建工作】 擦亮“和融同心·油地同行”东营区民族品牌，开展“左邻右里”公益市集等活动60余场次，依托创客家“红石榴”创业就业实践基地、“暖心汇”缝纫合作社为各族群众提供创业就业培训13次，推动胜利第一初级中学、东营区第三中学等与甘肃东乡、重庆酉阳等地学校签订结对帮扶协议，与新疆疏勒建立友好协作机制，构建互嵌式社会结构和社区环境。开展民族团结进步示范单位“头雁”活动和“红石榴”社区、学校互观互鉴，实施“1020”工程，推动“一园一馆一厅一站”迭代升级，5家省级民族团结进步示范单位、9家市级民族团结示范单位提档升级，辛兴社区被评为全市“红石榴”示范社区，胜利第一初级中学、东营区第三中学被评为全市“红石榴”示范学校。征集“弘扬优秀传统文化·建设共有精神家园”主题文创作品28件，开设黄河大集民族团结摊位2处，设计“石榴花开黄河口·奋楫扬帆新征程”“中华民族一家亲·同心共筑中国梦”等宣传海报，营造民族团结正能量的浓厚氛围。

（区委统战部　唐捍迪）

机构编制工作

【概况】 2023年，区委编办聚焦中心、服务发展，做好改革创新、职能运行监管、管理创新、机关建设等重点任务，深入实施“创新·提升年”活动，不断推进机构编制工作提质增效。做好机构改革准备工作，建立区机构改革工作联席会议制度，组建区机构改革组织实施工作专班，形成“10+4”改革建议和设想。摸清174个议事协调机构底数、运行情况。保障“教育满意之区”建设。设立区第三实验幼儿园，撤销胜利二十三中，整合牛庄镇教育中心园区教育资源，核准2023年中小学用编进人计划180人。构建新兴业态监管职责分工体系经验做法先后被中央编办网站、省委编办《机构与行政》、市委改革办《改革动态》推广介绍。

【机构编制资源配置】 出台《东营高新区管理机构与属地单位职责边界清单》，厘清职责边界事项29项，进一步理顺职责关系。积极稳妥做好疾病预防控制机构改革的组织实施，如期完成东营区疾病预防控制局挂牌工作，拟定区疾病预防控制中心机构职能编制规定，逐步健全基层公共卫生体系。保障“教育满意之区”建设，设立区第三实验幼儿园，整合牛庄镇教育中心园区教育资源，不断优化教育布局。核准2023年中小学用编进人计划180人，占全区事业单位计划数的53.9%。加大人才引进的编制保障力度，拓宽教师补充渠道，通过优秀教师引进、安置公费师范生、校园招聘等多种形式，补充教师力量。破解社区管理服务难题，联合出台《关于为社区减负的十条措施》，公布社区依法履行职责事项清单、社区依法协助职责事项清单、社区公共服务直办事项清单“三张清单”，相关经验做法在《机构与行政》（2023年4月）予以刊发推广。

【新兴业态监管职责分工体系构建】 研究制定《东营区新行业新业态监管职责分工清单》，科学界定部门职责，破解新行业新业态监管难题，消除监管“空白点”。定目录。通过从市场主体登记注册信息中筛选、从部门单位中征集、从政务热线转办事项中汇总三种途径广泛搜集新兴业态，框定全区六大领域、31项新兴业态。定部门。制定确定监管牵头部门的四条标准：通过追根溯源确定、通过行业归属确定、通过分类明晰确定、通过政策法规确定。同时，根据职责权限，确定监管配合部门。清单确定监管牵头部门35个、配合部门91个。定职责。全面梳理部门“三定”规定、权责清单、法律规章和规范性文件，结合行业特点，确定监督部门职责事项126条。

2023年6月26日，省委编办政策法规处党支部、市委编办机关党支部、区委编办党支部联合开展“支部联建强党性 踔厉奋发建新功”联合主题党日活动

【机构编制综合监管评估】 拟定《东营区机构编制监管评估工作实施方案》，构建起涵盖党委、政府、直属事业单位三大类的综合监管评估指标体系。对9家机关事业单位开展综合监管评估，将机构编制监督检查、机关职能运行监管、事业单位监管等内部监管手段有机结合，实现机构编制综合监管评估。参与九届区委第三轮巡察选人用人专项检查，选取4个镇（街）及6家区直单位开展检查，并及时反馈整改。

【机构编制监督管理】 持续推进职能运行监管。做好职能运行“查痛点、解难点、疏堵点”工作，梳理汇总意见建议23条，建立问题整改台账限期整改。开展专项监管评估，对17个区直部门和8个镇（街）的安全生产职责履行情况进行评估。强化事业单位监管。统筹安排2023年度事业单位绩效考核，结合市考核办法和区综合考核办法修订情况，对考核办法进行调整优化，研究制定考核指标标准，梳理17家考核责任部门单位的指标标准，审定222家事业单位的工作任务清单及54家主管部门的考核实施方案。完成“双随机、一公开”抽查及公示工作，促进事业单位管理规范化运行。严格机构编制管理程序。进一步完善机构编制审核、审议、审批、备案等工作程序，受理各部门单位机构编制事项10余项，组织召开编委会议3次，研究东营区新区医院更名为东营区胜利第一医院等事项10余项，动态审核调整人员1063人次。开展机构编制政策法规宣传，增强机构编制纪律意识。

（区委编办 李路）

区直机关党建

【概况】2023年，区委区直机关工委推进模范机关建设，开展“质效提升年”行动，引导机关各级党组织和广大党员在落实黄河重大国家战略、推进高水平现代化强区建设中走在前、作表率。至2023年底，区直机关工委管理基层党组织246个，其中机关党委21个，党总支13个，党支部212个，党员3564名。

【政治机关建设】高标准开展学习贯彻习近平新时代中国特色社会主义思想主题教育，指导212个机关党支部制定党支部学习清单，指导机关党组织与油田单位、双报到社区、下派帮扶村居党组织开展联学190余次，到黄河文化馆、渤海垦区纪念馆、广饶刘集党支部等举办活动40余次。开展“百名支书讲党课”活动，组织宣讲124场，举办读书分享会、红色经典诵读等活动4场，集中培训党员3500余名。

【模范机关建设】聚焦讲政治、守纪律、负责任、有效率，评选表彰16个区直机关先进基层党组织、50名区直机关优秀共产党员和23名区直机关优秀党务工作者，培树“赶超”榜样。分片区支部擂台比武4场，评选擂台比武先进基层党组织20个。抓实党支部评星定级管理，命名五星党支部72个。加强机关党建品牌建设，建机关党建品牌62个，评选命名“十佳”党建品牌10个。出台《关于建立“先锋矩阵”党建工作机制的指导意见》，构建优势互补、联动赋能的模范机关建设格局。

【基层组织建设】加强党组织和党员管理，新发展党员18人，按程序转接组织关系1019人次，调整党组织书记19名，补选支部委员42名。开展党组织生活巡听、党务督查，巡听党组织110个，督查部门单位党组织149个，推动整改问题273个，实现年度巡听和督查全覆盖。探索建立机关党建工作电子档案，从主题党日、“三会一课”等9个方面对机关党建工作档案进行规范。实施党组织书记“领航计划”，推进实施党组织书记抓基层党建突破项目和区直机关党组织“双报到”项目144个。

【党建业务融合】聚力一线攻坚，开展“党旗在一线飘扬、党员在

2023年6月30日，东营区区直机关“七一”表彰暨十佳机关党建品牌发布会举行

一线建功”实践活动，扎实推进行动支部建设，建立东辛片区城市更新项目、“公岗580”等行动党委3个，行动党支部26个。探索建立油地融合“双报到”工作机制，77个机关事业单位党组织与65个城市社区、油田党组织共驻共建，评选优秀“双报到”项目14个。开展“油地干部下基层·党徽闪闪话民情”活动，4220名区直机关干部深入群众，“点对点”包联，在常态化联系服务群众中厚植为民情怀，强化实干担当。

（区委区直机关工委 周云霞）

老干部工作

【概况】2023年，东营区老干部服务中心聚焦油地融合，创新打造“油城e家”为老服务品牌，逐步建立起“1+4”油地双重关爱模式，落实离退休干部政治生活待遇，建好区老年大学新校区，不断满足老干部日益增长的文化需求，引导老干部在助力打造活力幸福新油城、推动高质量发展和关心下一代等工作中贡献银龄力量。多次迎接省市调研，工作获得肯定和好评。1个案例入选山东省委老干部局优秀案例，1个课题入选全省典型案例。至2023年底，全区有离退休干部3716人、党员1719名。其中，离休干部8人、党员6名；退休干部3708人、党员1713名。

【离退休干部党建】加强制度设计。区委出台《关于油地老干部工作融合发展的实施意见》，加强机制、阵地、队伍、服务、活动等油地融合，推动党建共建、活动联办、资源共享，特别是探索建立区、镇（街）、社区三级联动、三级通报机制。强化社区党建。持续推动在73个社区的老年社团组织建立功能型党组织，通过举办书记茶摊、开办公益市集、认领服务项目、开展志愿服务等形式，动员组织老党员参与社区治理，2023年8月9日组织老干部参加工作推进会，现场观摩玉兰社区的经验做法。抓好活动开展。结合学习贯彻习近平新时代中国特色社会主义思想主题教育，依托老年大学、老干部活动中心等阵地，对离退休干部党员，采取集中辅导、开展主题党日活动等形式开展学习。

2023年3月23日，东营区油地共建老年大学分校及教学点集中揭牌仪式举行

【服务保障】共建油地服务体系。推动辖区15个油田老年服务部以及服务站与所在社区合署办公，共享为老服务的资源力量。单位精心服务。针对机关事业单位退休干部，开展干部荣退“七个一”活动，着重举办新退休干部研习班。针对油田退休人员，定期通报地方经济社会发展情况和油田项目工程建设情况，组织6批次400余名油田老干部开展观摩考察。扩展社区精细服务。制定《建设油城社区为老服务综合体指导清单》，精选22个示范社区打造油城为老服务示范圈；推行“10助”服务，建成社区食堂16处、养老设施29处，在130个村居（社区）开展门诊慢性病医保延伸服务；实行探访关爱，开展油田老党员分类管理，重点1226名“关怀型”老党员。

【文化养老】高标准建设老年大学新校区。老年大学建设被列入全区民生实事，投资1.8亿元建设1.3万平方米的区老年大学新校区，建成后秉承“省内领先、全国一流”发展愿景，可满足万余名老干部的入学需求。深入推动全域办学，制定《关于加强油地融合办学的实施方案》，油地共建16处分校和38处教学点，社区提供场所，油田提供师资，资源共享、教学联动、活动同办，全年联办文艺会演、书画展、摄影展等200余场次。加强老干部社团建设。组建社团联盟，2023年12月22日，东营区举办社团联盟成立仪式，全区10个社团首批签约加入联盟，进一步加强文化养老平台建设。

【发挥老干部作用】服务社区治理。制定《实施“八大行动”发挥“银龄作用”油地共建“油城e家·幸福家园”实施方案》，吸纳老干部加入“油城暖阳”队伍，新选派30名油地退休干部担任社区第一书记，1477名老干部服务在社区治理第一线。服务“双招双引”。搭建油地校企“融合桥”、与在外油城子女“亲情桥”，新选派20名油地退休干部担任企业“红领书记”，136名老石油成为民营企业技术创新“合伙人”，312名老干部化身“伯乐”招才引智。传承优秀文化。打造73处“老党员（老石油）工作室”、8处“油城榜样直播间”，让退休干部典型走上台前宣教示范。支持关工委开展工作。发挥“五老”志愿者作用，广泛开展传承红色基因主题活动、党史国史教育系列活动和关爱油城青少年专项行动等活动。2023年区关工委荣获“山东省青少年法治宣传教育先进集体”称号。

（区老干部服务中心　桑惠娟）

党校工作

【干部培训】坚持“主体独立、一体办学、分级管理”原则，与市委党校实行一体化办学。2023年共举办东营区农村和城市社区党组织书记培训班、第一期科级干部进修班、选调生和重点培养期公务员培训班、东营区年轻干部“7+N”一线培养专项培训班、科级干部任职培训班、第二期科级干部进修班、中层干部提质赋能培训班、油地融合发展专题研讨班，共培训学员约566人。

【教学工作】2023年开设主题教育等新教学专题，新设课程开辟马克思主义中国化时代化新境界、学习新党章 开启新征程、牢牢把握以中国式现代化全面推进中华民族伟大复兴的使命任务、坚持一国两制和推进祖国统一、发展全过程人民民主充分发挥我国政治制度优势、以高质量发展推动中国式现代化、推进文化自信自强铸就社会主义新辉煌、把党的伟大自我革命进行到底、善用新媒体构建和谐党群关系；探索使用案例、研讨式、场景模拟式等教学方式；落实领导干部上讲台制度，区委书记、党校校长赵明印等领导干部到校（院）作专题报告35人次；增设“学员微论坛”，聘请省委党校教授丁兆庆等专家学者到校（院）授课6次；确定胜利石油科技馆、华八井、渤海区抗战烈士祠等为现场教学基地；开展主题教育宣讲；在全市党校系统新专题课堂教学观摩竞赛中，取得了第一名的好成绩。

【科研咨政】2023年立项全省党校（行政学院）系统重点课题1项；结项省委党校重点课题1项，市委党校重点课题4项、青年课题1项、专项课题2项，东营市社科联课题10项，完成课题数量创历史最高；立项市委党校重点课题4项，青年课题1项；在全市党校系统2022年度优秀科研和决策咨询成果评奖中活动中，提报5项科研和决策咨询成果，一等奖1项，二等奖2项，三等奖1项，优秀奖1项；刊出论文4篇；6篇咨政报告得到东营市、区领导肯定性批示。市、区党校联合完成的胜利泵业搬迁改造案例——“东营区破解胜利泵业公司重大矛盾风险的实践与启示”被市委书记杨国强签批，“胜利泵业公司矛盾纠纷成功化解经验”作为案例教学内容走进市委党校课堂。

2023年10月25日，东营区2023年第二期科级干部进修班暨中层干部提质赋能培训班开班

【创新工作】以“三优三促”全面提升教学能级。优化举措促授课水平提升。通过集体备课说课试讲、教学比武、专家点评、学员点评、教学研讨等多种形式，精心打造精品课程，不断提升“用学术讲政治”教学技能和水平，为高质量办学蓄势赋能。紧密结合学习贯彻习近平新时代中国特色社会主义思想主题教育和“油地干部下基层”活动，组织教师深入基层密集调研，挖掘典型经验做法，形成系列案例进入课堂。优化课程促教学布局创新。科学设置教学板块，将理论学习、党性教育、能力培养相结合，在提高综合素质上做文章。把课堂教学与现场考察结合起来，采用学员交流沟通“直通车”“学员论坛”、艺术课堂、情景模拟课堂、红色经典诵读会等多种教学方法，活跃课堂气氛，进一步提升培训效果。优化资源配置促进教学培训能级提升。以油地融合为契机，与胜利油田党校、胜利石油工程有限公司党委党校积极沟通对接，借助油地干部双向挂职平台，共同谋划“油地联合”工作思路，以建立油地校教师联盟和实施油地党校“融慧”工程为契机，逐步构建教育资源共享共用的新格局，树立新时代油地党校办学新坐标。学习借鉴油田党校经验，探索实施对学员进行跟踪问效的考评机制。

（区委党校 刘沙沙）

东营区人民代表大会

- 综述
- 重要会议
- 选举任免
- 代表工作
- 重要活动

东营区人民代表大会

综　述

【概况】2023年，区人大常委会学习领会习近平新时代中国特色社会主义思想，贯彻落实中共二十大精神，按照新时代人大“四个机关”建设定位要求，履行法定职责，发挥代表作用，践行全过程人民民主，为加快推进全区高质量发展作出积极贡献。

扎实开展学习贯彻习近平新时代中国特色社会主义思想主题教育，紧紧围绕“学思想、强党性、重实践、建新功”的总要求，组织常委会及机关开展集体学习和研讨交流，着力抓好调研课题和重点问题整改。常态化落实“第一议题”制度，严格执行向区委请示报告制度，就年度重点代表工作、重要监督议题等重大事项向区委常委会专题汇报，确保人大工作与全区大局同向同力。自觉对标区委部署要求，专题研究制定常委会年度工作要点，听取审议“一府一委两院”工作报告19项，开展执法检查、集中视察、专题调研31次，真正做到思路谋划围绕中心、工作部署突出中心、监督重点紧扣中心。常委会班子成员带头开展“油地干部下基层”活动，到信访大厅公开接访，扎实做好办实事解民忧、破难题促发展工作。依法行使重大事项决定权和人事任免权，全年作出决议、决定8个，任免国家机关工作人员62人次。

【推动人大监督质效提升】听取审议“十四五”规划纲要中期实施情况的报告、国民经济和社会发展计划执行情况的报告，督促经济发展预期目标按期完成。对发展村级集体经济、高标准农田建设等情况进行视察调研，推动落实新时代“三农”工作部署。听取审议全区慈善工作情况报告，高度关注青少年心理健康、老年人健康养老等工作，推动解决好人民群众急难愁盼问题。针对群众普遍关心的学前教育和义务教育问题开展专项监督，配合市人大对教育基金会工作情况开展调研，依法保障和促进教育改革。听取审议全区公共卫生服务体系建设情况的报告，推动公共卫生

2023年1月5—6日，东营市东营区第十五届人民代表大会第二次会议召开

安全防护能力提升。听取审议区法院关于行政审判工作情况的报告、区检察院关于适用认罪认罚从宽制度情况的报告，对《中华人民共和国反电信网络诈骗法》贯彻实施情况进行执法检查，推动运用法治思维和法治方式开展工作、解决问题。开展“国家宪法日”宣传教育系列活动，组织32名常委会任命人员开展任前法律知识考试和向宪法宣誓，努力使尊法学法守法用法在全社会蔚然成风。

【推动代表主体作用发挥】开展“代表活动周”活动，组织300余名市区代表通过召开座谈会、视察调研等形式，深入群众征求意见建议，畅通代表意见反映渠道。常态化开展“每月10日统一接待群众日”活动，代表轮流进站接待群众，面对面征求意见建议，实现人大代表联系原选举单位和选民的常态长效。深化“三进三促”活动，组织全区各级代表进村入户助增收促振兴、进园入企助纾困促发展、进网入站助解难促和谐，架起代表联系群众的“连心桥”。围绕县域经济绿色低碳高质量发展等专题，组织部分市代表跨县区调研，提出加强和改进工作的意见建议，借助外部经验促进相关事业发展。听取审议区政府关于区十五届人大二次会议以来代表所提建议办理情况的报告，并进行满意度测评。

【自身建设】发挥常委会党组把方向、管大局、保落实作用，严格履行全面从严治党主体责任，认真落实“一岗双责”，把全面从严治党责任链条压紧压实。积极发挥人大党组织的政治功能和组织功能，深化“人大先锋·履职为民”机关党建品牌创建，在区级人大代表中建立8个履职党支部，举行“光荣在党50年”纪念章颁发仪式，以高质量党建引领人大工作高质量发展。不断深化党风廉政建设，持续抓好中央八项规定及其实施细则精神落实，倡树“严真细实快”作风，涵养风清气正的良好政治生态。严格落实意识形态工作责任制，切实把住关口，坚决守好人大意识形态阵地，讲好新时代人大故事。

重要会议

【区十五届人民代表大会第二次会议】2023年1月5—6日召开。会议听取审议区长燕雪英所作的政府工作报告、区人大常委会主任张汝淮作的东营区人民代表大会常务委员会工作报告、区人民法院院长丁文强作的东营区人民法院工作报告、区人民检察院院长崔江西作的东营区人民检察院工作报告；审查关于东营区2022年国民经济和社会发展计划执行情况与2023年计划草案的报告、东营区2022年预算执行情况和2023年预算草案的报告，表决通过关于政府工作报告的决议、关于东营区2022年国民经济和社会发展计划执行情况与2023年计划的决议、关于东营区2022年预算执行情况和2023年预算的决议，关于东营区人民代表大会常务委员会工作报告的决议、关于东营区人民法院工作报告的决议、关于东营区人民检察院工作报告的决议以及东营区2023年民生实事项目。会议选举李新军、管斌为东营区第十五届人民代表大会常务委员会委员；选举李新军为东营区第十五届人民代表大会城乡建设环境保护委员会主任委员。

【区人大常委会会议】2023年，区十五届人大常委会共召开7次常委会会议。

区十五届人大常委会第9次会议。2月24日召开。区人大常委会党组书记、主任张汝淮，副主任李雪梅，党组成员、副主任刘杰三出席会议，党组成员李士花主持会议。区委常委、区纪委书记、区监委主任陈林廷，区政府副区长王德刚，区法院院长丁文强列席会议。会议审议通过区人大常委会2023年工作要点，任命区政府、区法院、区检察院工作人员，举行宪法宣誓仪式。

区十五届人大常委会第10次会议。4月25日召开。区人大常委会党组书记、主任张汝淮出席会议并讲话，党组副书记、副主任王欣华主持会议。副主任李雪梅，党组成员、副主任杨松根、刘杰三，党组成员李士花出席会议。区委常委、区纪委书记、区监委主任陈林廷，区政府党组成员、副区长张树卫，区检察院检察长崔江西列席会议。会议审议通过区法院关于行政审判工作情况的报告、区检察院关于适用认罪认罚从宽制度情况的报告、区政府关于2022年度全区环境状况和环境保护目标完成情况的报告，书面审查区人大监司委关于2022年规范性文件备案审查工作有关情况的报告，进行人事任免，举行宪法宣誓仪式，表决通过相关决定。

区十五届人大常委会第11次会议。5月16日召开。区人大常委会党组书记、主任张汝淮出席会议并讲话，党组成员、副主任杨松根主持会议。副主任李雪梅，党组副书记、副主任王欣华，党组成员、副主任刘杰三，党组成员李士花出席会议。区委常委、区纪委书记、区监委主任陈林廷，区委常委，区政府党组成员、副区长朱科峰，区法院院长丁文强列席会议。会议审议通过区人大常委会有关工作制度，任命区法院工作人员，举行宪法宣誓仪式。

区十五届人大常委会第12次会议。6月21日召开。区人大常委会副主任李雪梅，党组副书记、副主任王欣华，党组成员、副主任杨松根、刘杰三，党组成员李士花出席会议，党组成员、副主任王敬之主持会议。区政府副区长杜建成列席会议。会议听取审议区政府关于全区慈善事业发展情况的报告、关于全区乡村产业振兴工作情况的报告和关于全区公共卫生服务体系建设情况的报告，补选市九届人大代表。

区十五届人大常委会第13次会议。8月28日召开。区人大常委会党组书记、主任张汝淮出席会议并讲话，党组成员、副主任刘杰三主持会议，副主任李雪梅，党组副书记、副主任王欣华，党组成员、副主任杨松根、王敬之，党组成员李士花出席会议。区委常委、区纪委书记、区监委主任陈林廷，区政府党组成员、副区长周强，区法院院长丁文强，区检察院检察长崔江西列席会议。会议听取审议区政府关于东营区2023年上半年国民经济和社会发展计划执行情况的报告、关于2022年区级财政决算和2023年上半年预算执行情况的报告、关于2022年度区级预算执行和其他财政收支情况的审计工作报告，审查2022年区级财政决算，进行人事任免，举行宪法宣誓仪式。

区十五届人大常委会第14次会议。10月26日召开。区人大常委会党组书记、主任张汝淮出席会议并讲话，党组成员李士花主持会议。副主任李雪梅，党组成员、副主任杨松根、王敬之、刘杰三出席会议，区政府副区长杜建成，区检察院检察长崔江西列席会议。会议听取审议区政府关于东营区“十四五”规划纲要实施中期情况的报告、关于2022年度全区国有自然资源（资产）管理情况的专项报告、关于西城高品质现代化城市建设推进情况的报告，审议区政府关于2022年度全区国有资产管理情况的综合报告，进行人事任免，举行宪法宣誓仪式。

区十五届人大常委会第15次会议。12月26日召开。区人大常委会党组书记、主任张汝淮出席会议并讲话，副主任李雪梅主持会议，党组副书记、副主任王欣华，党组成员、副主任杨松根、王敬之、刘杰三，党组成员李士花出席会议。区政府党组成员、副区长周强，区法院院长丁文强，区检察院检察长崔江西列席会议。会议听取审议区政府关于东营区第十五届人民代表大会第二次会议以来代表所提建议办理情况的报告、关于2022年度区级预算执行和其他财政收支审计查出问题整改情况的报告，表决通过关于批准2023年东营区财政预算调整方案的决议（草案）、关于确定人民陪审员名额的决定（草案），进行人事任免，举行宪法宣誓仪式。

选举任免

【人民代表大会选举】 区第十五届人民代表大会第二次会议，于2023年1月5—6日召开。会议选举李新军、管斌为东营区第十五届人民代表大会常务委员会委员。通过李新军为东营区第十五届人民代表大会城乡建设环境保护委员会主任委员。

【常委会任免】区第十五届人民代表大会常务委员会第9次会议，根据区人民政府区长燕雪英的提请，于2023年2月24日，决定任命：刘春亮为区退役军人事务局局长。决定免去：王林章的区退役军人事务局局长职务。根据区人民法院院长丁文强的提请，于2023年2月24日任命：纪鹏辉为区人民法院审判委员会委员；张德红为区人民法院审判委员会委员。免去：纪鹏辉的区人民法院立案一庭庭长职务；张德红的区人民法院民事审判第二庭庭长职务；任少华的区人民法院行政审判庭副庭长、审判员职务；马会东的区人民法院审判员职务。根据区人民检察院检察长崔江西的提请，于2023年2月24日任命：王凯为区人民检察院副检察长、检察委员会委员、检察员。免去：冯宗利的区人民检察院副检察长职务；李德智的区人民检察院副检察长职务。

区第十五届人民代表大会常务委员会第10次会议，根据区人民政府区长燕雪英的提请，于2023年4月25日决定任命：杜建成为东营区人民政府副区长。

区第十五届人民代表大会常务委员会第11次会议，根据区人民法院院长丁文强的提请，于2023年5月16日任命：延颜为区人民法院副院长、审判委员会委员、审判员（挂职）；刘玲为区人民法院审判员；郭丽娜为区人民法院审判员；隆新茹为区人民法院审判员。

区第十五届人民代表大会常务委员会第13次会议，根据区人大常委会主任会议提请，于2023年8月28日免去：任慧媛的区人大常委会辛店街道工委副主任职务；高晨的区人大常委会文汇街道工委副主任职务。根据区人民政府区长燕雪英的提请，于2023年8月28日决定任命：刘红蕾为区司法局局长；刘明明为区财政局局长；马献宝为区水利局局长；翟书琴为区文化和旅游局局长；孙芳为区统计局局长；燕婷婷为区信访局局长。免去：刘红蕾的区文化和旅游局局长职务；成振华的区司法局局长职务；李荀的区财政局局长职务；孙海军的区水利局局长职务；燕致昌的区统计局局长职务；李永芳的区信访局局长职务。根据区人民政府区长燕雪英的提请，于2023年8月28日决定任命：郭玉海为区科学技术局局长；夏晴为区退役军人事务局局长。免去：郝康康的区科学技术局局长职务；周曙光的区住房和城乡建设局局长职务；刘春亮的区退役军人事务局局长职务。根据区监察委员会主任陈林廷的提请，于2023年8月28日免去：李清泉的区监察委员会委员职务。根据区人民检察院检察长崔江西的提请，于2023年8月28日任命：刘强为区人民检察院副检察长、检察委员会委员。免去：薛彦林的区人民检察院副检察长职务；田居传的区人民检察院检察员职务。

区第十五届人民代表大会常务委员会第14次会议，根据区人民法院院长丁文强的提请，于2023年10月26日任命：孙延斌为区人民法院立案庭庭长；吕珊珊为区人民法院刑事审判庭庭长；任爱娟为区人民法院民事审判一庭庭长；尹庆雷为区人民法院民事审判二庭庭长；高敏为区人民法院行政审判庭庭长。免去：周忠华的区人民法院刑事审判庭庭长职务；王桂丽的区人民法院行政审判庭庭长职务；刘建业的区人民法院执行三庭庭长职务；马曰骏的区人民法院民事审判第四庭庭长职务；王锋的区人民法院少年法庭庭长职务；刘树洲的区人民法院刑事审判庭副庭长职务；杨美香的区人民法院民事审判第三庭庭长职务；郭桂荣的区人民法院道路交通事故审判庭庭长职务；申国锋的区人民法院辛店人民法庭副庭长职务；李春梅的区人民法院执行三庭副庭长职务；高敦的区人民法院执行一庭副庭长职务；马贤坤的区人民法院审判员职务；杨江娇的区人民法院审判员职务。

东营区第十五届人民代表大会常务委员会第15次会议，根据区人民法院院长丁文强的提请，于2023年12月26日任命：廖媛媛为区人民法院审判员。根据区人民检察院检察长崔江西的提请，于2023年12月26日免去：许新泉的区人民检察院检察员职务。

代表工作

【代表变动】东营区第十五届人民代表大会代表名额276名，区第十五届人民代表大会第二次会议时实有代表273名。闭会期间，6名代表因工作原因，辞去代表职务。4名代表调离东营区，根据有关规定，代表资格终止。

【代表培训】4月16—22日，组织参加东营市人大代表履职学习班，对全区15名市人大代表和人大干部进行培训。5月28日至6月3日，组织举办区人大代表和人大干部履职能力提升培训班，对全区60名区人大代表和人大干部进行培训。

【代表活动开展】开展“代表活动周”活动，组织300余名市区代表通过召开座谈会、视察调研等形式，深入群众征求意见建议，畅通代表意见反映渠道。常态化开展“每月10号统一接待群众日”活动，代表轮流进站接待群众3000余人次，面对面征求意见建议480余条，实现人大代表联系原选举单位和选民的常态长效。深化“三进三促”活动，组织300余名代表进村入户助增收促振兴、进园入企助纾困促发展、进网入站助解难促和谐，架起代表联系群众的“连心桥”。每半年组织代表开展集中视察，深入了解全区经济社会发展和民主法治建设情况。围绕县域经济绿色低碳高质量发展等专题，组织部分市代表跨县区调研，提出加强和改进工作的意见建议，有效借助外部经验促进相关事业发展。

【代表建议督办】区第十五届人民代表大会第二次会议以来，需要办理的代表建议、批评和意见共62件，经主任会议研究，确定8件涉及全区工作大局的重大问题和人民群众切身利益的热点问题的建议，作为区人大常委会重点督办的代表建议，由各位副主任牵头，区人大各专门委员会重点督办，所有建议已经全部如期办理并面复代表。

重要活动

【上级检查调研】1月28日，市人大常委会副主任、秘书长郭顺先到东营区走访调研企业生产情况。郭顺先一行先后到山东永利精工石油装备股份有限公司、山东海科新源材料科技股份有限公司实地调研并听取相关情况介绍。区人大常委会党组成员、副主任王敬之参加活动。

3月2日，南京市高淳区人大常委会考察组到东营区考察。考察组先后到东营体育公园、泮水公园、东营胜利石油科技展览馆、耿井湿地等地参观调研。区人大常委会党组书记、主任张汝淮，区人大常委会党组成员、副主任杨松根陪同调研。

3月10日，市人大常委会调研组到东营区调研基层人大代表工作。调研组先后到黄河路街道人大代表工作站、锦城社区人大代表工作站和胜园街道万海人大代表工作站、金苑人大代表工作站进行实地调研并听取有关情况介绍。区人大常委会党组成员、副主任杨松根陪同调研。

3月29日，市人大常委会调研组到东营区调研“三进一上”工作。调研组先后到双福福盛农业开发有限公司、谭家园子、金丰家庭农场进行实地调研并听取有关情况介绍，走访部分市人大代表。区人大常委会党组成员、副主任杨松根陪同调研。

4月19日，市人大常委会副主任、秘书长郭顺先率调研组到东营区实地调研重点项目建设情况。郭顺先一行先后到泮水公园建设项目、全国油气勘探开发技术公共创新基地项目、胜利泵业高新采油装备制造基地、亿科高端树脂新材料项目现场进行实地调研，详细了解项目建设进展情况并听取相关情况介绍。区委书记苟宏水，区委副书记、区长燕雪英，区人大常委会党组书记、主任张汝淮，东营高新区党工委书记、管委会主任李强陪同调研。

5月23日，市人大常委会副主任张敏带队到东营区调研乡村产业发展情况。调研组先后到海勤供应链生产物流电商产业园项目、东营市双福福盛农业开发有限公司智能温室项目、山东蓝海生态农业嘉年华项目、胜大星创农业产业园进行调研并听取有关情况介绍。区人大常委会党组书记、主任张汝淮，区人大常委会党组成员、副主任杨松根，区政府党组成员、副区长张树卫参加活动。

5月25日，省人大常委会委员、省人大社会建设委员会主任委员张光峰带队到东营区调研。张光峰一行先后到玉景社区卫生服务站、东营鸿港医院进行实地调研并听取有关情况介绍。区人大常委会党组书记、主任张汝淮，区人大常委会副主任李雪梅参加活动。

6月14日，市人大常委会副主任王吉能带队到东营区调研教育基金会工作开展情况。区委书记苟宏水、区人大常委会副主任李雪梅、区政府党组成员副区长杜建成参加活动。

7月27日，市人大常委会副主任张敏走访联系驻东营区省市人大代表，并召开座谈会，通报上半年全市经济社会发展情况、市人大常委会工作开展情况，听取代表意见建议。区委副书记、区长燕雪英参加会议并汇报东营区上半年经济社会发展情况；区人大常委会党组书记、主任张汝淮，区委常委、副区长蒋峰，区人大常委会党组成员、副主任杨松根参加会议。

9月8日，聊城市东阿县人大常委会考察组到东营区考察。考察组先后到泮水公园、东营胜利石油科技展览馆、威飞海洋装备制造项目参观调研并听取相关情况介绍。区人大常委会党组成员、副主任刘杰三陪同考察。

10月9日，市人大常委会调研组到东营区龙居镇调研基层人大代表工作。调研组先后到龙居社区党群服务中心第一代表小组活动室、龙栖湖湿地公园、中铁黄河大桥施工现场进行实地调研。区人大常委会党组成员、副主任杨松根陪同调研。

10月11日，河口区人大常委会主任王永跃率驻河口区市级人大代表到东营区调研产业转型升级工作。调研组先后到全国油气勘探开发技术公共创新基地项目、山东省海洋油气钻采关键装备技术创新中心项目、胜利泵业高新采油装备制造基地项目进行实地调研并听取有关情况介绍。区人大常委会党组书记、主任张汝淮，区人大常委会党组成员、副主任杨松根，东营高新区党工委书记、管委会主任李强参加活动。

10月30—31日，杭州市钱塘区人大常委会考察组到东营区考察。考察组先后到胜东律师事务所、东营胜利石油科技展览馆、牛庄镇人大代表工作站参观调研并听取相关情况介绍。区人大常委会党组成员、副主任王敬之陪同调研。

11月22日，省人大常委会副主任范华平带队到油城海外人才创新创业园调研。范华平到油城

2023年5月25日，省人大常委会委员、省人大社会建设委员会主任委员张光峰（前中）带队到东营区调研

海外人才创新创业园实地参观并听取相关情况介绍。市人大常委会副主任梁海伟，区委书记赵明印，区人大常委会党组书记、主任张汝淮陪同调研。

12 月 13 日，驻东营全国、省人大代表到东营区视察。代表们先后到全国油气勘探开发技术公共创新基地项目、山东省海洋油气钻采关键装备技术创新中心、东营德康宁医养中心项目、东辛片区城市更新项目、泮水公园、区行知实验学校二期项目实地视察并听取相关情况介绍。市人大常委会副主任李俊峰，区委书记赵明印，区委副书记、区长燕雪英，区人大常委会党组书记、主任张汝淮参加活动。

2023 年 10 月 9 日，市人大常委会调研组到东营区龙居镇调研基层人大代表工作

【常委会及机关重要活动】3 月 28 日，区人大常委会副主任李雪梅带领区人大社会建设委组成人员到山东海科新源材料科技股份有限公司、东营市海科运输有限责任公司和东营大连万达嘉华酒店对安全生产“一法一条例”贯彻实施情况进行执法检查。

3 月 28 日，区人大常委会党组成员李士花带队对文化旅游产业发展情况进行调研。调研组先后到东营市天涯国际旅行社有限公司、幻太奇海洋亲子主题公园海洋馆实地考察并召开座谈会。

4 月 7 日，区人大常委会党组成员、副主任刘杰三带领区人大城环委组成人员和部分区人大代表对全区环境状况和环境保护目标任务完成情况进行调研。调研组先后到理想之城国控站点、西城南污水处理厂、胜利发电厂实地调研并召开座谈会，听取相关情况汇报。

5 月 10 日，区人大常委会党组成员李士花带领区人大教科文卫委组成人员和部分区人大代表对教育满意之区建设情况进行调研。调研组先后到区行知实验学校、区文苑幼儿园、区文华学校实地调研并召开座谈会，听取相关情况汇报。

5 月 25 日，区人大常委会党组书记、主任张汝淮到东营区黄河中学和东营区黄河幼儿园开展六一儿童节走访慰问活动。

6 月 13 日，区人大常委会副主任李雪梅带队调研全区慈善事业发展情况。

6 月 16 日，区人大常委会党组成员李士花带队调研全区公共卫生服务体系建设情况。调研组先后到区社会心理服务中心、区人民医院、区疾控中心实地调研并召开座谈会，听取相关情况汇报。

6 月 27 日，区人大常委会党组书记、主任张汝淮到黄河路街道锦城社区机关小区困难党员薛防、万泉村世福源小区困难党员张荣华家中走访慰问。

7 月 14 日，区人大常委会党组成员、副主任刘杰三带领区人大城环委组成人员和部分区人大代表对全区“公园城市”建设工作推进情况进行调研。调研组先后到泮水公园、城北湿地公园、西二路游园、大明公园实地调研并听取相关情况介绍。

9 月 8 日，区人大常委会党组副书记、副主任王欣华到东营区实验小学、东营市胜利花苑中学开展教师节走访慰问活动。

9 月 12 日，区人大常委会党组成员、副主任刘杰三带领区人大城环委组成人员和部分区人大代表对全区系统推进生态修复工作情况进行调研。调研组先后到牛庄镇四分场城乡建设用地增减挂钩项目、龙居镇生态林场生态保护项目、沿黄生态长廊建设项目实地调研并听取相关情况介绍。

10月11日，区人大常委会党组成员、副主任杨松根带领区人大农业与农村委组成人员对全区高标准农田建设和盐碱地大豆产业发展情况进行调研。调研组先后到牛庄镇1万亩高标准农田建设示范项目、金丰家庭农场和牛庄镇1.1万亩高标准农田示范项目（改造提升）实地调研并听取相关情况介绍。

10月13日，区人大常委会党组成员、副主任刘杰三带领区人大城环委组成人员和部分区人大代表对全区高品质现代化城市建设情况开展调研。调研组先后到泮水公园、东辛片区、区中心医院、全国油气勘探开发技术公共创新基地实地调研并听取相关情况介绍。

10月16日，区人大常委会党组成员李士花带领区人大教科文卫委组成人员对教育满意之区建设情况开展调研。调研组先后到文汇学校、东营市胜利第一小学、胜利花苑中学等地实地调研并听取相关情况介绍。

10月23日，区人大常委会党组书记、主任张汝淮到史口镇幸福院和王子敬、曲爱荣老人家中开展重阳节走访慰问活动。

11月21日，区人大常委会党组成员李士花带领调研组对全区科技创新发展情况进行专题调研。调研组先后到大学生创业园、山东广域科技有限责任公司、东营百华石油技术开发有限公司等企业进行实地调研并听取相关情况介绍。

（区人大常委会办公室　胡甜甜）

东营区人民政府

- 综述
- 重要会议与政令辑要
- 区政府办公室工作
- 信访工作
- 政务服务
- 机关事务管理

综　述

【概况】2023年，全区上下坚持以习近平新时代中国特色社会主义思想为指导，全面贯彻党的二十大精神，深入落实习近平总书记对山东工作和视察东营重要指示要求，认真落实市委、市政府和区委决策部署，抢抓山东绿色低碳高质量发展先行区建设机遇，坚持“四个高”和“两个高于”，着力扩内需、优结构、保民生、防风险，为高水平现代化强区建设开创新局面，跻身全国综合实力百强区第90位、全国投资潜力百强区第61位。2023年，地区生产总值同比增长6.3%，固定资产投资、规模以上工业增加值、社会消费品零售总额同比分别增长7.6%、7.1%、8.2%，金融机构存贷款余额较年初分别增长173.2亿元、90.6亿元，一般公共预算收入扣除政策性因素影响后同比增长1.8%，税收收入同比增长12.7%。

【产业发展】装备制造业向高端化、智能化迈进，实施总投资55.2亿元的36个重点项目，威飞海洋水下采油树系统首次实现多台套设备集中下线，汉德全省首台碱性水电解制氢装置成功下线，石油钻采装备产业集群入选省特色产业集群。石化产业向高性能、高附加值延伸，中浩建年产10万吨高性能新材料、亿科高端树脂新材料产业园年产15万吨ABS（热塑型高分子材料）改性及配套等9个项目建成投产，布局建设全国首家石油钻采专用化学材料产业园。精密铸造产业向绿色化、智能化转型，产值连续3年保持25%以上增长，承办第十七届中国精密铸造年会，谋划建设总投资30亿元的高端装备核心零部件产业基地。数实融合不断深化。东营市算力中心开工建设，抖音集团中国内容质量与用户体验中心投入运营，在全市率先完成3家工业企业数字经济板块剥离。累计开通5G基站1320个，工业互联网二级节点标识企业819家、解析185.5亿次，省市级智能工厂和数字化车间达到18家，首版次高端软件产品达到24个，石油装备“产业大脑”入选全省建设试点，数字经济核心产业增加值增长150%。现代服务业稳步发展。科技服务业营业收入占服务业比重超过40%，中石化石油工程设计公司、科瑞油服等年营业收入过亿元企业达到11家，广域科技入选全省软件和信息技术服务业百强企业。韵达、圆通、申通、邮政等快递品牌企业在东营区设立分拣中心，快递进村实现全覆盖，规模以上交通运输、仓储和邮政企业达到25家，营业收入同比增长25.5%。文旅产业回暖复苏，六户镇、龙居镇入选全省精品文旅名镇，全区游客人数、旅游收入分别达到580万人次、60亿元。德康宁医养中心建成全市体量最大的医康养综合服务机构，东营鸿港医院临家老年照护中心通过全国医养结合示范机构验收，智慧医养服务工作模式入选国家养老服务业发展典型案例，获评省文旅康养强县。园区能级系统提升。东营高新区在全省开发区中首批通过扩区调区后合规性认定，油地融合产业园作为“区中园”纳入高新区总体布局，核准面积扩大到14.97平方千米，胜利工程党校、胜利泵业完成搬迁，胜机集团启动“退城入园”，高端要素资源加快集聚。化工产业园区在全省率先完成沿黄重点地区合规工业园区认定，5个邻避村庄全部完成搬迁安置，发展空间实现一年两扩，新增面积5.46平方千米，智慧管理平台、封闭化管理系统、污水处理厂和“四横三纵”路网体系建成投用，入选全国智慧化工园区、中国化工最具发展潜力十强园区。东营科教园区，山东石油化工学院获批建设“山东省应用型本科高校”，在校生突破万人。探索建立“油地校企”深度融合发展模式，东营产业技术研究院、中国科技开发院创新孵化基地入驻科研机构、企业达到89家。中心城区综合物流园，起步区物流总部大厦完成主体施工，市邮政快递分拨集散中心、京东集配中心数字仓库等重点项目开工建设，标杆型物流枢纽建设加速推进。助企成长成效显著。建立区级班子成员与企业常态化沟通交流机制，实施“高效办成一件事”提升行政效能15项措施，高标准推出“2107”接诉即办，涉企事项办理时限较省、市分别提前8个、3个工作日。全面提升金融服务实体经济质效，开展政银企对接活动42场，创新推出“油田订单贷”“黄河口生态贷”等金融产品，海科新源在深交所创业板上市。创新建立“以警之力”护航项目机制，扎实开展“千名干部进企业、百个部门进工地”等活动，组合式推进减税降费31.8亿元，兑现政策奖励资金1.8亿元，全年新增市场主体10587户，3家企业入围中国民营企业500强，获评山东省民营经济高质量发展先进县。

【创新驱动】创新载体提档扩容。新增市级以上研发机构24家，新认定高新技术企业56家，国家科技型中小企业达到362家，居全市首位，高新技术产业产值占比提高到49.3%。新培育国家级专精特新“小巨人”企业6家、省级制造业单项冠军企业7家、专精特新企业37家、瞪羚企业5家。创新成果不断涌现。高端装备、新材料等领域取得一批标志性成果，攻克了原油降凝剂、深水可燃冰开采水下混输增压泵等一批“卡脖子”技术难题，打破了欧美国家技术垄断。天东制药依诺肝素钠原料药占到国际市场的22%，针剂占到国内市场的15%。新授权发明专利761件、占全市总量的42.1%，海科新源电子级碳酸乙烯酯纯化方法及纯化装置专利被评为全市唯一重大高价值专利，获评国家知识产权强县建设示范县。创新生态持续优化。健全“科创贷”服务体系，新增省科技成果转化贷款1.2亿元，贷款额度列全市首位。出台8类人才“政策包”，发放各类人才补贴1.3亿元，新引进各类人才1.1万人。入选国家级人才工程5人、泰山产业领军人才11人，新增院士和享受国务院、省政府特殊津贴专家10人，数量均创历史新高，居全市首位，东营区获评全省人才工作表现突出单位。

【区域统筹】城市品质迭代升级。高标准编制完成西城控制性详细规划，统筹实施7大片区更新，累计拆迁10075亩、117万平方米，腾挪城市发展空间6200多亩，耿井片区综合更新改造被评为全省城市更新示范项目，东辛片区入选省级城市更新试点片区，新建商品房网签成交面积增速稳居全省中心城区前列。城市经济蓬勃发展，打造国家级“一刻钟便民生活圈”试点5处，东营吾悦广场开业运营，税收过千万元楼宇达到15栋，“人城产”融合共生。乡村振兴步伐有力。新建成20个百亩攻关区、6个万亩示范区，超额完成大豆玉米复合种植任务，“盐碱地生态农业发展”案例入选农业农村部绿色发展典型案例。全省首个兰花出口标准基地建成投产，3个农产品成为全国“名特优新”，牛庄镇入选首批国家农业产业强镇，龙居镇跻身省级农业产业强镇。组建共富联合体8处，农民专业合作社、家庭农场分别达到389家、321家，农村居民人均可支配收入同比增长6.8%，集体年收入低于10万元村全部清零。“三资”清管不断深入，追缴费用、清收债权5000多万元，收回土地1.1万亩，入选国家级解决农村承包地细碎化试点。油地校融合成果丰硕。科瑞油气装备与胜利工程公司合作，承接土库曼斯坦油井大修项目，获得增产原油权益份额2.14万吨，成为全市油地携手开拓国际市场的最大项目。新东营原油库完成国内首座“碳中和”原油库认证，胜机—中石化四机厂共建重装基地、山东省碳捕集利用与封存重点实验室正式落地，胜利工程公司年产4万吨化学剂产业基地投产运营，10家油田供应链企业落地发展。全国油气勘探开发技术公共创新基地加快推进，石油化工学院绿色低碳能源产业学院成功获批省级现代产业学院，重质油国家重点实验室碳中和联合研究院揭牌运营。高标准共建社会服务中心、老年大学等公共服务设施，油地6044名党员干部常态化联系服务19万户社区居民，32名油田职工兼任小区“幸福观察员”，合心唱响“融合发展、共赢未来”最强音。

【环境优化】政务服务更加高效。实施营商环境创新突破行动，高质量完成177项企业全生命周期服务改革任务，工程建设项目审批容错报备制度、涉案企业合规改革、社保静默认证等9项改革案例在全国、全省推广。以更大力度推动全流程场景再造、业务再造、服务再造，企业开办时间压缩至半个工作日成为常态，6000余项政务服务事项实现“减证办”，依申请政务服务事项网办率超过99%，营商环境位居全省全市第一方阵。城乡环境更加宜居。突出建管并重，打通11条“断头路”，泮水公园、沂山路带状公园、菏泽路口袋公园等20处公园游园建成开园，垃圾分类运营中心投入运营，生活垃圾综合治理“黄河口模式”在全国垃圾分类高峰论坛上作经验交流，入选全省公园城市建设试点。扎实推进美丽宜居乡村建设，清淤疏浚排沟26千米，配建水工构筑物122处，改造危桥8座，城乡一体化供水率达到100%，农村无害化卫生厕所覆盖率达到95%，省级美丽河湖在全市率先实现全覆盖，农村人居环境整治样板区渐成体系，入选“四好农村路”省级示范县。生态环境更加优良。深入推动新一轮生态环保和“四减四增”三年行动计划，提前两年完成省定“两清零一提标”任务，大气环境质量改善率居全市各县区第一位，市控及以上河流水质稳定达到地表水Ⅴ类标准，生态环境导向开发（EOD）项目入选全省试点，蓝天、白云、碧水成为新常态。深入贯彻“四水四定”原则，黄河水资源超载治理有序推进，沿黄生态长廊新增提升林地3110亩，生态湿地、森林公园等生态功能区保护力度持续加大，生态环境成为东营区最美“底色”。

【民生改善】民生保障稳步提升。12件民生实事全面完成目标任务，累计支出40亿元用于民生事业。城镇新增就业9058人，“东营公岗580”品牌入选山东省“高质量充分就业省份”揭榜领题标志性项目。稳步提高企业退休人员养老金和工伤保险待遇，城乡低保对象、特困人员、困难残疾人等9类困难群众救助保障标准居全市前列。社会事业繁荣发展。城乡教育更加优质均衡，改（扩）新建中小学、幼儿园9所，胜利二小、行知实验学校等5所学校、幼儿园建成投用，平稳应对小学秋季入学最高峰，获评山东省教育评价改革实验区，全市唯一。区域医疗高地建设扎实推进，挂牌成立区疾病预防控制局，区中医院医技综合楼建设完成，区中心医院门诊病房楼、妇幼保健院综合服务楼完成主体施工，县域省级临床重点专科数量位居全市首位。先后举办黄河流域铁人三项赛、沿黄九市全民健身龙舟赛等重大赛事，承办沿黄九省区民歌艺术展演、第九届戏剧红梅大赛吕剧专场。国防动员建设进一步加强，成功举办首届山东省暨黄河流域退役军人创业创新成果展销对接会，圆满完成省双拥模范城实地验收。风险防控有力有效。部署开展安全生产规范提升年、重大事故隐患排查、化工行业安全生产整治提升行动，全区事故起数、死亡人数较前三年平均值分别下降30%、13%。食品药品安全形势稳定向好。不良贷款余额、不良贷款率实现“双下降”，牢牢守住区域金融安全底线。深入推进社会治安突出问题打击治理、信访积案攻坚化解，常态化开展扫黑除恶斗争，牛庄派出所创建为省级“枫桥式公安派出所”。

（区政府办公室综合室）

【民生实事】至2023年底，东营区12项民生实事全部完成各项年度任务。

关爱困难群体。为225名在定点机构内接受康复训练的0—17岁残疾儿童发放康复训练补助和送训补贴270万元。扶持8处“如康家园”残疾人之家发展，为残疾人提供辅助性就业、日间照料、社区康复等服务237人次。为符合条件的2566名严重精神障碍患者购买诊治救助保险，缓解严重精神障碍患者的家庭隐忧。为2258户低保、特困、孤困儿童等困难群众提供走访联系、心理疏导等贴心服务，9类困难群众救助保障标准提高5%以上，困难群众兜底保障水平进一步提升。

关爱妇女儿童。对5531名小学二年级学生实施牙齿窝沟封闭，有效预防儿童口腔疾病。为符合条件的13308名农村妇女、城镇无业妇女免费开展“两癌”筛查，为在孕妇女提供免费孕期胎儿B超监护和产前筛查服务3270人次。新增普惠性托位155个，累计开展0—3岁家庭教育普惠性指导服务180期，满足群众的托育服务需求。

关爱老年人。建成2处医养结合养老服务机构、4处老年食堂，8处区域性综合养老服务中心实现连锁化运营，满足老年人就近托养、助餐、助医等多样化养老服务需求。为450户分散特困、失能老年人提供分级居家养老服务，精准匹配养老照护服务方案。完成90周岁以上（含90周岁）老年人生活救助金、百岁老年人长寿补贴金待遇提标，发放救助金、补贴金175万元。

关爱失独家庭。为失独家庭开展心理疏导、集体陪伴、免费体检等帮扶活动636人次，为221名计划生育特别扶助人员购买家庭综合保障保险，将独生子女死亡、伤残家庭扶助金标准提高到每人每月990元和810元，惠及694人。

提升教育办学条件。维修改造12所学校、幼儿园，为区第一中学、胜利第一初级中学等36所学校和区第三实验幼儿园、胜利第一实验幼儿园等17所幼儿园配备教学设施、信息化设备。胜园街道中心学校、胜利科技小学食堂建设改造完成，胜利二小教学楼交付使用。

提升群众文化生活。举办农村文化惠民演出、广场文化演出2300余场次，开展“你选我购”全民阅读推广活动，更新图书2.6万余册，满足群众个性化、多元化阅读需求。依托市民课堂、社区分馆开设48门公益培训课程，累计培训2.1万人次。东营区老年大学完成主体框架施工，“老有所学”平台搭建扎实推进。

提升全民健身服务水平。东营区全民健身中心完成主体建设，为居民小区安装健身器材268件，进一步改善全民健身环境。

提升基层医疗服务水平。龙居镇中心卫生院等4处基层医疗机构完成建设改造。鸿港医院、区人民医院、区中心医院等5处医疗机构完成医保移动支付信息化改造，方便群众线上结算。区中心医院门诊病房楼、区妇幼保健院综合服务楼完成主体验收，区中医院医技综合楼建设完成，医疗信息化提升工程建成投用。在学校、商超等人员密集公共场所增设50台AED（自动体外除颤仪），公众急救能力进一步提升。

优化居住环境。泮水公园建设完成，广利河段绿道实现不间断无障碍通行，城区2285户、农村1500户既有建筑完成保温节能改造。

优化基础设施配套。20 个老旧小区水电气暖等基本配套设施和公共服务设施完成维修改造，25039 户燃气设施完成更新改造，城市基础配套得到完善。177 个建筑小区完成雨污分流改造，城区截污、排水能力有效提升。新泰路、沂山路等 4 条道路建成通车，太行山路、为民北路等 6 条道路完成主路施工，提升了城市通达能力。

优化便民服务。建成 41 处党群服务阵地，为城乡居民提供更便捷、更贴心的服务。建设路侧泊车位 3000 个，完成 7 个围合式停车场智慧化改造，增设物华苑小区充电站等 5 处电动汽车充电站点，缓解群众“停车难”“充电难”问题。建设完善“区、镇（街道）、村（社区）”各级应急广播体系，实现应急救灾、气象预警等信息资讯的快速精准播报。

优化生命财产保障服务。为群众购买全民综合保险、灾害民生综合保险、公共卫生安全保险、农业政策性保险，减少群众受灾损失。

（区政府办公室督查室）

重要会议与政令辑要

【区政府常务会议纪要】2023 年，区政府召开常务会议 30 次。

第 15—23 次　1 月 7 日召开。传达学习习近平总书记在中共中央政治局民主生活会上的重要讲话精神；传达学习中央经济工作会议、省委经济工作会议精神；传达学习中央农村工作会议精神；传达学习市“两会”会议精神——杨国强参加东营区代表团审议时的讲话和陈必昌作市《政府工作报告》精神传达提纲；传达学习《山东省建设绿色低碳高质量发展先行区三年行动计划（2023—2025 年）》；传达学习《黄河流域生态保护和高质量发展奖补资金管理办法》；听取并原则同意区发展改革局关于 2023 年全区重点项目情况的汇报；听取并原则同意区政府办公室关于《燕雪英在区委经济工作会议上的讲话》起草情况的汇报。

第 15—24 次　1 月 15 日召开。听取并原则同意区财政局关于东营区 2023 年第一批专项债券资金发债项目拟确定情况的汇报。

第 15—25 次　1 月 19 日召开。传达学习习近平总书记在党外人士新春座谈会上的重要讲话精神；传达学习关于公安部嘉奖令有关情况的汇报；听取并原则同意区发展改革局关于《东营区“十四五”社会信用体系建设规划（讨论稿）》起草情况的汇报；听取并原则同意区商务局关于《东营区加快推进“山东省现代流通强县”建设的实施意见（讨论稿）》起草情况的汇报；听取并原则同意区农业农村局《关于加快推动东营区预制菜产业高质量发展的实施意见（讨论稿）》起草情况的汇报；听取并原则同意区委组织部关于全区教育、卫生、吕剧人才政策起草情况的汇报；听取并原则同意区市场监管局关于成立东营区实施标准化战略领导小组有关情况的汇报。

第 15—26 次　2 月 17 日召开。传达学习习近平总书记在中共中央政治局第二次集体学习时的重要讲话精神；传达学习省委书记林武在淄博、临沂、日照调研时的指示要求；听取并原则同意区商务局关于《2023 年东营区商务领域促消费政策措施（讨论稿）》起草情况的汇报；听取并原则同意区工业和信息化局关于调整重点产业、“链长”及牵头部门有关情况的汇报；听取并原则同意区交通运输局关于津潍高铁东营区段征迁工作情况的汇报；听取并原则同意区农业农村局《关于做好 2023 年全面推进乡村振兴重点工作的实施意见（讨论稿）》起草情况汇报；听取并原则同意区住房和城乡建设局关于《东营区新型城镇化暨城乡融合发展规划（2021—2035 年）（讨论稿）》编制情况的汇报；听取并原则同意区投资促进发展服务中心关于落实招商引资优惠政策奖励有关情况的汇报。

第 15—27 次　2 月 21 日召开。听取并原则同意区应急管理局关于 2022 年全区安全生产工作情况和 2023 年重点工作打算的汇报；听取并原则同意区卫生健康局关于与市人民医院、胜利油田中心医院、市妇幼保健院开展合作共建有关事项的汇报。

第15—28次　3月8日召开。传达学习习近平总书记在二十届中共中央政治局第三次集体学习时的重要讲话精神；传达学习中国共产党第二十届中央委员会第二次全体会议公报；听取并原则同意区发展改革局关于《东营区深化新旧动能转换推动绿色低碳高质量发展三年行动计划（2023—2025年）（讨论稿）》《东营区推动绿色低碳高质量发展2023年重点工作任务（讨论稿）》起草情况的汇报；听取并原则同意区发展改革局关于《关于加快推动“四新”经济和数字经济攻坚突破实施方案（讨论稿）》起草情况的汇报；听取并原则同意东营自然资源和规划分局关于国土变更调查和耕地保护有关情况的汇报；听取并原则同意东营生态环境分局关于全区生态环境保护工作情况及建议的汇报；听取并原则同意区工业和信息化局关于《东营区支持企业冲刺“一季度”夺取“全年好”奖励方案（讨论稿）》起草情况的汇报；听取并原则同意区民政局《关于提高困难群众救助保障水平的通知（讨论稿）》起草情况的汇报；听取并原则同意区投资促进发展服务中心关于落实新城吾悦文旅综合体项目第二次产业扶持奖励资金的汇报。

第15—29次　3月19日召开。传达学习中国银保监会印发的《银行业保险业贯彻落实〈国务院关于支持山东深化新旧动能转换推动绿色低碳高质量发展的意见〉实施意见的通知》；传达学习《数字中国建设整体布局规划》；传达学习习近平总书记关于统计工作的重要指示精神和省领导有关指示要求，学习《防范和惩治统计造假、弄虚作假重要文件汇编》；传达学习全国、全省、全市统计工作会议精神，听取并原则同意区统计局关于全区第五次全国经济普查有关情况的汇报；听取并原则同意区投资促进发展服务中心关于全区招商引资工作进展情况的汇报；听取并原则同意区人力资源和社会保障局关于传达全省、全市稳就业工作电视会议精神及东营区贯彻落实意见的汇报；听取并原则同意区卫生健康局关于兑现涉胜利油田计生关系，移交相关人员待遇资金有关情况的汇报；听取并原则同意区卫生健康局关于2023年公开招聘卫生类事业单位工作人员有关事项的汇报；听取并原则同意区住房和城乡建设局关于2023年全区老旧小区改造计划的汇报；听取并原则同意区教育局关于东营区第三实验幼儿园（万通海欣盈园配套幼儿园）等3所幼儿园启用有关情况的汇报；听取并原则同意区教育局关于石油大学幼儿园移交情况的汇报。

第15—30次　4月2日召开。传达学习习近平在中共中央政治局会议上的重要讲话精神；传达学习林武署名文章——《加快塑造山东高质量发展新优势》；听取并原则同意区卫生健康局关于迎接国家卫生城市复审有关情况的汇报；听取并原则同意区城乡基层治理服务中心关于《东营区“十四五”城乡社区服务体系建设规划（讨论稿）》起草情况的汇报；听取并原则同意区地方金融监管局关于《东营区招引银行、保险公司、证券公司聚集发展优惠政策（试行）》起草情况的汇报；听取并原则同意区教育局关于稳妥应对2023年秋季小学入学高峰工作情况的汇报；听取并原则同意区工业和信息化局关于2021年度山东省工业强县专项资金分配情况的汇报；听取并原则同意区工业和信息化局关于全区工业和信息化领域需兑付政策资金审核情况的汇报；听取并原则同意区政府办公室关于《区政府领导同志工作分工方案（讨论稿）》的汇报。

第15—31次　4月9日召开。传达学习习近平总书记在中共中央政治局第四次集体学习时的重要讲话精神；传达学习省自然资源厅《关于印发加强自然资源要素保障服务经济高质量发展若干政策措施的通知》；传达学习《关于印发东营市2023年财源建设工作要点的通知》，听取《东营区2023年财源建设重点攻坚事项实施意见》；传达学习《东营市党政机关和公职人员政商交往“正面清单”和“负面清单”》；传达学习中共东营市委组织部《关于服务支持县区（开发区）的十条措施》；听取并原则同意区投资促进发展服务中心关于全区招商引资工作进展情况的汇报；听取并原则同意区住房和城乡建设局关于全区重点片区城市更新经济可行性分析情况的汇报；听取并原则同意区文化和旅游局关于传达学习2023山东省旅游发展大会精神及东营区贯彻落实意见的汇报；听取并原则同意区防汛抗旱指挥部办公室关于全区防汛备汛工作情况的汇报；听取并原则同意东营自然资源和规划分局关于全区耕地保护有关情况的汇报；听取并原则同意区食安办关于全区食品安全“两个责任”落实情况及下一步工作建议的汇报。

第15—32次　4月22日召开。传达学习习近平总书记在广东考察时的重要讲话精神；传达学习林武书记署名文章《全面落实党的二十大精神、在构建新安全格局中贡献山东力量》；传达学习《省文化和旅游厅关于赴浙江考察旅游发展情况的报告》；听取并原则同意区卫生健康局关于《东营区医疗卫生事业高质量发展方案（讨论稿）》起草情况的汇报；听取并原则同意区供销合作社联合社关于成立东营区供销合作社社有企业的汇报；听取并原则同意区教育局关于《东营区教育救助基金管理使用办法（讨论稿）》起草情况的汇报。

第15—33次　5月13日召开。传达学习习近平总书记在二十届中央全面深化改革委员会第一次会议上的重要讲话精神；传达学习习近平总书记在二十届中央财经委员会第一次会议上的重要讲话精神；传达学习《山东省自然资源厅2023年度土地利用计划管理实施细则》；听取并原则同意区司法局关于2023年以来全区行政复议应诉工作情况的汇报；听取并原则同意区文化和旅游局关于《关于推动文旅产业高质量发展的实施方案（讨论稿）》起草情况的汇报；听取并原则同意东营自然资源和规划分局关于迎接2023年国家自然资源例行督察工作情况的汇报；听取并原则同意东营自然资源和规划分局关于全区占补平衡指标调剂有关情况的汇报；听取并原则同意区教育局关于2023年公开招聘教育类事业单位工作人员有关事项的汇报。

第15—34次　5月29日召开。传达学习习近平总书记在河北考察并主持召开深入推进京津冀协同发展座谈会时的重要讲话精神；传达学习习近平总书记在主持首届中国——中亚峰会时的重要讲话精神；传达学习省委书记林武在数字强省建设工作推进会上的讲话；听取并原则同意区司法局关于《东营区人民政府2023年度重大行政决策事项目录（讨论稿）》起草情况的汇报；听取并原则同意区应急管理局关于《全区重大事故隐患专项排查整治2023年行动实施方案（讨论稿）》起草情况的汇报；听取并原则同意区市场监管局关于全区知识产权工作情况的汇报；听取并原则同意区乡村振兴局关于全区第一轮巩固拓展脱贫攻坚成果督导工作开展情况的汇报；听取并原则同意区水利局关于《东营市东营区水利发展总体规划（2021—2035年）》编制情况的汇报；听取并原则同意区人力资源和社会保障局关于2023年优秀人才引进有关事项的汇报；听取并原则同意区政府办公室关于《中共东营区人民政府党组调查研究工作方案（讨论稿）》起草情况的汇报。

第15—35次　6月4日召开。传达学习习近平总书记在二十届中央审计委员会第一次会议时的重要讲话精神；传达学习习近平总书记在中共中央政治局第五次集体学习时的重要讲话精神；传达学习习近平总书记在二十届中央国家安全委员会第一次会议上的重要讲话精神；听取并原则同意东营自然资源和规划分局《关于推进东营区自然资源（土地类）节约集约利用的实施意见（讨论稿）》起草情况的汇报；听取并原则同意区工业和信息化局关于全区加力提速工业经济高质量发展一季度奖励资金申报情况的汇报；听取并原则同意区工业和信息化局关于提高民营企业家健康服务标准的汇报；听取并原则同意区商务局关于兑现鼓励利用外资政策有关情况的汇报；听取并原则同意区国资局关于东营光伏太阳能有限公司有关情况的汇报。

第15—36次　6月9日召开。传达学习习近平总书记在文化传承发展座谈会上的重要讲话精神；传达学习习近平总书记在内蒙古巴彦淖尔考察并主持召开加强荒漠化综合防治和推进“三北”等重点生态工程建设座谈会时的重要讲话精神；传达学习林武书记在全省乡村振兴齐鲁样板现场推进会议上的讲话；听取并原则同意区司法局关于《东营区涉诉工作管理暂行办法（讨论稿）》起草情况的汇报；听取并原则同意东营自然资源和规划分局关于2023年国家自然资源例行督察问题整改工作情况的汇报；听取并原则同意东营生态环境分局关于《东营区国家生态文明建设示范区规划（2022—2030年）》编制情况的汇报。

第15—37次　7月2日召开。传达学习习近平总书记在内蒙古考察时的重要讲话精神；传达学习习近平总书记对宁夏银川市兴庆区富洋烧烤店燃气爆炸事故作出的重要指示批示精神；传达学习习近平总书记致首届文化强国建设高峰论坛开幕的重要贺信精神；传达学习习近平总书记在同团中央新一届领导班子成员集体谈话时的重要讲话精神；中国石油大学（华东）文法学院副教授田国兴以《我国知识产权工作面临的形势和对策》为题作专题法治讲座；听取并原则同意区司法局关于《东营区推进省级法治政府建设示范区创建工作方案（讨论稿）》起草情况的汇报；听取并原则同意东营生态环境分局关于《东营区“十四五”时期“无废城市”建设实施方案（讨论稿）》编制情况的汇报；听取并原则同意区应急管理局关于《东营区化工行业安全生产整治提升专项行动总体工作方案（讨论稿）》起草情况的汇报；听取并原则同意区发展改革局《关于加快推动平台经济规范健康持续发展的实施方案（讨论稿）》起草情况的汇报；听取并原则同意东营自然资源和规划分局关于胜利油田胜机石油装备有限公司整体迁建情况的汇报；听取并原则同意区政府办公室关于迎接省营商环境中期评估及市场主体满意度调查有关工作的汇报。

第15—38次　7月8日召开。传达学习习近平总书记在6月30日中共中央政治局会议上的重要讲话精神；传达学习习近平总书记在中共中央政治局第六次集体学习时的重要讲话精神；传达学习习近平总书记在上海合作组织成员国元首理事会第二十三次会议上的重要讲话精神；传达学习习近平总书记对防汛救灾工作作出的重要指示精神；听取并原则同意区政府办公室关于《东营区深化营商环境2023年创新提升行动实施方案（讨论稿）》起草情况的汇报。

第15—39次　7月15日召开。传达学习习近平总书记在中央全面深化改革委员会第二次会议上的重要讲话精神；传达学习山东省严格自然资源执法和信访工作会议精神；传达学习《中共山东省委办公厅关于印发林武同志在全省绿色低碳高质量发展重点项目现场观摩工作会议上的讲话和防范化解城投债风险任务分工的通知》；传达学习《山东省人民政府办公厅关于印发工业经济高质量发展要素资源保障十条措施的通知》；听取并原则同意区投资促进发展服务中心关于2023年上半年全区招商引资工作进展情况的汇报；听取并原则同意东营自然资源和规划分局关于全区房屋产权确权颁证历史遗留问题专项整治工作进展情况的汇报；听取并原则同意东营自然资源和规划分局关于2023年国家自然资源督察落实情况汇报；听取并原则同意区市场监管局关于《东营区推进知识产权高质量发展和质量强区建设的若干政策（讨论稿）》起草情况的汇报；听取并原则同意区教育局关于东营区公开引进骨干教师有关事项的汇报。

第15—40次　7月29日召开。

传达学习习近平总书记在全国生态环境保护大会上的重要讲话精神；传达学习习近平总书记在中央财经委员会第二次会议上的重要讲话精神；传达学习习近平总书记在中共中央政治局第七次集体学习时的重要讲话精神；传达学习中共山东省委十二届四次全会精神；传达学习《关于印发山东省房屋产权确权颁证历史遗留问题处置指导政策的通知》；听取并原则同意区发展改革局关于上半年全区经济运行情况及下一步工作建议的汇报；听取并原则同意东营公安分局关于2023年上半年全区电信网络诈骗案件发案形势相关情况的汇报；听取并原则同意区政府办公室关于迎接省市市场主体满意度中期评估工作的汇报；听取并原则同意区贸促会关于第十六届中国（东营）国际石油石化装备与技术展览会筹备情况的汇报；听取并原则同意区教育局关于胜利油田原民办代课教师教龄补助发放工作有关情况的汇报；听取并原则同意区人力资源和社会保障局关于2023年调整退休人员基本养老金的汇报。

第15—41次　8月9日召开。传达学习习近平总书记在四川考察时的重要讲话精神；传达学习习近平总书记对防汛救灾工作作出的重要指示精神；传达学习市委主要领导批示（以人为本 以法为纲 颐园小区为西城更新改造立规立标立信）；听取并原则同意区政府办公室关于《贯彻落实李强总理在山东调研时工作要求的责任分工方案（讨论稿）》起草情况的汇报；听取并原则同意东营自然资源和规划分局关于全区房屋产权确权颁证历史遗留问题专项整治工作进展情况的汇报；听取并原则同意东营自然资源和规划分局关于全区耕地保护等自然资源管理情况的汇报。

第15—42次　8月19日召开。传达学习习近平总书记关于首个全国生态日重要指示精神；传达学习林武书记在济南调研时的讲话精神；传达学习省政府安委会关于切实做好当前安全生产工作的通知及陈必昌市长的批示；听取并原则同意区综合行政执法局关于《全区城镇燃气安全专项整治工作方案（讨论稿）》起草情况的汇报；听取并原则同意区应急管理局关于全区化工行业安全生产整治提升专项行动工作推进情况的汇报；听取并原则同意区住房和城乡建设局关于全区城乡建设领域安全生产情况的汇报；听取并原则同意区住房和城乡建设局关于全区房屋市政工程安全隐患排查整治工作情况的汇报；听取并原则同意区财政局关于追加及调整项目资金有关情况的汇报。

第15—43次　8月26日召开。传达学习习近平总书记在8月17日中共中央政治局常务委员会会议上的重要讲话精神；传达学习《中国共产党东营市第七届委员会第四次全体会议公报》；听取并原则同意区基本公共服务满意度专班关于全区基本公共服务满意度调查有关情况和《东营区基本公共服务满意度集中攻坚行动实施方案（讨论稿）》起草情况的汇报；听取并原则同意区水利局关于《东营区2023年度河湖长制工作要点（讨论稿）》等3个文件起草情况的汇报；听取并原则同意区商务局关于《东营区商业网点规划（2020—2035年）（讨论稿）》起草情况的汇报；听取并原则同意东营自然资源和规划分局关于全区房屋产权确权颁证历史遗留问题专项整治工作进展情况的汇报。

第15—44次　9月16日召开。听取并原则同意区国资局关于东营区财金控股集团有限公司公开出让山东瑞鸿能源服务集团股份有限公司股份的汇报。

第15—45次　10月13日召开。传达学习习近平总书记对新时代办公厅工作作出的重要指示精神、习近平总书记在中共中央政治局第八次集体学习时的重要讲话精神、习近平总书记在浙江考察和返京途中在山东枣庄考察时的重要讲话精神和习近平总书记就推进新型工业化作出的重要指示精神，听取并原则同意区投资促进发展服务中心关于2023年前三季度全区招商引资工作进展情况的汇报、区教育局关于全区教育领域安全生产工作情况的汇报、区商务局关于兑现东营奥祥石油化工销售有限公司外资奖励资金有关情况的汇报、区国资局关于区油城公用事业集团有限公司子公司发行境外债及成立境外子公司有关情况的汇报。

第15—46次 10月30日召开。传达学习习近平总书记在进一步推动长江经济带高质量发展座谈会上的重要讲话精神、习近平总书记在江西考察时作出的重要指示精神，听取并原则同意区发展改革局关于前三季度全区经济运行情况及下一步工作建议的汇报。

第15—47次 11月11日召开。传达学习习近平总书记在中共中央政治局第九次集体学习时的重要讲话精神、习近平总书记在中央金融工作会议上的重要讲话精神，听取并原则同意区政府办公室《关于“高效办成一件事”大力提升行政效能的实施意见（讨论稿）》等文件起草情况的汇报。省人大常委会选聘专家顾问、山东农业农村专家顾问团农产品质量安全分团团长杨理健教授围绕《中华人民共和国农产品质量安全法》主题作专题法治讲座。

第15—48次 11月18日召开。传达学习习近平总书记在中央全面深化改革委员会第三次会议上的重要讲话精神、习近平总书记在北京、河北考察灾后恢复重建工作时的重要讲话精神、习近平总书记对山西吕梁市永聚煤矿一办公楼火灾事故作出的重要指示精神，听取并原则同意区消防救援大队关于全区消防安全工作情况的汇报、区疾病预防控制中心关于《东营区疾病预防控制中心改革试点工作方案（讨论稿）》起草情况的汇报。

第15—49次 11月23日召开。传达学习习近平总书记在亚太经合组织第三十次领导人非正式会议上的重要讲话精神，听取并原则同意区国资局关于东营区财金控股集团有限公司收购山东蓝海股份有限公司部分资产有关情况的汇报。

第15—50次 12月8日召开。传达学习习近平总书记关于宪法的重要论述、习近平总书记在二十届中共中央政治局第十次集体学习时的重要讲话精神和习近平总书记在深入推进长三角一体化发展座谈会上的重要讲话精神，听取并原则同意东营生态环境分局关于《东营区水环境治理、固废防治、农村人居环境整治重点任务清单（讨论稿）》编制情况的汇报。

第15—51次 12月23日召开。传达学习习近平总书记在上海考察和返京途中在江苏盐城考察时的重要讲话精神、习近平总书记在中央经济工作会议上的重要讲话精神，传达学习中央农村工作会议精神，听取并原则同意区安委会办公室关于国务院安全生产和消防工作考核巡查反馈问题整改情况的汇报、区国资局关于区财金控股集团有限公司融资有关情况的汇报、区财政局《关于2023年东营区财政预算调整方案（草案）的报告（讨论稿）》起草情况的汇报。

第15—52次 12月30日召开。传达学习习近平总书记在主持中共中央政治局专题民主生活会时的重要讲话精神，传达学习省委十二届五次全会暨省委经济工作会议、市委七届五次全会精神，听取并原则同意区考核办关于市对区综合考核指标进展情况的汇报、区区域治理运行管理中心关于“12345”热线集中攻坚回头看有关情况的汇报、区推动黄河三角洲生态保护和高质量发展领导小组办公室关于《东营区贯彻落实“四水四定”原则专题研究报告（讨论稿）》起草情况的汇报和区水利局关于《东营区贯彻落实“四水四定”原则工作方案（讨论稿）》起草情况的汇报、区地方金融监管局关于《东营区支持企业上市挂牌十条措施（讨论稿）》起草情况的汇报、区商务局关于《2021年度山东省现代流通强县专项资金使用方案（讨论稿）》起草情况的汇报、区人力资源社会保障局《关于支持新型职业农民创新创业发展的若干措施（讨论稿）》起草情况的汇报和关于提高全区居民基本养老保险基础养老金最低标准的汇报。

【政令辑要】3月31日，区政府办公室印发《东营区基层卫生健康综合试验区建设工作方案的通知》。主要内容：（1）总体思路和建设目标。（2）建设内容。围绕服务体系、服务功能、服务模式、首诊病种、队伍建设、体制创新6个方面实现“求突破、走在前”。（3）进度安排。（4）组织实施。公布东营区拟出台的基层卫生健康综合试验区建设有关政策清单。

5月30日，区政府办公室印发《关于公布东营区行政许可事项清单（2023年版）的通知》。主要内容：公布251项行政许可事项清单，就全面实行行政许可事项清单管理工作提出明确要求。

6月8日，区政府印发《关于公布第六届东营区有突出贡献的中青年专家名单的通知》。主要内容：经用人单位推荐、区人力资源和社会保障部门资格审查、专业评议组评议、评审委员会评审、区委人才工作领导小组备案、公示等程序，确定焦海涛等9人为第六届东营区有突出贡献的中青年专家。

6月19日，区政府印发《东营区人民政府2023年度重大行政决策事项目录》。主要内容：公布东营区“十四五”社会信用体系建设规划、东营区新型城镇化暨城乡融合发展规划（2021—2035年）、东营区“十四五”城乡社区服务体系建设规划、东营区商业网点规划（2020—2035年）、东营区现代流通体系建设专项规划（2022—2025年）5项决策事项及相关要求。

6月30日，区政府印发《东营区“十四五”时期“无废城市”建设实施方案》。主要内容：（1）完善固体废物治理顶层设计。（2）强化工业领域绿色化改造。（3）大力发展绿色农业。（4）推进建筑垃圾综合利用。（5）树立绿色低碳生活新理念。（6）坚守危险废物环境安全底线。

7月14日，区政府办公室印发《东营区教育救助基金管理使用办法的通知》。主要内容：成立东营区教育救助基金管理委员会，明确职责、救助对象、救助标准形式、基金发放、基金筹集及管理使用、救助监督等相关内容。

7月21日，区政府印发《东营区质量强区创建2023年实施方案》。主要内容：（1）总体思路和建设目标。（2）建设目标和质量精神口号。（3）主要任务。（4）创建时间及步骤。（5）保障措施。

8月13日，区政府办公室印发《关于贯彻落实李强总理在山东调研时工作要求的责任分工方案的通知》。主要内容：（1）更好扛起经济责任担当。（2）加快建设现代化产业体系。（3）采取更有针对性措施扩内需稳外需。（4）着力防范化解重点领域风险。

9月22日，区政府印发《东营区2023年农业生产社会化服务项目实施方案的通知》。主要内容：（1）总体思路和工作目标。（2）财政补助标准。（3）实施内容。（4）保障措施。

11月11日，区政府办公室印发《东营区房屋市政工程建设生产安全事故应急预案的通知》。主要内容：公布东营区房屋市政工程建设生产安全事故应急预案组织指挥体系及职责、运行机制、应急保障、预案管理等内容。

12月24日，区政府印发《关于公布区政府规范性文件清理结果的通知》。主要内容：区政府组织对2023年12月31日前发布实施的区政府规范性文件进行清理，8件规范性文件继续有效，5件规范性文件宣布失效。

12月27日，区政府办公室印发《关于调整东营区人民政府2023年度重大行政决策事项目录的通知》。主要内容：对2023年度重大行政决策事项目录进行调整，公布调整目录。

（区政府办公室文秘室）

区政府办公室工作

【综合室工作】树立精品化意识，重大材料起草前，多层面搜集资料，多方面征求意见，多层次组织讨论，加快组织撰写成稿。研究推动全区高质量发展的措施办法，对文稿材料进行深挖掘、再加工。坚持常态化学习，建立学习资料库、动态储备库，注重收集各级重要文件、领导讲话、发言汇报、信息调研、报刊文章等，定期向各镇（街）和部门单位收集工作进展资料，使文稿材料既有案例内容，又有数据支撑。推行动态化调研，针对全区经济运行、产业转型、科技创新、油地融合、城市更新、招商引资等重点工作，深入一线调研，加快调研成果转化，切实解决在文稿起草时情况不熟、“闭门造车”的问题。树立全局化观念，参与石油装备展、迎接全市观摩、项目集中开工等全区重点工作。加强与其他科室的协作配合，帮助总结提炼文字内容，突出工作亮点。起草区政府各类会议讲话、工作报告、工作汇报等文稿600余篇、150余万字。

【值班工作】完善工作体系，持续增强值班人员责任意识，借助移动办公平台、短信提示系统，传阅各类文件7800余件，下发各类通知1020余个。坚持不定时对各镇（街）值班值守情况进行电话抽查，确保严格执行24小时专人值班和领导干部在岗带班、外出报备制度。执行日常工作考勤及请销假制度，做好打卡签到管理工作。落实紧急信息报送工作，严格按照20分钟口头初报、40分钟书面报告、1小时翔实报告的要求执行。凡遇紧急情况上报，第一时间全面了解情况，及时向领导汇报，做好协调调度工作。2023年全年未出现迟报、漏报、瞒报现象。

【文秘工作】传阅各级来文3300余件、机要文件600余件；按照省委“保持科学压减态势”精简文件会议要求，制发各类公文367件、统计口径内文件29件，同比分别下降13.6%、17.1%。完善区政府常务会议工作责任分工，组织区政府常务会议、区政府党组会议、区长办公会议44次，办公室党组会议17次。制发各类会议纪要61期，形成宣传报道稿38期。落实保密管理有关规定，组织办公室人员参加2023年度全国保密教育线上培训，不断优化密件抄阅区，未出现泄密情况。完成办公室中层备案及科室人员调整、借调人员手续办理、职称聘任、“青鸟计划”招录等工作。做好科级干部、公务员、事业单位工作人员年度考核以及事业单位绩效考核工作，完成专业技术人员继续教育、人事统计、机构编制年报等工作。

【信息工作】紧跟上级政策要求，把握基层工作动向，精研信息报送方式方法，深入挖掘区域经济社会发展亮点。找准选题打造信息精品，持续推行稿件会商制度，全年累计完成省、市约稿类信息373篇，其中，收到国家、省、市领导批示信息39篇。加大自主投稿频率，每天至少上报2篇省、市信息，全年累计上报信息620篇。聚焦经济运行、项目建设等重点工作，全年编发《东营区政务信息》50期，《东营区专报信息》27期，《要情参阅》4期。与区工信局、区科技局等部门围绕中小制造业企业发展、企业科技创新等主题联合调研10余次。

【督查工作】对市政府常务会、全市经济运行分析联席会等重要会议确定的12期50项涉及东营区任务纳入专项督查。围绕市领导攻坚突破事项、《市政府工作报告》涉及东营区任务，完成暗访核查。对《区政府工作报告》确定的十大方面、70项任务进行定期督查。转办督办市、区领导批示事项171件。对区政府常务会议以及全区安全生产工作会议、数字文化产业发展座谈会等重要会议确定事项进行立项督查，下发《政务督查通知》15期，对130余项事项开展督查。对市区民生实事实行分管区领导、牵头单位主要负责人、事项具体负责人“三级责任制”，实地查访民生实事工作现场52次，下发《政务督查通报》9期，全部民生实事均完成年度任务。承办市区人大建议、政协提案205件，办结满意率100%，被市人大常委会授予建议办理工作先进单位称号。围绕省、市重点项目进展、经济运行指标、医疗机构安全生产等重点事项开展各类实地督查，呈阅《政务督查专报》《督查专供》32期。做好国务院“互联网+督查”和“鲁力办”平台交办的问题核查工作，解决群众诉求34件，运转各类请示、报告、函件等192件。

【政府职能转变】会同57个部门研定2023年创新提升实施方案，明确诉求办理、政商关系等5大专项提升行动任务、20个领域177项攻坚措施及周进展台账。提升人才生态“软实力”打造营商环境“强磁场”获评全市营商环境十佳案例，70余项典型经验在省级以上部门简报刊发，全领域共在市级以上媒体发布信息330余篇。梳理认领251项行政许可事项，出台《东营区行政许可事项清单（2023年版）》。按时完成705个办理项基本要素认领、实施规范编制、办事指南发布等工作，全部事项已在政务服务网对外展示，方便企业群众查询办理。开展集中走访行动。6月、11月分别开展“企业大走访、服务零距离”专项行动，采取区级领导、区直部门、镇街“三级包联”形式，分类分段组织完成两轮高质量集中遍访和服务回访，服务覆盖率100%。开展市场主体专项活动。4—5月，分别开展“优化营商环境、促进高质量发展”及分行业专题调研，形成调研报告2篇。11—12月，开展“营商环境进园区”活动，统筹政务、金融、司法、科技、人才等各类区内优势资源，在全区范围内开展惠企利商企业系列活动9次。

【大数据工作】规范“山东通”组织架构，提升办文、办会和移动办公能力，全年共开通协同办公系统移动端5195个账号，实现公文流转22万余件。发挥“山东通”载体作用，接入东营区重点项目、东营区诚信住建等36个重点系统。优化提升“爱山东”东营区分厅，开展“爱山东”你说我办问卷调研活动，并联合市直部门，实现无犯罪记录、亲属关系等证明上线“爱山东”证明直通车，2023年东营区分厅荣获山东省“爱山东”政务服务平台移动端50强分厅。完成东营区视频协同工作仓部署，梳理安全生产、森林防火等重点领域视频资源，汇聚集企业、养老院、易涝点等领域视频监控9473路，在线率、出图率稳步提升。推进县级节点建设，创建3个主题库和3个专题库，完成数据汇聚、治理、共享开放等基础功能，汇聚数据5700万余条。加强东营区数据共享开放工作，推动全区气、暖数据全量汇聚，共享开放目录570条；参与国家政务数据直达基层试点工作，推选文汇街道评为全市基层数字试点工作台；梳理上报74篇大数据创新应用场景案例及解决方案，入选省级典型应用场景2篇，优秀解决方案4篇。实施智慧社区突破行动，探索“智慧+”社区治理新模式，2023年高标准打造46个基础型、9个成长型、3个标杆型，共计58个智慧社区，黄河路街道锦城社区成功创建全省首批标杆型智慧社区。围绕“优政、惠民、兴业、强基”，梳理上报70个新型智慧城市建设典型案例，入选省级优秀案例3篇，入选市级优秀案例17篇。加强电子政务外网日常安全管理，及时处理网络安全隐患，全年下发188个网络安全整改通知单，整改率100%。加强所属政务新媒体的运行管理，每日巡检全区19个政务新媒体，及时转载上级推送的重要信息，2023年全区政务新媒体未发生断更，东营区政务微信订阅号被评为山东省百强政务新媒体。加强工作宣传，充分利用省、市、区各类媒体，数字山东等各类简报，广泛宣传报道东营区典型经验做法，其中《东营市东营区数字赋能乡村振兴，提升农业农村现代化水平》《东营市东营区强化力度、速度、温度，加快推进“无证明城市”建设》2篇简报获何宪卓副市长批示。

【政研工作】联合区委办公室下发《关于印发2023年全区重点调研课题的通知》，确定重点调研课题96个，在上级刊物发表8篇，印发《区调研参考》12篇，《加快数字经济布局、塑造高质量发展新优势》在《东营日报》刊发。组织区级优秀调研成果评选，选出优秀成果30篇。开展“集中调研月”活动，形成数字经济、城市更新、营商环境等调研文章8篇。组织13篇调研成果参加2023年度市级优秀调研成果评选，获得一等奖3个、二等奖3个、三等奖5个、优秀奖1个。协助市政府研究室开展“党员走基层”、政策兑现、康养产业等专题调研6次，提报政策兑现、镇域公共基础设施建设、科技型中小企业发展等方面约稿10篇。协助办公室党组开展主题教育，形成调研成果7篇。组织单位年轻干部参加“我为高质量发展献良策”主题调研活动，2个团队分获一等奖第1名、第2名。

【政务公开工作】创新公开模式，探索依申请办理新路径，建立良好的政民互动机制，全面推进政务公开工作全覆盖。充分利用政府网站、公开栏、政务微博微信等信息公开平台，打造传播政策声音的好平台。组建民生政策线下宣讲团，下沉社区进行开放式惠民政策宣讲23场。完善利益相关方、专家、媒体等列席制度，邀请利益相关方列席会议13次。组织举办“政府开放日”活动20场，采取“线上直播、线下互动、实地观摩”相结合的方式，突出市民关心关注的教育、环保、市场监管等重点领域，让市民感受政府工作运行情况，更好参与监督政府工作。建立常态化惠企政策解读培训机制，组织开展“小微企业创业就业政策解读会”“高新技术企业申报政策培训会”等各类政策解读培训会26次。依托实体服务大厅、政务公开专区等场所设立政策咨询综合服务窗口，为企业和群众提供“一号答”“一站式”的政策咨询服务，推动“人找政策”向“政策找人”转变。共收到81件政府信息公开申请件，均按期答复，针对群众申请较多的征地内容，创新组织“依法征收政策解读”下基层活动。

（区政府办公室　郑文）

信访工作

【信访事项办理】2023年，信访受理、办理时限不断压缩，办理质量不断提升，信访事项及时受理率、按期办结率均为100%。一大批重点、难点信访问题得到有效化解，群众满意度为94.48%。

【“治重化积”工作】坚持高起点运筹谋划，高层次推动化解，信访积案全部由区级领导担任包案第一责任人，顶格推进案件处置工作。区信访工作联席会议办公室每周督促推进，严格审查责任单位化解报告，全力推进案件化解。2023年中央信访联席办交办东营区第三批“重复信访、信访积案”化解率100%。

【重点工作】贯彻《信访工作条例》。组织开展《信访工作条例》知识问答，全区3400余人参与竞赛答题；采取开展、社区宣讲、户外电子屏、悬挂条幅、发放明白纸等方式，广泛开展依法信访宣传，引导群众理性维权。开展党员干部大走访。坚持一线走访，将群众工作做到“家门口”，到包靠社区进行拉网式摸排，与社

2023年5月4—15日，东营区信访局开展《信访工作条例》实施一周年主题宣传活动

区联动，全面了解民情民意，面对面地倾听群众的诉求，耐心细致地为群众解释有关政策和法规。第一时间掌握纠纷苗头，做到底数清、情况明，将矛盾消除在萌芽状态。开展领导干部接访下访。学习借鉴“浦江经验”，运用定点接访、重点约访、专题接访、带案下访等形式解决信访突出问题和群众急难愁盼问题。领导干部现场接访，与群众“零距离”接触，“面对面”交流，区委主要领导亲自安排部署信访积案集中攻坚活动，全力推进案件化解，促进信访事项高质量解决。

（区信访局 董本萱）

政务服务

【概况】2023 年，区行政审批局围绕全区发展大局，以开展主题教育为契机，聚焦提升企业群众办事便利度、满意度，用心用情为企业群众服务，打造企业服务中心新模式，提供“一站式”集成审批服务和惠企政策集成包，实现涉企事项集成化、场景化服务。不断优化企业全生命周期集成服务体系，梳理企业全生命周期集成事项服务指南，共涉及 64 个应用场景，169 件事。同时，不断扩容政务服务“跨域办”，深化让“数据跑腿”服务模式，跨域通办地区达到 685 个。全年办件量 460 余万件，办结率满意率 100%。

2023 年 2 月 24 日，区行政审批局社会监督员聘任仪式举行

【优化审批流程】深化企业“一照多址”改革，完成东营区区域内不同地址的市场主体登记。推进涉企证照“一照关联”“一码通行”。推行纸质营业执照二维码与电子营业执照二维码“二码合一”改革，自 2023 年 5 月 1 日起，东营区新登记注册的市场主体全面使用“二码合一”营业执照，即用“企业码”替代纸质营业执照上的“二维码”，至年底已办理 7563 户。为企业、群众提供“歇业一件事”帮办、导办、代办、助办，同时向社会公布办事指南、提供示范文本。组织人社、税务、医保、公积金等部门共同落实“歇业一件事”相关工作，已为 7 家企业办理歇业备案业务。工程项目推行全程网办服务。通过分阶段审批、联合验收、全程网办、视频踏勘等方式，进一步压减手续材料、减少办事时间、减少企业跑腿次数。2023 年发放分阶段施工许可证 101 个，办理联合验收备案 27 个，视频勘查 98 次，实现工程项目类 14 项审批事项全程网办，制发各类电子证照 524 个。形成涵盖立项用地规划、工程规划、施工许可、竣工验收 4 个阶段 12 个高频事项，60 个常见问题，6000 字的“简问简答”。优化办事流程，实现“一次办理”。同时对一窗受理服务区承担的 255 项政务服务事项进行重新梳理，实施流程再造，办理环节压缩 45%，办理材料压缩 35%，办理时间平均压缩 8 个工作日。

【服务群众“零距离”】建设标杆型基层便民服务站试点单位。2023 年 8 个镇（街道）的 13 处标杆型便民服务点通过市级验收。深化油地双向融合。在阳城、百合、雅苑等 7 个社区设置油地政务服务专窗，铺设油田事项专网，进驻工作人员受理业务，实现公积金、水电气暖、医保、工会等五大类80余项事项办理。2023年办理柜面业务745笔，咨询业务1772笔。同时推动不动产登记业务延伸到油田员工服务7站。创新帮办服务模式。以政务服务大厅内帮办代办为主要形式，同时开展上门服务、延时服务、预约服务等特色帮办形式，主动开展上门服务，做好政策咨询和业务办理服务。建立预约服务通道，提前规划业务办理时间，解决企业和群众的“错时”难题。为企业和群众个人开展帮办服务3651件，提供预约服务882次，上门服务151次。

【精简合并审批】建立企业全生命周期服务机制，围绕企业注册到退出全过程进行系统集成，印发《东营区企业全生命周期服务集成改革试点实施方案》，形成集成事项“一张清单、一次告知、一表填报、一码通行、一网通办、一窗受理、一次办好、一证准营”等“八个一”服务。工程建设项目审批方面，竣工备案合并更彻底，在合并人防、档案、消防联合验收备案手续的基础上，将有线电视网络工程配套设施验收纳入新建、改建、扩建的住宅和商住楼联合验收范围，实行“四合一”联合验收。办理时限由过去的3个工作日压缩到1个工作日，共办理联合验收备案25个，减少各类材料125份，累计缩短办理时限50个工作日。公共资源交易领域方面，服务重点项目，推进远程异地评标。围绕重点项目建设，抓规范、强服务，助力重点项目招投标工作有序开展。2023年共完成不见面开标235个，交易金额为35.33亿元，节约资金0.61亿元。其中，政府采购项目142个，交易额2.14亿元，工程建设项目93个，交易额33.19亿元。

【转变服务方式】打造企业服务中心。将原东营区政务服务中心一楼进行企业服务中心场地建设，打破传统的“柜台式”布局，建成服务中心分为审批服务区、自助办事区、企业会客厅、政策解读室等功能区，为企业提供“一站式”政务服务。推动区重点建设项目快起步、快落实、快见效。重点项目工作专班主动对接，靠前服务，为“项目建设”保驾护航。2023年对接建设单位300余次，协助中心城区综合物流园、东营市算力中心、文苑学校食堂及宿舍、亿科50万吨高端化工、东营区水环境治理等50余个项目完成前期手续办理。以胜利油田移交医疗机构改造提升项目“容缺审批”备案为基础报送的《工程建设项目审批事先容错报备制度》相关经验在《山东新闻联播》播出。加强对政务服务好差评的结果应用。形成评价、反馈、整改、监督全流程衔接，实名差评回访整改率100%。2023年政务中心共收到锦旗18面，表扬信107份，受理民生热线346起、处理信访件7起、为办事群众调取监控100余次，确保“件件有回音、事事有着落”。

（区行政审批局 单宝嘉）

机关事务管理

【住宅区物业管理】做好卫生城复审以及文明城市创建工作。督导物业服务企业对照创城标准提升住宅区绿化管理水平，重点对小区环境卫生等进行全方位整治落实，并常态化保持。

【办公区管控】构建“人防＋技防”安保体系，组织安保人员业务技能培训，提高执勤人员整体素质，投资2万余元对0号楼部分已损坏的模拟摄像头进行维修更换。2023年，协助有关部门单位处置各类上访事件20余起。

【项目招标运行及管理】实施机关事务管理局2023年区重点项目——“东营区机关公共设施维护维修项目”。计划总投资1200万元，现已完成行政办公中心备自投改造、办公楼空调维修等部分维修项目，完成投资约80万元。其他项目正按计划稳步推进，完成东营区公务用车“三定点”项目与党校档案馆办公楼消防设施功能恢复工程招标工作，已进场施工，预计2024年底完成。

【能源管理服务】发放2023年第三季度的水电气物业补助，完成全年物业费代扣工作。办理能源转移过户手续20余件，办理停暖开通暖气业务100余份，完成职工采暖费补贴上报工作。做好供电供水有关工作，积极协调配合、监督好东营区供电管理企业、水务管理部门，做好辖区内供电供水设施设备的日常管养及应急抢修，确保单位、居民的正常用电用水供应。

【食堂管理】组织开展反食品浪费宣传活动，通过发放宣传单页和倡议书、摆放宣传展架、张贴宣传海报、悬挂宣传条幅、引导职工打卡等方式，向前来机关食堂就餐的干部职工宣传按需取餐、文明用餐、杜绝浪费的消费理念，普及反食品浪费制度规范。并发放满意度调查问卷，切实提高区直机关就餐职工用餐体验，实现“光盘”的干部职工可以凭反食品浪费卡片兑换小礼品。本次宣传活动，累计发出倡议书400余份、宣传页400余份，满意度调查表300余份，“光盘”兑换小礼品300余份。

【公车管理】2023年，与区财政局联合下发《东营区党政机关公务用车配备标准管理办法（试行）》等三项制度，进一步提高全区公务用车管理水平。坚持问题导向，对平台管理人员、驾驶员进行安全培训和教育，严格车辆安全例检制度，夯实公车安全管理基础，不断提升管理水平和服务质效。联合区纪委监委开展公车租赁领域突出问题专项督查工作，对27个部门单位进行现场督查，进一步守牢公车领域纪律红线。

2023年6月8日，区机关事务局、胜利油田车辆管理中心干部双向挂职交流座谈会召开

【公共资产管理】全面实施全区房地产清查工作，组织召开全区房地产清查工作培训会。从基础信息摸底到国有房地产资源整合，从东营区管理平台系统建设到实现与国家、省、市数据共享交换，从清查历史遗留问题到完善办理权属登记，争取全方位、多角度实现东营区国有房地产管理信息化、标准化建设，确保“运行机制健全、管理边界明晰、房产底数准确、处置程序规范、资产效率提高”。

【公共机构节能管理】强化低碳节能宣传引导，配合区委宣传部开展“绿色行动·油地同行”十大行动项目推广活动，积极筹备全国节能宣传周、全国低碳日等系列活动。联合区发展改革局、区综合行政执法局、区供电公司举办2023年东营区公共机构节能宣传周启动仪式，并现场观摩东营区垃圾分类运营中心，引导干部职工践行简约适度、绿色低碳的生活方式。

（区机关事务局　武敏）

中国人民政治协商会议东营区委员会

- 综述
- 重要会议
- 重大活动

中国人民政治协商会议东营区委员会

综 述

【概况】2023年，区政协常委会躬身垂范建言献策，勤勉履职献计出力，共组织召开2次专题协商议政会议、4次常委会会议、12次党组（扩大）会议，对15项重点课题进行了协商议政、调研视察，向区委、区政府提交协商报告、调研报告15份，意见建议150余条；政协委员依托各委员活动室、界别委员议事厅，参与基层协商议事活动30多场次，协商解决群众关心关注的操心事、烦心事、揪心事110余件，在高水平现代化强区建设的征途中留下了坚实的政协印记。

【聚焦中心工作】区政协领导班子成员参与联系帮扶重点企业、包靠镇街、财源建设、安全生产、信访维稳等全区中心工作，帮助解决问题，抓好协调服务，在推动重点工作落实中展现政协作为。政协委员深入村居、社区、企业调研走访，帮助协调解决生活困难和工作难题100余项。制定《东营区2023年度协商工作计划》，首次召开专题议政性常委会会议，围绕城市更新突破、打造区域医疗高地等重大事项深入协商，形成2篇高质量协商报告，其中《宜居宜业宜游，建设高品质幸福城市》协商成果在市政协九届三次全体会议上作大会发言。聚焦数字经济突破升级、非物质文化遗产传承进行专题协商，提出一系列有见地、有价值的意见建议，形成的《蓄动能，添动力，深耕数字经济“新蓝海”》协商成果在市政协常委会上作大会发言。围绕发展楼宇经济、城市停车管理数字化转型等主题进行对口协商，组织农业界别委员围绕完善现代农业体系开展界别协商，有价值的建议得到相关部门采纳。全年开展协商活动9次，形成协商报告9篇，协商交流发言100余人次，提出意见建议200余条，把助推区域经济社会发展体现在建言献策的实际行动上。进一步推进政协协商与基层协商相衔接、与社会治理相融合，新建、规范“有事多商量·诚邀来协商”议事平台15处，将全区政协委员分到各委员履职活动小组，搭建起“区—镇（街道）—村（社区）”协商联动格局。各小组依托各镇（街道）政协委员活动室、界别委员议事厅，聚焦党政关注的要事、民生改善的实事、社会治理的难事，深入村居（社区）、田间地头、企业车间协商解决产业结构调整、基础设施建设、胜利油田“三供一业”移交遗留及小区马路市场、车辆乱停乱放等各类问题30余件（次），开展送科技进企业、义诊进社区、重阳节送健康、法律援助、送春联下乡等为民服务活动40余次。同时立足能用、实用、管用，将“东营区智慧政协”系统积极嵌入省政协“有事多商量”数字平台，录入各类协商活动信息25次，构建起全方位、立体化“有事多商量”线上协商平台。

【民主监督】实施调研式监督。

聚焦经济社会高质量发展的重要问题、人民群众普遍关注的民生热点问题，构建党委政府、职能部门、政协委员、专业人员、群众代表“五位一体”调研式监督格局，多角度多层次对监督协商议题进行分析讨论，提高调研“言值”。围绕完善全民健身公共服务体系、做大做强财政蛋糕、住宅小区物业管理情况、释放文化产业新动能等重点课题，开展调研式监督6次，提出有针对性意见建议50余条，政协的建议权得到充分发挥，一批“建议清单”转化为“成果清单”。特别是在承担的市政协“突破养老产业发展”调研课题中，开展靶向调研，赴江苏常州考察学习现代养老社区建设，开展区内、区外调研活动5次，形成的《提升养老服务品质，打通失能失智老人服务“最后一公里”》调研成果在市政协常委会上作大会发言，并转成社情民意信息专报，得到市政府主要领导的阅批办理。推进提案监督。充分认识提案监督的独特优势和作用，健全完善提案办理工作机制，紧抓知情服务、选题引导、委员培训等关键环节，鼓励委员情系民生民利，集聚群众智慧，积极运用提案形式建言献策。进一步发挥区政协领导班子成员领衔督办的示范引领作用，全面带动同类提案办理落实，达到“办好一件、解决一片”的效果。围绕“关于深化油地融合发展的建议”“关于培育更多专精特新企业，助力经济高质量发展的建议”进行重点提案办理协商，采取“办前面商、办中会商、办后协商”的方式，全程跟踪办理进度，召开重点提案督办协调推进会，确保重点提案高质量办理、按时效完成。深化社情民意监督。充分发挥社情民意信息“上搭天线、下接地气”的独特优势，积极动员广大委员聚焦党委在谋、政府在推、群众在呼的问题，深入调查研究，深刻分析提炼，积极建言献策，完善上报、转办、回复“三位一体”的工作方式，对社情民意信息编发从信息收集、筛选修改、编发报送、批示跟踪、落实反馈、委员联络、考核评价7个环节进行全链条改革，实现社情民意信息闭环管理。

【提案办理】十届二次会议以来，区政协共收到提案162件，立案交办147件，提案办复率100%，委员满意和基本满意率100%。

【社情民意信息】2023年共收集社情民意信息816篇，156篇信息被省、市政协采用，其中“我国发展不动产投资信托基金面临难点与建议”“关于在山东省青岛市建设海洋蓝碳特色示范区的建议”等3条信息被省政协上报全国政协，并形成10期《社情民意信息专报》，均得到区委、区政府主要领导批示并转交有关部门单位研究落实。

【文史宣传】征集吕剧传承文化等地方史料10万余字，策划出版《东营区非物质文化遗产名录》等地方文化专题丛书。组织文史专家参与新建路桥和公园命名，走访调研5次，命名“泮水公园”“城北湿地公园”等11处，凸显地域特色、留住城市历史记忆。区政协文化与艺术联谊会充分彰显政协特色优势，开展朗诵进社区、书画进军营、音乐交流会等活动15次，与乌海市政协举办“笔墨抒怀·情聚黄河”书画美术联展，展出书画美术作品60幅，以书言志、以画寄情，全面系统地反映了两地经济社会发展、自然风光和民俗风情。精心制作电视栏目《城市更新，打造看得见摸得着的幸福》，以城市“小视角”折射更新“大变化”，让凝聚共识既要厚积“磁场”，也要放大“辐射”。坚持把讲好政协故事作为凝聚共识的重要抓手，充分利用《联合日报》《春秋》《东营日报》等宣传阵地，先后发表新闻稿件30余篇。

重要会议

【政协第十届东营区委员会第二次会议】2023年1月3—5日，中国人民政治协商会议第十届东营市东营区委员会第二次会议在胜利宾馆召开。大会应到委员243

2023年1月4日，中国人民政治协商会议第十届东营市东营区委员会第二次会议召开

名，实到189名。会议审议并批准杜书亮代表政协第十届东营区委员会常务委员会所作的工作报告和张乐春所作的提案工作报告，通过有关人事事项。委员们参加东营区十五届人大二次会议，听取并讨论燕雪英区长所作的政府工作报告，听取并讨论东营区人民法院工作报告、区人民检察院工作报告及其他报告，均表示赞同。会议通过政协第十届东营区委员会第二次会议决议。

【常务委员会议】2023年，区政协第十届东营区委员会召开3次常务委员会议。

十届五次常委（扩大）会议　3月31日，区政协十届五次常委（扩大）会议召开。会议传达学习全国政协十四届一次会议精神，讨论通过《东营区政协2023年协商工作计划》《东营区政协2023年工作要点》。区政协主席杜书亮出席会议并讲话，区政协副主席刘瑞俭、马献忠、陈卫红、沈彦明、张乐春、吕全友出席会议。

十届六次常委（扩大）会议　6月20日，区政协十届六次常委（扩大）会议召开。会议审议通过有关决定，听取区城市发展投资集团有限公司、区卫生健康局、区住房城乡建设局工作情况的汇报，围绕“聚焦城市更新突破，打造舒朗大气、生态宜居的美丽城区”“打造区域医疗高地，提高医疗服务水平”开展协商议政。区政协主席杜书亮出席会议并讲话，区政协党组成员生利林主持会议。区政协副主席刘瑞俭、马献忠、陈卫红、张乐春、吕全友出席会议。会上4名委员作大会发言，3名委员作书面发言，提出具体意见建议。

十届七次常委（扩大）会议　9月12日，区政协十届七次常委（扩大）会议召开。会议分为两个阶段：第一阶段，与会人员实地视察全国油气勘探开发技术公共创新基地项目、城南高效现代农业产业园项目、中心城区综合物流园项目，现场听取项目情况介绍。第二阶段，会议讨论通过有关人事任免事宜，听取全区上半年经济社会发展情况的汇报。区政协主席杜书亮出席会议并讲话，区政协副主席刘瑞俭主持会议，区政协副主席马献忠、陈卫红、张乐春、吕全友，党组成员生利林，秘书长刚宪珍出席会议。会上，3名委员作大会发言，对全区经济社会发展提出合理化意见建议。

重大活动

【上级、外地政协考察调研】

市政协副主席段鸿到东营区开展专题调研　2月16日，市政协副主席段鸿到东营区就“突破养老产业和养老事业发展”开展专题调研。区政协主席杜书亮，区政府副区长张树卫，区政协副主席张乐春参加活动。

漯河市政协考察组到东营区进行考察　3月21日，漯河市政协考察组到东营区考察高效农业发展工作。区政协主席杜书亮，副主席张乐春，秘书长刚宪珍参加活动。

克拉玛依市政协调研组到东营区进行调研　3月27日，克拉玛依市政协调研组到东营区学习考察东营高新技术开发区先进工作经验和做法。区政协主席杜书亮，副主席张乐春，秘书长刚宪珍参加活动。

省政协教科卫体委主任燕翔到东营区调研 4月11日，省政协教科卫体委主任燕翔带领调研组到东营区就“城乡建设绿色低碳发展”进行专题调研。市政协副主席王志安，区政协主席杜书亮，区委常委、区政府副区长朱科峰，区政协副主席吕全友参加活动。

市政协副主席常淮诚到东营区开展专题调研 4月26日，市政协副主席常淮诚到东营区就“推动绿色低碳高质量发展”开展专题调研。区政协主席杜书亮，副主席刘瑞俭，秘书长刚宪珍参加活动。

福建省龙岩市政协调研组到东营区进行调研 5月16日，福建省龙岩市政协调研组到东营区就殡葬改革事宜进行调研。区政协主席杜书亮，副主席张乐春，秘书长刚宪珍参加活动。

省政协副主席刘均刚到东营区开展专题调研 5月17日，省政协副主席刘均刚到东营区就“我省黄河流域生态保护专项民主监督”开展调研。区政协主席杜书亮，秘书长刚宪珍参加活动。

市政协常委、委员联络工作委主任陈景新到东营区开展协商活动 5月30日，市政协常委、委员联络工作委主任陈景新到东营区开展“加强新时代高技能人才队伍建设”月度协商活动。区政协主席杜书亮，副主席陈卫红参加活动。

2023年5月26日，文汇街道政协委员履职活动小组会议暨文汇街道政协委员活动室揭牌仪式举行

枣庄市政协张德琦副主席到东营区进行调研 5月31日，枣庄市政协张德琦副主席到东营区就智慧医养服务进行调研。市政协副主席生钦勇，区政协主席杜书亮，秘书长刚宪珍参加相关活动。

市政协主席刘美华到东营区开展专题调研 6月5日，市政协主席刘美华到东营区就养老事业和养老产业发展工作开展专题调研。区政协副主席吕全友参加活动。

德州市政协调研组到东营区进行调研 6月6日，德州市政协调研组到东营区就食品加工产业发展和现代农业建设进行调研。区政协党组副书记、副主席张乐春，党组成员生利林参加活动。

四川省政协副主席刘成鸣到东营区进行考察 6月26日，四川省政协副主席刘成鸣带队到东营区就“产教融合推动高质量发展”课题开展考察活动。区政协主席杜书亮，副主席吕全友，秘书长刚宪珍参加相关活动。

吉林省辽源市政协副主席施玉林到东营区进行考察 6月27日，吉林省辽源市政协副主席施玉林到东营区就提案办理创新和制度创新工作进行考察。区政协主席杜书亮，副主席张乐春，秘书长刚宪珍参加活动。

市政协主席刘美华到东营区开展走访慰问 6月30日，市政协主席刘美华到东营区龙居镇方家村走访慰问中华人民共和国成立前入党老党员林芳彬和生活困难党员方青春。区政协主席杜书亮，秘书长刚宪珍参加活动。

市委副书记、政法委书记孙早军到东营区开展调研 7月19日，市委副书记、政法委书记孙早军到东营区调研残疾人就业工作。区政协主席杜书亮参加活动。

省政协副主席王修林到东营区开展调研 7月20日，省政协副主席王修林带队到东营区就“推进居家社区养老服务”开展调研。区政协主席杜书亮，副主席张乐春参加活动。

枣庄市市中区政协副主席罗春耕到东营区开展调研 7月20日，枣庄市市中区政协副主席罗春耕带队到东营区调研“界别同心汇”创建及协商议事工作。区政协副主席张乐春、吕全友参加活动。

河南省洛阳市宜阳县政协调研组到东营区进行调研 7月25日，河南省洛阳市宜阳县政协调研组到东营区调研。区政协副主席马献忠参加活动。

市政协副主席王志安到东营区开展专题调研 8月8日，市政协副主席王志安到东营区就“规模以上工业企业研发活动全覆盖”课题开展专题调研。区委副书记、区长燕雪英，区政协主席杜书亮，副主席吕全友参加活动。

市政协副主席王新明到东营区开展专题调研 8月29日，市政协副主席王新明到东营区就“全市宗教场所规范化管理”开展专题调研。区委常委、统战部部长、区政协副书记王海明，区政协副主席陈卫红参加相关活动。

市政协副主席王新明到东营区开展专题调研 8月31日，市政协副主席王新明到东营区就“推动基层侨务工作高质量发展”开展专题调研。区政协主席杜书亮，秘书长刚宪珍参加活动。

海南省澄迈县政协副主席、工商联主席何洁贞到东营区进行考察调研 9月14日，海南省澄迈县政协副主席、工商联主席何洁贞带队到东营区考察调研油气勘探生产服务、石油装备智能制造工作。区政协副主席吕全友参加活动。

市政协副主席韩利学到东营区开展专题调研 10月10日，市政协副主席韩利学到东营区就“加强知识产权保护工作，助推经济高质量发展”开展专题调研。区政协主席杜书亮，副主席刘瑞俭参加活动。

包头市政协副主席郝文到东营区进行考察 10月12日，包头市政协副主席郝文到东营区学习考察有关加强农业基础设施建设、加强盐碱地治理改造、打造国家重要农畜产品生产基地方面的经验做法。市政协副主席韩利学，区政协主席杜书亮参加活动。

市政协副主席常淮诚到东营区开展专题调研 10月12日，市政协副主席常淮诚到东营区围绕“推动北方城市清洁取暖，助力打赢蓝天保卫战”开展专题调研。区政协副主席刘瑞俭参加活动。

内蒙古自治区乌海市副主席傅庭琳带领考察团到东营区考察 11月1日，乌海市政协考察团先后到胜利油田科技展览馆、龙居镇生态林场进行参观并听取相关情况介绍。市政协副主席刘志坚，区政协主席杜书亮，副主席马献忠，秘书长刚宪珍参加活动。

【政协及机关重要活动】

2月13日，区政协召开区政协党组2022年度民主生活会。区政协主席杜书亮，副主席张乐春、吕全友，党组成员生利林，秘书长刚宪珍参加会议，副主席刘瑞俭、马献忠、陈卫红列席会议。

2月16日，区政协开展2023年工作务虚会。区政协主席杜书亮，副主席刘瑞俭、马献忠、陈卫红、张乐春，秘书长刚宪珍，各委室主任参加会议。

3月10日，区政协机关召开2023年上半年党风廉政建设和反腐败工作专题党组会议。区政协机关党组书记刚宪珍主持会议，区纪委监委派驻第二纪检监察组书记王林章到会指导工作。

3月15日，区政协主席杜书亮，副主席刘瑞俭、马献忠、陈卫红、张乐春调研辛店街道城市更新工作。

4月6日，区政协召开镇街政协工作座谈会暨东营区智慧政协数字平台交付启用座谈会。

4月13日，区政协召开“养老事业和养老产业发展”座谈会。区政协主席杜书亮，副主席张乐春，秘书长刚宪珍参加会议。

5月7—13日，区政协在浙江大学（华家池校区）举办委员履职能力培训班。区政协主席杜书亮，副主席马献忠、陈卫红、沈彦明、张乐春、吕全友，党组成员生利林，秘书长刚宪珍参加培训。

5月24日，区政协组织召开胜利油田“三供一业”移交遗留问题专题调研座谈会。区政协主席杜书亮，副主席张乐春，秘书长刚宪珍参加会议。

5月26日，区政协举行文汇街道政协委员履职活动小组暨文汇街道政协委员活动室揭牌仪式。区政协主席杜书亮，秘书长刚宪珍参加活动。

6月14日，区政协组织开展“聚焦城市更新突破，打造舒朗大气、生态宜居的美丽城区”调研活动。区政协主席杜书亮，副主席张乐春，秘书长刚宪珍参加活动。

7月11日，史口镇履职活动小组会议暨史口镇政协委员活动室揭牌仪式举行。区政协主席杜书亮，副主席刘瑞俭，秘书长刚宪珍参加活动。

8月1日，区政协开展培育壮大新型农业经营主体，推动农业高质量发展专题调研活动。区政协党组成员生利林参加活动。

8月30日，区政协主席杜书亮带队就第1002086号提案——关于落实普惠金融，全面推进乡村振兴的建议开展重点提案督办活动，并在东营农商行胜利支行召开座谈会。

9月15日，区政协党组及机关学习贯彻习近平新时代中国特色社会主义思想主题教育工作会议召开。区政协主席杜书亮，副主席刘瑞俭、马献忠、陈卫红、张乐春、吕全友，党组成员生利林，秘书长刚宪珍及政协机关全体干部职工参加会议。

10月17日，区政协开展“完善全民健身公共服务体系，增强人民体质”专题调研活动。区政协副主席吕全友参加活动。

10月20日，区政协开展“做大做优财政蛋糕，全面支持全区经济社会发展”专题调研活动。区政协副主席刘瑞俭参加活动。

10月24日，区政协开展“儿童友好城市建设”专题调研活动。区政协副主席陈卫红参加活动。

（区政协机关综合保障中心 朱胜凯）

中国共产党东营区纪律检查委员会
东营区监察委员会

中国共产党东营区纪律检查委员会 东营区监察委员会

综　述

【概况】 2023年，东营区纪委监委自觉扛起全面从严治党政治责任，以自我革命精神正风肃纪反腐，为加快高水平现代化强区建设提供坚强保障。持之以恒做实做细政治监督，践行“两个维护”更加坚定自觉。扎实开展学习贯彻习近平新时代中国特色社会主义思想主题教育和纪检监察干部队伍教育整顿，坚持以黄河重大国家战略专项监督为统领，拓展运用“一台账、两清单、双责任、双问责”监督机制、不断深化“调研式”监督、“点穴式”巡察等监督方式，确保习近平总书记对山东工作和视察东营重要指示要求全面落实。一体推进不敢腐、不能腐、不想腐，始终保持查处、惩治、震慑不松劲不手软，制度刚性约束不断增强，反腐败斗争压倒性胜利更加巩固拓展。驰而不息纠“四风”树新风，巩固中央八项规定精神堤坝，深入纠治形式主义、官僚主义，干事创业氛围日益浓厚，政治生态不断向好。锲而不舍维护群众利益，扎实推进“清廉村居”建设，深入开展乡村振兴领域不正之风和腐败问题专项整治，“三资”清管卓有成效，执纪为民的政治立场更加坚定。统筹推进主题教育和教育整顿，扎实开展违规办案行为、案件质量问题、打探干预跑风漏气、法规制度执行不到位等10项专项整治，刀刃向内淬炼过硬铁军。

2023年2月2日，中国共产党东营市东营区第九届纪律检查委员会第三次全体会议召开

【服务中心】 制定《“护航行动”工作方案》《2023年项目任务清单》，将总投资266亿元的84个项目纳入监督范围，成立7个监督检查组对八大更新片区开展常

态化监督检查，发现并督促整改突出问题25个。深入推进护航优化营商环境专项行动，制定《护航优化营商环境十项措施》，采取随机式、点穴式等方式开展明察暗访，发现并上报涉营商环境问题线索11条。持续提升信访举报办理能力，创新建立线上线下双闭环运行管理、纪委班子成员参与研判信访件、“了结前预审”三项制度，全区纪检监察机关全年接收信访举报369件次，初次举报三个月办结率85.94%，六个月办结率98.28%，首办结服率89.66%。开展房屋产权确权颁证历史遗留问题专项整治，28个未办理不动产证的项目（小区）已达办证条件，惠及居民4932户。持续建设“清廉村居”，深入推动乡村振兴领域不正之风和腐败问题专项整治，制定《“小微权力”运行负面清单40条》，查处侵害群众利益问题42起62人、给予党纪政务处分47人。持续推进农村“三资”清管一体专项行动，整改问题合同1472份，追缴承包费、租赁费等2838万元，清收债权2195万元，收回土地等资产资源10974余亩，全区214个村居中已有195个村居完成“三资”清理，实现年新增集体收入1550万元。

【队伍建设】 深入开展纪检监察干部队伍教育整顿，制定《教育整顿实施方案》《学习教育工作计划》等3个文件，组织开展各类研讨学习181次，制发教育整顿工作简报12期，及时总结教育整顿成果经验。对党的十八大以来涉及纪检监察干部问题线索全面清查，起底在任纪检监察干部已办结问题线索9件，其中给予谈话提醒2件、予以了结3件、重复举报件3件，对教育整顿以来新收的8件问题线索即收即办，确保动态处置到位。坚持党建引领，以学习交流为主线，做实“体验式”主题党日，先后开展教育整顿党性课堂、“干部家属进机关”、现场旁听案件庭审等活动，让党员干部在实践中增强理论认同、思想认同、身份认同。持续提升干部能力素质，开展全员培训6次，组织一线办案人员赴青岛大学纪检监察学院开展集训，实施“青苗淬火”计划，制定轮岗历练、带题调研、“师带徒”等10项措施，督促年轻干部自主加强政治历练和实践锻炼。

纪检监察工作

【政治监督】 坚持以黄河重大国家战略专项监督为统领，不断丰富和拓展“一台账、两清单”，发现各类问题22项，督促完成整改21项；制发整改提示函3期、整改督促函1期、主体责任提醒函3期。完成区级活页建设，积极推进镇（街道）、区直部门单位活页建设工作。持续加大对信访维稳、安全生产、生态环境、防汛救灾等工作的常态化监督检查，及时发现敷衍塞责、履职不力等突出问题，主动约谈1262人次，谈话提醒284人次，问责10人，给予党纪政务处分3人，确保责任压力传导到位。完成九届区委第二轮、第三轮巡察以及教育系统上下联动巡察全覆盖，启动九届区委第四轮巡察并同步开展“巡审联动”，共发现各类问题2241个，督促被巡察党组织立行立改问题87个，向有关部门单位提出意见建议98条，移交问题线索55条，运用“第一种形态”处理41人，立案28人。

【一体推进“三不腐”】 采取集中分析、集中研判、集中办案工作模式，定期召开线索处置分析会，提高问题线索处置效率。2023年全区纪检监察机关共处置问题线索666件，立案226件，结案166件，给予党纪政务处分163人，留置4人，移送检察机关2人，严肃查处垦利区委巡察四组组长、一级主任科员李某某严重违纪违法案件。联合西城服务协调中心纪委、区教育局、区卫生健康局制定《接续业务从业人员教育监督管理一体化运行机制》，共同发力实现对胜利油田移交东营区人员的有效监管。组建35人“青廉送”宣讲团，到区直部门单位、油田二级单位等处开展廉政宣讲22场次；协助区委召开全区党员干部警示教育大会、工程建设领域警示教育大会，拍摄制作《正风肃纪一抓到底》《初心之失》《破作风之弊，守气正风清》专题警示教育片、《清风筑梦》微电影，做实常态化警示教育。全力推动“清廉民企”建设，编制《东营区“清廉民企”建设指引》，制定12项制度模板，初步建成海科新源和森诺科技2家试点。

【纠治“四风”】 持之以恒纠治“四风”。紧盯干部队伍存在的推诿扯皮、失职失责，抓贯彻落实不力等突出问题，开展基层治理不良现象及不担当不作为乱作为假作为问题专项整治，梳理排查问题线索15条，立案13人，给予党纪政务处分4人，诫勉谈话1人，谈话提醒11人。聚焦形式主义、官僚主义突出问题，针对加重基层负担、学校教师负担等课题开展调研，找准问题症结、明确整治方向，共查处形式主义、官僚主义问题16起32人，给予党纪政务处分24人。紧抓关键时间对“四风”问题明察暗访，发现重要问题线索28条。其中，公车租赁领域专项察访成效明显，发现各类问题20个、问题线索9条，向2个部门单位制发纪检监察建议书并同步向区级分管领导送达主体责任提醒函，督促推动系统整改。始终坚持严管与厚爱结合，不断提高“四种形态”运用的精准性，“第一种形态”占比72.3%，开展容错纠错5起6人，为8名党员干部澄清正名，联合公安机关严厉打击涉辛店社区主职干部不实举报行为，遏制重复越级信访问题，旗帜鲜明为干部鼓劲撑腰。

（区纪委区监委　张敏）

巡察工作

【强化政治担当】 修订完善《九届区委巡察工作规划》，将全区383个单位党组织全部纳入巡察监督范畴，组织实施九届区委第三轮、第四轮巡察，完成第二轮、第三轮及教育系统上下联动巡察反馈，督促被巡察党组织立行立改问题87个，移交问题线索55条，立案28人，运用“第一种形态”处理41人。深化市区巡察上下联动和贯通协同，把医药领域、优化营商环境领域专项监督内容以及乡村振兴的监督重点嵌入巡察，发现并推动解决医药、优化营商环境、乡村振兴战略实施方面的问题。同时，紧盯“一把手”贯彻党中央重大决策部署、落实管党治党政治责任以及执行民主集中制、选人用人、作风建设、廉洁自律等六个方面情况进行监督评价，形成专题报告供区委参考。

【加强素质能力建设】 强化理论学习，提高政治素养。积极打造“铸剑护航”党建品牌，各巡察组依托临时党支部同步落实主题教育和纪检监察干部队伍教育整顿有关要求。注重规范引领。注重办、组、室力量统筹，建立周报告、巡察办主任跟组调研、巡察发现问题线索集中研判、巡察中期汇报等制度，动态掌握巡察工作“时、度、效”，打造协同发力、一体推进工作格局；完善整改评估机制、建立巡后复盘总结机制，注重将成果转化为工作实效；制定《区委巡察工作高质量发展目标参考标准》，推动巡察后评估工作走深走实；形成《关于进一步规范村（社区）巡察整改工作的十条措施》等制度汇编，确保规范精准监督。出台《选派优秀干部到巡察一线实践锻炼的实施办法》，建立“单独评优”激励措施，每年度评选一定比例的优秀抽调干部，在年度考核中评定为“优秀”等次，不占派出单位名额。

【构建监督协同机制】 完善区委巡察机构与纪检监察、组织、审计等部门协作联动工作机制，加强在信息、资源、力量等方面全过程协同。与纪检监察机关贯通“三项机制”，健全巡前通报机制，“面对面”沟通巡察监督重点；完善巡中协作机制，持续发挥“不驻组的副组长”作用，参与重点问题会商、线索研判；创新巡后整改协作机制，健全完善“三方联审”“整改评估”等机制。推动成果运用融合，推出“两单一书一报告”按程序及时移交相关部门办理，推动普遍性、倾向性问题一体整改、系统整改。巡察经验《不再上锁的公厕》《注重解民生难题，提升督促整改的力度温度》《不再流失的国有资产》分别在《人民日报》、中国网、大众网刊发。

（区委巡察办 耿秀敏）

重要会议及活动

【中共东营区纪委九届三次全体会议】 2023年2月2日，中共东营区纪委九届三次全体会议召开。会议以习近平新时代中国特色社会主义思想为指导，深入学习贯彻党的二十大精神，认真学习贯彻习近平总书记在二十届中央纪委二次全会上的重要讲话精神及二十届中央纪委二次全会和省纪委十二届二次全会、市纪委七届二次全会部署，回顾总结2022年全区党风廉政建设和反腐败工作，安排部署2023年工作任务。区委书记荀宏水出席会议并讲话，区委副书记、区长燕雪英，区委副书记胥高远，区人大常委会主任张汝淮，区政协主席杜书亮等参加。区委常委、区纪委书记、区监委主任陈林廷代表区纪委常委会作题为《深入学习贯彻党的二十大精神一刻不停推进全面从严治党为奋力开创高水平现代化强区建设新局面提供坚强保障》工作报告。

【全区纪检监察机关“强作风、勇担当、促发展”作风能力提升暨2023年度工作动员部署会议】 2023年2月14日，全区纪检监察机关“强作风、勇担当、促发展”作风能力提升暨2023年度工作动员部署会议召开。会议学习贯彻全市纪检监察机关2023年度工作动员部署会议精神，动员全区纪检监察机关和纪检监察干部锚定目标、担当作为，提振士气、进位争先。

2023年2月14日，全区纪检监察机关“强作风、勇担当、促发展”作风能力提升暨2023年度工作动员部署会议召开

【护航优化营商环境专项行动动员部署会议】 2023年2月24日，区纪委监委护航优化营商环境专项行动动员部署会议召开。会议传达学习省市纪委监委护航优化营商环境专项行动动员部署会议精神，并对全区纪检监察机关开展护航优化营商环境专项行动进行动员部署。

【全区领导干部警示教育大会】 2023年2月27日，全区领导干部警示教育大会召开。会议通报近年来查处的违纪违法典型案例，区委书记荀宏水出席会议并作讲话。

【九届东营区委第二轮巡察和上下联动巡察集中反馈会议】 2023年5月11日，九届东营区委第二轮巡察和上下联动巡察集中反馈会议召开。会议传达学习区委书记荀宏水在听取九届区委第二轮巡察和上下联动巡察情况汇报时的讲话精神，通报区委第二轮巡察和上下联动巡察情况以及巡察期间发现的形式主义、官僚主义和学风不正不实、弄虚作假的典型问题，并对巡察整改和成果运用作出安排部署。

【九届区委第三轮巡察动员部署会】 2023年6月1日，九届区委第三轮巡察动员部署会召开。经区委批准，本轮巡察派出7个巡察组，采取联动巡察与各类监督

2023 年 2 月 27 日，全区领导干部警示教育大会召开

融合、常规巡察与专项巡察结合、延伸巡察与机动巡察并举的方式，对 4 个镇（街道）及所辖 32 个村（社区），医药、优化营商环境、水环境治理等领域 14 个党组织开展巡察，下沉了解全区 132 个村（社区）卫生室（站）。巡察时间 3 个月。

【全区房屋产权确权颁证历史遗留问题专项整治推进会议】 2023 年 6 月 29 日，全区房屋产权确权颁证历史遗留问题专项整治推进会议召开。会议学习贯彻全省、全市关于房屋产权确权颁证历史遗留问题专项整治会议精神及省市领导讲话精神，解读东营区专项整治工作方案，对东营区房屋产权确权颁证历史遗留问题专项整治工作进行再部署再推进。

【2023 年上半年全区党风廉政建设和反腐败工作情况通报会】 2023 年 7 月 27 日，2023 年上半年全区党风廉政建设和反腐败工作情况通报会召开。会议通报 2023 年上半年全区党风廉政建设和反腐败工作情况并就全区党风廉政建设和反腐败工作征求各民主党派的意见建议。

【九届区委第三轮巡察集中反馈会议】 2023 年 10 月 26 日，九届区委第三轮巡察集中反馈会议召开。会议传达学习区委书记赵明印在听取九届区委第三轮巡察工作情况汇报时的讲话精神，通报巡察发现的主要问题，对巡察整改和成果运用作出安排部署。

【九届区委第四轮巡察工作动员部署会】 2023 年 10 月 31 日，九届区委第四轮巡察工作动员部署会召开。会议深入学习贯彻习近平总书记关于巡视工作的重要论述和党的二十大精神，落实中央、省市区委关于巡视巡察工作最新工作要求，安排部署区委第四轮巡察工作。经区委批准，九届区委第四轮巡察共派出 6 个巡察组，采取常规巡察和专项巡察相结合的方式，对龙居镇、文汇街道、胜园街道等 3 个镇（街道）及 41 个村居（社区）开展常规巡察，同步开展“巡审联动”，对民生实事项目及相关专项资金使用情况进行专项巡察。巡察时间 2 个月。

（区纪委区监委　张敏）

2023 年 10 月 31 日，九届区委第四轮巡察动员部署会召开

群众团体

- 东营区总工会
- 共青团东营区委员会
- 东营区妇女联合会
- 东营区科学技术协会
- 东营区工商业联合会
- 东营区文学艺术界联合会
- 东营区贸促会
- 东营区残疾人联合会
- 东营区红十字会

群众团体

东营区总工会

【概况】2023年，东营区总工会辖镇（街道）总工会9个，基层工会组织509个，拥有工会会员55666人。获得市级及以上集体荣誉43项、个人荣誉55项。东营区总工会劳动人事争议调解委员会获评全国“2023年度工作突出基层劳动人事争议调解组织”；东营区税务局职工书屋获评全国“玫瑰书香最美女职工阅读点”；东营区工人文化宫获评“首批省级标准化工人文化宫”；东营区总工会“工助未来·伴你成长”职工子女托管班获评“2023年山东省工会爱心托管班”；东营区税务局获评“齐鲁家庭友好型工作场所”；东营区人民检察院“工会妈妈小屋”获评省级“工会妈妈小屋”示范点；2家企业获评“省级工友创业园”；2个户外劳动者服务站点获评“全省最美工会户外劳动者服务站点”；蓝海御华酒店获批成为省级劳模疗休养基地。获全国五一劳动奖章1人，获评省劳动模范6人、齐鲁工匠2人、省“农民工之星”1人、省新时代岗位建功劳动竞赛标兵8人、省劳动人事争议调解仲裁表现突出调解员1人。在《朝闻天下》《山东新闻联播》《晚间新闻》《大众日报》等媒体刊发报道20余篇。

【宣传教育】以“中国梦·劳动美·东营赞”等主题宣传教育活动为载体，依托工人文化宫，坚持“职工优先，服务群众”原则，先后举办劳模精神宣讲、普法讲座、读书活动、播放红色电影等40余场次；利用社会资源组织开设瑜伽、书法、摄影、健身、乒乓球、烘焙、古筝、咖啡制作、形象设计、八段锦等10余门公益课程；承接“新六艺”公益培训和老年大学器乐、舞蹈、形体礼仪、民族舞等课程。全年参与和服务职工10万余人次，让工人文化宫成为了广大职工最向往、最受益、最温馨的“三最”职工家园。策划拍摄《致平凡　敬不凡》《榜样的

2023年2月12日，“相约工会　相约春天”油地单身青年职工春季联谊会举行

力量》等系列先进模范宣传片，配合市总拍摄《工助未来》微视频，获得全国女职工工作展示一等奖。发挥东营区油地劳模工匠宣讲团资源优势，开展“开新局 劳模说”主题宣传教育活动156场次，覆盖职工1.5万名。

【岗位建功】上线东营区“工荟”先进模范服务管理平台，以“目标管理+项目积分”的方式，对先进模范集体和个人提交的服务社会项目和职工群众需要的社会需求项目进行匹配对接，发挥劳模工匠示范引领作用。自平台运行以来，已发布活动项目69条，参与先进模范246人次。激发企业“产改”主体活力，先后培育胜机公司“三位一体创新体系”、海科集团“职业发展型企业”、森诺公司“家庭幸福型企业”等典型，“一企业一样板”的产改工作格局初步形成。开展“六比一创”劳动竞赛67场次，参赛职工9700余人；基层劳动竞赛19场次，参赛职工1400余人；行业技能竞赛53场次，参赛职工9800余人。

【维权服务】着力打造“工会+法院+检察院+人社+司法”全链条职工维权机制，全年完成裁前调解289件，成功114件；完成诉前调解297件，成功50件；受理法律援助案件95件，完成62件。成立新就业形态劳动者工会法律服务站，提供法律咨询70余次。建立基层工会信息员队伍和风险隐患排查化解长效机制，累计排查企业48家，化解矛盾纠纷5项。全区已建会百人以上企业职代会、厂务公开制度建制率动态保持在98%以上。以“一样本两指引”为参考，因企制宜、分类施策，推动全区13个能级工资试点企业规范协商流程、增强实践运用。新建户外劳动者驿站9家。开办“工助未来·伴你成长”职工子女托管班50余班次，服务职工1800余人。高标准打造“妈妈小屋”2处。对13名在档困难职工发放慰问金32.44万元，对63名较困难的职工发放慰问金8.6万元。常态化开展“四季”帮扶活动，全年走访慰问企业80余个。为170名新就业形态女职工和困难企业女职工提供免费“两癌”筛查。

2023年4月22日，落实黄河重大国家战略劳模工匠东营行暨高技能人才合作交流大会东营区座谈会召开

【自身建设】推动油地深度融合，联合胜利石油管理局群团工作部举办东营区“劳动者风采”随手拍大赛、全区油城人才青年联谊派对、油城职工篮球赛等多项活动。邀请240余名油田职工代表观摩东营区重点民生项目。打破荣誉评选油地壁垒，2023年通过油田推荐选树东营区工匠4人、最美职工2人、区五一劳动奖章获得者2人。17名油田劳模被聘为东营区中小学兼职辅导员。不断扩大工会覆盖面，年内新建企业工会31家。落实新就业形态“十百千万”工程，新建新业态工会组织22家，发展新业态会员2300余人。全年收缴工会经费701.74万元，同比增长19.96%。完成基层工会审查审计46家，审计金额420余万元。落实全国总工会《关于实施小额缴费工会组织工会经费全额返还支持政策的通知》，一万元以下小额缴费工会组织工会经费实现应返尽返。

（区总工会 宋晨）

共青团东营区委员会

【概况】2023 年，团区委获团中央表扬 1 次、团省委表扬 2 次、区委主要领导签批 3 次，入选省级改革试点 1 个，承办省级现场会 1 次、市级活动 5 次，县域共青团基层组织改革中期评估获得“好”等次。

【思想铸魂】广泛开展“学习二十大　永远跟党走　奋进新征程”主题宣传教育和团员青年主题教育，把党的二十大精神传递到青少年群体，更好团结引领广大青少年听党话、跟党走。承办东营市青少年“清明祭英烈 丰碑励青春”主题团队日活动，引导青少年缅怀革命先烈、赓续红色基因、厚植家国情怀。用好“青春领航”宣讲团，创新宣讲方式，用“青春话”传播党的“好声音”，覆盖青少年 8000 余人。用好“团员和青年主题教育平台”，深入开展青年大学习，累计参加学习 16 万人次。深入推进“网上共青团”建设，构建微信公众号、视频号等新媒体矩阵平台，紧密联系网络正能量大 V，强化网宣员队伍建设。评选“新时代东营区最美青年（向上向善好青年）”20 人，通过线上线下宣讲教育，用真人、真事、真情教育引导广大青少年崇德向善、奋发有为。

2023 年 2 月 16 日，东营区“青春领航”宣讲团巡回宣讲启动仪式暨首次集中宣讲报告会举行

【青春建功】主动服务黄河流域生态保护和高质量发展，承办山东青年助力黄河流域生态保护和高质量发展志愿服务行动工作推进会，东营区作典型发言。扎实开展“青河碧水”水质保护、“青力绿滩”生态提升、“青春安澜”防洪减灾、“黄河血脉”文化寻访、“亲青家园”关心关爱五大项目。探索构建共青团参与基层社会治理人员、项目、阵地、资源“四位一体”工作模式，借助“青鸟计划”暑期实习实践，开展“青春向网格报到”“萤火虫助学计划”“美丽中国　青春行动”等服务项目。实施“青春社区 伙伴计划”，共筹集 10 万余元，获得团省委表扬。深化乡村好青年培育工作，推荐杨东亮入选 2022 年度山东省乡村好青年，宋磊磊等 3 名好青年入选 2022 年度东营市乡村好青年。组织开展好青年分享座谈会，学习党的二十大精神，激发乡村好青年发展活力。

【青春护航】推动出台青年友好政策 14 项，构建对青年更友好、更关爱的政策体系，促进青年发展活力提升。举办“青春嗨 GO 季”购物节、黄河岸边写青春、“遇见春天·遇见你”油地青年人才联谊拓展等活动，引领青年感受城市青春活力。做好青春自护教育，组织“青春自护　有你有我”系列活动 140 余场，覆盖 2.65 万名中小学生。深化“希望小屋”项目，常态化开展“书香陪伴 让梦远航”读书分享会、开展“微心愿”等志愿服务活动 11 次。实施希望工程“圆梦大学”行动，为 13 名困境家庭大学新生提供助学金，助力更多学子圆大学梦。搭建校地合作平台，启动“山石学子园区实践计划”，实施“筑梦油城青春代言人”项目。优化“青年驿站”服务，服务学子 78 人次。组织召开东营区青年企业家协会第三届会员大会，吸纳 74 名优秀

2023年4月27日，“青春黄河　踏浪而歌”东营油地青年庆祝五四青年节歌咏大会举行

青年企业家，搭建高质量交流平台，为城市发展注入新活力。

【青春固本】持续深化县域共青团基层组织改革，《建强基层团建体系　激发高质量发展青春动能》经验做法被《东营改革》刊发。团省委对县域基层组织改革进行中期评估，团东营区委被评定为“好”等级，团省委向东营区委发送工作通报。树牢“全团抓基层”导向，坚持党建带团建，落实健全镇（街）青工委运行机制，不断激活基层团建工作。扎实做好团员发展工作，全年发展团员1250名，举办东营区少年团校第五期学生团干部素质能力提升班，加强青少年理想信念教育。强化少年儿童思想政治引领，深化少先队组织改革创新，推进少先队社会化工作体系。组织开展“争做新时代好队员”文化寻访、志愿服务等实践活动和“学习二十大　争做新时代好队员”“同心向党　红领巾更鲜艳”主题教育，教育引导少先队员努力成长为德智体美劳全面发展的社会主义建设者和接班人。

（团区委　李华晨）

东营区妇女联合会

【概况】2023年，全区有妇女组织641个，镇（街道）8个，村、社区、社区网格妇联367个，部门单位妇联（妇委会）149个，“两新”组织和“四新”领域妇女组织117个，妇女小组368个。《巾帼网格员“微力量”绘就基层群众“大幸福”》在全国妇联内刊发表；东营区妇联党建品牌“向阳花开新油城”被评为全省妇联系统优秀党建品牌；《东营区创新“1+3+N”家庭助廉模式　促廉政清风传万家》在《东营改革》发表；推荐“山东省巾帼建功标兵”“齐鲁巾帼工匠”各1名。

【组织建设】建设网格妇联105个，全部建立议事会，开展议事活动1500余次，解决妇儿难题400余个。参与“一站式”矛盾纠纷多元化解工作，依托平安东营区综合体每周例会共商事项50余个，上传网格化服务管理系统195条。寻找市级“最美网格妇联人”7名，区级15名。印发《基层妇联组织维权工作手册》，总结维权“九字工作法”，提升妇联组织维权工作水平。《关于新

2023年3月4日，东营区庆祝“三八”国际妇女节暨最美巾帼风采展示大会召开

形式下如何进一步发挥基层妇女组织作用的调研报告》荣获全省妇联系统优秀调研报告二等奖。

【创业创新】 举办巾帼创业就业项目推介会，开展“春风行动”“雏凤计划”巾帼就业服务活动，线上发布求职招聘信息，参与线下招聘会就业服务活动14场，达成就业意向150余人，发放就业政策等宣传材料4400余份。开展“巾帼家政进乡村（社区）”活动，举办收纳整理、育婴师培训13场，培训妇女400名余名。组织实用技术培训37场，受益妇女1428余人。制定《东营区巾帼电商达人培育工程实施方案》，开展“电商赋能‘她’创业”系列培训活动、电商进阶培训等活动24场，644余名妇女参加，打造巾帼电商创业实践基地1处，培养巾帼电商达人100余人。推荐中石化胜利油田分公司职工吴娟参加“齐鲁巾帼工匠”选树并成功入选。

2023年3月30日，东营区妇联巾帼网络学院发布仪式举行

开展“乡村振兴巾帼行动”志愿服务直通车活动，对10个“双创”项目进行实地指导，协调帮助解决企业问题。联合区工商联等部门举办“税企同心 巾帼同行”庆“三八”主题联学共建及女企业家高质量发展座谈会，帮助企业了解税务政策、降低融资成本。组织蜗牛小镇烧鸡、燕翔手工等4个巾帼创业项目参加“黄河口巾帼好品展”，助力销售近万元。

【妇女儿童权益保障】 升级打造区婚姻辅导中心，常态化开展“四个一”活动，宣传文明、科学、理性的婚恋观。创新建立“三工两师”志愿辅导队伍，服务家庭2400余个，辅导率达100%。心理辅导服务向网格延伸，开展服务230余场次，受益群众3000余人次。举办东营市首批妇联系统“法律明白人”颁证暨东营区“法润油城”巾帼法律服务团成立仪式，招募服务团成员40余名，开展法律知识宣传、法律援助等工作。建设“贴心娘家人”队伍278支，开展心理辅导、矛盾化解等服务1000余次，受益8000余人次。实现希望24热线和“12338”妇女维权热线并轨运行，24小时值班接听，接听来电2000余通，办结率100%。印发《东营区儿童友好城市建设行动方案（2023—2025年）》。召开全区儿童友好城市建设工作推进会议2次，印发《2023年度东营区儿童友好城市建设重点工作责任清单》，将儿童友好城市建设工作列入区委督查事项。深化油地融合，推荐市级儿童友好示范点87处。赴威海市环翠区、烟台市芝罘区考察学习儿童友好城市建设工作。推进“教育满意之区”建设、“吕剧进校园”校本课程标准化工程、“生命地理”妇女儿童成长损伤预警工程、“朝阳花开”未成年人审判等特色工作。制作多类儿童友好文创产品，开展“美好油城‘童’参与”金点子征集活动、开展0—3岁家庭教育普惠性指导服务、举办“油地同心　共育未来”油地家庭教育发展论坛、举办“书香传递暖童心”儿童图书捐赠活动等活动130余场次，推动儿童友好理念深入人心。实施“两癌”困境妇女救助项目，积极争取国家、省、市级救助资金，联合区慈善总会加大救助力度，共救助“两癌”及其他困境妇女儿童254人，发放救助金18.74万元。联合社会爱心企业、人士开展冬日送暖等活动，动员公益人士和企业为“她基金”及东营区“彩虹关爱”基金募集善款6万余元。组织开展“润童心　爱同行”——困境儿童关爱行动，面向区直部门单位及社会爱心人士招募40名爱心妈妈并进行结对。广泛宣传女性健康及“两癌”风险防范知识，发放健康明白纸2000余份。举办女性健康义诊及讲座活动，增强女性健康意识。开展送健康送温暖进社区——关爱女性健康体检活动，让妇女群众近距离享受到优质医疗服务。推进“女性安康工程”，提高适龄妇女参保覆盖面。2023年以来，已为2300余名妇女提供健康保障，发生赔付金额21万余元。

【家庭文明建设】印发《东营区“联动家园社 同频共育人”家庭教育深化提升行动方案》，开展家庭教育指导服务，进一步提升全区家庭教育公共服务供给水平。举办“油地同心 共育未来”油地家庭教育发展论坛、“以德润家 向善向美”首届油地家庭教育知识大赛、“爱在路上”一个鸡蛋的酷走亲子主题活动等系列活动，引导广大家庭营造和谐亲子关系。推动“生命的印痕”0—3岁家庭教育普惠性指导服务民生实事落地落实，打造6处市级示范社区，开展指导服务150余期，受益家庭5000余户。深化家庭教育培训，累计开展家庭教育指导服务等700余次。依托全国家校（园）共育数字化平台及家庭教育云课堂线上平台，发布线上课程120余期。承办东营市“和美乡村树新风　移风易俗倡文明”主题活动，大力培育文明乡风、良好家风、淳朴民风。开展各类优秀家庭（角色）寻找活动，2023年评选各类优秀家庭（角色）135个（户）。开展“故事妈妈”亲子绘本阅读活动、“童年有书　未来有梦”读书活动等，以亲子阅读浸润好家风、传播好家教、引领好风尚。联合印发《东营区“建设和美之家·助力乡村振兴”2023年行动方案》，明确建设工作标准，打造“美丽庭院”升级版，区级及以上“和美之家”农村常住庭院达标率62%。开展互学互比互评，相互学习、共同提高，评选周明星244户，月冠军61户，季擂主24户。完善“时间银行”积分超市积分兑换激励机制，将志愿服务、家风建设、巾帼“双创”等纳入积分超市，2023年累计开展积分兑换活动14场。举办公益市集、“美丽东营　我是实践者”——垃圾分类·“家”行动体验活动等绿色家庭创建活动19场，涵盖辖区居民490余名，丰富“和美之家”建设内涵。

（区妇联　高雅晗）

东营区科学技术协会

【概况】至2023年底，全区有镇（街道）科协8个、企业科协18个、农村专业技术协会2个、科普教育基地44个。2023年，区科协被省科协评为首届山东省青少年科技节优秀组织单位，山东省2023年全国科普日活动优秀组织单位。

【融合发展】油地协作推陈出新，常态化开展胜利油田经济开发研究院、石油工程技术研究院等油田单位交流互动，促进油地融合继续深入推进；把握科协干部油田单位挂职交流机遇，会同胜利石油工程公司党群工作部对接钻井工艺研究院，为新加入东营区科技服务专家库的4名专家举办聘任仪式。在全民科学素质工作社会化合作机构交流中，将爱尔眼科医院3名科技工作者纳入科技服务专家人才库，总人数达到37人，有效加强人才库建设；以人才宣传表彰为抓手，激发全区广大科技工作者干事创业的热情和活力，举办首届油城最美青年科技工作者选树活动，10名来自东营区各行业优秀青年科技工作者脱颖而出。校地合作不断加强，与山东石油化工学院共同举办2023年全国科普日东营市暨东营区主场活动启动仪式，油田、高校和市区镇街各单位出席活动，丰富交流形式，实现合作共赢；主办高校需求座谈会，联合区卫生健康局、红十字会等部门，群策群力助推山东石油化工学院破题发展。会地合作进中提质，发

2023年9月21日，东营区第四届“庆丰收促和美”农民科学素质大赛举行

挥学会人才聚集地的作用，助力服务地方创新驱动发展，联合山东省材料学会发起专家进企业精准对接服务，邀请专家学者调研走访高新区4家科技型企业，围绕产业项目、人才发展和技术需求等方面展开对接交流，为高新区协同创新基地建设提供人才支撑；释放山东省航空学会专业技术能量，组织举办东营区首届无人机大赛，搭建青少年科技发展学习进步和展现自我的舞台。

【科普服务】以科普组织建设为基础，织牢科普网络，发动全民科学素质工作领导小组成员单位、全民科学素质社会化合作机构、镇街以及各级各类科普阵地开展线上科普讲座和线下科普宣传、科技培训、卫生健康宣讲义诊等科普“四进”活动，年内开展专题宣讲、流动科技馆进校园、进集市等各类活动百余场。以素质提升职能为依托，扩大科普影响力。在全国科普日、农民丰收节等重要时间节点，组织开展一系列线上线下科普活动，为“五大人群”科学素质提升工作提质增效，创新开展“阅读阅科普”系列讲座，囊括机器人科普、应急救护、防震减灾等众多科普主题，利用“知东营”APP开展东营区科普知识线上答题活动，线上线下相结合，促进科学普及，全国科普日期间平台活动上传270余条，居各县区之首。以科普品牌打造为抓手，突出特色亮点。东营区第四届农民科学素质大赛成功举行，全区8个镇（街道）24名农民代表参加大赛；举办东营区第八届青少年科学素养电视大赛，全区21所中小学校代表近100人参加比赛，并通过网络进行全程直播，惠及万余人；第四届山东省青少年创意编程与智能设计大赛东营区赛在区三中圆满落幕，区内40多所中小学、幼儿园的1200多名选手参加，此次大赛是山东省内首个完赛的县区赛，并且参与人数居山东省内区赛之最。

【科普打造】不断加大对上争取力度，申报省级科普教育基地1处，配套省科普示范工程项目资金5万元打造眼健康科普馆，争取山东省基层科普行动计划专项资金25万元，启动建设胜园街道东现河社区科普馆和东营市胜利第五十八中学中医药科普教育基地，厚植科普阵地根基。辐射带动多方力量提升全民科学素质水平，召开东营区全民科学素质工作调度会，通过《东营区全民科学素质工作管理办法》，对新出台的《东营区全民科学素质行动规划纲要实施方案》作了深度解读和责任分解。加大科普宣传推广力度。拍摄“趣味小实验 科普大发现”系列视频并推送至“学习强国”学习平台，“探秘机器人 点亮未来梦”机器人科普宣讲在《人民日报》、人民网相继刊发。

（区科协 王珺）

东营区工商业联合会

【概况】至2023年底，全区“网上工商联数据库入库会员1221家，3家企业入选全国民营企业500强，6家企业入选山东民营企业100强。东营区工商联被全国工商联评为2022—2023年度全国“五好”县级工商联，东营区被省工商联评为山东省“万企兴万村”行动典型县区。

【思想建设】打造“益企同行”党建品牌。联合多个职能部门与企业党支部开展“联学共建”活动，搭建职能部门和企业代表面对面沟通平台。成立区工商联主题教育领导小组，集中培训和分组轮训相结合，对所属党员进行全覆盖轮训1100余人次。积极开展走访调研、谈心谈话等活动30余次，及时了解民营经济人士思想动态。宣传解读关于促进民营经济发展的相关政策12次，引导民营经济人士自觉将党的方针政策同企业发展相结合。深入推动“万企兴万村”行动，引导企业以锦鲤养殖项目为抓手，发展庭院经济，户均增收3.6万元；培育兴农产业，开发富硒水稻、富硒西瓜等产品，带动村集体年均增收30余万元；引导商会参与“共富工坊”建设，带动300余人就业，增收500余万元；发挥园区引领作用，利用花卉种植产业优势，流转260亩土地，户均增收2.2万元。积极与上级部门对接，承办全省“万企兴万村”行动工作推进现场会，组织全区“万企兴万村”行动参与企业到典型项目现场观摩。引导企业、商会开展社区义诊义剪、爱心助教、走访慰问等公益活动，累计投入资金8万余元。

2023年10月9日，2023年山东省“万企兴万村”行动工作推进现场会召开

【创新服务】畅通政企沟通平台。开展专题调研活动，深入了解企业生产经营状况和发展困境。会同区纪委监委组织企业、商会举办“优化营商环境”专题座谈会。邀请民营经济人士分别担任区营商环境特约监察员、区行政执法社会监督员。组织企业家参加政企沟通会议9次，提出意见建议17条。建设金融服务平台。联合区税务局到女企业家商会进行联学共建，携手东营莱商村镇银行组织16家企业举办政银企党建共建交流会。依托基层商会，组织金融机构、企业开展政银企对接活动30余起，创新金融服务，解决企业融资400余万元。建设法律服务平台。分别组织召开涉案企业合规工作座谈会和企业合规改革衔接工作座谈会，并作为全省唯一一家县区工商联代表在国家层面第三方机制管委会涉案企业合规巡回检查调研座谈会上作交流发言。成立东营区总商会人民调解委员会，引导8个镇（街）商会全部成立调解组织，建立调解队伍。联合区法院举办全区商会商事调解工作观摩座谈会，联合公检法司等部门组织企业、商会举办法治护航论坛，全面推进法治民企建设。建设产业服务平台。邀请省供应链专家团队开展供应链综合服务、供应链金融赋能服务等领域考察洽谈。联合中国科技开发院组织30余名油田改制企业、科创型企业到深圳参加党建赋能民营企业发展实训营，联合森诺科技有限公司组织近百名民营企业家举办企业经营管理学习会，引导企业抓住发展机遇。

【组织体系建设】召开区工商联七届二次执委会暨民营企业家座谈会，制定《充分发挥企业家执委作用工作制度》，提高执委队伍的向心力、凝聚力和影响力。成立区工商联青年企业家委员会，举办青年企业家教育培训班，擦亮“创优青企　聚惠油城”品牌。加强“四好”基层商会建设，深入推进“一商会一品牌”创建工作，对基层商会工作资金奖补18万元。与异地山东商会、东营商会以及友好工商联开展对标学习活动3次，搭建“双招双引”合作交流平台。探索建设“油城云商”微信小程序服务平台，开启工商联“一站式”数字化服务新时代。认真落实“第一议题”制度，深入学习习近平总书记重要讲话精神以及上级党委、政府关于促进民营经济发展的相关文件，积极开展全国工商联民营企业科技创新基地创建、省级“两个健康”先行示范区创建等工作，强化干部队伍政治担当。组织部分镇街商会负责人、企业赴外地考察学习，与齐河县工商联、莒县工商联等6地工商联缔结友好工商联。

2023年东营区
入选“全国民营企业500强”
（3家企业）

1. 山东海科控股有限公司（第142位）

2. 万通海欣控股集团股份有限公司（第321位）

3. 山东神驰控股有限公司（第333位）

2023年东营区
入选“山东民营企业100强”
（6家企业）

1. 山东海科控股有限公司（第13位）

2. 万通海欣控股集团股份有限公司（第40位）

3. 山东神驰控股有限公司（第43位）

4. 德仕能源科技集团股份有限公司（创新第21位）

5. 胜利油田胜机石油装备有限公司（创新潜力第5位）

6. 山东蓝海股份有限公司（吸纳就业第33位）

（区工商联　聂准）

东营区文学艺术界联合会

【概况】2023年，东营区文学艺术界联合会共管理东营区作家协会、东营区美术家协会、东营区书法家协会、东营区音乐家协会、东营区舞蹈家协会、东营区摄影家协会、东营区朗诵艺术家协会、东营区收藏家协会、东营区戏剧家协会、东营区电影电视艺术家协会10个文艺家协会组织，共有会员1300余人。

【文艺活动】主动参与吕剧振兴工程，配合区委宣传部、区文旅局做好第九届山东省戏剧红梅大赛（吕剧专场）决赛相关活动。高质量完成2023中国沿黄九省区新时代民歌艺术展演、第27届山东美术新人新作展，让高层级、大规模文艺活动落户东营区，更好地满足了人民群众对高品质文化生活的需求。与区委宣传部、区文旅局、区融媒体中心等单位联合举办了“文化花开满园春”“‘德润东营’东营市公民道德宣传日主题宣传”等专场文艺演出。着力弘扬廉洁文化，组织书法家为新区黄河公园撰写了廉政书法对联。

【文艺创作】组织全区广大文艺工作者围绕时代主题、黄河国家战略和本土特色文化开展文艺精品创作，取得新的突破。作家李玉梅承担山东省“十四五”重点文艺创作项目《大胶济》的写作任务。长篇小说《新城记》、歌

2023年5月26日，东营区文艺工作者座谈会暨东营区文化扶持项目发布仪式举行

曲《黄河口、石油城》入选“齐鲁文艺高峰计划”。舞蹈《寻梦·黄河口》和歌曲《黄河口、石油城》入选“讲好东营故事、凝聚奋进力量”主题宣传重点项目。历史大散文《清河烽火》已确定由山东文艺出版社出版。童谣歌曲《黄河口、黄河娃》获山东省青少年歌手大赛一等奖。为道德模范和身边好人专题创作的公益歌曲《微光》受到广泛好评。中国画《青海湖》《和谐赋秋色》《瑶池落英》等中国画作品入展国家级大展。《边疆的泉水》入选全国少儿美术教师作品展。区美协在全市“寻找美术符号、助力乡村振兴”活动中获得佳绩，并被评为组织工作先进单位。

2023 年 9 月 12 日，第十六届山东国际大众艺术节暨 2023 沿黄九省区新时代民歌艺术展演开幕

【人才引育】组织开展东营区首届文艺精品扶持项目遴选，确定19个扶持项目，并举办高规格文艺工作者座谈会和项目发布仪式，进一步增强了广大文艺工作者推进精品创作的积极性。组织本土艺术家积极参加高水平文艺赛事，歌手马树亮获得2023中国柳州全国山歌邀请赛一等奖，歌手张增玉获得2023中国沿黄九省区新时代民歌艺术展演最佳演唱奖，歌手吕峥获得2023第十一届“韩国春川”国际声乐比赛演员组外国歌剧咏叹调组一等奖、演员组中国歌剧咏叹调组二等奖。坚持“请进来”，邀请山东省著名书画家戴丕昌到东营区交流指导，并聘请其为东营区文艺发展顾问。结合2023中国沿黄九省区新时代民歌艺术展演，将20名国内民族民间音乐的专家学者聘任为东营区文艺发展顾问。

【惠民服务】持续做好文艺“四进”及文化进万家相关工作。先后组织艺术家走进森诺科技、区弘文小学、津潍高铁建设现场开展文化交流活动，取得良好效果。春节期间，积极参与“黄河大集”，开展“送春联下乡”活动，累计为人民群众送春联1000余副。

（区文联 李前进）

2023 年 8 月 11 日，东营市东营区电影电视艺术家协会成立暨第一次会员代表大会召开

东营区贸促会

【概况】 2023年，东营区贸促会举办第十六届中国（东营）国际石油石化装备与技术展览会、第十七届中国精密铸造年会、2023年山东精铸产业国际采购对接会——欧洲专场等重大会展和贸易投资促进活动，展产融合经验做法先后获得中国贸促会主要

领导、省政府领导和市委主要领导的肯定表扬，并被省贸促会在全省发文推广，东营石油装备展荣获中国会展业创新发展大会颁发的“中国会展业年度大奖”“2023年中国优秀特色专业展会”等荣誉称号，区贸促会被评为“会展工作先进单位”。开展“走出去、请进来”招商洽谈12次，完成招商引资签约项目1项，项目金额总计3.2亿元。

2023年6月27日，2023年山东精铸产业国际采购对接会——欧洲专场（线上）在黄河国际会展中心举行

【会展展览】 9月26—28日，举办第十六届中国（东营）国际石油石化装备与技术展览会。展会线上参展企业1300余家，线下布展企业400余家，总展览面积4万多平方米，参展展品涉及海陆石油钻采设备、勘探设备、集输设备、固井设备、特种车辆等20个大系列、2800余个品种、18000余件。来自36个国家和地区的3600余名展商、2万余名专业采购商到场布展参观，总参观人数突破6万人次。展会期间，先后举办油气田增产及提高石油采收率技术研讨会、2023中国（东营）能源行业国际合作论坛、2023中国（东营）石油装备产业发展论坛、“东营—鞑靼斯坦共和国”产业合作交流会、油田专用化学剂论坛等15场专业会议活动。共达成贸易协议376个，协议金额74.7亿元，达成项目投资协议15个，涵盖高端化工、高端装备、新材料、新能源、油服等领域。展会荣获中国会展业创新发展大会颁发的“中国会展业年度大奖”“2023年中国优秀特色专业展会”等荣誉称号。10月18—20日，第十七届中国精密铸造年会在东营黄河国际会展中心以“会议＋展览”形式举行。年会以“国内国际双循环下的中国精密铸造高质量发展”为主题，来自全国各地的380多家会员单位近800名代表参加会议，同时举行的精铸原辅材料及设备展示会共吸引到220余家企业参展，其中包含52家东营地区铸件和设备企业，展区面积近10000平方米，现场参会观展人数达1万余人次，线上观看直播人数达4万余人次。6月27日，2023年山东精铸产业国际采购对接会——欧洲专场（线上）在黄河国际会展中心举行。来自全区的16家精密铸造企业及20余家来自德国的精铸及相关产业的企业家和采购商参加此次线上对接会，东营嘉扬精密金属有限公司、山东华腾机械制造有限公司、东营科林精密机械股份有限公司等8家意向开拓欧洲市场的精密铸造企业用PPT进行线上推介，部分中欧企业进行“一对一”线上对接洽谈。

【涉外商事法律服务】 原产地证业务持续优化提升，全年共签发一般原产地证2607单，涉及出口企业58家，贸易金额近3.14亿美元。经过前期的宣传及口碑的推广，5月东营区一新成立外贸企业主动选择注册贸促会原产地证系统，成为首家在东营区原产地证签证点注册的本地企业，全区签证企业总数也因此达到236家。为打通业务壁垒，东营区原产地证业务已在山东省政务服务平台完成政务服务事项实施清单非统一要素编制，为全区外贸企业提供更标准化的政务服务。积极组织业务人员参与国家贸促系统对原产地证业务的技能培训，进一步提升贸促会人员的业务技能和专业水平，为企业带来更优质的服务。不断加强经贸风险预警，全年通过官网、微信公众号发布涉外经贸预警信息60条，组织企业参加“助力企业稳步“走出去”涉外知识产权法律培训会”等活动，帮助企业规避经贸风险。

2023年10月19日，第十七届中国精密铸造年会开幕

【国际商会与国际贸易投资促进】参与筹备中国国际商会东营商会石油装备与技术专业委员会成立大会，包括山东科瑞能源科技有限公司、德仕能源科技集团股份有限公司、胜利油田胜机石油装备有限公司等东营区40余家石油装备企业加入中国国际商会东营商会石油装备与技术专业委员会。组织企业参加“国际经济形势辅导报告会”“中国（东营）—德国‘双招双引’交流会”等会议，帮助企业了解当前贸易形势政策，积极寻求贸易合作，助力企业高质量发展。2023年以来共组织100余家企业参加“黄河口优品”推介会、外贸优品展销会、“山东—越南经贸合作交流会”“2023可持续发展国际合作大会”等20余场经贸活动，取得丰硕交流成果。11月邀请加纳工业协会主席访问东营区，重点推介东营区外经贸奖励政策、园区企业情况及投资发展环境，促成本地石油装备企业与加纳工业协会达成油气装备采购协议。

【绿色精铸产业链】成立东营区绿色精铸产业链党委，由链长担任党委书记，牵头单位主要负责人担任副书记，另有7名产业链成员单位和行业协会主要领导担任委员。谋划建设绿色精铸产业链主题党建空间，为开展共建共享联学联创提供有效保障，选派党员干部担任“红链专员”，走访指导精铸企业党建工作。带领重点精铸企业参加2023第五届青岛国际工业博览会暨2023第五届山东国际铸造工业展览会，通过在展会布置展位，集中展示东营区（绿色精密铸造）特色产业集群及集群重点企业的创新发展成果。统筹协调各产业链成员单位、产业链上下游主要企业与省机械设计研究院对接，邀请专家学者协助编制完成《东营区精密铸造产业规划（2024—2028年）》初稿，主要包含产业发展现状、未来发展目标和方向、高端装备核心零部件产业基地规划等内容，为全区精铸产业实现长期高质量发展划定路线图。

（区贸促会 陈祥凯）

2023年9月26日，第十六届中国（东营）国际石油石化装备与技术展览会开幕

东营区残疾人联合会

【概况】2023年，区残联为993人办理残疾人证，其中上门办证111件。开发适合残疾人工作特色公益性岗位169个，残疾人就业审核和保障金征收总额1775.44万元，实现年增1000万元目标，为134名残疾人提供基本型辅助器具的精准适配服务。深入推进基层残联组织改革和服务创新，成立全市首家企业残协，在全市率先成立“手拉手”残疾人艺术团。“九九公益日”募捐连续4年全市第一，连续4年被省残联授予“先进单位”荣誉称号。中国残联主席对东营区扶困助残“四联”模式作出批示，在全国予以推介。百华石油技术开发有限公司被评选为“2023年全国残疾人按比例就业基地”和“残疾人大学生实习基地”。被中国残疾人辅助器具中心确定为残疾人与半失能老年人康复辅助器具评估与适配体系研究与应用示范优秀试点，并被省残联评为残疾人辅助器具适配服务创新优秀试点。被市委、市政府授予“创新实干、事争一流”“保民生”单项先进集体和“十三五”以来全市残疾人工作表现突出的集体。

【扶残助残】建立补贴标准调整机制，稳步推进“两项补贴”发放，残疾人受益规模持续增长。为6365名残疾人发放生活补贴，3821名残疾人发放护理补贴；77名残疾人享受机构托养服务，216名残疾人享受居家服务；48名残疾人提前领取到养老金；为2548名残疾人购买意外伤害保险；为新入学的4名残疾人大学生发放励志助学金1.8万元，为13名残疾大学生发放学费补助12.75万元；为121户重度困难残疾人家庭实施精准化、个性化无障碍改造，提高改造标准，确保改造“能用、管用、实用、好用、耐用”。

【残疾人就业】开展“共享阳光·残疾人就业创业工程”，确定省级残疾人自主创业标兵2人，市级个体从业13名、庭院经济3名，就业基地1处。百华石油技术开发有限公司被评选为“2023年全国残疾人按比例就业基地”和“残疾人大学生实习基地”，精准帮扶应届高校残疾人毕业生就业，着力做好专科毕业生就业工作，实现残疾人毕业生就业率100%。开展残疾人就业审核，审核企业119家，安置残疾人就业470人。

【民生实事项目】实施儿童康复定点机构规范化标准化建设。225名残疾儿童在定点康复机构接受康复服务，服务满意率100%。“如康家园”残疾人之家实现全覆盖。全区8个镇、街道“如康家园”机构已全部投入运营，共开发辅助性就业岗位51个，为27人提供日间照料，为237人提供社区康复服务。

2023年6月29日，中国残联主席程凯到东营区调研残疾人就业工作

【助残志愿】实行“政府+企业+社会”的助残志愿服务模式。以项目为载体，以点带面，吸引带动400余名爱心人士，230家爱心企业和爱心社会团体加入助残志愿活动中，依托“爱耳日”“爱眼日”“肢残人日”“助残日”“世界自闭症日”等重要时间节点，开展“五个一”文化进家庭、残疾预防知识宣讲、畅游黄河口等

最贴近残疾人需求的主题助残系列活动60余次，在全社会营造了关心关爱扶残助残新风尚。

（区残联 隆鹏）

东营区红十字会

【概况】至2023年底，全区有红十字基层组织84个，红十字团体会员38个，红十字个人会员1718人。区红十字会被表彰为全省红十字应急救护综合能力先进单位、2023年“5·8人道公益日”众筹工作成绩突出单位、山东省红十字应急救护工作先进单位，区红十字应急救护培训基地被山东省疾病预防控制中心评为“2022—2025山东省健康教育基地”。

【应急救援】对中国红十字会灾害网络直报系统进行维护，加强与各应急响应体系成员单位的沟通和合作。加强对鲁益（红十字）应急救援志愿服务队、青年（红十字）应急救援队的管理督导，协调社会力量捐赠价值3.4万元的款物用于救援装备及训练。指导鲁益（红十字）应急救援队参加2023山东（东营）黄河口暨沿黄九市全民健身龙舟赛并提供全程应急保障。动员青年（红十字）应急救援队奔赴河北涿州开展救灾、防疫消杀工作。出动队员15人，救援车辆4台，物资车辆2台，迷雾机10台，消杀43万平方米，受益2500余人。第15个全国“防灾减灾日”期间，组织红十字救援队开展地震灾害应急救援综合演练，开展应急救护、防灾减灾安全知识宣讲6次，开展防灾减灾生命教育体验课。

【人道救助】坚持社会化、开放式、整合资源的理念，募集款物606万余元，积极拓宽人道救助覆盖面。精心组织开展第二届中国红十字总会“5·8人道公益日”众筹活动，充分发动各镇街红十字会、红十字志愿服务队等开展筹资动员。5月7—9日3天，共筹集资金23.56万元，完成“救护培训”和“博爱助学”项目；常态化开展“春节送温暖·博爱石油城”活动，走访慰问贫困户、孤寡老人、造血干细胞和遗体角膜捐献者家庭146户；开展糖尿病肾病患者、心脑血管患者、助老、助学等专项救助活动，发放款项73.63万元；开展适龄女孩HPV疫苗免费接种项目，联系爱心企业捐赠双价HPV疫苗2.5万支，共计440万元；联合爱心企业开展乡村振兴活动，助力龙居镇谢何村、牛庄镇王营村、大杜村、湾杨村，共计21.2万元；为3名白血病患儿、2名先心病患儿申请天使救助基金。

【应急救护培训】加强师资培训和管理，扩大培训师资队伍，开展师资业务规范提升暨授课经验交流座谈会，及时更新授课内容，统一教案。更新“东营区红十字应急救护培训基地”开放时间，“商圈红十字救护站”实行常态化运行，扩大其承载能力和服务范围。围绕“红十字救在身边”行动要求和“五进”原则，积极走进高校、社区、机关、高危企业、重点行业。完成红十字专业持证培训108期，培训合格并颁发证书4177人；开展红十字普及培训66期，惠及36675人次。“人人学急救、急救为人人”“红十字救在身边”“急救地摊”“红十字急救健康”等品牌知晓率、影响力不断提升。

2023年4月19日，胜利街道锦苑社区遗体和器官捐献集中签署仪式举行

【生命关爱】完成 2023 年造血干细胞 71 例血样采集入库工作，造血干细胞成功捐献 2 例。在社区、“两捐”爱心驿站等红十字阵地开展宣传捐献法规、流程等知识活动 20 次。做好规范登记、捐献、捐献后慰问等工作，区遗体器官捐献服务队开展走访慰问遗体器官捐献家人及捐献志愿者活动 8 次。开展清明节追思活动 1 次。2023 年，新增签署遗体（角膜）、器官捐献申请志愿者 54 人，其中登记捐献遗体 37 人，登记捐献角膜 53 人，登记捐献器官 31 人。2023 年实际捐献 15 例，其中捐献遗体 6 人，捐献角膜 15 人，捐献器官 9 人。实际捐献者数量居全市各县区之首。结合世界献血者日，开展“汇聚青春正能量，无偿献血传爱心”主题宣传活动，鼓励更多的爱心人士加入无偿献血志愿者行列，为无偿献血营造良好的社会氛围。

【民生实事项目】结合全区 2023 年度民生实事项目安排，在全区学校、医院、大型商超等重点公共场所布设 50 台 AED。截至 2023 年底，AED 全部投放完成。开展多期应急救护技能培训，构建起 AED 网络地图，让“救命神器”在保护和维护健康方面发挥真正作用。

【红十字基层组织建设】制定《关于加强全区红十字会基层组织建设方案》，加强红十字会基层组织建设。充分利用微信小程序，进一步提升红十字创新服务能力，提高红十字信息化、数字化效能。积极招募、吸收会员，结合基层组织建设工作，充分发挥会员作用，促进全区红十字事业健康发展。新增红十字会员个人会员 1200 人，团体会员 10 个，红十字基层组织 20 个。

【人道文化传播】“5·8 世界红十字日”期间，联合多个志愿服务队在东营植物园组织开展纪念第 76 个“世界红十字日”宣誓健步宣传活动；在黄河路街道兴河社区幸福广场组织开展主题宣传活动暨“应急救护赋能”项目启动仪式；第 24 个“世界急救日”期间，联合区卫生健康局、区应急局在黄河路街道东利社区举办主题纪念活动暨红十字“应急健康驿站”启动仪式；结合“全国防灾减灾日”“世界无烟日”“人体器官捐献志愿服务月”等时间节点，联合区直有关单位和基层红会开展相关纪念活动，扩大红十字影响力。举办富有红十字特色的志愿服务、急救培训、社区宣讲、青少年科普等群众性活动 200 次，不断讲好红十字故事，传播好红十字声音。

【志愿服务和红十字青少年】组织各红十字志愿服务团队开展应急救援、救护培训、遗体（器官）捐献、造血干细胞采集等志愿服务活动。其中，遗体（器官）捐献志愿服务队实施的“让失亲者不失爱”项目被列入省红会重点扶持推广项目。创城工作对接黄河路街道南王屋社区，按照创建全国文明城市网格化管理要求，深入包靠网格、商业大街、背街小巷、公园绿地等开展环境卫生整治志愿服务活动。开展“博爱青春”进校园系列活动，把培育和践行社会主义核心价值观融入红十字青少年工作中。开展“救在身边、校园守护”生命教育进

2023 年 9 月 21 日，东营市“双价人乳头瘤病毒疫苗”公益捐赠仪式举行

校园活动，走进市二中等学校开展红十字应急救护培训4场次，培训师生2000余名。联合区科协、区文旅局宣传“救在身边”等红十字品牌，组织青少年开展志愿服务活动10次。开展“伤害预防、校园守护”校园活动，通过博爱伤害预防（校园）教育加强推动新时代校园生命安全教育工作，保障少年儿童生命健康，胜利一中、胜利三小200余名少年儿童受益。开展“撒种行动”传播生命教育，以“救在身边＋爱心相髓＋生命接力＝体验＋宣传”的形式开展生命教育，让更多青少年了解红十字会核心业务，100余名少年儿童参加。

（区红十字会 吕玮）

法治　军事

- 政法委与综治
- 公安
- 检察
- 法院
- 司法行政
- 军事

政法委与综治

【社会稳定风险评估】 高度重视重大决策社会稳定风险评估机制建设，制定完善《重大决策社会稳定风险评估实施细则》《重大决策社会稳定风险评估专家管理办法》等10项制度措施，将风险评估事项纳入党委、政府决策程序和部门议事规则。创新出台“重大项目容缺登记备案承诺”办法，为重大项目立项开通“绿色通道”。完成4项重大政策、2项重大活动、23个省市级重点项目和19个区级重点项目社会稳定风险评估备案管理，推进社会稳定风险“应评尽评”。

【平安东营区建设】 持续抓好基层平安创建活动和创新项目建设。在全区开展高标准、宽领域、大范围、多层面的平安创建活动，胜园街道及辖区18个村居、社区被命名为市级“平安东营建设示范乡镇（街道）”“平安东营建设示范村（社区）”，辖区22个村居、社区、7家企事业单位被评为区级平安单位。集中优势资源，完成“创新油地警务联调联战工作机制，打造油地警务共同体”“创新打造一体化作战中心，提升打击犯罪和维护稳定效能”等2个平安建设创新项目建设，打造平安东营区建设特色品牌。全面推广运行“平安东营指数”。建立月调度通报和三色警告机制，每月15日对落后指标，分等级进行提醒、警示、督办，对连续3个月在全市40个镇（街道）中排名后10名的镇（街道）进行督办，发布月通报10期，召开专题调度会5次。对重点部门单位及镇（街）进行实地督导调研、谈话提醒3次。针对东营区报警多发、万人起诉率高等问题，牵头建立工作联动机制，汇聚工作合力，压减无效消防警情和非必要诉讼案件。推进社会治安领域群众满意度提升。实施五类突出违法犯罪专项整治行动，破获涉众型经济犯罪案件9起，电信网络诈骗案件204起，抓获犯罪嫌疑人292人，追赃挽损173万元，预警劝阻72590次。查处危险驾驶犯罪案件364起，排查道路交通安全隐患1890处，

2023年5月15日，东营区　滨海公安局区域警务联调联战动员大会召开

整治完成率89.47%。制定《平安东营区建设宣传工作方案》，坚持覆盖全部和突出重点相结合方式，开展三轮线下宣传活动，悬挂横幅900余条，张贴海报2000余份，设置宣传墙41面，播放公益广告3000余条，发放各类宣传品12000余件。通过“八进”宣传等多种方式，广泛开展《中华人民共和国反有组织犯罪法》等普法宣传，张贴宣传挂图8000余份，发放宣传彩页、明白纸4万余份，持续营造扫黑除恶舆论氛围。常态化开展扫黑除恶斗争。持续巩固“三级书记抓扫黑”工作格局，统筹推进打击、整治、防范等各项工作，常态抓好全国扫黑办特派督导反馈的3个方面、省特派督导反馈的4个方面和市督导反馈的5个方面问题的整改落实，召开“大三长”“小三长”涉黑涉恶案件协商会议16次。开展省市重点项目及农村家族宗族涉黑涉恶问题线索摸排，新打掉恶势力犯罪集团案1起，逮捕13人，侦破刑事案件41起。对19类重点行业开展整治，制发涉黑涉恶“三书一函”61份，持续加大行刑衔接与行业监管力度。

【基层社会治理现代化】推进全科网格服务化管理。建设规范矛盾纠纷多元化解调处中心，以社区为基本单元，规范提升95处三级矛调中心，形成社区、镇（街）、区级相贯通、线上线下相结合的调解体系。充分整合各方资源，整合法院、信访、司法、人社、卫健等12个部门单位的36项职能进驻，覆盖日常生活类、权益保障类、涉法涉诉类等全科矛盾纠纷调处，受理调解矛盾纠纷68514件，化解67261件，化解率98.17%。民商事案件诉前调解成功3448件，同比上升45.73%；劳动仲裁案件立案666件，同比下降21.65%；接处治安纠纷受理数量3746件，同比下降32.01%。夯实社会基层治理体系。规范运行三级矛调中心，建立首问负责、协同联动、会商研判、吹哨报到、闭环流转等常态工作机制，实现功能互补联通，运行一体联动，资源集成联用，绩效双向联评。严格落实专职网格员招聘、培训、考评、奖励办法，区级层面组建矛调志愿小组、镇（街）和社区方面各配备1名专职工作人员坐班矛盾纠纷受理窗口。农村方面组建以老党员、老教师、老干部为主的矛调志愿队，形成全区矛调“一张网”格局。全区有194名专职人民调解员、33名联系法官、10名联系检察官、35名联系民警、63名联系律师、34个专业行业性调解组织常态化参与矛调工作，18人被评为二级人民调解员和全市优秀人民调解员。创新开展区域警务联调联战。牢固树立“全区一盘棋、油地一家人、协作一条心”的理念，任命滨海公安机关多层级的72名负责人兼任东营区委政法委及相关镇（街）、社区党组织副书记，联合滨海公安局建立会商研判、信息共享、防控联动、案件协查、纠纷化解、应急处突等6项机制，打破油地治安管辖壁垒，解决社会治理力量分散等突出问题。年内，油地公安开展联合巡防121次，处置中心医院片区、东营村拆迁等矛盾纠纷32起，侦破侵害企业合法权益违法犯罪18起、涉众型经济案件26起，抓获犯罪嫌疑人36人，涉案金额3.54亿元，全区刑事、治安案件发案率分别同比下降22.8%、14.7%。

【执法监督管理】开展涉法涉诉信访化解攻坚专项行动。组织政法各单位以四类案件为重点，对涉法涉诉信访事项进行集中“拉网式”排查，逐案建立动态工作台账，落实政法单位领导包案责任制，推进涉法涉诉信访案件攻坚化解。至2023年底，省台账化解21件，化解率91.3%；省信访局交办台账化解9件，化解率90%。进一步畅通涉法涉诉信访渠道，累计妥善督办涉法涉诉信访案件12件，直接接待群众来信来访6件45人次。开展案件评查工作。从政法干警和律师队伍中择优调整充实案件评查人才库，实行动态调整，提升评查队伍整体素能。针对群众反映强烈、容易发生执法司法问题的案件，协助省评查组评查调卷6件、市评查组评查调卷5件，梳理全区重点案件7起，同步督促政法单位根据评查意见及时进行整改落实。开展执法司法突出问题专项检查，检查监督立案2件，监督撤案2件，民事执行活动监督提出检察建议14件，采纳抗诉意见发回重审1件，不断提升执法司法公信力。常态化开展相关警情“双查”工作。充分发挥执法监督职能，联合政法各单位组建工作专班，对新区、龙居、辛店、胜园、文汇等5个派出所所有警情进行梳理，筛查相关警情111条，形成相关案件48起。同时对相关警情和涉及案件逐条对照、逐项分析，查摆问题14条，向相关单位逐一反馈并限时整改，助推群众报警办理规范化水平和公信力的提升。

（区委政法委 李有龙）

公 安

【维护政治安全】 始终把政治安全置于首位，建立政治安全风险研判机制，周一局长办公例会调度信访积案化解情况，落实“4+X”接访机制，接访重点信访人45人。落实民生诉求办理周调度、月通报、季分析，对疑难诉求跟进督办，推进销号。全年办理各类民生诉求3255件，满意率88.71%。

【打击违法犯罪】 全年立刑事案件1161起，同比上升3.8%。破案693起，抓获犯罪嫌疑人742人，分别同比上升30.26%、34%。命案现案“发1破1”，破获历时18年、19年和21年之久的命案积案3起；抓获在逃人员344人，同比上升207.14%。受理治安案件2803起，同比下降12.54%，查处1444起，同比下降12.91%，抓获违法嫌疑人1082人，同比上升7.13%。整合反诈、网安、信息通信、指挥调度、治安管理、刑事科技等部门职能，升级新型犯罪研究作战中心为侦查中心，年内支撑破获各类案件1027起，协助抓获犯罪嫌疑人869人；工作案例被评为2023年度平安东营建设创新项目路演“最佳创新案例”。年内发电诈案件690起，涉案金额8609.7万元，破案339起，抓获犯罪嫌疑人431人，冻结银行账户272个，挽回损失209.8万元。发起“8·22”打击电信诈骗犯罪集群战役，出动警力3批次160余人，先后赴12个省31个市，抓获犯罪嫌疑人202人，追回损失1000余万元；累计对74899人开展针对性预警劝阻，成功止损830余万元。常态化推进扫黑除恶斗争，在全市率先打掉张某某恶势力犯罪集团，抓获成员45人，破案42起，移诉犯罪嫌疑人40余人。同步开展“云剑”“昆仑”“净网”、禁毒人民战争、“獴猎”“犁平”等系列专项行动，打击经济、禁毒、食药环、涉外等多领域违法犯罪齐头并进。破获经济案件28起，抓获犯罪嫌疑人58人，直接挽损464.6万元；破获涉毒案件10起，抓获犯罪嫌疑人16人；破获涉食品、环境领域违法犯罪9起，抓获犯罪嫌疑人43人；破获涉网络违法犯罪6起，抓获犯罪嫌疑人17人；深入开展打击跨境赌博专项行动，立查跨境赌博类案件125起，抓获犯罪嫌疑人153人；办理妨害国（边）境管理犯罪案件4起，抓获犯罪嫌疑人6人。

【公共安全治理】 常态化开展社会治安清查行动，着重清查打击涉“黄赌毒”违法犯罪治安盲区，对相关部位的酒吧、旅馆、

2023年11月16日，东营公安分局民警在东营区一中高峰岗执勤

洗浴行业开展检查，清查各类场所5550家次；对400余处输油管线周边2千米出租厂房、闲置院落开展走访摸排1200余次。严厉打击“黄赌毒”违法犯罪，查处涉黄案件74起，行政处罚108人，查处涉赌案件58起，行政处罚141人，查处涉毒案件29起，行政处罚28人。以夏季治安打击整治行动为牵引，行动期间，全区刑事、治安警情同比分别下降22.87%、30.09%，扒窃、盗窃电动车类警情同比分别下降53%、73.88%，整治成效明显。加强接处警规范化培训，常态化开展“110”接处警“红蓝对抗”练兵活动，练战结合，提升派出所民警规范执法、突发案事件应急处置、舆情应对、协同作战等多方面能力。参与“平安东营区”建设，加强重点时段和部位巡防密度，提高街面见警率、管事率。加强烟花爆竹、成品油等危爆物品管理，查处涉烟花爆竹案件3起，涉成品油案件8起，依法处罚8人，收缴汽油1060升。

【创新警务改革】 3月，完成文汇派出所迁建，整合公安、交警、出入境等职能，设立“全科警长”，联合税务、房产等部门开通“一厅通办”，实现公安94项业务一站一次办结，“油地军校”融合共治的现代警务模式初具雏形，为全市城区派出所发展树立“新标杆”。完成史口派出所迁建升级，结束长达30年的平房办公历史，与交警二大队四中队合署办公，在全省率先探索“交所合一”警务工作新模式，实现警力联动、警务联勤、治安联防，引领全市农村派出所建设新风尚。聚焦全局最后一处“老破小”派出所改造，将辛店派出所迁建纳入局党委“一号工程”，按照现代化“一级公安派出所”标准，全面升级改造。牛庄派出所被评为“省级枫桥式派出所”。党委会专题研究，成立分局项目警长服务保障重大项目高质量发展领导小组，制定实施意见，设立分局项目警长办公室，对全区38个省、市重点项目全部落实“一项目一警长”要求，完善“1+5+N”工作机制，工作成效走在全市前列，服务保障重大项目综合考核走在全市前列。背靠史口化工园区，发挥海科集团亿科项目部与省公安厅“党建链动点”的政治优势和组织优势，建设亿科项目警长全科服务站，把户政、交管、出入境等经常性业务搬到企业“家门口”，辐射园区32家企业3万余名员工，架构起15千米便民利企服务圈，极大方便企业职工和周边乡亲。龙居派出所探索“四方联动，多方同护”机制，服务津潍高铁项目顺利推进，守护全市人民“高铁梦”。

【执法规范化建设】 改造法制部门办公区，升级为执法监督中心。设立“联合执法监督区”，从接处警到案件办理，推行系统化监督，形成闭环式、链条化管理体系。规划“两统一工作区”，联合区检察院组建侦查协作办公室，会同区法院搭建社会矛盾联调机制，联合区人民政府行政复议办公室、区纪委监委，建立运行“五方圆桌会议”机制，加强外部监督，提升办案质量。研发应用执法“数炬”模型，整合业务流、数据流、管理流，搭建“数炬——日常执法监督模型”，将散落在各系统、各警种、各执法环节上的碎片化执法数据“串点成线”，全量化数据分析办案活动，实现对执法态势“时时清”、执法问题“时时办”、执法效能“时时算”，提升执法监督精度，初步实现“4个100%”（有效警情100%及时分流、100%如实受立案、到案犯罪嫌疑人100%入办案中心、取保候审案件100%年内处结）。6月动工，建设分局执法办案管理中心，已完成主体建设。建成后将依托执法场所管理平台，形成办案中心、案件管理中心、案卷管理中心“一平台三中心”的组织架构，探索“一站式办案、合成化作战、智能化管理、全流程监督”执法管理新模式，将“安全、规范、集约、智能、高效”贯穿执法办案全过程，实现执法办案、监督管理、服务保障一体化运行。

【公安队伍建设】 严格落实每周三党委会“第一议题”制度，组织开展党委理论学习中心组集体学习 12 次，以上率下，提升理论水平。开展党务督察，指导覆盖全部支部“三会一课”制度落实。严格民主评议党员、发展党员等工作，推选 8 个五星级党支部、18 个四星级党支部。以“执法零过错”“案件零瑕疵”“群众零投诉”“民警零酒驾”“队伍零违纪”的“五零”所队创建为目标，制定 20 项从严管党治警任务清单，全面整治执法、服务、管理、纪律、作风等方面的突出问题 65 个，全年没有发生违反公安部宴请饮酒“六项规定”情况。确定派出所标准化建设、警务机制改革等 6 个方面重点调研课题，局领导带队调研形成调研报告6篇。扎实开展全警大调研活动，结合“万名干部下基层”活动和“干部作风建设提升行动”，全警累计走访居民 6330 户、企业 221 家，收集意见建议 267 条，开展警民恳谈会 36 场，切实将调研成果转化为服务公安工作高质量发展的强大动力。建成全市首家山东警察学院实习教育基地，完成首届学员实习任务。树立典型引领导向，按照“每月评星、季评标兵、年评先进”的原则，先后评选“月度之星”112 名、“季度标兵”40 名、年度先进 23 名，送奖上岗，表彰先进。成立第三届工会委员会，配强工会领导班子。先后为 5 名退休民警举行荣休仪式，增强全局职业归属感。深化辅警改革，研究制定分局辅警薪酬管理办法，完成辅警薪酬改革，兑现层级工资，增设特殊岗位补助，开展辅警队伍培训，组织结业考试，提升辅警综合能力，激发辅警队伍干事创业热情。

（东营公安分局　陈昌平）

检　察

【护航高质量发展】　坚决维护国家安全和社会安定，受理审查逮捕 283 件 448 人，受理审查起诉 1301 件 1732 人，办案量占全市总量的 38%，刑检部门人均办案量 198 件，疑难复杂案件占比明显增高，办案总量同比上升 68.69%，为近五年来最高。涉故意杀人案 9 件 9 人，抢劫案 9 件 14 人，强奸案 22 件 25 人。一周内提前介入“6·23 无头女尸案”“6·26 驾车碾压致人死亡案”2 起社会广泛关注的恶性杀人案，迅速作出批捕决定，有效平息舆情。常态化推进扫黑除恶斗争，办理张某淼等 19 人恶势力犯罪集团案，系全市唯一一审开庭涉恶集团案件。精准服务重大战略。助力生态文明建设，办理的任某等 6 人污染环境案，追缴生态损害赔偿金 494 万元，督促清除固体废物 532 吨。防范化解金融风险，办理涉税犯罪 18 件 42 人。组建专班提前介入国务院联合调查组交办的昌邑石化重大逃税案，涉案金额 163.6 亿元。被省检察院确定为观摩庭接受检验，获评山东省打击骗取留抵退税成绩突出集体。聚焦区委部署能动履职，改革考核贡献度全区遥遥领先，连续 5 年保持高质量发展综合考核优秀等次。持续优化法治营商环境。依法加大对民营企业内部人员腐败行为惩处力度，办理涉企系列案 23 件 53 人。起诉某集团及其控股公司、分公司高管系列贪腐案 4 件 4 人。深化“链长 + 检察长”工作机制，检察长、员额检察官分工联系十大产业链和链主企业，在知识产权保护、法律咨询等方面精准发

2023 年 11 月 29 日，区检察院在晨阳学校召开送法进校园法治教育报告会

2023 年 3 月 31 日，东营黄河河务局巡回检察工作室揭牌仪式举行

力，保护链上企业创新创造活力。推进涉案企业合规全流程适用，办理案件 9 件，作为全省唯一县区代表在全国座谈会上发言，一起案件获评全省典型。多措并举服务油田发展。批捕、起诉涉油犯罪 30 件 118 人，涉案金额 1200 万元，打掉盗油团伙 21 个。聚焦油田改制企业犯罪预防深入开展调研，形成专题报告呈报市检察院和区委，获得主要领导批示，助力企业完善内部治理。协同提升反腐败工作成效。加强监检衔接配合，办理职务犯罪案件 4 件 4 人。组建 22 人参与的检察侦查专班，查办基地分局庹先敏滥用职权案，参与全省首例机动侦查办案实践，连续 4 年侦办司法人员职务犯罪 5 件。

【守护民生民利】 积极回应民生关切，依法严惩各类金融投资诈骗犯罪，办理案件 10 件 15 人，追赃挽损 292 万元。办理全市首起非法获取计算机信息系统数据罪，起诉 2 人。全链条打击电信网络诈骗及其关联犯罪，起诉 102 件 157 人。办理全市首起涉虚拟货币集资诈骗案，被告人王某平通过提供虚拟币增值服务等噱头，诈骗 131 万元，被判处有期徒刑 8 年。开展普法宣传，拍摄的防诈短片获评省检察院优秀作品奖。与区总工会建立联动机制，维护职工权益。依法打击拒不支付劳动报酬犯罪，严惩恶意欠薪，帮助 11 名农民工追回血汗钱 14 万元。办理未成年人犯罪 34 件 51 人，办理侵害未成年人犯罪 56 件 78 人，占全市总量的 49%。建成 5 家春雨观护基地，开展综合救助 11 次。联合开展青少年普法教育创意大赛，开展法治宣讲 30 余次，覆盖全区中小学 2 万余人。作为数字未成年人刑事检察试点单位，全省率先上线精准帮教系统，开展个性化帮教 12 次，被省检察院评为试点优秀单位。社会支持体系创新做法被最高检刊发，并在全国研讨会上作经验交流。依托“心桥多元解纷室”深入推进涉法涉诉信访化解攻坚专项行动，组织公开听证 71 次，实质性化解信访积案 5 件，信访量同比下降 40%，被推荐参评最高人民检察院“为民办实事”实践活动优秀办案团队。构建多元司法救助格局，发放司法救助金 33.7 万元。

【强化自身建设】 精准履行法律监督职责，做强刑事检察，以“1+5”机制推动侦查监督与协作配合办公室有效运转，工作经验被省检察院转发。纠正侦查活动违法 151 件，同比上升 136%。抗诉 6 件，盖某清恶势力犯罪集团案中一名被告一审判决无罪，依法提出抗诉后，二审作出有罪判决。强化刑事执行监督，纠正一起暂予监外执行不当案，刑满释放人员王某范被收监执行四年零三个月，防止“纸面服刑”。做深民事检察，出台民事审判流程节点监督指引，同步研发法律监督模型，细化 82 个审查要素，实现“点对点”精准监督，被最高人民检察院简报刊发。与公安、法院建立打击拒不执行判决、裁定犯罪联动机制，起诉 3 件 4 人，督促被告人履行义务，偿还资金 620 余万元，助力解决“执行难”。持续开展虚假诉讼专项监督，针对一起民间借贷纠纷案提出再审检察建议，法院裁定再审后改判，结束十年诉累，为当事人挽回损失 27 万元。做实行政检察，加强行刑双向衔接和行政违法行为监督，对决定不起诉的5起案件及时移送行政机关给予行政处罚。深入推进行政执行活动专项监督，制发检察建议22件，推动依法行政，助力法治政府建设。做优公益诉讼检察，强化公益协同保护，工作经验被《新华每日电讯》头版头条刊发。全面深化人才强检。选拔4名年轻干部进入领导班子，平均年龄下降5岁。提拔3名中层干部，组织职务职级晋升10人，有效激发队伍活力。启动引航工程，对接上级院“青蓝计划”，输送4名青年干警跟班锻炼。密切与高校的战略协作，共同开展理论研究，撰写理论文章12篇，6篇在上级院评选中获奖。参编最高人民检察院《刑事申诉中法医学证据把握要点与案例分析》。持之以恒正风肃纪。组织廉政谈话110人次，开展警示教育10余次，让警钟长鸣。落实“三个规定”要求，填报问题64件。接受市检察院政治督查和审计部门经济责任审计，对反馈问题照单全收、从严整改。主动接受外部监督。设立人大代表、政协委员联络室，常态化开展人大代表、政协委员联络工作。召开党外人士、新的社会阶层人士座谈会，广泛征求意见建议，及时办结答复。建立“异地阅卷、互联网阅卷、现场阅卷”三位一体律师执业保障制度，服务律师350人次。举办新闻发布会、检察开放日7次，邀请人民监督员、特约检察员参与检察活动59人次，确保权力规范运行。

【深化改革创新】　“四大检察”融合发力。组建线索管理中心，在办案时同步搜集法律监督线索，以“一案十二审”深化线索发现和移送工作。构建“三查融合、四检合一”办案模式，内部线索成案率100%，经验做法在全市推广。强化技术辅助办案，一起案件获评全省检察技术支持检察办案典型案例。扎实推进数字检察战略。组建数字检察中心，研发21个法律监督模型，7个模型在市法院获奖，包揽全市第二届法律监督模型竞赛一等奖。通过构建非法穿越施工法律监督模型，筛查案件线索15条，向相关部门发出检察建议，构建油地审管联动机制，以穿越方式盗油犯罪大幅下降。意见建议被《东营市石油天然气管道保护办法》采纳，助力地方立法更具成效。构建轻罪治理体系。全面准确落实宽严相济刑事政策，出台类案办理指引，依法作出不起诉94件110人。持续推进社会危险性量化评估，被最高人民检察院确定为试点单位，确定53项逮捕社会危险性和羁押必要性评估指标，适用案件50件。坚持治罪与治理并重，制发社会治理类检察建议10件，回复采纳率100%。针对办案中发现的银行管理漏洞制发检察建议，督促金融机构从完善风险提示告知、加强从业人员管理等方面入手，保障消费者权益。完善司法体制综合配套改革。检察长列席审委会4次，入额院领导办理案件383件，闫某信访案得以实质性化解，获评全省入额院领导办案典型案例。召开检委会、检察官联席会36次，充分发挥审核把关作用。加强司法警察队伍建设，区检查院获评全省规范化办案工作区。完成市级财务统管改革，预算同比增长12.19%。

（区检察院　刘婧君）

法　院

【刑事审判】　区法院全面贯彻总体国家安全观，审结各类刑事案件908件1159人，三人以上团伙犯罪63件。严厉打击危害国家安全犯罪，集中管辖审理全市涉邪教犯罪案件，防范化解政治领域重大风险。常态化推进扫黑除恶斗争，审理张某某等19人恶势力犯罪集团案件。始终坚持法治反腐高压态势，判处受贿、渎职犯罪5人。审结在全市影响较大的7名企业高管职务犯罪大案要案，最高判处17年有期徒刑。审结故意伤害致人重伤、抢劫、强奸等严重暴力犯罪案件17件，切实增强群众安全感。严厉打击涉黄、涉毒犯罪25件，净化社会治安环境。依法严惩组织考试作弊、虚假诉讼犯罪，捍卫教育公平、司法权威。持续开展“断卡”、打

2023 年 6 月 29 日，全市首家打击拒执犯罪办公室在东营区人民法院揭牌成立

击整治养老诈骗、电信诈骗等行动，审结非法集资、诈骗、帮助信息网络犯罪活动案件 148 件，依法守护群众养老钱、血汗钱。从严惩处挑战法律和伦理底线的伤害未成年人犯罪，制发涉小饭桌监管等未成年人保护司法建议，用法治呵护未成年人健康成长。审结危害食品药品安全、交通肇事、危险驾驶等关乎群众生命健康的犯罪案件 455 件，全力维护百姓餐桌安全、用药安全、出行安全。

【民事审判】 审结各类民事案件 4776 件，调撤率居全市首位。加强劳动纠纷预防和化解，全面落实劳动争议裁审衔接机制，成功化解某运输公司 193 人群体性劳动争议案件，促进劳动关系和谐，工作经验在全省劳动人事争议研讨会作典型发言。针对劳动者依据法院调解书无法补交社会保险的问题，制发司法建议，畅通保险补交路径。深化家事审判改革，完善家事调解、家事调查、心理辅导、家事回访制度，工作经验被省法院推广。发出全市首份离婚证明书，审结首例隐瞒重大疾病撤销婚姻案以及首例指定遗产管理人案件，保障婚姻双方隐私权、知情权及利害关系人财产权。服务保障黄河流域生态保护和高质量发展，审结环境资源案件 20 件。与东营黄河河务局麻湾管理段开展环境保护专项座谈，构建联动调处机制。联合检察院等多家单位开展环境保护普法宣传系列活动。在世界环境日、首届全国生态日等节点，引导辖区企业主动落实环境保护主体责任，为绿色低碳高质量发展先行区建设提供司法支持。

【商事审判】 审结商事纠纷 3102 件，维护诚信市场交易秩序，保障公平法治投资环境。打造商事案件诉前调解新格局，以确认合同展期的方式为 165 家中小微企业赢得发展空间，以专业化审判保障金融高质量发展。积极防范化解金融风险，开展涉金融案件集中执行行动，助力银行清收不良贷款 3.4 亿元。依法审理 13 家公司实质合并重整案件，开创性设立以信托计划投资、专业机构运营、债权人受益的租赁式组合重整模式，通过时间换空间的方式实现对近 2 万名债权人利益的最大化保护。平等保护民营企业和企业家权益，审结职务侵占、挪用资金、伪造公司印章、串通投标犯罪 22 件。建立困难企业执行协商机制，采用执行和解方式为数百家困难企业争取时间。支持企业融资、招投标等生产经营活动，为 260 家企业修复信用。向百余家企业发放涵盖全生命周期的法律风险防范清单，主打风险清、权责明、隐患少、成本低。

【行政审判】 认真履行司法审查职责，审结行政案件 96 件，审查行政非诉执行案件 33 件，保护行政相对人合法权益，监督支持行政机关依法行政。行政机关负责人出庭应诉率保持 100%，群众“告官见官”成为常态。编发行政审判白皮书，深入分析行政案件趋势及原因，为推进法治政府建设建言献策。就破产制度的作用向区委理论学习中心组作专题汇报，为科学决策提供智力支持。深化府院联动机制建设，与区司法局召开“1 + 1 + N”联席会议 4 次，研究法治政府建设共性及苗头性问题，促进行政争议实质性化解。深入中心医院、区人民医院、原油库等城市更新项目指挥部走访调研，妥善处理科教园区重点工程实施中引发的11件北王屋拆迁补偿款分配纠纷，就依法有序推进拆迁工作提供精准司法服务。

【“一站式”多元解纷体系】 持续推进矛盾纠纷源头化解，合力构建全链条化解机制，2023年全院诉前调解案件8210件，结案7721件，其中诉前调解成功案件3135件，诉前调解成功率40.6%。加强与各行业、专业调解组织的协作配合，联合区总工会成立“诉调对接工作室”，梳理诉调对接工作流程，诉前化解劳动争议案件持续攀升。强化调解指导，更新法官服务站、法官工作室、法官联络点名单，增加驻院特邀调解员人数，实行“1+2+2+3”速裁办案模式，“零距离”“点对点”对调解员进行业务指导与技能培训。建立涉群体案件诉前预警机制，成功化解2所培训学校合同纠纷89件、某公司商品房预约合同纠纷41件，为批量系列纠纷化解提供范本。提供普惠均等的现代化诉讼服务，实现“12368”热线服务“一号通办”，搭建诉讼服务“暖心桥”。

【油地军校共建共享】 高效办理涉油田案件，依法严惩破坏易燃易爆设备、盗窃油田物资等涉油犯罪，6个五人以上团伙获刑，有力维护油区治安和生产秩序持续稳定。多次开展涉油田土地强制腾迁专项行动，为油田某公司清退土地315亩，助推省自然资源厅在东营的增减挂钩及占补平衡试点项目实施，盘活利用油田土地资源。与油田单位开展联学共建23次，召开深化油地对接工作座谈会，到胜利石油管理局、中胜公司等问需问效，就油田改制企业法律风险、胜诉权益兑现等提供“点单式”司法服务。不断深化司法拥军工作，保障军人军属权益。编发退役军人司法救助工作指南和服务流程，维护退役军人合法权益。与山东石油化工学院达成共建协议，获批山东省高等学校示范性实习基地，组织学生开展系列实训活动，为法学应用型人才培养提供沃土。

2023年9月25日，东营区法院与山东石油化工学院举行合作共建暨实践教学基地签约授牌仪式

【“朝阳花开”少审品牌】 采取多种措施，着力打造“朝阳花开”少审品牌。选派法治副校（园）长覆盖全区校园71所，常态化开展法治教育、性教育、家庭教育、红色教育专题讲座242场次，每周五下午组织“百个班级进法院”活动，打造深度研学法治夏令营，召开法葵少年议事会，倾听青少年心声，双向奔赴的法治教育惠及近5万名青少年，受到广大师生家长的普遍欢迎。成立校园安全先议办公室，设立法葵青春驿站，帮助学校处理校园安全纠纷，营造助力成长的生态氛围。夯实亲职教育基础，向涉案未成年人父母发出家庭教育告知书、家庭教育责任承诺书、家庭教育令105份。率先引入未成年人司法救助金公证提存制度，确保专款专用。牵头构建的“法院＋社工＋N”社会支持体系良性运行，相关工作经验先后5次被最高人民法院、团省委、省精神文明委等多部门

推广，作为亮点被省法院写入两会工作报告。

【“东风劲”执行品牌】打响“东风劲”特色执行工作品牌，出台执行改革系列文件，通过流程再造实现内外部资源的高效配置。构建大联动格局，在全市率先设立警法协作中心、执行联动办公室，多部门信息共享，提高查人找物效率，相关经验被市委政法委推广。强化执行威慑。联合公安机关设立全市首家打击拒执犯罪办公室，移送涉嫌拒执犯罪20件，判决5人，另有10人迫于压力自动履行义务。适用预失信、预拘留等制度，划定“红线”、指明“出路”，督促被执行人自动履行义务1.2亿元。聚力财产处置。针对银行担保资产变现难的问题，开创性设立银行担保资产强制管理模式，有效盘活资金，保障银行胜诉权益。建立集中执行常态化机制。持续开展集中执行行动42次，拘传111人，拘留42人，全年执行案件5769件，执结率同比上升21.8%，执行到位金额同比上升26.1%。

【“法润新枫”人民法庭品牌】弘扬新时代“枫桥经验”，打造“法润新枫”人民法庭品牌。聚焦唤醒农村“沉睡”资源，从优从快审结全部涉“三资”清管案件11件，妥善处理多起近40年历史遗留权属纠纷，提高农村集体“三资”管理使用效益。聚焦农业发展，依法妥善审理农村经营、土地承包纠纷，推动发展壮大村级集体经济。积极组织各级调解组织画好基层治理同心圆，对龙居镇某社区40户物业合同纠纷案件，通过调解做好引导工作，带动其他180户问题于诉前得以妥善解决。深入龙居生态林场，就集体经济组织成员资格、土地承包合同等问题答疑释惑。与牛庄镇村（居）开展法律结对帮扶，培养法治带头人。

【数字大脑】打造“智能AI助理”，上线20余个应用场景，依托办案系统抓取案件信息，通过人工指令和预定规则自动完成业务流程，提升审判执行工作效率。利用信息科技优势打破“找人难”困境，搭建“法鹰”失联修复平台，对接电信运营商和阿里云服务商，整合全网数据资源，全链路查找当事人常用电话和绑定地址，大数据搜寻破解“找人查址”难题。建立网络执行查控协作机制，推动车辆、不动产信息查询查控由“面对面”转为“网对网”，实现当日移送、当日办结，大幅缩短执行查扣时间。

（区法院　赵洁）

司法行政

【依法治区】全年召开委员会会议1次、办公室会议4次、协调小组会议6次，以习近平法治思想为指导解决城市高品质建设、生态环境保护、社会治理、油地融合等重大工作难题21个，不断强化法治建设的制度供给。制定《东营区委依法治区委员会2023年工作要点》，统筹谋划全年推进法治政府建设的路线图和施工图。推动将深入学习宣传贯彻习近平法治思想纳入《全区党委（党组）理论学习中心组2023年理论学习安排意见》，以“学习贯彻习近平法治思想，开拓全区法治建设新局面”开展交流研讨，并举行区委理论学习中心组法治讲座2场次。组织开展“习近平法治思想学习周”活动，全区干部职工累计参与学习9100余学时。加强统筹谋划，将示范创建摆在工作全局重要位置，重新梳理东营区创建全省法治政府建设示范县“区”指标任务分解表，明确100项创建指标对应的牵头部门、责任单位和完成时限，调动政府部门法治力量投入全省第三批示范创建活动。

【法治政府建设】重大行政决策管理水平不断进步。严格落实重大行政决策程序规定，及时公布2023年东营区重大行政决策目录。全年已出台《东营区新型城镇化暨城乡融合发展规划（2021—2035年）》等4项区政府重大行政决策事项。规范性文件备案审查力度持续加大。对《东营区教育救助基金管理使用办法》1件区政府规范性文件、130余件合同、征收公告及其他政策性文件等进行合法性审查，提出审查意见300余条。行政复议应诉体制改革持续深化。全年新受理行政复议申请55件，结转12件，审结61件，确认违法、撤销等方式纠错30件，实体纠错率49.2%。加强对行政应诉的指导作用，通过以案释法、庭审观摩等方式，倒逼行政机关执法规范化、制度化。全区审结一审行政诉讼案件75件，没有败诉情况，相较于2022年全区行政诉讼败诉率为9.9%，败诉率大幅度下降，依法行政水平明显提升。涉案机关负责人均出庭应诉，出庭应诉率100%。开展行政执法监督协调，积极解决执法争议。在全国率先探索制定《涉诉工作管理暂行办法》，全区党政机关、事业单位及国有企业内部全部设立涉诉工作专门机构，规范涉诉工作流程，解决涉诉工作重视程度不够、责任不明确、应诉能力不足等问题。参与"1+N"会商研判。积极解决各执法部门关于执行法律、法规、规章的争议，切实化解执法冲突，避免重复执法和执法"打架"。全年参与"1+N"协商会议16次，解决执法争议45项。推广使用"政企行"阳光执法监督平台。组织召开"政企行"平台推进会议并邀请平台运营公司对各单位管理员进行业务培训，完成各部门单位信息收集工作。

2023年9月8日，东营区委全面依法治区委员会执法协调小组第八次会议召开

定期印发《东营区"政企行"平台月度通报》，督促各单位严格按要求规范入企行为。2023年底，全区各单位录入人员信息1560条，单位76条，市场主体93562条，检查事项542项，各单位通过平台实施行政检查4569次，入企调研1046次，"亮码入企"成为常态。创新实施执法监督"啄木鸟"行动。在全省首个实施以执法案件评查、行业执法巡察、项目执法督察、执法案件倒查为主要内容的行政执法问题整治"啄木鸟"行动，选取20名执法骨干和15名社会人士参与全程监督，深挖执法线索71条，解决食品安全溯源、委托行政处罚等突出问题47个。开展道路交通运输执法领域专项整治。成立领导小组和4个工作组，印发整治工作实施方案，面向社会发布整治公告，广泛收集问题线索。对交警二大队、区交通运输局开展实地督导，通过听取汇报、案卷评查、座谈交流等形式对近期专项整治工作推进情况进行全面检查。

【普法工作】 抓好重点群体普法教育。深化领导干部"五法并举"工作，出台2023年东营区领导干部共性学法清单，明确年度重点法治学习内容，持续提升全区领导干部法治素养；常态化推进领导干部任前考法工作，2023年全区组织4批次94名领导干部进行任前法律知识考试，参考率、通过率均达100%。创新实施"事前提醒、事中跟踪、事后督办"普法责任落实闭环管理。形成东营区国家机关"谁执法谁普法"普法责任清单、2023年度重要时间节点法治宣传计划表，在重要节日、法律施行日等节点前，向相关普法责任主体提前发出"普法工作提示函"，对"谁执法谁普法"工作推进不力者，及时督促相关责任单位整改落实。全面提升重点人员法治素养能力。10月、11月组织开展全区2023年新提任领导干部、新入职公务员、法治带头人、法律明白人、执法人员法治素养测试25场次，共计4300人次参考。组织开展城市更新改造执法实务专题培训班，不断增强行政执法人员执法能力。创新普法文艺路径。成立由青年司法行政干警组成的普法文艺轻骑兵队伍，集体演出《孤勇者》，创作普法情景快板《天下无诈》，通过群众喜闻乐见的方式深入开展法治宣传教育，举办“法润东营区 油地迎国庆”2023年东营区省级法治政府建设示范创建普法晚会，不断提升公众法治素养。推动法治副校长发挥作用。对全区法治副校长实施落实法治副校长动态管理，全区45所中小学均配备法治副校长，实现全区中小学法治副校长全覆盖。加强法治典型示范建设。对森林乐园民法典主题公园进行升级改造，开展全国、全省“民主法治示范村（社区）”复核及“第九批全市民主法治示范村（社区）”评选工作。

【公共法律服务】 整合法律服务资源，新成立助企、助农、公益、调解等4支专业律师服务团，结合“万所联万会”工作，辖区律所及律师积极服务辖区经济社会高质量发展，全年举办公益普法宣讲10场次，为群众答疑2320人次。坚持推进区公共法律服务中心、镇（街道）公共法律服务工作站、村居（社区）公共法律服务工作室三级法律服务实体平台建设。全年区公共法律服务中心办理法律援助737件，办理公证事项1100件、收费52万元，化解矛盾纠纷41件，提供法律咨询1020人。坚持村（居）法律顾问全覆盖，全区各村（社区）法律顾问开展法治讲座320余场，受众人数6.2万余人；解答法律咨询4200余次；参与调解矛盾纠纷507次；代书法律文书320份，审查合同272份，修改村规民约14份；开展各类法治宣传活动58场，发放宣传资料4.6万余册。全年调解案件2089起，化解2083件，化解率99.7%。

（区司法局 李亚昆）

军 事

【党管武装】 2023年，东营区坚持以习近平新时代中国特色社会主义思想和习近平强军思想为指导，深入学习贯彻党的二十大精神，全面落实党中央、中央军委决策部署，紧紧围绕实现建军一百年奋斗目标，筑牢政治忠诚、扎实练兵备战、主动服务大局，完成各项目标任务，党管武装和人武部全面建设两项考评均位列全市第一名，区人武部被军分区评为“2023年度全面建设先进人武部”，实现市对县（区）高质量发展综合绩效考核党管武装指标历史性“四连冠”，龙居镇党委书记隋海伟、东城街道党工委书记成新磊被市委和军分区党委表彰为“党管武装好书记”。

【思想政治】 充分发挥思想政治建设引领功能，紧紧围绕学习贯彻党的二十大精神这条主线，抓紧抓实“学习强军思想、建功强军事业”教育实践活动，持续巩固拓展主题教育成果，集中组织理论培训、交流研讨和专题党日等活动，系统学习党的创新理论，跟进学习习主席系列重要讲话和上级指示精神，深刻领会蕴含其中的精神实质、丰富内涵和实践要求，确保思维理念、标准要求、工作方式始终与新时代同频同向，在备战打仗、兴武强军中发挥引领作用。着力在深化、内化、转化上下功夫，全年在省级以上媒体平台刊发稿件66篇，其中《中国国防报》13篇（含4篇头版头条，中央电视台CCTV-7国防军事频道9篇，《中国民兵》期刊专题报道1篇，数质量位于全省县（区）级人武部前列；打造过硬民兵思想政治教员队伍，参加全市民兵思想政治教员授课比武，包揽前两名，高标准建成全市首座国防动员主题公园，民兵思想政治阵地不断延伸；深入推进党风廉政建设，人武部党委履行全面从严治党主体责任考评等次评定为全市各县（区）人武部唯一个“优”。

【战备训练】 依案落实战备训练任务，高标准完成年度民兵训练任务，从创新简便、高效规范的训练方法模式，培养素质过硬、来源充足的训练人才队伍等 4 个方面入手，积极推进民兵军事训练转型，组织民兵网络、无人机分队代表全市参加全省练兵比武，取得较好成绩。广泛开展对抗性比武考核、群众性岗位练兵比武活动，龙居镇、东城街道扎实组织民兵应急排封闭式集中训练，文汇街道积极创新训练形式，训练质效提升明显。坚持在演训演练、任务行动中锤炼队伍，强化与武警、消防、应急等部门联演联训，年内先后组织民兵参加课题演训、抢险救灾、清雪除冰等任务行动，受到地方党委、政府和群众的认可与肯定。

2023 年 9 月　东营区组织秋季入伍新兵欢送仪式

【国防动员】 深入推进国防动员体制改革，推动国防动员委员会和联合办公室规范运行，做好“动员潜力—兵员分布—任务行动—支援保障”一体化信息平台搭建和军事训练“训考演一体化”模式构建。运用“多域聚优精敏”动员概念解析指导，围绕民兵“编、建、训、管、保、用”，开展民兵新域新质潜力及编建运用调研，探索编建“民兵吕剧文化分队”等地域特色分队。聚力征集高素质兵员，持续探索“精准育苗、精准定兵、精准征召”路径，军地联合出台鼓励应征青年长期服役政策文件，打造服务型兵役机关，推行群众满意度调查，全方位打通“宣贯入役从军梦，激励在役立新功，保障退役再创业”的征集服役链条，全年大学毕业生兵员素质不断提升，持续擦亮“东营好兵”特色品牌。

【基层建设】 按照“一部一方案、一部一特色”的理念，集中研究分析各基层武装部优势特色、短板弱项，打造各具特色的基层武装阵地，全面推开基层武装部新一轮建设提升；与地方党委、政府联合推动《东营区关于加强专武干部队伍建设的意见》落实，有力提升全区专武干部干事创业热情，镇（街）武装部部长参加全市专武干部考核，综合成绩排名全市第一，黄河路街道、东城街道武装部部长李晓飞、李鹏在省军区组织的新任职基层武装部长期班式培训中获评“优秀学员”。建强用好人才队伍，采取“1+1 ＞ 2”和“1+N”培养模式，有效解决人武部“人少事多”矛盾问题；组织优秀转业干部优先补充镇（街）武装部副部长（干事）岗位，为基层武装部部长选拔培养建立人才储备，着力夯实高质量发展根基。

【军政军民关系】 大力弘扬双拥共建优良传统，坚持军民“一家亲”、军地“一盘棋”，持续巩固党委统揽、政府主导、军地双方广泛参与的军政军民大团结格局。地方积极支持部队建设，密切协作配合，健全完善重大舆情、社情、灾情信息共享机制，足额保障武装工作经费和民兵训练补助，满足实战化练兵备战所需。持续巩固军政军民团结，完成双拥模范城实地考评验收，严格落实“双清单”“三助力”要求，妥善协调落实现役军人家属随调未就业安置事宜，年内投入资金 27 万余元，为对口帮扶的龙居镇杨集村引进特色养殖项目、改善生活条件，取得良好的社会效应。

（区人武部　马宏伟）

综合经济管理

- 宏观经济调控
- 国有企业运营
- 自然资源管理和规划
- 财政
- 税务
- 审计
- 统计
- 商务工作
- 市场监督管理
- 安全生产和应急管理
- 招商引资
- 油区管理
- 科教园区建设

综合经济管理

宏观经济调控

【概况】2023年，全年实现地区生产总值592.03亿元，占全市总量的15.2%，同比增长6.3%。13个省级、35个市级、230个区级重点项目投资完成率分别达到161.1%、155.8%、86.2%；9个已发行专项债项目完成投资37.78亿元，投资完成率102.6%。

【保供稳价】价格认定。年内，受理各类价格认定140件，出具价格证明120余份，认证总额420余万元。价格监测。构建价格监测网络，建立健全“及时监测、准确分析、科学预测、快速反应”的预测预警机制，联系辖区各大商超及农贸市场加大粮、油、肉、蛋、菜等居民生活消费品市场监测，掌握市场供求和价格情况，分析研判价格运行态势。价格管理。开展普惠性民办幼儿园和托育机构价格的成本监审工作；制定并印发《关于进一步规范政府定价停车场定价行为的意见》，规范全区停车管理领域的政府定价行为；完成市发改委交办的2023年东营区小麦生产和市场价格情况调研并形成调研报告；整理全区经营服务性项目实行政府定价、政府指导价的目录清单，随时发布，实行动态管理；回复各类民生热线及信访件350余件。

【战略落实】筹备召开东营区推动黄河三角洲生态保护和高质量发展领导小组会议，审议有关文件，研究部署下一步工作；按照沿黄25个县（市、区）一体化推动黄河流域生态保护和高质量发展协调推进机制要求参加省领导小组办公室组织召开的工作座谈会，梳理上报东营区推动政银企合作情况及拟推介重点项目7项；研究制定年度工作要点，承接市2023年黄河战略工作要点工作任务，结合东营区实际，研究制定《东营区推动黄河三角洲生态保护和高质量发展2023年工作要点》，明确9个方面、40项重点任务。发挥领导小组办公室牵头作用，按月调度工作进展情况，严把质

2023年2月14日，全市高质量发展重大项目建设现场推进会（东营区分会场）活动现场

量关，对进展缓慢工作重点督促提醒，汇总形成全区进展情况通报8期。配合省驻区“四进”工作支队现场核查黄河流域生态环境突出问题整改情况及东营区黄河流域各类公园情况；根据贯彻落实黄河流域生态保护和高质量发展规划纲要延伸审计要求，配合做好资料提报及反馈问题调查取证和情况说明工作。开展贯彻落实“四水四定”原则专题研究，编制《东营区贯彻落实“四水四定”原则专题研究报告》。

【项目建设】推动项目滚动接续。明确项目谋划思路，聚焦国家战略、重点领域，落实“四个一批”要求（竣工一批、开工一批、储备一批、谋划一批），建立重点项目库，年内，储备项目465个，总投资2415.07亿元，申报2023年地方政府专项债券项目56个，总投资659.02亿元，专项债券资金需求167.07亿元。谋划2023年省、市、区重点项目232个，总投资999.63亿元，其中，10亿元以上项目31个，申报省、市重点项目51个，总投资513.1亿元，省重点项目36个，总投资459.7亿元。强化项目要素保障。深化“要素跟着项目走”机制，统筹解决项目用地需求、环境容量、能耗指标、融资贷款等问题，推动“拿地即开工”政策落地落实，推行“标准地”工作制度，保证土地资源优先用于省、市重点项目。申报的13个专项债项目通过国家发改委审核，总投资262.21亿元，批复专项债券额度48.01亿元；发行债券9个项目，发行债券23.18亿元，获批额度居全市各县区第一位。向上争取产业类重点项目新增建设用地计划指标，为高端树脂新材料项目、全国油气勘探开发技术公共创新基地项目分别争取土地指标101.8亩、26.6亩。

【贯彻绿色发展理念】引领谋划。研究谋划绿色低碳高质量发展三年行动计划和年度重点任务，牵头制定《东营区深化新旧动能转换推动绿色低碳高质量发展三年行动计划（2023—2025年）》，形成《东营区推动绿色低碳高质量发展2023年重点任务分工方案》。健全工作机制。建立重点任务月调度机制，对43项年度任务实行台账式管理，清单化推进；定期调度入库的高端石油装备产业“雁阵形”集群及蓝海、海科2家领军企业整体发展情况，完成全省“十强”产业“雁阵形”集群和集群领军企业自评工作，分别形成自评报告上报市发改委；每月严格按绩效目标，督导跟进纬达石油重大产业攻关项目建设情况，根据省、市部署安排，做好项目验收工作。向上争取。协助涉海企业申报黄河三角洲产业领军人才，推荐威飞高级工程师刘化国入选黄河三角洲创新领军人才；开展省绿色低碳高质量发展先行区建设试点申报工作，组织东营高新区申报产业园区试点，组织胜机、配售电、威飞3家企业申报企业试点，均通过市级初审；推荐山东胜利长龙的年产100万米新材料防腐钢管项目申报海洋强省建设重点项目。加强宣传。按照省市部署安排，会同机关工委及工会组织开展赋能聚力重大项目突破推动绿色低碳高质量先行区建设竞赛活动，推荐上报东营区先进团队、个人事迹11项；总结东营区新旧动能转换典型案例4篇，梳理总结重大创新突破事项19项，上报市发改委。推进环境资源工作。联合举办“2023年东营区公共机构节能宣传周启动仪式”，引导干部、职工争当节约能源的宣传者、践行者；联合市级部门开展“全国生态日”东营主场活动，推介全区生态文明建设情况、龙居生态林场情况。加强“两高”项目（高耗能、高污染项目）管理。组织相关镇街、部门开展“两高”行业全覆盖核查工作、“两高”行业能耗核查工作，编制《东营区“两高”行业能效改造提升实施方案》及“两高”行业企业能效改造提升工作方案，不定期调度违规“两高”项目整改进展情况，对整改到位的违规“两高”项目进行梳理，并组织第二批销号工作；开展省级窗口指导工作，截至2023年底全部整改完成，对关停退出项目进行初步验收，已受理神驰化工的技改项目。

【牢守底线】粮食安全。利用粮油市场价格监测点，每周采集市场价格信息，预警价格异常波动；完善粮食安全应急管理体系，深入20家粮食应急网点现场摸底，完成粮食应急网点升级改造建设项目现场验收；全面部署夏秋粮收购工作，做好夏秋粮收购政策宣传、收购网点布设、收购进度及价格上报工作；完善应急物资储备能力，根据《关于印发〈东营区区级自然灾害救灾物资储备规划（2022—2024年）〉的通知》要求，完成区级救灾物资储备（包含镇街物资）达到可保障0.5万人转移安置的标准。能源安全。制定印发《关于印发东营区能源行业安全生产规范提升年行动实施方案的通知》《关于印发东营区能源行业安全生产专项检查工作方案的通知》《东营区能源行业2023年“安全生产月”活动实施方案》等文件，压实企业主体责任，部署安全生产重点工作和重点检查内容清单；年内，对电力企业开展检查21家次，排查问题隐患158项，督促企业全部落实整改。社会信用体系建设。优化平台建设，实现数据共享，按照省、市发改委关于公共信用信息平台建设的要求和规范标准，启动区级公共信用信息系统建设，完善城市信用监测网络；加强“双公示”（行政许可、行政处罚）信息数据收集和推送工作，每周通报“双公示”数据报送情况，并将“双公示”信息推送市级平台公示；强化信用应用，实行分类监管，在事前监管中，嵌入“一网通办”，全面推行信用承诺，并将信用承诺信息纳入市场主体信用记录；在事后监管中，实施部门信用核查和市场化、社会化信用核查。

【服务产业发展】推进工业升级。建立沿黄重点地区季报工作制度，每季度末报送当季度项目情况；推动沿黄重点地区工业园区扩区调区，东营区化工产业园区面积调整为5.05平方千米，东营高新技术产业开发区面积调整为14.97平方千米，分别列入第一、三批沿黄重点地区扩区调区后合规工业园区名单。推动农业现代化发展。印发2023年度适用“以工代赈”项目区级清单；开展盐碱地等耕地后备资源综合利用试点工作，申请政府专项债券和中央预算内投资支持；开展水资源评价，落实年度需水量；配合省专家组做好第三批乡村振兴十百千认定工作，东营区1个镇7个村（六户镇、史口镇生家村、史口镇苏家村、史口镇初家村、史口镇木李村、六户镇东辛集村、六户镇李宅村、六户镇神堂村）全部入选。培育壮大服务业。对泰山产业领军人才工程（现代服务业及社会民生产业创新类）人选工作绩效及项目实施情况开展年度评估工作；开展2019年后入选的黄河三角洲产业领军人才年度考核工作；申报省现代服务业重点项目，东营区6个服务业项目纳入省现代服务业重点项目名单中。

【落实城镇化工作】强化引领作用。制定印发《东营区新型城镇化暨城乡融合发展规划（2021—2035年）》和《〈东营区新型城镇化暨城乡融合发展规划（2021—2035年）〉分工方案》，并推进规划落实；围绕实施新型城镇化建设行动，制定印发《2023年东营区新型城镇化和城乡融合发展重点任务》，明确年度目标和责任分工，建立工作台账、半年调度和推进机制，并督促落实。发挥组织建设作用。推进东营区省级城乡融合试验区建设，组织各相关单位做好2023年城乡融合发展试验区监测评价工作，总结东营区省级城乡融合试验区亮点工作；组织推荐龙居镇特色文旅产业集聚区申报文化旅游类特色小镇；组织开展2023年省新型城镇化重点项目增补申报工作和2024年省新型城镇化重点项目，每季度按时提报2023年省新型城镇化项目进展情况。

（区发改局　王伟）

国有企业运营

【东营区财金控股集团有限公司】东营区财金控股集团有限公示功

能定位为区管金融投资企业集团。主要任务是按照区委、区政府决策部署，综合运用政策导向与市场化手段，重点提供综合金融服务，参与重大风险防控，开展股权投资、股权管理、资产管理、投资基金、园区管理、融资担保、小额贷款、人才招聘引进、人才公共服务等业务，服务产业发展和经济转型。重组整合后，主要划分为投资、园区、金融和人才4个业务板块。

规范企业运行　全面整顿房产，提升国有资产效益，梳理经营性房产，追缴拖欠租金。聚势产业赋能，提升园区运营能力，整顿园区运营现状，重新制定园区考核方案和清退措施。聚焦主责主业，提升投资项目收益，加强风险管理体系建设，确保企业稳健发展。

发展实体经济　加快东营数字农批冷链物流产业园、黄河三角洲铁路物流园两大市重点项目建设。打造石油装备产业集团，与优质石油装备公司合作成立石油装备产业集团，吸引行业优质小微企业加入联盟，引入金融机构、民间资本，为企业提供供应链金融服务。做大威飞海洋装备产业，借助供应链金融优势，提高威飞订单合同执行能力。

强化板块业务　扩宽融资渠道，财金集团成为全市首个申请AA+信用评级的县区级国企平台，推进境外债发行工作，为集团后续畅通融资渠道。做大金融板块，融资担保、小额贷业务更加规范，年内完成担保业务235笔，担保金额累计10.32亿元，小额贷累计发生额5.72亿元，营业收入2018万元。确保校车安全运行，年内运行校车83辆、线路83条，保障东营区全区16所中小学2637名学生上、下学的安全。

（东营区财金控股集团有限公司　刘梅花）

【东营区城市发展投资集团有限公司】2023年，企业资产总额83.73亿元，实现主营业务收入3.08亿元，上缴税金3332万元，银行贷款余额44.29亿元。重点实施中心城区综合物流园、区行知实验学校、区中心医院、城市更新拆迁补偿等多项省、市、区重点项目，累计投资35亿元。

党建统领　加强党委主体责任，履行第一责任人职责，年内，以党委会议“第一议题”组织传达学习23项，带领理论学习中心组集体学习12次，主持召开专题研究党建工作会议2次，带头讲党课11次。落实班子成员“一岗双责”，督促党支部书记履职履责，专题听取党支部工作汇报2次，党支部落实主体责任情况报告2次。坚持落实民主集中制，研究“三重一大”事项196项，推动党的领导深度融入公司治理。落实党风廉政“底线”意识教育，召开党风廉政建设专题会议2次，专题学习和排查2次，与关键岗位谈话32人次。推动党建与生产经营融合发展，“围绕发展抓党建，抓好党建促发展”的工作理念，实施“党建+项目”模式，开展谈心谈话，为职工建立纪实档案，了解掌握党员干部的工作、学习、生活情况。开展社区共建和驻村帮扶活动，开展各种党组织活动、志愿服务活动30余次；投资50万元支持北李村新上智能滴灌设备。

项目建设　中心城区综合物

2023年10月8日，东营区城市发展投资集团有限公司参与建设的东营区中心医院门诊病房楼项目封顶

流园项目。推进物流总部大厦及快递分拨集散中心等功能区建设，物流总部大厦项目作为首批开工建设的功能区，完成桩基施工许可证办理，完成邮政配送中心、京东级配中心、润元数字产业园等项目的招商及签约。行知实验学校建设项目。该项目占地169.44亩，建筑面积7.95万平方米，计划总投资4.5亿元，年内完成初中教学楼和风雨操场施工、初中实验楼和礼堂外墙真石漆，室外配套道路、铺装、大门、绿化等。东营区中心医院建设项目。计划总投资3.39亿元，主要建设门诊病房楼、康复楼各一座，以及相应配套设施，总用地面积59856平方米（其中项目原有土地面积33412平方米，拟新征土地面积26444平方米），总建筑面积45000.83平方米。

（东营区城市发展投资集团有限公司　唐豪杰）

【东营区油城公用事业集团有限公司】召开党委会议43次，集体决议事项340项。不断完善的公司治理结构，年内，基本形成以公司章程为总纲，股东、党委会、董事会、监事会、经理层权责法定、边界清晰、运转协调、有效制衡的现代企业治理体系。出台《造价咨询机构选聘办法（试行）》《造价咨询机构监督考核管理办法（试行）》等7项制度，实现公司经营管理各环节的监督全覆盖。

2023年10月27日，东营区首个大型亲子主题乐园“嘎嘎奇想岛项目”开工仪式举行

重点项目　年内，投资建设60个重点项目，其中省级重点项目1个，市级重点项目1个，高品质现代化城市建设2023重点项目20个，东营市“十四五”水务发展规划项目2个。项目计划总投资约102亿元，年内完成投资9.06亿元。至2023年底，开工建设34个项目（完工12个项目），开工率63%，同比增长约11%。总投资49.8亿元的东营区广利河流域文旅发展配套项目，已开展36个二级子项目，完成投资约16亿元；总投资10.8亿元的东营区医疗机构服务能力提升项目，完成进度约77.6%，完成投资约7.2亿元；总投资18亿元东营区水系连通及水美乡村河湖水质提升工程，总体进度完成约70%；总投资约5000万元的嘎嘎奇想岛项目，截至12月底，已开工建设。

供暖运行　年内，公司负责全区3000万平方米、21.2万户居民的冬季供暖，供暖服务面积超过全市集中供暖总面积的1/3，2023—2024年供暖季群众满意度达98.38%。投资6000万元实施东辛片区供热更新优化及老旧小区供热设施改造提升。开展“冬病夏治”回头看清零行动，全面检修供热设施，检修换热器433台、除污器503台、各类机泵1735台、阀门32111只、管网保温350米、管网刷漆1248米、PLC柜248台。优化智慧平台，新安装1万套终端数据采集装置，实现供暖调控精细化。

环卫运营　年内，公司负责保洁城区道路388条、村（居）46个，总面积约1.38亿平方米。垃圾分类工作持续深化，东营区垃圾分类运营中心投入运营，回收可回收物11395吨，有害垃圾5.2吨；垃圾分类宣教中心2023年5月对外开放运营，累计接待调研、研学等参观10余次、参观人数近2000人次；10吨/日黑水虻养殖项目投入运营，与93家单位开展厨余垃圾清运业务。

资产管理　接收公园广场20

处、绿地16处、道路71条、油田家属区85个，资产管养总面积1194.24万平方米。年内，区吕剧文化综合演艺中心项目建成运营；辛兴农贸市场改扩建项目，总投资预计4000万元，至2023年底，项目规划设计条件及土地指标基本通过市级审核，等待出具正式批复文件；干休所“四供一业”维修改造项目，总投资410万元，于7月18日开工建设，至年底完成总工程量的95%；东辛片区耿井小区、辛兴小区更新改造工程，总投资660万元，于9月底完工。建设集团公司资产智慧化管理平台，实现全部资产线上管理和分析，提高资产管理效率和利用率。资产出租严格按照《东营区区属国有企业实物资产出租管理暂行办法》执行，完成3处大型资产的租赁，签署房屋租赁合同410份。

文旅业务　年内，幻太奇海洋亲子主题公园、迪士卡瑞、海宴城累计接待游客约16.4万人次，营业收入1560.9万元。公司冠名少儿文艺会演、2023黄河流域（东营）铁人三项赛、2023山东（东营）黄河口暨沿黄九市全民健身龙舟赛等活动，扩大水城旅游的文旅影响力。拓展研学市场，与腾飞研学、新铧文旅发展集团等10家研学机构、11所学校、3家旅行社开展研学活动，接待38个研学团队1659名学生。

改革创新　谋划东营区黄河流域生态保护和高质量发展生态环境导向的开发EOD项目（通过将生态环境治理作为产业开发项目的重要组成部分，通过治理成效为产业开发带来增量收益，实现区域生态环境高水平保护和社会经济高质量发展），获省级批准试点。创新打造生活垃圾综合治理“黄河口模式”在2023年全国垃圾分类高峰论坛作为典型经验交流分享，并获得省商务厅、省委改革办、省住建厅的推广，东营区厨余垃圾资源化利用案例入选全省生活垃圾分类典型案例。创新融资方式，办理东营市首笔境外债业务，通过发行境外债的方式改变境内单一融资模式，拓宽融资渠道，在国际市场挂牌，全球交易。

（东营区油城公用事业集团有限公司　赵雨君）

自然资源管理和规划

【国土空间规划】 编制国土空间规划。修改完善《东营区国土空间分区规划（2021—2035年）》，合理划定城市“四线”（红线、紫线、绿线和蓝线。红线为按照国家规范和相关法规确定的城市道路规划控制线，即城市规划道路控制的路幅边界线，包括城市快速路、主干道、次干道、支路和立交用地；紫线为文物保护单位的保护范围界线；蓝线为自然湖泊水域规划控制范围线；绿线为规划的城市各类绿地范围的控制线），对各地块规划核实调整，将交通、能源、教育、墓地等纳入规划重点项目清单，同步开展镇村规划编制，形成东营区牛庄、六户、史口、龙居4个镇国土空间规划总体方案成果，编制并经区政府批复7个村庄规划。西城城市更新。以高标准城市设计引领高品质规划建设，西城控制性详细规划形成阶段性成果，其中中心医院片区、新区片区、耿井片区、耿井南片区、高新区片区完成控规及城市设计方案，中心医院、耿井南两片区的控规及城市设计可以报批，为老城全面振兴打开新空间。规划保障。出具东营区2023年第6批次建设用地等9个项目规划审查意见，对中心城区开发边界内的多个项目按照新的国土空间规划做好核实与审查工作，对开发边界外村庄范围内的8个项目完成规划审核，保障重点项目用地需求。

【土地管理】 编制情况。编制东营区2023年度土地储备、供应计划，签订土地储备协议47份，储备面积1776亩。划拨新建天津至潍坊高速铁路、耿井公园等项目用地34宗2364.49亩。出让房地产用地11宗，面积729.39亩，土地出让收入22.16亿元，实现区级分成超17亿元。申请使用新增计划指标3171.56亩，保障津潍高铁等重点项目落地。做好东营区2023年度土地征收成片开发方案编制工作，7月获省政府批复，

2023 年 12 月 26 日，房屋产权确权颁证历史遗留问题化解完成，群众送来感谢信

成为全市首个完成批复的县区。整改完成耕地遥感监测图斑 25 个 200.93 亩；完成永久基本农田“非耕”问题整改处置 3974 亩，整改率 77.70%；完成补划面积 4276.96 亩。推进“田长制”网格化运行，出台网格化奖惩激励实施方案，至年底，区级田长 2 人，镇级田长 16 人，村级田长 219 人，巡田 13688 次、39470.56 千米。向上争取。在创建认定成为首批全国自然资源节约集约示范县（市）的基础上，联合油地多家单位成立创建工作专班，完成 5 个 965.21 亩盘活利用低效土地项目，奖励指标 321.74 亩。处置批而未供土地 1087.16 亩，完成率 106.17%；处置闲置土地 105.21 亩，完成率 119.56%，相关经验做法在《人民日报》《中国自然资源报》《大众日报》刊发。推进油地土地资源优化创效。2023 年省自然资源厅评估东营区位列全省第 6 名，奖励新增建设用地指标 150 亩。土地开发。治理盐碱耕地 1207 亩，耕地后备资源 982 亩，总投资 3446.65 万元，新增耕地 687.5 亩。开展以区为单位全域土地综合整治，形成规划方案初稿，摸清全区可利用后备资源 2898 亩。

【测绘管理与调查监测】对辖区 16 个测量标志点开展巡查，完成测量标志年度巡查工作。组织辖区 17 家测绘单位参与省测绘地理信息技术人员培训、质检人员培训和质量保密培训。无人机智慧巡察体系赋能自然资源和规划管理平台及国土空间规划检测网络建设试点工作。完成国家下发 1867 个 18672 亩监测图斑调查，开展外业调查举证图斑 3594 个，东营区举证图斑（包括部、省级下发东营区上半年国土变更监测图斑、自主变更图斑、基本农田监测问题图斑、增减挂钩项目日常变更）3976 个；完成调查标准地 100 块标准木 200 株，省级加密布设东营区草地样地 3 个；完成下发遥感变化图斑外业调查 202 个，面积 3827.2 亩。

【林业管理】组织开展森林草原防灭火宣传志愿服务活动 20 次、安全培训 20 次、安全生产和森林防火知识测试 6 次、森林防灭火事故演练 8 次。编制新一轮《林地保护利用规划（2021—2035 年）》《东营区国土空间生态修复规划》《东营区湿地保护与利用方案（规划）》，优化林地、湿地功能布局。开展龙栖湖省级湿地公园生态修复工作，恢复湿地生态功能，维护湿地生态系统健康和稳定。

【执法监察与信访】开展农村乱占耕地建房、大棚房、违建别墅、挖湖造景问题排查整治和国家自然资源督察等工作。整改 2023 年国家自然资源督察涉及东营区问题 28 个。查处土地违法案件 12 宗，林业违法案件 2 宗，收缴罚没款 4291.84 万元，提出党纪处分建议 13 人，落实处分 6 人，退还土地 708 亩。整改完成卫片图斑 25 个、新增农村乱占耕地建房图斑 19 个、自然资源督察未整改到位图斑 89 个。办结信访件 46 件、民生热线 2413 件。

【不动产登记】年内，办理不动产“带押过户”业务 57 笔，抵押金额 9905.76 万元。完成不动产登记平台与住建管理部门房屋交易系统对接，不动产抵押权登记、新建商品房转移登记、二手房转移登记、预告及预告抵押登记均实现全程网办。完成各类登记业务13.7万余件，颁发不动产权证35418本，不动产登记证明9238份。开展全区房屋产权确权颁证历史遗留问题专项整治，组建区协调机制工作小组，化解完成纳入专项整治台账内的28个项目、4923户。全区农村房地一体不动产确权登记发证31116宗，均颁证到户；农村集体土地所有权确权登记发证入库859宗、发证626宗，完成数据成果汇交；建设完成2023年农村土地承包经营权确权登记成果复制共享临时数据库。

（东营市自然资源和规划局东营分局 李欣悦）

财 政

【概况】2023年，全区一般公共预算收入完成349168万元，完成调整预算的100.05%，扣除政策性退税和成品油划转机制因素影响后同比增长1.8%。全区一般公共预算支出完成550328万元，完成调整预算的100%，同比增长7.5%。

【收支管理】强化收入征管。健全财源建设协同体系，聚焦做强特色财源、深挖优质税源、深化油地融合等关键领域，稳住收入基本盘。支持重点税源企业在建、拟建项目，扶持发展优势产业，拉动财政增收。优化营商环境，助力中小微企业发展，涵养培育税源。用好财税运行联席机制，关注石油石化产业、房地产业等重点行业运行态势，加强重点项目税源管控，加大催缴和清欠力度。扩展非税收入增收空间，确保收入及时足额入库。全年税收收入占比88.1%，税比居全市各县区第一位，收入质量有效提升。优化支出结构。严控一般性支出和非急需非刚性支出，压减日常公用经费定额标准30%以上，强化新增支出管控，打破基数概念和固化格局，腾出资金优先保障民生和重点工作领域。落实“花钱必问效”原则，围绕民生投入、城市建设和管养等项目开展绩效评价，规范财政资金使用，推动财政资金聚力增效。

【重点领域】助企发展。实施新的组合式税费支持政策，聚焦制造业和小微企业等重点行业，稳步推进增值税留抵退税、“六税两费”减免、所得税减免等优惠政策，减轻企业经营负担，让更多企业享受政策红利。坚持靶向发力，兑现工业、服务业、建筑业、科技领域等扶持资金1.8亿元以上，助力经济回升。争取支撑。向上争取资金要素支持，到位上级转移支付资金18.65亿元；争取新增专项债券25.18亿元，重点支持医疗机构服务能力提升、城乡路网改造提升、东营高新区基础设施配套提升等重大项目建设；争取再融资债券3.26亿元，缓解全区到期债券本金偿还压力。国企引领。以多种方式吸引社会投资，东营区中心医院、生活垃圾分类及收转运处一体化、中心城区综合物流园等国企重点项目实现投资24亿元，在保障民生、服务社会、提供公共产品和服务等方面发挥国企优势。立足普惠金融，发展小额贷及担保业务，全年提供贷款5.72亿元、提供担保10.4亿元，发挥国企融资担保体系效能。

【保障民生】 年内，支出40亿元用于民生事业，占一般公共预算支出的72.7%。教育事业发展。完善教育经费保障机制，投入4.07亿元保障教育经费和生均经费，支持扩大普及普惠教育资源，推进胜利二小、行知实验学校建成投用，改善中小学、幼儿园教育设施，开展课后延时服务，推进城乡教育综合能力提升工程。社会保障。投入1.95亿元保障城乡居民基本养老保险、企业养老保险、老年人生活救助金和养老服务业等项目实施，提高老年人社会保障水平。拨付困难群体救助资金5171万元，提高城乡低保对象、困难残疾人、困难儿童等群体的救助保障水平。促进就业。落实各项“稳就业”政策补助资金6065万元，促进大龄就业困难人员、高校毕业生、返乡农民工就业。支持城乡公益岗扩容提质行动，增强公共财政就业保障能力。医疗卫生。安排 1.48 亿元用于城乡居民医疗保险、基本公共卫生服务、医疗机构服务能力提升等项目。乡村振兴。健全“三农”财政投入稳定增长机制，土地出让金用于农业农村比例 8% 以上。统筹涉农资金 2.53 亿元，保障高标准农田建设、农村人居环境整治、巩固脱贫攻坚成果等多项乡村振兴重大项目推进实施。执行财政补贴资金管理制度，落实耕地地力保护补贴、种粮农民一次性补贴、大豆补贴资金 4295 万元，稳住粮食安全“压舱石”。

【改革创新】预算管理制度改革。优化财政管理业务流程，按照“资金跟着项目走”的原则，依托预算管理一体化系统，完善以项目库为源头的预算管理机制，以项目作为部门和单位预算管理的基本单元，实施项目全生命周期管理，实现对预算管理全流程的动态反映和有效控制。预算绩效管理改革。开展预算绩效管理“提质增效”行动，全年核减财政资金 8463 万元，将 54 项成本定额支出标准运用到预算编制、预算评审和预算执行过程中，提升预算绩效管理工作的“含金量”和“实效性”，相关经验被《大众日报》和《人民日报》进行推广。国有资产管理改革。开展行政事业单位资产处置专项整治，设立区级公物仓资产调剂平台，实行资产跨部门共享共用，建立新增资产配置与存量资产挂钩机制，调拨使用公物仓通用设备 124 台。

2023 年东营区一般公共预算收入执行情况统计表

表 9　　　　单位：万元

项　　目	2023 年预算数	2023 年预算执行数		
		金额	占预算（%）	占同期（%）
一、税收收入	281653	281816	100.06	114.01
国内增值税	107578	107615	100.03	129.36
企业所得税	16677	16678	100.01	76.18
个人所得税	14480	14483	100.02	100.21
资源税	2079	2079	100.00	102.36
城市维护建设税	28134	28132	99.99	115.48
房产税	10961	10961	100.00	103.62
印花税	7445	7447	100.03	120.78
城镇土地使用税	55115	55117	100.00	95.66
土地增值税	10529	10529	100.00	248.09
车船税				
耕地占用税	1231	1231	100.00	48.41
契税	26858	26978	100.45	138.18
环境保护税	566	566	100.00	97.08
二、非税收入	67352	67352	100.00	48.12
专项收入	20374	20374	100.00	112.02

续表 9

单位：万元

项　　目	2023 年预算数	2023 年预算执行数		
		金额	占预算（%）	占同期（%）
行政事业性收费收入	4610	4610	100.00	46.80
罚没收入	4548	4548	100.00	37.33
国有资源（资产）有偿使用收入	37561	37561	100.00	37.73
捐赠收入	158	158	100.00	162.89
政府住房基金收入	101	101	100.00	117.44
其他收入				
本年收入合计	349005	349168	100.05	90.19
转移性收入	532638	532994		
返还性收入	29558	29558		
一般性转移支付收入	131302	131649		
专项转移支付收入	21305	21314		
上年结余收入	94955	94955		
调入资金	202867	202867		
动用预算稳定调节基金	30001	30001		
债务（转贷）收入	22650	22650		
收入总计	881643	882162		

2023 年东营区一般公共预算支出执行情况统计表

表 10

单位：万元

项　　目	2023 年预算数	2023 年预算执行数		
		金额	占预算（%）	占同期（%）
一般公共服务支出	73783	73783	100.00	96.68
国防支出	747	747	100.00	1245.00
公共安全支出	7536	7536	100.00	50.08
教育支出	145768	145768	100.00	97.39
科学技术支出	2999	2999	100.00	89.71
文化旅游体育与传媒支出	3434	3434	100.00	97.92
社会保障和就业支出	69705	69705	100.00	102.92
卫生健康支出	44890	44890	100.00	99.24
节能环保支出	6113	6113	100.00	125.91
城乡社区支出	68021	68021	100.00	84.05

续表 10

单位：万元

项　目	2023 年预算数	2023 年预算执行数		
		金额	占预算（%）	占同期（%）
农林水支出	43206	43206	100.00	124.21
交通运输支出	5490	5490	100.00	84.96
资源勘探信息等支出	20343	20343	100.00	452.97
商业服务业等支出	6144	6144	100.00	121.90
金融支出	38556	38556	100.00	5904.44
援助其他地区支出	1086	1086	100.00	92.11
自然资源海洋气象等支出	996	996	100.00	81.91
住房保障支出	4280	4280	100.00	115.61
灾害防治及应急管理支出	3348	3348	100.00	90.56
债务付息支出	3883	3883	100.00	97.59
本年支出合计	550328	550328	100.00	107.51
转移性支出	331315	331834		
上解支出	265476	265107		
体制上解支出	230383	229998		
专项上解支出	35093	35109		
安排预算稳定调节基金				
年终结余	43114	44002		
债务还本支出	22725	22725		
支出总计	881643	882162		

（区财政局　齐龙泽）

税　务

【概况】　2023 年，区税务局组织税费收入 138.1 亿元，同比增长 56.6%，增收 50 亿元，收入规模和增量均为全市前列。其中，区级税收完成 34.9 亿元，同比增长 12.7%，增收 3.9 亿元，规模和增量均创国地税合并以来最高。实现非税收入 25.7 亿元，同比增长 33.1%。其中，组织工会经费 435.7 万元，同比增长 16.1%；组织残疾人就业保障金 1775.4 万元，同比增长 122.5%。制定全区统一社会保险费征收模式实施方案，组织社保费收入 21.8 亿元，同比增长 15.4%。

【依法征收】　精细化管理。深入原油开采、炼化加工和金融保险等重点行业企业开展实地走访，掌握生产经营第一手资料；挖掘税收大数据应用潜力，多维度综合分析税费贡献预期值。综合治税。制定区局税费核算方式调整方案，下放区属重点税源企业至各镇街，定期下划加油站和房地产税费收入。重点项目监控。强化与区发改局等部门沟通对接，

2023年7月17日，东营区税务局税收青年志愿团队走进山东海科新源材料科技股份有限公司为企业纾困解难

对东青高速改扩建、津潍高铁建设等重点工程实施“全流程”跟踪；着重关注东辛片区城市更新项目等项目，提前研判项目创立、开工建设到后期经营涉及的所有税种，确保征缴不遗漏。发挥咨政作用。围绕全区财源建设发展、油公司总部经济建强和页岩油税收政策研究等建言献策。

【优化营商环境】 税费服务。加强个人所得税政策探索研究，帮助2户油田改制企业解决“隐名股东显名化”涉税难题；指导1户“走出去”企业正确适用税收协定，合规进行境外所得税收抵免。多元化解矛盾纠纷。建立“3×3”调解网络，纵向打通“市、区、基层分局”三级联动解决路径，横向形成“以办税服务厅为主、机关业务股室支撑、税源管理分局兜底”问题化解模式，作为首批“枫桥式”税务分局建设单位迎接全市税务系统现场观摩。品牌宣传。全市率先组建县区级新媒体创作团队，注重高端媒体宣传，累计发表稿件101篇，其中，发表在《人民日报》等国家级媒体10篇、山东电视台《新闻联播》等省级媒体70篇。落实优惠政策。优化升格税费优惠政策落实领导小组，组建税费政策精准推送专项工作团队，落实各项税费优惠政策31.8亿元，高新区税务分局作为全市唯一基层分局，入选省局税费优惠政策落实直联点，提出问题建议26项。

【有效征管】 提升征管质效。协调联动，完成省局宗教组织税收管理试点工作；监控评价结果，税费征管质效综合评价和过程考核全部为A级；做好数电票开票扩围，开展电子税务局新版登录方式功能验证、冒烟测试和双轨验证工作；实施分类分级管理模式，入选市局首批试点名单。强化行业监管。做好炼化行业成品油消费税管理，全市率先推广使用“加油站税控数据综合管理平台”系统，成立加油站税控数据监控中心。加强税种管理。提升国际税收管理质效，对外付汇核查总量、税款入库金额等指标均居全市第一；选取部分企业近三年的企业所得税申报及缴纳情况进行自查；完成土地增值税清算审核工作。

2023年12月19日，中石化经纬有限公司地质测控技术胜利研究院向东营区税务局赠送锦旗

2023年东营区税务局税收收入完成情况统计表

表11　单位：万元

预算科目	2023年累计	上年同期	增减额	同比增幅
一、税务部门税费合计收入	1380655	881820	498835	56.57%
中央级	804579	408340	396239	97.04%
省市级	–3984	–12377	8393	67.81%
地市级	230849	175892	54957	31.24%
区县级	349211	309965	39246	12.66%
（一）税务部门税收收入	1124052	688618	435434	63.23%
区县级	316907	287243	29664	10.33%
增值税	209567	185137	24430	13.20%
消费税	614811	227412	387399	170.35%
成品油消费税	598660	226381	372279	164.45%
企业所得税	41742	54731	–12989	–23.73%
个人所得税	36830	36828	2	0.01%
资源税	8760	9050	–290	–3.20%
城镇土地使用税	55117	57615	–2498	–4.34%
城市维护建设税	54757	35272	19485	55.24%
印花税	7447	6166	1281	20.78%
土地增值税	10529	4244	6285	148.09%
房产税	10961	10578	383	3.62%
车船税	7179	6131	1048	17.09%
车辆购置税	37578	33178	4400	13.26%
耕地占用税	1231	2543	–1312	–51.59%
契税	26978	19524	7454	38.18%
环境保护税	566	583	–17	–2.92%
（二）非税收入	256603	192826	63777	33.07%
区县级	32304	22722	9582	42.17%
残疾人就业保障金	1775	798	977	122.43%
地方教育附加	11870	8808	3062	34.76%
国有土地使用权出让收入	223006	169649	53357	31.45%
教育费附加	17799	12784	5015	39.23%
人防办行政事业性收费收入	861	249	612	245.78%
水利建设专项收入	36	23	13	56.52%
税务部门罚没收入	90	176	–86	–48.86%

续表 11

单位：万元

预算科目	2023 年累计	上年同期	增减额	同比增幅
文化事业建设费	60	34	26	76.47%
水土保持补偿费收入	152	248	−96	−38.71%
可再生能源发展基金	25	31	−6	−19.35%
国家重大水利工程建设基金收入	3	3	0	0.00%
大中型水库移民后期扶持基金	8	10	−2	−20.00%
矿产资源专项收入	323	12	311	2591.67%
森林植被恢复费	336	0	336	100.00%

（区税务局 刘旭）

审 计

【概况】2023 年，开展审计项目 37 个，促进财政增收节支和统筹盘活资金 10232.05 万元。

【政策措施落实跟踪审计】根据上级审计机关统一安排，围绕全区“四大目标定位”“九项重点任务”，聚焦“六稳”“六保”政策落实，以资金、项目政策和重大改革任务推进情况为抓手，强化政策落实跟踪审计。完成全区信息化项目运行管理情况专项审计调查、东营农村商业银行财务情况审计调查、东营区养老服务业政策落实情况专项审计调查、全区就业创业政策落实情况专项审计调查。根据审计调查情况，形成理论成果《党建统领 创新突破 推动民生审计工作质效全面跃升》，并在全省党委审计委员会工作现场推进会交流经验。

【政府投资审计】以黄河流域生态保护、高品质现代化城市建设、办好人民满意的教育等重大公共投资领域为重点，关注投资较大、社会关注度高的重点工程项目，从严规范促公共投资审计高质转型，坚持在法定职责权限范围内开展公共投资审计工作，聚焦政府性投资建设工程中的重点、难点、热点项目，深化政府投资项目绩效审计。发现未严格执行基本建设程序、招标控制价编制不规范、工程监管不到位等问题 14 类，核减资金 11154.15 万元。打造“BIM+PAT”投资审计新模式，以实现政府投资审计转型发展为目标，深化“科技强审”，推进“数字赋能”，加深 BIM 技术在工程审计领域的应用，探索省厅“BIM 投资审计平台（二期）”应用，以全国油气勘探开发技术公共创新基地审计项目为依托，探索应用 BIM 技术创新政府投资审计新思路，锚定 1 个平台（Platform），紧抓 3 个领域（Areas），应用多重技术（Technologies），集中力量开展攻坚，实现打造出线上线下相协同的“BIM+PAT”政府投

2023 年 12 月 20 日，区委审计委员会第四次会议召开

资审计模式。依托BIM技术高度可视化特点和可协调性特征，辅助开展全过程跟踪审计，“创新引领 数字赋能 打造‘BIM+PAT’政府投资审计新模式”改革案例入选2023年度全省审计机关优秀改革创新案例。

【预算执行审计】运用大数据审计，推进预算执行审计全覆盖。组织对区财政局、区民政局、区统计局、区文化和旅游局等7个部门进行全面审计，发现专款拨付不及时、非税收入未缴库或缴库不及时、未按计划化解存量隐性债务等问题。

【经济责任审计】细化干部分类管理，科学确定审计对象，按照有重点、有步骤、有深度、有成效全覆盖的原则，安排审计项目13个，其中离任审计5个，任中审计7个，自然资源资产离任审计1个。推行“清单式”经济责任审计，细化审计重点关注问题，明确相关工作程序要求，制定《东营区区管党政主要领导干部和国有企事业单位主要领导人员任前经济责任告知办法》和乡镇(街道)党政主要领导干部履行经济责任重点风险提示清单，围绕权力运行和责任落实，聚焦资源分配、项目审批、资金管理等重大事项，重点关注领导干部依法用权、秉公用权、廉洁用权以及履职尽责、担当作为情况，促进廉洁政府、法治政府建设。

【民生审计】创新“智慧审计”新方式，打造民生保障安全网。建立“大数据+铁脚板”问题收集模式，运用网络爬虫技术从相关投诉建议相关网站爬取群众反映较多的问题领域，确定民生审计重点为就业、养老、医疗、教育4个方面，并将其分解到本年度审计项目中融合实施，数据组和业务组协作开展工作。民生审计领域形成诸多理论成果，其中《东营区“小切口”靶向审计推动公立医院规范管理》被省审计厅刊发推广，《揭开公立医院审计的“神秘面纱”》作为审计典型案例供全省审计机关参考借鉴，《东营市东营区构建“1+3+N”基层民生智慧审计模式》被审计署、省审计厅刊发推广。

【审计整改】加强对审计查出问题整改工作的跟踪监督，建立审计查出问题清单和整改挂销号制度，将“问题清单”与“整改台账”对接，对审计整改情况动态监管，实行“对账销号”，推进全区审计整改工作规范化、制度化。抽调政治素质过硬、技术水平精湛的审计业务骨干，参与上级审计机关对全区实施的各项审计项目中，推动边审边改，整改力度和效果得到上级审计机关的肯定。

（区审计局 刘川锋）

统 计

【概况】2023年，完成全区859家企业的经济运行监测统计和65700余家名录库单位的动态更新维护工作，社会消费品零售总额位居全市第一，规模以上服务业企业对全市的贡献率常年保持在30%以上。建立经济运行指标实时监测报告制度，创新完善“3+1”工作机制(“3”即“三分工作法”，每月完成日常业务报表工作、开展分析研究、调研服务和向上争取，各占三分之一时间。“1”即每月召开一次经济运行分析会)，加强经济社会发展主要预期目标完成情况监测，统筹做好黄河流域高质量发展、十强产业、“四新”经济等统计监测，分析全区经济高质量发展中存在的问题短板。发挥新经济监测中心优势，开展专题调研分析，编发《专报》《快报》《月报》等统计期刊3200余册(期)，12篇分析报告获评全市优秀统计分析。持续开展“潜力释放 激励成长”攻坚行动，狠抓“四上”企业(指现阶段中国统计工作中对达到一定规模、资质、限额及以上企业的统称)培育和纳统，摸排辖区内企业情况，挖掘经济“存量”潜力，壮大全区经济总量，年内新增“四上单位”135家。

【第五次全国经济普查】成立“五

2023年8月23日，东营区配合市五经普督导组督导第五次全国经济普查工作进展情况

经普”领导小组。完成“两员”选聘培训、信息录入、普查区划分、建筑物标绘、单位清查、行业代码编审、普查宣传等各环节工作。建立科级干部包保镇街工作机制，对工作推进情况全程跟踪督导，区普查办、各镇街普查办印发专报51期。划分全区为278个普查区、635个普查小区，标注建筑物21561个，开展“地毯式”“拉网式”清查核实，普查精细度全市最高。清查阶段，登记法人单位和个体工商户96986个，认定“大个体”755个，各类普查对象数量全市最多。创新开展“互联网+”普查模式和三级联审机制。制作“五经普”公益宣传片《预见未来》，印制普查宣传彩页、海报和经济普查单位清查告知书12万余份，开展“‘五经普’进企业、进社区、进市场”等活动20余次，在社区、单位、商场设立宣传点80余处。

【统计法治建设】推动各级学习《关于深化统计管理体制改革提高数据真实性的意见》《防范和惩治统计造假、弄虚作假督察工作规定》等中央系列文件，组织全区32个重点部门单位开展全面清理纠正违反《中华人民共和国统计法》精神做法自查。推动专项治理，提请区委常委会、区政府常务会专题研究统计工作3次，推进统计造假专项纠治行动，常态化组织专业数据核查，年内对72家联网直报企业开展执法检查，对439家联网直报企业开展数据质量核查。坚持“宣传+普法”同向发力，建立“统计法进党校”常态化机制，开展统计法“六进”活动，编发《普法宣传手册》《统计造假弄虚作假警示案例汇编》等统计读本宣传产品1500余份。

【统计基层建设】加强基层建设，强化基层统计人才梯队建设，实施基层统计人才培育工程，培育省级人才1名，市级人才2名，区级人才4名，实现省、市、区基层统计人才多层次覆盖。夯实基础工作，深化复合型统计人才培养，开展“我来讲党课”“统计先锋微课堂”“技能大赛”等活动，增加干部职工跨专业知识储备，培养一专多能型统计人才。提高基本能力，创新“四步法”

2023年4月21日，全区统计工作暨统计造假专项治理行动工作推进会召开，安排部署专项治理工作

人才培养模式，构建“选育优促”人才培养闭环，促进统计干部队伍整体素质提升，在全市统计系统职业技能大赛荣获团体一等奖、优秀组织奖等团体奖项 4 个，先进个人奖项 9 个，先后有 36 篇分析报告入选全市优秀分析奖和全区政府系统优秀调研成果奖，“‘四步法’人才培养模式”等多个创新典型经验入选全市统计系统工作创新奖。

【经济运行监测】强化统计分析精品意识。年内撰写各类分析、信息、调研报告 200 余篇，编发《统计专报》17 期、《统计预警》12 期、《统计月报》11 期。提高经济监测精度。以地区生产总值核算为核心，强化数据支撑，将 36 项基础指标分解落实到行业主管部门，实行旬调度、月监测，引导发展方向；每月动态更新全区主要经济指标一览表、国家省市区指标对照分析表、县区情况位次对比表、分镇街（园区）主要指标表、“挂图作战”主要指标晾晒涉及指标 100 余项。拓宽统计服务广度。提供全区高质量发展综合绩效考核、“四水四定”、绿色低碳高质量发展先行区综合试点、质量强区和“亩产效应”等评价指标数据，为全区各项考核评价工作提供统计服务；开展全省企业运营监测、社情民意调查近 300 家企业。

（区统计局　王金铃）

商务工作

【概况】2023 年，全区实现进出口 270 亿元人民币，同比下降 13.3%。实际使用外资 13035 万美元，同比增长 58.7%，增速全市第一。社会消费品零售总额 354 亿元，同比增长 8.2%，其中批零住餐（指批发、零售、住房和餐饮）销售额增速分别为 5.6%、4.1%、16.9%、30.4%。

【外贸出口】稳定外贸主体。更新编制各级稳外贸政策清单，推送至全区外贸企业，做好政策兑现，年内拨付各级稳外贸资金 584 万元。发挥外贸企业“服务秘书”作用，落实重点外贸企业周调度、旬调度机制，重点调度纳入省外贸白名单的 7 家企业，协调解决企业难题，确保外贸订单及时履约。指导 14 家企业申报重污染天气应急减排保障类企业，组织 40 余家企业参加市外贸政策培训、跨境电商培训等，协助企业了解 RCEP、关税减免、出口信用保险等政策，应对贸易风险。组织 150 余家企业参加全省“商务 + 金融”共促高水平对外开放对接会，解决企业融资需求。稳定大宗商品进口。协助神驰、万通 2 家企业获批 2023 年原油进口配额 447 万吨，协助明源化工申请燃料油进口资质。指导企业加快原油配额使用进度，开展燃料油进口，年内实现原油进口 542 万吨，燃料油进口 21 万吨。开拓国际市场。将省、市《2023 年境外百展市场开拓计划》推送至全区外贸企业，指导 50 余家企业参加俄罗斯石油展、阿布扎比石油展、德国汉诺威工业展等重点境外展会，广交会、进博会等重点国内展会。组织嘉信机械等 5 家企业赴欧盟、日本、韩国、马来西亚等参加境外经贸洽谈活动，对接新老客户，吸引国际订单，引导企业多渠道

2023 年 4 月 13—16 日，2023 第二十七届东营（春季）汽车博览会举行

2023年8月22日，"惠享东营区 便民消费季"暨千万补贴发放活动启动仪式举行

开拓国际市场。搭建平台。发挥龙工场跨境电商产业园、全球贸易通等平台作用，完善跨境电商综合服务，举办跨境电商综合培训4场，培训350余人次，协助传统外贸企业转型跨境电商，全年实现跨境电商进出口12亿元。

【外资招引】政策驱动。将省、市、区最新外资政策传达到外资企业和相关外贸企业，组织兑现区级鼓励利用外资政策资金2381万元。推动现有外资项目到位。加强与外管、银行、市场监管等部门的沟通对接，全流程服务外资项目。奥祥石油项目到位外资6026万美元，亿科新材料到位制造业外资1900万美元，恒益商务咨询到位外资1400万美元。推进埕岛西油气合作开发项目恢复纳统，靠上对接埕岛西项目部、胜利油田对外合作管理部打通数据录入路径，向上争取商务部恢复历史数据纳统。年内该项目成功恢复统计3533万美元。对外经济合作。实现对外承包营业额4268.14万美元，同比增长5.6%。引导企业参与对外投资、承接国际工程，组织企业参加2023年中国对外承包工程行业投资合作大会暨第十届山东—央企经贸合作对接会、风险防控政策培训班、山东"走出去"业务培训大讲堂等，协助企业了解境外投资形势及投资机遇。东营区中石化胜利建设工程公司在肯尼亚的道路修建项目、中石化胜利石油工程有限公司承建的土库曼斯坦石油康采恩油井大修项目顺利进行。

【促进消费】挖掘消费潜力。举办"惠享东营消费年"系列活动，组织开展"暖冬迎春消费季""惠享消费年 食在黄河口"东营区美食季活动、"第二十七届汽车博览会""家电消费节"等促消费活动，引导各商超重点围绕节假日等重要节点开展30场促消费活动。分批次发放餐饮消费券100万元，1—9月带动限额以上餐饮业营业额提高10个百分点，组织全区31家汽车销售企业、13家餐饮企业参与"消费券"活动。出台《2023年东营区商务领域促消费政策措施》，对电商企业、社区便民消费、特色商业街区、餐饮消费、会展经济等五个方面进行配套奖补。发展社区便民消费。线上打造"e圈通"平台，实现同城化政务、商务、服务一键办理和网订店取、网订配送。线下通过丰富社区商业业态，激发居民消费需求，推动线下设备进社区，完善"一刻钟便民生活圈"内生活设备设施。建设完成7个智慧社区食堂、2处"一刻钟便民服务站"，设置充电桩250个、饮水机160台及无人售货机60台，投放美团单车800辆。发展电商经济。坚持培训与活动相结合，培育电商消费热点，年内开展培训10余期，参训人员突破2000人次。组织开展电商直播、"品位东营 乐购618"网购节活动、"东营区金秋双节直播季"、"好品东营·京彩双十一"、2023"乐购东营促销周"等系列活动。年内，全区实现网络零售额36.8亿元，同比增长12%，占全市网零售额的38.4%。开展电商助农活动，与东营职业学院共建农村电商服务中心，助力农产品上行；加大直播山东、京东、盒马生鲜等选品力度，拓宽东营区农特产品销售渠道。打造中国直播产业基地（东营）省级党建示范点1个。培育村镇电商集聚区，申报省级直播电商企业、市级电商产业园、市级电子商务平台、市级电商镇各1个、打造市级电商村4个，年内全区实现农产品1.1亿元，同比增长5.1%。

【规范市场】成品油流通管理。加强成品油市场准入，严格成品油零售经营资格审批手续办理工作，对企业申报材料初核，组织60家成品油经营企业开展年度检查工作。年内，完成企业变更审批9家。重新规划网点，提高规划网点的可操作性。二手车流通行业管理。对辖区支持二手车经销企业发展及规范化政策进行宣讲。出台《东营区支持二手车经营主体发展的意见》奖励政策，引导二手车经营主体向专业二手车市场聚集，形成规模效应，鼓励商户进入二手车市场经营。汽车销售管理。组织各镇街和辖区内27家汽车销售企业召开汽车销售工作调度会，学习相关销售政策。对东营区汽车销售企业销售情况摸排，将“六不得、六明示”印制下发到全区汽车4S店，规范汽车行业的销售行为。出台政策。研究制定《东营区商贸流通领域安全生产规范提升年行动方案》《东营区商贸流通领域重大事故隐患专项排查整治2023行动实施方案》等主要安全生产工作方案，专项整治餐饮企业燃气安全，发挥商贸流通安全生产专业委员会办公室作用，按时组织商贸流通安全生产专业委员会季度会议，加强“安全生产月”等有关活动宣传教育，对商贸流通企业进行安全生产督导，检查企业244家次，排查隐患779处。

（区商务局 孔令芳）

市场监督管理

【概况】2023年，推进新登记市场主体数量增速专项行动，年末全区实有各类市场主体9.58万个，同比增长4.2%。其中，实有各类企业36764个，同比增长8.3%；实有个体工商户58512个，同比增长2.0%。

【营造安全环境】食品安全。推进乡镇食药安办规范化建设，8个乡镇食药安办全部实体化运行，达到“五有”要求（有机构、有职能、有人员、有条件、有经费）。落实食品安全两个责任，全区8836家食品生产经营单位纳入分层分级包保范围，1346名县、乡、村三级干部全覆盖包保，包保督导完成率100%。承担省对市食品安全评价性抽检303批次的抽检任务，占全市总批次的66.6%，合格率99.67%。全年完成食品安全监督抽检2465批次，发现不合格53批次，处置率100%。药械安全。开展药械经营使用单位全覆盖检查，排查风险隐患，检查单位1800余家次，药品经营使用、医疗器械生产经营使用单位检查覆盖率100%。工业产品质量安全。结合全区工业产品质量实际，制定区级监督抽查方案，抽检辖区内生产、流通领域工业产品共693个批次，合格率99.6%。其中在流通领域监督抽检成品油质量，抽检汽柴油及车用尿素512批次，

2023年4月26日，邀请市知识产权保护中心和省知识产权公共服务平台专家，开展“4·26知识产权政策宣讲会”

2023 年 7 月 10 日，区市场监督管理局在美亿家家居商场成立第一个消费维权服务站

合格率 100%。民生安全。开展“提升城乡居民住宅小区电梯安全惠民行动”，对全区 4600 余台居民住宅电梯进行摸排，制定有针对性的处置方案，解决问题隐患电梯 198 台。

【提升服务水平】保护知识产权。出台《东营区推进知识产权高质量发展和质量强区建设的若干政策》，推进知识产权创造、运用、保护、管理工作。成立东营区知识产权纠纷人民调解委员会，探索知识产权多元解纷方式，营造良好的知识产权环境。深入企业开展帮扶指导，推动企业知识产权发展。年内，新授权发明专利 761 件，占全市总量的 42.07%，高价值发明专利拥有量 740 件，占全市高价值总量的 34.34%。2 项专利获得第二十四届中国专利奖优秀奖，3 项专利分别获得中国·山东新旧动能转换高价值专利培育大赛二等奖、三等奖、优秀奖，获得东营市高价值专利奖 11 项，培育 5 个高价值专利培育项目试点单位。东营区获评第一批山东省知识产权保护示范区建设单位和国家知识产权强县建设示范县。推动品牌和项目申报。组织 14 家企业参与“好品山东”品牌申报，德仕能源科技公司、科瑞石油技术公司入选“好品山东”品牌名单。组织企事业单位申报标准化创新发展项目，胜利油田检测评价研究有限公司申报的山东省石油勘探开发共性技术标准创新平台被省市场监管局确定为 2023 年度标准化创新发展计划项目。服务高质量发展。在生物医药产业方面，天东制药公司入选创建世界一流专精特新示范企业、完成 2023 年度山东省创新型企业认定，海科新源公司入选山东省智能制造标杆企业，7 月 7 日在深交所完成上市。在其他方面，完成区检验检测中心项目建设，建设完成社会公用计量标准 17 项。

【优化营商环境】加强对个体工商户纾困帮扶政策宣传，提高群众的创业积极性。推进市场主体年报工作，企业、农民专业合作社、个体工商户年报率分别为 98.60%、90.62%、88.12%。深入推进“双随机、一公开”监管，抽查企业 2582 户，信用风险分类结果应用率 99.15%、标签化管理应用率 91.36%、抽查事项覆盖率 100%、部门联合抽查占比 70.19%、抽查任务按时完成率 100%。加强企业经营异常名录和严重违法失信企业名单管理，列入经营异常名录 1233 户，个体工商户标记为经营异常 6544 户，移出经营异常名录共 1080 户。开展妨碍统一市场和公平竞争的政策措施清理工作，清理相关文件 23 件。年内，东营区被省委办公厅、省政府办公厅评为“推进企业登记注册便利化、深化‘双随机、一公开’监管和信用监管、落实公平竞争审查制度等深化商事制度改革成效明显的县（区）”。

【保护消费者权益】开展计量器具专项监督检查，检测电子计价秤 607 台、安全防护计量器具 10000 余台、加油机 800 台次，辖区 2 家单位获得省级诚信计量示范单位称号。开展放心消费创建工作，创建省级放心消费示范单位 37 家、市级放心消费示范单位 163 家、区级放心消费示范单位 1078 家。培育发展 ODR 单位（平台在线消费纠纷解决），引导消费较集中、发生消费纠纷较多的企业加入ODR机制建设，2023年培育发展ODR机制单位20家，指导、督促ODR在线调解消费纠纷113件，和解成功率99.1%。受理“12345”民生热线、“12315”平台转办事项11110件，按期回复办结率100%。持续巩固民生领域案件查办“铁拳”行动，针对食品、工业产品、特种设备、广告、不正当竞争、价格收费、商标侵权领域存在的问题，开展专项治理，查处违法行为，查办各类案件一般程序775件，简易程序39件，罚没款346.7219万元。东营区市场监督管理局被省市场监督管理局评为“民生领域案件查办‘铁拳’行动表现突出集体”。

【推动发展生物医药产业】2023年，全区生物医药产业集群规模持续发展，拥有医药工业及关联企业10家，其中规模以上医药工业企业2家，完成产值12亿元，同比增长10%。东营天东制药有限公司入选创建世界一流专精特新示范企业，完成2023年度山东省创新型企业认定，实验室通过CNAS（中国合格评定国家认可委员会，负责对认证机构、实验室和检验机构等相关机构的认可工作）认可。山东海科新源材料科技股份有限公司入选山东省智能制造标杆企业，并于7月7日在深交所完成上市，成为东营区第一家生化药业上市企业，9月通过山东省重点研发科技工程项目。发展东营诺康生物技术有限公司成为山东省海洋生物医药重点企业，鱼油软胶囊为海洋生物制品重点产品，同时列入《山东省海洋药物和生物制品业发展规划》。

（区市场监督管理局 边盛华）

安全生产和应急管理

【概况】2023年，开展“9+21+6”安全生产规范提升年系统提升工程，推进国务院安全生产“十五条硬措施”、省委省政府“八抓20条”创新举措和各项决策部署落地实施。全区发生生产安全事故7起（均为道路交通事故），死亡4人，未发生较大以上生产安全事故，事故起数、死亡人数较前三年平均值同比分别下降30%、13%，安全生产形势持续稳定。

【完善应急体系】完善应急预案体系。依托市应急指挥平台智能化预案管理系统，将区级总体、专项、部门应急预案纳入线上备案管理。2023年，制定印发25个专项应急预案，指导8个镇（街）编制各自总体应急预案及防汛抗旱、安全生产等专项应急预案，指导239个村（社区）转移避险和集中安置生活保障工作预案（方案、实施方案、计划）。加强应急救援站建设，区级50处消防应急救援站通过验收，投入运行使用。推进应急预案实战演练。制定印发《2023年东营区应急演练计划》，承办全市化工园区较大生产安全事故应急演练1次，完成粮食安全、危化品等10项演练计划，指导专业救援队伍开展拉练70余次。提升应急通信保障能力。成立23人应急通信保障队伍，配备1架无人机、1个布控球和6部单兵移动终端，各镇街配备1个布控球和至少1部单兵，全部纳入应急指挥中心统一调度。完成370兆应急通信专网项目建设工作，连接到东营市交换节点，

2023年3月31日，东营区政府第二次全体会议暨区安委会成员（扩大）会议召开

2023 年 6 月 2 日，东营市 2023 年安全生产月启动暨"居安思危"应急安全文化活动颁奖仪式举行

实现上下互通、横向互联，推动提升全区应急指挥通信实战能力。加强应急救援力量建设。牵头组织开展区级应急救援队伍推荐、申报、评定工作，经考核评定，建设 7 支区级应急救援队伍。代表东营区参加全市第一届特种作业人员安全技能大赛、第二届安全生产应急救援比武练兵竞赛活动，分别获得团体三等奖、团体一等奖。

【综合监管】 年内，区委常委会会议、区政府常务会专题研究安全生产工作 15 次，区主要负责人主持召开全区安全生产工作会议暨区安委会成员（扩大）会议、区安委会成员（扩大）会议暨防汛抗旱工作会议、全区安全生产工作会议、东营区化工行业安全生产整治提升动员部署会议等区级会议 6 次，分析安全形势，部署重点任务。印发《区政府领导班子成员 2023 年安全生产重点工作分工》《区安委会 2023 年工作要点》等文件；制定《东营区安全生产规范提升年活动实施方案》《全区安全生产专项检查工作方案》《全区重大事故隐患专项排查整治 2023 行动实施方案》《东营区化工行业安全生产整治提升专项行动总体工作方案》，明确安全生产年度工作任务和目标主线。部署开展深入贯彻习近平总书记关于安全生产重要论述深化安全生产责任落实专项行动，组织开展党委政府、部门、企业三个层面进行对照检查，各级各部门、各企业查摆整改问题 588 项。

【行业监管】 部署专项行动。年内，推动东营区各级各部门以安全生产规范提升年专项行动为工作主线，部署开展岁末年初安全生产重大隐患专项整治行动、安全生产专项检查行动、重大事故隐患专项排查整治 2023 行动、化工行业安全生产整治提升专项行动。排查治理安全隐患。年内，检查企业 11076 家次，排查隐患 61339 项，整改完成 61339 项，对 1397 家企业开展诊断帮扶式指导服务，立案处罚生产经营单位 695 家、罚款 879.8 万元。其中，重大事故隐患专项排查整治行动中，发现重大隐患 336 项，并实现清零，督促各级各部门抽查企业自查自改情况 4720 家次，实施行政处罚 476 家次，罚款 638.51 万元，约谈企业 70 家。督导检查。成立 8 个区领导牵头的包镇街督导组，组织开展全国两会、"五一"、"两节一会"、年终岁尾等重点时段的安全生产督导工作。

【防灾减灾】 年内，坚持以防为主、防抗救结合，加强防灾减灾救灾体系建设，成功创建全省综合减灾示范社区 1 处、山东省防震减灾科普宣教基地 1 处，入选全市"5·12 防灾减灾宣传周"优秀组织单位。森林草原防灭火。发挥森林防灭火指挥部统筹协调职能，组织召开 7 次森林草原防灭火工作视频会议，牵头开展"防森林火灾　保绿色家园"宣讲活动，接受现场咨询 380 人次，发放各类应急科普宣传资料、纪念品等 1000 余份，宣传引导森林草原防灭火工作。防汛抗旱。下发各类极端天气安全防范通知 20 余期、各类天气预警 80 余次，督促指导各级各部门做好极端天气下安全生产和防灾减灾工作，严防各类灾害、事故发生。地震监测。加强地震监测预警系统建设，在10个社区、5家大型危化企业安装地震预警终端；强化地震灾害救援能力，推进灾情速报队伍建设，8个镇街分管应急工作副镇长（副主任）兼任防震减灾助理员，268个村（社区）的村“两委”委员（网格员）担任地震灾情速报员和防震减灾科普宣传员，初步形成村级灾情速报网络体系。

【健全长效机制】智能化、信息化改造。打造3家安全生产管理和信息化系统建设市级标杆企业，扩大“机械化换人、自动化减人、智能化无人”工程成果，其中东营神驰化工集团有限公司本质安全改造经验，受到应急管理部安全生产监察专员的高度评价，相关工作经验在《中国应急报》刊发推广。加强宣传教育。聚焦危化品、工贸等重点领域，组织开展“大学习、大培训、大考试”活动，做到企业主要负责人、安全总监全覆盖，考试通过率100%，压实企业主体责任。6月，承办全市安全生产月启动暨“居安思危”应急安全文化活动颁奖仪式，开展“6·16安全宣传咨询日”、“安全生产知多少”线上知识竞赛等系列活动，做到“规定动作”到位，“自选动作”出彩，获得“2023年全省‘安全生产月’活动优秀组织单位”称号。

（区应急管理局 耿梦杰）

招商引资

【概况】2023年，全区在建项目71个，到位资金110.42亿元。新签约正式合同项目67个，签约金额402.06亿元，其中，省、市重点新签约项目金额116.68亿元，到位资金10.37亿元。

【政策完善】根据全市招商引资任务目标，聚焦十大产业链条，对全区43个招商引资责任单位分解下达招商引资任务，形成全区抓招商促发展工作合力。印发《东营区招商引资2023年工作方案》，谋划全年招商引资工作的主攻方向，引进培育一批成长性好、带动力强的头部企业、链主企业，打造功能完备、竞争力强的现代化产业体系。出台《东营区重大招商引资项目“一事一议”决策程序》，完善招商机制，为全区引进投资规模大、带动能力强的重大项目提供政策支撑。加大政策和投资环境推介力度，完成“东营区投资热力图”3.0版本升级工作，新版本智能化、共享性、互动性增强，展示79个产业供应地块、62个平台载体、30个对外合作项目招商信息。制作招商引资宣传片《东营区·正青春》、区情及重点园区推介展板，印制投资指南、对外推介项目手册等宣传材料，编报重点对外推介项目32个。

【重点产业】年内，区委、区政府主要领导赴北京、上海、成都、杭州等地开展招商考察20次，洽谈推进中石化重装基地、黄河三角洲算力产业园、润元智能消费数字经济产业园等重点项目40余个，项目涵盖高端装备制造、新材料、数字经济、文化旅游、现代服务业等重点领域，涉及中铁集团、三一重工、中石化四机厂、抖音集团、国华投资公司等500

2023年2月3日，全区加力提速工业经济高质量发展暨招商引资工作会议召开

2023 年 4 月 27 日，2023 东营区“双招双引”杭州推介会暨项目集中签约仪式举行

强企业和行业领军企业。强化项目招引，形成集聚效应，构建以区投促中心、驻外招商站、园长单位、重点产业链为主的全方位招商体系，依托“四区、两园”六大产业载体，创新“标准地 + 全代办”模式，瞄准重点产业促招商提升，围绕重点任务促招商提质，联合重点企业促招商提效，引进一批链主式带动项目，推动亿科高端树脂新材料项目加快建设，中浩建 10 万吨 / 年高性能新材料项目、年产 500 台（套）高性能螺杆及钻井提速工具项目、丙烯醛联产戊二醛项目等一批延链、补链、强链项目即将投产。

【新动能发展】 围绕绿色低碳高质量发展需求，聚焦“四新”经济、数字经济领域，加大项目招引力度，聚焦加快攻关新技术、加快发展新产业、数字产业化引领、产业数字化转型等九大行动，全面培育壮大东营区“四新”经济和数字经济。组织开展新材料产业、高端装备产业、数字经济产业等专题推介活动，通过“线上 + 线下”对接方式与字节跳动、京东等数字经济龙头企业开展洽谈对接，抖音集团中国内容质量与用户体验中心（东营）项目正式运营。年内，新签约“四新”经济和数字经济项目 25 个，签约金额 173.77 亿元，黄河三角洲绿色算力中心、综合智慧零碳电厂储能系统等一批重点“四新”经济和数字经济项目落地。

【重点项目简介】 胜利电厂三期第二台机组项目。国家能源投资集团有限责任公司计划总投资 30.1 亿元，建设规模为 1 × 66 万千瓦超超临界燃煤热电联产机组，主要建设内容包括锅炉、汽机、发电机及同步配套脱硫、脱硝设施及相关的生产、辅助生产和附属工程等，还同步建设铁路专用线、供水管网等外部配套设施。至年底，该项目通过国家能源集团总部投决会。

年产 500 台（套）高性能螺杆及钻井提速工具项目。上海达坦能源科技股份有限公司计划总投资 4.8 亿元，分两期建设，其中一期购置创新园二期东区 8 号单层厂房，计划固定资产投资不少于 4000 万元；二期在东营高新区新征 100 亩土地，拟投资 4.4 亿元。至 2023 年底，完成公司注册、立项手续，办公区域装修完成厂区环氧地坪铺设、水电改造、航吊搭建，并订购部分设备。

中心城区综合物流园项目。鲁商（海南）冷链产业发展有限公司投资建设计划总投资约 50 亿元，规划控制面积 1700 亩的集商贸物流和主城区及周边地区制造业产业链物流集聚发展功能于一体的综合物流园区。至 2023 年底，完成招投标，土地、规划等开工前手续及物流总部大厦施工许可证办理。

欢乐油城 PLUS 项目。深圳源创文化旅游发展有限公司计划总投资 9 亿元，计划建设占地 381.7 亩的“一轴双街三馆四园”（“一轴”即东营客厅 · 城市文化中心轴，“双街”即浪漫潮玩艺术街、国潮新韵文化街，“三馆”即沉浸式运动冒险潮玩馆、黄河主题文化科技体验馆、寻味东营 · 黄河美食体验馆，“四园”

即石油主题冒险科幻乐园、黄河情梦幻乐园、梦想星球乐园、奇幻岛度假乐园）。

数字社区E体化服务驿站项目。海南省充换电运营管理有限公司计划总投资5亿元，建设包括志愿者服务站、爱心驿站、快递小哥休息室、环卫保洁休息室、应急药房、社区团购便民取货点、快递自提柜、电动自行车换电柜、电动自行车销售、新能源汽车及电动自行车充电站等在内的数字社区E体化服务驿站220处。

东营市大养堂康养中心项目。海南万福康健康产业有限公司计划总投资6亿元，建设占地面积223.22亩，总建筑面积14.8万平方米，可以同时容纳2179人的康养社区楼45栋，项目预期收入主要来源于康养项目收费、养老住院诊疗费用等，预计年销售收入可达1000万元以上。

碱性水电解制氢设备及撬装式绿氢制氨项目。至年底，完成自主生产的全省首套1300标方碱性水电解槽组装下线，产出氢气纯度达99.999%，项目已投产，实现碱性水电解槽全产业链自主生产加工。

【重要活动】第三届儒商大会东营推介对接活动。3月28日，第三届儒商大会东营推介对接活动——2023东营市投融资合作创新发展大会在济南举行。东营区总投资20.8亿元的润元智能消费数字经济产业园项目和上海达坦能源年产500台（套）高性能螺杆及钻井提速工具项目在会上签约。

2023东营区“双招双引”杭州推介会。4月27日，2023东营区“双招双引”杭州推介会暨项目集中签约仪式举行，28个“双招双引”项目签约，总投资金额达191.07亿元。

2023东营·深圳“双招双引”恳谈会暨项目集中签约仪式。7月7日，2023东营·深圳“双招双引”恳谈会暨项目集中签约仪式在深圳举行。东营区欢乐油城项目、数字社区E体化服务驿站项目签约，项目计划总投资14亿元。

第十六届中国（东营）国际石油石化装备与技术展览会展会成果及“双招双引”项目签约仪式。9月28日，第十六届中国（东营）国际石油石化装备与技术展览会展会成果及“双招双引”项目签约仪式在东营区举行。集中签约年产100万米新材料防腐钢管项目、数字化油田监测光纤传感技术人才引进项目、中石化玻璃钢管线组采框架协议等18个项目，签约金额47亿元。

2023东营市招商引资项目（上海）集中签约仪式。11月5日，2023东营市招商引资项目（上海）集中签约仪式在上海市举行。高端树脂和新型环保防污涂料项目、丙烯醛联产戊二醛项目、揽翠湖康养文旅小镇3个重点项目集中签约，计划总投资49亿元、外资9000万美元。

（区投促中心　刘丽丽）

油区管理

【概况】2023年，东营区统筹油田、地方和高校三方力量，全面落实习近平总书记在深入推动黄河流域生态保护和高质量发展座谈会上的重要讲话精神和视察东营重要指示要求，以“产业共育、城市共建、科技共享、人才共用、社会共治”为着力点，深化五大

2023年3月31日，2023年油地物资贸易合作洽谈签约仪式举行

2023 年 10 月 25 日，服务保障地球物理胜利分公司地震采集项目专题会议召开

融合，推动构建和谐共赢新型油地关系、促进区域高质量发展。

【统筹协调】发挥牵头作用，会同各专业委员会，深化产业合作、整合人才科技资源、推进西城更新改造、抓好社会基层治理。加强协调服务，确保页岩油勘探开发按计划推进，牛庄洼陷牛页 1 示范区顺利建设。协调神驰化工与胜利油田达成碳源供需合作，推进中石化碳科公司与胜利油田签订合作框架协议。联系服务工作。区委、区政府印发《关于常态化开展联系服务油田单位工作的实施意见》，建立“1+1+N”工作机制（1 名牵头区领导、1 个牵头部门、N 个业务相关部门联系服务油田单位），27 名区领导牵头 67 个区直单位、国企、镇街，联系服务 86 家油田单位和部门，将帮助油田单位解决困难问题列入考核。至年底，各相关单位协调解决油田困难问题 300 余项。

【“双招双引”】招才引智。年内，柔性引进 10 名高层次人才。配合完成人才引领“四链”融合创新突破暨“金桥工程”2.0 版发布会、油城人才服务专员授聘仪式暨“油城英才卡”部署工作会等 11 场次人才系列主题活动，挖掘在外油城子女资源，为在外油城子女“同城朋友圈”新增 75 人。招商引资。与斯伦贝谢深圳公司、中石化绿源地热能开发有限公司、庆阳瑞华能源有限公司开展业务合作，完成投资 1.5 亿元，提前完成年度招商引资计划。成立东营区石油装备产业链党委，制定《东营区石油装备产业链工作方案》，绘制“东营区石油装备产业链图谱”，推动产业链优化升级。推动东营区“双招双引”杭州推介会高端装备产业专题对接会议召开，召开 2023 东营石油装备产业高质量发展暨链上企业推介会，推进石油装备企业与油田的合作。

【财源建设】发展油公司总部经济。加强保障靠上油公司主导的油田长停井复产，有 2018 口长停井流转至长停井（区块）数据库和流转平台。拓展油田外围市场。协调油田物资管理配送中心，共同筹备 2023 年油地物资贸易合作洽谈暨科技成果推介会，9 家油地企业代表现场签订物资贸易合作协议和油田科技成果转化合作协议。

【油区安全稳定】压实责任。作为油气管道监管保护主责单位，高度重视油气管道安全生产工作，党组学习、研究安全生产工作 5 次，召开安全生产专题会议 4 次。聚焦解决一批油气管道领域安全生产的突出问题、薄弱环节，制定《东营区油气管道安全生产规范提升年行动实施方案》等 7 大行动方案，部署开展 4 轮“全覆盖”执法检查。执法检查。部署安排企业深入开展隐患自查自纠，年内，各管道企业上报安全风险隐患 180 条，全部整改完成。以中心城区为重点，通过“明察暗访 + 专家 + 检查人员”的方式开展督导检查，出动检查人员 279 人次，发现安全隐患 507 条。对一起未经批准擅自实施穿跨越油田油气生产管道，并造成油气管道泄漏的事故进行立案处罚。提升监管能力。与无人机巡航公司保持合作，对全区长输油气管道进行定期无人机巡逻和影像图分析，加大对油田油气生产管道敏感区域的巡航力度，及时、全面掌握油气管道各类现场情况，为处置管道突发事件做准备。聘请第三方安全机构对新原油库及相连管道迁建投产后的全区油气管道行业现状进行安全风险评估，掌握最新情况、最全底数，分析现状和问题，及时向管道企业反馈，有针对性地进行整改提升。深化安全教育培训。开展安全宣传“五进”活动，成立油气管道保护宣传小组，通过散发专题彩页、宣传品和进行油气管道问题咨询，向群众讲解油气管道保护知识，发放各类宣传材料2000余份，接受群众咨询300余人次。

【油区关系】做好重点项目涉油迁占。做好津潍高铁、亿科高端树脂新材料产业园、科教园区等重点项目的油井及附属设施迁建工作，保障项目建设进行。与采油厂沟通对接，争取胜利58中、东辛完整社区建设资金，完善教育设施配套建设，推进片区更新改造；服务油田开发建设。强化“大油区、大服务、大发展”理念，完善“事前摸排、事中服务、事后回访”的全程跟踪服务制度，与现河、东辛、胜利3个采油厂保持联系，对存在的问题共同研究制定解决方案，及时化解油田日常生产中发生的工农矛盾纠纷。与国家管网集团山东运潍中心、潍坊输油处对接，协调东临老线原油管线迁移相关事宜；协调完成原油库附近牛四路建设，为库区生产创造条件；做好中石化地球物理公司胜利分公司地震勘探采集项目的跟踪服务，保障项目建设顺利进行。做好信访件、政务热线处理工作，做到及时回应群众诉求、全力解决群众难题，年内，处理信访件、热线40余起。整治井场环境。受理东营区迎接国家卫生城市复审工作指挥部督办单9件，主要涉及井场周边垃圾及尘土治理，通过协调相关采油厂铺设防尘网、清理井场垃圾、平整土地等方式，改善井场周边环境卫生。

2023年12月14日，组织开展2023年东营区油气管道突发事件应急演练

【油区生产环境】年内，出动巡逻车辆2600余辆次、巡逻人员7900余人次。开展油区治安专项整治行动，协同公安部门及镇街油区服务中心等，重点对管线打孔盗油盗气、非法收购运输原油和非法收购油田物资等行为进行集中打击，综合治理油区治安突出问题，累计出动130辆次、队员190人次，检查废品收购点56家，查处偷盗原油违法行为2起，没收原油7.626吨。完善油区治安打防控一体化体系，扎实抓好扫黑除恶常态化工作，组织开展油区领域线索摸排“回头看”和“固本清源”专项行动，紧盯涉油涉化领域，建立线索排摸滚动机制，推动工作落实。进行油区秩序整治宣传教育，联合各镇街深入社区、村（居）、集市等密集场所开展油区集中宣传活动，通过宣传材料、现场讲解等方式，营造全民知晓、全民参与油区秩序整治工作的氛围，悬挂条幅95条，宣传人次600余人，发放宣传资料700余份。

（区油地校融合发展办公室 刘欣源）

科教园区建设

【概况】东营市科教园区管理服务中心完成各项组建工作，建立健全规章制度，将工作方向定位

2023 年 7 月，第一期“汇聚菁英人才，共话企业发展”惠企知识主题讲座举行

于建设“三中心、两基地”（油地校科研交流中心、石油科技成果转化中心、高端人才精品服务中心；依托石油大学科学技术研究院和东营产业技术研究院建设产学研创新基地，依托中开院东营蓝马公司建设创新成果孵化基地）。2023 年，机构运行步入正轨，管理载体优化，服务设施完善，完成年度工作目标任务，部分基础性工作有所突破，“三中心、两基地”建设初具雏形。

【提升载体能级】东营产业技术研究院规范运行。产研院聚焦石油科技主责主业，开展入驻企业考核，优化空间利用率，先后清退非主业企业 6 家，压缩空间 5 家，腾退空间 3000 余平方米。引入中国地质大学非常规油气渗流实验室、中科（东营）智能制造科技有限公司等科研机构和企业 16 家，入驻人员 230 余人，引进高层次人才 46 人，承担实施各级重点研发项目 40 余项，申请知识产权 120 余件，实现科技成果转化 30 余项，初步达到科研资源聚集的目的。提升经济效益，年内，产研院入驻机构实现营业收入 2.5 亿元，上缴税收额 1892.3 万元。人力资本产业园稳妥善后。依托人力资本产业园原有设施建设众创空间，将其打造成院校周边的科创和就业基地，推动区域招才、引才、留才，服务大学生创新、创业。园区建筑面积 3000 平方米，招引互联网技术服务、人力资源服务、科技信息服务、金融服务等业态的企业或机构，入驻企业 13 家。与科开院创新孵化基地加强沟通、协调，作为共建基地，中开院东营蓝马公司把握科技成果转化、企业孵化和产业培育工作主线，聚焦石油化工和石油装备相关的人工智能和大数据等新一代信息技术，实行靶向招商、精准培育，以华凌国际大厦为运营载体，入驻企业 71 家，80% 以上为科技创新型企业，“四新”经济企业 46 家。

【开展调查研究】制定《东营市科教园区管理服务中心调查研究实施方案》，明确 7 个方面调研重点，对接管理服务对象，听取意见、建议，分析现状、梳理问题、制定下步工作措施。学习外地先进经验，5 月组织到江苏常州科教城、合肥高新区、徐州中国矿业大学国家大学科技园考察学习，通过现场参观、座谈交流等形式，重点考察学习园区建设、运行管理体制、产学研结合、招才引智、产业布局、创新创业激励措施、人才服务及园区发展模式等方面的先进经验及做法。强化调研成果转化运用，副科级以上干部每人牵头一个课题，年轻干部参与全区“我为高质量发展献良策”主题调研，总结先进经验，撰写调研报告，召开调研成果交流报告会，探索科教园区高质量发展路径。

【交流合作】以交流合作促发展，聚焦“石油科技成果转化中心”职能，利用科教园区背靠高校、地处油田核心圈的区位优势，推动科教融合协同发展，依托“高端人才精品服务中心”，组织开展科技成果交流、推介活动，推进科研院所、高校与企业在技术研发、人才引用方面进行合作交流，把地方资源优势与油田人才创新优势、高校人才科技优势结合起来，推动产学研协同创新发展。促进油地校融合发展，3 人到

2023 年 4 月 17 日，“青鸟计划·汇智油城”大学生社会实践基地揭牌仪式暨“山石学子园区实践计划”启动仪式举行

胜利油田、山东石油化工学院挂职，邀请科技管理部到科教园区调研，组织油田技术人才参加东营市“油城菁英汇”主题沙龙，在东营产业技术研究院设立大学生社会实践基地，以挂职交流为契机，增加油地校三方交流合作，促进资源共享，提升园区人才创新创业能力。

【成果转化】打造油地校科研成果交流展示平台，开展科技成果交流展示、企业研发需求对接等活动。打造科研成果交流大厅，制作石油石化产业链图谱墙和石油新能源与碳中和展示沙盘，展陈企业、高校科技创新成果，助力高校科技成果供给与企业需求精准对接，多功能路演厅可以召开科技成果发布会，为院所企业互动交流提供平台。打造“人才 e 家”，设置洽谈间、水吧、书吧等多功能区域，提供企业与合作方面对面沟通场所。召开油地融合座谈会，邀请胜利采油厂等处科研专家与产研院入驻企业围绕油地融合、成果研发、技术攻关、人才引荐等方面进行交流与探讨。

【人才服务】打造科教园区高端人才精品服务中心，依托“人才 e 家”，开展“油城菁英汇”系列人才主题沙龙活动 5 期，通过“油服企业家座谈会”“共话知识产权与人才发展”等活动，对接企业诉求，提升科教园区机构、企业技术水平和市场竞争力。联合团区委举办“青鸟计划·汇智油城”大学生社会实践基地揭牌仪式暨“山石学子园区实践计划”启动仪式，招募企业 12 家，提供岗位 21 个，惠及学子 41 人次。

【助力企业发展】由科教园区管理服务中心牵头，以产研院下属东营产学研石油科技有限责任公司为主体办理油田市场准入资质，推动产学研公司和产研院入驻科研机构组成联合体，共享科技、人才资源，帮助油服企业通过此平台进入油田市场。完成石油勘探开发技术服务三体系认证，配备相关科研人才 7 人，成立相关学术科研团队，发表学术论文 6 篇，软著 8 项，先后 10 余次与胜利采油厂、企管法规部、科技部进行现场论证洽谈。12 月，获得技术服务类市场队伍准入资质。

（科教园区管理服务中心 雒凯岩）

东营产业技术研究院联合入驻企业共同设计制作的能源互补与碳中和展示沙盘，展现能源互补与 CCUS 技术

农业和农村

- 综述
- 种植业
- 林业
- 龙居生态林场
- 畜牧业
- 海洋与渔业
- 农业机械
- 地方水利
- 黄河河务

农业和农村

综　述

【乡村振兴】 东营区市级乡村振兴示范片区——“魅力城南”乡村振兴示范片区建设。片区东起荣乌高速，西到神堂村，南至武家大沟，北邻南一路，涵盖东六户、西六户、李宅、梅宅、神堂、武王6个行政村，辖区面积35.8平方千米，耕地面积3.24万亩，人口3029户、8026人。立足提升服务城市功能，发挥示范片区中心城区门户枢纽的区位优势和城市“绿肺”的生态优势，按照确定的“北部特色水果种植，中部农文旅深度融合，南部优质蔬菜种植”发展空间布局，扎实推进“一轴一带四区多点”规划建设，做精特色产业、做强预制菜加工物流，做优党建研学、做活乡村旅游，乡村振兴示范区、人居环境样板区、共同富裕先行区三区共建取得阶段性成效。5月列入第三批市级乡村振兴示范片区创建名单。

【科教兴农】 2023年，围绕主导特色优势产业集中开展全产业链培育，打破传统培训模式，把种植能手、农机手、乡村青年、农村妇女、退役军人村干部作为培训重点，分层分类培训高素质农民216人，其中，省级示范性培训（农业经理人）20人，市级示范性培训15人。举办农民素质素养提升培训班6期，培训农民328人。培训高素质农民领军人才30人。线下发挥“田间课堂”优势，通过举办专题培训班、现场授课答疑、咨询指导、发放科技资料、赶科技大集等形式开展各类培训19次，培训农民560人次。参加青年农创客创新创业省级示范研修培训3人。参加全省乡村产业发展带头人培训2人。组织10名乡村之星参加中组部、农业农村部在潍坊举办的2023年农村实用人才带头人乡村产业融合发展专题培训班。年内，入选第十届齐鲁乡村之星7人，乡村之星总数达到108人。完善职业农民职称评审制度，获评农民职称69人，农民职称人数达到228人。定向签约培养公费农科生2人。参加

2024年7月3日，城南现代高效农业产业园

2023年乡村产业振兴带头人“头雁”培育3人。组织12人参加农高区盐碱地综合利用和种业创新技术成果集成推广交流会。东营区史口烧鸡农民专业合作社理事长赵锦江入选国家乡村工匠名师，他推送的“史口烧鸡”获中央广播电视总台2023预制菜争霸赛“我最喜爱的预制菜”。建设农业科技示范展示基地4个，培育农业科技示范主体220人。发布主要粮油作物主推品种21个，农业主推技术8项，农业主推技术到位率达95%以上，遴选特聘农技员5人。组织45名基层农技人员赴华中农业大学开展6天集中培训。

【农业结构调整】2023年，东营区在稳定粮食生产的基础上，调整产业结构，优化产业布局，大力发展高品质瓜果、蔬菜、畜牧、渔业产品，积极发展生态林、苗木、花卉等生态农业产业。农林牧渔业稳步发展。全年实现农林牧渔业产值30.8亿元，同比增长5.2%，全区农业经济运行呈现平稳增长的趋势。其中，农业总产值15.5亿元，同比增长4.5%，林业总产值0.87亿元，同比增长14.9%，牧业总产值9.4亿元，同比增长5.9%，渔业总产值1.9亿元，同比增长3.7%，农林牧渔服务业总产值3亿元，同比增长7.2%。全区现代高效农业增加值达到2.54亿元，同比增长7.4%。

【人工防雹降雨】2023年，东营区防雹作业“三级作业准备”16次，开展增雨作业4次，防雹作业1次，发射火箭弹4发、人雨弹91发。作业安全顺利，防雹增雨雪效果明显，保障全区农业生产安全。年初制订工作计划和培训计划，与相关镇街签订目标责任书，与作业人员签订安全生产承诺书，利用电视台和发放明白纸等宣传渠道，加大防雹作业期和作业范围的宣传力度，在东营区电视台公告一周，发放《关于开展防雹降雨工作的公告》5000份。结合实际采取集中和分散结合的方式举办培训班4期，参训人员150余人次，使全区8个作业点31名操作人员全部达到上岗作业资格条件，按规定报市气象局和区公安分局备案。按照安全射界标准，逐一对全区8个炮点和1个火箭作业点的安全射界图进行重新修订，对高炮进行检查、检修和维护，并对防雹上岗前准备工作进行梳理和检查，作业前全区高炮和火箭合格率100%，通过省局高炮和火箭年检。协调购置新型“37”炮弹400发。全区8处作业点顺利通过防雷检测，对作业点网络监控进行检修维护，确保运转正常。为所有作业和指挥人员购置人身意外伤害保险，所有高炮和火箭发射装置购置社会公众责任保险，减轻因意外伤害对从业人员和群众造成的危害。严格落实弹药管理制度，弹药全部入保险柜管理，并落实双人双锁，实行物联网管理，建立并严格执行好弹药出入库登记、弹药“一垫五不靠”等规章制度。每月对全区作业点进行安全检查，全年出动检查人员50余人次，下发通报5期。

【农业龙头企业建设】2023年，东营区新增市级以上龙头企业3家，分别是山东海勤供应链有限公司，胜大分公司、山东民信种业有限公司。2023年底，东营区省市重点农业龙头企业37家，其中国家级1家，省级（不包含国家级）重点4家，市级32家，龙头企业总数达到75家。农业龙头企业基本上涵盖全区农林牧渔等现代农业发展的优势、主导产业，推进全区新旧动能转换和一、二、三产融合发展，加快农产品的转化增值，带动更多的农户，拉长产业链条。

【重点农业龙头企业简介】山东海勤供应链公司 该公司成立于2012年，注册资金1000万元。是一家集食品研发加工与销售、全球采购与智慧物流、信息化于一体的供应链服务企业，是餐饮业供应链国家标准牵头起草单位、省级物流标准化示范项目试点单位。公司主要生产面食速冻产品（水饺、面条）、即烹生鲜食品（A、B包）类预制菜品，具体涉及胀发、汤汁、酱料、卤煮、烘焙、

山东海勤供应链公司生产现场

面食等品类，其中预制菜成品菜和调理类就有鱼香肉丝、麻辣鱼、古道炒鸡等40多个品种，并具有高层次消费场景准入资格。2021年被冬奥组委推荐为第二批运动员食材供应食品经营企业，北京冬奥会、冬残奥会期间累计供应预制菜产品约50种、数量200余吨。公司依托蓝海酒店集团菜品研究所，以及酒店集团专业菜品研发人员，结合现有专业技术人员40余人，通过产品研发转换，已推出预制菜菜肴类产品400余款，各类面食产品10余款、酱料产品20余款，通过市场反馈，产品深受广大消费者喜爱。

中国石化集团胜利石油管理局有限公司胜大分公司　该公司成立于2017年，包括胜大生态林场、河口生态林场、生态农场、水产养殖场4个农业基层单位和胜南土地管理项目部，农业基层从业人员126人，相关专业人员22人，高级职称21人。近年来，公司持续推进农业专业化、产业化发展，形成“开放搞农业，合作谋发展”的新时期农业发展理念，确立以产业项目和园区建设为主的发展路径，同时将商业思维和品牌战略融入农业生产经营全过程，产业发展走上快车道。围绕发挥土地资源优势，持续提高土地产出，为产业链提供充足、安全、优质的农产品。先后在六户镇新建1000头奶牛养殖规模的胜大现代牧场，探索“种养加”模式，建设适度规模的鲜奶加工厂，改造提升5000头生猪规模化养殖场、10万只林下散养笨鸡、3万平方米高标准蔬菜种植温室大棚。

山东民信种业有限公司　该公司位于东营区史口镇，成立于2019年，注册资金3000万元，是一家集种子繁育、销售、技术服务于一体的农业企业。公司致力于高科技生态农业发展，现有技术人员2名，员工12人，占地面积4100平方米，仓储面积达到500平方米，先后推广烟农173、济南17号、科农199等小麦品种，业务范围至东营、滨州、淄博、潍坊及全省各地。近年来，公司发挥品牌及资源两大优势，增强品牌战略意识和资本经营意识，注册“冀鲁民信”“民信营丰”2个商标。为加快产业发展，实行“企业＋合作社＋基地＋农户”抱团发展企农契约型合作模式，依托公司产业基地的标准化示范，通过公益培训、送科技下乡等多种方式，积极助力当地产业农民脱贫致富，自公司成立后，累计辐射带动周边农民200余户。

【农村能源开发】 2023年，围绕农业面源污染控制，推动农业绿色发展，从农业投入品施用、农业洁净化生产、农林废弃物综合利用等方面入手，不断优化农业生产环境，加快全区生态循环农业的发展，积极开展秸秆五化利用。全年完成小麦秸秆切碎还田近18.06万亩，玉米秸秆切碎还田15.95万亩，玉米秸秆饲料化利用4.5万余吨，小麦秸秆切碎还田率达到100%，秸秆综合利用率达到95.96%，做好农业面源污染的产后污染控制，全区农作物秸秆综合利用率呈现出良好的发展态势。

【土地治理项目】 2023年，东营区承担高标准农田建设项目2个，2万亩，涉及牛庄镇。总投资

3955万元。2023年牛庄镇2万亩高标准农田建设项目。2023年东营区承担高标准农田改造提升建设任务2万亩，分别为牛庄镇1.1万亩高标准农田建设示范项目、牛庄镇0.9万亩高标准农田建设项目，项目涉及牛庄镇21个行政村，惠及农户5500余户。牛庄镇1.1万亩高标准农田建设示范项目（改造提升）项目区东起老六支渠，西至麻湾总干渠，北至四干渠，南至西龙路，土地总面积1.67万亩，其中耕地面积1.1万亩，集中连片，涉及牛庄镇大武村等12个行政村。牛庄镇0.9万亩高标准农田建设项目（改造提升）项目区东起西四路，西到岳家村，北始德大铁路，南至牛何路，土地总面积1.21万亩，其中耕地面积0.9万亩，集中连片，涉及牛庄镇车里村等9个行政村。项目建设内容主要为田块修筑186亩(新增耕地)；土地整平5930亩；增施商品有机肥2万亩，共3050吨；暗管改盐280亩；维修新建泵站4座；疏浚沟渠157千米；衬砌斗渠20千米；规划各类水工建筑物550余座；购置安装平移式桁架喷灌机1台；改造机耕硬化干道4.3千米，修建3米宽土质生产路总长166千米；新建信息采集传输设备及管理平台；新建明渠雷达流量遥测站6座。

（区农业农村局 巴启志）

种植业

【粮食生产】 2023年，全区粮食种植面积37.36万亩，同比增长0.57%；全年粮食产量14.49万吨，同比增长3.41%。其中夏粮播种面积18万亩，同比增长0.46%，夏粮总产7.4万吨，同比增长1.58%；秋粮播种面积19.3万亩，同比增长0.67%，秋粮总产7.05万吨，同比增长5.41%，其中，玉米播种面积15.95万亩，总产量6.36万吨，同比分别增长0.01%、5.76%；豆类播种面积2.44万亩，总产量0.3万吨，同比分别增长10.6%、13.86%。

【棉花生产】 2023年，全区棉花播种面积0.61万亩，比上年减少0.38万亩，同比减少38.4%。经测产，平均亩株数4957株，比上年增加732株；单株铃数10.33个，比上年增加1.6个，亩铃数51205.81个；比上年增加14321.56个；折算铃重5.1克，衣分38%；籽棉亩产221.98公斤，比上年增加62.08公斤，皮棉亩产84.35公斤；比上年增加23.55公斤，籽棉总产0.13万吨，比上年增加0.07万吨。

【耕地地力保护补贴】 根据省、市关于做好本年度耕地地力保护补贴资金发放工作的要求，东营区严格按程序核定2023年小麦种植面积。经统计核实，全区小麦种植面积194702.25亩，涉及农户15702户。区财政、农业农村部门根据文件要求，密切配合，规范流程。按照每亩120元的补贴标准，扎实推进工作进度，整个工作于6月14日全部完成。

2023年5月，大豆、玉米带复合种植

2023 年东营区主要农作物面积产量情况统计表

表 12

作物	面积（亩）	单产（公斤 / 亩）	总产（吨）
小麦	180644.61	411.79	74388.06
水稻	8779.12	435.25	3821.11
玉米	159503.26	398.73	63598.18
大豆	24486.73	124.59	3050.69

【种子业】 2023 年，监督指导实施 2022—2023 年小麦新品种展示示范、良种繁育、生产工作。东营金丰家庭农场、山东民信种业有限公司继续承担山东省小麦新品种展示示范评价项目，金丰农场展示小麦品种 64 个，山东民信种业有限公司共展示小麦品种 72 个。山东民信种业繁育烟农 173 等小麦良种 4000 亩。

2023 年 3 月 15 日，金丰农场利用无人机统防统治小麦病虫害

【植物保护】 2023 年，小麦茎基腐病在东营区中等偏轻发生，局部中等发生。小麦白粉病中等偏轻发生。二点委夜蛾局部发生。稻摇蚊大发生。甜菜夜蛾中等偏重发生。玉米南方锈病在东营区普遍发生，发生程度中等。2023 年作物病虫害总体属中等偏轻发生年份，全区农作物病虫害发生面积 133.43 万亩次。农作物草害发生面积 41.72 万亩。2023 年发布农作物病虫草害防治技术意见 3 期，发布农作物病虫预测预报 9 期，植保信息 6 期，预测预报准确率达 85% 以上，指导全区的病虫草防控，2023 年全区病虫防控面积达到 129.00 万亩次。草害防治面积 41.72 万亩。有效控制作物病虫草危害，将损失降到经济危害允许水平以下，挽回粮食损失 18454.69 吨，挽回蔬菜损失 13782.86 吨。植保无人机、自走式喷杆喷雾机等现代化防治器械得到进一步推广，统防统治与绿色防控工作成效显著。积极开展植物检疫工作，稻水象甲等检疫对象得到有效防控。

东营区主要农作物病虫害一览表

表 13

作物	主要虫害	主要病害
小麦	麦蚜、麦蜘蛛、麦叶蜂、棉铃虫、灰飞虱、吸浆虫、地下害虫	白粉病、锈病、全蚀病、纹枯病、茎基腐病、赤霉病
玉米	玉米螟、蚜虫、玉米蓟马、灰飞虱、玉米穗虫、黏虫、二点委夜蛾	黑粉病、大小叶斑病、褐斑病、粗缩病、玉米弯孢霉叶斑病
棉花	棉铃虫、蚜虫、红蜘蛛、二斑叶螨、斑潜蝇、棉蓟马、盲蝽象、甜菜夜蛾	立枯病、炭疽病、枯萎病、黄萎病、角斑病、棉铃疫病、棉铃红腐病

（区农业农村局 巴启志）

林　业

【造林绿化】 2023年，全区科学开展国土绿化，积极推进以沿黄生态绿化为主的造林绿化工作，按要求进行落地上图，全区完成造林绿化落地上图面积736.39亩，并通过国家林草局审核。组织开展“3·12”植树节活动，300余人在龙居镇黄河大堤东侧开展现场全民义务植树，栽植苗木1500余株。

【沿黄生态长廊】 持续推进沿黄生态长廊建设，实施沿黄两岸生态防护林建设和黄河三角洲湿地与生物多样性保护恢复项目，年内实施生态建设工程6项，包括桃花岛以西淤背区绿化工程、房台村及空闲地绿化工程、龙居特色园补植提升工程、盘龙路和G220绿化工程、龙居镇择伐补植修复提升工程、龙居林场基础设施完善提升工程等。完成人工造林（更新补植）面积3110亩，其中新造林132亩，补植提升林地2978亩，沟渠路配套6千米，完成投资3176万元。

【林业产业】 2023年，全区林业总产值30131万元。年度新增育苗面积1810亩，总产量3625万株，产值达9757万元。以牛庄双福福盛“兰花谷”项目和景屋蝴蝶兰育苗基地项目为龙头，培育市场热销的高端花卉品种，全区设施花卉面积达10.9万平方米，花卉总产值达9210万元。全区林下经济8144亩，实现林业年产值11164万元。

2023年5月29日，特色园沿黄工程现场

【林业主体及技术推广】 全区积极培育龙头企业、林业合作社、林下经济示范基地等产业主体，跟踪指导服务林企，宣传林业政策，强化企业视野，全区林业龙头企业12家，林业合作社14家，林下经济示范基地7家。围绕果树春季技术、葡萄管理技术、苹果轻简技术、营林技术和林业产业等方面举办培训班3期，培训100人次，不断提高林农果树栽培管理水平。

【林木资源管理】 开展林业有害生物越冬调查和日常监测，下发森保情报13期，对春尺蠖、美国白蛾等林业有害生物作出测报预警，针对性地制定防治措施，从源头上控制林业有害生物的传播蔓延。6月、9月，对重点片林、生态廊道实施美国白蛾飞机防治2次，累计飞防6万亩，进一步遏制美国白蛾的发生。全区草原有害生物普查外业调查工作基本完成。年内完成全区退化林本底评估工作，经林地小班筛选、现场查看核实，对符合退化林评估条件的小班纳入该次退化林评估本底数据库。督导相关镇街道和企业大户做好中心城防护林管护工作，巩固生态绿化建设成果，通过市级年度管护验收。6月，东营区国家特殊及珍稀林木培育项目通过省级验收。强化政策性森林保险宣传投保，深入村企发放宣传资料3万份，投保面积达52966.7亩，其中公益林（生态林）投保面积52616.7亩、商品林投保面积350亩。

（区林业发展服务中心 尚荣华）

龙居生态林场

【概况】 龙居生态林场是东营市规划建设的十一大林场之一，位于龙居黄河南展区，规划面积4.1万亩。至2023年底，累计造林面积约3.3万亩，植树130余种400余万株。林场自2011年9月开工建设，2012年成立东营龙居生态林场建设管理办公室机构，为区政府直属的公益类事业单位，副县级；2021年机构改革更名为东营市东营区龙居生态林场建设发展服务中心，为区政府直属正科级公益一类事业单位，由龙居镇代管。核定事业编制7名，其中管理人员编制3名、专业技术人员编制4名；设主任1名，副主任2名；内设综合室，设股级领导职数1名。实有管理人员3人，专业技术人员3人，吸收公益性岗位及临时工作人员8人。2022—2023年，引入公益性防火员28人。在2022年东营市首届“最美森林、最美湿地”评选中，东营区龙居黄河森林公园获评“最美森林”、龙栖湖湿地公园获评“最美湿地”。

【森林资源保护】 进行林木灌溉，协调黄河河务局统一开闸放水，提高林木成活率。开展病虫害防治工作。进行集中化学药物防治2次，租用飞机防治美国白蛾2次，局部组织人员用高压喷雾器、弥雾机等对杨尺蠖、方翅网蝽等进行防治，防治面积3.1万亩。做好年度可持续经营试点项目建设，采取修枝、浇水、施肥的方式，选取辖区61个小班、2582亩林地进行森林抚育，年度浇水、施肥各2次，集中修枝3次，修枝4万余株。

【安全生产】 以全区重大事故隐患专项排查整治行动、“森林草原防灭火百日攻坚”专项行动等为突破口，推进安全生产各项工作。开展拉网式火灾隐患大排查23次，整改火灾隐患18处，林区内进行集中杂草清理3次，不定期清理12次，累计清理1.5万亩。与辖区林企签订森林防火暨安全生产工作目标责任状11份，各岗位防火责任状14份。防火期坚持24小时领导带班值班，每日林区巡逻不少于2次。重要位置安装森林防火宣传栏1处、智能卡扣3处、警示牌30块，悬挂横幅90余条。开展森林草原防灭火宣传志愿服务活动8次，发放各类防灭火彩页2000余份。开展触电及机械伤害事故、有限空间中毒和窒息事故、防溺水自主性及综合性森林防火等演练8次，发动干部职工、群众300余人次。开展安全培训12次，安全生产、森林防火知识测试2次，合格率100%。

2023年3月16日，龙居生态林场特色园沿黄工程现场

【营林企业管理】 年初，组织辖区各林企负责人召开森林防火专题座谈会，建立林场、营林企业、护林员三级安全生产暨森林防火工作责任制，将森林防火工作责任逐级分解，落实落细。加大对企业服务力度，对林场各林企进行林木管护技术指导。不定期到辖区林企调研，听取林企生产运营发展遇到的难点痛点问题，第一时间组织协调处理，为林企发展提供良好支持。

【龙栖湖湿地公园生态修复】 5月，龙居林场龙栖湖绿化提升工程、景观提升工程全部完工。6月，启动龙栖湖湿地公园生态修复工程，安排湿地保护项目和湿地修复项目11项。至2023年底，水系连通工程累计动用机械50台次，整理沟渠护坡1.2千米；植被修复工程累计修剪绿化苗木4200余株、扶正400余株；野生动植物生境恢复工程，地形整理完成90%。菹草治理工程，界碑、界桩安装工程全部完成；巡护道路工程修建砂石道路200米；保护隔离带工程安装围栏510米；水源涵养林修复工程完成白蜡、柳树、杨树等苗木栽植8000株。

【文旅活动】 协助龙居镇做好旅游活动组织与开展工作，开展第五届龙居湾森林踏青节、龙居麻湾西瓜品鉴推介会、东营市森林湿地文化周、2023黄河流域（东营）铁人三项赛、2023山东（东营）黄河口龙舟赛等多项赛事活动，扎实推动森林文化、湿地文化、龙文化宣传。累计接待游客10万余人次，拉动消费100余万元。

（龙居生态林场　伦莹莹）

畜牧业

【概况】 2023年，全区畜牧业生产实现稳中有升。畜牧业总产值72047万元，同比增长5.9%。全区生猪、牛、羊、家禽累计出栏19.87万头、0.78万头、1.85万只、651.74万羽，同比分别增长0.73%、5.43%、5.43%、7.46%。

2023年8月10日，东营区畜牧业发展服务中心干部职工参加“岗位练兵技能演练”，积极备战第十一届黄河口职业技能大赛

【畜产品供给】 稳定生猪产能，紧抓东营市新好现代农牧有限公司、东营蓝海生态养殖有限公司2家国家级生猪产能调控基地动态管理，加快推动东营市新好现代农牧有限公司改扩建项目，完成立项3亿元以上；落实东营蓝海生态养殖有限公司生猪稳产保供奖励资金30万元，促进生猪产业稳定发展。开展地方优势特色农产品保险工作，在东营区试点开展生猪价格“保险+期货”保险，畜禽投保23.197万头，签单保费1151.856万元，赔付养殖户368.85万元。继续开展畜禽养殖标准化示范创建，2023年内新创建国家级、省级标准化示范场各1家。推进2023年东营区奶牛（奶畜）牧场升级改造项目，该项目由东营市兴远畜牧养殖有限责任公司承担，总投资45.5万元，该项目完成。

【动物疫病防控屏障】 强化基础免疫构建防疫屏障，确保散养畜禽强制免疫应免尽免，做好规模养殖场“先打后补”工作，年内有33个规模养殖场户参与“先打后补”。开展疫病监测掌握疫情态势，采集检测血清学样品828份，病原学样品440份，未发现疫病疫情，强制免疫病种免疫抗体总体合格率80%以上。严格按检疫规程实施动物产地检疫，检疫畜禽902.11万头只。加强督导做好病死畜禽无害化处理，东营市东煜生物科技有限公司在东营区实施的病死畜禽无害化收集体系建设提档升级项目通过省级验收，并落实补助资金100万元。年内，无害化处理畜禽6.12万羽。

【绿色低碳发展】 推进畜禽粪污资源化利用，持续开展畜禽粪污集中委托处理，全面推进规模场分级管理，引导规模场改造提升现有粪污处理设施，提升粪污资源化利用水平，建立粪肥还田利用长效机制。以项目建设为抓手，提升畜禽粪污综合利用率，山东春凯农牧发展有限公司开展大棚蚯蚓生态养殖暨畜禽粪污及秸秆资源化利用项目，投资600万元，完成项目建设；全区55家规模养殖场粪污处理设施配建率100%，畜禽粪污综合利用率96.8%。

【种养结合循环发展】 持续推进“粮改饲”工作。争取中央财政补助资金126万元，收储以全株青贮玉米为主的优质饲草料1.53万吨、完成粮改饲面积0.6万亩。打造种养结合样板基地，以东营蓝海生态养殖公司、东营新好现代农牧公司等大中型养殖场作为种养结合循环发展样板基地，推动畜禽“粪污”变“粪肥”，加快由“治”向“用”转变。年内，东营蓝海生态养殖有限公司被评为省级畜禽粪肥还田种养结合样板基地。加强科技创新和智慧畜牧建设，充分发挥企业创新主体作用，依托山东农科院（蓝海）畜禽健康养殖产业技术研究院，加快推进东营蓝海生态养殖有限公司“优质蛋鸡新品种选育”良种工程建设。

【质量安全管理】 加强畜产品质量安全日常监管，配合完成国家、省、市等上级部门监测32批次、区级监测100批次，合格率100%。加强优质畜产品品牌宣传推介，蓝海家禽养殖有限公司获评“山东畜产品品质评鉴大赛暨首届优质品牌鸡蛋品鉴大赛铜奖”，入选“山东省畜产品品牌创新发展典型案例”。加大养殖环节用药监管力度，组织开展兽用抗菌药物综合治理和畜禽养殖规范用药专项整治行动，出动执法人员293人次，检查涉牧企业287家次。严格落实“三个必须”要求，推动安全生产“八抓20项”全面实施落实，出动检查人员180余人次，摸排检查涉牧企业40余次，稳定畜牧业安全生产环境。

（区畜牧业发展服务中心　刘亚南）

海洋与渔业

【概况】 2023年底，全区有水产养殖面积911公顷，全部为淡水养殖，与上年相比减少95公顷。主要养殖品种为鲤鱼、鲫鱼、草鱼、鲢鱼、鳙鱼、罗非鱼、南美白对虾、小龙虾和中华绒螯蟹等。2023年水产品总产量5104吨，同比增长3%。

【海洋强区建设】 推动重点项目加快建设、投产达效，胜利泵业高新采油装备制造基地、山东省海洋油气钻采关键装备技术创新中心等12个海洋强市重点项目全部按计划完成。海工特色产业实现集群化发展，依托高新区打造国内一流的海洋装备设计研发制造基地，石油钻采技术服务特色产业集群成功入选2023年度省级特色产业集群、石油装备产业大脑入选首批“产业大脑”入库培育名单。在第十六届中国（东营）国际石油石化装备与技术展览会设立海工装备板块，集中展示最新海洋工程设备与前沿技术，“山东海工”行业品牌更加耀眼。开展“五经普”海洋及相关产业统计调查试点工作，探索全新实施路径，建立海洋及相关产业统计调查长效实施体制和办法。

【现代渔业建设】 引导养殖户压缩传统水产养殖品种，全面扩大南美白对虾、罗非鱼、荷包鲤等名优品种的养殖面积，支持欢喜国风、鑫鸿水产、路路通等企业实施工厂化养殖，实现反季节错时生产，促进渔业产业的稳定增长。以工厂化理念发展现代渔业，加大工厂化养殖占比。申报山东欢喜国风渔业科技有限责任公司智能工厂化对虾养殖二期项目、池塘标准化改造和尾水治理项目，开展养殖培训及技术指导。2月组织重点水产养殖大户10余人次赴南通、无锡、海阳、寿光等渔业养殖先进地市进行考察；举办全区生态绿色健康养殖培训班、水产渔业高质量发展培训班2期，

2023年9月1日，东营区绿色健康水产养殖暨水产品质量安全培训班举行

培训100余人次。抽调2名渔业养殖专业人员对口支援重庆酉阳县大闸蟹工厂化养殖，在对口帮扶期间，累计养殖池指导30批次，举办稻田综合种养技术培训10期，开展巡农问诊20余次，解决养殖中问题30余项，10月，市委书记杨国强率队赴酉阳县对接东西部协作工作，东营区海洋渔业发展服务中心专技人员王国峰针对大闸蟹产业协作情况作现场汇报。

【水产品质量安全及环境整治】对全区重点养殖品种进行监督抽检，完成30批次的抽检，合格率100%，全力保障全区老百姓的餐桌安全。为保护水产资源，促进产业可持续发展，对新上工厂化养殖渔业项目，严把尾水处理关，协助企业通过实施尾水排入藕田、稻田，达到养殖尾水循环利用、达标排放的目的。

（区海洋渔业发展服务中心 宫小洁）

农业机械

【概况】2023年底，东营区农机总动力37.038万千瓦，农用拖拉机保有量4757台，小麦联合收获机430台，玉米联合收获机354台。全年完成机耕面积16408.26公顷，机播面积26827.67公顷，其中小麦精量播种12043公顷，玉米贴茬直播10633.53公顷；大豆机播1628.1公顷；机收面积25026.2公顷，其中小麦联合收获12043公顷，玉米联合收获10633.53公顷，大豆机收1504.4公顷，全区机械化综合率95.48%。区农业农村局被山东省农业机械技术推广站表彰为2023年度全省农机质量投诉监督服务工作先进集体。

【农机培训与推广】2023年，举办各类农机实用技能技术操作等培训班58期，培训各类人员1630余人次，接受群众各类咨询560余人次。充分利用培训资源的优势，对培训学员进行现场教学，使他们掌握机收减损技术、大豆玉米带状复合种植技术、农机具的操作、维修、保养等技能，促进农民专业技术的提高和农村经济发展，取得较为显著的社会效益。

【农机购置补贴政策落实】2023年，省、市安排东营区三批农机购置补贴资金共计530万元，

2023年6月5日，东营区农机培训与推广宣传活动举行

2022 年资金结余 0.477 万元，共计可使用资金 530.477 万元。对国家、省确定的 15 个大类 42 个小类的 142 个品目进行补贴，补贴对象为从事农业生产的个人和农业生产经营组织。2023 年符合资金结算条件的农机报废户有 4 户，共补贴机械 4 台，补贴资金合计 1.4 万元；符合资金结算条件的购机户有 393 户，购买补贴机械机具 508 台，补贴资金 530.462 万元，资金使用额度达到 100%，带动购机户投入购机资金达 2474.2579 万元，资金已全部拨付到位。通过农机购置补贴政策落实，引领推动全区农业机械化向全程全面高质高效转型升级，有效支撑粮食安全、重要农产品有效供给和农民增收，助力全面推进乡村振兴，加快农业农村现代化提供坚实支撑。

【农业机械安全生产】 开展督导检查，压实安全责任。开展农业农村安全生产岁末年初大检查、安全生产规范提升年、2023 年全国两会期间安全生产督导检查工作、全区农业农村重大事故隐患专项排查整治 2023 行动等专项行动。采取“四不两直”检查方式、区领导带队检查、市区联合执法、农业公安联合执法等方式开展各类安全执法 60 余次、出动各类执法人员 290 余人次。开展警示教育，增强安全意识。持续加大安全宣传力度，在中国农机化信息网等网站发布安全生产、技能操作信息 200 余篇次，发放各类宣传资料 31000 余份。加大安全培训力度，举办各类安全生产、技能操作培训班 58 期，培训各类人员 1630 余人次，接受群众各类咨询 560 余人次，农机春季生产、三夏三秋开工第一课警示教育培训 3 场次；开展安全生产责任落实情况“面对面”谈话 5 次；签订安全生产告知书、承诺书 700 余份，在政府网站发布安全生产内容公告 7 个。为农机合作社、农机大户免费悬挂安全警示横幅 28 条。开展隐患排查，夯实安全基础。推进农机安全隐患排查工作，检查农业机械 460 余台次，排查并整改一般问题隐患 136项，排查并完成整改重大问题隐患 3 项，为农业机械免费张贴反光贴 3200 余条。牢固树立安全观念，增强风险意识和忧患意识，按照应急演练计划安排，扎实做好应急演练评估和各项应急准备工作。3 月新修订农机事故应急预案，组织应急处置演练 2 次。围绕加快淘汰老旧高能耗农业机械，优化农机装备结构，加快节能、环保、安全农业机械的推广应用。完成农业机械报废 4 台。做好应急值守各项工作，严格执行领导干部外出报备和 24 小时专人值班、领导干部在岗带班等工作制度，确保各项工作正常运转。免费统一发放跨区作业证 40 个，并通过跨区作业直通车，将跨区作业证发放情况统一登录网上公示。

（区农业农村局 巴启志）

地方水利

【现代水网建设】 推进现代水网建设，谋划并由油城水务实施东营区引调水工程及水库工程提升改造项目——耿井水库配套改造提升工程、东营区水环境治理提升工程项目——东营区水系连通及水美乡村建设项目 2 个新建工程。东营区引调水工程及水库工程提升改造项目——耿井水库配套改造提升工程于 5 月 28 日开工

2023 年 1 月 10 日，东营区区级河湖长联系单位工作会议召开

建设，已完成建设任务。东营区水环境治理提升工程项目——东营区水系连通及水美乡村建设项目于5月31日完成招投标，已完工。推动完工项目验收工作，5月30日，打渔张河东营区段治理工程合同完工验收完成。6月30日，新广蒲河流域河道支排疏浚连通工程、龙栖湖及湿地提升工程、哨头水库及湿地提升工程合同完工验收完成。

【水旱灾害防御】 调整全区10条骨干内河河道的区级防汛行政责任人、技术责任人、抢险责任人，调整并公示河道水闸和小型水库防汛“三个责任人”结合人员。组织汛前业务培训4次，提高作业人员操作水平。严格落实24小时值班带班制度，配合区防指办公室完成5号台风“杜苏芮”和6号台风“卡努”应对工作。不间断开展排查、督导工作，督导各镇街清除河道、排沟内行洪障碍。定期对15处涵闸和24处雨情站点进行维修管护。投资约190万元，疏浚治理支级以下排沟约35千米。修订完成东营区（非城区）超标洪水防御预案、10条骨干河道的防御洪水方案和超标洪水防御预案、区管7座水闸控制运用计划。督导相关镇街对其管理的4座小型水库汛期调度运用预案和应急度汛方案、4座水闸控制运用计划修订。加强防汛队伍和物资建设，成立15人的抢险常备队，组建区、镇两级水旱灾害专家库23人，按标准备齐备足各类防汛物资。另外，采取社会化储备手段，强化人员、物资、车辆储备。

【水资源刚性约束】 贯彻“四水四定”原则，严格工业园区规划水资源论证，从规划决策源头充分考虑水资源承载能力。指导东营区化工产业园、东营高新技术产业开发区编制规划水资源论证报告，6月14日全部获得市局批复。严格实行计划用水。合理制订用水计划，分类下达用水指标，重点加强地下水、农业灌溉和企业生产等领域用水管理。根据各灌区每年生产、生活等用水情况，合理调度引黄用水，保证各方面用水需求。综合考虑行业用水定额标准和企业实际用水现状等情况，及时下发东营区2023年度用水计划。持续推进节水载体创建。9月29日，水利部公布为第六批节水型社会建设达标县。10月16日，石化总厂、海欣热力被山东省水利厅、省发改委等单位命名为省级节水型标杆企业。12月28日，油气集输总厂2家企业、区检察院等3家机关单位、中山社区等8个居民小区被省住建厅、省发改厅、省工信厅、省水利厅命名为省级节水型企业（单位）、社区。做好水量核定工作，及时更新完善山东省水资源税信息系统纳税人基本信息，认真做好季度水量核定。推进水权交易，协调市水务局推进省内水源置换工作，采用水源置换的方式用长江水置换黄河水1500万立方米，缓解黄河水用水紧张问题。

【河湖管理】 完善河湖长制组织体系，年内调整区、镇、村三级河湖长组织体系，设立各级河湖长98名。更新完善河湖长制公示牌信息，督促各级河长及职能部门认真履职尽责，发现问题及时解决，全年区、镇、村三级巡河7134次，高质量地完成巡河频次要求。2023年中央、省、市共计反馈东营区疑似问题91处，经核实整改22处；年内各镇街共计自查整改问题104处，全区水域岸线管护实现动态清零。高效完成市级新一轮河湖卫星遥感影像分析结果核实整改工作，6处属实问题全部整改完成；完成水利部遥感图斑问题复核工作，123处问题通过市级复核；深入开展沿河“清岸”行动，排查河道105千米，清理垃圾、渔网29处。高标准做好河湖名录复核、河湖管理范围划定成果校核和规划成果上图工作，本次复核共涉及东营区普查内河流9条，共计复核123千米，普查外河流1条，共计复核5.694千米；普查外湖泊2个。全部按要求录入系统并通过省级评审。开展河湖健康评价，10月29日，打渔张河健康评价报告顺利通过专家评审。持续推进美丽幸福河湖创建。随着老广蒲沟东营区段省级美丽幸福示范河湖创建完成省级验收，全区建成市级美丽幸福河湖11条，省级美丽幸福示范河湖5条，美丽幸福河湖在全市率先实现全覆盖。增强水土保持监管质效。从严做好生产建设项目水土保持方案审查和事中、事后监管，完善水土保持许可手续，区级立项开工建设项目共计编报报告表21份，报告书12份，水土流失防治责任范围165公顷，征收水土保持补偿费126.11万元。加强水土保持执法监督，检查辖区在建生产建设项目开展执法监督检查5次。对未批先建生产建设项目下发编报水土保持方案通知书14份，现场复核信息表和照片合格率100%。

（区水利局　吕维朋）

黄河河务

【概况】东营区境内黄河河段上接博兴界自老于村入境（189+121），以麻湾险工为顶点，由东向西陡转90度为南北走向，沿区界流经龙居镇，由吕家村进入垦利段（201+300），境内流程12.179千米，2000年后无断流情况。东营区河务部门全称为黄河河口管理局东营黄河河务局，下设南坝头、麻湾、曹店三个管理段，共管辖黄河堤防18.929千米，其中临黄堤长12.179千米，南展堤长6.750千米；险工三处（南坝头险工、麻湾险工、打渔张险工），坝岸93段，工程长度4.3千米；引黄涵闸2座（麻湾引黄闸、曹店引黄闸），设计流量90米^3/秒。

【防凌防汛】2023年汛期，河务部门落实各项备汛防汛工作，汛前修订完善《东营区黄河防洪预案》《东营区黄河防洪专项预案》《东营区黄河工程抢险方案》等方案；加强黄河防汛的非工程措施，召开黄河防汛工作会议，落实行政首长负责制，首次印发《东营区黄河防汛职责》；组织落实防汛队伍，进行骨干技术培训和工具、料物、照明设备准备，全区组织防汛队伍8568人，其中一线群众防汛队伍4284人，二线队伍4284人；在2处滩区安装6处滩唇出水高度观测水尺，实现滩唇出水高度观测的自动化；更新历史典型水位标识，添加2021年秋汛洪水位，绘制黄河河道横截面图；研究制定2023年中常洪水、大洪水东营区黄河布防体系图；4月底建成东营黄河防汛抢险演训基地并投入使用，5月26日，承办、参加东营区2023年度黄河防洪抢险综合应急演练；5月29日，承办、参加黄河河口专业机动抢险队为期10天集中培训演练活动；继续推行民兵抢险队驻防，对接区人武部做好民兵队员选拔组织，7月4日，东营区民兵黄河防汛抢险队开展第23次上堤驻防。

【水资源管理调度】年内，由渠首管理单位和灌区管理单位签订引黄供水协议书，严格按上级的调水指令和引黄供水协议书的要求供水。实行上级统一调度供水，保证黄河连续24年不断流。麻湾引黄闸、曹店引黄闸农业引水1.33亿立方米，非农业引水1.29亿立方米，应急生态补水0.0063亿立方米，黄水东调0.29亿立方米，共计引水2.92亿立方米。

【黄河来水来沙情况】2023年汛期，经历1次调水调沙大流量过程，6月30日黄河花园口站达到

2023年6月18日，东营区黄河民兵抢险队进行打桩训练

汛期最大下泄流量 4540 米^3/秒，7 月 3 日黄河利津站达到汛期最大洪峰流量 3730 米^3/秒。从东营区南坝头、麻湾、打渔张水位站水位过程线上看出，水位的升涨表现比较平稳，没有出现大起大落的现象。到达东营区时间基本上是按预定时间到达，传播速度基本正常。由于历经数次调水调沙，河道进一步刷深，下泄顺畅，东营区河道工程运行正常，没有出现险情，滩区没有出现串沟、漫滩等情况。

【水利工程维修养护】 全年完成日常维修养护土方 0.2145 万立方米，石方 0.18646 万立方米、养护及补植草皮 43.94 万立方米、树株养护 6.48 万株。南坝头险工、麻湾险工根石加固 1598.6 立方米；根石探测 25 段坝。

（东营黄河河务局 吴梦如 庞星星 朱潇雪 邱殿才）

工　业

- 综述
- 东营高新技术产业开发区
- 东营区化工产业园区
- 电力

工业

综述

【工业经济运行】2023年，全年157家规模以上工业企业实现产值746.88亿元，实现规模以上工业增加值增速7.1%;工业营业收入727.87亿元，同比增长-4.0%。全区有57家工业企业营业收入过亿元，山东万通石油化工集团有限公司、中石化胜利石油工程有限公司、山东神驰化工集团有限公司3家企业过百亿元，分别达到171.10亿元、170.31亿元、139.85亿元。

【工业项目建设】年内，成立重大工业项目推进专班，深入一线服务项目建设，实施工业技改项目42个，总投资30.31亿元，完成投资9.95亿元。做好东营区化工产业园扩区工作，在全市范围内率先完成扩区预审材料申报，并率先报送扩区申请，做好扩区现场审核沟通对接工作，完成扩区现场审核并及时做好反馈问题整改工作。东营区化工产业园成功获评全国智慧化工园区。

【企业技术创新】实施创新战略驱动，鼓励企业加大研发投入，加强技术创新项目建设。8个项目列入2023年山东省技术创新项目，项目总投入研发经费5904万元。引导企业进一步完善技术中心组织体系和运行机制，支持中小微企业加大研发投入，加快建立以企业为主体、市场为导向、产学研相结合的技术创新体系。鼓励支持中小企业与高等院校、科研单位合作，建立技术创新联盟、行业和企业技术中心，筛选辖区内有专有技术和核心竞争力的中小企业积极申报市级“一企一技术”研发中心和创新企业，推动企业技术不断升级。年内，5家企业获评省级工业企业“一企一技术”研发中心，12家企业获批市级“一企一技术”研发中心。

【工业新旧动能转化】出台《关于加快推动“四新”经济和数字经济攻坚突破的实施方案》，聚焦数字产业化引领、产业数字化转型等五大行动13项任务，全面引导数字经济高质量发展。加快

2023年8月，东营区绿色工厂、绿色供应链管理企业政策宣讲会召开

数字经济项目培育，强化试点示范引领效能，东营高新区石油装备产业大脑入选省级“产业大脑”建设试点，东营高新区高端石油装备产业园入选山东省第二批数字经济“晨星工厂”试点园区；培育建成4家省市级智能工厂、数字化车间，1家省级智能制造系统解决方案供应商，推动16家企业入选省级数字经济“晨星工厂”培育库，8套产品获评第七批省级首版次高端软件称号，3家企业获评市级内网改造、上云标杆称号，8个场景入选市级智能制造优秀场景，3家企业入选市级智能制造优秀服务商。

【服务企业发展】 牵头开展全区“进企业”活动，制作“油地干部下基层”进企业“码”上服务宣传页，汇编在办惠企及优化服务政策清单100项，以二维码形式集中向193家联系帮扶企业，推送各级惠企政策，对企业反映的困难诉求，建立问题办理台账，配合督促落实组及时研究推进针对性解决措施，跟踪督办。聚焦企业家素质提升，组织30余名企业家赴重庆开展东营区企业家高质量发展对标学习一期；组织政银企三方赴成都参加第七届企业家年会，通过企业家座谈会、参访当地知名企业、邀请知名学者教授授课等方式多方位推动政银企对接，增强企业家发展信心，帮助企业高质量发展；组织50名企业家走进清华大学，举办东营区企业家综合素质提升高级培训班。牵头制定《东营区“民营企业家健康护航”行动实施方案》，提高企业家健康体检标准，提升企业家获得感。助力企业人才引育，德仕集团入选2022年度省人才引领型企业培育类企业，是全市唯一入选的企业。

【中小企业培育】 强化技术项目建设，增强企业核心竞争力。组织企业申报省级技术创新项目，8个项目列入2023年山东省技术创新项目，项目总投入研发经费5904万元，项目产业化后预期实现销售收入2.88亿元，利税4598.8万元。培育建成6家省级工业设计中心、17家市级以上“一企一技术”研发中心，13项产品获山东省首台（套）技术装备认定，1家企业入选第八批国家级制造业单项冠军企业名单。实施“育苗扶壮”工程，引导企业实施专精特新发展规划，2023年培育国家级专精特新“小巨人”企业6家，培育5家省级瞪羚企业，培育省级专精特新中小企业37家，培育省级创新型中小企业87家。

（区工信局 代文卿）

东营高新技术产业开发区

【概况】 2023年，东营高新技术产业开发区（以下简称东营高新区）完成固定资产投资19.46亿元。83家规模以上工业企业实现工业总产值142.78亿元，完成高新技术产业产值137.96亿元，占比96.62%。

【国家高新区创建】 加大对上争取力度，年内6次赴科技部、工信部，10次赴省科技厅汇报国家高新区创建工作。国家高新区建设职能划转完成后，第一时间赴工信部汇报，积极争取支持。创新协同创建模式。积极探索“央企＋政府”的全新创建模式，争取胜利油田协同开展创建重大决策共商、重大活动共办，联合推进高能级平台共建、高科技成果共享、高层次人才共育，形成由政府和油田共同整合优质资源、集聚创新要素，联合推进创建工作的新思路。承接“南北互动”“东西部科技合作”结对发展任务，联合大庆、克拉玛依高新区，依托东北石油大学、西南石油大学等石油院校，探索总结南北、东西两个跨区域的“1+1+1”园区间合作发展和国家高新区创建新模式。

【重点项目建设】 全力推进重点项目建设，提报省、市、区三级重点项目43个，总投资118.05亿元，年度计划投资26.73亿元。至12月底，3个省重点项目完成投资14.47亿元，完成全年计划的301.5%；7个市重点项目完成

2023 年 2 月 2 日，高新区“缤纷高新·同心联享”村企共建暨返乡大学生座谈会召开

投资 20.13 亿元，完成全年计划的 236.8%；43 个区重点建设项目完成投资 34.43 亿元，完成全年计划的 128.8%。做好项目储备争取工作，谋划申报省、市、区重点项目 50 个，估算总投资 161.53 亿元，2024 年计划投资 27.32 亿元。其中，拟申报省重大项目 2 个；拟申报省高质量发展重点项目 6 个。拟申报专项债项目 4 个，项目总投资 66.84 亿元，专项债需求 33.24 亿元，2024 年需求 13.42 亿元。谋划申报中央投资项目 2 个，国债项目 1 个，其中污水处理厂及中水厂项目已报送至国家库。

【“双招双引”工作】 招商引资方面，全年开展外出招商活动 83 批次，接待外来客商考察 275 批次，参加东营（杭州）招商引资项目集中签约仪式等大型推介会 8 次，开展线上线下宣传推介 20 余次。全年累计到账 22.4 亿元，完成年度任务。累计利用外资 4419 万美元，完成年度任务的 110%。招才引智方面，实施油地人才“金桥工程”2.0，报名参与专家达到 136 名，征集企业技术需求 72 个，新签约专家 17 位，第一批山东石油化工学院 5 位教授率领 27 人团队到 5 家企业担任“科技副总”。依托重点平台和项目引育人才，年内成功入选国家重点人才工程 3 人、泰山产业领军人才 3 人、黄河三角洲产业领军人才 4 人。依托重点产学研项目引进高层次人才 27 人，开发科研助理岗位 146 个。

【创新创业生态】 发放 2023 年度科技创新券 1461 万元，惠及企业 250 家。兑现 2022 年度科技创新券 228.646 万元，共涉及中介服务机构 38 家、企业 61 家。开展科技企业梯次培育，推荐 57 家企业申报高新技术企业，高企申报数量、首次认定数量、通过率、总数量均创历史新高。全年备案国家科技型中小企业 194 家，占全区总量 54%，同比增长 28%。做好科技金融服务，推荐 24 家企业申请科技成果转化贷款 1.71 亿元。海科新源“高比能正极补锂剂制备”项目入选 2023 年山东省重点研发计划（重大科技创新工程）项目。强化知识产权保护运用，21 家企业完成 31 笔知识产权质押融资，获贷款 1.64 亿元。全年新授权发明专利 222 件，获第二十四届中国专利奖优秀奖 2 项，获评东营市重大高价值专利 1 项、一等高价值专利 2 项、二等高价值专利 1 项。

【新旧动能转换】 加强园区品牌培育，入选省级战略性新兴产业集群发展督查激励奖励名单；石油钻采技术服务特色产业集群，入选 2023 年度省级特色产业集群；东营高新区石油装备产业大脑成功入选“产业大脑”试点名单；东营高新区入选山东省绿色低碳高质量发展先行区产业园区试点。培育企业做优做强，新增 6 家国家级专精特新“小巨人”企业、23 家省级专精特新中小企业、4 家省瞪羚企业、5 家省制造业单项冠军企业、9 个省首台（套）技术装备产品。天东制药入选国资委世界一流和专精特新示范企业名单，海科新源成功在深圳证券交易所创业板上市。持续提升智能制造水平，永利精工等 5 家企业入选省数字经济“晨星工厂”入库培育项目；威飞海洋水下装备智能工厂成功入选省智能工厂；万海电气智能电气设备数字化车间成功入选省数字化车间；广域科技成功入选省智能制造系统解决方案供应商。

（东营高新技术产业开发区 刘吉超）

东营区化工产业园区

【经济发展】 2023年底，园区有企业41家，其中化工企业25家，规模以上化工企业14家，中国石油化工500强和省工业100强企业4家。2023年园区实现总产值615.7亿元，纳税额92.6亿元。主营业务收入1050.2亿元、利润10.22亿元，同比分别增长20.32%、136.8%。其中，园区化工行业实现营业收入614.29亿元、利润6.28亿元，同比分别增长2.5%、123.8%。投资强度522.83万元/亩，亩均产值922.09万元，亩均税收136.68万元。

2023年10月26日，东营区化工产业园区入选“2023年中国化工最具发展潜力十强园区”

【园区转型】 深入腾拓发展空间，全面完成5个邻避村庄、5家低效企业、28处沿街商户退园搬迁，累计腾空土地6290亩。增强发展能级，推动园区先后以全省最优成绩通过省级化工园区考核及安全等级复核，在全省率先通过沿黄园区合规性认定，实现自5.05平方千米扩区至10.46平方千米的突破，园区发展空间翻了一番。争取组织荣誉，推动园区建成区完成智慧化、封闭化创建，被中国石油和化学工业联合会评为“全国智慧化工园区试点示范创建单位”“2023中国化工最具发展潜力十强园区”。高位推进项目建设，聚焦产业补强，深入推进项目攻坚年行动，连续2年实现全年重点项目投资超百亿元，重点推动亿科高端树脂新材料产业园、石油钻采专用化学材料产业园、海科50万吨/年生物基航空燃料项目等优势项目落地建设，园区经济发展动能进一步增强，转型升级步伐持续加快。全面强化基础配套，瞄准物料集约输送，公共管廊一期2.3千米建成投用，企业物料流转实现“一企一管”；聚焦污水集中处理，日处理能力达2.2万立方米的集中污水处理厂稳定运转，可实现每日9000方中水回用，园区再生水利用量占污水总量的60%，污水处理后达准四类标准，园区水环境向优改善；打造生态绿色园区，对石化大道，原郝纯路园区段进行改造提升，绿化提升面积15.9万平方米；完善道路运输体系，健全完善铁西路、铁西路北延等5条道路，总里程4.33千米的内部道路均完工通车，实现园区内部道路循环畅通；提升车辆管理能力，建设启用园区危化品车辆管理服务中心，规划停车位300余个，打造“红运家”党群驿站品牌，被选为全省道路运输行业党建工作经验推广会议暨党务人员培训班观摩点。

（区化工产业园区 宋成锋）

电　力

【党的建设】 坚持党建引领、旗帜领航，以“高质量”党建引领保障高质量发展。高标站位推进主题教育，聚焦“学思想、强党性、重实践、建新功”总要求，第一时间成立主题教育领导小组及工作机构，细化分解25项重点措施。扎实推进“察实情、出实招”等专项行动，领导班子带头深入开展调查研究，精准施策、靶向攻坚打通难点、堵点问题。组织党委理论学习中心组集中学习研讨13次，开展红色革命纪念馆现场研学。深入开展“清风护航”行动，统筹推进违规吃喝专项整治，坚决防止“四风”反弹。强化与区纪委交流汇报，全面构建“企地”学习协作常态机制。组织“三必贺、三必访”261人次，高效落实“为职工办实事”任务10项，完成年度职工疗养63人。组织“初心不改、暖阳启程”退休职工荣退礼仪式，企业发展有温度、暖人心。贯彻落实“五维一体”健康管理模式，高分通过市级健康企业现场技术评估，3人获“东营市职业健康达人”称号。

【安全生产】 树牢“大安全”理念，持之以恒抓责任、除隐患、防风险。制定安全履责20个方面、78项重点任务，编发《强化安全主体责任落实十项措施》，扎实拧紧全员安全责任链条。统筹推进重大事故隐患专项排查整治2023行动，消除各类隐患67项。开展“盯现场、反违章、保生命”等主题安全日活动，对照“五个为什么”反思提升，确保“安全第一”理念深入人心。现场安全管控有力。全面构建“现场违章立查改、线上管控云纠错”安全管控机制，推广应用违章“立查改”小程序，“远程＋现场”全覆盖督查1096处。开展“两票”执行专项督查，举一反三整改落实典型问题13项，完成安全工器具试验1600余件。圆满完成石油装备展等重大保电任务32项，连续10年实现除夕夜台区“零停电”。促请区发改局出台迎峰度夏（冬）有序用电方案，建立120户、4.29万千瓦需求响应资源池，应对夏季负荷六创新高、冬季四轮寒潮侵袭。

【电网发展】 积极融入省市公司战略部署，持续推动电网融合发展，全力服务地方经济社会发展大局。围绕东营区城市更新行动及重点项目建设，高质量完成“十四五”电网规划滚动修编。促请牛庄镇、六户镇政府成立工作专班，协调推进110千伏创业园输变电工程提前开工。110千伏基东第二电源项目、35千伏物探网架调整项目完成可研核准。深入实施配网提升三年攻坚行动，35千伏东辛站等3座变电站升压改造工作全面铺开，3座简易站完成现场退运。全力推进110千伏福昌站配出、10千伏博科四回线路新建等21项配电网工程，线路跳闸率、频停台区分别压降38.6%、60.4%。高效完成180项现场检修任务，消除设备缺陷410余处。实施17个敏感小区双电源改造，完成40条线路联络新建，有效减少台区停电110余台次。“带电＋停电”安装自动化开关329台，完成82条线路自动化改造。全年接收频繁停电意见工单108件，同比压降65.3%。

【供电服务】 创新服务方式、丰富服务内涵，持续提升人民群众用电获得感满意度。推行315千伏安以下高压报装业务分流，“三省三零”节省客户投资7794万元，解决吾悦广场等7个重要客户、13户小微企业电力配套问题。打造居民充电桩办电“联合办、免证明、零投资”服务模式，上线“水电气热”联办平台。完成区供电公司指挥分中心业务、人员回流，落实敏感有责工单“日说清”制度，走访解决涉电诉求263件。开展政务热线“回头看”行动，消除不满意工单53件。完成锦华电力彩虹驿站优化升级，锦华社区入选省公司政企融合服务示范网格。完成供电营业区域优化，累计切改用户24万户。完成表箱改造890只，消除计量箱安全隐患1.8万项，全口径采集成功率提升至99.8%。全年建成充电站5座，34个小区纳入充电桩报装免物业证明“绿色通道”，完成胜利花苑等6个小区充电网络改造。牛庄西范社区获评国网公司“村网共建”示范，史口供电所获评“四星级”供电所。

【经营管理】 贯彻落实省市公司各项部署要求，制定“补短板、强基础、促提升”专项行动方案，细化分解67项重点任务。全力以赴拓市场、谋发展，累计受理高压业扩366户、容量30.2万千伏安。高损线路台区数量同比降低87%，2次获评国网同期线损“百强所”。统筹推进“合规管理提升年”行动，建立以案促管工作机制，业务部门和法律部门协同推动8类风险排查治理，18项年度重点任务圆满收官。依法合规落实税费优惠政策，累计减免税费19.04万元。开展审计自查自纠12轮次，发现并整改问题31项。先后迎接“排夯促”专项检查、省公司经责审计暨专项审计，完成问题整改“双审验收”220项，运用“第一种形态”提醒约谈8人次。实行“红黄蓝”三色标识和挂销号、“清单式”管理，有序推动问题整改清零。扎实推进“旗帜领航再登高、创新驱动走在前”行动，完成发明专利授权5项，1项管理创新课题荣获山东省企业管理现代化创新成果二等奖。

（区供电公司 王岩）

服务业

- 综述
- 东营商贸园
- 供销合作
- 文旅
- 烟草专卖

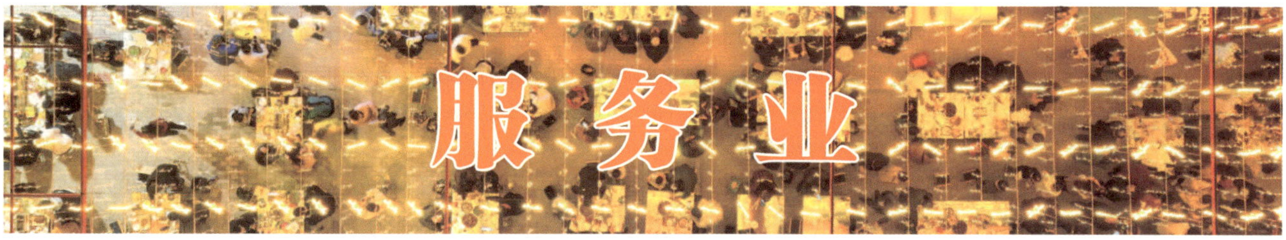

服务业

综　述

2023年，东营区牢牢抓住开展省“十四五”服务业综合改革试点重大机遇，立足全区服务业发展基础和资源禀赋，加快推动服务业转型升级、提质增效，着力构建优质高效的现代服务业体系，助力高水平现代化强区建设。

服务业保持稳定增长态势。2023年，全区实现服务业增加值370.06亿元，同比增长6.3%，占地区生产总值达到62.5%，总量、占比居全市各县区第一。全区规模以上服务业企业发展到138家，其中科学研究和技术服务业企业58家、租赁和商务服务业企业23家、交通运输仓储和邮政业企业25家、房地产业企业10家、信息传输软件和信息技术服务业企业4家、水利环境和公共设施管理业企业4家、居民服务修理和其他服务业企业5家、卫生和社会工作业企业5家、文化、体育和娱乐业企业4家。2023年，全区规模以上服务业企业实现营业收入224.62亿元，同比增长9.7%。

服务业重点产业持续发展。商贸流通业。9月23日，东营吾悦广场盛大开业，打造集趣味、个性、景观于一体的现代化体验式购物中心；7月8日，在西城万达广场启用全市首个裸眼3D大屏，擦亮东营城市夜经济新名片。持续挖掘传统消费潜力，举办“惠享东营消费年”系列活动，开展“暖冬迎春消费季”、“惠享消费年　食在黄河口”东营区美食季活动、“第二十七届汽车博览会”、“家电消费节”等多场次促消费活动，2023年全区社会消费品零售总额达到354亿元，同比增长8.2%。文化旅游业。全区有A级以上景区12家、星级饭店9家、省级乡村旅游重点村4家、省级景区化村庄5家。8月26日，举办“河海音乐节”，吸引4.5万余名观众到现场参与活动。举办“沿着黄河来旅行”乡村好时节·周末微度假系列产品新闻发布会4场，举办“乡村微度假·周末请上车”“五一美食欢乐颂·油城夜宴七点半”等系列文旅活动。

2023年3月31日，2023年油地物资贸易合作洽谈签约仪式举行

2023年全年全区实现旅游总收入64.36亿元，接待国内外游客693.93万人次。2023年12月6日，东营区获评“山东省文旅康养强县”。2023年12月28日，东营区图书馆被文化和旅游部评为国家县级一级图书馆。医养健康业。全区养老服务设施共有97处，其中养老机构20处、城市社区养老服务设施29处、农村幸福院或老年食堂48处。东营区连续8年实施政府购买居家养老服务，累计服务居家老年人30.3万余人次。东营德康宁医养中心建成全市最大的医康养综合服务机构，东营鸿港医院临家老年照护中心顺利通过全国医养结合示范机构验收。探索养老服务业新业态新模式，培育“亲祥源”“临家”“和堂集”“优护”4家连锁化、规模化、品牌化本土养老服务企业。金融服务业。全区有23家银行48家分支机构，21家寿险、24家财险共45家保险公司，7家证券营业部以及3家小额贷款公司、5家典当行、1家融资担保公司和1家商业保理共10家地方金融组织，形成较为完整的金融服务体系。调整充实上市挂牌后备资源库，全区上市挂牌后备企业达到18家，山东海科新源材料科技股份有限公司于2023年7月7日在创业板挂牌上市。科技服务业。年内新增省技术创新中心1家、省科技成果转化中试示范基地1家。至2023年底，全区建成创新创业服务平台14家，其中，国家科技企业孵化器2家，国家级众创空间1家，省科技企业孵化器2家、众创空间5家，孵化总面积16万平方米，在孵企业400余家，有力促进区域创新创业的发展。12月，森诺科技有限公司获评山东省生产性服务业领军企业。

服务业载体基础不断巩固。楼宇经济发展方面。2023年，全区重点楼宇达到67栋，总面积214.2万平方米，注册企业8400余家，从业人数3.8万余人，年内楼宇新注册企业514家，新纳限企业22家，税收过千万元楼宇达到15栋，为城市经济发展提供有力支撑。升级打造“数字服务平台”，开发建设“智慧楼宇”小程序，相关经验获省、市大数据局宣传推广，获省大数据创新应用典型应用场景、市新型智慧城市优秀应用场景案例二等奖。召开楼宇经济发展论坛、楼宇运营机构交流座谈会，成立东营区油城科创走廊楼宇党建联盟，做优楼宇发展生态。东营区楼宇经济相关经验在《东营改革》专报刊发，获全市政府系统优秀调研成果二等奖。重点服务业项目建设方面。2023年，全区共实施重点服务业项目34个，概算总投资170亿元，其中过亿元项目22个，新建项目23个，续建项目11个，项目年度计划投资45亿元，涵盖楼宇综合体、双创平台、现代物流、医养健康等7个领域，东营新城吾悦文商旅综合体等28个现代服务业项目顺利推进。深油田供应链企业招引方面。深入开展油田供应链企业招引工作，2023年3月31日，举办2023年油地物资贸易合作洽谈暨科技成果推介会，搭建起油地企业沟通交流、科技成果转化平台，年内成功招引13家企业落户发展，2023年，已落户企业实现营业收入2.3亿元。谋划储备瑞茂莱年产8000吨深海大通径钻采设备制造、山东华冠能源压裂充填防砂完井系列产品研发生产、山东禧龙石油年产200台（套）数字化智能撬装装置和江苏优驱数智控制柜研发制造等4个油田供应链项目建设，计划总投资约4.4亿元。

（区服务业发展促进中心 常连运）

东营商贸园

【概况】2023年，园区生产总值24.47亿元，同比增长6.3%，实现综合税收1.15亿元，完成固定资产投资1.9亿元，规模以上企业70家，完成签约金额1.2亿元，到位招商引资内资1亿元。

【经济运行】园区现有企业和个体工商户1.1万多家、从业人员2.5万余人。第五次全国经济普查数量与第四次全国经济普查相比，企业数量增长110%，个体工商户数量增长226%。2023年园区生产总值达24.47亿元，同比增长6.3%，实现综合税收 1.15 亿元，完成固定资产投资 1.9 亿元，规模以上企业 70 家。加大精准招商力度，完成签约金额 1.2 亿元，2023 年到位招商引资内资 1 亿元。2024 年第一季度累计实现区级税收 4478 万元，同比增长 312 万元，增幅 7.48%，圆满完成区政府下达 6% 的目标任务，实现第一季度“开门红”。其中，3 月实现区级税收 680 万元，同比增长 304 万元，增幅 80.78%，各项经济指标均实现稳步提升。

【产业转型】大力发展夜间经济、街区经济，2023 年商贸园新印象街区（万达万恋街）入选第二批省级旅游休闲街区。委托专业运营团队，对万达特色街区实行专业化、市场化运营，先后举办醉爱万达·万恋街音乐啤酒节、第六届东营文化和旅游惠民消费季、“五一美食欢乐颂·油城夜宴七点半”等大型特色活动，凝聚街区人气，激发消费潜力。在万达广场东北角外立面建设裸眼 3D 大屏，打造网红打卡地，进一步吸引客流，刺激消费。文化数字产业迅猛发展。牵头成立东营市首家数字产业协会，辖区内 2 家企业山东中研白马创意科技有限公司、东营市辰奇瑞阳文化产业运营有限公司获批省级文化产业示范基地。举办首届奇石玉器文化节，为文化产业注入新的发展活力，拉动文化产业消费。打造沿河经济带。在广利河南岸闲置地块引进滨河食立方美食城项目，占地 1700 平方米，容纳经营业户 50 户，将原来“脏乱差”的垃圾死角“化丑为美”打造成滨河美食集聚区，解决周边写字楼企业员工就餐难题，改变游商摊贩占道经营现状，进一步丰富园区经营业态。在广利河设置音乐喷泉，对沿河景观进行改造提升，增加安全防护围栏、休闲长凳等，营造绚丽夜景，活跃滨河片区，沿河经济带初见雏形。

【社会基层治理】东营商贸园以法治建设为保障，提升法治营商环境，“以法治为纲　聚保障之力建设法治园区”项目荣获 2023 年东营市基层社会治理创新项目大赛优秀项目称号。强化安全生产。完善安全生产网格化监管机制，班子成员及中层联系重点企业，每月两次深入企业督导安全生产，聘请第三方专业机构每季度全面检查，夯实安全生产基础。推进社会稳定。全力抓好全国全省“两会”等重要时期维稳工作，扎实做好值班备勤、隐患排查、矛盾化解。抓好信访事项和民生热线办理，2023 年共处理政务热线交办件 1758 件，办理信访件 72 件，按期办结率 100%。东营商贸园辖区内有 7 个居民小区，辖区居民建筑总户数 5487 户，常住户数 3788 户，常住居民 9220 人。通达社区于 2020 年 1 月成立，由于管辖范围较大，人口密集，为提升社区精细化服务管理水平，园区根据实际情况向区政府提出社区调整申请，3 月 22 日经区政府常务会审议通过，成立盛达社区。

【营商环境优化】完善基础设施。实施防汛泵站提升、污水管线疏通疏浚、支路改造硬化、千佛山路停车场建设、公厕改造等项目，

2023 年 4 月 29 日，东营区 2023 年三区联动“五一美食欢乐颂·油城夜宴七点半”活动举行

进一步完善园区基础设施配套。实施太行山路、千佛山路、顺河路道路亮化，繁荣夜间经济。实施金大地路（滨河路）拓宽项目，改造面积1700平方米，增加停车位30个。协调区公用事业集团实施太行山路以东供暖二级管网全覆盖铺设工程，2023年5月底全部施工完成，已有237户业户接入集中供暖。改善市容市貌。持续开展市容秩序规范整治，规范店外经营、门头牌匾，鼓励新上门头全部亮化。开展拆违治乱专项整治行动，2023年拆除违法建设24处，拆除面积约5000平方米，坚决遏制私搭乱建行为。成立东营市交警支队二大队一中队商贸园交通管理警务室，配备2名辅警人员，加强辖区交通秩序管理，开展交通锥占用停车位专项整治。为企业提供全方位服务，在服务管理机制上，重要工作实行全员网格化制度，建立19个商业网格服务群和10个居民网格服务群，第一时间响应群内居民、商户反映的问题，及时反馈、及时解决。

（区商贸园管理服务中心　王晓晓）

供销合作

【农业社会化服务体系建设】推进农产品经营服务体系建设。按照标准化、基地化、生态化要求，推进农产品经营服务体系建设，促进一、二、三产业融合发展。以村党组织领办的合作社等农业

2023年2月5日，区供销合作社联合市供销合作社在东营区六户镇举办2023年春季“放心农资惠农”活动

经营主体为载体，打造田丰畜牧、景屋蝴蝶兰、北郊农业、西薛地瓜、慧昶水产、兰赵富硒水稻等标准化生产基地，绿色蔬菜作物种植、畜牧和水产养殖基地面积达到1200余亩，完成农产品“三品一标”认证3个，辐射带动200余户农民进入标准化产业链经营。推进土地托管服务工作。依托纳入系统管理的为农服务中心和农民合作社等有效载体，根据农民不同需求，广泛推广“保姆式”“菜单式”托管服务模式。至2023年底，土地全托管服务面积1.2万余亩，半托管服务面积近2万亩，农业社会化综合服务面积超过40万亩次。加大村党组织领办合作社的规范提升力度。立足全区实际，聚焦关键环节，参与制定出台《东营区村党组织提升行动工作方案》《东营区村党组织领办合作社规范发展指南》，配合区工作专班工作，对各镇、街道进行高频次督导指导，突出镇、街道两级书记聚力“抓”，压紧压实村党组织领办合作社工作责任。坚持顶层设计与具体落实相统一，突出“书记抓、抓书记”，构建区抓、镇呼、村应“三位一体”责任落实机制，不断把村党组织领办合作社规范提升工作引向深入。推进为农服务骨干人员培训工作。按照“实效、便捷、管用”的原则，开展涉农骨干人员培训，全年组织举办专题培训班4期，培训涉农骨干及新型农民697人次。

【现代商贸流通服务体系】开展“放心农资惠农”活动。年初，在4个农业镇巡回开展春季“放心农资惠农”活动，争取市供销社“放心农资惠农”活动资金，通过发放优惠代金券的方式，为农民群众提供每袋补贴10元的高效优质放心化肥，共计发放肥料80余吨。开展争创省级农资保供暨“绿色农资”升级行动试点县（区）工作。作为东营市唯一试点

2023 年 6 月 18 日，文汇供销综合服务社揭牌暨东营区“供销大集”农产品展销启动仪式举行

县(区)，围绕健全完善农资保供储备调运机制，不断完善农资流通网络体系，创新优化农资供应服务方式，推进农资数字化建设，切实加强农资质量管理，9 月初，通过社有企业为金丰农场引入 70 吨优质农资。按照“1+4+N”的工作思路，联合省农服公司等企业扩大经营销售范围，成立文汇供销综合服务社，打造集线上、线下于一体的新型低偿零售便民服务驿站，聚集吸引周边镇、街道众多商家和优质农副产品入驻。成立六户镇武王村供销综合服务社，探索开展农资保供，分期开展“绿色农资”讲座，助力武王西红柿栽培技术品牌升级。开展农资安全督导。将农资质量安全工作作为保障粮食安全、加强农资经营服务网络建设的重要内容，加强系统内监督指导，每月开展农资质量安全检查 1 次，指导督促系统内农资经营主体健全农资质量管理制度，提升服务质量，巩固“供销”品牌优势，确保广大农民群众买得放心、用得安心，11 月初，农资安全工作顺利通过山东省供销系统农资质量安全专项检查验收。推动农产品展销工作。谋划参与社区市集活动，对接产地农户组织货源，在文汇街道敬业社区公益市集先行先试，取得良好效果。组织鲁通米业、山东海勤供应链有限公司、牛庄大中全驴有限公司等企业参加在济南舜耕国际会展中心举办的“2023 首届山东供销预制菜产业博览会”，展会期间达成签约合作意向 10 万余元。

【基层组织建设】开展社标清理备案登记工作。到全区涉农镇及相关街道开展拉网式排查，对承认供销社章程、自愿接受业务指导、社标使用规范的相关企业继续保留，并对不符合要求的企业进行标牌清理，对新签订开放办社协议、悬挂供销社标识的相关单位进行了备案登记。做好业务指导服务工作。每月到牛庄、六户供销中心合作社以及油郭村供销合作社进行业务指导调度，建立基层组织建设工作服务台账，掌握解其业务工作开展情况和工作需求，指导其进一步扩大服务范围，开拓新的服务领域。牛庄中心社通过建立微信工作群的形式，向广大农民群众讲授作物苗期管理、科学施肥、用药常识等农业生产方面专业知识，助力农民增收致富。六户中心社继续结合镇域种植结构特点，扩大经营服务范围，销售土豆良种 500 公斤，各种蔬菜种苗 10 万余棵。推进村级社重建和基层社改造提升工作。根据《山东省供销合作社系统基层组织振兴三年行动方案》要求及东营市供销合作社联合社 2023 年深化供销合作社综合改革重点工作任务安排，10 月以开放办社的形式，完成东营区龙居供销中心合作社、龙居镇龙居村供销合作社重建工作。以基层社改造提升行动为契机，6 月对六户供销中心社、油郭村供销合作社进行改造提升，重新设计制作门头和规章制度标牌，进一步提升基层供销中心合作社形象。

【重点工作】推进社有企业建设发展。8 月 15 日，东营东合联资本投资有限责任公司正式成立。酝酿出台《合作发展基金管理办法（试行）》，从制度层面保障社

2023年8月1日，东营市东营区供销合作社与喀什地区疏勒县供销合作社战略合作签约仪式举行

有资产有效运作。抓好业务工作探索发展，积极推进社有企业业务向全方面、宽领域方向探索发展。社有资产摸清、理顺、监管同步推进。制订社有资产监管年度计划，持续规范提升社有资产监管，同时为进一步加强对社有资产的管理，摸清家底、理顺关系，成立社有资产交接调查摸底工作专班，对遗留资产进行实地调研摸底清查登记，为后续工作开展筑牢根基。推进招商引资。积极“走出去，请进来”，开展“走出去”3次、“请进来”5次，完成招商引资项目进账1000万元，与东营高新区共同推进“国电投（东营）纯电重卡智能换电站光储充换一体化项目”落地。推动“油地干部下基层”活动持续开展。与联系帮扶企业、下派帮扶村、共驻共建社区等工作有效衔接，持续推进“三进”工作落细落实。做好“一排底线”各项工作。做好安全生产工作，常态化开展系统内安全生产专项督查，确保安全生产监管有力。及时关注系统内舆情动态，及时发现不稳定因素和苗头性问题，做好意识形态和信访维稳工作。突出规定动作和创新举措相结合，持续做好全面从严治党工作。

（区供销合作社联合社　刘畅）

文　旅

【概况】东营区现有各级非物质文化遗产71项，其中，国家级非物质文化遗产1项（吕剧）、省级非物质文化遗产5项（吕剧、盐垛斗虎、牛庄霸王鞭、黄氏酒坊酿酒技艺、龙居丸子制作技艺）、市级非物质文化遗产27项、区级非物质文化遗产71项。省级文物保护单位3处（渤海区抗战烈士祠、胜利油田功勋井、刘集遗址），市级文物保护单位4处。文化旅游产业经营单位609家，其中，AAAA级旅游景区2家，AAA级旅游景区10家，旅游民宿4家、星级饭店9家、旅行社及分社61家、旅游商品企业30家，互联网经营单位36家，院线电影企业9家，文艺表演团体5家，文化类民办非企业66家，非学科类校外培训机构51家，歌舞娱乐场所12家，游戏游艺场所8家，艺术品经营单位86家，印刷企业78家，出版物经营单位136家，剧本类游艺场所13家。2023年被中宣部评为“2023‘新时代乡村阅读季’之‘我爱阅读100天’活动优秀推广单位”，东营区被省文化和旅游厅授予“山东省文旅康养强县”称号。

【文旅融合】重点项目稳步推进。按照“四大文旅片区引带”的发展思路，构建特色突出、融合互动、联动发展的全域旅游发展格局。2023年东营区包括新城吾悦文商旅综合体项目、东营区吕剧艺术演艺中心等在内的14个重点项目，共计投资56.59亿元。大力开发文化旅游新业态、新产品。深度挖掘特色文化资源，以各类“文旅+”实现“以文促旅、以旅彰文，以城促旅、以旅兴城”发展目标，更好地满足消费者多元化、个性化、品质化的产品需求。在龙居镇龙栖湖湿地、揽翠湖旅游度假区举办省级龙舟赛、顶流音乐会、大型游园会等文旅活动，共接待游客 15 万余人，实现旅游收入 3100 余万元。举办“河海音乐节”，聚集油城本土音乐人，打造具有油城特色的音乐节品牌，吸引 4.5 万余名观众到现场参与活动，带动文旅产业相关消费 1840 余万元。

【吕剧文化】提高精品创作水平。按照“创造性转换、创新性发展”要求，先后新创《坚守》《情归》《远行》等 5 部精品吕剧小戏，复排《小姑贤》《姊妹易嫁》《借年》等 5 部吕剧经典传统剧目。以油地融合为主题，新编创作现代吕剧《油城壮歌》，反映油地双方共建共荣共享、“一盘棋、一家人、一条心”的油地融合发展理念。以人才培育为载体，赓续吕剧传承根脉。创新推进“吕剧进校园”校本课程标准化工程体系建设，在全区 27 所试点学校普及《吕剧·传承》校本教材，对音乐教师进行集中培训，依托艺术课堂推动吕剧传承发展，近 1 万名孩子正在接受吕剧传统文化普及教育，进一步完善了学校教育与表演传习相结合的吕剧人才培养体系。《东营区聚力打造“吕剧文化之乡”塑造独具魅力城市文化典范》典型经验被中国政府网、山东省文化和旅游厅官网采用推广。新创吕剧小戏《情归》参加山东省第六届吕剧票友大赛“专业小戏展演”，荣获“优秀剧目展演”奖。“聚力打响‘吕剧文化之乡’创新探索”被评为全市基层公共文化服务高质量发展案例。“吕剧进校园”入选山东省乡村特色文化艺术典型案例。

【文化惠民】搭建群众文艺交流展示平台。组织开展“进千村乐万家”文化惠民演出、“美丽东营区 欢乐石油城”广场群众文化活动、非遗集美市集等活动 2000 余场次，线上辐射 260 万人次，为油地文艺人才、队伍搭建活动平台，促进展示交流，不断满足群众“参与文化、享受文化”的期待和需求。文化惠民活动丰富多彩。组织开展“新六艺”公益培训、文化讲堂、数字文化广场培训、非遗进校园等各类群众培训 800 余课次，累计培训学员 4 万余人次。围绕黄河文化、石油文化，指导基层文艺团体创作群众性文艺作品 136 部，为打造面向油城、走近居民、服务群众的优质公共文化场馆持续发力。

【特色文旅】“文旅 + 农业”激发乡村振兴活力。举办“沿着黄河来旅行”乡村好时节·周末微度假系列产品新闻发布会 4 场，累计发布各镇街全年文旅活动 63 场，开展东营区“乡村微度假·周末请上车”活动，累计服务游客 2694 人，带动消费 60 余万元。“文旅 + 节庆”打造假日消费新热点。“五一”假期期间策划举办三区联动“五一美食欢乐颂·油城夜宴七点半”活动，累计吸引游客 39.06 万人，带动全区文旅消费 7360 余万元。中秋、“十一”假期以“金秋迎国庆·乐在东营区”为核心概念，谋划组织 6 项主题活动，20 余场文旅节庆展演，累计吸引游客 216.75 万人次，实现旅游收入 2281 余万元。

【市场管理】不断创新优化管理模式。积极妥善处理旅游市场发生的矛盾纠纷，依法保护旅游者和旅游经营者的合法权益，营造

2023 年 9 月 12 日，第十六届山东国际大众艺术节暨 2023 沿黄九省区新时代民歌艺术展演开幕

2023年6月21日，2023山东（东营）黄河口暨沿黄九市全民健身龙舟赛开幕

和谐稳定的旅游消费环境。2023年积极稳妥处理文化旅游投诉500余件，处理率全部为100%。实施行政执法行为200余件次，行政检查300余件次。下发责令改正通知书20余份，受理行政许可30余件次。有效维护全区文化和旅游市场的健康稳定发展。

【法治建设】积极推广安全生产全员岗位责任制。研究制定《东营区文化和旅游行业安全生产规范提升年行动实施方案》《东营区文化和旅游局安全生产监督检查计划》《东营区文化和旅游领域重大事故隐患专项排查整治行动实施方案》等文件，明确安全生产工作的主要任务和相关要求，按季度组织开展全区文化旅游行业领域安全生产工作会议，每季度与全区200余家文化旅游企业主要负责人分别进行“面对面”谈话，督促文旅企业切实履行企业安全生产主体责任。

【文旅活动】2月21日，东营区首部大型原创现代吕剧《油城壮歌》汇报演出活动举行。本部大戏以油地融合为主题，生动再现了油田与地方凝结“血浓于水一家亲”的壮丽画面。

3月19—22日，承办第九届山东省戏剧红梅大赛（吕剧专场）决赛。来自全省21家专业院团的100余名优秀选手齐聚吕剧发祥地，同台竞技、一展风采，共同唱响吕剧艺术盛宴。

6月21—24日，2023山东（东营）黄河口暨沿黄九市全民健身龙舟赛在龙居镇龙栖湖湿地举行。活动包括2天省级龙舟赛、2场顶流音乐会、4天大型游园会，其间又加入独具特色的村舟赛、篝火晚会、啤酒节等内容。

7月15日，“闻闻APP1139乡村振兴群星演唱会东营站”活动在揽翠湖旅游度假区举行。活动吸引3万余名观众到现场参与，带动吃住行游购娱等文旅产业相关消费2000余万元，实现东营区“落文旅一子，活满盘经济”的发展目标。

8月26—27日，“河海音乐节”活动在揽翠湖旅游度假区举办。活动集合和聚集油城本土音乐人，打造具有油城特色的音乐节品牌，培育环渤海区域著名音乐品牌节庆，培育带不走的本土文化符号，吸引4.5万余名观众到现场参与活动，其中市外游客占比超30%，票房收入518.9万元，带动吃住行游购娱等文旅产业相关消费1837.45余万元。

2023年东营区国家A级旅游景区情况一览表

表14

序号	单位	类别
1	揽翠湖旅游度假区	AAAA
2	黄河三角洲动物园	AAAA
3	胜利油田科展中心	AAA

续表 14

序号	单位	类别
4	华林庄园	AAA
5	蓝海逸园	AAA
6	利丰温泉旅游度假村	AAA
7	桃花岛旅游度假区	AAA
8	万象游乐园	AAA
9	盐文化博物馆	AAA
10	电文化体验馆	AAA
11	静花营生态旅游度假区	AAA
12	积丰园	AAA

2023 年东营区酒店信息情况一览表

表 15

序号	单位	星级	地址	电话
1	东胜大厦	5 星	西四路 616 号	8234567
2	蓝海国际大饭店	5 星	黄河路与庐山路交会处	8151779
3	新悦大酒店	4 星	西二路 181 号	7667777
4	大明大厦	4 星	济南路 57 号	7888888
5	聚丰大酒店	3 星	北一路 1232 号	8501888
6	西城宾馆	3 星	淄博路 200 号	7669999
7	白云饭店	3 星	北一路 188 号	7660888
8	长兴宾馆	3 星	蒙山路 31 号	7761999
9	龙凤祥大饭店	3 星	天目山路与黄河路交会处	8028888

2023 年东营区旅行社信息情况一览表

表 16

序号	单位	地址	电话
1	胜利油田青年国际旅行社有限公司	西三路 256 号齐龙大厦 515 房间	8557505
2	东营利丰国际旅行社有限公司	北一路 1232 号	8221999
3	东营瑞程国际旅行社有限公司	黄河路陶然财富港 4-106	8910666
4	山东京海国际旅游有限公司	西四路 375 号	8971567
5	东营云端旅行社有限公司	黄河路 505 号文化产业园 C1-11	8760273
6	山野星空旅行社（东营）有限公司	西三路黄河路北 500 米路东	8791826
7	东营全景国际旅行社有限公司	北一路 1232 号聚丰大酒店西侧市场 9 号	8777688

续表 16

序号	单位	地址	电话
8	东营好客国际旅行社有限公司	西四路 598 号中胜酒店一楼	8550098
9	东营领航旅行社有限公司	如意街东 9 号商铺	8288586
10	寻力国际旅行社（东营）有限责任公司	淄博路 38–150 号（胜安小区对面）	8550965
11	东营市蒲公英国际旅行社有限公司	黄河路百大 C 座三楼	7510751
12	山东鑫堃旅游服务有限公司	北一路 1280 号	8831113
13	东营市泰恒旅行社有限公司	济南路以北、中心医院院内	8218686
14	山东大掌柜旅行社有限公司	西四路 870 号	7776799
15	东营红蜻蜓国际旅行社有限公司	天目山路 A1016–8 号	8267177
16	东营市九州国际旅行社有限责任公司	华泰国际豪园 19 号楼 1 单元 1002 室	7788166
17	东营市国泰旅行社有限公司	王府井购物广场 5 号楼 507–A 室	8783333
18	东营红海滩国际旅行社有限公司	千佛山路 19 号万海金地大厦 A 座 2608 室	7973221
19	东营天驰旅行社有限公司	西四路 598 号	8989898
20	东营市交运旅行社有限责任公司	黄河路 355 号	7750000
21	东营华旅假日旅行社有限公司	西五路黄河路	8787822
22	东营市阳光旅行社有限责任公司	北一路南侧 10 号	8226767
23	东营市金色假日国际旅行社有限公司	西三路 115 号中润商务楼 404 室	8201002
24	东营市胜中国际旅行社有限责任公司	北一路 231–7 号	8797751
25	胜利油田白云旅行社有限责任公司	北一路 188 号	7660888
26	东营市交通旅行社有限责任公司	济南路 232 号	7511215
27	东营工益国际旅行社有限公司	西三路 149 号	8261234

【景点选介】*揽翠湖旅游度假区。*东邻东青高速，南邻南二路，为国家 AAAA 级旅游景区，景区规划建设有高尔夫球场、观赏温室、水上休闲垂钓园、老年公寓温泉度假等项目，是集旅游度假、休闲健身、养老养生于一体的休闲度假“庄园”。揽翠湖畔、田间绿野、优雅高尔夫、春风十里浪漫婚礼、天然氧吧，这里花红柳绿、春意盎然；这里既静谧祥和，又可热闹非凡。休闲时分带老人、孩子踏青、挖野菜、品美食、泡温泉，满足你所有的需求与想象。

*黄河三角洲动物园。*位于黄河路与天目山路交叉路口南 2 千米，占地约 750 亩，为国家 AAAA 级旅游景区，现有珍稀野生动物 80 余种、1000 余只。2013 年 10 月 1 日正式开园，游客量持续稳定增长，成为黄河三角洲地区观光旅游的重要景点和市民休闲游乐的好去处。黄河三角洲动物园紧紧围绕“景观性”“丰富性”“参与性”“独特性”四个方面，将园区打造成为集亲子基地、花海基地、研学游基地、金虎基地于一体的大型城市动物乐园。并获“省科普教育基地”“省林业科普基地”“省诚信示范旅游单位”等荣誉称号。同时，园区挂牌成立“东营市野生动物救护中心动物园救护站”，开展野

生动物救护工作。

石油科技馆。位于燕山路与南二路交叉路口西 100 米，总投资 2.5 亿元，总占地面积 77 亩，建筑面积 5 万平方米。地下一层建有停车场和餐厅；地上一层为胜利石油发展史厅、石油科普展厅及相关功能区；二层为石油勘探厅、石油开发厅及相关功能区；三层为石油工程厅和建设厅；四、五层为交流、学会临时展厅。该项目立足工业旅游，集聚石油文化及技术展示等资源，是油地校融合发展的重要组成部分，也是打造全国石油文化名城的重要载体。建成后将成为东营旅游新动能的重要引擎和体验经济的增长极，有效带动周边旅游经济发展。

龙居黄河森林旅游区。西至黄河，东到南展大堤，北到五干渠，南与滨州接壤，为国家 AAAA 级旅游景区，景区建设有游客中心、龙栖湖湿地公园、中国科学院耐盐植物科普园、利丰温泉旅游度假村、桃花岛旅游度假区等特色旅游景点，是集生态康养、观光休闲、黄河民宿、教育研学、拓展、餐饮等于一体的综合性旅游风景区。这里有蜿蜒九曲，奔流万里，孕育了中华民族五千年灿烂文明的母亲河，有“殷殷汗水、挥洒不息”、勤劳勇敢的龙居人民用自己的双手编织出的人文历史，有 4.1 万亩天然氧吧生态林场，有山东省面积最大的滑雪滑草场，有独具特色的黄河风情民宿，被誉为“林海康养地，龙居会客厅”。

桃花岛旅游度假区。位于东营市东营区龙居镇西南部，处于龙居黄河森林旅游区腹地，占地面积 1800 亩，西依黄河，东、南、北三面是龙居 4 万亩生态林场。为国家 AAA 级旅游景区，景区环境幽静，风光旖旎，被誉为黄河三角洲地区的“世外桃源”。桃花岛滑雪场，在冬季滑雪，三季滑草的基础上，依托黄河资源优势叠加地方文脉和特色农产品，建设小型精品观光农场，增加游客参与性强的嘉年华项目，成为区域旅游、省内旅游的亮点。

静花营生态旅游度假区。位于南二路与繁荣路交叉口向西 900 米路南，为国家 AAA 级旅游景区，园区内规划儿童娱乐拓展、水上乐园、珍禽科普、鲜花观赏、果蔬采摘、骑马体验、真人 CS、射箭、垂钓、冰雪乐园、自助餐饮等十余种特色休闲娱乐项目。作为都市里的天然氧吧，拥有水面 200 余亩，放养高档锦鲤 10 万尾，种植各类花草果树百余亩，养殖世界名贵珍禽几十种，园区处处呈现碧水鱼欢、鸟语花香的自然景观。

华林庄园。位于东营市南二路（国道 220 线）以南、六户镇政府驻地以北、荣乌高速公路（东青段）以西、巫山路以东。为国家 AAA 级旅游景区，总占地面积 1200 亩，建设有标准化蔬菜生产基地、文化园林、绿色林果科技示范园、耐盐碱苗木繁育基地、水上乐园等五大功能板块。是集农业科技示范、旅游度假、果蔬采摘、垂钓、水上乐园、农事体验、餐饮于一体的休闲观光农业科技示范园区，也是东营区重点打造的城南风景旅游度假区重要节点，致力于打造成为山东省乃至国内都市休闲农业旅游、科技景观旅游的亮点。

万象游乐园。位于东营市中心、东营区政府驻地，坐落在城市主干线黄河路、北一路和天目山路之间，南邻东营市文化公园，西靠东营区黄河公园。为国家 AAA 级旅游景区。游乐园突出文化主题，形成冬滑雪、夏嬉水、春秋游乐的主题格局，既满足青少年追求惊险刺激的心理，又营造亲子游乐的环境和氛围，全方位迎合游客吃住玩游购娱一体化的消费需求，是夏日玩水、冬季滑雪、四季游乐的大型综合性游乐园。

盐文化展览馆。位于天目山路与南二路交叉路口处的黄河口文化艺术城内，为国家 AAA 级旅游景区，是一处集盐知识普及、盐文化传承、盐项目体验等于一体的青少年科普教育基地。展馆内包括序厅、盐业三宗、史海盐踪、工业之母、文化之源、生命之侣、互动体验七部分。栩栩如生的盐雕、蜡像、雕塑、沙盘等，展现古代“炼卤煎盐”“晒盐”等海盐生产和盐民生活的场景；随处可见镶嵌式电视、智能平板等智能化设备，运用现代化手段展现古代制盐工艺。

电文化体验馆。位于南二路与迎宾路交会处50米路西电厂院内，为国家AAA级旅游景区，是电力知识科普的教育基地。场馆内共分6个展区，27个与电相关的实验装置，游客在馆内可以学习并体验静电、电磁、人体导电、尖端放电等电学原理。

利丰温泉旅游度假村。位于龙居4.1万亩生态林场腹地，自然资源丰富。为国家AAA级旅游景区，包括“三园两区两中心”。“三园”：珍果园、百花园、垂钓园；“两区”：温泉度假区、老年颐养区；“两中心”：游客接待中心、户外拓展活动中心。项目建成后将填补东营高档旅游产业的市场空白。

蓝海逸园生态基地。位于山东省东营市东营区牛庄镇，为国家AAA级旅游景区，是集蔬果采摘、教育研学、亲子活动、休闲娱乐、特色餐饮等功能于一体的综合性精品休闲主题农业乐园。

积丰园农庄。位于六户镇政府南300米，是一家集亲子、研学、团建、采摘、餐饮于一体的生态农庄，农庄主推以小猪为主题的亲子乐园，有小猪跳水、小猪游泳、赶猪快跑、蒙眼摸猪等亲子游戏，还有儿童骑马场、沙漠寻宝、小小动物园等项目。餐饮主推胜大生态林场自养的胜利白猪、水库大鹅、林下散养笨鸡及其笨蛋等生态美食，还有农庄自养毛驴肉、香炒蚂蚱酱等美食。

（区文化和旅游局 李鸿翔）

烟草专卖

【概况】东营区烟草专卖局（营销部）主要负责东营区辖区内的专卖管理、卷烟营销工作，下设综合办公室、管理监督科、卷烟营销科、专卖监督管理科4个职能科室和4个基层服务站，共有干部职工75人，党员26人，辖区共有2995户卷烟零售户，2023年销售卷烟29816箱，实现销售收入11.48亿元，实现单箱销售额38491元，实现利税2.75亿元。

【党建引领】深化政治建设，严格落实“第一议题”、“三会一课”、主题党日、组织生活会等制度，全年召开党员大会16次、主题党日12次、组织生活会1次、支委会38次，上党课5次。开展“践行二十大　青年显担当”“党的二十大精神进万家”主题活动，先后2次邀请市委党校老师对党员及青年理论学习小组成员进行专题辅导。推动党业深度融合，开展“一心向党，声入基层”主题活动，将“三个关注、两个跟上”党建部署向市场和基层延伸，建立4个“三联共建”工商零消党建联盟，累计开展活动8场，帮扶困难零售客户11户；实施“123”村企（社区）共建模式，建设志愿团25个，开展志愿服务活动12场。开展“提素能、优服务、勇担责”活动。

【专卖管理】突出市场精准监管，联合海警、海事、渔政等多部门，对辖区海域开展联合执法行动，严打海上走私卷烟违法行为。提升“铁烟”两级共建，探索“4+1”监管机制，强化协同共治。推进“平安寄递”等专项治理行动，开展物流寄递企业集中检查，约谈重点大户22户，严防卷烟异常流通。全年查获重大涉烟违法犯罪案件3起，刑事拘留8人，逮捕2人，判刑1人。强化许可规范管理，以“四员三联”为协同，清理“休眠户”无证户28户，完成东营区烟草制品零售点布局规定的修订工作。增强规范服务意识，先后赴成都新都区、福州、泉州等地开展跨区域协作交流，签订协作机制。对已形成外流的案件、零售异常经营情况、“三代”问题，坚持追根溯源，排查异常户156户。探索重点户分级分类派单式监管模式，建立涵盖114项标准的重点监管户“精准画像”。落实“2110”工作机制，按期处理举报投诉咨询328起，处理满意率94.21%。组织开展“拒绝电子烟、你我携手共行”普法宣传进校园活动，全力护航未成年人健康成长。

【卷烟营销】创新终端建设模

式，构建终端“人、货、场、数”全面提质升级体系，推广“三层四维网格化管理”模式，建立小组自运行档案204份。强化数据驱动，以鲁产七星为引领，深耕“3+1”“3+2”品牌培育工作，建立“三维六级”客户画像分析模型，用存销比指导客户订购和推荐。立足“让客户更满意，我们在行动”主题营销活动，实行“五横七纵”差异化拜访服务。开展“小组提升月”活动，精准帮助客户解决难题46项，办理信贷业务123万元。成立“365有事好商量”客户服务热线，建立标准服务话术库和相关的工作流程，处理化解客户诉求8例。以推动农网客户稳经营、促增收为己任，搭建农产品、非遗文化两个“走出去”致富平台，帮助零售客户提高整店盈利水平；开展“青年客户为乡村振兴代言”倡议活动，评选首批乡村推介官、带货官、形象大使各3人；指导农村客户使用云POS管理店铺，不断缩小城乡间的“数字鸿沟”。建设一村一店98家，建成4条农网终端示范线路；与区农业农村局共建乡村“暖心小店”7家。2023年，农村客均卷烟盈利提升至15.9%。

【综合管理】 把2023年确定为“基层基础工作规范年”，以“起好步、走在前、开新局”专项活动为抓手，从各业务领域找准薄弱环节和问题短板，推动23个方面65项重点工作任务从“蓝图规划”成为“现实画卷”。汇编《5S现场管理精益手册》，将5S现场管理与岗位创新、流程建设、课题攻关、业务提升等工作有机结合、一体推进；汇编《5S精益改善案例集》，其中4个案例在5S管理验收工作中被评为亮点案例。以“项目进度跟踪提效”为着力点，构建“158”工作法，制定项目实施甘特图和项目实施进度表，编制《投资采购项目常见问题案例集》，建立“一项一卷”指导手册跟踪表，提供“一项一卷”制作过程指导；规范“一项一卷”档案存储及管理，运用5S现场管理模式，利用索引图和二维码，实现对档案的目视化、电子信息化管理。开展科级干部领题攻关活动，其中一项QC课题分别获全省系统二等奖和全市系统一等奖。

（区烟草专卖局 李璐璐）

金融

金 融

【概况】至2023年年底，全区各项存贷款余额1620.17亿元、763.75亿元，分别较年初增长173.23亿元、90.55亿元，均列各县区第一位。

【政银企合作】召开全区政银企座谈会暨2023年度重点项目推介会议，12家企业与金融机构签约融资合作项目18个，总金额135.1亿元。开展精准银企对接活动80余场，组织重点项目融资协调工作会议30场，邀请农业银行、恒丰银行等上级行行长走进东营区20余次，积极争取重点项目融资，其中恒丰银行城市更新项目放款10.41亿元，农业银行原油库搬迁项目放款9.8亿元、胜利石油管理局有限公司光伏式发电类项目3.95亿元，中国银行水源水系连通供水工程项目放款5亿元。推动金融改革创新。聚焦重点产业链企业、上市后备企业、重点项目等重点领域，摸底金融辅导需求，推动与银行机构结对帮扶，新增结对辅导企业61家，辅导企业达到188家，累计解决融资需求30余亿元；新增文汇街道、东营区化工产业园区2家金融管家试点，全区金融管家试点共计3家，全市最多。推动银行研发推广“油田订单贷”“脱核链贷-e订通”等金融产品，为胜利油田供应商提供无抵押、纯信用、低利率、方便快捷的线上融资服务，服务企业17家、金额7780万元。创新推出基于生态产品价值核算的“黄河口生态贷”，发展绿色金融助力生态产品价值实现，已投放400万元。推动2家银行发放人才贷3笔、2600万元，缓解高层次人才创新创业融资难题。大力发展普惠金融，至2023年年底，普惠金融重点领域贷款余额143.57亿元，较年初增量26.54亿元，占比19.15%，较年初提高1.54个百分点。开展“应用场景＋白名单”普惠融资服务模式，推广“见贷即担”业务，扩大小额信贷投放，已完成94笔、2.34亿元。

2023年7月7日，山东海科新源材料科技股份有限公司在深圳证券交易所创业板成功上市

【企业融资】企业上市取得历史性突破。7月7日，海科新源在深圳证券交易所创业板成功上

市，募集资金总额11.14亿元，是2023年全市唯一一家上市企业。新增上市后备企业3家，总数达18家，其中重点后备企业4家，初步形成“培育一批、股改一批、申报一批、上市一批”的发展格局。兑付胜利监理、万邦石油等企业市级奖励资金170万元。制定政策措施。牵头制定出台《东营区支持企业上市挂牌十条措施》，包括加强后备资源培育、加大财政支持力度、优化企业上市环境、深入开展上市培训4个方面10条措施，支持企业对接资本市场，增强企业核心竞争力。发挥地方金融组织补充作用。开展小额贷款公司分类评级、典当行年审、商业保理公司现场检查、地方金融组织公司治理监管评估等工作；审核辅导6家地方金融组织变更；换发典当行经营许可证、当票、续当票。截至2023年年底，小额贷款公司累计贷款额14.74亿元，融资担保累计发生额9.91亿元，典当总额1.58亿元，商业保理公司累计发放保理融资款本金1.48亿元。

【优化金融生态环境】2023年全年处置不良贷款7.70亿元，不良贷款余额20.51亿元，不良贷款率2.69%，较年初下降0.25个百分点。化解企业债务风险。召开全区金融工作座谈会，推动重点风险企业大额不良贷款处置和存量贷款业务及时续作，对接银行机构、资产管理公司，采取核销、批转、续作等方式，多举措化解企业债务风险。防范处置非法集资。全年新发案件3起，集资参与人数176人，涉案金额2600万元。非法集资陈案、积案14件，其中执行结案4件。联合各成员单位每季度开展非法集资排查行动，对辖区内5家风险机构进行现场排查，约谈公司负责5人，妥善处置风险隐患。组织防范非法集资大型宣传活动4场，开展新时代文明实践志愿活动50余场，张贴宣传海报2000余张，发放宣传材料2万余份，服务咨询群众3万余人。以东营农商行为试点，在全区开展防范非法集资宣传“金融网格员”选拔培育，选拔“金融网格员”20人，组建专业化防范非法集资宣传队伍。

·中国农业银行东营区支行·

【概况】东营区辖内8个营业网点，111名在职员工。至2023年年底，各项贷款总额33.74亿元，为全区200余户中小企业提供资金支持，实现信贷投放13.67亿元，个人住房贷款投放1.47亿元，农户贷款投放3.14亿元。成功签约“三资监管平台”，入选东营区“三资监管平台”系统合作银行，助推服务乡村振兴实现里程碑式跨越。上线全市首个智慧燃气缴费项目，覆盖居民用户4万户，为全区住户提供金融服务。支行先后荣获全区金融动能转换先进集体、东营区“服务业十佳”企业、东营市内部治安成绩突出集体、东营区高质量发展优质金融机构、省级文明单位等称号。

·恒丰银行东营西城支行·

【概况】至2023年年底，存款余额15.61亿元，较年初增长7.79亿元，贷款余额31.61亿元，较年初增长7.43亿元。累计支持东营区公共基础设施建设信贷投放近29亿元，赋能城市品质“蝶变”。

·东营莱商村镇银行·

【概况】东营区辖内21家营业网点，2023年末存款92.48亿元，贷款44.50亿元。坚持专业服务导向，持续聚焦小微和“三农”，打通“政、银、企、保、担”多方关系，构建普惠金融服务新模式。至2023年年底，东营区普惠小微贷款14.02亿元，较年初增加2.44亿元，增速21.07%，高于各项贷款增速9.75个百分点。坚持“网点下沉+服务提升”，强化金融服务的便利性和可获得性，全年开展“暖冬迎春”“奋战百天”“幸福传递”等特色宣传营销活动1100余场，“您家门口的贴心银行”服务理念深入人心。

（区地方金融监管局 王晓营）

城建　环保

- 住房和城乡建设
- 城市管理
- 交通
- 生态环境保护

住房和城乡建设

【概况】2023年，全区158家建筑业企业完成建筑业总产值约190亿元，同比增长10%左右，总量及增速均位居全市第一位。全年新增建筑业纳统企业33家，全区建筑业纳统企业158家，增速23.4%。全区房地产开发企业纳统55家，房地产开发项目纳统42个，完成销售面积84.1万平方米，同比增长4.5%。全区有资质的施工企业418家，其中一级资质64家（一级总包11家、一级专包53家），二级资质313家，三级及不分等级资质41家，其中，一级资质企业占企业总数的15.3%。监督在建房屋市政工程61处、单体698个、建筑面积379.76万平方米，其中，新开工项目单体314个、建筑面积113.55万平方米；竣工项目112个单体，竣工面积53.18万平方米。有直属事业单位4个，主要负责全区住房城乡建设的行业管理、建筑市场秩序规范整治、建筑工程质量安全监管、城市更新改造、人民防空、老旧小区维修改造、指导小城镇和农村住房建设等工作。

【城市更新改造】立足城乡融合发展新格局，推动西城城市更新与城市产业导入一体谋划，提升城市品质、塑造城市品貌、打造城市品牌。以重点项目为总抓手，推进东辛幼儿园、老年大学、胜利五十八中等教育项目续建，完成胜利二小、沂山路带状公园和燕山路、太行山路、东辛片区配套道路建设，新泰路、沂山路、太行山路等10条道路达到通车条件，推进全国油气勘探开发技术公共创新基地和全民健身中心建设。推进片区更新，抢抓国家推进“三大工程”建设机遇，推进耿井片区、东辛片区、科教园片区、中心医院及石油化工学院片区、胜北片区更新改造，拆迁腾空土地1000余亩。

【民生工程建设】自建房安全排查整治。年内，完成经营性自建房问题房屋整治“回头看”工作，

2023年6月，东辛片区城市更新项目航拍图

排查经营性自建房C、D级房屋99处，其他自建房C、D级房屋40处，99处经营性自建房采取工程措施消除隐患，40处其他自建房采取“清人、上锁”等管控措施。非经营性自建房全区共摸底排查自建房图斑14.97万个，排查出隐患房屋370处，对隐患房屋采取管控措施并组织房屋鉴定。成立区级自建房安全专项整治2个“回头看”复核小组，对前期发现问题的自建房进行现场复核，复核自建房2300余户。农村房屋安全隐患排查。完成各镇街农村房屋安全隐患排查整治工作，摸排房屋数量127903处，完成比例100%；排查安全隐患房屋310处，完成率100%。农村危房改造。完成全区14户农村低收入群体危房改造任务，其中8户低保户、2户分散供养特困人员、3户脱贫享受政策户及1户因病因灾等导致基本生活出现严重困难家庭，拨付补助资金38.33万元。农村改厕。建立“信息化管控、专业化服务、规范化利用”的管护运营机制，运行改厕后续管护机制政策，完成抽厕户数27527户，维修357户，年内70户农村户厕改造任务完成77户，超额完成年度任务。农民工工资发放。组织企业负责人和劳资专管员讲解培训4次，在建项目制度落实覆盖率100%。实施农保金、政府应急周转金、房屋预售资金“三金”互补机制，通过农保金支付220余万元、房屋预售资金支付746万元。采取“分账管理、部门监管、企业报表、银行支付”模式，对农民工考勤、工资表提报、专户资金缴存、银行发放等环节动态监管，实施时时监控和网上预警机制，所有合法在建工程项目纳入平台管理，通过平台考勤人数4.5万人，通过专户支付工资3.54亿元，日常接访处理14起，解决欠薪183万余元，惠及农民工117人。住房保障。发放保障性租赁住房补贴45户、128150元，超额完成全年任务。胜园街道祥泰小区建设项目完成棚户区改造329户，并完成分房；泽苑小区片区改造项目，实物安置房384套。

【行业企业管理】建筑行业监管。通过“双随机、一公开”监督检查等方式，对建筑施工、监理企业资质动态核查，组织施工企业资质合规检查3次，检查企业239家，下发限期整改通知书108份，对83名注册人员进行核查，组织人员核查130家，下发限期整改通知书35份。开展安全生产许可证动态核查2次，核查企业278家，对不合格的7家企业按程序上报省住建厅。组织开展监理行业整改工作，制定印发《2023年度东营区房屋建筑和市政基础设施工程监理行业专项整治百日行动方案》，针对“工程监理行业日常监管不力”问题，对全区16家监理企业全覆盖检查，合格企业13家，对3家不合格企业下发限期整改通知书，对47家企业的安全总监进行年度考核工作，新备案安全总监37人。做好政策落地工作，制定惠企政策明白纸，向行业企业推送。贯彻落实《东营区人民政府关于印发2022年“稳中求进”高质量发展政策清单（第一批）的通知》，对2022年符合要求的企业进行审核，经过初审涉及创建优质工程奖励、纳税奖励等810万元。房地产市场监管。优化预售资金监管工作，制定出台《关于进一步优化新建商品房预售资金监管的通知》，强化预售资金全额监管、加快优质企业资金周转速度。年内，全区监管商品房预售资金项目31个，监管面积193万平方米，开设账户57个，涉及房地产企业26家，资金监管银行24家，向企业拨付资金39.5亿元。办理商品房预售合同网签备案3943份，预售合同撤销278份。做好行业企业纳统工作，年内，全区房地产开发企业纳统55家，房地产开发项目纳统42个，销售面积84.1万平方米，同比增长4.5%。整治房地产市场乱象，围绕销售现场公示、认筹金收取、前期宣传以及房屋价格等方面开展市场治理行动，发现问题150余处，督促全部整改到位。优化房屋租赁备案、二手房买卖合同网签备案，年内，办理房屋租赁备案、房屋交易与产权信息查询等各项个人业务1万余件，办理商品房现售备案、房屋抵押备案、二手房买卖合同网签备案等对企业务1000余件，服务满意率100%。对全区范围内房地产中介机构开展多次检查，组织辖区房地产中介机构开展备案，备案房地产经纪机构59家、估价机构4家。物业服务监管。开展物业服务领域集中整治专项行动，牵头研究制定印发《东营区物业服务领域集中整治专项行动实施方案》，成立以区委常委为组长的东营区物业服务领域集中整治专项行动领导小组。加大物业行业培训力度，同胜利油田玉山物业共同打造东营区红色物业技能培训基地，引导区物业管理协会协助政府主管部门进行行业调查和专项培训，开展行业专题培训4场，培训700余人次。推进老旧小区改造工作，将20个老旧小区列入改造名单，涉及4219户居民、134栋住宅楼，总建筑面积38.3万平方米，总投资3947.586万元并全部完成。提升群众居住环境，推进物业项目经理“接待日”活动常态化，年内，有200余个小区开展“接待日”活动，累计悬挂“接待日”条幅200余条，收集诉求183个，并全部处理完成；组织辖区内物业企业集中开展共“清”美丽家园活动和“重阳敬老，情暖万家”暖心志愿服务活动，参与人员1300余人，惠及152个小区、75551户居民。

【建设工程监督】 年内，加大建筑施工安全生产监管力度，开展各类专项检查整治行动19个，检查在建项目680处次，出动检查人员2040人次，查出和整改安全隐患2640条。强化在建工程质量监督，组织开展质量安全月活动，检查在建工程200个（次），排查整改质量安全隐患600余条。治理工地扬尘污染，落实施工工地扬尘治理工作要求，新增建筑施工围挡1万米，美化建筑围挡2400余米，新增自动洗车机10台（套）。

【重点企业简介】 山东金辰建设集团有限公司　2023年，累计完成房屋销售额13亿元，土地储备货值9.6亿元；建筑类板块在建项目合同额14亿元，完成建安产值4.05亿元。销售额、回款额、合同签约额等主营业务同比实现了双线增长，在低迷的市场行情中逆势稳步发展。

山东华滨建工有限公司　2023年，产值86484万元，纳税总额2119.43万元，现有管理人员400余人。拥有建筑工程、机电工程施工总承包一级，装饰装修工程专业承包一级，市政工程总承包二级等15项施工资质。业务范围涵盖各类工程施工总承包、钢结构加工、装配式产品研发与生产、BIM技术咨询、安全技术服务等，推行“BIM+智慧工地”，探索BIM技术应用成果，运用信息化手段实现对项目的集约化管理，公司共获得国家级、省级BIM奖项76项。获得“全国建筑业AAA级信用企业”“BIM+智慧工地全国领军企业”等称号，获得“国优”奖、“泰山杯”奖、省市级安全、质量奖等百余项，拥有各类专利、工法、QC成果92项。在公益慈善方面累计投入资金超1000万元。

东营海通物业服务有限责任公司　2023年，在管项目43个，管理面积340余万平方米，服务业户2.5万余户。获得山东省“泰山杯”奖、山东省物业行业文明创建标兵企业、山东省品牌建设典型示范案例、齐鲁红色物业星级服务企业等奖项，有6个项目被评为省级、市级文明创建示范项目。

山东胜利建设监理股份有限公司　2023年，实现营业收入38712万元，上缴税金4460万元。4次获得全国先进工程建设监理单位，是“省级守合同重信用企业”、山东省级诚信企业、银行信用3A企业。公司监理的30余项工程分别获得中华人民共和国国家质量金质奖、中华人民共和国国家质量银质奖、中国石油天然气集团公司优质工程金质奖、全国建筑工程装饰奖、山东省建筑工程质量“泰山杯”奖、山东省装饰装修工程质量“泰山杯”奖、山东省中华人民共和国成立60年60项精品工程等省部级以上奖项。2022年度在全国近16000多家监理企业，排名第48位。

（区住房和城乡建设局 姜侣林）

城市管理

【市容环境治理】开展“市容环境大整治大提升”专项行动，突出建管并重、纠治并举，制定出台《东营区市容环境大整治大提升专项行动实施方案》，系统化解决乱占、乱堆、乱建、乱摆等城市顽疾，巩固城市环境整治集中攻坚年治理成效，常态化治理道路周边绿化、凌乱杆线、建筑立面及广告牌匾、道路两侧扬尘污染源等，严控城区所有主次街道的占道经营、乱设摊点等问题。年内，拆除各类违法建设127处，面积128733平方米；改造下地架空线缆44.5千米，捆扎凌乱线缆54.7千米；规范设置城区便民摊点30处，取缔清理流动摊点5160处次，规范店外经营3520家次。推进建筑垃圾全过程管理，累计签订486份小区联防联控承诺书，在住宅小区、各沿街商铺设置宣传栏700处，悬挂宣传条幅700条，张贴装修垃圾分类服务指南2000张。在易发生建筑垃圾倾倒地点设置监控摄像头88处，采用“三联单”模式清运装修垃圾3300车次至建筑垃圾消纳场。打击违法倾倒建筑垃圾及装饰装修垃圾等违法行为，出动执法人员5000余人次，查处建筑垃圾乱倾倒违法行为200余起。制定“城管进社区”实施意见，完成全区18059个楼道“城市管理进社区”载体建设，依托21个执法岗亭常态化开展城市管理大巡查，联合社区深入校园开展安全教育宣传活动18次，查处清理毁绿种菜行为31处，开展校园周边环境秩序整治28次，联合交警部门设置“护学”岗4处，常态化清理学校周边乱停乱放车辆。

【水环境治理】 雨污混流整治。完成177个混流小区雨污分流改造，现有混流问题动态清零，其中，小区内清淤管线224.82千米，新建雨水管线23.48千米、污水管线43.92千米，疏通市政雨污水管线126千米，雨污分流改造项目通过省级抽检、市级复核。实施五六干合排水生态修复工程，通过增加常态化补水、调控河道常态水位等方式，实现全流域水生态系统高质量修复，改善河道水生态，巩固城市黑臭水体治理成效。广利河水质提升。在广利河西五路断面、西四路断面、济南路泵站断面、天目山路桥上游断面、富海金港湾上游断面、西一路水系等分别安装超磁分离水体净化一体化设备6套，河道内安装固化集成优势微生物推流曝气一体化设备60套，种植水生植物3890平方米，搭建智慧水务数字化平台及浮漂式水质监测系统5套，确保整体河道水质达到地表水Ⅳ类目标。农村生活污水治理。完成黄河干流龙居镇12个行政村生活污水治理任务，巩固提升不符合“十四五”新验收标准的部分村庄生活污水治理情况。

2023年7月6日，区综合行政执法局开展杆线整治专项工作

【市政设施管护】排水设施管护。落实排水管网日巡检制度，处理井盖破损、收水井堵塞、管线不通等问题，维修、更换排水检查井盖470余套，清理排水收水井约1.1万座（次），疏通雨污管线126千米。做好五六干合排、广利

2023 年 7 月 19 日，落实雨污分流改造项目

河、菏泽路水系、太行山路水系等直管河道的水质管控，与环保部门、各街道配合，加强对偷排等违法行为的查处。建立污水处理厂驻场监督机制，在进水端、出水端加装流量计，督促各污水处理厂最大能力处理污水。照明设施管护。采取日间巡查和夜间巡查，全年维修路灯 2718 盏，排除电缆故障 142 起，安装更换路灯保护盖 89 处。开展灯头灯杆歪斜、私接电源、箱变基础维护等专项整治行动，发现并整改问题 186 处，抓好电工操作和高空作业车的安全管理，确保作业安全。道路桥梁设施管护。对管养道路桥梁开展高标准巡查管理，发现安全隐患问题迅速形成抢修工单，并督导管护单位开展修复，全年维修处置工单超 1300 件，保障城市道路桥梁交通服务能力。投资约 28 万元实施东营区部分道路维修工程，对太行山路（广利河桥南侧）、北一路（云门山路东侧）、西四路（济南路北侧）等损毁部位进行维修；投资约 25 万元，对宁阳路（井冈山路—钟山路）道路石材进行维修，保障出行的安全畅通。

【保障民生】城市防汛。开展城市内涝专项排查整治，针对积水问题，完善城市排水系统短板，结合 4 月初的大雨，重新排查整改积水问题 18 处。开展汛前泵站维护保养，保养检修市政泵站水泵 151 台次，配电 80 套，完成 18 座排水泵站（井）双电源改造，确保市政排水设施正常运行。组织 11 次防汛应急演练，对道路积水、供电故障等突发状况进行演练。燃气安全。连续 5 年实施燃气责任保险、自然灾害损失保险、施工人员意外保险、第三者责任保险等 4 项全民综合保险项目，提高群众抵御自然灾害、事故灾难和其他突发公共事件危害的能力。开展对居民和商业用户入户安全大检查活动，检查完成居民用户 24 万户和商业用户 2200 户，整改隐患 1530 处。开展燃气行业安全生产专项执法检查，检查燃气经营企业 40 家次，下发整改通知单 20 份，排查整改安全隐患 150 处。推进老旧小区超期服役燃气设施改造，对西城 25000 户居民超期服役燃气设施改造。投资 290 万元实施全民综合保险项目，惠及城乡约 26 万户燃气用户、4000 余户燃气商业用户。城乡既

2023 年 9 月 7 日，开展燃气行业安全生产专项执法检查，排查整改安全隐患

有建筑保温节能改造。完成城区建筑节能改造25万多平方米、农村农房节能改造1500户、农村电代煤改造800户。环境改善。加大城区道路湿法保洁力度，扩大湿扫和洒水作业范围，累计出动洒水车6338车次，洗扫车2.06万车次，清理各类道路遗撒面积约9.22万平方米，对人行道、非机动车道深度保洁56.96万平方米，城市道路深度保洁率80%。城乡生活垃圾分类设施覆盖424个城市小区、19个村转居、195个行政村，垃圾清运覆盖率100%，无害化处理率100%。构建高效生活垃圾分类收运体系，实施东营区生活垃圾分类及收转运储一体化项目，完成城市小区1000个生活垃圾分类投放收集点更新改造。提升城市“智管”水平。建设完成4大领域、5个模块、12个应用子系统及1条完整的业务处置流程，形成“1+4+N+1”（1个运营服平台、打通城市管理4大领域，建设整合N个应用子系统、优化1条业务处置流程，横向集成城市管理多部门子系统，纵向贯通市、区、镇街3级，逐步实现从过去的条状垂直独立管理体系向横向扁平协同管理体系转变）的城市精细化管理运行工作模式，构建“一网统管”治理格局，年内，通过市数字城管一体化平台、社会治理网格化服务管理平台、“12345”政务服务热线、“8230111”城管服务热线、行风热线、视频监控系统等智能化渠道受理各类城管问题信息3.99万件，办结3.99万件，办结率100%。

【城市公园建设】以东营市入选全省公园城市建设试点为契机将高品质公园建设融入每个更新片区，合理布局蓝绿空间，找准城市主题和生态功能定位，把公园建设作为提升城市品质、加强生态保护治理、推动黄河流域生态保护和高质量发展的重要举措，以“让每一处公园都成为精品”为建设目标，建设胜利中央公园、城北湿地公园、泮水公园以及20处口袋公园，加快构建多园相连、布局均衡、功能完善、全龄友好的全域公园体系。实施广利河绿道贯通工程、高速路绿化恢复工程及新区北部片区景观绿轴建设工程，协同推进城市绿道连通、补绿增绿，构建完整连贯的绿地系统。成立精细化管养专项任务督导组，把管养工作抓稳、落地、见效，全年施肥690余吨，浇水790万立方米，集中防治病虫害10次。

【污染防治】餐饮行业油烟污染整治。摸排建档，对全区1600余家餐饮商户建立信息台账，实行“一店一档”动态管理，每月根据餐饮商户的增减变动情况及时修正补充工作台账。通过政府采购聘请第三方检测机构持续开展油烟排放检测，检测餐饮商户300余家次。不定期对餐饮商户油烟净化设备的安装、运行及清洗维护情况进行检查，指导督促在经营过程中产生油烟的1400余家餐饮商户安装油烟净化设备。道路扬尘管控。加大对渣土车和建材车的违规运输查处力度，重点管控在建工地和雨天施工工地，把道路遗撒、带泥上路问题列为重点，查处违规运输车辆142辆。查处违规行为。加大对城市管理领域各类违法的查处力度，做到

泮水公园

第一时间发现、第一时间查处，年内，行政处罚案卷立案 98 起，非税收入罚没总金额 330.15 万元。

（区综合行政执法局　申家羽）

交　通

【概况】至 2023 年底，全区公路（不含开发区）通车里程 1008.38 千米（包含高速公路、国道、省道、县道、乡道、村道与专用公路），其中高速公路里程 22.875 千米，国道 25.912 千米，省道 54.565 千米，县道 100.983 千米，乡道 171.258 千米，村道 520.945 千米，专用公路 111.842 千米，铁路里程 90 余千米。有道路客运企业 10 家，客运车辆 396 辆；有危险品运输企业 33 家，危险品车辆 2105 辆；有驾驶员培训机构 14 家；有机动车维修业户 89 家；汽车综合性能监测站 7 家。全年完成公路客运量 56.23 万人次、货运量 1078 万吨。

【公路建设】“四好农村路”建设。落实质量监管，制定出台《关于公路工程质量监督管理的实施办法》《关于公路工程安全生产监督管理的实施办法》《关于公路工程监理工作考核的实施办法》等 5 个管行业、管体制机制的规章制度，年内，实施农村路网提升工程 30 千米，路面状况改善 60 千米，道路安防提升 30 千米，危桥改造 4 座，推动农村公路与旅游、产业、生态融合发展。10 月，经省交通厅等 4 部门审核，东营区被命名为 2022 年省级“四好农村路”示范县。东青高速改扩建工程。强化组织领导，成立指挥部，抽调部分工作人员开展集中办公，加强对征迁工作的组织领导和协调推进；年内，东营区支付迁占费 9700 万元，其中专项债 6100 万元；完成西侧半幅沿线土地组卷、地表清理、管网迁占工作。

【铁路建设】东营区津潍高铁建设。成立攻坚专班，根据高铁建设进度要求，服务好中铁各施工单位，制定工程推进清单，做好推进线路摸排、方案审批、协议签订、迁改实施等各项工作。完成沿线 4 个镇 1257 户的征地迁占工作、铁路施工单位大临用地选址及手续办理工作。东营区“三电”及管线迁改已完成全部工程量的 81%，其中，电力线路迁改完成 142 处，通信线路迁改完成 86 处，油气管线迁改完成 104 处，给水管线迁改完成 48 处。G220 东深线改建工程。东营区主要负责道路沿线征地拆迁工作，涉及 4 个乡镇 33 个村（含黄河河务局）829 户，总计占地 2956.2 亩，年内，完成地上附着物评估、勘界、放线，完成 2 户民宅安置补偿方案批复，发布二次公告，签订完成拆迁协议。黄河三角洲铁路物流园项目建设。抽调人员成立项目专班，实行精细化分工、赋分考核，实行“周例会、月汇总、月通报”工作制度，确保各项前期立项、相关审批在规定时间节点完成，年内，完成项目备案，并列入 2023 年山东省重点项目清单（补短板类），完成铁路专用线接轨审查、社会稳定风险分析

2023 年 7 月，“四好农村路”建设施工现场

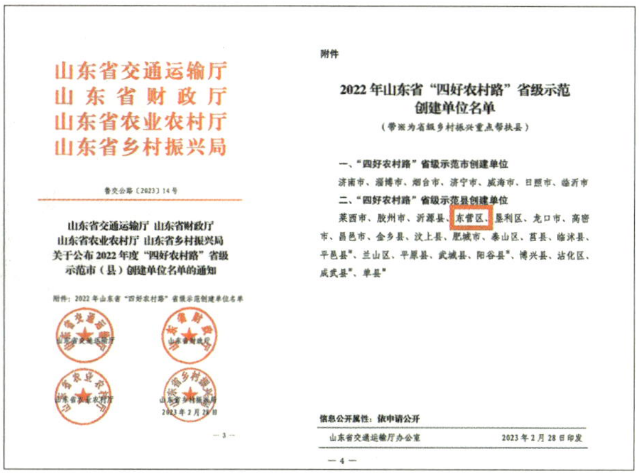
山东省交通运输厅
山东省财政厅
山东省农业农村厅
山东省乡村振兴局

鲁交公路〔2023〕14 号

山东省交通运输厅 山东省财政厅
山东省农业农村厅 山东省乡村振兴局
关于公布 2022 年度“四好农村路”省级示范市（县）创建单位名单的通知

附件：2022 年山东省“四好农村路”省级示范创建单位名单

2023 年 2 月 28 日

— 3 —

附件

2022 年山东省“四好农村路”省级示范创建单位名单

（带※为省级乡村振兴重点帮扶县）

一、“四好农村路”省级示范市创建单位

济南市、淄博市、烟台市、济宁市、威海市、日照市、临沂市

二、“四好农村路”省级示范县创建单位

莱西市、胶州市、沂源县、东营区、垦利区、龙口市、高密市、昌邑市、金乡县、汶上县、肥城市、泰山区、莒县、临沭县、平邑县※、兰山区、平原县、武城县、阳谷县※、博兴县、沾化区、成武县※、单县※

信息公开属性：依申请公开

山东省交通运输厅办公室　2023 年 2 月 28 日印发

— 4 —

2023 年 10 月，东营区被命名为 2022 年省级“四好农村路”示范县

东营区津潍高铁建设

及评估、可研报告行业审查，完成项目范围内土地勘测定界放线、地上附着物清点，组织存量建设用地土地组卷上报工作。

【公路养护】确保路面整洁。年内，投入保洁人工13500余工日，清扫车、洒水车4880余台班，清扫（洒水）国省道15382千米，县乡道56380千米，治理带泥上路污染路面34起，治理道路遗撒污染路面136起；养护室人员每周上路巡检国省道、县乡道养护情况，每月累计巡检里程1000千米以上，书面及电话通知养护公司实施整改150余次。保障安全畅通。对国省道、县乡道开展隐患排查专项活动，建立安全隐患台账，实行闭环式管理，全年完成隐患整改347处；做好绿化及沿线设施的日常养护管理，累计修剪遮挡视线路树102棵，路肩除草1760余千米；保障公路安全畅通，补设道口桩、警示桩、防撞桶、诱导标等1127个，二波波形护栏23片，三波波形护栏17片，护栏端头23个，修补坑槽34处，指示牌及警示牌扶正158处。

【安全监管】统筹部署。组织召开专题会议安排部署交通运输安全生产工作16次，制定印发《全区交通运输安全生产规范提升年行动实施方案》《2023年全区交通运输安全生产监督检查计划》等文件31份。主要负责人落实全面领导责任，带队开展督导检查8次，检查企业17家，督促落实隐患整改36个；分管领导落实重要领导责任，具体推进行业领域专项行动，定期专题研究、形势研判和带队检查，督促指导企业隐患排查25次，检查企业36家，督促落实隐患整改65个。执法宣传。开展重大节假日安全生产检查、重大事故隐患排查等专项行动11次，印发方案文件11份，开展部署动员会议9次，建立行业监管专项清单台账20余份，开展专项执法行动21次，查找问题隐患530余处，全部落实整改闭环；提升全行业安全生产氛围，开展“第22个安全生产月宣传”“信用交通宣传月”等活动，组织安全生产志愿活动6场次、帮扶咨询和警示教育8场次、企业自主开展警示教育59场次，受益人数5000余人。行业帮扶。落实驻点监管制度，累计派出72人次，对36家次重点监管企业开展安全生

开展危化品企业检查

产驻点监管，督促企业完善规章制度41项，开展安全培训28场次、应急演练35场次，自查问题隐患102项、整改102项。落实企业主体责任，推动9家运输企业设置（备案）安全总监，43家企业全部落实安责险投保并长期坚持。隐患排查。对照全区“两客一危”“普货”“维修驾培”等企业按照主体责任清单，落实隐患查找及问题整改，累计出动执法人员650人次，聘请专家190人次，开展3轮次“全覆盖”安全检查，检查企业280家次，排查问题隐患630个，其中，重大事故隐患6处，全部按规定完成上报，并已整改复查完毕；把执法贯穿安全隐患排查整治全过程，累计查处违法企业9家次，罚款7.6万元，较2022年提升52%，开展约谈警示4次，推送典型案例2起；聘请第三方机构对辖内普货运输、维修驾培企业开展全面的安全检查，检查企业242家，发现问题隐患968处；召开问题隐患整改培训会2场次，督促全区240余家运输企业到会参与学习培训。

【依法行政】年内，出动执法人员4015人次，出动执法车辆1825辆次，联合治超排查运输车辆470车次，查处各类违法行为423起。其中，查处出租汽车不规范经营行为222起、查处各类违法客运经营行为42起、查处危化品运输违法行为17起、查处超限行为14起，罚没非税收入44.82437万元。

（区交通运输局 高慧）

生态环境保护

【概况】牵头打造生态环境导向的东营区（EOD）试点项目入选省级试点项目库，为全市唯一入库的试点县区。入选国家级区域再生水循环利用试点城市。东营区生态文明科普公园建成开园，为全省首家以习近平生态文明思想为主题的科普公园。

【环境质量】2023年，东营区大气环境质量改善率全市第一，空气质量综合指数为4.39，优良率64.9%，细颗粒物（PM2.5）平均浓度36微克/立方米，NO_2、SO_2、PM10和CO等4项指标达到国家二级空气质量标准。水环境质量明显改善，重点河流水环境质量指数6.75，同比改善33.82%；市控河流断面水质均保持V类及以上标准，城市黑臭水实现动态清零。重点建设用地安全利用率100%，生态环境质量指数（EQI）保持稳定。

【环境管理】打通绿色通道，以排污许可为核心，整合污染源在线监测、视频监控以及统计、环评、执法、处罚等业务数据，实现对污染源“一证式”监管，完成排污许可提质增效工作任务。建立省市区重大项目服务清单，跟踪服务，履行环境影响评价第一审批权职责，做到快事急办、慢事快办、特事特办。年内，提速完成省市区重点项目116个。

【环境执法】 年内，接收办理生态环境信访895件，同比下降21.83%，实现环境信访量两年连降。全年累计出动检查人员14000余人次，排查企业2700余家次。

2023年6月5日“世界环境日”，东营生态环境分局在东营区生态文明科普公园开展“倡树人与自然和谐共生”宣传活动

2023 年 8 月 7 日，接待中国矿业大学（北京）马克思主义学院硕士生“情系九曲”社会实践团调研

立案处罚环境行政案件 39 件，罚款 310 余万元。东营区环境执法工作在全市排名第一、全省排名第九，东营生态环境分局被表彰为全省环境保护执法大练兵表现突出集体并授予集体三等功。

（东营生态环境分局 袁宁）

社会事业

- 科技
- 教育
- 文化
- 卫生健康
- 居民生活
- 人力资源和社会保障
- 民政
- 退役军人事务
- 民族宗教事务

社会事业

科　技

【培育企业主体地位】 建立高新技术企业培育库，构建“科技型中小企业—高新技术企业—创新型领军企业”梯次培育链，通过政策引导，不断加大科技企业的扶持和培育力度，促进中小科技企业加速成长为高新技术企业。年内，东营区有105家企业申报2023年高新技术企业，362家企业完成2023年国家科技型中小企业备案。实施规模以上企业研发机构全覆盖计划，面向全区规模以上企业开展研发费用加计扣除、研发费用统计等业务培训，推动企业研发机构建设整体水平持续提升，全区153家规模以上工业企业中有123家企业建有规范化研发机构，覆盖率80%。

【突破载体建设能级】 加快统筹平台建设。聚焦全区双创平台、各类科研机构规划布局和能级攀升，围绕资本、人才、技术等要素开展精准服务，引导更多的企业与高校、科研院所、专业技术团队建立合作关系。着力提升平台能级，抓好石油石化、石油装备等领域现有高能级研发平台规范提升，聚焦新兴产业领域引导企业自主创建或与高校科研院所联合组建高水平研发平台，重点加强省级创新平台后备力量的培养。年内，东营区获批市重点实验室3家，省技术创新中心1家，省科技成果转化中试示范基地1家。全区有市级以上研发平台106家。强化平台动态管理，组织指导孵化载体积极申报国家、省、市级科技企业孵化器和众创空间，助推双创平台升级。东营高新区能源信息港入选2023年度省级众创空间备案名单，中国科技开发院东营创新孵化基地入选2023年度省级科技企业孵化器认定名单。全区建成创新创业服务平台15家，孵化总面积9万平方米，在孵企业380余家。

【产学研合作重点】 建立常态化交流机制。以企业需求为导向、以成果转化为核心，常态化开展

2023年12月19日，省级项目验收会召开

"走出去、请进来"交流活动。发挥油田、化工学院两大优势资源，深化辖区企业与南开大学、中国石油大学（北京）、中国石油大学（华东）、哈尔滨工程大学等重点高校院所在技术交流、项目合作、平台联建等方面加大合作力度，开展项目路演、校企对接、成果展示等系列活动10余次。实现校企技术联合攻关，进一步集聚线上线下成果与技术需求的资源链条，将油田资源、高校科研资源、企业产业资源进行有效整合，分领域、分产业定期开展专家"技术会诊"、组织"百名博士走进百家企业"行动，解决企业"卡脖子"技术问题。加速科技成果转化，借助第十六届中国（东营）国际石油石化装备与技术展览会期间举办的全国资源型高校专家"油城行"活动，推动企业与10所资源型高校50名高校专家近距离对接技术和人才需求。

【人才集聚智力优势】 全面摸排全区各类人才，动态充实人才数据库。根据人才特点，做好梳理分类，不断加强人才项目储备，做到每类人才项目都有推荐人选及后备人选。科技人才工作共推荐10人申报"火炬计划"，推荐3人申报国家高层次人才特殊支持计划，推荐12人申报泰山产业领军人才，推荐2人申请省"外专双百"计划。其中，1人入选"火炬计划"，2人入选泰山产业领军人才。强化海外人才引育，及时动态掌握全区各类企业院校的外国高端专家引进信息，做好跟踪和服务，促成高端专家的引进。引进13名海外专家，其中2名A类高端专家，引进数量列各县区第一位。持续释放人才潜力，结合"揭榜挂帅"制度，实现柔性引才、精准引才、持续引才。组织企业针对科技创新过程中存在的问题发布技术难题，梳理形成技术难题榜单，助力企业攻克技术难题，解决企业人才技术需求难题。

【优化创新环境氛围】 强化科技创新服务能力，面向科技工作专员及全体干部职工开展政策培训，培养干部向懂业务、精专业、善沟通的"多面手"转变，不断提升干部职工科技创新服务能力，当好服务企业的"店小二"。提升科技金融服务效能，利用"科技+金融"跷板，落实科技成果转化贷款风险补偿资金管理办法，推荐20余家企业申请科技成果转化贷款，申请备案金额达1.3亿元。推进重点项目争取，山东海科新源材料科技股份有限公司"高比能正极补锂剂"项目获2023年省重点研发计划（重大科技创新工程）立项，蓝海生态养殖有限公司"肉鸡高效高值关键技术集成创新与示范"项目获省乡村振兴创新提振行动计划立项，双福福盛公司"资源节约型蝴蝶兰新品种（系）培育"项目获省农业良种工程立项，山东木禾农业发展有限公司"盐碱地大豆玉米机械化复合种植关键技术研发与应用示范"项目获市重点研发计划立项，共争取省市财政资金1450万元。

（区科技局 李萍）

教 育

【概况】 2023年，全区各级各类学校119所，在校学生89762人，教职工7040人，其中幼儿园76所（含民办幼儿园30所）、在园幼儿园16467人、教职工1865人，中小学40所、在校生65429人、教职工4760人，职业学校3所、在校生7866人、教职工415人。全区学前三年毛入园率163.89%，公办率72.03%，普惠率98.05%，省一类以上优质园占比超过80%。义务教育集团办学覆盖率82.5%，初中（含九年一贯制）学校优质率66.7%。2023年，东营区在全市唯一入选山东省评价改革试验区，27所学校被评为山东省绿色校园，2所学校获评山东省信息学奥赛金牌学校，2所学校创评为全省第二批中小学校"一校一品"党建品牌示范校，2所学校被评为全市"红石榴"示范学校，区职业中专3个初中后五年制高等职业教育专业入选全省第一批高水平中职学校联合高职院校举办初中后五年制高等职业教育专业点名单。

2023 年 7 月 10—12 日，“为中国未来而读——2023 阅读行动研讨会”在东营区举行

【党的建设】 学习宣传贯彻党的二十大精神，开展宣讲 270 余场，覆盖全部中小学校 7 万名师生。开展学习贯彻习近平新时代中国特色社会主义思想主题教育，全系统坚决做到“两个维护”的思想自觉、政治自觉、行动自觉进一步增强。全区 63 所公办中小学、幼儿园 100% 落实党组织领导的校长负责制，党组织的领导职责得到进一步加强。深化区委上下联动巡察整改，下大气力规范“第一议题”等制度，为学校高质量发展强“根”铸“魂”。深入实施新时代学校党建示范创建，2 所学校被评为全市“红石榴”示范学校，2 所学校创评为全省第二批中小学校“一校一品”党建品牌示范校。

【教育资源供给】 稳妥应对小学入学最高峰，增加学位 5600 个，实现 1.1 万名适龄儿童“应入尽入”。深化实施油田学校由“社区学校”变“社会学校”项目建设，建成胜利二小、区行知实验学校、区三幼、区二幼邹城路分园、区文馨井下二幼分园，完成胜利五十八中扩建项目主体。实施总投资 6893 万元 6 项教育民生实事，为区一中等 36 所中小学、胜利一幼等 17 所幼儿园配备信息化设备 1353 台（套）、教学设施 15.9 万件（套），建成胜利科技小学、胜园街道中心学校等 2 个学生食堂，义务教育阶段学生在校午餐和午休问题基本解决，中小学教室护眼灯实现全覆盖。率先在全市公办幼儿园全面开展课后延时服务，惠及家庭 3500 余个。强化普特教育融合发展，瀚文小学创建为山东省随班就读示范校，全区省级随班就读示范校达到 5 所，137 名残疾儿童在普通学校随班就读。

【立德树人工作】 深入实施全环境立德树人工作，参加山东省全环境立德树人主题展演活动，被省教育厅评为主题展演活动“表现突出单位”。加强和改进学校思政工作和思政课教学，获评全市首届思政课教师教学比赛一等奖 2 人、市级优秀思政教学设计 9 项。全面提升学生综合素质，新增省级中小学优秀研学课程 1 个、研学基地 1 处，2 所学校获全省信息学奥赛金牌学校、27 所学校获山东省绿色学校。高水平高规格承办全国阅读行动研讨会，会上 3 个单位作交流发言，1 名教师执教示范课。深化学生心理健康教育，投入 30 万元为全区 45 所中小学（含民办、中职）配置心理健康测评系统，39 所公办中小学校全部聘任“健康副校长”，全市率先创建为山东省近视防控试点区。

【城乡教育发展】 全区学前三年毛入园率 163.89%，公办率 72.03%，普惠率 98.05%，省一类以上优质园占比超过 80%。义务教育集团办学覆盖率 82.5%，初中（含九年一贯制）学校优质率 66.7%。高中及中职教育不断壮大发展，正兴、新西兰 2 所高中教学质量稳步攀升，区职业中专高水平中职校建设通过省厅中期评估、3 个初中后五年制高等职业教育专业创建通过省厅专家答辩，金盾司法学校完成达标建设。推动乡村教育振兴，省、市、区三级强镇筑基试点镇覆盖率达到 100%。

2023年8月15日，出台《关于鼓励全区公办幼儿园开展延时服务工作的指导意见（试行）》，全市率先在公办幼儿园全面开展课后延时服务

【教育改革发展】 分类实施中小学、幼儿园、局机关股室高质量发展评价，引领全区教育“融合、规范、共生”发展，相关经验做法多次在不同会议上交流，入选山东省教育评价改革试验区。实施“共生课堂”教学改革，构建指向学生核心素养提升和师生共生共长的课堂教学生态，全区每所学校都进行主动探索，强化课堂建设、课程标准的研究，提升教师课堂设计与实施的专业能力和水平。2023年，东营区市级优质课一等奖获评率占全市的30.7%，居全市前列。高质量承办全省黄河文化育人资源的开发与运用现场会。全市幼小衔接现场会在东营区召开，基于习惯养成的幼小衔接实践经验在会议上进行交流。全环境育人实验区工作在省相关会议上作典型发言、经验做法被省教育厅遴选为典型案例。在全市率先运用量化积分管理推进校外培训机构星级评定，12家机构被评为“东营市五星级校外教育培训机构”，数量全市最多。

【教育发展环境】 认真做好市对区级政府履行教育职责评价工作，获得市评“优秀”等级。加强教育骨干人才培养，暑期组织9个研修班，培训教师3000余人次，启动“三名两体”建设工程，遴选培育骨干人才496人。在全区历史上首次突破招人引才制度瓶颈，引进骨干人才24人，校招优秀应届师范大学毕业生68人，新补充、引进教师220人，师资结构不断优化。1人入选齐鲁名师，1人入选山东省名班主任建设工程。精心培育“高质量发展打造教育满意之区”教职工技能大赛品牌，1个班主任案例入选2023年全国中小学班主任基本功展示交流活动典型经验。全面落实各项资助政策，发放各类奖学、助学资金1200余万元，惠及学生9000余人次。全省“双月督查点评”7次校园安全督查中，东营区6次代表东营市迎检。实现“平安考试”目标，东营区荣获全国海军招飞工作先进单位。东营区教育高质量发展改革经验在《中国教育报》头版刊发。

【体育工作】 学校体育水平不断提高，学生阳光体育活动大课间蓬勃开展，青少年竞技体育取得突破，取得市十二运团体总分和金牌数第二名的历史最好成绩，输送的于婧萱在首届全国滑雪登山冠军赛中夺冠并达到全国运动健将水平。全民健身赛事活动广泛开展，举办或承办全民健身运动会、“百千万三大赛”、黄河口马拉松、沿黄九市龙舟赛、黄河生态铁人三项赛等品牌赛事，推动社区、协会组织各级各类赛事活动近600场次。全市率先打造“五合一 百千万”农村女性社会体育指导员培训示范区，培训女性体育指导员1094名。体育民生实事建设圆满完成，为228个老旧小区配备健身器材2800件，新增健身场地面积19.3万平方米。体育产业开创大好局面，2023年体育彩票销售总额1.9亿元，同比增长22.23%，全市排名第一，1家公司获批山东省AAAA级体育培训机构、体育产业示范单位，1家俱乐部获批山东省4星级体育俱乐部，2项工作实现全市体育产业进程中“零的突破”。

2023 年东营区教育情况统计表

表 17

类 别		数量（处）	班数（个）	在校生（人）	毕业生（人）	专任教师（人）
幼儿园	公办及公办性质	46	440	12023	6238	1466
	民办	30	184	4444	2374	399
	合计	76	624	16467	8612	1865
小 学		15	384	16941	3052	1110
初 中		5	182	8477	2116	767
九年一贯制	小学	20	504	22863	3000	1390
	初中		381	17148	4005	1493
职业中专		3	222	7866	2221	415
总数		119	2297	89762	23006	7040

（区教育局 付希梅）

文 化

【吕剧振兴工程】 精品创作。按照“创造性转换、创新性发展”要求，先后新创《坚守》《情归》《远行》等 5 部精品吕剧小戏，复排《小姑贤》《姊妹易嫁》《借年》等 5 部吕剧经典传统剧目。以油地融合为主题，新编创作现代吕剧《油城壮歌》，反映油地双方共建共荣共享、“一盘棋、一家人、一条心”的油地融合发展理念。吕剧传承。创新实施“吕剧进校园”校本课程标准化工程体系建设，在全区 27 所试点学校普及《吕剧·传承》校本教材，对音乐教师进行集中培训，依托艺术课堂普及推动吕剧传承发展，近 1 万名孩子接受吕剧传统文化普及教育，完善学校教育与表演传习相结合的吕剧人才培养体系。《东营区聚力打造“吕剧文化之乡”塑造独具魅力城市文化典范》典型经验被“中国政府网”“山东省文化和旅游厅”官网采用推广。2023 年新创吕剧小戏《情归》参加山东省第六届吕剧票友大赛“专业小戏展演”，荣获“优秀剧目展演”奖。“聚力打响‘吕剧文化之乡’创新探索”被评为全市基层公共文化服务高质量发展案例。“吕剧进校园”入选山东省乡村特色文化艺术典型案例。

【文化惠民工程】 巩固提升国家公共文化服务体系示范区创建成果。以“区文化活动中心 + 区图书馆 + 区文化馆”为主阵地、8 处镇街综合文化站为前沿阵地、278 处村居（社区）综合文化服务中心、152 处数字文化广场为基础阵地，三级公共文化服务体系更加完善。深化油地文化融合、城乡融合，2023年设立3处油田社区文化馆、5 处图书分馆，组织专业人员定期开展“新六艺”公益培训，2023 年“新六艺”公益培训共开设形体礼仪、民族舞、彩铅画等 48 门课程，累计为 2.1 万人次授课。搭建群众文艺交流展示平台。组织开展“进千村乐万家”文化惠民演出、“美丽东营区 欢乐石油城”广场群众文化活动、非遗集美市集等活动 2000 余场次，线上辐射 260 万人次，为油地文艺人才、队伍搭建活动平台，促进展示交流，不断满足群众“参与文化、享受文化”的期待和需求。文化惠民活动丰富多彩。组织开展“新六艺”公益培训、文化讲堂、数字文化广场培训、非遗进校园等各类群众培训 800 余课次，累计培训学员 4 万余人次。围绕黄河文化、石油文化，指导基层文艺团体创作群众性文艺作品 136 部，为打造面向油城、走近居民、服务群众的优质公共文化场馆持续发力。结合“夜间经济”和“群众文化活动”在陶然公园、油城广场等人员密集区开设“集美”东营区非遗夜市共计20场次，20余项手造及非遗项目进行集中展示和产品销售。根据《山东省非遗工坊认定和管理办法》会同东营区人力资源和社会保障局、东营区乡村振兴局积极开展“非遗工坊”评审认定工作，龙居丸子制作技艺、龙居柳编制作技艺、史口烧鸡制作技艺、兴隆酒坊酿酒技艺4个非物质文化遗产代表性项目的龙头企业被评为东营区首批非遗工坊。8月30日，东营区第一批区级非遗工坊授牌仪式在龙居镇龙居丸子制作技艺传习基地举行。10月，东营区文汇街道慢生活非遗街区入选“全国非遗旅游街区”。

（区文化和旅游局 赵安然）

·融媒体中心·

【媒体融合】中心推动媒体深度融合，按照“先立后破、边建边融、宜融则融、能融尽融”原则，创新融合发展模式，2023年中心融媒改革经验在省广播电视局工作信息中予以刊发；中心入选2023年全省媒体融合典型案例；“东营区政务”微信公众号入选“山东省百强政务新媒体”综合60强账号。融合广播、电视、报纸等传统媒体和“东营区政务”微信公众号和视频号、“爱油城”微信公众号和视频号，“知东营”APP、“知东营”抖音号、头条号等10余个新媒体平台，平台粉丝总量超1114万人。在主流媒体发稿3000余条，其中央级主流媒体450条，省级主流媒体1475条。在《人民日报》（含海外版和客户端）发稿66条，其中头版头条3篇，头版2篇；在《光明日报》头版发稿1篇，《新华每日电讯》头版头条1篇。在《山东新闻联播》发稿77条，广播《山东新闻》发稿54条。“学习强国”学习平台发稿14000余条，其中全国平台600余条。东营区新闻宣传工作、“学习强国”学习平台供稿工作均在全市考核中位列第1名。

【主题宣传】坚持“正能量澎湃大流量”，聚焦全区经济社会发展和民生工作，创设《我家住在幸福里》《油城微光》等专题栏目，推出《这就是东营区》《等你，在美丽的东营区》等一系列反映城市发展面貌的爆款作品。2023年生产浏览量过100万次的融媒产品940余条、过1000万次的90余条。继续建强用好网络媒体，其中2023年融媒矩阵粉丝总量增加968万人；自有平台“知东营”移动客户端用户超过27万人。中心新媒体传播力全年综合排名位列全省第1名。

【公司运营】在全市率先实施“中心＋公司”运营模式，组织成立东营融汇传媒有限公司，面向社会承揽“媒体＋”业务，获得收益反哺中心人员绩效发放和设备更新，支持中心高质量运行，成立两年累计营收达800万元，实现从“输血”到“造血”的转变。积极与各镇（街道）、区直部门单位和社会企业等16家单位达成合作服务协议。与区直部门单位合办《律师来了》《健康有约》

2023年9月13日，区融媒体记者拍摄2023中国沿黄九省区新时代民歌艺术展演

等栏目，代运营区卫生健康局、区妇联、区中心医院、区人大等政府单位公众号。面向社会承揽“媒体+”业务，先后承办“河海相约 缘定东营”2023年油地青年集体婚礼、“花开新时代 童心向未来”2023年油城少儿文艺会演等融媒活动。其中2023黄河流域（东营）铁人三项赛、第十六届山东国际大众艺术节暨2023中国沿黄九省区新时代民歌艺术展演被省市30家网络媒体转播。

（区融媒体中心 王星）

·社会科学·

【概况】紧紧围绕学习贯彻党的二十大精神，围绕黄河重大国家战略组织和发动各级各有关部门开展好相关的政策解读和理论研究工作。开展第三批社会科学专家申报工作，将市委党校、胜利油田党校、山东石油化工学院、山东胜利职业学院和区委党校的12名社科专家纳入东营区社科专家库，进一步加强社科人才队伍建设。同时，积极组织有关部门将重点研究课题申报全市重点社会科学课题立项，有30多个课题被列入2023年度社会科学规划立项名单之中。10多人次获得全市优秀社科成果奖。积极开展社科普及活动，在山东省社科普及周期间组织社科普及活动20余场次。在山东省“十四五”第二批社科普及示范单位评选中，辛店街道被评为全省社科普及示范街道，黄河路锦城社区、祥河社区和六户镇瑞景社区被评为示范社区。

（区社科联 李前进）

·档案管理·

【概况】东营区档案馆成立于1987年7月，位于新区宁阳路101号，馆舍总面积4000平方米，2012年晋升为国家一级档案馆，2019年通过“国家级数字档案馆”测评，为全市首个国家级数字综合档案馆。有档案门类23个，153个全宗，各类档案9.8万卷。征集收藏清代道光“诰命圣旨”、烈士挽联、抗战报刊、宣传画、陶瓷制品、陈伯鸣艺术档案、吕剧乐器、曲谱乐谱等实物档案珍品1000余件。

【库房档案安全利用】持续优化为民服务机制，提升档案服务水平。严格执行《东营区档案馆库房安全巡查制度》，做到每天到库房巡查一遍，及时做好巡查记录。加强汛期档案安全工作，组织开展档案安全保管知识学习，督促各镇（街）制定汛期档案安全保管预案，对档案室进行安全排查。选取部分镇（街道）、村（社区）示范点单位接入“在鲁查档”服务平台，对平台工作人员开展专题培训，为实现在线、跨馆、异地、开放的档案查询服务打牢基础。2023年，累计接待社会各界查档人员1507人次，提供档案资料2760余卷件，出具档案证明（复印件）15293份（页）。

【部门单位年度归档】联合区档案局下发关于做好全区档案年度归档整理工作的通知，按照先自查后抽查的形式开展督导检查，根据自查报告和日常了解情况确定重点抽查单位，集中对多年未归档和归档不及时的单位进行问题反馈和监督整改。以推动“六级联动”为契机，规范镇（街道）、村（社区）档案数字化工作，2023年底，按照国家档案局《档案服务外包工作规范》《档案整理服务工作规范》《纸质档案数字化规范》等国家级标准规范，统一招标确定档案业务外包公司，开展档案整理外包服务。加强档案归档监督指导，全流程参与全宗单位非涉密档案的归档整理、数字化扫描和档案进馆工作，确保各部门单位档案整理、数字化加工等基础档案业务达到行业标准和进馆要求，年内累计指导61个部门、单位整理档案资料739盒9700余件。

【档案资料编研宣传】加强馆藏档案资源建设，做好档案宣传工作。按照《黄河故事山东篇章专题档案资源数据库建设方案》《经略海洋档案资源数据库建设方案》要求，持续搜集整理有保存价值的文字、图表、声像、实物等档案资料，2023年整理汇总图片类档案56件、文件类档案19件。对陈伯鸣书法、绘画、手稿等珍贵资料进行系统整理，编印《陈伯明题诗画集》（第二辑）。2023年6月，结合“6·9”国际档案日，与东营市档案馆、油田勘探开发研究院、辛店街道泽苑社区联合开展国际档案日宣传活动，与油田地质勘探研究院开展联合主题党日活动，在《胜利日报》刊登《奋进新征程，兰台谱新篇》活动记实。

（区档案馆　田雪骐）

卫生健康

【医疗卫生服务体系建设】 加快优质医疗资源供给，继续实施总投资10.8亿元的东营区医疗机构服务能力提升项目和总投资3.32亿元的区人民医院外科病房楼PPP建设项目。实施名院、名科、名医工程。召开全区医疗卫生事业高质量发展大会，对打造名院、名科、名医进行安排部署。区人民医院肿瘤科为省级县域临床重点专科，消化内科、麻醉医学科为县域市级临床重点专科；区中心医院口腔科为县域市级临床重点专科，肛肠科为市级特色精品专科；19处基层医疗机构打造38处特色专科门诊。首次组织赴济宁医学院、青岛大学开展校园招聘，全年引进优秀人才81人（高层次人才12人）。推进紧密型县域医共体建设。建设远程心电、消毒供应、远程检验等“共享中心”，区域影像中心、心电中心建成投用，区域检验中心完成功能对比。总院下派60名医务人员到基层，为8家分院和128处村卫生室配备远程心电设备。提高辖区医疗服务层次。与济宁医学院签署战略合作协议，与潍坊医学院合作推进基层医疗机构培训。区人民医院与山大二院、省肿瘤医院等三级医院结成医联体，区中心医院与胜利油田中心医院建立合作共建关系，区妇幼保健院与市人民医院、市妇幼保健院建立合作共建关系，首都林洪生名中医工作室、东南大学附属医院康复科主任王红星教授工作室落户东营区。提高中医药服务能力。建成区中医适宜技术推广中心，开展基层中医药适宜技术推广应用专项行动，镇卫生院、社区卫生服务中心能够规范开展6类10项以上中医药适宜技术，村卫生室、社区卫生服务站能够规范开展4类6项以上中医药适宜技术，60名西医临床医生参加第六批“西学中”培训并向中西医结合人员转化，在东辛片区新建玉兰中医馆。

【公共卫生服务体系建设】 稳妥推进机构改革，成立区疾病预防控制局，做好区疾病预防控制中心重组工作。加快推进医防融合，印发《东营区疾病预防控制中心改革试点工作方案》，推进省级疾病预防控制中心改革试点。区疾控中心与二级以上公立医院签订医防融合协议，15家基层医疗机构完成医防融合标准化流程改造工作。强化公共卫生应急处置能力。做好医疗资源应急统筹管理，全区设置发热诊室55间，综合重症床位9张，可转换重症监护床位17张，日最大接诊能力4400人次。修订《东营区突发公共卫生事件应急预案》，调整充实各类别应急队伍和卫生应急专家库，组织开展医疗救治和疾病预防应急演练。在龙居镇增设一

2023年10月13日，儿童保健医生入园为儿童检查身体

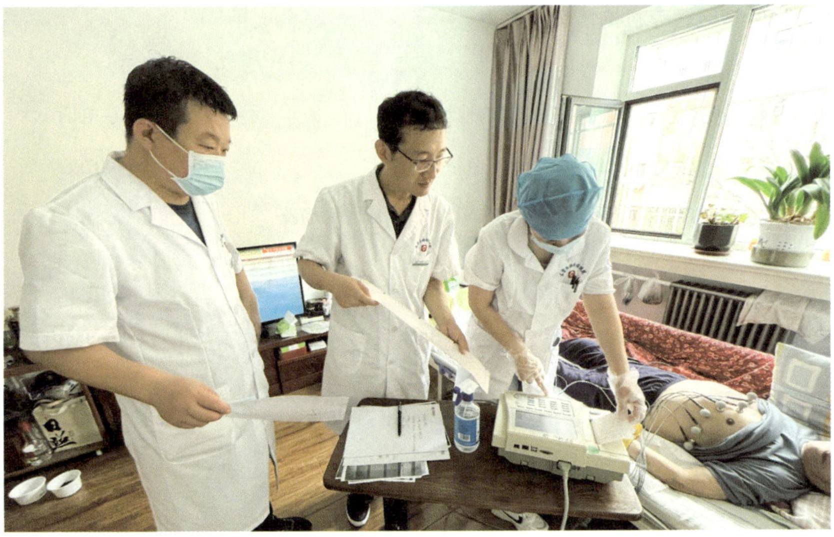

2023年7月10日，家庭医生上门服务

处基层急救点，全区急救站点已达6处。新购置救护车7辆，提高应急救治能力。提高基本公共卫生服务水平。基本公共卫生服务经费人均财政补助标准由84元提升至89元。家庭医生签约打破原有仅限公立医疗机构签约模式，新吸纳民营医院3家、个体诊所26家，联合组建家庭医生团队230个。家庭医生签约个性服务包健康积分激励机制经验先后在人民网、《人民日报》等媒体推广。加强重点疾病防治。做好艾滋病、结核病防治和免疫规划、严重精神障碍患者服务等工作，为2566名严重精神障碍患者购买诊治救助保险，干预艾滋病高危人群1596人次，19例肺结核病原阳性全部得到免费治疗，为13544名在校学生接种流感疫苗，为1416名适龄女孩免费接种HPV二价疫苗。严格卫生监督执法。保持对非法行医、非法医疗美容等违法行为的高压态势，完成监督1173家次、行政办案194起，监护户数、案件查处数、行政处罚案件数、行政处罚金额等位居全市前列。

【全生命周期健康服务体系建设】加快健康东营区建设，继续开展健康知识普及、合理膳食、心理健康促进、心脑血管疾病防治、癌症防治、慢性呼吸系统疾病防治、糖尿病防治等16项专项行动。加强老年健康服务供给。综合性医院、康复医院、护理院和基层医疗机构等老年友善医疗机构创建率100%。在胜园、史口、辛店启动省级失能失智老年人干预试点。东营鸿港医院11月入选全国老年友善医院建设典型案例，通过全国医养结合示范机构验收。提升妇幼保健工作水平，实施母婴安全行动提升行动，开展城乡适龄妇女“两癌”免费筛查24663人次，健康管理0—6岁儿童28068人，通过妇幼健康项目市级考核。持续推动“暖心家园”项目，为计划生育特殊家庭组织免费体检、健康义诊、集体陪伴、走访慰问和文艺会演等活动。落实生育关怀，将油田符合条件人员全部纳入奖扶特扶发放范围，2023年独生子女死亡、伤残家庭扶助金标准分别提高到每人每月990元和810元，帮扶计生特殊困难家庭92户，为221名计生特扶群众购买综合保障保险，为5574户育龄期内独生子女家庭和失独家庭投保意外伤害保险。落实老年人优待政策，发放老年人生活救助金2314.51万元，为全区符合条件的41125名老年人购置老年人意外伤害保险。

【基本医疗领域群众满意度】开展群众看病就医不够便利问题专项整治、基本医疗领域提升攻坚、医疗领域“小切口”民生实事等专项行动，明确精准预约、检验结果共享互认、诊间结算、床旁结算、“互联网+护理”、远程诊疗、共享药房等41项具体整改提升举措，推进一次挂号七天有效、减免老年人就医费用、减免残疾人就医费用、提供慢性病长处方服务、中药代煎和免费配送到家、加快名医基层工作站（室）建设在内的6项小切口措施，累计受益群众达1.5万人次。

东营区辖区医疗机构情况一览表

表 18

序号	机构名称	机构地址	联系电话
1	东营市东营区人民医院	东营市济南路 333 号	8990796
2	东营市东营区中心医院	山东省东营市东营区德州路 150 号；东营区锦霞路 22 号；东营区西四路 483 号；东营区西四路 324 号	8722693
3	东营市东营区胜利第一医院	东营区新区庐山路 1020 号	8260120
4	东营市东营区妇幼保健院	东营市东营区北二路 683 号	13780772281
5	东营市东营区中医院	东营市东营区胜泰路 169 号；东营市东营区新泰路以南、宁阳路以北，辛兴社区东辛公园东北角	8775142
6	东营市东营区牛庄镇卫生院	东营区牛庄镇镇前街 136 号	8296722
7	东营市东营区六户镇卫生院	东营市东营区六户镇政府驻地	8372967
8	东营市东营区龙居中心卫生院	东营区龙居镇政府驻地兴龙路	8111077
9	东营市东营区史口中心卫生院	东营区史口镇新镇区兴业路以北，利民路以西	8281166
10	东营市东营区辛店街道社区卫生服务中心	东营市东营区淄博路 285 号	8995515
11	东营市东营区黄河路街道社区卫生服务中心	东营区章丘路 17 号	8215951
12	东营市东营区文汇街道社区卫生服务中心	东营区海通路中段	8916896
13	胜园街道社区卫生服务中心	胜园街道林清路 9 号	8180303
14	东营现河社区卫生服务中心	东营区燕山路 491 号	8705173
15	东营东辛社区卫生服务中心	东营区北一路 59 号	8533789
16	东营汽修社区卫生服务中心	东营区南一路 193 号	8612580
17	东营测井社区卫生服务中心	东营区北二路 313 号	8761227
18	东营供应社区卫生服务中心	东营区东平路运全街	8556744
19	东营集输社区卫生服务中心	东营区西三路 175 号	8775201
20	东营机厂社区卫生服务中心	东营区西三路 929 号	8611946
21	中国石油大学（华东）医院	东营区北二路 271 号中国石油大学（华东）院内	8393536
22	东营博爱妇产科医院	东营区西二路 593 号	7080908
23	东营润康医院	东营市东营区牛庄镇幸福路 1 号	18145603777
24	东营口腔医院	东营市西四路金富大厦 C 段 1-101	8238386
25	东营八局医院	东营区燕山路 401 号	8258968
26	东营牛庄医院	东营市东营区牛庄镇文化街 22 号	18766729992
27	东营东康医院	东营市西四路与北二路红绿灯北 50 米路东	5468202191
28	东营仁爱医院	东营区西四路 836 号	8250120
29	东营胜利中医医院	东营市东营区西三路 234 号；东营市东营区西三路 236 号	13963359197
30	东营大明中医医院	东营市胜泰路 61 号	2917161
31	东营亲祥源中医医院	东营市东营区西四路 497 号	15554623231
32	东营百草堂中医院	东营市东营区中乐路 99 号	8176866

续表 18

序号	机构名称	机构地址	联系电话
33	东营天德中医医院	东营市东营区菏泽路 186 号	18654670115
34	东营天健医院管理有限公司黄河路中医院	东营市东营区黄河路 637 号院内东楼	13969618681
35	东营广悦堂中医药健康产业发展有限公司第一中医医院	东营市东营区黄河路 583-2 号一二楼	18554518843
36	东营起风整骨医院	东营区西四路 838 号	8787328
37	山东普慈医疗健康管理有限公司油城护理院	东营市东营区庐山路兰赵村村民委员会东南侧约 70 米	15275600789
38	东营中博医院	东营区北一路 58 号	13165468120

（区卫生健康局 印保刚）

· 疾病控制 ·

【疾病预防控制体制改革】 根据中央和省市关于疾病预防控制体制改革精神，整合区疾病预防控制中心、区卫生健康监督执法大队职能，重新组建区疾病预防控制中心，加挂区卫生监督所牌子。原东营区卫生健康监督执法大队10名编制调整到新组建的东营区疾病预防控制中心，事业编制总数增加到78名，设党总支书记、主任1名，专职副书记1名，副主任3名，纪检监察干部按有关规定配备；设办公室（挂党群工作室牌子）、财务室、业务管理室、传染病预防控制室、免疫规划室、艾滋病性病预防控制室、慢性非传染性疾病预防控制室、消毒与病媒生物预防控制室、学校卫生室（挂营养与食品卫生室牌子）、职业（放射）卫生室（挂环境卫生室牌子）、健康教育与促进室、检验室、结核病预防控制室、精神卫生室、地方病与寄生虫病预防控制室、卫生应急室、法制稽查室、医疗卫生监督室、职业卫生监督室、公共卫生监督室、传染病防治监督室、学校卫生监督室等22个内设机构，核定股级领导职数22名，内设非监督执法类业务机构主要负责人由专业技术人员担任。

【疾控中心改革试点】 按照中共中央、国务院深化疾控体制改革的总体部署和省卫生健康委、省委编办等八部门联合下发《关于印发〈山东省深化扩大三级疾病预防控制中心改革试点工作方案〉的通知》要求，东营区疾控中心结合实际不断深化改革，经过省市遴选、复核，9月被省卫生健康委列为全市唯一一个县级疾控中心改革试点单位。印发《东营区疾病预防控制中心改革试点工作方案》，成立以政府主要领导为组长的改革试点领导小组，建立编办、卫健等9个部门共同参与的协调机制，严格落实责任分工，不断强化核心能力建设、加强防

2023年12月11日，东营区疾病预防控制中心重新组建挂牌仪式举行

医教融合发展、拓宽社会服务范围、深化绩效工资制度改革、健全考核激励机制等，推动各项试点任务顺利开展。

【慢性病综合防控示范区创建】通过开展立体宣传、实施健康细胞工程、提升基本公共卫生服务水平、加强技术培训和专业指导，不断营造慢性病综合防控的支持性环境和浓厚氛围，全区慢性病防治效果逐渐显现，人群高血压知晓率、治疗率、控制率明显提高，人均每天食盐摄入量下降。经常参加体育锻炼人口比例逐年增多，吸烟率逐年下降，居民健康素养水平不断提高，有效增强全民健康意识，提升全民健康素质，降低人群发病风险，慢性病防控工作逐步由疾病管理向健康管理转变，群众的获得感和满意度显著提升。12月20日，东营区顺利通过省级复审，被重新确认为山东省慢性病综合防控示范区。

【检验检测能力建设】按照“保基本、补短板、强弱项、提能力”的思路，升级完善检验室基础设施和技术装备，建成并备案4个生物安全二级实验室，完成申请项目的方法论证和质量手册、程序性文件、作业指导书、典型报告的编制工作，质量管理体系进一步健全和规范，通过省市场监管部门组织的现场评审，取得8个产品97个参数的检验检测机构合法资质，为拓展社会化服务提供技术支撑。全年完成生活饮用水检测104份，首次自行承担32家企业重点职业危害因素监测任务，完成辖区内学生和孕妇300份盐碘、300份尿碘检测及25个高氟村的水氟检测任务，完成1118份样品消毒效果检测，承担市疾控501份样本的消毒效果检测。

【免疫规划水平】深化数智赋能，进一步强化疾控信息化治理，健全疾控信息标准体系，引入“三查七对一验证”管理系统，通过数字化监管，实现预防接种“一网办、一站达、一屏览”。完成接种门诊的智慧化提升1处，建成预防接种实训基地1处、特殊状况儿童接种门诊1处，1—7岁儿童免疫规划疫苗全程接种率98.09%。在全区首次开展适龄女孩HPV疫苗免费接种项目，对全区在校14周岁女孩进行2价HPV疫苗免费接种，提高全区适龄妇女HPV疫苗覆盖率，为推进落实消除宫颈癌目标做出积极努力。

【省级老年人失能失智高危人群预防干预试点】东营区被省卫生健康委确定为全省3个试点县区之一，按照省疾控中心《山东省老年人失能失智预防干预试点技术方案》要求，东营区在龙居中心卫生院、辛店街道社区卫生服务中心和胜园街道社区卫生服务中心3家基层医疗机构开展预防干预试点工作。区疾控中心成立技术指导小组，负责项目具体实施和技术指导，并与3家基层医疗机构组建项目工作组。组织项目工作人员进行培训、到先进地区参观学习，3家试点单位共选取106名65岁以上老人进行心脑血管疾病及危险因素管理、八段锦锻炼、抗阻（爆发力）训练、体重管理、放松训练和文娱活动等干预措施。

【“三减控三高”特色项目区建设】继续推进“三减控三高”（“三减”：减盐、减油、减糖；“三高”：高血压、高血脂、高血糖）特色项目试点区建设，以健康知识普及和健康技能培养为主要手段，以健康餐厅、健康家庭等支持性环境建设为重要载体，扎实推进“三减控三高”工作，先后组织开展社区减盐、超市减盐等活动，在辛店街道、黄河路街道的6个社区对150户居民开展减盐基线调查，对75户居民开展为期3个月的“三减”干预和评价。通过营造健康支持性宣传环境、开展家庭主厨“三减”技能培训，建立家庭主厨“三减”健康美食微信群等多种形式开展社区“三减”健康教育系列活动。组织专家进委党校、进社区开展“三减三健　健康相伴”主题健康讲座，通过发放限盐勺、控油壶和腰围尺等健康支持工具，让参加培训的人员了解BMI指数和健康标准，引导养成低盐低油低糖的“三减”饮食习惯，以健康的生活方式预防“三高”发生。

【全国第八届“万步有约”健走激励大赛】 积极组织参加全国第八届“万步有约”健走激励大赛，组织31支队伍505人参加比赛，5月11日，第八届“万步有约”健走激励大赛东营区赛区启动仪式在区政府广场举行，来自各参赛单位的健身爱好者300余人参加启动仪式。经过100天的角逐，东营区取得全市第2名、全省第23名的好成绩，荣获全国百强健走示范区、优秀健走促进单位奖称号。

（区疾控中心 宋立敏）

·计划生育协会·

【概况】 2023年，东营区计划生育协会顺利完成理事会换届、生育关怀、家庭健康促进、新型婚育文化建设等各项工作任务，5名基层计划生育协会工作人员获得全市计划生育协会系统“最美协会人”等称号。

【健全完善组织体系】 召开区计划生育协会第五次会员代表大会，选举产生区计划生育协会第五届理事会、常务理事会和领导班子，增强区计划生育协会领导机构的广泛性和代表性。全区共有计划生育协会组织227个，拥有会员48242人，志愿者3953名。其中，区级计划生育协会1个、镇级计划生育协会8个、村级计划生育协会218个、企业计划生育协会3个、流动人口计划生育协会1个。

2023年8月，2023年度“生育关怀—金秋助学”活动助学金发放仪式举行

【关爱慰问】 在龙居镇重新建设“暖心家园”项目分阵地，全区现有“暖心家园”阵地3处。充分利用传统节日、5月宣传服务月及暑期，组织各级计划生育协会开展走访慰问，发放价值9.15万元的夏凉被、护眼灯和“暖心健康包”等物资。联合区内公立医疗机构开展免费健康体检，发放洗衣凝露430余桶，组织中医讲座、户外联谊、欢度佳节等11场活动。

【开展生育关怀行动】 募集生育关怀资金，发动卫生健康系统和各级计划生育协会募集“人口关爱一日捐”19.27万元，“99公益日·一起捐”3342.7元。做好资金救助，发放省人口关爱基金、市人口和计划生育公益金48.8万元。落实计划生育家庭保险保障，投入16.722万元为5574户育龄期内独生子女家庭购买意外伤害保险，投入22.1万元购买综合保障保险，提升广大计划生育家庭风险抵御能力。组织“金秋助学”，每人发放1500元助学金，赠送爱心行李箱和关爱保险，助力计划生育家庭子女升学梦。

【开展家庭健康促进行动】 提升优生优育服务，依托区级优生优育指导中心、“向日葵亲子小屋”、镇街婴幼儿照护场所等服务阵地，面向育龄家庭、婴幼儿家庭开展亲子活动、培训指导、知识宣传等多种形式的“优生优育进万家”“婴幼儿照护”服务活动220余场。推进青春健康工作，组织区级青春健康教育师资先后为入学新生、在校学生及家长开展4期青春健康主题公益讲座，护航青少年健康成长。提高服务水平，组织全区545名家庭健康指导员开展集中培训，指导辖区家庭健康指导员开展全生命周期健康宣教和健康素养促进等工作1000余次，受益群众1万余人。

【推进新型婚育文化建设】 将“5·29”会员活动日拓展为“会员活动月”，各级计划生育协会围绕“倡新时代婚育文化·助家庭和谐幸福”等主题，开展“金婚庆典”“集体婚礼”“围棋亲子课堂”“新型婚育文化宣传”等活动，倡导相濡以沫、互敬互爱、共担责任的新型婚姻观念，营造生育友好社会环境。利用公众号、微信群、广播等新媒体宣传平台、载体阵地广泛倡导新型婚育文化，发布宣传推广信息2000余条，号召广大家庭树立科学婚恋观、家庭观。面向全区广大家庭，征集到吕剧、舞蹈、绘画、剪纸等多种形式的“健康家·优育”好故事、新型婚育文化宣传文艺作品30余件，以典型案例、富有感染力的艺术作品传递社会风尚，推动科学生育理念和新时代优良家风植根广大家庭、深入人心。

（区计生协会 郝争妍）

·医疗保障·

【医保服务站建设】 按照《东营区医疗保障经办服务下沉工作实施方案》，在全区建立医保服务站（点），年内全区160个医保服务站（点）全部挂牌运行，实现医保服务全覆盖。对已有医保服务站（点）进行标准化设计，按照省局建设标准统一制作悬挂标识。提升经办人员服务能力。通过岗位练兵、人员帮带、专题学习、政策培训等形式，加大业务培训力度，开展集中业务培训40次，点对点培训20余次，印制业务经办手册及宣传材料1万余份。规范服务事项。从高频经办事项入手，梳理城乡居民参保登记、异地就医备案、手工报销受理等9个大类18项群众高频办理事项，印制发放《东营区医保服务站（点）经办服务办事指南》，按照经办服务能力分别下沉到镇（街）医保服务站和村（社区）、企业、医疗机构医保服务点，全力打造规范化、标准化、体系化的运行模式。成立全市唯一一家高校医保服务点——山东石油化工学院医保服务点，可为596名教职工、9400余名在校生提供医保服务。

【巩固拓展脱贫攻坚成果同乡村振兴衔接】 切实贯彻落实市医保局等七部门《关于巩固拓展医疗保障脱贫攻坚成果同乡村振兴有效衔接的实施方案》，调整医疗保障帮扶政策，对困难人口实施分类帮扶，定期梳理参保情况，查漏补缺，确保医保帮扶政策落实到位。年内，医疗救助6950人次，救助金额348.51万元；通过财政补贴为898名脱贫享受政策和监测帮扶人员代缴个人参保费35.06万元。

【医疗费用异地联网结算】 开通省内门诊慢性病联网结算、市外省内和跨省普通门诊联网结算和跨省门诊慢性病联网结算，实现住院、普通门诊、门诊慢性病所有统筹类型全覆盖。年内，开通跨省门诊慢性病10家，普通门

2023年11月3日，区医保局在吾悦广场开展政策宣传

诊48家；拨付异地联网就医费用1205.17万元，其中职工614.7万元，居民590.47万元。

【医保电子凭证激活应用】年内，全区已经激活医保电子凭证26.3万人，激活率为89.4%；13家医院实现电子凭证全流程应用，4家医院实现医保移动支付功能，就医群众通过一部手机即可随时随地进行医保结算和个人自费支付，有效缓解群众看病排队问题。

【基本医疗保险参保扩面】年内，参保居民20.52万人，个人参保缴费7985.54万元；职工医疗保险在职人员参保9.9万人，退休职工7794人，生育保险参保78830人，女职工34407人。月均办理机构近3000家企业，月均办理1.5万件。职工基本医疗全年包含税务征收的4.38亿元，其他医疗公务员医疗补助收入5889万元，大额收入593万元，完成转移基金23万元。在全区范围内开展医疗保险参保缴费专项稽查，重点查验用人单位医疗保险缴费人数、职工缴费工资基数及缴费金额等情况，年内，稽核查处涉及漏缴8.75万元，并移交税务进行征收。

【医保待遇水平提升】年内，拨付各类医疗待遇3.9亿元。支付职工医疗保险待遇27665.76万元，支付城乡居民医疗保险待遇11400.07万元；其中支付生育保险待遇2177.73万元。

【"两病"门诊保障】开展"两病"（高血压、糖尿病）门诊保障政策宣传，扩大"两病"门诊保障备案率。年内，全区门诊慢性病鉴定申报3657人，通过3444人，通过率94%，全区"两病"备案人数16985人，拨付居民普通门诊待遇675万元。多渠道全方位开展长护工作，确定8家东营区长护定点医疗机构。已有居民181人和职工22人签约享受长护服务待遇。

【DIP支付方式改革】对符合DIP付费（按病种分值付费）改革条件的医疗机构2022年住院业务进行清算。2023年DIP结算金额8412.73万元，其中，职工2925.7万元，居民5487.03万元。为减轻医疗机构垫资压力，实行预拨付制度。全年，医疗机构DIP结算款9159.48万元，其中职工3634.41万元，居民5525.07万元。

【医保领域便民服务】促进医疗保障经办服务提质增效，月均办理机构近3000家企业，月均办理1.5万件。实施经办流程再造，简化报销材料，继续压缩办理时限，医疗保险待遇发放由15个工作日压缩到10个；优化异地就医备案流程，实现全程线上自主办理、智能"秒办"；推进高频服务事项"跨省通办"，电子化转移即时办；30项医保政务服务事项实现"一窗办理"、集成服务，90%办件均能实现当天办结。全面落实营商环境工作要求，结合医保工作实际和群众反映强烈的问题，制定营商环境具体工作措施，积极探索医保创新服务。

【药品和医用耗材价格实行"零差价"落地】年内，支付药品网上招标采购款3128.1万元；医保基金与药企直接结算国家集采药品耗材款3361.8万元，结算医疗机构26家，结算药企数量15家，结算率100%；组织辖区内公立医疗机构第八批国家组织药品集中采购品种范围相关采购数据、冠脉血管内超声诊断导管、输注泵（镇痛泵）历史采购数据填报工作，做好口腔种植体集中带量采购和价格专项治理落地执行等工作。全面落实国家药品集中带量采购结余留用政策，结余留用资金现发放2977.63万元，及时发放率100%。推进东营区国家集采药品进基层活动，东营区首批集采药品进基层试点共涉及东营区2家医疗机构、35家药店、30家村卫生室，药品实行"零差价"销售。

（区医保局　王泽渲）

居民生活

【概况】全年全体居民人均可支配收入54404元，同比增长6.1%。其中，城镇居民人均可支配收入

62205元，同比增长5.0%；农村居民人均可支配收入28853元，同比增长6.8%。全体居民人均消费支出31110元，同比增长6.3%。其中，城镇居民人均消费支出34870元，同比增长5.8%；农村居民人均消费支出18793元，同比增长9.8%。

2023年东营区居民人均可支配收入、消费支出情况统计表

表19

指标名称	居民人均可支配收入		居民人均消费支出	
	绝对值（元）	同比增长（%）	绝对值（元）	同比增长（%）
全体居民	54404	6.1	31110	6.3
城镇居民	62205	5.0	34870	5.8
农村居民	28853	6.8	18793	9.8

年末居民基本养老保险和医疗保险参保人数分别为9.89万人、20.53万人。年末职工基本养老、基本医疗、失业、工伤、生育保险参保人数分别为13.27万人、10.67万人、6.81万人、11.81万人、7.88万人。企业退休人员基本养老金月人均2348元。居民基本养老保险基础养老金最低标准为每人每月243元，居民基本医疗保险财政补贴标准640元。

2023年末东营区每百户居民家庭主要耐用消费品拥有量统计表

表20

指标名称	单位	全体	城镇	农村
家用汽车	辆	100	103	79
助力车	台	42	32	120
洗衣机	台	101	101	98
电冰箱（柜）	台	100	100	100
微波炉	台	45	49	12
彩色电视机	台	112	113	100
空调	台	196	200	159
热水器	台	100	101	87
排油烟机	台	97	97	92
固定电话	线	3	2	6
移动电话	部	209	209	209
计算机	台	68	74	18

全年完成20个老旧小区改造，涉及134栋住宅楼、4219户居民，完成14户农村低收入群体危房改造任务；基本建成棚户区改造住房329套（户），分房安置329套（户）。全年发放公租房租赁补贴4户，发放保障性租赁住房补贴45户。

（区统计局）

人力资源和社会保障

【就业创业服务】 2023年，全区城镇新增就业人数9058人，完成全年任务的103%，失业再就业人数3236人，完成全年任务的294%；积极开展入企探岗活动。举办第十一届“东营学子家乡行”人才招聘活动，线上、线下同步启动第二届“黄河口春风行动”、民营企业服务月等专项招聘活动。全年举办线上、线下招聘活动33场次，服务企业1700余家次，累计提供需求岗位9900余个；开发城乡公益性岗位2000个，超出市定任务241个，涵盖公共管理类、设施维护类等五大类83小类岗位。做好高校毕业生就业补贴工作。为14878人次大学生人才兑现大学生生活补贴7296.56万元；共为15071人次大学生人才拨付补贴9336.56万元；为193名大学生人才兑现大学生购房补贴2040万元；为17名未就业大学生发放生活补助8.6万元。为3家基地发放实习实训补贴资金192.3万元，惠及实习实训大学生341人。东营区“三支一扶”协调管理办公室为8个镇街道招募基层服务岗位12人；成功举办第十一届“东营学子家乡行”人才招聘活动，线上、线下同步启动第二届“黄河口春风行动”、民营企业服务月、大中城市联合招聘等专项招聘活动；赴山东石油化工学院开展春风行动进校园活动，赴中国地质大学开展东营区招才引智进校园活动，赴中国石油大学（华东）、山东科技大学、青岛理工大学开展“油城人才·共创未来”东营区大中城市联合招聘校园行活动；新引进初次到山东博士83人、大学生7051人，初次到东营硕士708人、大学生10387人；引进海外留学人员57名；新引进博士后28人。推动创业带动就业。全年累计发放创业担保贷款217笔、贷款金额4645万元；落实一次性创业补贴政策，加大一次性创业补贴、创业岗位开发补贴和创业场所租赁补贴落实力度，年内发放各类补贴128.4万元，惠及创业人员146人；策划举办“星火燎原·照亮油城”系列创业沙龙活动，围绕不同场景、不同主题，吸引各行业创业青年参与。

【社会保障】 全区新增参保企业1578家，全区城乡居民、企业职工、机关事业单位养老保险参保人数分别达到9.9万人、12.3万人、1万人，工伤保险参保11.8万人，全年社保基金收入177314万元，其中企业养老保险收入118935万元，机关养老保险收入29899万元，居民养老保险收入26572万元，工伤保险收入1908万元。年内为11080人次发放失业保险金2120.07万元，缴纳医疗保险金384.65万元；为2662人次发放失业补助金88.85万元；为1203人次发放失业保险技能提升补贴202.2万元；为1816家企业返还失业保险稳岗补贴874.58万元，惠及企业员工28695人；为177家企业发放一次性扩岗补助78.6万元，惠及企业员工524人。社保经办管理能力进一步增强。做好退休人员养老待遇调整。对符合条件的121名一至四级工伤职工的伤残津贴和工亡职工供养亲属抚恤金标准进行调整和发放；做出工伤认定案件320起，调解工伤纠纷7起，为当事人挽回经济损失40余万元，受理劳动能力鉴定申请178人次；为东营区户籍的1948名重度残疾人（一、二级）、脱贫享受政策人口、防返贫监测帮扶对象、低保、特困人员代缴城乡居民养老保险56.16万

“您提我办”——东营区招才引智高校行（青岛）暨秋季校园招聘活动成功举办

元。深化便民惠民举措。全区5.2万名社保待遇领取人员每月资格认证率达100%；东营区的工作模式在全市推广应用，并被确定为全省基层党建与静默认证双融共促赋能高质量发展创新试点先行区，东营区入选山东省基层党建与静默认证双融共促试点工作先行示范区；开展“全省通办”“跨省通办”，优化办理流程，缩减办理时限，精简受理材料，通过国家和省级社保关系电子材料平台实现社保转移材料电子传输，群众只需跑一次，15日内完成社保关系转移接续，提速50%以上；共办理省内跨制度及跨省转移953人次，其中转出429人次，转入524人次。

【人才队伍建设】 深化乡村人才振兴工作。组织承办第五届东营市乡村振兴传统技艺技能大赛——植保无人机飞防大赛；开展邀请专家下基层活动。依托蓝海逸园与金丰农场分布式服务站等平台，邀请青岛农业大学等高校专家开展培训等技术服务；出台《支持新型职业农民创新创业发展的若干措施》，支持新型职业农民创新创业；积极开展新型职业农民职称评审工作，鼓励符合条件的优秀农村实用人才积极申报，共评审农民职称65人。加强专业技术人员队伍建设。组织全区企、事业单位9109名专业技术人才参加2023年度继续教育培训学习，审核继续教育公需科目学分4578人，专业科目学分4586人；完成执业药师、经济师等45类职称及职业资格报名审核工作，年审核人数约1万人；办理各类合格证书498份；全面深化职称制度改革，做好18家企业自主评审工作，监督、指导自主评审企业开展职称评审工作，通过工程师208人，助理工程师29人。提高高层次人才服务水平。国家级人才工程、省级泰山系列人才工程等入选数量居全市前列。1人入选国务院政府特殊津贴；1人入选泰山产业技能领军人才；3人入选东营市有突出贡献的中青年专家，9人被评为第六届东营区有突出贡献的中青年专家；2人被评为2022年度齐鲁首席技师，1人被评为东营市首席技师，3人被评为2022年度东营市技术能手；推荐2人申报2023年度齐鲁首席技师；推荐2人入选2023年度东营市首席技师考察人选。推荐1人申报国家级技能大师工作室建设项目，1人入选齐鲁技能大师特色工作站，1人入选东营市首席技师工作站。中石化胜利石油工程公司博士后工作站揭牌；引进青年博士后科研人才32人，累计培养出站博士后379人；“真金白银”诚意留才，发放博士后有关资助653万元。提升技能人才培育评定工作。举办2023年度东营区“匠心杯”美容、美发、茶艺、评茶职业技能大赛；全年协助20家企业完成备案申报，其中规模以上企业19家，省市批复15家；开展自主评价企业28家、评价批次49批，评价技能人才4031人，其中初级工94人，中级工1057人，高级工2815人，技师53人，高级技师12人；组织开展2021年度企业新型学徒制开班工作，涉及胜利油田胜机石油装备有限公司、山东万海电气科技有限公司等3家企业211人，培训等级及工种为中级钳工、电工，学制为1年；2022年度企业新型学徒制培训任务由胜利油田胜机石油装备有限公司、山东万海电气科技有限公司2家企业承担，共计培训114人；组织开展渤海工匠学院招生工作，东营区共向渤海工匠学院报送企业职工130人。

【人事制度改革】 组织2023年度东营区事业单位公开招聘。计划招聘44人；组织开展2023年度优秀人才选聘工作，计划招聘21人，经体检考察后共有19人上岗工作。开展事业单位岗位设置、竞聘备案和其他日常工作。根据事业单位的机构编制和职能变化情况，为区审计局、交通运输局等5个事业单位重新进行岗位设置备案；完成区信访局、退役军人事务局等28个单位共135人的岗位聘用备案，教育系统61个中小学（幼儿园）共1565人的岗位聘用备案，区中心医院等10个卫生系统所属事业单位共93人的岗位聘用备案；为27人办理辞职备案；开具行政关系介绍信63份；运转区政府任命文件19份；如期高质量完成事业单位年报统计工作。规范推进工资管理。为全区141个机关事业单位7979人办理2023年正常晋升工资档次（薪级）业务。为全区9183名在职机关事业单位人员审核年度考核奖金13814万元，人均1.5万元；为3871名退休人员审核精神文明奖4055.53万元，人均1.05万元；为1317名公务员审批年终一次性奖金491.5万元，人均3731元；为8436名事业单位工作人员审批奖励性绩效工资3586.84万元，人均4252元。

【劳动关系】 全区11204家企业劳动用工备案72361人，规模以上企业劳动合同签订率100%，工会企业集体合同签订率95%以上，全区劳动关系保持和谐稳定。劳动保障监察工作全面推进。开展日常巡视检查工作，依法查处违法案件，及时清理各类欠薪行为。东营区代表山东省迎接国务院保障农民工工资支付实地核查，取得满分成绩。全区44个工程项目尽数纳入“山东省农民工工资支付监管平台”监管，会同住建、交通等部门开展保障农民工工资支付拉网式排查，及时拨付农民工工资1390万元。劳动人事争议调处效能显著提升。与区总工会共建的东营区总工会劳动人事争议调解委员会，是东营区着力打造的劳动人事争议先行协商调处“一站式”纠纷解决服务平台。自运行后化解劳动人事争议纠纷407起，调解成功率78%以上。12月，被人力资源和社会保障部等四部门通报表扬，荣获“2023年度工作突出基层劳动人事争议调解组织”称号。

（区人力资源和社会保障局 蔡晓宇）

民　政

【社会救助】 城乡低保、特困等困难群众救助保障标准在2022年基础上提高5%以上，位居全省前列，全年发放保障资金3019.44万元，保障低保对象1465户2357人，城乡特困人员605人。探索“物质+服务”救助新模式，实施“情暖夕阳”“荧光行”服务项目，倾力打造“荧光行·东助你”社会救助品牌，整理创作《东营区“东助你”社会救助政策系列动漫宣传片》（共5部），以动漫宣传片形式进行场景模拟和政策解读，助推“人找政策”向“政策找人”转变，该宣传片入选全省社会救助政策宣传动漫类优秀成果。做好社会救助扩围增效工作，全年新增城乡低保279人，低保人数止跌反弹，超过2022年年底人数。充分发挥中央集中彩票公益金作用，在龙居镇、黄河路街道建设龙居社区残疾人社区康复服务中心和黄河路街道安馨暖阳精神障碍社区康复中心，服务社区残疾人；累计发放残疾人“两项补贴”1884.71万元。全力做经济困难老年人和流浪乞讨人员救助工作，全年发放经济困难老年人补贴107.06万元，使用资金11.5万元救助流浪乞讨、寻亲不遇、被骗、流浪未成年等人员28人次。增加救助层级，提高救助额度，在镇街临时救助基础上，增加区级“一事一议”救助和慈善总会救助，累计实施临时救助88人次，发放

2023年5月21日，“河海相约　缘定东营”油地青年集体婚礼举行

救助金25.65万元。组织实施“情暖万家”“贫困母亲”“孝善养老”“贫困大学生”“重阳节走访”等慈善救助和扶贫项目，发放慈善救助物资73.8万元，救助困难群众1300余人次；拨付帮扶酉阳资金70万元，助力东西部协作。

【社会福利】 推进2023年度民生实事项目，推动建设2处医养结合养老机构和4处老年食堂；推动8个城乡区域性养老服务中心连锁化运营18处社区养老服务设施；为67户困难老年人家庭实施适老化改造，持续为450户特殊困难老年人提供政府购买居家养老服务。打造“安养·油城”服务品牌，先后开展2次养老消费体验券发放活动，宣传信息浏览量达6万余次，领券1800张，全区养老机构接收入住、预约、咨询等人数超过200人次。实施“人才优培”计划，组织养老服务机构管理和服务人员系列培训、区级养老护理员竞赛、养老护理员职业技能等级评价，参与人数439人，养老机构护理员持证率70%以上；启动“慈善+”困难（优秀）养老护理员关爱基金和“东营区养老护理员节”，为55名养老护理员落实5.54万元奖补资金。开展重大风险隐患专项排查整治行动和“安全生产月”活动，全区养老服务机构安全生产形势持续稳定。对社区特殊困难老年人和特殊儿童进行探访关爱，组织开展“七彩·爱”儿童关爱、“希望小屋”赋能行动，为121名困境儿童发放生活费239.84万元。积极推荐儿童工作案例获评省级儿童福利领域优秀创新实践案例，发掘培养最美、最佳儿童主任和儿童督导员，推荐的齐家社工获评山东省十佳儿童关爱服务社会组织，幸福里、希望心理、义工协会3家社会组织获得省级“护佑健康”困境儿童关爱服务项目奖励。

【社会事务管理】 总结唐家村“六民六步”议事协商试点实验典型经验在《东营改革》发表，实现村（社区）议事协商阵地全覆盖，创建议事协商品牌13个，建立区、镇街议事协商联络员制度，制定基层减负六张清单目录。牵头完成“东营—利津”线行政区域界线联检工作，完成“东营区行政区划图”“东营市中心城区图”新版编制印刷；《探索以中国传统艺术形式呈现地名文化》刊发在《全国乡村地名建设案例选编》中，承办全市地名文创大赛和“乡村著名行动”地名文化书法网络展；为2023年新命名道路安装道路标志牌140块。改造提升婚姻登记中心为全市唯一一家集婚姻登记、婚姻家庭辅导、婚孕体检指导于一体的综合性婚姻家庭服务指导中心，“四新”模式助力打造婚俗改革样板被《中国民政》采用；组织举办“河海相约·缘定东营”2023年油地青年集体婚礼活动，推动婚俗改革；全年办理结婚登记4267对，受理离婚申请3010件，离婚登记1188件，补发证件1808件，配合有关部门查询档案182次。完成2022年381家社会组织年报，年报率92.5%，合格率100%；做好全区第三批社会组织等级评估工作和市级乡镇（街道）社会工作服务站示范点推荐选拔。推进东营区城市公益性生态公墓和殡仪馆建设，进行初步选址；新建3处农村公益性公墓，对2021年以来新建和改造提升的农村公益性墓地进行验收。

（区民政局 张 杰）

退役军人事务

【创业就业安置】 举办黄河流域退役军人就业创业工作协同发展系列活动暨退役军人创业创新成果展销对接会。服务理念向“全周期”迭代，安置质量逐年提高；开展适应性培训、职业技能培训，帮助退役军人走好军转地关键一步。加大就业创业政策支持力度，发放创业贷款；组织退役军人参加全省创业创新大赛，承办退役军人服务省市重大项目人力资源对接系列活动，开展专场招聘会。

【拥军优属】 拥军活动常态化。各级领导带头走访，发放慰问金及慰问品共价值48万元；为立功受奖现役军人家庭上门送喜报；

2023年4月24日，东营退役军人服务重大项目启动仪式暨退役军人创业学院揭牌仪式在东营区举行

发放义务兵家庭优待金。拥军服务多元化，落实军地需求“双清单”制度，完成随军家属就业安置；举办纪念延安双拥运动80周年系列活动，开展军地共建及“五送”进军营活动，谱写军民鱼水情深新篇章。完成双拥模范城实地考评，高标准准备档案资料、画册和汇报片，打造双拥一条街及5处观摩点，全面展示双拥工作成效。尊重尊崇氛围持续浓厚。完成优抚对象待遇提标、年度确认工作，发放资金2520余万元；报销门诊、住院费用、缴纳各类社会保险160余万元；配置残疾军人辅助器具29台；理赔报销综合商业保险52万元；发放冬季取暖煤补贴35万元；修缮农村优抚对象房屋13处。争取省级资金113万元，对东营革命烈士陵园提质改造，案例成果在全省英烈文化传承座谈会上典型发言；在车里村打造全市首个村级烈士纪念设施。承办全市烈士公祭仪式，开展英烈文化教育活动，“英雄寻亲”志愿项目有关事迹被中央电视台报道。承接“黄河魂　英雄梦　山东省讲好黄河流域英烈和退役军人故事行动”，引导全社会铭记英雄历史、尊重退役军人、传承红色基因。

【服务保障】持续加强阵地建设，中山社区构建5个“退役军人暖心服务角”，被评为全省百家优秀退役军人服务站；唐家村将拥军优属与爱国主义教育、国防教育有机结合，入选全市十佳退役军人服务站。“荣军联盟”实现突破。吸纳企业、商家2400余家，涵盖餐饮、医疗多个领域，拥军服务花开满地。志愿服务不断深化。常态化开展“四尊崇、五关爱、六必访”活动，组建“老兵宣讲团”9个，遴选25人加入市级校外辅导员队伍，开展“半晌讲台”宣讲活动2000余场。“红星”国防教育宣讲队、黄河义警被评为全市“十佳‘山东老兵’志愿服务队”，大美龙居鱼水情深志愿服务队被评为“全省百支最佳‘山东老兵’志愿服务队”，抗美援朝老战士夏丰鸣国防教育进校园在CCTV7报道。

（区退役军人事务局　徐晴雯）

民族宗教事务

【概况】聚焦铸牢中华民族共同体意识，深入推进示范区创建。擦亮“和融同心 油地同行”东营区民族品牌，开展“左邻右里”公益市集等活动60余场次，依托创客家“红石榴”创业就业实践基地、“暖心汇”缝纫合作社为各族群众提供创业就业培训13次，推动胜利第一初级中学、东营区第三中学等与甘肃东乡、重庆酉阳等地学校签订结对帮扶协议，与新疆疏勒建立友好协作机制，构建互嵌式社会结构和社区环境。开展民族团结进步示范单位“头雁”活动和“红石榴”社区、学校互观互鉴，实施“1020工程”，推动“一园一馆一厅一站”迭代升级，对5家省级民族团结进步示范单位、9家市级民族团结示范单位进行整体提升，辛兴社区被评为全市“红石榴”示范社区，胜利第一初级中学、东营区第三中学获评全市“红石榴”示范学校。以全区第23个民族团结进步宣传月为契机，举办民族团结故事竞讲大赛获全市第二名、第三名，征集“弘扬优秀传统文化·建设共有精神家园”主题文创作品28件，开设黄河大集民族团结摊位2处，设计“石榴花开黄河口·奋楫扬帆新征程”“中华民族一家亲·同心共筑中国梦”等宣传海报，营造民族团结正能量的浓厚氛围。聚焦守牢“一排底线”，宗教责任进一步落地落实。指导区佛教协会召开第二次代表会议，建立宗教团体、宗教活动场所学习推送制度，组织开展“依法治教我先行”、宗教活动场所“四进”等活动，举办“法治宣讲进宗教活动场所”40场次，指导圣恩堂争创省级宗教中国化示范场所，相关经验做法在《中国宗教》杂志发表。开展“宗教活动场所规范化提升月”活动，梳理4个方面29项规范化管理要求，指导场所全部开立单位银行结算账户，对财务管理情况进行全面审计，发出东营市县级民族宗教事务部门第一份行政指导文书。建立宗教领域风险隐患会商研判、应对处置机制和提醒函制度，确保宗教领域平稳有序。将宗教政策法规纳入各级培训内容，开展“宗教工作培训进党校”“巡察工作人员宗教政策法规培训”“宗教工作联络员、网格员年度轮训”“网格宗教工作质效提升专题培训”等专题培训，累计培训1900余人次。

（区委统战部 唐捍迪）

2023年9月12日，东营区黄河大集上设立的“中华民族一家亲 同心共筑中国梦”摊位

镇、街道概况

- 牛庄镇
- 六户镇
- 史口镇
- 龙居镇
- 辛店街道
- 黄河路街道
- 文汇街道
- 胜园街道

镇、街道概况

牛庄镇

【概况】位于东营区南部，距区政府驻地25千米，辖区面积116.9平方千米，耕地6743.3公顷。至2023年底，辖42个村民委员会，6个农村社区，1个城市社区。在籍人口4万人，常住人口2.8万人，人口出生率5.1‰，人口自然增长率–3.5‰。

2023年，实现一般公共预算收入7739万元，同比增长8.95%；实现地区生产总值19.88亿元，同比增长5.2%，其中二、三产业增加值分别为7.96亿元和8.44亿元，同比分别增长8.0%和2.8%。规模以上工业总产值11.25亿元，同比下降52.18%，8家规模以上服务业实现营业收入7.9亿元，同比增长3.49%。年末牛存栏3412头，猪存栏9000头，羊存栏2804只，家禽存栏47.9万羽。蔬菜类454.7公顷，瓜果类51.7公顷。

辖区内有水库1座，总蓄水能力260万立方米。有中学1所，小学2所，适龄儿童入学率100%；幼儿园（含一所民办幼儿园）7所，入园率100%。有医院3家。

【项目产业】承担与谋划项目。年内，牛庄镇共承担区级及以上重点项目14个，其中省级项目1个、市级项目2个、区级项目11个，项目总投资28.89亿元，2023年计划投资5.54亿元，已开工14个，年度累计完成投资4.2744亿元，投资完成率77.1%。谋划地方政府专项债项目8个，项目计划总投资66.17亿元，全部申报国家重大项目库和地方政府专项债财政库，并谋划2024年地方政府专项债项目5个。打造产业园区。推动油地融合产业园扩规提档，完成园区控规、规划环评和水资源论证等区域评估工作，园区规划环评获省生态环境厅批复，被省发改委等8个部门认定为沿黄合规工业园区，作为东营高新区高端智能装备制造产业功能区获省政府批复，成为“有户口”的合规性园区；在园区建设方面，新增规模以上批发业企业2家、

2023年6月30日，黄河三角洲首届花卉节开幕仪式在牛庄镇举行

工业企业2家，数字农批产业园、安佳高端板式家具项目等7个新项目落户园区，园区累计入园企业达到46家，建成区面积3100亩。“引进来、走出去”。先后赴杭州、上海、济南、青岛等地进行企业考察、项目洽谈，累计“请进来”22批次、159人次，“走出去”15批次、104人次；带领企业走出去，组织14家铸造企业赴青岛参加2023年第五届山东国际铸造工业展览会，组织7家精铸产业链条企业参加第十七届中国精密铸造年会。

【镇域品质】以小城镇创新提升行动为载体，学习“千万工程”经验，推出100个小城镇创新提升行动试点镇。邀请山东建筑大学设计集团有限公司对镇域进行实地勘察和总体规划，针对未来建设的发展方向和目标，编制小城镇创新提升行动实施方案。将镇区进行功能分区，推动片区化改造、组团化提升。开展油田工矿大院片区、镇政府片区更新，对交通设施、市政设施改造升级，规划教育、医疗、文体、行政、商贸等公共设施，塑造镇区特色风貌，形成“一心多点，两带四区”（“一心”即一个小城镇标志性景观中心，“多点”即多个门户节点和绿化景观节点，“两带”即西四路城镇风貌带和四干渠湿地景观风貌带，“四区”即综合服务风貌区、居住生活风貌区、物流商贸风貌区和现代产业风貌区）的总体风貌格局。推进道路改造、“四好农村路”延伸工程，全镇“四好农村路”31.4千米。实施镇区雨污分流排水能力提升工程，对镇域范围内几条主要道路的雨污管道进行铺设及清淤，地下雨污分流设施覆盖面积167.6万平方米，通过新建、连通雨水管道及清淤，及时收集道路雨水，提升雨水管道输水能力，保证排水通畅，解决群众关心的雨季积水问题。

【民生保障】改善城乡面貌，开展村庄清洁行动，对农村各类垃圾进行全面清理，解决人居环境突出问题。扎实推进乡村建设，东庞社区、前邵村、湾杨村被省直10个部门认定为“山东乡村振兴示范村（社区）”，成功创建市级美丽乡村示范村，王庄村、张庄村积极创建省级美丽乡村示范村。强化教育水平，以省第二批教育强镇筑基试点、乡村教育振兴先行区创建为契机，实施教育强镇打造工程。区二中普通高中录取率较往年增长20%，创历史新高，双一中录取率较往年增长13%。强化医疗水平，建设“健康牛庄”，完善分级诊疗制度，推动镇卫生院片区升级改造，投资50万元支持魏家村和西范村卫生室新建工程。坚持就业保障民生，以促就业、保民生为出发点，开发乡村公益性岗位577个，城镇公益性岗位104个，按照“谁用人、谁管理、谁负责”的原则，做好上岗管理“后半篇文章”。文化惠民，收集群众文化需求，推动文化下村与百姓所需有效衔接。开展“吕韵乡情休闲汇”“庆丰收　促和美”秋季村晚等文化活动；“百姓戏相逢　吕韵盈万家”——东营区2023年传统、新创剧目巡演活动在牛庄镇举行，并在牛庄镇首演15场；与“大吕”戏曲艺术团、“吕剧源”吕剧团等本土高水平艺术团体建立合作关系，举办“进千村　乐万家”“唱响黄河口”等文化惠民演出200余场。推进帮扶政策落实，救助贫困学生19人，产业扶贫项目收益97.5万元。

【乡村振兴】现代高效农业产业园。发展绿色粮食和现代农业产业，先后获得国家农业产业强镇、全国“一村一品”示范镇等称号，现代高效农业产业园做大做强，投资2000万元，建设完成全省首个2万平方米的标准化出口温室。推动花卉产业高质量发展，分别承办山东国际花卉科技合作大会和山东省“万企兴万村”行动现场会，推介花卉产业。推动高端农业加速向集群化发展，实施东营区高效特色农业蔬菜产业项目和盐碱地综合利用项目，规划800亩数字智慧农业产业园，发展高端蔬菜和设施花卉等智慧农业项目。粮食产业提质增效。争取上

2023年9月，牛庄镇“庆丰收 迎国庆 促和美”秋季村晚举行

级资金3900万元，实施2万亩高标准农田改造提升项目。建成金丰、穗东、谭家3个集耕、种、管、收、储于一体的标准化农业社会化服务中心，为全域粮食种植提供保姆式服务。通过高效节水灌溉、数智化管理、无人农场建设，夯实粮食发展基础。争创乡村振兴齐鲁样板示范区。以“吕乡田园”为主题、以“一园两河七村”为重点打造区域，编制片区建设规划，对村庄发展、产业园区建设、沿途沿线环境整治提升等作出统一安排、整体设计，投资2800万元打造精品片区，建设11千米的乡村振兴示范区精品路线，带动6个村庄品质提升，开辟“农路变景区、农区变景区”的和美乡村连片创建新路径，打造彰显吕剧文化、红色文化、民俗文化的和美乡村示范带。共同富裕。打造“共富公司+龙头企业+合作社+农户”的体系框架，发挥镇级共富公司的统筹协调优势，与23家首批共富伙伴签署合作协议，建设吕韵田园、蓝海草莓、金色粮仓、双福温室、薯道香5个共富联合体，辐射覆盖31个村。建立吕韵牛庄共富超市，对全镇优质特色农产品进行统一品牌包装，擦亮“吕韵牛庄”乡村共富金名片，开办3期共富市集、4场共富直播，聘请23名基层党组织书记为共富农品代言，实现特色产品统购统销，推动小众品牌“借船出海、借梯登高”。

【基层党建】开展学习贯彻习近平新时代中国特色社会主义思想主题教育，组织村党支部书记每季度至少开展一次实训，安排31名村党支部书记到农业龙头企业挂职或担任项目专班成员，带领党员干部先后到寿光、成都、杭州等地“考察学习”；挖掘全镇党员教育资源，推动中共牛庄镇委党校迭代升级，新增灯塔书屋、党建文化长廊、乡村振兴人才之家等功能室，举办4期基层党员集中培训，开展红色文化体悟实训23次，提升基层党员理论素养。通过“三资”清理，深挖村集体发展潜能，以东武村为试点推动全镇“三资”清管工作开展，清查农村集体经济合同444份，整改不规范合同70份，收回违规占用资源1200亩，破解村级资源、资产长期失管的问题，村集体经济得到巩固提升；通过共富先行带动村集体经济增收，成立镇级共富公司，整合涉农扶持资金和社会资本，建设吕韵田园、蓝海草莓、金色粮仓、薯道香等5个共富联合体，辐射带动26个村集体增收；通过共富市集、共富直播等拓宽农产品销售渠道，打造“吕韵牛庄”共富品牌，对全镇优质特色农产品进行统一品牌包装，提高农产品附加值。

（牛庄镇 李亚凝）

六户镇

【概况】位于东营区东南部，距区政府驻地13千米，辖区面积60平方千米，耕地2507.8公顷。至2023年年底，辖8个行政村，1个城市社区。总人口1.1万人，其中，在籍人口10321人，常住人口11168人。有24个党支部，570名党员。

2023年，实现地区生产总值12.01亿元，同比增长6.66%；实现工业产值3200万元，同比

2023年8月，六户葡韵城南文旅生活节暨葡萄采摘休闲汇活动举行

增长91.25%；完成全社会固定资产投资65631万元，同比增长24.01%；实现规模以上服务业营业收入35811.4万元，同比增长8.51%；实现限额以上零售额14927.2万元，同比增长6.52%。各项数据指标增速位居全区前列。2023年，六户镇入选国家卫生镇创建名单，3项产品入选“全国名特优新农产品”，获山东省精品文旅名镇、山东省乡村振兴示范镇等7项省级集体荣誉、13项市级集体荣誉、7项区级集体荣誉。承办2023年东营区中国农民丰收节等各类上级活动10余场次。举办2024东营城南庙会暨春节游乐嘉年华活动，央视新闻刊播报道城南庙会盛况。

【财源建设】2023年，实现一般公共预算收入2592万元，同比增长87.75%，其中税收收入2570万元，非税收入22万元。细化财源建设任务。制定《2023年六户镇财源建设重点攻坚事项实施意见》，明确13项措施，确保33家重点企业税源稳定，通过城镇土地使用税清查、漏管户核查等工作，丰富税收来源。全程参与企业发展。深挖重点项目，拓展税收方向，了解辖区内中心城区物流园、黄大运维中心等重点项目施工进度，针对性开展税收征管服务，做到应收尽收；盘活僵尸企业，利用闲置资源，实现维特置业等企业有序发展。围绕重点项目和重点企业成立9个攻坚专班，梳理中铁三局、二十一局、二十四局上下游企业20家，针对性开展税收征管服务，中建五局以及北京住总等6家外来施工企业实现本地纳税。抓好油田挖潜。推动胜大分公司及关联企业在六户镇辖区落户；跟进鲁胜管理区、现河采油厂等油田单位的外来施工企业，督促建立分公司，实现属地纳税。

【项目发展】统筹谋划。年内，承担区级及以上重点项目15个，其中省级项目2个、市级项目2个、区级项目11个，项目全年计划投资10.95亿元，投资完成率100%。关注国家投资导向和重大政策机遇，谋划2023年地方政府专项债项目8个，项目计划总投资66.17亿元，全部申报国家重大项目库和地方政府专项债财政库。抢抓重点。加强重点项目建设，争取实现早落地、早建成、早运营。与东营区城市发展投资公司共同推进中心城综合物流园建设，项目总投资50亿元，规划控制面积3110亩，优先启动规划新国道220线以南1670亩占地范围内的规划、建设、招商和运营等工作，按照培育东营经济新动能、降低全市物流成本、提升全市供应链韧性的发展思路，项目重点围绕完善基础设施配套、快递分拨集散、食品药品储备、应急保供等方面组织招商及园区建设推进任务；推进金盾国防教育基地建设，金盾国防教育基地占地269亩，投资3亿元，建有声光电一体的红色教育学习厅、军事陈展馆、室内靶场，配备各种退役军事装备（飞机、大炮、火箭、坦克等）及高空攀岩、断桥、水域快艇、冲锋舟、红船等拓展器材，是集国防教育、拓展训练、研学旅行、文化培育、劳动实践、军事性、趣味性、健康性于一体的综合服务基地，填补了东营市一体化“国防教育、兵器展览、军事拓展和研学基地”的空白。招商引资。2023年，围绕休闲农业、文化旅游、健康养老等领域，推进招商引资工作。主要领导带头先后赴北京、上海、成都、西安、潍坊、青岛等地进行企业考察、项目洽谈，累计开展“走出去、请进来”招商活动33批次248人次，完成签约项目4个，总投资18.8亿元。已开工建设项目4个，到位省外进账资金4.2亿元。深化“四链融合”，开展创新招才，与山东省农业科学院黄三角研究院、市委党校、鲁供农服等院校企业开展战略合作，柔性引进博士7人、客座教授11人、高层次专业技术人才5人、青年人才13人，为产业发展和项目建设提供人才支撑。

【镇域更新】将全镇作为城市功能区承载地，全面抓牢镇区建设，助力高铁新城发展。加快镇域拆迁。按照“规划先导，梯次推进，拆旧清违，集约用地”的原则，对瑞景老区、油田四中、老政府院进行拆迁腾空，年内新腾空土地300余亩。做好镇区配套。实施总投资4500万元的雨污分流三期、繁荣路、通山路等镇域主干道路改造提升等工程，重点谋划推进特色文化商业街区项目，全面带动镇区建设。整治人居环境。提升基础设施，投资3700万元，重点实施福禧长廊、广蒲古道、村庄连片治理等基础设施提升工程，道路硬化率、生活污水治理率均达到100%。推进环境改善，抓好城乡环卫一体化，累计清理农村生活垃圾1523吨，整治乱贴乱画519处，清理村内水塘191处，村内沟渠8.1千米。打造宜居村庄，投资844万元，率先在全区实施农房能效提升改造项目，完成武王、神堂、李宅3个村外墙保温763户，在武王、神堂实施弱电下地试点工程，整治“空中蜘蛛网”208处。

2023年6月，学校组织小学生到金盾国防教育基地研学

【乡村振兴】培育特色产业。按照“北部特色水果采摘，中部农文旅深度融合，南部优质蔬菜种植”的发展定位，以总投资4.5亿元的初心农业、盛邦农场、贝德丰农业等18个农业产业项目建设为载体，创建市级“魅力城南”乡村振兴示范片区，打造东六户村等5个省级乡土产业名品村，认证六户番茄、六户草莓2个全国名特优新农产品，新增省级示范农场2家，新型经营主体达150余家。抓好农业基础。年内，新建设施农业大棚12万平方米，改造盐碱地300亩，疏浚衬砌沟渠5000余米，实施水系优化连通工程，实现5万亩高标准农田全覆盖。实施东六户晴空里草莓、李宅阳光李果蔬等产业项目，8个村全部搭建“企业+合作社+农户”的联农带农机制，辐射带动周边农民2160户。通过深入实施全域“三资”清理，激活沉睡资源，预计年底8个村集体收入均达50万元以上。打造农文旅融合样板。推出“乡约四季·乐游六户”文旅品牌，围绕田园观光、生态采摘、绿色康养、国防教育、文化研学等5个主题，精心打造胜大欢乐谷、中央一号文件展馆、半日闲院、金盾国防教育基地、六户人家等7条旅游研学路线。全年累计接待游客20余万人。

【基层党建】坚持问题导向，着力把党的政治优势和组织优势转

2023年7月，陪同上级到如康家园参观调研

化为乡村振兴的行动优势。提升全域党建水平。实施党建全域标准化建强行动，投资570万元改造及新建9处村和社区党群服务中心，镇级党群服务中心被确定为第三批省级党建综合阵地试点，打造总占地300亩的乡村振兴学院1处。组织辖区党组织书记赴青岛、长沙等地开展专题培训，推动党组织融合发展，不断激发“头雁”活力。找准党建引领产业发展方向。争取省市区帮扶资金370万元，打造南北两个片区共富联合体，规范提升支部领办合作社3家。完善农业生产全周期链条服务，在武王村成立全市首家省级直供农资销售点，先后迎接中组部、省派工作队等调研活动16场次。创新基层社会治理模式。推广实施党建引领信用积分项目，探索信用积分与金融贷款挂钩的金融助力村集体经济发展路径，开发“六户幸福积分贷”系列产品2个，整镇获批2亿元农村信用社授信额度，累计为280个农户及4家农业企业发放信用贷5800余万元。创新开展“百名党员联户走亲、百名干部联企解忧”活动，链接20家幸福合伙人，实施“幸福菜园”“老伙伴互助计划”等微治理项目。

（六户镇 马润泽）

史口镇

【概况】位于东营区西南部，距区政府驻地26千米，辖区面积80.92平方千米，耕地3600公顷，有效灌溉面积3600公顷。至2023年年底，人口43086人，人口出生率5.01‰。

2023年，实现地区生产总值73.34亿元，同比增长4.4%，其中一、二、三产业增加值分别为3.07亿元、53.4亿元、16.87亿元，二、三产业分别同比增长0.7%和17.2%。12家规模以上工业企业实现总产值348.29亿元，同比增长–24.43%，增加值增速6.7%，总量列全区第一位，约占全区规模以上工业总产值的46.63%；实现工业企业营业收入344.84亿元；实现利润4.03亿元。23家规模以上批零住餐企业实现消费品零售额7339万元，同比增长23.9%，实现规模以上批发企业销售额530.33亿元，同比增长9.55%。4家规模以上服务业企业实现营业收入3.06亿元，同比增长97%。完成固定资产投资13.99亿元，同比增长32.3%。全年粮食作物播种面积4000公顷，粮食总产量30000吨；蔬菜726.07公顷，总产量32263.25吨；棉花（皮棉）种植面积109.93公顷，总产量115.82吨。全镇造林面积8700亩，林果总产量1704.77吨，瓜果总产量91吨。年末，牛存栏2931头，猪存栏4334头，羊存栏4170只，家禽存栏405万羽。实现公共财政预算收入16316.37万元。有九年义务学校1所，在校学生1242人，适龄儿童入学率100%。幼儿园（含托儿所）5所，入园幼儿600人，入园率100%。设有中心卫生院1家，一体化管理村卫生室31家。

【园区转型】园区按照“腾拓空间、升级配套、狠抓项目、开创局面”总体思路，实施“扩区调区、空间拓展、项目建设、品质提升”四项重点攻坚任务，利用石化产业优势，拓展下游产业链条，围

2023 年 9 月，特色农产品阳光玫瑰葡萄丰收

绕构建全区重要经济增长极、全市高端化工发展载体和全省一流化工产业园区的总目标开展工作。园区扩区。持续优化存量空间，围绕邻避村庄、低效企业、沿街商户“三大板块”，完成 5 个邻避村庄、5 家低效企业、28 处沿街商户退园搬迁，累计搬迁 1174 户、3289 人，拆除院落 1250 处，腾空土地 6290 亩；推进扩区进程，园区先后以全省最优成绩通过省级化工园区考核及安全等级复核，在全省率先通过沿黄园区合规性认定，实现自 5.05 平方千米扩区至 10.46 平方千米的目标。项目建设。坚持“技术先进、环境友好、生态和谐的近郊高端化工产业园”发展定位，实施“项目攻坚年”活动，加大招商引资力度，以现有产业企业为基础，融合推进总投资 169 亿元的 19 个区级以上重点项目建设，推动园区转型升级与高质量发展进程。其中，亿科高端树脂新材料产业园项目总投资 60 亿元，占地 1600 亩，共含产量 45 万吨 / 年 ABS、15 万吨 / 年工程塑料改性、5 万吨 / 年高性能丁苯胶乳等 3 个重点项目，项目采用世界领先工艺，产品可完全替代进口产品，投产后可破除国外企业垄断和产品进口制约。石油钻采专用化学材料产业园项目总投资 28 亿元，占地 900 亩。海科 50 万吨 / 年生物基航空燃料项目是园区实施“油转特”战略的具体实践，项目抓住低硫船用燃料特色发展机遇，以建成中国石化低硫重质船用燃料生产基地、打造新能源服务品牌为目标，推动园区向产品高端化、产业绿色化转型升级。基础建设。聚焦物料集约输送，投资 14.7 亿元建设公共管廊，一期 2.3 千米已建成投用，企业物料流转实现“一企一管”。聚焦污水集中处理，总投资 3.86 亿元，占地 113 亩的污水处理厂建成投用，日处理能力达 2.2 万立方米，可实现每日 9000 立方米中水回用，园区再生水利用量占污水总量的 60%，污水处理后达准四类标准，处理质量位于全市前列，可全面满足园区企业污水处理需求，园区水环境向优改善。打造生态绿色园区，投资 3400 余万元对石化大道、原郝纯路园区段进行改造提升，绿化提升面积达 15.9 万平方米。完善道路运输体系，投资 2920 余万元建设铁西路、铁西路北延等 5 条道路，总里程 4.33 千米的内部道路完工通车，彻底完成“四横三纵”路网体系建设，实现园区内部道路循环畅通。提升车辆管理能力，建设启用园区危化品车辆管理服务中心，规划停车位 430 余个，打造“红运家”党群驿站品牌，并被选为全省道路运输行业党建工作经验推广会议暨党务人员培训班观摩点。

【乡村振兴】突出产业优势。支持发展史口烧鸡龙头产业，强化党建引领，成立史口烧鸡协会，吸纳烧鸡经营业户 35 家；出台行业标准，规范生产工艺、原料配方、包装设计，提升史口烧鸡产品质量的统一性；投资 200 余万元，重点打造 230 余平方米的史口烧鸡旗舰店，形成集产品展示、工艺体验、行业办公、直播营销等功能于一体的综合性阵地，打造史口烧鸡对外宣传的窗口、对外合作的驿站，不断扩大品牌影响力，进一步凸显年产值近亿元的史口烧鸡特色产业优势。坚持综合发展。坚持招商引智，与郑梦涛博士团队合作成立山海间智慧农业有限公司，建设高端综合试验种植园区，结合本地气候土壤环境特点，针对以蔓越莓为代表的外来优质经济作物进行本地育种驯化，提升农业项目科技含金量及产业价值；注重链条延伸，推动丰泰仓储物流冷链中心项目建设，补强农产品物流业发展，实现农产品冷链物流专业化、生产标准化、经营集约化，为本地农产品走向外地市场提供基础支持；完善产业多元，发挥区位优势，发展特色农业，聚焦雪里香草莓、阳光玫瑰葡萄、草莓西红柿、林家莲藕小龙虾、山农酥梨等特色农产品，推广连片种植，提升产品质量，实现产品外销大连、深圳等中心城市，进一步拓宽本地农产品销路。

【基层治理】筑牢安全底线。完善组织架构，压实包靠责任，部署全镇76名领导干部职工督导包靠47家重点企业，开展安全检查20余次，确保全镇安全生产形势稳定。紧盯重点环节，实施专项整治，紧密围绕落实省“八抓20条”创新措施，定期排查销号企业安全隐患，消除风险隐患1420项。加强对“两重点一重大”企业和危险化学品企业等非法违规行为进行安全检查，开具文书51次，处罚企业4次，处罚金额11万元，以高压态势确保安全生产持续稳定。强化实战演练，承办全市化工园区较大生产安全事故应急演练，提升园区危化品生产安全事故应对能力；组织企业、园区部门开展园区知识大讲堂3期、“安全生产月知识竞赛”2次、企业防范硫化氢中毒应急演练互评互学活动5次，提高企业一线员工安全生产水平。深化体系建设。推进“平安史口”建设，依托镇域治理中心、网格中心、矛调中心、政务热线中心“四位一体”的全域治理平台，发挥全市首创公安、交警“共融共享、联勤联动”警务服务新模式优势，扛牢保障人民群众生命财产安全和基层社会繁荣稳定的责任。

【城镇建设】完善基础设施。史口镇新镇区建成1736.5亩，有6个居民小区，总户数2231户，入住1900户，入住率85%。镇区党群服务中心、养老服务中心、文体活动中心等配套设施齐全，基础服务功能完善，构建党建引领、文化惠民、爱老敬老发展格局。健全城镇功能。提升教育水平，依托史口中学与区一中联合实施集团化办学模式，实施“奖教奖学”工作方案，以正向激励推动构建学校、家庭、社会“三位一体”育人发展新格局；改善医疗条件，依托镇卫生院，深化医养结合一体化模式，开通双向转诊、急诊急救的“绿色通道”，保障辖区群众生命安全。优化镇域服务。推动老年食堂建设工作，部署建设33家老年食堂，提供每周1次助餐服务，打造史口镇普惠性的“长者食堂”惠民品牌。开展“四民遍访”活动，全镇200余名包村领导干部下沉，实现群众遍访、建议收集、整改提升的闭环流程。

【基层党建】强化责任。组织召开党建工作专题会议6次，研究讨论园区党建、党建综合阵地等8项重点工作。实施“头雁领航”和党员“培优”两项工程，组织开展村党组织书记培训、“青蓝携手”村后备干部培训、党员春训等培训活动，累计培训2000余人次。凝聚合力。新建并启用史口镇党群服务中心，打造省级党建综合阵地示范标杆。结合“油地干部下基层”，创新开展“访民情、听民意、解民忧、暖民心”大走访活动，收集解决意见建议6类243条。整体提升。聚焦乡村振兴，组建“五彩田园”共富联盟，联合12家村党支部领办合作社，流转土地6000余亩，实现村集体增收3万元—8万元。聚焦烧鸡产业，举办全市“史口烧鸡”人才技能大赛，建设1处“明厨亮灶”烧鸡车间。依托园区企业发展服务中心和红运家党群驿站，开展党旗护航行动、人才驿站等系列活动20余次。

（史口镇 高胤人）

龙居镇

【概况】 位于东营区西部，距区政府驻地26千米。辖区面积106.63平方千米，耕地7.5万亩。至2023年年底，辖55个村居，1个农村社区。在籍人口3.9人，常住人口1.3万人。2023年，实现地区生产总值13.44亿元，同比增长4.0%，其中，一、二、三产业增加值分别达到3.29亿元、2.25亿元、7.9亿元，二、三产业同比增长分别为3.2%、4.2%。实现一般公共预算收入1771万元，其中税收收入1724万元。全年工业产值14.97亿元，增加值1.8亿元，同比增长13.22%；完成固定资产投资6.77亿元，同比增长10.06%。年末牛存栏3211头，猪存栏2021头，羊存栏1986只，家禽存栏140000羽。蔬菜类595.4公顷，瓜果类172.1公顷。辖区内有水库2座，总蓄水能力240万立方米。有民办职业中专1所，中心学校1所，适龄儿童入学率100%；幼儿园2所，入园率100%。有医院1家。

【文旅产业】 承办国家级铁人三项赛、省级全民健身龙舟赛、音乐节，举办第五届龙居湾森林踏青节、马拉松赛热身赛等大型活动，接待游客20余万人次。麻湾西瓜、龙居丸子等非遗、乡品销售额180余万元，实现旅游收入1900余万元。整合林家民宿、龙居人家等优势资源，推进省级民宿集聚区、省级生态旅游区创建，打造黄河文化、古镇文化项目组群，推进“千年古镇·黄河水乡”旅游品牌成熟，入选“山东省精品文旅名镇”。

【乡村振兴】 巩固“龙居湾”乡村振兴示范片区创建成果，创新“农业+互联网”模式，搭建“四季甜园”电商平台、建设仓储物流中心、完善智慧龙居数字农业平台，入选省级农业产业强镇。启动“黄河粮仓”稻米仓储基地项目建设，完成投资1200万元，带动周边户年均增收3000元左右。推进沿黄生态长廊建设，更新提档树木1.2万亩，贯彻黄河重大国家战略和习近平总书记视察东营重要指示精神，围绕市、区部署，完成沿黄生态长廊建设项目三年任务目标，项目北至垦利界、南至博兴界、东至南展大堤、西临黄河，按照“两带两线一片多点”规划设计，先后实施造林绿化、林地改造提升、湿地保护修复等绿化工程21项，2023年完成总绿化面积3130.75亩，新造林面积132.8亩、绿化提升面积2997.95亩；依托红色文化“打渔张精神”的发掘与弘扬，实施“政府主导、企业带动、群众参与”建设模式，鼓励发动企业和群众开展造林绿化，厚植“绿”实力，带动投资2亿元以上，其中完成政府投资1.3亿元，吸纳社会投资0.7亿元，更新提档树木1.2万亩。改善农村水质，完成21个村农村生活污水治理改造项目招标。防治大气污染，龙居镇主要空气质量指标居全区前列，生态优势更加突出。

【民生改善】 开展“三资”清管一体专项行动，整改不规范合同219份，解决私占强占47处，收回私占强占耕地、林地等1226亩，收回各类资产占地超过5000亩，

村民正在编制柳编工艺品

2023年12月，动员村民参与村庄扫雪集中行动

彻底解决盐坨村、大张村等群众反映强烈的老大难问题，有关经验做法在全区推广。探索“幸福龙居”体系建设，整合村干部、党员、网格员、公益岗等力量，组建村级服务队伍10余支，聚焦残障、困境、老龄等特殊群体，提供线上缴费、健康查体等服务，启用龙居社区幸福餐厅，补贴就餐惠及社区67名独居老人，实现从“群众跑腿”到“主动效劳”的转变。打造“共富工坊”，签约6位合伙人，吸纳7家工坊和8家企业参与，安置剩余劳动力300余人，带动社会效益500余万元。推进城乡公益性岗位扩容提质行动，总结提炼“三个一”工作模式，开发岗位33类，安置就业困难群体857人，人均每月增收1000余元。开展人居环境整治，学习“千村示范、万村整治”工程经验，以管区为单位，组织村“两委”、党员、公益岗、环卫工人、志愿者、村民代表5000余人次开展村庄清洁集中行动49次，出动机械159台次，清理农村生活垃圾900余吨、荒草地2500余亩、三堆370余处、村周边卫生死角510余处、排水沟渠3000米、村内水塘62处，整治空中蜘蛛网80余处；打造美丽乡村示范典型，先后创建朱家、谢何、蒋家等省、市和美乡村5个，以点带面打造宜居宜业示范样板，对兴龙路两侧19个村庄进行起底整治，带动乡村面貌美丽升级；深化“美丽庭院”创建工作，谢何村创建成为市级“美丽庭院”样板村，西史村主街创建成为市级“美丽庭院”样板街。

【基层党建】提升党员教育管理水平，发挥镇委党校“主阵地”作用，采取导师帮带、体悟实训等方式，完成党员春训。发挥“头雁领航”作用，开展村党支部书记乡村振兴“擂台比武”5次，提升履职能力。发挥沿黄党建联盟作用，聚焦“一镇一业、一村一品”，启动8个支部领办合作社项目，加大蜜桃、香梨、西瓜等特色产业扶持力度，打响“三甜、三宝、三吃”（“三甜”：西瓜、蜜桃、香梨，“三宝”：麻湾刀、草柳编、丝绸，“三吃”：羊汤、丸子、水煎包）龙居乡品特色品牌，村集体经济年均增收4万元以上。强化人才队伍建设，实施“桑梓人才”工程，依托龙居社区党群服务中心打造人才驿站、人才示范基地1处，储备青年人才110名，挖掘在外人才167名，培育致富带头人团队7个，开展就业创业培训23场。

（龙居镇 赵子豪）

辛店街道

【概况】位于东营区西北部，距区政府驻地10千米。辖区面积51.542平方千米，耕地13000余亩。至2023年年底，辖8个农业村、7个村转城市社区、21个城市社区。在籍人口16.4万人，常住人口10.8万人，人口出生率4.4‰，人口自然增长率2.0‰。

2023年，完成固定资产投资20.8亿元，同比增长7%；完成规模以上工业增加值51.2亿元，同比增长14.7%；完成限额以上批发业营业收入27.79亿元，同比下降29.9%，其中，限额以上零售业营业收入1.79亿元，同比下降33.2%，限额以上餐饮业营业收入1995万元，同比增长39.1%，限

辛店街道高标准农田航拍图

额以上住宿业营业收入946万元，同比增长40.3%；完成限额以上服务业营业收入7.8亿元，同比下降8.3%。粮食种植面积8000余亩，以种植大豆、玉米、小麦等农作物为主，在册水库1处，为哨头水库。辖区内共有10所中小学，8所区直幼儿园（油田），7所公办幼儿园，24所民办幼儿园。

【经济建设】培育企业。培育东润机械等高新技术企业18家，哲远科技等互联网企业5家；恒达电气、国启新能源科技等6家企业被认定为省、市级专精特新企业，哲远科技等2家企业申报省级瞪羚项目，厚俞实业、东润机械实现智能化技术改造。深挖项目。实施总投资25亿元的银河央玺等8个重点项目建设，推动玉山路公园、胜利二中、广利河北西营村等6个城市更新项目，新能源设备充换电储能、智慧社区无人售货等一批新业态项目在街道落地。优化经济。依托胜利花苑人群集聚优势，建成全市规模最大的胜大超市；加快推进胜利花苑十四区商业街建设，打造集购物、娱乐、休闲、观光于一体的多功能、多业态、多元素综合商圈，点燃消费新活力。

【村居拆迁】刘家新一村剩余80户的拆迁难问题是一个困扰街道10年之久的老大难问题，自2021年，拆迁工作陷入僵局。2023年1月，重启拆迁工作，指导刘家社区“两委”，在工作中坚持党建统领，逐一分析研判剩余80户情况，由点及面、倒排工期、梯次推进。秉持精准施策的原则，对十年来历次拆迁方案进行细化梳理，形成统一政策体系，定好政策，立好规矩，做到不突破、不逾矩；秉持公平公正、群众至上的原则，致力做好群众工作，让群众理解并支持拆迁改造。成立自拆委员会，遇到重要事项通过自拆委员会会议、居民代表会议集体研究，确保阳光公开、民主决策。拆迁过程中始终坚持“一把尺子量到底”，决不乱开口子，破除“晚签约会多得利益”的观念，剩余80户均按照统一补偿标准执行，确保公平公正。累计拆除房屋面积1.5万平方米，腾退土地345亩。

【城市更新】区人民医院片区更新。该片区涉及物资总公司、辛店水利站等7个地块，拆迁从物

2023年1月，刘家社区自拆委员会成立

盐碱地改造航拍图

资总公司地块开始，物资总公司平房共80户，年内腾空拆除76户，完成平房工作量的95%。胜北片区更新。该片区总建筑面积8.42万平方米，涉及胜利采油厂、物资配送中心等油田单位及红卫社区11户民宅，至年底，除滨海公安局办案中心外，全部完成协议签订。广利河北西营片区更新。该片区涉及西营社区27户民宅，至2023年年底，17户完成协议签订，12户已拆除。该片区拆除完成后可腾出土地415亩，为胜利二中改扩建腾出空间。

【民生事业】优化“一老一小”民生服务。投资160余万元建设社会工作服务站，配备专业社工队伍，为群众提供多样化的社会服务，打造民生事业新高地；改造升级萃苑新区、雅苑、如康家园等5处社区养老服务中心，打造姜家、玉兰等8家幸福食堂，解决老年人“做饭难”问题；雅苑、福兴申报市级儿童友好型社区，可提供亲子教育、帮扶救助等多项服务，保障儿童健康成长。推进文化惠民服务。搭建“半晌讲台”，开展群众喜闻乐见的“短平快”宣讲700余场次，受众人群13万余人次，获评“山东省新时代党的创新理论宣讲基地”。申报津派面塑、苗氏瓷器传统修复等9项区级非遗项目；胜凯社区、唐家村历史文化展厅成功纳入国家公共文化示范区精品路线；组织“戏曲进乡村”文化惠民演出72场、公益演出108场，各类小型文化活动300余场。打造“智慧辛店”服务平台。发挥城乡基层治理工作委员会作用，整合党建、网格、综治、物业、市政等部门职能，土地、房屋、企业等28类信息，可提供火灾预警、社区活动、智能公告等服务480余项，提升网格精细化管理水平。实现医保结算等14项便民服务在社区办理。

【乡村振兴】“三资”清管。累计排查问题合同792份，整改问题合同263份，新签订合同170份，追缴金额611万元，收回资产资源1125.08亩；完成辛店、南庄等9个村居“三资”清管，实现集体年增收640.98万元；依法依规开展债权清收，清收金额95.46万元；利用公开竞标机制将收回的土地、房屋重新推向市场，帮助刘家、辛店、孙路等村居社区实现房屋租赁增收230余万元。盐碱地改造。紧抓黄河流域盐碱地综合利用试点机会，盘活唐家、赵家、哨头等闲置盐碱地资源1051亩、耕地后备资源721亩，预计新增耕地504.3亩；规划高标准农田建设，打造成寨村大豆玉米带状复合种植基地，建成高标准农田5300亩；提报哨头村、茶坡村高标准农田储备项目3000余亩，实现耕地资源扩容、提质、增效。特色农业产业发展。按照“支部＋合作社＋党员”的发展模式，以立新村为试点，成立东营市北郊农业专业合作社，为村集体增收30万元。按照“一村一品”（一个村居一个品牌）发展模式，规划姜家水果大棚、前进花卉大棚、红卫草莓大棚等农业项目，占地约350亩，预计为村集体增收400万元；积极对接上级部门，保障前进设施农业及田园综合体、哨头盐碱地改良及高标准农田建设等项目顺利落地。

【基层党建】油地融合赋能。

围绕油地融合重点突破，对辖区6930名老党员精准分类，开展油地在职党员“双报到”，组建功能型党支部57个，行动支部7个，摸排油地先模人物61名，建成“老石油人才库”，建设贤达工作室20余处，创设“辛胜利”直播间，引导537名“老石油”、241名油田在职党员参与创城、拆迁、防汛等中心工作中。突破疑难问题。聚焦部分党群服务中心不达标问题，与油田老年及区资产运营平台协调房产10处，推动18处城市社区党群服务中心迭代升级，打造胜凯、玉兰2处样板社区。聚焦党员教育阵地缺失问题，经调研选定明珠社区作为党校打造点，将党校建设与党群服务中心、便民服务大厅、智慧辛店平台、灯塔书屋一体推进。聚焦城中村集体经济发展难题，推进党组织领办合作社规范化建设，推动立新、唐家、前进、赵家实现项目突破。聚焦村转居转型难题，建立帮带制度，完成辛店、西营、红卫村改城市社区转型。优化干部队伍。开展谈心谈话225人次，收集意见建议134条。抓好队伍管理，常态化开展村（社区）党组织书记“擂台比武”。实施“新竹力量”培育，邀请专业团队引入讲师42名，提升社工队伍素质；开展社区工作者正副职选聘，储备社区正职3名，副职31名，形成社区工作有生梯队。

（辛店街道　焦丽娜）

黄河路街道

【概况】位于东营区西南部，距区政府驻地5.5千米，辖区面积59平方千米。至2023年年底，辖3个村民委员会、3个村转居委会、19个城市社区，有油田二级单位9个。人口16.8万人（含油田），其中，在籍人口9.4万人，常住人口16.8万人，人口出生率0.6%，人口自然增长率0.2%。

2023年，12家规模以上工业企业实现总产值28.20亿元，工业增加值同比增长9.9%；完成固定资产投资36.26亿元，同比增长9.11%；24家限额以上服务业实现营业收入18.71亿元，同比增长13.12%；59家限额以上批零住餐业实现销售额38.15亿元；实现社会消费品零售总额12.26亿元，同比增长14.1%。全年实现地区生产总值66.79亿元，同比增长6.7%。2023年完成税收收入34969万元，同比增长6.08%。实施重点项目18个，完成投资36.26亿元，同比增长9.11%。

【街区文旅产业】累计投资600万元打造燕山路、鱼台路、菏泽路等多条美食街基础设施及外在景观。其中，3月14日举办“惠享黄河　畅享美食”活动，发挥燕山路美食街、金乡路小吃街、西三路约饭街、鱼台路留香街等4个美食特色街区的引领带头作用，推动传统美食焕发新活力；5月1日燕香里街区举办“寻味燕山路　八局老味道”活动，通过“食音并赏·回品老味”“遇见美好·烟火市集”“向往的生活·露营烧烤”“童话奇遇记·儿童游乐”“找

2023年10月1日，燕香里街区“中秋月下古风游，国庆乐飨燕香里”文化旅游节活动举行

寻爱酒的你·品酒达人赛”“街舞快闪·乐队驻唱”“燕山记忆·创意打卡”“非遗传承·民俗展演”8个栏目，用文化做局、以街区为缎、以美食为带，将美食文化和街区文化相融、假期文化与消费文化相容；10月1日燕香里街区举办“中秋月下古风游，国庆乐飨燕香里”文化旅游节活动，再现中秋团圆佳节游街赏玩的传统魅力，增添节日“仪式感”。累计接待客流50万人次，带动各类商户3900余家，带动消费4500余万元，燕山路燕香里街区被评为“省级夜间文化和旅游消费集聚区。

【城市更新】升级改造深利小区、利众小区、金河新村和一品花园4个老旧小区人居环境，东赵西区、万泉世福源A区2个小区清洁取暖设施。以“双城”创建为契机，开展环境集中整治行动，拆除各类违建79处，拆除面积18713平方米；严密排查整治辖区内经营性自建房和其他自建房，录入系统4432栋；规范化改造鑫昊、科技一村等5处大型农贸市场，助推辖区容貌提档升级。历史遗留问题化解。名流世家、领秀天成、燕山小区5号楼、瑞景花园项目、万泉世福源小区A区高层项目5处历史遗留问题，因债务纠纷、消防设施缺失等问题烂尾近十年，仅名流世家一个项目就涉及各类债务纠纷达2亿多元，债权人遍及江西省、上海市、东营市等多地。2023年，成立工作专班，组织专班工作会议17次，个案分析22次，累计外出至上海、鹰潭等地协调对接40人。针对5个小区项目的个性特点、历史原因、症结堵点、法律纠纷等逐条抽丝剥茧、厘清脉络、分步实施，至9月，除领秀天成和名流世家2个小区外，其余3个小区基本解决历史遗留问题。专班再次经过近3个月的沟通对接，12月6日先后完成名流世家和领秀天成项目的首次登记和1户转移登记。截至2023年底，破解5个小区1461户居民的房屋产权确权颁证历史遗留问题。战在一线锻造“黄河先锋”，抽调209名精干力量，组建16个工作组全过程推进，专班组建坚持“老中青”结合，中坚力量以身示范、年轻力量一线成长锻炼，凝聚“黄河先锋”事争一流的干事氛围。通过党员带头攻坚，对50亩墓地现场及1500余米进场道路进行24小时不间断施工，历时98天。完成签约房屋面积70679.6平方米，腾空房屋64300.56平方米，拆除房屋66749.65平方米，腾空土地650亩，进一步盘活城市存量空间，为高标准建设胜利中央公园，打造旧区提升改造新样板打下坚实基础。

【民生事业】建立“217”快速响应机制，结合“油地干部下基层”活动，辖区76885户居民实现遍访“全覆盖”，累计收集意见建议2817条，通过逐条分析、全面梳理，落实整改2648条，协调区级层面解决民生问题148件，相关经验被《光明日报》报道。投资2.2亿元建设德康宁医养中心，提供床位515张，致力打造全市第一、全省一流的医养服务龙头。建设德康宁养老中心，完善“居家—社区—机构”链条式专业养老服务格局。推进景屋、东赵、万泉新村、万泉老村、耿井、燕山、南李、街道卫生服务中心8个卫生室医保延伸点服务，实现慢性病人员医保延伸点和“两病”人员用药定点等服务。年内，辖区内8个卫生服务站门诊报销2659人次。为消纳农村剩余劳动力和城镇长期失业人员，开发设置城乡公益性岗位280个，群众实现在“家门口”就业增收。耿井村通过启动德康宁健康医养项目、耿井草市等民生项目，面向社会相关机构、未就业人员提供9类职业技能培训，带动周边辖区4000人就业，为村每年固定增收1000万元服务费和10%的运营分红。景屋村以“全省‘三资’清理全省试点”为契机，立足城市近郊的区位优势，发展观光休闲产业，将收归村集体的私占荒地与闲置地整合连片开发，建成占地面积14亩蝴蝶兰种植基地（一期），实现年销售额300多万元，为集体收入增收近60万元。

【基层党建】建成全市第一家新

就业群体党群服务中心、第一个红新广场，搭建“1+1+19”党群阵地，率先在全区实现城市社区“暖蜂”驿站全覆盖。成立全区第一个外卖企业党支部、第一个直播电商党支部。黄河路街道及辖区内燕山社区分别被评为全省首批“青春社区伙伴计划”青年社会组织参与基层社会治理创新服务示范项目试点街道、社区。完成东利、祥河、物华等10处城市社区党群服务中心迭代升级，完善“一社一品”服务品牌，东利社区剪纸被文化和旅游部确定为“非遗在社区”试点地区典型案例。累计开展公益市集29期，惠及居民3.5万人。首创“书记茶摊”议事平台，解决居民关心事项472个。打造全市首家黄三角·新能人学院，聚焦“引育留用”四大功能，挖掘各类新能人649人，建立“1+7+N”新能人队伍125支，认领公益微创投项目64个。成立商圈行业党建联盟3个，构建“1+N”商圈党建阵地体系，建成1个商圈党群服务中心、7个老街党群驿站。搭建“商居圆桌π”等多元化议事协商平台4处，成立“益”元基金，累计实现收益10万元，解决商圈发展难题41个，在全市乡镇（街道）党（工）委书记抓基层党建创新项目路演中获得全市第二名。新业态新就业群体相关经验在中央级改革创新刊物《学习与研究》中发表。

（黄河路街道 姜文豪）

文汇街道

【概况】位于东营区北部，距区政府驻地8千米。辖区面积77.63平方千米。至2023年年底，辖6个村居、23个城市社区。

2023年，实现地区生产总值221.95亿元，同比增长8.8%，总量及增速均居东营区第一位。限额以上社零额总量占全区60.3%，同比增长13.1%，拉动全区提升7.6个百分点，对全区贡献率达到136.7%。规模以上服务业营收总额占全区的43.9%，同比增长6.8%，拉动提升全区增长3.1个百分点，对全区贡献率达到31.7%。规模以上工业总产值同比增速6.1%，增加值同比增长9.7%，连续3年在全区位列前茅。农林牧渔业总产值1853.18万元，全年造林29.35公顷，林木覆盖率23.89%，林业产值295.47万元；年末大牲畜存栏240头，畜牧业总产值377.46万元；渔业总产值1180.25万元。有水库10座，总蓄水能力360万立方米。

辖区内有胜利一中、东营区三中、区文汇学校等公立学校31所；民办幼儿园17所，在园幼儿1896人，入园率100%。有胜利油田中心医院、东营市东营区新区医院、胜利油田妇幼保健院等大型医疗机构5个。

【经济发展】推进海瀛二期、金辰央玺等16个区级重点项目，招引储备汇金创新创业广场、米维特物流产业园等6个项目，计划总投资16.5亿元。把财源建设放在发展大局中一体谋划，向上争取政策资源，解决企业合理需求。走访辖区20家市属二分局企业及6家油田改制企业，从外县区引入大型优质企业19家，新增税收收入5000余万元；协助东辛片区、科教园片区6家企业税收征管关系落户。坚持以“四新”经济建

2023年10月15日，文汇街道兰赵村“富硒水稻”实验基地

2023年9月13日，使用小区公共收益资金修缮后的东方银座花园小区居民广场

设为导向，布局建设西城数字经济产业集聚区，服务保障抖音集团——中国内容质量与用户体验中心（东营）落户，年营业收入2000万元以上。定位文旅参与模式，加快济南路、海通路等传统商业街区转型升级，建成国家级非遗旅游文化街区1处，省级夜间文化和旅游消费聚集区1处、市级特色街区1处。

【城市更新】抓好重点片区更新。做好中心医院片区更新，坚持以人为本、依法合规；顺利实现颐园小区全面拆迁清零，拆迁改造经验获市委主要领导肯定性批示；历时117天，完成油田一中片区约8.1万平方米的拆除清零，释放城市发展用地约1410亩，为油田一中扩规发展留足空间；北王屋村居改造“四次均衡”运作模式正式纳入东营区城市更新经验。提升城市环境品质。统筹推进“双城”创建，拆除违章建筑29848平方米，清理积存垃圾5000余立方米，清除违规占地开荒种菜260亩，整治流动摊点4100余处；体育公园、泮水公园等项目建成开园，胜泰、胜安等7个社区被评为省级文明社区，辛镇村获评省级文明村，北胜社区被评为市级绿色家庭创建示范社区。完善城乡功能。为潍坊路、太行山路、天目山路等17条道路提供服务保障，畅通交通路网微循环；投资1960万元，改造辖区百大三区、百大二区等8个老旧小区，渐进式补齐老旧小区生活设施短板；打造商隆、青山等3个省级“一刻钟便民生活圈”试点，中山社区入选国家“一刻钟便民生活圈”试点。

【民生事业】提升基础服务质量。拆除胜利二小、区三中等8所学校周边建筑10.2万平方米，快速推进胜利二小、石油大学附属中学、胜利青山小学等改扩建项目；中山幸福食堂、油建幸福餐厅等养老惠民项目落到实处；实施3000平方米卫生服务中心规范提升项目，打造全市首家智慧化预防接种门诊和省级基层预防接种人员规范化培训基地；支持油田中心医院扩规升级，协助院区完成22处拆除任务，累计腾挪土地85.28亩。稳定社会安全。坚持安全生产“打非治违”高压态势、“人防+技防”，创新开发“智汇院落”小程序，形成“网格员排查+社会监督”运行模式，创新“四色”管理机制，对468处“四闲”院落落实常态监管，查处非违法行为15起，发现并整改隐患452项；制定“一河一策”，重新摸排并完成辖区4条河流易漏点封堵，引入第三方治理，辖区水环境综合指数下降至9.56，保障辖区河流安澜无恙；加强建设地块防尘措施，覆盖裸露地面约3.6万平方米，辖区空气质量持续达标；推进危废“百日攻坚”行动，规范26家涉废汽修厂危废间建设，完善危废处置台账，严防土壤污染。落实民生实事。开发城乡公益性岗位454个并完成招录；成立全市首家城市社区供销综合服务社，畅通富农增收渠道；举办文汇河海音乐节，做好文、旅、住、餐“串珠成链”，打造省内知名、油城特色突出的音乐节品牌“河海文汇”，提升城市美誉度。

【油地融合】共建油地新发展模

式。联动油田老年、西协、公服等单位，联合开展公益市集活动，推动油田公用服务进社区，充实社区为民服务清单；“红领幸福·城市书房”建成运营，打造油地居民“想来、爱来、盼来”的新型公共阅读空间。塑造人才服务品牌。以油地人才工作为突破口，建成青华社区、油建社区等10处油地青年人才服务阵地和1处新就业群体“友好型街区”；投资180万元建设800平方米高层次人才服务中心，引进中石化石油工程设计有限公司、胜利油田物探研究院等高层次人才8人，建立“金桥工程”专家服务库82人，组建在外油城子女“同城朋友圈”吸收252人。提升治理效能。油地警务联调联战机制持续深化，陆续开展禁毒、反电信诈骗等宣传活动百余场，覆盖人群上万人，并为东营首届河海音乐节保驾护航；以“油地干部下基层活动”为契机，组织937名党员干部深入一线，通过班子成员挂帅包办、油地力量协同攻坚，先后化解民生诉求1200余条。

【基层党建】夯实党建基础。创新在社区开展“每周一课”特色活动，举办图书分享、研讨交流、专题辅导等活动200余次；面向周边流动党员开展各类特色服务活动，建设商河路党群服务驿站，打造流动党员“红色港湾”；在青华社区、海创园、胜利实验小学打造3处灯塔书屋，开展读书沙龙等活动50余场；组织村、社区党员开展迎七一“初心”系列主题活动24场，为129名老党员颁发“光荣在党50年”纪念章。建强全域城市党建。实施党建引领小区公共收益“清管用”专项行动，201个小区收益全面“破零”，实现公共收益284.43万元，解决小区路面养护、监控设备维修等60项居民急难愁盼问题；9处社区党群服务中心、11处小区党群服务驿站提档升级；探索“社区经济”发展新模式，领办“暖心汇缝纫合作社”，重塑“油建冰糕”品牌。赋能增效村级党建。提升村党组织领办合作社，以兰赵村为试点，创新探索“合作社＋公司＋农户”的富硒水稻发展模式，最高亩产达775千克，总产值70余万元，带动村集体和村民增收27万余元。

（文汇街道　杨浩）

2023年2月25日，“约惠四季”促消费活动之“约惠春天活力文汇”购物节开幕

胜园街道

【概况】位于东营市西城西南侧，距区政府驻地9千米，辖区面积20.8平方千米。至2023年年底，辖12个行政村、2个片区、3个城市社区。常住人口12360人，其中，在籍人口10060人，人口出生率0.43%，人口自然增长率0.18%。

2023年，完成一般公共预算收入17715万元，其中税收收入14574万元。街道本级一般预算支出17705万元，其中行政管理事务支出2495万元，文化方面支出10万元，公共安全支出82万元，教育支出138万元，社会保障支出842万元，卫生健康支出109万元，节能环保支出923万元，农林水支出676万元，城乡社区建设支出637万元。绿化总面积150万平方米，配套6000立方米的污水处理厂。有“九年一贯制”学校1所，公立幼儿园2所，社区卫生服务中心1处，集贸市场、大型商超等生活配套设施齐全。

2023年2月2日，胜园街道“春风行动”招聘会现场

【城市更新】以聚焦产城融合抓改革创新，致力服务高新区，全面激活高质量发展核心动能，实现园街一体化发展。配套设施不断完善。投资6400多万元完成胜泽园·现河生活港主体建设，建筑面积10617平方米，分成商铺、农贸市场2个部分，为周边群众和企业员工的衣食住行提供便利。村居“抱团发展”的排头项目胜泽园·祥悦金街稳步建设，项目总投资6200万元，由东现河社区、南田社区、西现河村联合安置地作价入股开发建设，为群众生活提供便利，也为村居集体经济可持续发展增添活力。抓实重点项目建设。创新打造失地村居“共富公司”模式，破解失地村集体经济发展空间不足等难题，启动总投资1.5亿元的新能源装备制造产业园项目建设，重点打造面向制造业的信息服务、智能制造、研发孵化、成果转化的标准厂房集聚区；完成建设市区重点民生工程胜园街道中心学校食堂项目，新增餐位1200个，解决学校全体师生就餐问题。

【社会治理】落实综治信访各项措施，做好网格化管理工作，提升社会治理水平，维护街道稳定。创新企业专属网格工作模式，全面推行“多网合一、一网运行”模式，成立企业专属网格工作委员会，实行定期议事制度、会长轮值制度，致力于打造“一站式”、综合性、高端化服务管理平台；发动楼栋长、志愿者、老党员、企业联络员等多方力量参与社会治安防范、矛盾纠纷化解等网格化服务管理工作，构建多元参与、共建共享的基层治理格局。推动矛盾纠纷源头化解，加强基层“网底”功能，巩固完善“三层四步五介入”新型矛盾纠纷调解机制，构建以街域治理为统领、网格化管理为前沿、矛盾纠纷调解为重点的“三位一体”工作格局，强化在源头排查矛盾隐患、在源头解决合理诉求、在源头稳控重点人员，就地化解社会矛盾。

【民生事业】提升就业服务。组建双向信息资源库，面向全区、联动内外，提供招聘求职、职业指导、帮办代办等服务，累计对接企业300余家，收集招聘岗位数千个，推荐就业人员400余人。打造“缤纷高新·才聚胜园”特色就业品牌，开展主题招聘会4场，到场招聘企业约70家，发布就业岗位1200余个，120余人在现场达成面试意向。提高社会救助水平。做好低保户、特困供养人员、高龄老人、残疾人动态跟踪和救助，持续开展困难群众走访慰问工作，为困难群体送去关心关怀。新建姜王村老年食堂，满足村内老年人用餐需求，委托第三方机构，为辖区19名老年人提供居家养老服务。投资1000余万元改（扩）建东营区公益性公墓，对村规民约执行情况和红、白事务办理情况实行月调度，推进移风易俗。联动开展农村人居环境整治工作，集中整治农村乱堆乱放、私搭乱建等现象，提升村容村貌整体。针对辖区部分道路塌陷、绿化管养质量差、井盖丢失等现象，开展绿化管养提升行动，提升辖区生活环境质量。

【多位保障】抓实安全生产。发挥安委会13个专委会行业监管和

2023 年 5 月 12 日，胜园街道举办“中国梦 新时代 新使命”宣讲比赛

干部联系企业督导作用，平均每月帮助企业查改隐患 700 余条。夯实企业主体责任，督促企业编修主体责任清单，完善应急预案，实现应急演练、教育培训全覆盖；加强安全执法检查，2023 年，检查生产经营单位 273 家次，检查隐患共 1980 余条，下达执法文书 189 份，隐患整改率 98%。抓牢生态环保。做好第二轮中央、省环保督查信访件复核工作，联合上级部门对辖区督办件进行复核，第二轮中央、省信访件全部整改完成，并上报销号材料。加强空气环境整治，2023 年一季度空气质量综合指数及同比改善情况分别排名在全区第一和第二。加大五干排水质治理力度，在日常巡查基础上，对新发现的 4 处排水口的雨污混流情况进行封堵，确保污水不入河。提升新上项目环评初审服务质量，完成 17 个新上项目入园审批工作。

【基层党建】 建成并投入使用东营高新区、胜园街道党群服务中心，组织公益市集、人才招聘、教育培训等活动 130 余场次，迎接各级观摩、调研 60 余次，惠及党员群众 4000 余人。打造灯塔阅读阵地，藏书 2000 余册，获得市、区组织部门高度评价，相关经验做法宣传视频登上山东灯塔党建在线。实施“红色小巨人”培育计划，从企业最关心、最迫切的问题出发，聚焦专精特新中小企业成长路径，实体化运行专精特新企业综合党委，通过建设“三个矩阵”（领导矩阵、强链矩阵、制度矩阵）、建强“三支队伍”（企业出资人建强“领头雁”队伍、科技领军人建强“顶梁柱”队伍、“红领书记”优势建强接班人队伍）、搭建“三个平台”（“红色小巨人”培育中心、专精特新企业书记工作室、石油高校校友之家），为中小企业链接起全生命周期培育服务，培育国家级专精特新“小巨人”6 家，省级专精特新 23 家、省级创新型中小企业 39 家、世界一流专精特新示范企业 1 家。

（胜园街道 薛君瑞）

石　油

石油

【概况】胜利油田是中国石化集团胜利石油管理局有限公司（简称胜利石油管理局有限公司）、中国石油化工股份有限公司胜利油田分公司（简称胜利油田分公司）的统称，主要从事石油天然气勘探开发、地面工程建设、油气深加工、矿区服务与协调等业务。工作区域分为东、西两部分，东部主要分布在山东省东营、滨州、德州等8个市28个县（区）内以及海上辽东地区，主体部分位于东营市，包括渤海湾盆地的济阳、昌潍等5个坳陷；西部主要分布在新疆、青海、甘肃、宁夏4个省（自治区），涉及准噶尔、吐哈等6个盆地。胜利油田总部位于东营市济南路125号。

胜利油田是在20世纪50年代华北地区地质普查和石油勘探的基础上发现并发展起来的。1961年4月，位于东营构造上的华8井首获工业油流，标志着胜利油田的发现。1964年1月，中共中央批准组织华北石油勘探会战，胜利油田勘探会战和开发建设拉开序幕。1972年8月，改称胜利油田会战指挥部。1989年8月，更名为胜利石油管理局。1998年6月，国家进行石油石化重组，胜利油田由原中国石油天然气总公司划归中国石化集团公司。2000年5月，中石化整合上市，将油田勘探开发核心业务组建成立胜利油田有限公司，2006年1月，变更为胜利油田分公司。2017年，进行公司制改造，成立胜利石油管理局有限公司。截至2023年底，胜利油田有直属单位58个，用工总量8.51万人。2023年，生产原油2345.12万吨、天然气8.59亿立方米。

【油气勘探】2023年，胜利油田勘探系统围绕新增三级储量目标，突出高质量、低成本、高产能、高效率，强化“精细评价、利器建设、强基固本、精益管理”四大工程建设，推进高质量勘探大突破，取得4个勘探突破和4个商业发现。东部探区在利津洼陷沙三下亚段页岩油新区、东营凹

2023年9月8日，胜利油田永21储气库完成注气4951万立方米，顺利完成4800万立方米的年度垫底气任务

陷纯上亚段新类型页岩油和博兴洼陷古近系深层油气勘探取得重大突破，展示东部老区较大增储潜力；在渤南洼陷和滩海地区发现规模储量阵地，取得商业发现。西部探区在哈山山前带二叠系风城组新领域勘探取得重大突破，开辟规模增储新领域；在准西北缘稠油油藏和准中永进地区取得商业发现，夯实西部上产资源阵地。

2023年6月16日，中国石化职工创新成果展在胜利油田举行（王国章 摄影）

【油气开发】2023年，胜利油田聚焦规模稳产上产，扎实开展“开发基础管理深化年”活动，推进储量有效动用、存量结构优化、开发方式转换，开发质量效益不断提升，新增原油SEC经济可采储量2809万吨，储量替代率125%。聚焦做大做优增量，坚持超前研究、超前部署、超前运行，持续拓展新区建产阵地，加快页岩油开发评价，扩大老区调整规模，地质工程一体化提高产能建设质量和效益，推动提产、提质、提效，年内新建产能189万吨。聚焦提能量、控含水、降递减，深化稳产潜力调查，加强注水基础管理，加大投转注、压驱等注水补能力度，强化产液结构调整，开展精细注水示范区建设，地层能量持续提升，动液面回升11米；抓实稠油全过程“热管理”，推广老区加密及降黏开发技术，稠油油汽比同比提高0.01%；加快非均相驱等化学驱成熟技术推广应用，创新推广“3+2”（三次采油与二次调整协同增效）技术，抓实先导试验攻关，化学驱年增油137万吨、超计划7万吨。常规油藏自然递减率保持稳定，综合含水实现“零增长”。

【新能源产业发展】2023年，胜利油田坚持地热大开发、余热全替代、光伏大发展、氢储抓试点，胜利油田首个百兆瓦级光伏电站、首个兆瓦级绿电制氢项目建成投产，年内新建光伏装机151兆瓦、清洁供热能力25万吉焦。国内首个源网荷储一体化智慧能源系统建成投用，支撑发供用协同降本、煤热新能源联营增效，开发单位全面推广柔性生产、度电单价降低1%，胜利油田自发绿电全量消纳。

【CCUS产业化规模化推广】胜利油田高质量运营百万吨CCUS示范工程，国内首条百公里、百万吨级二氧化碳长输管道建成投产，莱113区块建设成为胜利油田首个产出气分离、液化、回注示范区，创新推进“水驱、压驱、气驱、气水交替”恢复地层能量模式，2023年注入二氧化碳47.20万吨、增油4.35万吨。

【科技创新】2023年，胜利油田聚焦打造技术先导型企业，持续加大研发投入，深化基础研究和技术攻关，加大成果转化、协同创新，创新驱动赋能更加有力。科技创新机制平台深化搭建，加快打造高层次实验、高水平开放合作、高效率成果转化平台，页岩油实验室获批全国重点实验室，CCUS、智能油田2个研发技术中心进入国家创新平台，碳捕集利用与封存等2个省部级实验室落户胜利油田，北京大学等6个“揭榜”攻关项目高效运行。关键理论技术加快突破，咸化湖盆页岩油富集规律、山前带复式立体成藏等理论认识不断深化，页岩油优快钻井、复杂敏感储层压裂等技术实现突破；高温高盐非均相复合驱技术再获新突破，自主研发的二氧化碳管道输送离心泵和密相注入泵填补国内空白，余热光热利用系列技术保持国内领先。两化深度融合，建成企业级数据湖，完成东营北带砂砾岩体勘探大模型构建，PCS 一级部署全面完成，海洋智能油田建设加快推进，工况智能诊断等技术广泛应用。胜利油田两化融合管理体系获工信部最高等级认证，入选国家数字化转型贯标试点企业。年内，胜利油田拥有省部级重点实验室 16 个；开展科研项目 626 项，申请专利 741 件、获得专利授权 437 件，省部级以上奖励 27 项。

【经营创效】2023 年，胜利油田深入开展上产降本增收创效攻坚行动，强化生产、投资、财务预算“三大计划”协同优化和投资成本一体化统筹，加强全员全要素全周期成本管控，推进目标分解到区块、决策优化到区块、核算管理到区块、分析评价到区块、考核兑现到区块“五到区块”和目标分解到单元、核算管理到单元、预警分析到单元、对标评价到单元、考核兑现到单元“五到经营单元”目标管理，深化胜利油田分公司、胜利石油管理局有限公司、胜利石油工程公司、石化总厂、经纬公司“五大板块”业务互供，物资贸易、信息运维、地面工程、药剂生产、产品制造“五大平台”协同创效，“一利五率”指标持续向好。

【QHSE 管理】2023 年，胜利油田持续夯实安全绿色发展基础，风险防控能力得到有效加强。安全生产方面，深入开展“安全管理强化年”行动，全面压实主体、专业、监管“三个责任”，优化调整安全生产专委会设置和职责，推进“有感领导”实践行动，推动管行业必须管安全、管业务必须管安全、管生产经营必须管安全“三管三必须”落实到位。突出风险隐患治理，加强高风险作业提级管理，建立特殊作业、非常规作业、高风险施工清单化分级管控机制，开展承包商大起底大排查大整治、专项督导、燃气专项整治，油田级安全风险总值下降 13.50%。开展“加强基层管理、促进安全生产”专项行动，建立为基层减负赋能长效机制，强化实战化岗位练兵和应急演练，全员安全素质不断提升。节能减排降碳方面，制定黄河流域生态环境保护专项整治方案，实施无废油田“六大行动”（风险隐患排查治理、减污专项审核、固废源头减量、固废资源化利用、专项清废、绿色采购行动），推进危废日产日清和甲烷有偿排放管理，“无废企业”建设达到 A 级标准。全面推进能耗与碳排放联动考核，孤东 106 兆瓦光伏 UER 碳减排项目进入德国市场交易，东营原油库被认证为国内首座“碳中和”原油库。

【改革管理】2023 年，胜利油田持续完善管理体系机制，落实改革深化提升行动，推进聚焦价值创造、建设世界一流企业实施方案，强化制度岗位识别与落实，推行新型目标经营责任制，油藏经营价值持续提升，胜利油田分公司劳动生产率同比提高 6.80%。深化市场化运营，加快“大市场”管理体系和运营平台建设，探索小类业务集中招标采购模式，推进“技术 + 管理 + 品牌 + 平台”拓市创效，2023 年外部市场中高端项目占比达 60%。

【品牌建设】2023 年，按照中国石化品牌引领行动要求，出台《胜利油田品牌引领行动工作方案》，明确油田品牌引领行动基本原则和重点任务，扎实推动油田品牌建设工作。探索上游板块业务品牌建设，成立油田业务品牌建设工作专班，加强油田业务品牌定位研究，开展商标注册申请，推进品牌与业务融合。12 月 15 日，“易能问地”业务品牌通过集团公司品牌管理领导小组审议，要求胜利油田牵头打造集团公司上游企业油气绿色高效开发解决方案品牌。5 月 10 日，策划组织“胜利运输、安全到家”品牌体验，邀请东营市相关政府部门、合作伙伴、新闻媒体现场体验胜利运输“安全到家”价值承诺。

【国企政治优势】2023年，胜利油田持续深化思想政治引领，严格落实“第一议题”制度，扎实推进两批主题教育，聚焦学习贯彻习近平总书记视察胜利油田、九江石化重要指示精神，举办系列活动，油田上下捍卫“两个确立”、做到“两个维护”更加坚定。深入开展“忆传统、强三基、讲奉献、促发展”主题活动，发布油田“十大优良传统”和重大标志性成果，强化正面舆论引导。实施“基层党建升级行动”，开展常态化党建督导帮扶，统筹用好各年龄段干部，选优配强各级班子，强化人才培训培养。推进“清廉胜利”建设，深化拓展大监督体系，搭建“联学联动联改联督”平台，完成4轮次常规巡察和4个专项巡察，加强重点业务、工程开展专项监督，严肃查处“靠企吃企”等问题，召开警示教育大会，纠“四风”树新风。

【和谐稳定】2023年，胜利油田践行以人民为中心的发展思想，常态化推进“我为群众办实事”，深化新型后勤服务管理体系建设，加快矿区优化改造提升，推进员工服务“一窗办理”，健全区域食堂服务网络，升级员工健康管理，完成惠民利民事项300余个。开展群众性劳动竞赛，持续推进生产难题“揭榜挂帅”，加强创新工作室建设，为员工岗位建功搭建平台。深化平安油田建设，加大公共安全管理和涉油违法犯罪打击力度，平安稳定环境氛围持续巩固。

（胜利石油管理局有限公司 兰峰）

高等学校

- 山东石油化工学院
- 中国石油大学（华东）东营科教园区

高等学校

山东石油化工学院

【概况】学院是经教育部批准，由山东省人民政府设立的全日制公办普通本科高校，前身为胜利油田师范专科学校。2003年3月，经教育部批准，中国石油大学（华东）和胜利石油管理局在胜利油田师范专科学校基础上，合作成立石油大学胜利学院。2005年3月，学院更名为中国石油大学胜利学院。2021年1月，经教育部同意，学院转设为省属公办普通本科高校——山东石油化工学院。2022年2月18日学院正式揭牌。

学院占地面积868亩，校舍建筑面积28.4万平方米。教学仪器设备总值2.01亿元，图书馆纸质图书103万余册，电子期刊96万余种。建有绿色制造与智能控制山东省工程研究中心、新型有机化工材料合成山东省工程研究中心、山东省稀土催化创新创业共同体3个省级平台，山东省高校碳中和能源技术重点实验室、山东省高校非常规油气高效勘探开发特色实验室、山东省高校碳中和绿色能源技术工程研究中心、山东省高校黄河流域化石能源绿色低碳开发与转化协同创新中心、山东省智慧油田大数据发展创新实验室、山东省大数据人才实训基地、山东省技术转移人才培养基地7个市级科研平台，重质油全国重点实验室碳中和联合研究院依托学院建设，碳中和现代产业学院入选首批山东省现代产业学院建设名单。建有石油装备、能源科学等各类实验中心和实训室223个，油气开发工艺与装备、深层致密油气、智能信息处理、化工本质安全与控制、机械表面工程与摩擦学、绿色制造与智能控制工程、新能源材料与器件、油气管道流动安全保障技术、干细胞工程与生物材料、能源化工企业数字化转型研究与应用市级重点实验室（研究中心）10个。

学院现有教职工617人，专任教师483人，其中，高级职称184人，占专任教师总数的38.1%；具有硕士以上学位的465人，占专任教师总数的96.3%。有两院院士2人，国家级人才2人，省部级人才5人，山东省高校黄

2023年9月，山东石油化工学院新生入学现场

大年式教师团队2个。学院面向全国28个省市（自治区）招生，有在校生10200余人。

学院设有石油工程学院、化学工程学院、智能制造与控制工程学院、经济管理与文法学院、教育与现代媒体学院、大数据与基础科学学院(马克思主义学院)、生物医药与护理学院等7个教学院，开设石油工程等39个本科专业，涵盖工学、理学、经济学、管理学、文学、教育学、艺术学、医学、法学等9大学科门类，形成以石油、化工、机械等工科为主，多学科相互支撑、协调发展的学科专业结构体系。有省级一流专业建设点2个，省级特色专业2个;省级一流本科课程5门，省级课程思政示范项目2项，山东省高等学校课程联盟优秀共享课程3门，山东省高等学校在线开放课程平台上线课程15门。

"十四五"期间，学院围绕"立足东营，融入山东，面向全国，对接石油石化、新能源、新材料、智能制造、绿色化工等行业需求，引领和服务区域经济社会发展，努力办成一所石油化工、装备制造类专业特色鲜明、省内有较大影响的高水平应用型普通本科高等学校"的办学定位，坚持"高端""特色""开放"的办学思路，聚焦深化教育教学改革、一流学科建设、产教深度融合，致力于成为培养石油石化高素质应用型人才的重要基地，成为解决石油石化和新能源领域工艺设计、应用技术创新问题的研究中心，成为东营市、山东省经济社会发展的重要引擎，为更好地服务国家能源战略需要、更好地服务黄河流域生态保护和高质量发展作出更大的贡献。年内，举办特色活动60余项，推动成果转化116项，形成长效机制23项。在全省高校综合评估中评定为最高等次"好"，典型经验做法在省委主题教育工作简报刊发。新增省级"样板支部"1个，1个基层党支部获评山东省教育系统共产党员先锋岗，1名党员获山东省教育系统党务工作先锋称号。

【发展规划】学校对照建设标准，细化工作举措，突出亮点特色，强化工作保障，聚力高素质应用型人才培养，推进应用型本科高校建设，提升服务区域经济发展能力。立足办学定位，贯彻新发展理念，聚焦国家重大战略和区域经济社会发展需求、高等教育发展规律以及学校改革发展实际，在广泛调研、系统研究、科学论证、凝聚共识的基础上，编制构建学校中长期事业发展"1+4+N"规划体系，明确建设一所能源领域特色鲜明、省内有重大影响、行业有重要地位的高水平应用型大学的远景目标，确定以优化结构、提升内涵、全面发展为主线的"三步走"发展战略，进一步明确学校办学定位、发展目标、重点举措和具体任务。

【学科专业】完善《高水平学科专业建设方案》，重点打造油气高效开发、绿色化工、高端装备与智能制造等11个学科专业群，建立"特色鲜明、优势突出、相互支撑、协调发展"的学科专业新生态。加快布局"四新"专业，推进传统优势学科"智能+"改造，获批储能科学与工程等2个新工科专业，获批智能地球探测等4个新工科专业。坚持"学科方向—领军人才—学术团队—科研平台—创新成果"建设思路，支持资源与环境、材料与化工、机械3个专业学位硕士培育点的建设，获批硕士学位授予立项建设单位。

【师资队伍】实施"人才强校"战略，在加拿大、英国分别成立海外人才工作站，加大人才引进力度。全职引进加拿大工程院院士、享受国务院政府特殊津贴专家1人，山东省有突出贡献的中青年专家、四川省"千人计划（青年项目）"特聘专家等4人，新增博士近60名，博士学位教师占比提高至20.1%。创新"揭榜挂帅"、"科技副总"挂职等合作形式，构建校地企人才"共引共育共享"机制，27位专家教授、青年博士到地方企业担任"科技副总"。启动"1515"人才工程和"黄河学者"人才提升计划，激发人才干事创业活力。培育国家“火炬计划”人才1人、山东省引进顶尖人才“一事一议”专家1人。

【人才培养】深化产教融合，与利华益集团、富海集团等30多家企业签署校企合作协议，与110多家企业签订实践教学基地协议，共建156个实习实训基地，建立起“科教融汇、产教融合”协同育人机制。为企业实行“订单式”人才培养，设置海科新源订单班、盛虹冠名班，实现培养目标与岗位需求、教学内容与职业标准、教学过程与生产过程“零距离对接”。加大现代产业学院体系建设力度，申报并获批省级现代产业学院——绿色低碳能源产业学院，省级现代产业学院数量达2个；加强“1+N+X”现代产业学院体系建设，以省级现代产业学院为引领，开设碳储科学与工程等9个微专业，遴选213名优秀学生组建微专业实验班，构建多元化、个性化、定制化的新型人才培养模式。推动高质量就业创业，打造“党建引领、素质推动、产业促进、创业带动、困难帮扶”的全链条就业工作体系，2023届毕业生就业率稳居省属本科高校第一梯队，构建“课堂教学、实践研学、项目驱动、赛事引领、孵化加速”的创新创业教育生态体系，学生获全国性学科竞赛和创新创业竞赛奖项数量均实现大幅增加。

【科学研究】平台建设实现突破，重质油全国重点实验室碳中和联合研究院揭牌运行，聚焦非常规油气勘探开发、绿色化工等重点学科，联合区域内行业企业，申报并获批山东省工程研究中心2个，省级创新创业共同体1个。各项科研工作稳中有升，徐春明院士获山东省顶尖人才“一事一议”项目5300万元支持，庄庆发院士获科技部“火炬计划”立项支持；获各类科研项目178项，到位经费5670万元，同比增长129.3%。教学科研获奖数量增量明显，加大要素保障力度，获各类科研奖项39项，其中山东省科技进步奖二等奖1项，省级科研成果奖实现新突破，获省级教学比赛奖项3项，申报省级教改项目3项。

【交流合作】开创国际化办学新格局，举办“汉语桥——黄河口印象”线上中文夏令营，来自俄罗斯、巴基斯坦等国家160余名学生参加线上活动；同阿联酋沙迦大学、埃及开罗大学、土耳其巴赫切谢希尔大学等12所高校、科研院所和企业等达成合作意向、签署备忘录及合作协议，加速构建国际化办学新格局。加强校地企合作，搭建合作新平台，与河口区等县区政府及国家级稀土催化研究院等多家企业和研究院所签订战略合作协议，形成协同育人、互利共赢的良好局面。扩大校际合作，与山东大学、中国石油大学（北京）、山东师范大学、山东理工大学、青岛大学等高校签署合作协议，共同助力服务黄河流域生态保护和高质量发展。

【办学保障】推进基础设施维修改造，争取东营市专项资金支持，实施校区楼宇老旧基础设施提升和改造工程。实施学校二期学生公寓建设项目、雨污分流改造、电力系统改造（一期）、北门广场绿化、学生宿舍维修等工程，加快实施老图书馆改造等项目，改善学校办学条件。围绕绿色低碳高质量发展先行区需求，将基础设施建设项目谋划与“绿色低碳产学研示范区”建设统筹推进，拓展学校办学空间。

（山东石油化工学院　刘姚）

中国石油大学（华东）东营科教园区

【概况】中国石油大学（华东）东营科教园区占地1400亩，分为办公区和生活区。至2023年底，在职在编职工236人，教育发展中心学生450余人。园区下设2个常设机构：东营科教园区党委办公室、管委会办公室和东营科教园区后勤保障处；1个实体化运行研究机构：东营科学技术研究院。另外，学校管理机构离退休职工管理处，直属机构教育发展中心、石油工业训练中心等部门驻园区办公。

2023年9月5日，学生在驻中国石油大学（华东）东营科教园区的石油工业训练中心实习

【研究生培养和学生实习实践】立足“科研中试和成果转化基地、教学实习和学生实践基地”功能定位，开展具有园区特色的研究生教育管理和学生实习实践服务保障。与东营市、胜利油田共建20个研究生联合培养基地，占全校基地总数量的11%，其中包括1个国家级研究生联合培养基地（中国石油大学（华东）——胜利油田研究生联合培养基地）、2个省级优秀联合培养基地（油气储运工程联合培养基地、石油信息技术研究生联合培养基地）、6个省级联合培养基地、11个校级联合培养基地，为学校研究生提供优质的专业实践岗位。全校共有173名教师与东营市、胜利油田相关企业具有在研的科研项目合作，总经费达1.6682亿元。2023年度研究生院有计划地将博硕研究生1080人次派往东营实习，申报东营市助研补贴总额度130余万元，涵盖地球科学与技术学院、石油工程学院、储运与建筑工程学院、海洋与空间信息学院、化学化工学院等14个学院。年内，园区创新管理模式，提升服务水平，将学生实习实践工作板块由原来单纯提供食宿条件，升级为涵盖实习教学资源支持、师生生活保障、安全管理服务的综合服务体系，一个功能齐备、运行规范、令师生满意的实习实践基地初具规模。年内，园区共接待各类大学生3000余人完成实习实训。其中，接待5个学院、15个专业、2010名本科生，最大日接待量近700人；接待兄弟院校各类实习实训学生1000余人。

【助力区域发展】东营科教园区服务东营社会经济发展，推动油地校融合，加强合作共建，促进技术创新和成果转化。紧紧围绕“深耕行业支撑园区建设，扎根东营助力区域发展”的目标，遵循“提质升级促创新、拓宽领域强服务”的思路，探索学校服务山东战略在东营区域的具体实践，推动园区“科研中试和成果转化基地”建设。为全面提升服务区域发展能力，打造服务地方经济发展的高水平领军人才团队，科学院与东营区科技部门、东营港经济开发区组织部门，联合当地科技企业申报东营市领军人才团队项目，建设化工科研中试和成果转化基地；与东胜工贸有限公司签署战略合作协议，利用其位于广饶化工园区的生产基地，推动年产1500吨溶菌酶环氧丙基联咪唑脱硫剂项目中试；开展决策咨询、项目评估、成果遴选工作，与京品信息科技发展有限公司联合推动精细化工中试基地项目在东营区域落地。2023年，科学院签订横向合同31项，合同额度约1076万元，到位经费约1317万元。主持生态环境部水质测定标准制定1项，主持和参与东营市科技计划项目各1项，其他东营市级项目2项；发表SCI论文5篇，中文核心2篇；授权发明专利6项，其中国际专利1项。在东营市2023年度“创新实干、事争一流”表彰中，科学院荣获东营市高质量发展创新实干奖先进集体称号，科学院蔺爱国研究员获评“东营市高质量发展创新实干奖先进个人”。

（中国石油大学（华东）东营科教园区　綦磊　刘云龙）

人　物

人　物

·全国五一劳动奖章获得者·

许凯君　女，32岁，山东蓝海集团旗下的东营市蓝海餐旅管理学校实训中心指导教师，中式面点、西式面点高级技师，山东省饭店协会名厨委员会委员、被山东省饭店协会授予“饭店餐饮业高技能人才”称号，山东省五一劳动奖章获得者。她时刻牢记一名教育者的初心和使命。先后获得“食圣杯”省级争先创优技能竞赛中式面点金奖，争先创优技能竞赛分赛中式面点二等奖，“正大杯”分赛区中式面点铜奖，黄河口职业技能竞赛中式面点三等奖等诸多奖项。她既是一名师德高尚、乐于奉献、能力突出的传道授业者，又是一名托起青少年青春梦想的职教匠人。立足岗位，探索创新。许凯君有能力、有担当、乐奉献，从事实训指导教师工作以来，牵头主持编写部门规章制度60多个，岗位SOP（工作流程）3项、岗位实训指导书2部、学生德育教育课件20多个、并积极进行3E管理改革。潜心专业，孜孜以求。她一直默默坚守在面点实训指导第一线，以面点文化传承和面点创新为己任，挖掘喜饼、花馍、面人等传统面食技艺，将传统面食融入实训教学，累计教授学生千余名，研发创新面点品种20余款，产生经济效益近百万元。为提高自己的技术水平，她除了向身边的老教师请教外，还自费外出学习或通过网络等平台学习网红产品，抓住市场先机，每逢节日总是提前试制相关主题品种，在冬奥会期间研发的冰墩墩、雪容融等网红面食产品，受到消费者的追捧和好评。敬业爱生，用心育才。“动人以言者，其感不深，动人以行者，其应必速”，在学生面前，她不仅做到了言传，更注重身教。她始终以严谨、务实的工作作风要求自己，勤恳、踏实做事，对学生严格要求，爱护有加。生活中，她经常走进学生宿舍，与同学们促膝长谈，同学们都亲切地称她“许姐姐”，她用自己的言行影响学生、感染学生，得到学生及家长的广泛认可。教学中，她从端正学习态度、从帮助学生掌握学习方法入手，激发学生的求知欲和上进心，培育了一代又一代具备儒厨精神的优异技能人才。

（区总工会　宋晨）

·“中国好人”获得者·

赵晓凤　女，汉，1941年8月生，东营区辛店街道萃苑社区晓凤义务理发室志愿服务队队长，义务理发54年，成立“晓凤义务理发室”18家，带动志愿者300余人，服务群众10万余人次。曾获第七届“全国岗位学雷锋标兵”“山东省优秀共产党员”“山东好人”等称号。

1969年，赵晓凤跟随复原的丈夫来到了东营胜利油田。油田会战，风餐露宿，战天斗地，理发成了难题。学过理发的赵晓凤主动请缨，主动为工人义务理发。那时候，剪刀、梳子、推子成了赵晓凤上工必备的工具。别人休息，她开始忙着理发。别人劳动，她收起理发工具，和别人一样干。从那时候开始，赵晓凤和理发就有了“不解之缘”，一直坚持到现在。1973年，赵晓凤正式成为一名共产党员。“我要把毕生的精力献给党，党叫干啥就干啥！”就是这样简单的一句话，成了赵晓凤坚守不变的人生信条。这些年，赵晓凤用微薄的工资和退休金资助了很多弱势群体，累计捐款10万余元。出门理发对我们来说是一件再普通不过的事情，但对于有些人来说却不是。小区居民王国瑞老人（已去世）因为脑血栓瘫痪在床24年，赵晓凤知道他的困难后，每月定期上门为他理发，还为他洗脚、剪指甲，陪他说话，22年风雨无阻；75岁的潘维忠生活不能自理，家属身体也不好，赵晓凤除了给他理发，还每个礼拜变着花样给他家送饺子、包子、菜饼子，一送就是15年……在晓凤义务理发室里，有一摞厚厚的困难党员结对帮扶登记本，上面记录着218名出行不便的老党员信息，并工整地记录着服务频率、服务时间、预约下次服务日期及志愿者安排。一个人的力量是有限的，但榜样的力量却是无穷的。2011年，“晓凤义务理发室”成立，在赵晓凤的带动下，志愿服务队伍迅速发展壮大。至2023年“晓凤义务理发室”有18家，参与志愿者300余人，服务群众10万余人次。

“帮助别人是我最大的幸福”，这句话，赵晓凤总挂在嘴上。赵晓凤去给人理发、看病，从来都是高高兴兴的，从来不喊苦叫累。给重病的老人或病人理发，什么情况都会遇到，有时为了完成一次理发，她得趴地上、跪地上、侧着身子、弯着腰，有时一个姿势就得坚持个把钟头。看她辛苦，不少病人家属过意不去，赵晓凤还安慰人家自己习惯了，越干越有劲，越干越年轻。可他们不知道，长年累月，赵晓凤的脊柱发生了侧弯，手上经常贴着止痛膏，手指头上总有头发茬扎出来的伤口。有时候，赵晓凤的女儿也劝她，干志愿服务不拦着，但也得考虑一下自己的年龄，毕竟也是82岁的人了。可赵晓凤一听反而不高兴了，回驳说：“别总说我82岁了，干革命的人最年轻，为人民服务最青春！”

2020年1月，赵晓凤被山东省委宣传部、省文明办表彰为“山东好人”。2023年6月中央精神文明建设办公室表彰为“中国好人”。

（区委宣传部 马杰 陈美昊）

·山东省劳动模范·

王爱军 男，1967年11月生，山东建大建设集团有限公司董事长，工程师。连续3届当选东营市人大代表和东营区人大代表，先后荣获“全省抢险救灾先进个人”“东营市劳动模范”“全国孝亲敬老之星”“山东好人”“优秀市人大代表”“东营市最美建设者”“支援四川抗震救灾先进个人”等称号。在他带领下，建大公司历经20年，成长为涵盖建筑施工、房地产开发、建材生产、农业开发、天然气销售等业务的综合型集团公司，2022年公司资产总额11亿元，年产值15亿元，被评为国家级“守合同重信用企业”“山东省诚信企业”“山东省优秀市政施工企业”“山东省职工职业道德建设标兵单位”“东营市五一劳动奖状”等称号。他引导企业加强规范化管理，创建优质工程。近3年来，公司年产值均达15亿元以上，中标工程45项，项目地点覆盖东营市各县区，涉及生态环保、城市建设、教育配套、油田创新基地等项目，其中广利河综合治理天目山路工程获评山东省市政“金洲杯”示范工程奖和东营市建设工程安全文明工地称号、奥体学都项目获评山东省房屋市政施工安全文明标准化工地称号，南一路项目获评山东省市政金杯示范工程等称号。注重企业文化建设和企业形象提升，推动公司标准化建设。加大创新力度，提高施工技术水平。2021年投资800万元，建设沥青拌和站上线厂拌热再生技术改造项目和拌和站除尘降噪设备，对废旧铣刨沥青料热再生加工利用。

公司始创的“加强过程控制减少DHT（土凝岩）石灰土底基层起皮缺陷保证施工质量”“用QC方法降低陶瓷粒起皮脱落现象”“提升复合型水泥砼路面一次性验收合格率”等成果被评为QC小组活动成果。“DHT（土凝岩）底基层路拌法施工工法”“彩色防滑陶瓷颗粒路面施工工法”获评为省级工法，填补省内空白。发挥行业优势，主动吸纳126名农村剩余劳动力和城市下岗工人就业。投入160万元倾力帮扶史口镇、牛庄镇等4个村庄建设路桥基础设施。重视传统文化和红色教育基地的保护，无偿为牛庄烈士祠整修广场1300平方米。累计投入40余万元赞助吕剧大赛、东营牛庄古会等活动。参加抗击“利奇马”等台风抢险救灾、黄河秋汛等累计捐资捐物660余万元。出资7万元，配合当地政府实施贫困户“星愿工程”帮扶计划，为结对帮扶贫困户送去物资，满足贫困户的微小心愿。

庞增华　男，中共党员，1976年12月生，东营区金丰家庭农场经理。2014年创立东营市首家家庭农场，开展土地规模化流转，让他所在的东庞社区6个村庄800多户农民从土地上解放出来。农场顺利完成7500亩耕地的规模化流转，迅速实现从小型家庭农场到规模化种植的转变，成长为一家规模化、标准化、机械化生产的现代化农业经营主体。农场总规模7500亩，种植区6500亩，固定资产4600万元，年生产总值2200万元，配备专用农业机械180台（套），实现耕种管收全程机械化，为周边6.5万亩作物提供全程社会化服务。农场被评为省级示范家庭农场、省新型职业农民乡村振兴示范站、省新型职业农民培育实训基地、农业生产性服务省级示范组织、省级工友创业园。他被评为东营市劳动模范、东营市优秀共产党员、齐鲁乡村之星，2018年成为全国首批农民农艺师之一，2022年获评全国农民教育培训百优保供先锋称号。率先探索推进规模经营，通过开展规模流转土地，实施产业化经营，带动全镇规模流转土地达3万亩以上。经过近十年的发展，农场小麦、玉米亩均产由流转之初的350千克、550千克分别提高到500千克、750千克。注册的“吕韵黄土地”“黄河口金丰”“黄河口”等农产品品牌，小麦、玉米、大豆等7个农产品获农业农村部无公害农产品认证。投资277万元建设惠农综合服务中心，利用数字化、智慧化科技成果，开发农业社会化服务综合平台，构建“掌上农业”服务模式，整合区域各类新型农业经营主体，为周边6.5万亩农田和200多户新型农业经营主体开展“菜单式”“保姆型”服务。农场拥有1.2万吨粮食仓储和日加工面粉150吨的能力。做好盐碱地大豆玉米带状复合种植示范推广应用，落实大豆玉米带状复合种植4900余亩。投资40余万元，购进专用机械11台，自行研发定制2∶4带状复合种植作物植保机2台。与中国科学院、省农科院合作开展耐盐碱大豆品种选育。承担起省、市两级良种试种推广工作，打造金丰农场省级农作物新品种展示评价中心，建立新品种培育展示示范网络，开展耐盐碱作物良种选育，筛选适合本地生态区种植的优良品种，健全完善新品种培育展示示范和评价体系，推动由“种粮食”到“种种子”的迭代升级，引进耐盐小麦、耐盐大豆、耐盐高粱等品种，试种小麦、玉米良种100余种，创建玉米高产示范田350亩，与专业公司联合建立富硒小麦种植基地500亩。建起新型农民职业培训学校、农产品电子商务中心、农产品检测中心，成功申报省级农科驿站、益农信息站。加强与专业院校合作，大力培育乡土人才。引入青岛农业大学专家队伍、市农科院专家团队开展科技服务。组织电工、育婴师等实用技术技能培训，培训人员1000余人次，带动劳动力转移600余人。承办东营区首届飞防技能大赛、东营市首届乡村振兴传统技艺技能大赛砌筑工竞赛等活动，助力农村实用技术人才队伍建设。

赵大仿　女，汉族，1976年12月生，东营区黄河路街道锦城社区网格员，负责时代康桥第一网格。从事网格工作以来，她一直兢兢业业，将小区服务管理得井井有条，付出很多辛苦。2019年、2020年被评为“东营区优秀网格员”，2021年被评为“东营市市域社会治理先进个人”，2022年被评为“东营区优秀网格员”。时代康桥第一网格，有别墅30栋，条式楼4栋，户数428户，总人口1056人，党员84人，60岁以上老人76人，特殊人群3人，网格内90%为别墅区，商业小区居民信息采集困难，网格服务管理难度大。她刚接手网格时深感责任重大，很快掌握了网格内的基本情况，又通过“三必访，四必问，五必做”工作法拉近和居民的距离。人口普查时，她加班入户时被车撞伤，为不耽误工作，她忍着疼痛坚持入户，得到居民的配合，提前完成工作。网格事务繁多琐碎，她每天在小区双巡，业主反映的问题她都记录在案，及时上报物业或社区解决。每次在网格巡查时，她总是带一些宣传单页向居民发放，做好政策宣传。通过在小区的巡查走访，挖掘出一批有热心有一技之长（党员，教师，理发师，水电暖维修）的人员，成立志愿服务队。通过公共服务代办等方式，为居民提供便捷高效的服务。她定期走访网格内的老年人，帮助困难群体解决生活中遇到的难题，提高辖区居民的幸福感和满意度。近几年赵大仿协助调解员处理诸如噪声扰民，上下楼漏水，占用停车位等邻里矛盾纠纷上百件，成功率100%。

耿考亮　男，汉族，1970年11月生，耿井村党支部书记、村委会主任。全村共有420户，人口1600人，其中党员76人。自他任职以来，耿井村成为全区、全市有名的党建强村、经济大村和文化名村。耿井村被授予全国民主法治示范村、山东省乡村振兴普法宣传站、东营市先进基层党组织、东营市法治文化建设示范基地等荣誉称号。他先后获得2021年度东营市优秀共产党员、2022年度齐鲁乡村之星称号，2021年9月被司法部授予2016—2020年全国普法先进个人，2022年当选东营市人大代表、山东省人大代表。上任之初，耿考亮积极推进组织振兴，高标准打造耿井村党群活动中心，创办乡村振兴农民培训中心，搭建起党组织带领群众发家致富的平台和载体。探索创建“四联四化四工程”党建特色服务品牌，提升党组织的影响力。投资150万元，建设智慧村居管理平台，将村内党建工作、阳光财务、村内各类新闻和重要事项通知等，全部与电视网络相连接，实现数字化点播互动。推进公共服务业城乡一体化，推行四期旧村改造。成立集体经济合作社，建设高效温室大棚159个，占地700余亩，户均年创收2万余元。完成农村集体产权股份制改革，流转土地1800余亩，流转土地款330万元，村民人均分红2000元。投资1亿元，购买万海金地写字楼1.6万平方米；投资2856万元，购买华纳乐府沿街商业楼3044.93平方米，村集体年租金收益710万元。投资400万元，建设占地面积4000平方米的耿井便民农贸市场，满足周边十几个小区的消费需求；建成1800平方米的党群服务中心、2500平方米的文体活动中心；配套建设老年人日间照料中心，设立红白理事会大厅。2022年，耿井村村集体年收入达到1300余万元，村民人均收入4万余元，每年村民人均分红及补助达7000余元，65岁老年人每人每达到1万余元。投资2.2亿元，建设占地27亩、总建筑面积4万余平方米的德康宁医养中心；与上海知耆乐医养集团公司合作，成立山东爱瑞医养健康产业有限公司，对德康宁医养中心全面托管运营，年收入管理费1000万元。以党支部领办文旅合作社的模式，将耿井村村142户商品房打造成集医疗养老、养生文旅、餐饮娱乐于一体的城市片区。对村居改造中剩余的融资用地，高标准、高质量、高效率盘活，为村集体注入可持续的发展资金。坚持以“产业兴旺”为支撑，推进乡村全面振兴。稳步推进文旅产业迭代升级，发展特色餐饮和民俗文化，打造业态新颖、特色明显的中心城区步行街。以养老养生产业为支撑，实现医疗服务、健康养生、养生保健等产业链互动发展，形成“大健康服务产业集群”。推进田园综合体建设，利用紧邻城南旅游度假区、森林乐园等资源优势，以蔬菜大棚区提升改造工程为依托，建设现代农业教育基地、亲子农庄，逐步将大棚区打造成新的现代农业观光教育、旅游度假、餐饮服务、娱乐休闲为主的田园综合体。

戴吉勇　男，中共党员，1981年10月生，山东聊城人，汉族，毕业于中国石油大学自动化专业，本科学历，山东广域科技有限责任公司技术员、高级技师。先后获得“山东省智能制造创新创业大赛一等奖”“东营市科学技术二等奖”“东营区青年科技奖”等多个省市级奖项，2019—2020年连续两年获评“胜利油田劳动模范”，2021年获评“山东省五一劳动奖章”“东营区有突出贡献的中青年专家”。自2004年参加工作后，从基层技术员干起，认真履行岗位职责，凭借着远见的卓识和敏锐的技术洞察力，稳稳抓住技术变革的关口，带领研发团队先后为企业建成六大“技术中心”和两所“实验室”，提升企业的技术研发实力。2017年后取得8项实用新型发明专利、25项发明专利，在学术期刊发表5篇论文。2010年，成立“戴吉勇创新工作室”，围绕电力自动化和油气自动化相关领域，经过十几年的发展，工作室已有40余名具有专业技能的综合型人才，拥有嵌入式软硬件开发、目标检测算法、机器学习算法、大数据分析等6项自主核心技术，搭建SCADA、视频融合、算法服务、智能运检4套软件核心平台，ARM+操作系统、单片机2套硬件平台，开发出一体化集控系统、电力设备智能综合诊断系统、作业安全智能管控系统等30多项拥有自主核心技术的产品，获得国家发明专利33项，获得软件著作权55项，2021年获评“东营市工匠人才创新工作室”。面对国家能源安全战略级项目东营原油库迁建工程项目，基于深耕胜利油田电力及油气行业数十年的行业经验，他带领团队研发出国内领先的原油库一体化智能集控系统，融合现代油库管理业务与云计算、物联网、大数据等新一代信息技术，具备全面感知、共享协同、安全预警、绿色低碳的智能化能力，实现油库各类业务管控模式由被动向主动转变。针对中国首个百万吨级碳捕集利用与封存（CCUS）项目的业务特点和发展需求，带领团队研发出CCUS一体化管控平台，实现对注汽站内注汽井、CO_2注入撬装设备、电动化设备、压裂压驱等设备的数据采集、联动联控、生产过程可视化，利用一键顺控、视频联动数据清洗、三维建模等技术手段，提升信息化、智能化水平及运营效能。在智慧油田的建设过程中，他主导研发出基于智能视频技术的无人机电力线路巡检缺陷识别系统，实现对施工人员是否违规操作的识别和判断，填补国内该行业空白。针对电力设备难以监控、生产隐患无法尽快消除、一二次设备故障难以预测等问题，带领团队研发电力设备智能综合诊断系统，实现准确诊断电力设备潜在故障，提升电力设备分析、预警及灾害防范能力，减少非计划停电时间，达到行业领先水平。紧跟智能变电站技术国际发展趋势，全面掌握智能变电站技术，建成胜利油田首座智能变电站，使油田电网变电站技术与国内先进智能变电站技术接轨，推进电网智能化建设向前迈出一大步。

张喜庆　男，1961年9月生，中共党员，研究生学历，正高级工程师，胜利油田胜机石油装备有限公司党委书记、董事长。先后获东营区功勋企业家、胜利油田劳动模范、山东省富民兴鲁劳动奖章，并当选东营市第九届人大代表、东营市石油装备协会副会长、山东省民营企业家协会副会长，2022年被中国机械工业联合会评为机械工业质量品牌领军人物。1982年山东理工大学毕业后，他在石油装备行业从车间技术员、副总工程师、总工程师，一直干到副厂长、厂长。2007年公司改制为民营有限责任公司，他被全体员工推选为董事长，并担任公司党委书记。多年来，他带领全体员工将一个改制前年年亏损的国企老厂逐渐打造成一个年收入10亿元，纳税4000余万元，拥有国内外12个控参股子公司，集开发、制造石油装备和技术服务等业务于一体的综合性石油机械装备骨干企业。公司先后被评为国家高新技术企业、高端石油装备领军企业和质量诚信企业、中国石油石化装备制造企业十强企业、中国专利山东明星企业、省级企业技术中心、山东省全员创新企业、东营市转型升级示范企业。他带领科研团队先后开发国内第一条油管外加厚镦粗生产线、第一套油管旋转淬火装置，第一台油管螺纹加工专用数控机床，在行业内第一家实现油管生产装备国产化，全面替代进口设备，并推广国内各大油田。主持开发的HDPE内衬耐磨防腐油管，列入国家新产品计划，填补国内的空白，成为油田治理偏磨油井最有效的方法。“BOP高温高压热采井口装置”列入国家“火炬计划”项目。主持设计建设的井控产品试验装置，各项技术指标国内领先；主持研究的稠油热采全程保干提高热采效率技术获中石化集团科学进步一等奖。主持开发单筒双井海上热采井口装置，填补国内空白。主持研发自动化修井作业装置，是国内该领域首套实现应用的智能化作业系统，经专家组评审技术处于国际先进、国内领先水平。主持研发的多相流量计，实现手机APP对油井生产状态进行实时检测和历史数据查询，技术处于国际先进水平。公司所有主导产品技术水平在行业内均处于领先地位，先后承担国家级新产品计划项目1项，国家“火炬计划”项目1项，省级科技项目14项，市区级科技项目9项，授权专利204项，其中发明专利23项，主持参与修订标准300余项，为实现智能制造转型升级提供充足的技术储备。他率先提出“532”市场发展战略规划，即逐步实现公司销售收入国外、胜利和国内市场分别占到50%、30%和20%，逐步减少对胜利市场依赖，进一步增强公司市场中的抗风险能力。公司逐渐形成完备的市场销售服务体系，国内建有北京、江苏、吉林、南阳等6个办事处，在山东省、陕西省、新疆等地有6个控参股公司；在美国、秘鲁、委内瑞拉、阿尔巴尼亚、厄瓜多尔、哈萨克斯坦等国家成立6个子公司，在加拿大和中东等地设有办事处，销售服务网络实现覆盖国内外市场。产品除在胜利油田及国内其他各大油田使用外，还远销全球70多个国家和地区，国际市场年收入达4.5亿元，并成为世界顶级石油工程服务商GE、Halliburton、Schlumberger等公司的战略合作伙伴。

（区总工会　宋晨）

·“山东好人”获得者·

时小林　男，1978年生，中共党员。2022年6月21日下午5点左右，东营的一辆运输车上的木质家具在行驶途中意外燃烧，附近咖啡馆的店长时小林发现后，一边吩咐店内人员拨打“119”火警电话，一边迅速就近拿起2个灭火器奔向着火现场。当时小林赶到事发现场时，发现一辆拉满家具的货车上火势已经很大，浓烟四起。“马上灭火！不能等。”看着周边来来往往的车辆和聚集的人群，时小林满脑子想的就是尽量控制火势，火势随时有蔓延爆破的可能性，一旦蔓延后果不堪设想。没有一丝犹豫，他完全顾不上自己的危险，一边呼喊同伴疏散车辆和围观群众，一边拿起灭火器勇敢冲到货车旁边灭火。

整个灭火过程大概持续了10分钟，由于扑灭及时，火势未造成任何的人员伤害和财产损失。当时正值下班高峰期，当时小林看到火源被彻底扑灭得到控制后，又主动疏导了现场交通，待确认一切无恙后，消防队消防人员到达前他默默离开了事故现场。“相信遇到这种事情，每个人都会伸出援助之手的。”在时小林眼中，他只是做了一个最普通的事儿，不值一提。因为自己是一名退伍军人，平时又经常接受街道和社区组织的相关消防、安全学习和培训，自己有责任有义务第一时间冲上去的。

军人退伍不褪色，军魂贯穿一生。时小林于1994年入伍，1996年底复员。在服役期间曾参加过抗洪抢险，多次受到部队嘉奖，并获优秀士兵称号，复员后通过自学考试获得工商管理专业大专文凭。时小林所工作的咖啡时间咖啡馆也是东营市东营区新时代文明实践中的“爱心驿站”，平日里他经常参加社会的公益活动和爱心活动。

2023年2月，时小林被山东省委宣传部、省文明办表彰为“山东好人”。

刘东章　男，48岁，中共党员，中国石化胜利石油工程有限公司钻井柴油机工特级技师，中国石化技能大师，技能大师工作室领衔人，曾获全国五一劳动奖章、全国技术能手、泰山产业领军人才、山东省五一劳动奖章、山东省首席技师、山东省创新能手、石化名匠、石油工程公司铁军名匠、胜利油田劳动模范、黄河三角洲产业技能领军人才等称号，享受国务院政府特殊津贴。

刘东章从事海上钻井29年来，笃定“我为祖国献石油”的坚定信念，扎根一线，苦练技艺、精益求精，爱岗敬业、革新创效、执着奉献，从一名柴油机工成长为全国石油石化行业高技能领军代表。先后转战国内外海上油田，积累丰富涉外经验。研制“挠性落鱼打捞工具”“活塞缸套运移拆装装置”等121项技术成果，先后解决技术难题600余项，国家专利76项，40多项成果推广应用，累计为企业降本增效7000多万元，并培养出一批优秀技能人才，成为石油工程领域新一代领军人才，为保障国家能源安全作出了积极贡献。

工作中，他用实际行动诠释“有技术才更有力量”的内涵。21次担任裁判教练，所带徒弟中，36人次在各级比赛中摘金夺银，其中6人在集团公司竞赛中获奖、10人在局级竞赛中获奖，涌现局级以上技术能手16人、技能大师1人、石油工程公司铁军名匠2人，36人取得技师及以上资格，12人走上管理和关键岗位。积极参与油、地、校融合杯创新创业大赛，分别获得一、二、三等奖。

2023年3月，刘东章被山东省委宣传部、省文明办表彰为“山东好人”。

张晓良、孙建永　两人均为东营市公交公司汽车三队司机。2023年2月4日15时30分左右，李先生驾驶着一辆电动车行驶至西四路与南一路路口附近时，电动车因故障突然起火自燃，火苗随风越烧越旺，大火瞬间将电动车吞没，一旁的车主和行人惊慌失措地站在远处，只能焦急地拨打“120”后原地等待。危急时刻，17路驾驶员张晓良驾驶着公交车运行途经此处等红灯，为保护群众财产安全，避免更大的次生事故发生，张晓良在确保自身车辆与乘客安全的前提下，立即将车停稳，随后拿起车内灭火器毫不犹豫地奔向着火的电动车。把一瓶灭火器喷完后大火被扑灭，在查看了没有明火之后，张晓良便抓紧回到车上继续运行。缓过神来才发现身上的公交制服已被汗水浸透，裤子也被火星烧了几个洞。没想到的是，火势虽然得到了控制，但仍存在着火点，张晓良走后没几分钟，电动车就又有零星着火点燃了起来。此时，正在执行营运任务的133路驾驶员孙建永驾驶着公交车赶到。见此情景，孙建永立即停车，拿着灭火器再次对准电动车着火部位喷洒，将火势完全扑灭确认不会复燃之后，他又即刻马不停蹄地返回车辆继续投入营运。

2月7日下午，市民李先生特意到东营市公交公司汽车三队，将一面刚刚定制的“大火无情人有情，助人为乐显真情”的锦旗送到两位驾驶员手中，对两位司机师傅英勇救火的善行义举再三表示感谢。

2023年4月，张晓良、孙建永被山东省委宣传部、省文明办表彰为“山东好人”。

杨振军　男，1968年8月生，东营区油城公用事业集团油城环卫公司环卫工人。2023年4月28日下午，杨振军像往常一样在太行山路路段捡拾垃圾，当他清扫到石大农贸市场西门时，发现路边共享单车车筐里有一个手提包，他打开后看到里面竟然装有一部单反相机。见是这么贵重的物品，杨振军的精神顿时紧张起来，环顾四周只见人来车往，不见寻物之人。过了好长时间，始终没有人来认领。无奈之下，杨振军只得向中队长进行汇报，并将失物送到项目部妥善保管。油城环卫公司立即发动太行山路附近的环卫工人留意是否有人寻找失物，以便第一时间联系上失主。最终，经过环卫工人的不懈努力，联系上了失主陈同学，核实相关信息后，确认并归还相机。原来，28日下午，山东石油化工学院数媒专业的陈同学骑着共享单车回学校的过程中，在此处还车后忘了将放置在车筐内价值2万元的单反相机带走。这部相机是她平常上课和作业都要用到的，她到达学校后才发现相机不见了，顿时心急如焚，四处找寻。相机失而复得后，陈同学惊喜万分。5月7日下午，她将一面印有“拾金不昧，高风亮节”字样的锦旗专程送到杨振军手中，并握着杨振军大爷粗糙而温暖的手久久不肯放开。

2023年6月，杨振军被山东省委宣传部、省文明办表彰为“山东好人”。

吕振东 中共党员，东营区政协委员，黄河路街道燕山社区专属网格委员会主任、汇泉社区格林盛景小区党支部书记、黄河路街道基干民兵。2023年3月10日下午5时10分左右，吕振东刚从区委党校完成青年企业家的培训工作，带着孩子去鸿港医院看病，正往外走时，看到有很多人围观，他走过去发现有个年纪约十二三岁的女孩在鸿港医院三楼大厅护栏外坐着，半个身子悬在高空中，情绪也一直不稳定，随时都有从护栏上掉落的风险。此时的楼下已经聚集了不少群众，大家都在劝阻女孩不要往下跳，但任周围人怎么呼喊劝阻就是不下来，情况十分危急。更让人忧心的是因为楼下地面空间有限，无法在下面铺设消防救援气垫，一众人只能在底下焦急地张望着。

情况危急，吕振东立即打电话报警，紧接着一边稳定女孩情绪一边慢慢凑近女孩和她交流。诚恳的话和关心让女孩稍微放下戒备，吕振东终于走到了女孩身旁，尽量和她聊天稳定情绪。与此同时，赶到的消防救援人员和民警示意吕振东救人。“在和孩子交流的时候，我尽量让她靠近护栏坐着，以防一不小心掉下去。也一直在找机会抓住她的手，第一次没抓住，第二次女孩闪开了没让我抓，第三次我尽量说话分散她的注意力，趁孩子不注意一把抓上来。”由于个子不够高，吕振东只能踩在护栏台阶上死死拽着女孩，这时消防和民警一拥而上，帮助他把小女孩拉了上来。让吕振东没想到的是，有群众把他救人的现场录下了视频并发到了网上，得到广大网友的点赞好评。

这也不是吕振东第一次见义勇为，2019年“利奇马”超强台风来袭，强降雨天气不断，吕振东积极参加到社区青年志愿突击队，投身防汛防台风的第一线，与社区工作人员并肩作战，在受灾最严重的石大花园小区坚持了三天三夜，转移受灾居民100余人，帮扶居民转移重要物品50多件。2021年10月，黄河秋汛防御形势异常严峻，吕振东再次积极响应号召，带头在滩区搭建板房，吃住在滩区，确保24小时值守。吕振东2020年荣获“汇泉社区最美志愿者”称号，2021参加黄河路街道基干民兵，2021年黄河路街道人民武装部评为“最美护堤人”，2021年荣获“东营区好青年”称号，2021年荣获黄河路街道“优秀共产党员”。2022年4月任格林盛景党支部书记。2022年荣获“黄河路街道优秀共产党员”“东营区最美拥军人物”。

2023年6月，吕振东被山东省委宣传部、省文明办表彰为“山东好人”。

赵秀丽 女，汉族，1968年12月生，现任东营市红五星公益志愿服务中心理事长。2014年12月起，赵秀丽积极投身拥军公益事业，寻找抗战老兵。她先后获得山东省社会化拥军先进个人、东营市优秀志愿者、东营市最美拥军人物等称号。

2014年冬，赵秀丽第一次参与志愿服务活动，在一名抗战老兵王友庆那里看到一副保存了70多年的八路军行军打仗时的绑腿，听到老兵亲口讲述的战场经历，深受震撼。自此她暗下决心：我要找到更多老兵，温暖他们生命中的最后时刻，献上崇高的敬意。同时记录即将消失的历史资料，让红色基因一代一代传承下去。2015年7月，赵秀丽利用自身策划职业特长，策划发起了“寻访抗战老兵”志愿服务项目。她带领志愿者历时一年半的时间，在全市三区两县范围内，寻找到107位抗战、参战老兵，找到了邱少云的生前战友，找到了“红岩”烈士后代，找到了战场上幸存的八路军司号员、侦查员、爆破班班长、炮兵、伞兵、警卫员、指导员……2015年底，她策划举办了首届“寻访抗战老兵纪实迎春年会”，后来延续为一年一度的“给老兵拜大年”活动，这份新春祝福与关怀至今已持续9年。“寻访抗战老兵”项目也荣获2016年第二届山东省青年志愿服务项目大赛金奖，2016年第三届中国青年志愿服务项目大赛银奖。2017年2月，赵秀丽组建“东营市红五星双拥志愿服务队”，带领团队寻访慰问各时期抗战、参战老兵，为他们送去关心关爱。后注册成立“东营市红五星公益志愿服务中心”，带领志愿者走上拥军志愿服务之路。“老兵！等着我”志愿服务项目，主要以寻访慰问老兵为主要服务内容，带领志愿者利用节假日、带领寒暑假期的青少年学生，开展“情暖功臣 关爱老兵”志愿服务活动。2017年3月，策划发起“红作坊”拥军志愿服务项目。利用家乡的地域特色植物芦苇、红柳设计制作出一款带有家乡味道的拥军纪念品“乡印”牌香包和鞋垫，送给应征新兵。该项目曾获东营市首届志愿服务项目大赛金奖。

2023年10月，赵秀丽被山东省委宣传部、省文明办表彰为“山东好人”。

冯贵珍　女，74岁，中共党员，现担任辛店街道舒苑社区第四党支部书记。自1996年起，冯贵珍就开始为贫困家庭、贫困学生捐款捐物，至2023年底已帮助10余个学生继续完成学业，救助多个因病而困难的家庭，20多年来从不间断。先后被评为胜利油田优秀党务工作者、胜利油田“老有所为”先进个人等称号。

冯贵珍自1996年开始为贫困学生、贫困家庭捐款捐物。当时冯贵珍的邻居是胜利油田教培处工作人员刘国霞，冯贵珍向她咨询如何联系到贫困学生，表达了她想资助的意向。刘国霞帮她联系到了山东大学的学生科，学校推送了4名贫困学生的信息，冯贵珍当即决定资助这4名学生，直至他们完成大学学业。她不但资助钱物，她还经常写信鼓励学生们，当她看着孩子们给她的回信，心里高兴极了。除了山东大学的4名学生外，被冯贵珍捐助的孩子还有李兵、刘希宽、高峰等10余人。

冯贵珍不仅关注贫困学生群体，还特别关心关注特疾重疾人群，常常通过各种方式为这些人群寻求帮助或直接捐助。2002年，作为红十字会志愿者的冯桂珍在做志愿活动时了解到，一名罹患癌症的单亲妈妈尚正芝带着一个十岁的儿子无人照顾，经过十几次的放化疗，家庭经济十分困难。冯贵珍从红字会那了解到该情况后，她先后给尚正芝家送去5000元帮助她治病，并利用志愿者的身份组织开展扶贫关爱志愿服务活动。30多年前，冯贵珍和丈夫李延青从新闻里了解到器官捐献的信息，从那时起，她和老伴李延青就有了捐献器官的意向。2021年，80岁的李延青病重，为实现他年轻时的心愿，冯贵珍帮助丈夫在眼角膜捐献申请书上签字。不久丈夫去世后，她按照老伴遗愿向红十字会捐献了李延青的眼角膜。在丈夫的影响下，74岁的冯贵珍和女儿也共同签署了眼角膜捐献意向书，一家三口捐献眼角膜，让生命之光延续下去。冯贵珍和女儿李晋分别成为东营区第101位、第237位器官捐献者。为更好地宣传这项工作，冯贵珍和女儿还主动加入东营市红十字会志愿服务队，成为一名器官捐献志愿者，为器官捐献志愿服务作出自己的贡献。

2023 年 11 月，冯贵珍被山东省委宣传部、省文明办表彰为“山东好人”。

修凤英　女，1978 年生，中共党员，东营区税务局信息中心负责人。她忠诚党的税收事业，诚实守信，勤奋工作，赢得广大纳税人的信任，在平凡的工作岗位上，时刻牢记从税初心，用诚实守信践行着中国税务精神，连续多年被授予“先进工作者”“优秀共产党员”“五一劳动奖章”等称号。

“守信守心，干成一流”始终是修凤英的人生追求。国家出台多项减税降费政策，修凤英立足工作岗位，通过技术上的支持，不断提高信息化办税效率，及时给予纳税人办理退税，为企业排忧解难。2021 年 3 月，辖区内山东华腾机械制造有限公司进入试生产阶段，对资金需求量显著加大。但因为企业现金流非常紧张，一笔 252 万元的退税款，成了最后的救命稻草，企业急需这笔资金盘活现金流。然而恰恰赶上税务机关金三系统升级，又逢周末，这笔税款真正到账要推迟好几天。修凤英急企业所急，一心为企业着想，她主动向企业保证尽最大努力提前完成系统升级工作，尽快将这笔税款及时到账。她连夜值守在单位，与其他业务科室一同研究打通流程的各个环节，经过一夜奋战，系统提前升级完成，退税款提前到账。2021 年年底决算时，因税收系统的问题，导致许多数据分析出现错误，其中 10 余家中小企业税务评级由 B 级降为 C 级。工作人员将系统全部排查一遍也没有查出错误的原因。此时恰逢年底内部考核的关口，如果据实上报，信息中心全年“零差错”的纪录将被打破。一边是信息中心考核不合格，一边是企业评级下降可预见的重大损失。面对两难抉择，修凤英没有犹豫，告诉大家：如实上报！她坐在电脑前仔细认真排查，经过 2 小时的奋战，系统漏洞找到了。问题解决了，企业的税务评级也恢复正常。

20 多年，修凤英带出了 10 多位徒弟，他们在各自岗位上迅速成长，都成为业务骨干，挑起了大梁。修凤英也是个甘于奉献、乐于助人的热心人。2000 年，修凤英随市志愿者协会远赴贫困山区开展志愿活动。听闻一名 9 岁小女孩父母意外身亡，家中负债累累，与年迈的奶奶相依为命，决定与这名小女孩结成对子开展帮扶。回到家后，修凤英四处联系志愿者捐款捐物，并通过“春蕾计划”公益项目，帮助解决女孩实际困难。她每年都坚持去探望女孩和她的奶奶，给小女孩送去学费生活费以及生活物资，直至她考上大学，顺利毕业工作。

2023 年 12 月，修凤英被山东省委宣传部、省文明办表彰为“山东好人”。

（区委宣传部 马杰 陈美昊）

·齐鲁工匠·

张明德　胜利油田胜机石油装备有限公司抽油泵厂首席技师，高级技师

李兆杰　黄河河口管理局东营黄河河务局麻湾管理段副段长，高级技师

·山东省新时代岗位建功劳动竞赛标兵个人·

宋　晨　东营市东营区总工会生产部部长

蔚龙妹　东营市东营区文华幼儿园高级教师

许胜军　山东亿科化学有限责任公司高级工程师

薛渤海　山东华滨建工有限公司经理

王　凯　东营宏业建安有限责任公司工程师

韩　勇　东营市东营区综合行政执法局副主任

缪潇瑞　胜利油田新邦建设开发有限责任公司项目负责人

·东营市五一劳动奖章·

赵立伟　山东海科新源材料科技股份有限公司研发总监

袁义涛　东营市建大置业有限公司职员

康立智　山东广域科技有限责任公司项目经理

苏广东　国网山东省电力公司东营市东营区供电公司四级职员

解海棠　东营爱心大姐家政服务有限公司董事长

张向峰　东营区文汇街道龙轩社区党委书记

邢　量　中国石油化工股份有限公司胜利油田分公司油气集输总厂副厂长

（区总工会　宋晨）

2023 年东营区受市级以上表彰的先进集体一览表

表 21

先进集体	荣誉称号	授予单位	授予时间
东营区综合执法局	2022 年度巩固深化“强基础、转作风、树形象专项行动”表现突出单位	住房和城乡建设部	2023 年 1 月
牛庄镇	全国“一村一品”示范村镇	农业农村部	2023 年 3 月
东营区文汇街道嵩山社区少先队中队	全国红领巾中队	全国少工委	2023 年 6 月
东营高新区	2022 年国家新型工业化产业示范基地发展质量四星级评级装备制造	中华人民共和国工业和信息化部	2023 年 7 月
东营区化工产业园区	全国智慧化工园区试点示范创建单位	中国石油和化学工业联合会	2023 年 8 月
东营区化工产业园区	2023 中国最具发展潜力化工园区 10 强	中国石油和化学工业联合会	2023 年 8 月
牛庄镇人民政府	国家产业强镇	农业农村部办公厅、财政部办公厅	2023 年 8 月
六户镇草莓	全国名特优新农产品	农业农村部	2023 年 8 月
六户镇番茄	全国名特优新农产品	农业农村部	2023 年 8 月
东营区化工产业园区	2023 中国最具发展潜力化工园区 10 强	中国石油和化学工业联合会	2023 年 10 月
东营区统计局	2023 年度《中国统计》优秀通联组	中国统计出版社	2023 年 10 月
东营区	国家知识产权强县建设示范县	国家知识产权局	2023 年 12 月
国家税务总局东营市东营区税务局职工书屋	玫瑰书香·最美女职工阅读点	中华全国总工会女职工委员会办公室	2023 年 12 月
六户镇葡萄	全国名特优新农产品	农业农村部	2023 年 12 月
东营区人民法院政治部	全省法院政治工作先进集体	山东省高级人民法院	2023 年 1 月
东营区	“2022 年全省住房城乡建设领域拟予督查激励名单”——推进城市更新、改善人居环境等工作突出的区	山东省住房和城乡建设厅	2023 年 2 月
东营区委理论学习中心组	2021—2022 年度全省先进县级党委（党组）理论学习中心组	中共山东省委宣传部	2023 年 2 月
中共东营区委宣传部	2022 年度全省舆情信息工作先进单位	中共山东省委宣传部	2023 年 2 月
东营区公共就业和人才服务中心	“山东——名校人才直通车”活动表现突出单位	山东省人社厅	2023 年 2 月
东营高新区	山东省文明单位	山东省精神文明建设委员会办公室	2023 年 2 月
辛店街道胜凯社区	省级文明社区	山东省精神文明建设委员会	2023 年 2 月

续表 21

先进集体	荣誉称号	授予单位	授予时间
东营区	2022 年建设信息基础设施和推进产业数字化、数字产业化成效明显区	山东省工业和信息化厅	2023 年 3 月
东营区	美德山东和信用山东建设试点区	山东省精神文明建设委员会办公室、山东省社会信用体系建设领导小组办公室	2023 年 3 月
东营区人力资源和社会保障局	2022 年度精神文明单位	山东省精神文明建设委员会	2023 年 3 月
文汇街道辛镇村	2022 年度省级文明村镇	山东省精神文明建设委员会	2023 年 3 月
文汇街道中山社区	2022 年度省级文明社区	山东省精神文明建设委员会	2023 年 3 月
文汇街道蓝天社区	2022 年度省级文明社区	山东省精神文明建设委员会	2023 年 3 月
文汇街道胜华社区	2022 年度省级文明社区	山东省精神文明建设委员会	2023 年 3 月
文汇街道嵩山社区	2022 年度省级文明社区	山东省精神文明建设委员会	2023 年 3 月
文汇街道胜泰社区	2022 年度省级文明社区	山东省精神文明建设委员会	2023 年 3 月
文汇街道青华社区	2022 年度省级文明社区	山东省精神文明建设委员会	2023 年 3 月
文汇街道胜安社区	2022 年度省级文明社区	山东省精神文明建设委员会	2023 年 3 月
文汇街道蓝海社区	2022 年度山东省综合减灾示范社区	山东省减灾委员会、山东省应急管理厅、山东省气象局、山东省地震局	2023 年 3 月
胜园街道	2022 年度省级文明单位	山东省精神文明建设委员会	2023 年 3 月
胜园街道东现河社区	2022 年度省级文明社区	山东省精神文明建设委员会	2023 年 3 月
中共东营区委组织部	山东省人才工作表现突出单位	中共山东省委、山东省人民政府	2023 年 4 月
牛庄镇	省级特色专业镇试点	山东省住房和城乡建设厅	2023 年 4 月
东营区市场监督管理局	2022 年度山东省药品安全监测工作通报表扬集体	山东省药品监督管理局、山东省卫生健康委员会	2023 年 5 月
东营市公安局东营分局行政拘留所	全省公安机关 2022 年度工作成绩突出集体二等功	山东省公安厅	2023 年 5 月
东营区综合行政执法局	2023 年度山东省建设科技示范工程创建项目	山东省住房和城乡建设厅	2023 年 6 月
东营市公安局东营分局食品药品与环境犯罪侦查大队	全省公安机关 2023 年打击成品油行业违法犯罪专项行动成绩突出集体	山东省公安厅	2023 年 6 月
东营市公安局东营分局经济犯罪侦查大队	全省公安机关 2023 年打击成品油行业违法犯罪专项行动成绩突出集体	山东省公安厅	2023 年 6 月
东营区人民检察院	2022 年全省“两打”专项行动表现突出集体	山东省生态环境厅、山东省人民检察院、山东省公安厅	2023 年 6 月
六户镇武王村	普惠金融乡村振兴样板村	山东省农业农村厅、山东省农村信用社联合社	2023 年 6 月
东营区人民医院	东营市哨点医院	山东省卫生健康委员会	2023 年 6 月
东营区应急管理局	全省 2023 年“安全生产月”活动优秀组织单位	山东省政府安委会	2023 年 7 月
东营市公安局东营分局治安管理大队	全省公安机关治安打击示范点	山东省公安厅	2023 年 7 月

续表 21

先进集体	荣誉称号	授予单位	授予时间
东营区人民检察院第一检察部	山东省 2022 年打击骗取留抵退税违法犯罪及相关工作中成绩显著、贡献突出的先进集体	国家税务总局山东省税务局、山东省公安厅、山东省人民检察院、中华人民共和国青岛海关、中华人民共和国济南海关、中国人民银行济南分行、国家外汇管理局山东省分局	2023 年 7 月
中共东营区人力资源和社会保障局机关党委	全省人力资源社会保障系统模范机关建设工作表现突出集体	山东省人社厅	2023 年 7 月
人民法院刑事审判庭	2022 年度山东省反洗钱工作先进集体	山东省反洗钱工作联席会议办公室	2023 年 8 月
牛庄镇人民政府	2024 年省级美丽幸福示范河湖	山东省河长制办公室	2023 年 8 月
辛店街道百合社区	山东省妇联组织建设改革创新先行村（社区）妇联	山东省妇联	2023 年 8 月
辛店街道福兴社区	山东省妇联组织建设改革创新先行村（社区）妇联	山东省妇联	2023 年 8 月
文汇街道妇联	山东省妇联组织建设改革创新先行街道妇联	山东省妇联	2023 年 8 月
文汇街道商隆社区妇联	山东省妇联组织建设改革创新先行社区妇联	山东省妇联	2023 年 8 月
文汇街道嵩山社区妇联	山东省妇联组织建设改革创新先行社区妇联	山东省妇联	2023 年 8 月
文汇街道中山社区妇联	山东省妇联组织建设改革创新先行社区妇联	山东省妇联	2023 年 8 月
胜园街道劳动人事争议调解中心	山东省第三批标准化劳动人事争议调解组织	山东省人力资源和社会保障厅办公室	2023 年 8 月
胜园街道王连村	第二批全省乡村治理示范村	山东省农业农村厅、中共山东省委宣传部、山东省司法厅	2023 年 8 月
东营区第二中学	山东省营养与健康学校	山东省卫生健康委员会、山东省教育厅、山东省市场监督管理局、山东省体育局	2023 年 8 月
东营区人民检察院办案工作区	全省检察机关“规范化办案工作区”	山东省人民检察院法警总队	2023 年 9 月
东营区文汇街道中山社区文汇健身气功站点队	2023 年山东省健身气功站点联赛电视总决赛大舞集体项目比赛第一名	山东省健身气功管理中心	2023 年 9 月
东营区人民医院	第六届山东省医院品管圈大赛暨第十一届全国医院品管圈大赛山东赛区比赛二级医院专场三等奖	山东省医院品质管理联盟、山东省卫建医疗管理研究中心	2023 年 9 月
东营区	“四好农村路”省级示范县创建单位	山东省交通运输厅	2023 年 10 月
东营区档案馆	2023 年度全省档案宣传工作先进集体	山东省档案馆	2023 年 10 月
油城公用事业集团公司	2023 年度全省环卫工作优秀示范单位	山东省城乡环境卫生协会	2023 年 10 月
六户镇	山东省精品文旅名镇	省文化和旅游厅	2023 年 10 月
国家税务总局东营市东营区税务局	齐鲁家庭友好型工作场所	山东省总工会、山东省人力资源和社会保障厅、山东省卫生健康委员会、山东省企业联合会 / 企业家协会、山东省工商业联合会	2023 年 11 月
东营区人民法院立案庭	全省法院诉前调解优秀案例	山东省高级人民法院	2023 年 11 月
东营高新区	山东省绿色低碳高质量发展先行区试点	山东省发展和改革委员会	2023 年 11 月
东营区疾病预防控制中心	第八届“万步有约”全国百强健走示范区、优秀健走促进单位奖	中国疾控中心慢病中心	2023 年 11 月

续表 21

先进集体	荣誉称号	授予单位	授予时间
东营区农业农村局	2023 年度全省粮食作物机收减损技能大比武活动优秀组织单位	山东省农业农村厅	2023 年 11 月
六户镇	山东省乡村振兴示范镇	山东省发展改革委会	2023 年 11 月
史口镇林家村	山东省乡村旅游重点村	山东省文化和旅游厅、山东省发展和改革委员会、山东省农业农村厅	2023 年 11 月
黄河路街道景屋村	农民专业合作社示范社	中华全国供销合作总社	2023 年 11 月
东营区人民医院老年医学科	山东省卫生保健协会优质公信力品牌奖	山东省卫生保健协会	2023 年 11 月
东营区	2022 年度山东省民营经济高质量发展先进区	山东省促进民营经济发展工作领导小组	2023 年 12 月
东营区政府办公室	2023 年度“爱山东”政务服务平台移动端 50 强	山东省大数据局	2023 年 12 月
东营区政府办公室（牵头）	标杆型智慧社区	山东省大数据局	2023 年 12 月
东营区政府办公室	山东省政务公开先进集体	山东省政务公开领导小组办公室、山东省人社厅	2023 年 12 月
东营区综合行政执法局	2023 年度省级公共机构生活垃圾分类示范单位	山东省机关事务管理局	2023 年 12 月
东营区人民检察院	2023 年山东省节水型单位	山东省住房和城乡建设厅、山东省发展和改革委员会、山东省工业和信息化厅、山东省水利厅	2023 年 12 月
东营区公共就业和人才服务中心	山东省人力资源和社会保障厅关于全省就业工作及时奖励有关情况的通报记功的事业单位集体	山东省人社厅	2023 年 12 月
东营区人力资源和社会保障局	全省人力资源社会保障系统社会保险基金安全示范单位	山东省人社厅	2023 年 12 月
东营区人民法院民事审判一庭	全省法院民事审判和审判监督工作通报表扬集体	山东省高级人民法院	2023 年 12 月
东营区农业农村局	2023 年度全省农机质量投诉监督服务工作先进集体	山东省农业机械技术推广站	2023 年 12 月
牛庄镇	省级农业产业强镇	山东省农业农村厅	2023 年 12 月
牛庄镇	平安山东创建示范活动表现突出的乡镇	平安山东建设领导小组办公室	2023 年 12 月
东营市公安局东营分局牛庄派出所	枫桥式派出所	山东省公安厅	2023 年 12 月
牛庄镇党委党校（党员教育中心）	山东省重点乡镇（街道）党校（党员教育中心）	山东省委组织部	2023 年 12 月
牛庄镇前邵村	2023 年度山东省卫生乡镇和卫生村	山东省爱国卫生运动委员会	2023 年 12 月
牛庄镇王营村	省级乡土产业名品村	山东省农业农村厅	2023 年 12 月
牛庄镇王庄村	省级乡土产业名品村	山东省农业农村厅	2023 年 12 月
牛庄镇魏家村	省级乡土产业名品村	山东省农业农村厅	2023 年 12 月
牛庄镇大杜村	省级乡土产业名品村	山东省农业农村厅	2023 年 12 月
牛庄镇东营金丰农业产业化联合体	省级农业产业化联合体	山东省农业农村厅	2023 年 12 月
牛庄镇中心小学	山东省绿色学校	山东省教育厅	2023 年 12 月
牛庄镇西范小学	山东省绿色学校	山东省教育厅	2023 年 12 月

续表 21

先进集体	荣誉称号	授予单位	授予时间
六户镇财政和农村经营管理办公室	山东省会计工作先进集体	山东省财政厅、山东省人力资源和社会保障厅	2023 年 12 月
六户镇红十字会	2023 年“5・8”人道公益日众筹活动先进集体	山东省红十字会	2023 年 12 月
六户镇西六户村	省级乡土名品村	山东省农业农村厅	2023 年 12 月
六户镇中心幼儿园	2023 年山东省省级示范幼儿园	山东省教育厅	2023 年 12 月
龙居镇	省级农业产业强镇	山东省农业农村厅	2023 年 12 月
文汇街道社区卫生服务中心	山东省第五批社区医院	山东省卫生健康委员会	2023 年 12 月
文汇街道中山社区巾帼志愿者阳光站	山东省巾帼志愿阳光站	山东省妇联	2023 年 12 月
文汇街道中山社区退役军人服务站	2023 年度全省优秀退役军人服务站	山东省退役军人事务厅办公室	2023 年 12 月
文汇街道中山社区	2023 年山东省节水型社区	山东省住房和城乡建设厅、山东省发展和改革委员会、山东省工业和信息化厅、山东省水利厅	2023 年 12 月
文汇街道韩家村	2023 年度山东省卫生村	山东省爱国卫生运动委员会	2023 年 12 月
文汇街道兰赵村	2023 年度山东省卫生村	山东省爱国卫生运动委员会	2023 年 12 月
文汇街道官屋村	2023 年度山东省卫生村	山东省爱国卫生运动委员会	2023 年 12 月
胜园街道卢家村	2023 年度山东省卫生村	山东省爱国卫生运动委员会	2023 年 12 月
胜园街道东商村	2023 年度山东省卫生村	山东省爱国卫生运动委员会	2023 年 12 月
牛庄镇张庄村	省级美丽乡村示范村	山东省农业农村厅	2023 年
牛庄镇王营村	省级美丽乡村示范村创建村	山东省农业农村厅	2023 年
东营区交通运输局交通驿站	“红鲁畅运”司机党群服务阵地示范点	山东省道路运输行业委员会	2023 年
东营区交通运输局	红鲁畅运・先锋”道路运输行业先进基层党组织	中共山东省道路运输行业党委会	2023 年
东营区交通运输局	2022 年度复查合格省级文明单位	山东省精神文明建设委员会	2023 年
中共东营区委人才工作服务中心	全市创新实干先进集体	中共东营市委、东营市人民政府	2023 年 1 月
东营区卫生健康局	市域社会治理工作先进集体	中共东营市委、东营市人民政府	2023 年 1 月
辛店街道	市域社会治理工作先进集体	中共东营市委、东营市人民政府	2023 年 1 月
中共东营区委组织部	“创新实干、事争一流”双招双引先进集体	中共东营市委、东营市人民政府	2023 年 2 月
中共东营区委宣传部	“创新实干、事争一流”意识形态安全先进集体	中共东营市委	2023 年 2 月
东营区商务局	东营市 2022 年度保运行稳大盘先进集体	中共东营市委、东营市人民政府	2023 年 2 月
东营区应急管理局	“创新实干、事争一流”安全生产先进集体	中共东营市委、东营市人民政府	2023 年 2 月
东营区“龙居湾”乡村振兴示范片区工作专班	全市乡村振兴先进集体	中共东营市委、东营市人民政府	2023 年 2 月
辛店街道残疾人联合会	残联系统表现突出集体	中共东营市委、东营市人民政府	2023 年 2 月
文汇街道城市更新工作专班	“创新实干、事争一流”先进集体	中共东营市委、东营市人民政府	2023 年 2 月
东营市生态环境局东营区分局	全市党的二十大维稳安保工作表现突出集体	中共东营市委、东营市人民政府	2023 年 3 月

续表 21

先进集体	荣誉称号	授予单位	授予时间
牛庄镇王营村	平安东营建设示范村	中共东营市委、东营市人民政府	2023 年 4 月
牛庄镇前邵村	平安东营建设示范村	中共东营市委、东营市人民政府	2023 年 4 月
文汇街道东营社区	平安东营建设示范社区	中共东营市委、东营市人民政府	2023 年 4 月
文汇街道龙轩社区	平安东营建设示范社区	中共东营市委、东营市人民政府	2023 年 4 月
胜园街道	平安东营建设示范街道	中共东营市委、东营市人民政府	2023 年 4 月
胜园街道南田社区	平安东营建设示范社区	中共东营市委、东营市人民政府	2023 年 4 月
胜园街道东现河社区	平安东营建设示范社区	中共东营市委、东营市人民政府	2023 年 4 月
东营区人民医院	平安东营建设示范单位	中共东营市委、东营市人民政府	2023 年 4 月
东营区水利局	2022 年度水环境治理工作表现突出的集体	中共东营市委、东营市人民政府	2023 年 5 月
东营区综合行政执法局	2022 年度水环境治理工作表现突出集体	中共东营市委、东营市人民政府	2023 年 5 月
东营市生态环境局东营区分局	2022 年度水环境治理工作表现突出集体	中共东营市委、东营市人民政府	2023 年 5 月
牛庄镇人民政府	2022 年度水环境工作表现突出集体	中共东营市委、东营市人民政府	2023 年 5 月
辛店街道办事处	2022 年度水环境治理工作表现突出的集体	中共东营市委、东营市人民政府	2023 年 5 月

2023 年东营区受市级以上表彰的先进个人一览表

表 22

先进个人	荣誉称号	授予单位	授予时间
李宣东（区中心医院）	胜利油田文明建设先进个人	中国石化集团胜利石油管理局有限公司	2023 年 1 月
崔磊（区中心医院）	胜利油田文明建设先进个人	中国石化集团胜利石油管理局有限公司	2023 年 1 月
彭超（区中心医院）	胜利油田文明建设先进个人	中国石化集团胜利石油管理局有限公司	2023 年 1 月
安之然（区中心医院）	胜利油田劳动模范	中国石化集团胜利石油管理局有限公司	2023 年 1 月
袁波（东营市公安局东营分局）	山东公安机关第四批援疆工作队表现突出民警	公安部	2023 年 3 月
王汝云（东营市公安局东营分局）	全国公安机关成绩突出女民警	公安部、全国妇联	2023 年 3 月
许凯君（山东蓝海集团）	全国五一劳动奖章	中华全国总工会	2023 年 4 月
王春光（东营市公安局东营分局刑事侦查大队）	全国公安机关成绩突出个人	公安部、中华全国总工会	2023 年 4 月
刘欢（区中心医院）	胜利油田第二十二届职业技能竞赛护士金奖	中国石化集团胜利石油管理局有限公司、中国石油化工股份有限公司胜利油田分公司	2023 年 4 月

续表 22

先进个人	荣誉称号	授予单位	授予时间
刘欢（区中心医院）	油田直属单位主题劳动竞赛活动中成绩显著，立三等功一次	中国石化集团胜利石油管理局有限公司、胜利石油管理局有限公司工会委员会	2023 年 4 月
陈祥征（区纪委）	2023 年度《中国纪检监察》学刊用刊先进工作者	中国纪检监察杂志社	2023 年 10 月
孟素梅（区文旅局）	2023“新时代乡村阅读季”之“我爱阅读 100 天”活动阅读达人	中宣部印刷发行局	2023 年 10 月
李超超（区人民医院）	第四届红色故事讲解员大赛志愿组优秀讲解员	中央宣传部、文化和旅游部	2023 年 11 月
张文龙（区妇联）	全国少年儿童“心中有祖国 心中有他人”主题教育先进个人	全国少年儿童“双有”主题教育活动组织委员会	2023 年 12 月
鞠京宏（区应急管理局执法大队）	第一届省级安全生产执法智库	山东省应急管理厅	2023 年 1 月
闫晓辉（区人民法院）	全省法院调研工作先进个人	山东省高级人民法院	2023 年 1 月
孙静（区人民法院）	全省法院督察（监察）工作先进个人	山东省高级人民法院	2023 年 1 月
高乃芳（文汇街道社区卫生服务中心）	山东省卫生健康工作先进个人	山东省人力资源和社会保障厅、山东省卫生健康委员会、山东省计划生育协会	2023 年 1 月
李永芳（区信访局）	全省党的二十大维稳安保工作表现突出的个人	中共山东省委、山东省人民政府	2023 年 2 月
李盈盈（区委统战部）	全省统战信息工作优秀信息员	中共山东省委统战部	2023 年 2 月
崔钰梅（区科协）	2021—2022 年度山东省青少年科普教育 330 工程先进个人	山东省科协、山东省教育厅	2023 年 2 月
隋艳梅（区人民医院）	全省新冠病毒疫苗接种工作表现突出个人	山东省卫生健康委员会	2023 年 2 月
任耀海（区人民检察院）	2022 年度全省生态环境行政执法与刑事司法衔接工作“表现突出个人”	山东省生态环境厅、山东省公安厅、山东省人民检察院、山东省高级人民法院	2023 年 3 月
张桂芝（区疾控中心）	山东省性病防治工作先进个人	山东省皮肤病性病防治研究所	2023 年 3 月
王爱军（牛庄镇）	山东省劳动模范	中共山东省委、山东省人民政府	2023 年 4 月
庞增华（牛庄镇）	山东省劳动模范	中共山东省委、山东省人民政府	2023 年 4 月
赵大仿（黄河路街道）	山东省劳动模范	中共山东省委、山东省人民政府	2023 年 4 月
耿考亮（耿井村）	山东省劳动模范	中共山东省委、山东省人民政府	2023 年 4 月
戴吉勇（广域科技有限公司）	山东省劳动模范	中共山东省委、山东省人民政府	2023 年 4 月
张喜庆（胜利油田胜机石油装备有限公司）	山东省劳动模范	中共山东省委、山东省人民政府	2023 年 4 月
林相如（区纪委）	《扛牢粮食安全政治责任 护好人民群众“粮袋子”》被评为 2022 年度全省纪检监察系统网络舆情和评论工作“好评论”	山东省纪委监委宣传部	2023 年 4 月
范慧杰（区审计局）	山东优秀援疆人才称号	山东省对口支援新疆工作指挥部	2023 年 4 月
陶步云（区市场监督管理局）	2022 年度全省专利侵权纠纷行政裁决工作突出个人	山东省市场监督管理局、山东省司法厅	2023 年 4 月

续表 22

先进个人	荣誉称号	授予单位	授予时间
马守斌（区畜牧业发展服务中心）	全省家畜（牛）繁殖员职业技能竞赛一等奖	山东省畜牧兽医局	2023 年 4 月
王凤娟（区人民医院）	“十三五”期间全省艾滋病防治工作先进个人	山东省公共健康与艾滋病防治协会	2023 年 4 月
马雪莲（区人民医院）	“十三五”期间全省艾滋病防治工作先进个人	山东省公共健康与艾滋病防治协会	2023 年 4 月
王先红（区人民医院）	全省寄生虫病防治工作岗位技能竞赛省级决赛个人优秀奖	山东省卫生健康委员会	2023 年 4 月
徐鹏（东营市公安局东营分局治安管理大队）	全省公安机关 2022 年度个人二等功	山东省公安厅	2023 年 5 月
刘雨欣（东营市公安局东营分局指挥中心）	山东省省直机关团员青年“学思想　强党性　重实践　建新功”主题演讲比赛一等奖	中共山东省委省直机关工作委员会、山东广播电视台	2023 年 5 月
李亚奇（东营区人民检察院）	全省检察机关案件质量评查能手型人才	山东省人民检察院	2023 年 5 月
孙建生（东营区疾控中心）	山东省地方病防治专项攻坚行动表现突出的个人	山东省卫生健康委员会	2023 年 5 月
高乃芳(文汇街道社区卫生服务中心)	山东省地方病防治专项攻坚行动表现突出个人	山东省卫生健康委员会	2023 年 5 月
赵晨妍(文汇街道社区卫生服务中心)	2022 年度卫生健康监督“攻坚突破年”活动先进个人	山东省卫生健康委员会	2023 年 5 月
刘玉芳（区人民医院）	山东省百佳护士长	山东省护理学会	2023 年 5 月
刘婧君（区人民检察院）	全省检察机关“党建工作表现突出个人”	山东省人民检察院	2023 年 6 月
庞增华（牛庄镇）	山东省乡村振兴突出贡献奖先进个人	中共山东省委、山东省人民政府	2023 年 6 月
朱应波（东营蓝海家禽养殖有限公司家禽养殖厂）	省级“农民工之星”	山东省总工会	2023 年 8 月
马千里（东营市生态环境局东营区分局）	山东省 2023 年生态环境保护执法大练兵技能比武活动一等奖	山东省生态环境厅、山东省总工会	2023 年 8 月
杨鹏（区人民法院）	2022 年度山东省反洗钱工作先进	山东省反洗钱工作联席会议办公室	2023 年 8 月
王玥欢（东营市胜利实验小学）	2022 年度山东省“红领巾奖章”个人四星章	共青团山东省委、山东省教育厅、山东省少工委	2023 年 8 月
扈航悦（牛庄镇中心小学）	2022 年度山东省“红领巾奖章”个人四星章	共青团山东省委、山东省教育厅、山东省少工委	2023 年 8 月
王玉烁（区第三中学）	2022 年度山东省“红领巾奖章”个人四星章	共青团山东省委、山东省教育厅、山东省少工委	2023 年 8 月
高振泉（区畜牧业发展服务中心）	全省第三届“最美牧技员”	山东省畜牧总站	2023 年 9 月
吕珊珊（区人民法院）	全省法院刑事审判工作先进个人	山东省高级人民法院	2023 年 9 月
张海荣（山东康桥（东营）律师事务所）	山东省最美女律师	山东省妇联、山东省委政法委、山东省法院、山东省检察院、山东省公安厅、山东省司法厅、	2023 年 10 月
吴娟（胜利采油厂）	2023 年度“齐鲁巾帼工匠”	山东省妇联、山东省总工会	2023 年 10 月
曹丽霞(东营市胜利第三十四中学)	山东省巾帼建功标兵	山东省妇联	2023 年 10 月
牟久艳（区市场监督管理局）	山东省药化械执法技术能手	山东省药品监督管理局、山东省总工会	2023 年 10 月

续表 22

先进个人	荣誉称号	授予单位	授予时间
王静（区市场监督管理局）	山东省药化械执法技术能手	山东省药品监督管理局、山东省总工会	2023 年 10 月
李静静（区综合行政执法局）	2023 年度全省环卫工作岗位建功标兵	山东省城乡环境卫生协会	2023 年 10 月
刘伟伟（区中心医院）	山东省职业健康达人	山东省总工会	2023 年 10 月
张明德（胜利油田胜机石油装备有限公司）	“齐鲁工匠”	山东省总工会	2023 年 11 月
李兆杰（黄河河口管理局东营黄河河务局）	“齐鲁工匠”	山东省总工会	2023 年 11 月
曹永芹（区婚姻家庭辅导中心志愿者、东营区润心教育咨询服务部）	“优秀婚姻辅导工作者”	山东省妇联、山东省民政厅、山东广播电视台	2023 年 11 月
张保霞（区婚姻家庭辅导中心志愿者、东营心启点心理咨询有限公司）	“优秀婚姻辅导工作者”	山东省妇联、山东省民政厅、山东广播电视台	2023 年 11 月
李峰（区畜牧业发展服务中心）	2023 年全省第三届畜产品质量安全检测职业技能竞赛“优秀选手”	山东省畜牧兽医局	2023 年 11 月
益莎（区畜牧业发展服务中心）	2023 年全省第三届畜产品质量安全检测职业技能竞赛“优秀选手”	山东省畜牧兽医局	2023 年 11 月
时铜铜（区畜牧业发展服务中心）	2023 年全省第三届畜产品质量安全检测职业技能竞赛“优秀选手”	山东省畜牧兽医局	2023 年 11 月
周长城（区畜牧业发展服务中心）	第十一届山东省优秀基层畜牧兽医技术人员	山东省人力资源和社会保障厅、山东省财政厅、山东省自然资源厅、山东省水利厅、山东省农业农村厅、山东省畜牧兽医局	2023 年 11 月
王炳智（区畜牧业发展服务中心）	第十一届山东省优秀基层畜牧兽医技术人员	山东省人力资源和社会保障厅、山东省财政厅、山东省自然资源厅、山东省水利厅、山东省农业农村厅、山东省畜牧兽医局	2023 年 11 月
张婷（区人民法院）	全省法院环境资源审判助力绿色低碳高质量发展技能竞赛竞个人优胜奖（刑事）	山东省高级人民法院	2023 年 11 月
闫晓辉（区人民法院）	全省法院审判管理工作中表现突出个人	山东省高级人民法院	2023 年 11 月
张岩峰（牛庄镇）	2023 年度齐鲁乡村之星	山东省人民政府办公厅	2023 年 11 月
杜广（牛庄镇）	2023 年度齐鲁乡村之星	山东省人民政府办公厅	2023 年 11 月
董济宁（牛庄镇）	2023 年度齐鲁乡村之星	山东省人民政府办公厅	2023 年 11 月
纪海滨（牛庄镇）	2023 年度齐鲁乡村之星	山东省人民政府办公厅	2023 年 11 月
苏延英（牛庄镇）	第十一届山东省优秀基层农业技术人员	山东省人力资源和社会保障厅、山东省财政厅、山东省自然资源厅、山东省水利厅、山东省农业农村厅、山东省畜牧兽医局	2023 年 11 月
朱宝慧（牛庄镇）	第十一届山东省优秀基层林业技术人员	山东省人力资源和社会保障厅、山东省财政厅、山东省自然资源厅、山东省水利厅、山东省农业农村厅、山东省畜牧兽医局	2023 年 11 月
王桢华（文汇街道）	全省教育系统关心下一代工作“最美五老”	山东省教育厅关心下一代工作委员会	2023 年 11 月

续表 22

先进个人	荣誉称号	授予单位	授予时间
王凤娟（区人民医院）	全省药品安全监测工作表现突出个人	山东省药品监督管理局、山东省卫生健康委员会	2023 年 11 月
赵静渝（区人民医院）	卫生保健工作先进个人	山东省卫生保健协会	2023 年 11 月
项海松（区人民医院）	卫生保健工作先进个人	山东省卫生保健协会	2023 年 11 月
王丽群（区人民医院）	全省结核病防治工作岗位技能竞赛“实验室诊断专业个人二等奖”“技能竞赛能手”	山东省卫生健康委员会、山东省总工会	2023 年 11 月
王青青（区人民医院）	全省结核病防治工作岗位技能竞赛“个人优秀奖”	山东省卫生健康委员会、山东省总工会	2023 年 11 月
宋晨（区总工会）	山东省新时代岗位建功劳动竞赛标兵个人	山东省总工会	2023 年 12 月
蔚龙妹（东营区文华幼儿园）	山东省新时代岗位建功劳动竞赛标兵个人	山东省总工会	2023 年 12 月
许胜军（山东亿科化学有限责任公司）	山东省新时代岗位建功劳动竞赛标兵个人	山东省总工会	2023 年 12 月
薛渤海（山东华滨建工有限公司）	山东省新时代岗位建功劳动竞赛标兵个人	山东省总工会	2023 年 12 月
王凯（东营宏业建安有限责任公司）	山东省新时代岗位建功劳动竞赛标兵个人	山东省总工会	2023 年 12 月
韩勇（区综合执法局）	山东省新时代岗位建功劳动竞赛标兵个人	山东省总工会	2023 年 12 月
郝世强（东营油城城市服务有限公司）	山东省新时代岗位建功劳动竞赛标兵个人	山东省总工会	2023 年 12 月
唐保芳（胜利油田胜机石油装备有限公司）	山东省新时代岗位建功劳动竞赛标兵个人	山东省总工会	2023 年 12 月
缪潇瑞（胜利油田新邦建设开发有限责任公司）	山东省新时代岗位建功劳动竞赛标兵个人	山东省总工会	2023 年 12 月
薛海洋（区总工会）	2022–2023 年度在全省劳动人事争议调解仲裁工作中表现突出的调解员	山东省人社厅	2023 年 12 月
刘冬（区政协）	2023 年度全省政协宣传工作表现突出个人	山东省政协办公厅	2023 年 12 月
岳梅梅（东营区希望心理咨询服务中心，博帆思善教育咨询公司妇联）	第三届山东省“最美基层妇联人”	山东省妇联	2023 年 12 月
张立华（牛庄镇妇联）	第三届山东省“最美基层妇联人”	山东省妇联	2023 年 12 月
郭琦（区畜牧业发展服务中心）	全省动物卫生工作先进个人	山东省畜牧兽医局	2023 年 12 月
苏雪芳（区畜牧业发展服务中心）	动物疫情信息上报先进个人	山东省动物疫病预防与控制中心	2023 年 12 月
刘霞（区人民法院）	全省法院行政装备工作通报表扬个人	山东省高级人民法院	2023 年 12 月
巩晓凡（区人民法院）	全省法院教育培训工作通报表扬个人	山东省高级人民法院	2023 年 12 月
高星浩（东营高新区）	赋能聚力突破重大项目推进绿色低碳高质量发展先行区创建先进个人	山东省发展和改革委员会、中共山东省委省直机关工作委员会、山东省总工会	2023 年 12 月
李小妮（区医疗保险事业中心）	山东省医疗保障工作先进个人	山东省人力资源和社会保障厅、山东省医疗保障局	2023 年 12 月
薛海洋（区总工会劳动人事争议调解委员会）	2022–2023 年度在全省劳动人事争议调解仲裁工作中表现突出的调解员	山东省人社厅	2023 年 12 月

续表 22

先进个人	荣誉称号	授予单位	授予时间
闫明（区劳动人事争议仲裁院）	2022–2023 年度在全省劳动人事争议调解仲裁工作中表现突出的仲裁员	山东省人社厅	2023 年 12 月
庞增华（牛庄镇）	2023 年度省级“发现榜样”	山东省委组织部	2023 年 12 月
张立华（牛庄镇）	第三届山东省“最美基层妇联人”	山东省妇联	2023 年 12 月
隋长杰（文汇街道）	山东省改革尖兵	中共山东省委全面深化改革委员会办公室	2023 年 12 月
陈培清（文汇街道）	2023 年全省优秀农家书屋管理员	山东省新闻出版局	2023 年 12 月
刘逸迪（文汇街道）	山东省政务公开工作先进个人	山东省人民政府办公厅、山东省人力资源和社会保障厅	2023 年 12 月
王莉莉（文汇街道）	平安山东创建示范活动中表现突出的优秀网格员	平安山东建设领导小组办公室	2023 年 12 月
刘伟伟（区中心医院）	山东省职业健康监护专家	山东省总工会	2023 年 12 月
王玥欢（东营市胜利实验小学）	第二十届山东省优秀少先队员	共青团山东省委、山东省教育厅、山东省少工委	2023 年 12 月
张福寅（区红十字会）	2023 年“5·8 人道公益日”众筹工作成绩突出个人	山东省红十字会	2023 年 12 月
张惠（区红十字会）	2023 年“5·8 人道公益日”众筹工作成绩突出个人	山东省红十字会	2023 年 12 月
吕玮（区红十字会）	2023 年“5·8 人道公益日”众筹工作成绩突出个人	山东省红十字会	2023 年 12 月
张惠（区红十字会）	2023 年度山东省红十字应急救护工作先进个人	山东省红十字会	2023 年 12 月
王拿（区红十字会）	2023 年度山东省红十字应急救护工作先进个人	山东省红十字会	2023 年 12 月
李昌蔚（区交通运输局）	道路运输行业优秀党务工作者	中共山东省道路运输行业委员会	2023 年
马千里（东营市生态环境局东营区分局）	2022 年生态环境保护执法大练兵表现突出个人（记三等功）	山东省生态环境厅	2023 年
缪建防（区疾控中心）	市域社会治理工作先进个人	中共东营市委、东营市人民政府	2023 年 1 月
刘康（区住建局）	东营市 2022 年度单项工作先进个人（在油地融合工作中表现突出）	中共东营市委、东营市人民政府	2023 年 1 月
王元晖（区住建局）	全市创新实干先进个人	中共东营市委、东营市人民政府	2023 年 1 月
陈吉强（油地校融合办）	东营市 2022 年度单项工作先进个人	中共东营市委、东营市人民政府	2023 年 1 月
隋长杰（文汇街道）	2022 年度“党管武装好书记”	中共东营市委、东营军分区党委	2023 年 1 月
邱君模（区信访局）	全市党的二十大维稳安保工作表现突出的个人	中共东营市委、东营市人民政府	2023 年 2 月
褚维志（区残联）	“十三五”以来全市残疾人工作表现突出的残联系统表现突出个人	中共东营市委、东营市人民政府	2023 年 2 月
解光辉（区商务局）	东营市市域社会治理工作表彰——社会稳定先进个人	中共东营市委、东营市人民政府	2023 年 2 月
任勇（东营市公安局东营分局）	全市党的二十大安保维稳工作个人三等功	中共东营市委 东营市人民政府	2023 年 2 月
张洪波（六户镇）	“十三五”以来全市残疾人工作表现突出的残疾人	中共东营市委、东营市人民政府	2023 年 2 月
隋长杰（文汇街道）	“创新实干 事争一流”先进个人	中共东营市委、东营市人民政府	2023 年 2 月

续表 22

先进个人	荣誉称号	授予单位	授予时间
李远遥（胜园街道）	东营市保民生先进个人	中共东营市委、东营市人民政府	2023 年 2 月
袁潜（区人民法院）	全市党的二十大维稳安保工作表现突出个人	中共东营市委 东营市人民政府	2023 年 3 月
巩静静（区综合行政执法局）	2022 年度水环境治理工作表现突出个人（嘉奖）	中共东营市委、东营市人民政府	2023 年 5 月
孙海军（区水利局）	2022 年度水环境治理工作表现突出的个人（嘉奖）	中共东营市委、东营市人民政府	2023 年 5 月
许桂英（东营市生态环境局东营区分局）	2022 年度水环境治理工作表现突出个人（记三等功）	中共东营市委、东营市人民政府	2023 年 5 月
魏冬冬（区水环境工作组）	2022 年度水环境治理工作表现突出个人（记三等功）	中共东营市委、东营市人民政府	2023 年 5 月
商海防（六户镇）	2022 年度水环境治理工作表现突出的个人（通报表扬）	中共东营市委、东营市人民政府	2023 年 5 月
王明明（龙居镇生态环境办）	2022 年度水环境治理工作表现突出的个人（通报表扬）	中共东营市委、东营市人民政府	2023 年 5 月
杨玉萍（文汇街道生态环境办）	2022 年度水环境治理工作表现突出的个人（通报表扬）	中共东营市委、东营市人民政府	2023 年 5 月
张晓甜（黄河路街道环保办）	2022 年度水环境治理工作表现突出的个人（通报表扬）	中共东营市委、东营市人民政府	2023 年 5 月

附　录

东营区加快推进
“山东省现代流通强县”建设的实施意见

（2023 年 2 月 2 日）

《山东省商务厅 山东省财政厅关于印发 2021 年度山东省现代流通强县名单的通知》（鲁商字〔2022〕126 号）文件批复东营区为“山东省现代流通强县”。为巩固创建成果，加快推进“山东省现代流通强县”全面建设，根据《山东省现代流通强县财政激励政策实施方案》（鲁财工〔2022〕4 号）文件精神，结合我区实际，特制定如下实施意见。

一、指导思想

以习近平新时代中国特色社会主义思想为指导，全面贯彻落实党的二十大会议精神，锚定“走在前列、全面开创”“三个走在前”总遵循、总定位、总航标，统筹推进现代流通体系软硬件建设，提升流通服务产业能力，优化流通网络布局，强化流通体系支撑，创新流通业态模式，进一步提高流通效率，降低流通成本，全面构建现代流通发展新优势，提升我区商贸流通现代化水平，将“现代流通强县”建设得更好更强。

二、基本原则

（一）立足行业，优化体系。将服务流通产业发展、提高流通产业竞争力作为现代流通强县建设的出发点和落脚点，从优化生产、分配、流通、消费、循环等方面健全并推动现代流通体系标准化、示范化、现代化转型升级，促进全区商贸流通发展质量和水平稳步提升。

（二）突出重点，务求实效。统筹推进商贸流通领域项目实施，围绕商贸体系创建标准，优化布局，充分发挥商务主管部门及相关部门的组织协调作用，全面推进流通基础设施建设、商贸业态模式创新和商贸流通企业培育，实现商贸数字化、智慧化和国际化发展。

（三）典型引导，有序推进。选取具有代表性、典型性的行业和企业开展标准化建设示范，及时总结推广有益经验，有序推进项目实施过程中的宣传推广和示范带动，不断探索和推进成果运用，形成标准可量化、经验可复制、成效可推广的良性互动局面。

三、总体目标

到 2025 年，我区流通领域主要指标能够领跑全省县区，现代流通与重点产业全面融合、相互促进，初步建立起全产业链流通、全要素流通、全过程流通、全生命周期流通、全开放流通的现代流通体系。

——对经济社会贡献进一步加强。到2025年，社会消费品零售总额力争达到370亿元，年均增长5%；限额以上批发零售业年销售额达到1000亿元，限额以上零售额达到130亿元。

——流通现代化水平进一步提高。全社会物流总费用占地区生产总值的比重下降2—3个百分点；培育壮大一批现代物流企业，骨干物流企业达到3家以上，规模以上物流企业年营业收入突破20亿元。

——业态结构不断优化。新型消费不断涌现，实物商品网络零售额占社会消费品零售总额比重达到全省平均水平，网络零售额突破60亿元；服务消费成为流通领域重要增长点，服务消费占居民消费支出比重位居全省县区第一梯队。

——消费扩容提质更加显著。全区重点培育1条以上省级商业步行街，3条以上市级特色商业街；培育建设10个年交易额超过亿元的商品交易市场；"城市一刻钟便民生活圈"实现全区全覆盖。

——协调发展迈出新步伐。区域市场一体化程度大幅度提高，应急保供能力显著增强，城乡商贸供给能力差距进一步缩小，推动形成以乡镇为中心的农村流通服务网络。

——治理体系更为完善。政策体系、配套机制更加健全，商务领域监督管理不断加强，以诚信为核心的商业文化建设成效显著。

四、主要任务

聚焦现代流通强县建设的"主体、业态、布局、融合、载体、平台、标准、安全"等重点方面，围绕"三个全面""三个突出""三个促进""三个优化"开展建设工作。

（一）全面提升流通设施水平

1. 推动商贸设施改造升级。构建以商圈为主的城市商业中心、以特色街区为主的区域商业中心和以"城市一刻钟便民生活圈"为主的社区商业中心的三级商业空间体系。全力打造商河路智慧商圈，争取省级智慧商圈试点；打造万达万恋街、燕山路美食街、海通路美食街、东营茶城等特色街区；依托"东营商务生活一键通服务平台"，重点打造中山社区、通达社区等国家级"城市一刻钟便民生活圈"，物华社区、青山社区等39个业态齐全、功能完善、智慧便捷、规范有序、服务优质、商居和谐的省、市级"城市一刻钟便民生活圈"，实现居民消费智能化、智慧化。（牵头部门：区商务局；责任部门：区住房城乡建设局、区市场监管局、区综合执法局，各镇、街道，东营高新区、区商贸园管理服务中心）

2. 夯实民生消费基础。鼓励发展品牌连锁，扩大市场占有率，提高连锁店数量占便民生活圈商业网点总量的比重，引导零售企业向社区商业渗透，完善日常基础消费和服务等社区生活服务基础设施。加大公益性设施投入，鼓励通过土地作价、投资建设、入股参股、产权回购回租、公建配套、购买服务等方式，建设和改造农副产品批发市场、公益性菜市场、农贸市场。（牵头部门：区商务局；责任部门：区住房城乡建设局、区市场监管局、区综合执法局，各镇、街道，东营高新区、区商贸园管理服务中心）

（二）全面完善供应链体系

打造"平台＋园区＋企业"的供应链体系。扎实推进中心城区综合物流园项目建设，着力打造成精准服务产业基地生产、流通的供应链基地，提升现代物流和供应链管理服务的系统化、网络化、数字化、规模化、国际化水平。加大企业主体培育力度，打造具有核心竞争力的物流领军企业，鼓励和引导快递企业向供应链服务企业转型；大力发展第三方、第四方物流，培育一批综合供应链物流服务领先领军企业；筛选培育优质企业做大做强，积极推荐供应链创新与应用示范企业，到2025年，骨干物流企业达到3家以上，其中国家5A级物流企业数量在同类县区中保持领先，争取3家以上企业被认定为全国供应链创新与应用示范企业。（牵头部门：区商务局；责任部门：区发展改革局、区交通运输局）

（三）全面推进城乡流通一体化发展

1. 补齐农村流通体系建设短

板。完善城乡配送体系，打造县、镇、村三级物流配送体系，着眼打通农村物流配送链路，推行邮政、交通合作联运模式，各镇着力建成1处乡级快递共同配送站、各行政村设立1处村级快递服务站，形成“区有中心、镇有节点、村有网点”的快递物流体系，提升农村快递服务能力，畅通城乡之间流通渠道，提高农村综合物流服务水平。（牵头部门：区交通运输局；责任部门：区住房城乡建设局、区农业农村局、区商务局，各镇、街道，东营高新区、区商贸园管理服务中心）

2. 强化城乡流通联动互补。认真实施《东营区商业网点规划（2020—2035）》，推进镇域商业网点建设，积极争取中央、省、市财政资金支持，引导大型商贸流通企业在镇域建设商贸中心，加快完成4个乡镇商贸中心建设。实施汽车、家电下乡等消费活动，提升农村消费服务环境。支持大型商贸流通企业继续做好品牌农产品进超市试点工作，积极拓展优质特色农产品销路，提升品牌和产品知名度。推动新型经营主体、供销社、农商行深化合作，畅通农产品上行渠道，构建生产、供销、金融“三位一体”的农产品流通新机制。（牵头部门：区商务局；责任部门：区农业农村局、区地方金融监管局、区供销社、区财政局，各镇、街道，东营高新区、区商贸园管理服务中心）

（四）突出商贸流通企业发展

1. 做大做强骨干商贸流通企业。对标省内外行业头部企业和先进水平，强化流通技术创新、网络渠道拓展、制度规范建设，打造一批具有较强竞争力的现代商贸流通企业。实施商贸流通百强企业帮扶行动，遵循市场规律，以自发形成的运行体系为基础，选择基础条件成熟、发展潜力较大的龙头商贸流通企业进行重点培育。通过规范引导和政策支持，做强做大龙头和骨干商贸流通企业。提高批零住餐行业的投资总额和增速，区商务局与区发展改革局、区行政审批局、区投资促进发展服务中心和各镇（街道、东营高新区、区商贸园管理服务中心）建立企业投资项目备案联动机制。鼓励和支持具备条件的商贸企业通过战略联盟、资本合作、平台对接、资源共享等市场化方式打造优势互补、业务协同的合作体。（牵头部门：区商务局；责任部门：区发展改革局、区行政审批局、区投资促进发展服务中心，各镇、街道，东营高新区、区商贸园管理服务中心）

2. 做优做精本地特色商贸企业。加强地理标志农产品管理，强化农业品牌原产地保护。培育省内著名、国内知名的农产品品牌。出台促进老字号创新发展实施意见，推进产品迭代更新。推动在电商平台建设老字号综合旗舰店。加强对非遗项目和传承人的管理，增强文化承载力。（牵头部门：区商务局；责任部门：区农业农村局、区文化和旅游局、区市场监管局，各镇、街道、东营高新区、区商贸园管理服务中心）

3. 推动中小商贸流通企业服务工作。把服务中小商贸企业摆在突出位置。着力扶持培育一批具有发展潜力的中小商贸企业。鼓励中小微商贸企业发掘细分市场潜力，拓展经营领域和服务范围，培育独特竞争优势，实现精细化、多元化、品质化发展。支持中小微商贸企业建立健全管理制度，增强规则意识，加强商品质量管控，推动企业规范化发展。鼓励平台型、科技型企业利用数字技术赋能，引导中小微商贸企业进驻并降低服务费用，提升企业持续发展能力。（牵头部门：区商务局；责任部门：区市场监管局、区服务业发展促进中心）

（五）突出流通主体创新能力提升

强化企业创新主体地位，促进各类创新资源向企业集聚，鼓励企业加大技术攻关和人力资本投入，推进技术、产品、组织、管理和商业模式协同创新。培育一批数字化实体零售龙头企业，研究制定奖励措施，对实现实物商品网络零售额提升的企业给予政策奖励。整合挖掘销售数据，分析匹配个性化需求，开展智能化运营，促进实体零售线上线下融合发展。加快总部经济发展，积极引进外省及国际商贸企业总部或区域性总部落户我区。（牵头部门：区商务局；责任部门：区工业和信息化局、区行政审批局）

（六）突出流通商业带头人培育

鼓励开展流通商业带头人培育计划，举办创业创新和技能大赛，挖掘商业人才。利用区电子商务产业园区、师资团队等资源开展品牌设计、市场营销、电商应用等专业培训，强化实操技能，提高就业转化率。引入外部智力、人力资源，加强跨区域人员交流学习，提升对返乡大学生、退役军人等的就业创业服务水平。（牵头部门：区人力资源社会保障局；责任部门：区商务局、区退役军人局，各镇、街道，东营高新区、区商贸园管理服务中心）

（七）促进新兴业态培育

构建良好和谐电商生态圈。推动海科优油电子营销综合服务平台、海科危品汇平台做大做强。鼓励胜大超市、商业大厦、银座商城等做强电商平台，大力拓展销售渠道。着力推动博圳道（东营）商贸有限公司、米范（山东）电子商务有限公司等龙头电商企业发展。鼓励发展短视频、直播等新业态，畅通特色农产品销售渠道，壮大龙居十三图棉被、龙居丸子、东升村装饰画等农村电商队伍。推动“线上引流＋实体消费”新模式发展。创新无接触式消费模式，推广“二号店”智慧模式，探索智慧超市、智慧商店、智慧餐厅等新零售模式。加快直播电商与商贸流通业融合发展，推动线上线下资源整合，积极引导商贸流通业开展直播电商业务，提升消费体验。到2025年，全区电子商务重点企业突破20家，网络零售额累计超过60亿元。（牵头部门：区商务局；责任部门：区农业农村局、区文化和旅游局）

（八）促进消费扩容升级

1. 提升传统市场消费。挖掘城乡消费潜力，促进商品消费，畅通汽车、家电、家具等大件商品消费链条。拓展服务消费，提振餐饮消费，促进家政服务提质扩容。实施省、市级消费促进项目，通过发放消费券、奖补重点企业等形式，激励商贸流通企业开展汽车、家电、家具、日用品、餐饮等行业消费促进活动，持续创造消费热点，推进消费增长。深化汽车流通领域改革，推动汽车等消费品由购买管理向使用管理转变，促进新能源汽车消费。鼓励开展汽车下乡和以旧换新，规范二手车交易和报废机动车回收拆解市场，提升汽车销售4S店的经营服务水平，扩大进口汽车消费，发展汽车后市场。促进家电家具家装等消费。建立政府引导、市场主导、行业互动、城乡联动的促消费长效机制，加大财政资金投入力度，带动重点行业、重点企业开展消费促进活动。常态化举办“消费促进月”活动，开展商贸企业联合让利促销行动，有序组织购物节、美食节等多元促消费活动。（牵头部门：区商务局；责任部门：区财政局、区综合执法局，各镇、街道，东营高新区、区商贸园管理服务中心）

2. 培育新型消费。鼓励电商平台企业与超市、便利店、社区商业中心、商务楼宇和小区物业等合作，不断创新销售模式，提供集约化配送。鼓励有条件的实体企业研发线上产品，拓展线上销售，采用“社区团购＋集中配送”“无接触配送”“餐饮＋零售”等新发展模式进行经营。鼓励零售企业强化场景体验感与服务体验感，辅助导入餐饮、娱乐、服务等部分相关性的体验功能业态，提高体验业态比重。（牵头部门：区商务局；责任部门：区市场监管局，各镇、街道，东营高新区、区商贸园管理服务中心）

（九）促进发掘商贸流通大数据应用价值

依托云计算（大数据）中心政务云平台、大数据共享交换平台，加强政务和企业大数据的整合、分析与利用。强化政务领域流通大数据应用，开展流通发展态势监测分析和预警预判。引导电商平台、传统企业发挥流通数据优势，提升产销衔接水平，拓展精准营销和个性化服务，深度发掘城乡居民消费潜力。推动流通大数据赋能，为工农业生产提供决策支持，提升个性化定制和柔性化生产水平。（牵头部门：区大数据服务中心；责任部门：区工业和信息化局、区农业农村局、区商务局、区统计局）

（十）优化政务服务

1.继续深化“放管服”改革。优化再造投资项目审批流程。进一步简政放权，最大限度激发区内市场活力，大力实施并联审批，优化内部审批流程，推进部门间互联互通，不断增强部门协同效应，最大限度压缩审批时限，构建政企沟通交流机制。（牵头部门：区行政审批局；责任部门：区商务局，各镇、街道，东营高新区、区商贸园管理服务中心）

2.持续优化营商环境。进一步健全现代流通业统计调查制度，加强市场运行监测，客观准确地反映流通产业发展情况。整合信息资源，疏通发布渠道，不断提高流通业信息服务水平。严格市场信息和统计数据报送分析制度，为政府行业管理和企业市场决策提供参考和依据。做好全区商贸服务业（含餐饮业、住宿业）安全生产管理工作，按有关规定对拍卖、展览、汽车流通、旧货流通和成品油流通等行业进行安全生产管理，指导再生资源回收行业安全生产工作。（牵头部门：区商务局；责任部门：区综合执法局、区市场监管局）

（十一）优化人才保障服务

1.加大人才培养和引进力度。加强商贸流通企业与高等院校及职业技术学院校企合作，培养符合现代商贸服务业发展需要的专业人才。强化职业培训，充分利用线上线下资源，采取企业内训、外部培训、校企联合办学等多种方式，培养适应商贸流通产业转型升级和新业态新模式发展需要的人才队伍。加强流通领域智库建设，储备专家人才队伍。（牵头部门：区人力资源社会保障局；责任部门：区商务局）

2.优化人才发展环境。营造良好生态，健全完善创新载体，搭建创新创业平台，持续优化人才服务保障，为各类人才施展才华、大展拳脚提供广阔舞台，在全区营造尊重人才、重视人才的良好生态，真正让各类人才招得来、留得住、发展好。（牵头部门：区人力资源社会保障局；责任部门：区商务局）

（十二）优化金融服务

1.提高流通金融保障水平。鼓励驻东营区金融机构完善城乡商业设施支付受理环境和提升服务能力，深化移动支付便民工程场景建设与模式创新，适当降低小微企业支付手续费用。支持银行机构普惠型小微企业贷款适当向运输企业和个体工商户倾斜。（牵头部门：区地方金融监管局；责任部门：区商务局）

2.支持重点流通项目建设。综合运用财政补贴、贷款贴息、股权投资等方式，对城市一刻钟便民生活圈建设、供应链服务企业培育、内外贸融合发展、农贸市场改造、步行街改造等重点工程和重点项目给予资金扶持，积极落实上级对新零售企业、物流服务企业、生活服务平台的优惠政策，降低企业成本负担。（牵头部门：区财政局；责任部门：区商务局，各镇、街道，东营高新区、区商贸园管理服务中心）

五、保障措施

（一）加强组织领导。成立东营区推进“山东省现代流通强县”建设工作专班，专班下设办公室，办公室设在区商务局。发挥工作专班统筹协调职能，定期研究和通报现代流通强县推进工作重点事项落实情况。区商务局负责会同相关部门做好奖励政策制定和申报工作；区统计局负责协助相关指标责任单位做好企业（亿元以上商品交易市场、连锁门店等）纳统及数据统计指导和认定工作；区财政局负责做好奖补资金兑现工作；其余各责任部门要落实好相关职责和任务。健全工作机制，发挥第三方作用，明确责任到人，确保任务有效落实。

（二）强化规划引领。科学编制《东营区“山东省现代流通强县”建设规划（2022—2025年）》，强化规划引导约束作用，以项目促进规划实施，根据规划确定的目标和重点任务，及时组织制定实施方案，落实责任主体，强化监督考核。

（三）统筹项目推进。坚持把项目建设作为推动现代流通强县建设的主引擎，加强统筹调度，强化服务保障，靠实工作责任，从严做好风险管控，确保项目顺利推进。对所建项目，可采取股权投资、财政补贴、以奖代补、贷款贴息、保险补偿、担保补助、政府购买服务等方式予以扶持。

（四）加强数据统计。建立流通数据统计报送共享机制，区级各有关部门按照东营区推进“山东省现代流通强县”建设工作专班要求，定期、全面、准确、及时报送统计报表和行业信息。区统计局、区商务局将定期对相关数据进行通报，实现数据共享。

关于开展油地单位党组织“干部职工下一线、服务资源到基层、幸福满意进万家”行动的实施方案

（2023 年 3 月 13 日）

为全面贯彻落实习近平总书记视察东营、视察胜利油田重要指示要求，深化城市党建引领基层治理，拓宽油地深度融合途径，提高精准化服务、精细化治理水平，不断提升广大群众的归属感、获得感、幸福感和满意度，确定开展油地单位党组织“干部职工下一线、服务资源到基层、幸福满意进万家”行动，现制定如下实施方案。

一、总体要求

以习近平新时代中国特色社会主义思想为指导，深入学习贯彻党的二十大精神，全面贯彻落实习近平总书记视察东营、视察胜利油田重要指示要求，坚持“党委统筹、油地携手、资源聚合、社会联动”，将工作力量向一线倾斜，社会治理重心向基层下移，推动广大干部听民声、察民情、解民忧、转作风，全力帮助协调解决广大人民群众的操心事、烦心事、揪心事，不断实现人民对美好生活的向往，为建设“油城 e 家·幸福家园”提供坚强保障。

二、工作安排

（一）突出党建引领，凝聚油地合力。开展油地党建联动共建，切实把党组织的组织优势转化成为基层服务的动力引擎。

1. 建立幸福党建联盟。坚持全面覆盖、协同共建，东营区机关企事业单位、油田直属单位共同包联 1 个社区，建立三方紧密型幸福党建联盟，延伸建立包联单位以党支部或党小组形式直接联系小区（网格）制度，积极开展便民志愿服务活动和党内组织生活，定期通报本单位工作开展情况，协商推进党建联建项目，协调解决社区工作中遇到的困难和问题。（牵头单位：区委组织部，油田党委组织部组织管理室，胜利石油工程公司党委组织部；责任单位：区机关企事业单位，油田直属单位，各镇、街道）

2. 结对退休党支部。社区三方党建联盟统筹协调，由油地包联单位党组织所属党支部，结合工作实际情况，以“一对一”或“一对多”的形式，联系社区 1 个退休党支部，定期开展座谈交流，对行动不便的高龄党员送学上门，开展助老活动、组织全区发展情况通报会，每年至少联合开展 1 次主题党日、邀请老党员讲 1 次党课，引导老党员发挥积极作用，主动参与社区治理，提高党组织的战斗力和凝聚力。（牵头单位：区委组织部，油田党委组织部组织管理室，胜利石油工程公司党委组织部；责任单位：区机关企

事业单位，油田直属单位，各镇、街道）

（二）推动力量下沉，筑牢治理底盘。充分发挥党组织政治功能和组织功能，推动各方力量在一线集结，不断扩大社区治理“同心圆”。

3. 推动党员干部下沉一线。油田直属单位党委要鼓励引导在职党员干部和职工到居住社区报到，争当居住小区的兼职楼栋长、单元长；区机关企事业单位党组织在职党员干部到包联社区报到，包靠1个楼栋，担任兼职楼栋长，油地兼职楼栋长与小区楼栋长建立ABC岗“三岗同抓、联动补位”机制。平时，主动参与政策宣传、扶贫帮困、为民服务、网格治理等工作，带动群众参与基层治理。急时，第一时间向社区党组织请战，根据社区党组织统一安排，认真完成交办的各类任务，确保全时服务不断档、不掉线。（牵头单位：区委组织部，油田党委组织部组织管理室，胜利石油工程公司党委组织部；责任单位：区机关企事业单位，油田直属单位，各镇、街道）

4. 推动“一老一青”干部下社区。健全干部一线服务和培养锻炼机制，按照个人报名和组织推荐相结合的方式，采取“双向选择”，坚持政治素质好、工作能力强、作风过得硬的标准，选派一批转任非领导职务的干部任第一书记，一批年轻干部到社区（居委会）挂职任党委副书记（副主任）。明确派驻社区第一书记、副书记（副主任）具体工作任务，从建强社区党组织、提升基层治理水平、强化为民办事服务等方面建立履职清单，推动第一书记、副书记（副主任）照单履职。制定“一老一青”派驻干部管理办法，建立“月抽查、季督导、年考核”工作机制，通过述职测评、走访群众、个别谈话等方式强化考核考评，对表现优秀、实绩突出的在职级晋升、评先树优等方面优先考虑，对履职不到位的及时约谈调整。（牵头单位：区委组织部；责任单位：区机关企事业单位，各镇、街道）

（三）聚合服务资源，延伸服务触角。发挥油地政策资源、社会力量、共建资源等优势，推动服务资源在一线集聚，切实为居民提供便利服务。

5. 下沉更多服务事项。东营区委编办、油田公共事业管理部牵头，围绕社会保障、医疗服务、民生救助等重点民生事项，厘清政府职能部门与社区的关系及责任边界，明确社区依法履行职责和依法协助职责两张事项清单，规范准入、能下尽下、应下尽下。推动水电气暖、网络等专业化公司下沉社区，将便民服务延伸到居民“家门口”。对于达不到下放条件或专业性较强的服务事项，可依据服务半径、周边资源配置等情况，合理增设公共服务网点，依托社区工作者帮办代办。推行油田老年服务站、员工服务中心与社区工作者合署办公机制，逐步增加油地医保、养老等服务网点，逐渐实现“一窗”受理和“一站”办理。（牵头单位：区委编办，油田公共事业管理部；责任单位：区民政局、区人力资源社会保障局、区医保局、区行政审批局、区综合执法局，油田西城服务协调中心，油田有关专业化服务单位）

6. 盘活各类服务资源。进一步盘活存量资产，整合社区闲置房屋，加快社区党群服务中心迭代升级，坚持“一室多用、开放共用”的原则，充分利用现有空间，建立社区社会组织轮驻制度，为社区免费提供文体娱乐、心理咨询、矛盾调解、议事协商等形式多样的服务。积极挖掘社区“新能人”队伍，组建“油城先锋”“油城老兵”“油城天使”等“1+7+N”自治队伍，建立健全基金赋能、回馈引导机制，鼓励开展组团式、专业化服务，做强社区治理力量。（牵头单位：区城乡基层治理服务中心，油田西城服务协调中心；责任单位：各镇、街道）

7. 实施一批共建项目。建立“社区点单、部门接单”机制，包联单位党组织发挥自身资源优势，围绕制约社区发展的堵点、群众反映集中的难点、基层治理工作的痛点，与社区党组织共同商定资源联享、发展联动、问题共解的路径，实施共驻共建项目。东营区委统一战线工作领导小组社会联动专班统筹协调民营企业、社会组织、社会人才进社区，探索提供场地、减免租金的形式，建立非营利性托育服务机构、日间照料中心、幸福食堂等，参与党组织领办公益市集等公益活动，推动各类服务有效集成，让群众不出家门就能享受到便利。（牵头单位：区委组织部、区委统战部，油田党委组织部组织管理室，胜利石油工程公司党委组织部；责任单位：油田直属单位，各镇、街道）

（四）解决民生期盼，建设幸福家园。建立完善常态化联系服务制度，畅通渠道听民声，用心用情解民忧，让群众得到新实惠、看到新变化，切实提高幸福感和满意度。

8.到群众身边发现解决问题。包联单位党组织和党员干部结合包联工作实际，采取进门入户、电话随访等形式，开展民情遍访，收集群众反映的问题，建立民情日志，台账化销号解决。收集的问题，如社区和包联单位能解决的，立即解决；如不能解决，要及时上报街道党工委；如街道党工委不能解决，汇总上报区区域治理运行管理中心并分解落实到相关责任部门单位。问题解决结果由责任部门及时反馈包联单位及干部，由下沉干部反馈给反映对象，确保群众满意。重点关注“一老一小”和特殊群体，针对社区中独居老人、留守儿童、低收入群体、残疾人、先模人物等，由下沉干部与其建立“一对一”帮扶对子，经常性电话联系，定期开展实地走访慰问，积极帮助解决实际困难。（牵头单位：区委组织部，油田党委组织部组织管理室，胜利石油工程公司党委组织部；责任单位：区机关企事业单位，油田直属单位，各镇、街道）

9.畅通问题反映和解决渠道。坚持民有所呼、我有所应，依托东营区社会治理网格化服务管理信息平台、“12345”政务热线、“油城e家·幸福家园”小程序等，健全完善“社区吹哨、部门报到”问题解决闭环机制，及时收集、高效处理群众诉求，解决好群众身边“关键小事”。对群众反映的问题，属油地部门内部会商解决的，原则上不超过1个工作日；属跨部门会商解决的，原则上不超过3个工作日。定期对群众诉求进行汇集统计、关联分析，发现最为突出的问题和共性问题，为社区服务精准匹配提供大数据支撑。（牵头单位：区委组织部，油田党委组织部组织管理室，胜利石油工程公司党委组织部；责任单位：区区域治理运行管理中心、区城乡基层治理服务中心，油田直属单位，各镇、街道）

10.组织开展幸福评选活动。坚持“幸福不幸福、居民说了算”，每年12月开展年度“幸福社区”“幸福小区”“幸福楼栋”评比，聘请第三方随机抽取总户数的60%以上作为样本进行评估，“幸福感”比例超过98%入选，大力营造“社区是我家、幸福靠大家”的浓厚氛围。鼓励油地共建单位、爱心企业、公益社会组织、爱心人士自愿捐赠，成立社区“微基金”，实施为民服务事项，解决居民关心关注的难题。（牵头单位：区委组织部；责任单位：区城乡基层治理服务中心，各镇、街道）

三、工作保障

（一）提高思想认识。油地共同成立“干部职工下一线、服务资源到基层、幸福满意进万家”工作专班，负责统筹协调、组织推进、督查指导等日常工作。工作专班下设办公室，办公室设在区城乡基层治理服务中心，具体负责工作推进、任务落实、组织协调等工作。油地包联单位要将“干部职工下一线、服务资源到基层、幸福满意进万家”作为联系服务群众、加强基层治理、推动高质量发展的重要平台载体，列入年度抓党建工作重点内容，常抓不懈，务求实效。

（二）建立反馈机制。油地将各级党组织开展“干部职工下一线、服务资源到基层、幸福满意进万家”行动纳入基层党建工作考核，推动工作走深做实。社区党组织要精准记录包联党组织工作开展情况，每季度一次反馈给油地组织部门，作为单位党建考核重要依据。社区党组织要将党员干部在下沉一线的表现情况如实反馈给党员所在党组织，作为党员年度考核、评先树优的重要依据。

（三）做实考评激励。将“干部职工下一线、服务资源到基层、幸福满意进万家”行动纳入党建引领基层治理积分激励体系，据实记录，经所属镇（街道）党（工）委认定后可凭积分兑换相应服务。区委联合油田单位适时组织“油城幸福家园建设‘服务之星’”“油城幸福家园建设‘突出贡献单位’”等评选表扬。加大党员发展指标、优秀等次确定、“两优一先”评选等向表现优秀的油地干部职工倾斜力度，激励广大党员干部不忘初心、牢记使命，扎根一线、服务群众。

东营区深化新旧动能转换推动绿色低碳高质量发展三年行动计划（2023—2025年）

（2023年4月21日）

为深化新旧动能转换，推动绿色低碳高质量发展，全面落实《国务院关于支持山东深化新旧动能转换推动绿色低碳高质量发展的意见》（国发〔2022〕18号）、《中共山东省委、山东省人民政府关于印发〈山东省建设绿色低碳高质量发展先行区三年行动计划（2023—2025年）〉的通知》（鲁发〔2022〕19号）、《中共东营市委、东营市人民政府关于印发〈东营市深化新旧动能转换推动绿色低碳高质量发展三年行动计划（2023—2025年）〉的通知》（东发〔2023〕4号）等文件精神，加快建设高水平现代化强区，结合我区实际，制定本行动计划。

一、总体要求

1. 指导思想。坚持以习近平新时代中国特色社会主义思想为指导，全面贯彻党的二十大精神，深入落实习近平总书记对山东工作和视察东营重要指示要求，深刻领悟“两个确立”的决定性意义，增强“四个意识”、坚定“四个自信”、做到“两个维护”，锚定“走在前、开新局”，抢抓山东建设绿色低碳高质量发展先行区机遇，牢牢把握“四个高”“两个高于”工作要求，深入实施黄河重大国家战略、创新驱动战略“两大战略”，以推动高质量发展为主题，以深化新旧动能转换为中心任务，以形成绿色低碳生产生活方式为主攻方向，以改革创新为根本动力，统筹发展和安全，加快建设石油科技之城、活力宜居之地、教育满意之区、吕剧文化之乡，不断开创高水平现代化强区建设新局面。

2. 发展目标。到2025年，绿色低碳高质量发展取得重大进展，综合实力大幅度提高，探索形成一批可复制、可推广的经验做法，在全省绿色低碳高质量发展先行区建设中争一流、走在前，在全市绿色低碳高质量发展中树标杆、作示范。

——生态环境治理迈上新台阶。落实黄河重大国家战略取得重大阶段性成果，生态环境整体水平实现大幅度跃升，生产生活方式绿色转型成效显著，主要污染物排放总量大幅度减少，生态系统稳定性明显增强，生态环境持续改善。水资源节约集约利用取得明显成效，防洪减灾能力不断提升，碳达峰碳中和有序实施，增量能源消费主要依靠非化石能源提供，节能减排约束性任务全面完成。沿黄生态长廊建设加快推进，水气土废精准化、系统化治理提质增效，努力实现生态环境更优、发展质量更好、民生水平更高的良好局面。

——科技创新体系焕发新活力。坚持创新驱动，统筹推进平台、技术、企业、人才协同发展，促进“四链”融合更深更实，要素市场化配置更加高效，营商环境达到国内先进水平，开放发展新格局加快形成，市场主体活力竞相迸发。建设一批创新型园区，打造一批高能级平台，集聚一批高层次人才，突破一批“卡脖子”技术，人才引育协调发展，创新能力极大跃升，高水平国家创新型城市建设取得明显成效。

——经济社会高质量发展取得新突破。推动新旧动能转换塑成优势，产业链产品链迈向中高端，现代化产业体系加快构建，发展质量效益持续提升。全力推进高铁、高速等重大交通基础设施工程建设，积极融入省会城市经济圈一体化发展，为高质量发展提供强力支撑。聚力推动节能降碳和绿色转型，现代经济体系和产业体系加快建设，产业数字化转型全面推进，“四新”经济成为发展的重要驱动力。以高品质现代化城市建设为统领,统筹推进旅游城市、智慧城市、公园城市建设，城市综合品质显著提升。

——促进共同富裕展现新境界。全力推进共同富裕先行区建设，共同富裕目标体系和基本公共服务标准体系目标任务全面落实。城乡融合程度不断提高，新型工农城乡关系加快构建，现代农业体系更加完善，乡村振兴齐鲁样板成色更足。基本公共服务均等化水平明显提高，多层次社会保障体系健全完善。实施学校扩优增强工程，聚力教育内涵提质，强化高质量教师队伍建设，加快打造教育满意之区。深化医药卫生体制改革，完善公共卫生体系，持续推动优质医疗资源扩容，加快打造区域医疗高地。社会主义核心价值观广泛弘扬，人民精神文化生活更加丰富，加快打造吕剧文化之乡。居民收入增长和经济增长基本同步，劳动报酬提高与劳动生产率提高基本同步。就业更加充分、更有价值、更有尊严。

——区域治理效能实现新跃升。坚持总体国家安全观贯穿经济社会发展全过程各领域，全社会安全意识、底线思维显著增强，大安全、大应急框架基本形成。重点行业、重点领域安全有效保障，防灾减灾救灾和急难险重突发公共事件处置保障能力持续提升，粮食、能源、资源、金融、生态和产业链供应链安全等“一排底线”更加牢固。共建共治共享的社会治理制度健全完善。平安东营区、法治东营区、诚信东营区建设深入推进，全过程人民民主有效实践，公平正义更加彰显，实现高质量发展和高水平安全良性互动。

二、突出降碳减污扩绿增长，促进人与自然和谐共生

坚持生态优先、绿色发展，牢固树立“绿水青山就是金山银山”的理念，高水平做好生态保护修复和环境综合治理，优化国土空间开发格局，全方位贯彻落实“四水四定”原则，保障黄河长久安澜，加快形成绿色低碳的生产生活方式。

（一）协调推进黄河三角洲生态保护

3. 全面加强生态保护修复。坚持保护优先、自然恢复为主，统筹推进水、林、田、湖、草、湿地一体化保护治理，编制《东营区湿地保护与利用方案（规划）》，保护修复湿地1200亩以上。完成东营区水系连通及水美乡村河湖水质提升工程，建成投用引江水配套、存蓄雨洪水等项目，实现河湖湿地基本联通，进一步改善中心城入海河流水质。积极推进黄河水资源超载治理，强化水资源节约集约利用，严格用水总量和强度“双控”，确保如期完成超载区治理任务。（牵头单位：区水利局、东营自然资源和规划分局；责任单位：区综合执法局、东营生态环境分局，各镇、街道）

4. 强化国土空间规划引领。完善国土空间分区规划成果，加强规划与用地政策融合，将集约节约用地、盘活低效用地、严守生态红线贯穿规划编制和落实全过程，构筑城市内涵发展、区域差异发展、城乡融合发展新格局。统筹划定耕地和永久基本农田、生态保护红线、城镇开发边界三条控制线，合理确定农业、生态、城镇等功能空间，提升国土空间开发保护质量和效率。严格落实“三线一单”生态环境分区管控要求。（牵头单位：东营自然资源和规划分局；责任单位：区住房城乡建设局、区农业农村局、东营生态环境分局，各镇、街道，东营高新区）

5. 着力提升国土绿化水平。实施沿黄生态长廊建设工程，绿化提升生态林带 19.3 千米，新造林 1800 亩、林地改造提升 8800 亩、湿地保护 600 亩，构建岸绿、景美、宜居、宜游的生态屏障。充分运用造林绿化空间适应性评估成果，在适宜地块实施见缝插绿工程，做好断档补植补栽，实施精细化养护，提高全区绿化率。组织开展森林、湿地保护和可持续发展研究，加强森林抚育管理，持续巩固中心城防护林生态绿化工程建设成果，精准提高生态系统质量。（牵头单位：东营自然资源和规划分局、区林业发展服务中心；责任单位：各镇、街道）

（二）夯实水资源安全基础

6. 强化水资源刚性约束。落实最严格的水资源管理制度，积极推动黄河流域节水型社会示范城市创建工作。开展节水统计调查，加强对农业、工业、生活、生态环境补水四类用水户的涉水信息管理，强化节水宣传教育，营造全社会节约集约用水氛围。以区域用水总量控制指标为硬约束，实行水资源消耗总量和强度双控制，加强地下水监管。积极探索水权交易，以市场化方式提升节水效果。到 2025 年，全区（含开发区）年度用水总量控制在 2.8722 亿立方米以内，万元地区生产总值用水量、万元工业增加值用水量分别比 2020 年下降 14%、12%，非常规水源利用量达到 1903 万立方米以上。（牵头单位：区水利局；责任单位：区发展改革局、区工业和信息化局、区农业农村局、区综合执法局、东营自然资源和规划分局、东营黄河河务局、东营生态环境分局，各镇、街道，东营高新区）

7. 优化水资源空间配置。实施东营区水源水系连通供水工程，加快水网联通疏浚、水库综合整治、供水管网改造、干渠治理、饮水安全提升等工程进度，推进水资源高效集约利用。一体统筹黄河水、长江水、本地地表水、地下水和非常规水源，建设完成耿井水库改造提升工程，实施城乡供水改造提升工程，加快构建多水源供应保障格局。加快中小型水库除险加固和改造升级，完善引黄干渠渠首配套工程。建设纳洪调蓄湿地，加大雨洪水资源利用力度，调蓄涵养雨洪水资源。科学合理开发利用中水、农田退水等非常规水资源。推进灌区续建配套与现代化改造，提高灌溉供水保障能力和节水能力。到 2025 年，农田灌溉水有效利用系数提高到 0.6311，城乡供水一体化率稳定在 100%。（牵头单位：区水利局；责任单位：区农业农村局、东营黄河河务局，各镇、街道，东营高新区）

8. 构筑黄河安澜屏障。着力抓好“四预”措施和“四情”防御，开展河道清障专项行动，实施黄河下游防洪工程建设，强化人员培训、物资储备，打造高效黄河防洪工程体系。完善防御洪水、调水调沙运行机制，落实落细防汛责任制，巩固提高黄河防洪工程抗洪强度，加强巡查防守，确保黄河防洪安全。修订完善内河防御洪水方案和超标洪水防御预案，落实水旱灾害防御职责，实施病险水库水闸除险加固，加强“数字防汛”建设，构建科学合理、责任清晰的内河防汛体系。（牵头单位：区水利局、东营黄河河务局；责任单位：区应急局，各镇、街道）

（三）抓好环境污染综合治理

9. 全力打好蓝天保卫战。制定实施空气质量持续改善行动计划。落实企业绩效分级分类管控要求，依法、精准、科学、高效地实施差异化减排措施，重度及以上污染天数比率达到上级对我区“十四五”末确定的目标任务要求。扎实开展夏秋季臭氧污染和秋冬季大气污染综合治理攻坚行动，强力推进氮氧化物（NOx）和挥发性有机物（VOCs）协同减排，提高废气治理水平。开展挥发性有机物无组织排放和单一低效治理设施专项排查治理，因地制宜推进“煤改气”“煤改电”，从源头上减少污染物排放。强化移动源污染防治，加大对非道路移动机械大气污染物排放状况的检查抽测力度，推进老旧非道路移动机械报废更新。到2025年，完成市下达我区空气质量考核目标，空气质量优良天数比例达到72.6%，细颗粒物（PM2.5）浓度不高于37微克/立方米，有效遏制臭氧浓度上升，基本消除重污染天气。（牵头单位：东营生态环境分局；责任单位：区发展改革局、区工业和信息化局、区交通运输局、区农业农村局、区综合执法局、东营自然资源和规划分局，各镇、街道，东营高新区）

10.全力打好碧水保卫战。全力推进美丽河湖建设，积极开展河道水生态养护，提升河流水环境容量和城区河段景观服务功能。深化农村水环境治理，控制农业面源污染，推进畜禽养殖污染防治和资源化利用。鼓励现有园区和企业建设节水及水循环利用设施，推动企业间串联用水、分质用水、一水多用和循环利用，建设完成东营区化工产业园污水处理厂中水回用工程。规范入河排污口设置，建立排污口台账，开展溯源分析，结合实际情况开展分类整治，不断提高入河水质。开展集中式饮用水水源保护区环境问题排查整治。到2025年，广利河河流水质稳定达到Ⅳ类，其他河流水质稳定达到Ⅴ类。（牵头单位：东营生态环境分局；责任单位：区工业和信息化局、区水利局、区农业农村局、区综合执法局、区畜牧业发展服务中心，各镇、街道，东营高新区）

11.全力打好净土保卫战。实施土壤污染防治行动，加强土壤污染源头防控和风险管控，持续开展土壤和农产品协同监测，保障耕地土壤环境质量总体改善。加强高风险地块风险管控和修复，确保人口密集区化工企业腾退土地安全利用。完成“无废城市”创建工作，持续推进固废源头减量、资源化利用，健全固废环境管理制度体系，推动固废治理体系和治理能力现代化建设。到2025年，土壤环境质量总体保持稳定，受污染耕地安全利用率保持100%，建设用地安全利用得到有效保障，完成一轮土壤污染隐患排查整改。（牵头单位：东营生态环境分局；责任单位：区农业农村局、东营自然资源和规划分局，各镇、街道，东营高新区）

（四）倡导绿色低碳生产生活方式

12.创新绿色低碳发展体制机制。落实东营市碳达峰工作方案要求，稳步推进能耗“双控”向碳排放总量和强度“双控”转变，淘汰落后产能，实现降碳提质并举。依托全区现有森林、湿地资源，积极探索生态产品价值实现机制，推出一批在黄河流域、在全国可复制、可推广的“东营区方案”。“一业一策”推动产业绿色化高端化发展，探索建立油地要素共享，拓展企业发展空间。组织电力行业企业参与全国碳排放权交易，同时积极开展化工等重点行业碳排放核查，为参与碳排放权交易打好基础。（牵头单位：区发展改革局、东营自然资源和规划分局、东营生态环境分局；责任单位：区工业和信息化局，各镇、街道，东营高新区）

13.深入实施绿色低碳全民行动。倡导简约适度、绿色低碳生活方式，开展绿色生活创建活动，推动创建绿色学校、绿色社区、绿色出行、绿色商场、绿色建筑等，选树“绿色家庭”模范户，区级党政机关全部建成节约型机关。推广光伏发电与建筑一体化应用，积极开展超低能耗或近零能耗建筑试点示范。加强垃圾分类设施建设，搭建垃圾治理大数据平台，创新“全程分流+柔性引导+再资源化”全链条治理体系，打造生活垃圾综合治理“东营区样板”。推进建筑垃圾源头分类、存放，加强运输管理，推进建筑垃圾消纳场建设，解决末端综合利用消纳能力不足问题，形成闭环管理。到2025年，全区城市生活垃圾回收利用率达到35%以上，建筑垃圾资源化利用率达到40%以上。农村生活垃圾分类工作取得明显成效，塑料垃圾无害化处置水平大幅度提升。（牵头单位：区发展改革局、区综合执法局；责任单位：区妇联、区教育局、区工业和信息化局、区住房城乡建设局、区交通运输局、区商务局、区机关事务局、区油地校融合办、东营自然资源和规划分局、东营生态环境分局、区油城公用事业集团有限公司，各镇、街道，东营高新区）

（五）全力推进能源绿色低碳转型

14. 加快绿色能源发展。优化调整能源结构，推动太阳能、氢能、地热能等开发利用，推进新能源可靠替代。全力服务保障石化总厂光伏发电电解水制氢示范工程，打造中石化东部区域绿氢供应基地；推进汉德能源氢能源装备制造等项目建设，打造氢能装备制造基地。因地制宜推进分布式光伏发电，提高新能源发电比例。加快新能源设备充换电储能、东营区智慧充电网等项目建设，谋划布局新能源发电上网、储能电站、新型电力系统，实施110千伏创业园输变电工程项目，不断提升新能源本地消纳、并网接入能力。稳妥推进地热能开发，强化“地热+”产业应用，统筹推进全区主要农作物秸秆多元化利用，综合提升开发利用新能源能力。（牵头单位：区发展改革局；责任单位：区工业和信息化局、区科技局、区水利局、区农业农村局、区综合执法局、区油地校融合办、东营自然资源和规划分局、区供电公司，各镇、街道，东营高新区）

15. 推动化石能源清洁高效开发利用。全力推进油气资源清洁高效开发，引导油气开采向节约化、清洁化、绿色化、智能化、规模化方向发展。支持胜利油田开展勘探开发领域绿色低碳技术应用，提升油气开采效能。服务油田建立以清洁供电、清洁供热、氢能供给、储能配套为主的产业链，支持优化新区产能建设、老区生产结构调整，开展高效勘探、效益开发，扩大非常规资源勘探力度，推进深层、海上、稠油、页岩油等产能阵地建设。（责任单位：区发展改革局、区油地校融合办）

16. 打造二氧化碳捕集利用及封存示范基地。依托炼化、煤电等企业工业副产、锅炉烟气二氧化碳资源，支持科瑞装备加快CCUS装备研制，持续推进二氧化碳驱油规模化、工业化，打造CCUS全产业链示范基地。扩大工业固碳示范引领作用，打造化工行业、园区“碳排净零”标杆，为实现碳中和目标提供可复制、可推广的经验。（牵头单位：区发展改革局、区油地校融合办、区工业和信息化局；责任单位：区科技局，东营高新区）

三、着力提升科技创新水平，高水平建设科技强区

聚焦科技自立自强，推进“政产学研金服用”深度融合，完善科技创新体系，优化创新资源配置，提升创新驱动发展水平，建设更高水平、更有影响力的国家创新型城市。到2025年，万人高价值发明专利拥有量达到10件，全社会研发经费投入强度达到2.9%，基础研究经费投入占研发经费投入比重达到2%左右。（责任单位：区科技局、区市场监管局）

（一）加强科技力量建设

17. 搭建高能级创新平台。支持东营高新区创建国家级高新区，加大关键技术、关键材料、关键装备、核心零部件的基础研发和技术改造力度，力争到2025年在全省省级以上高新区综合排名进入前8名。发挥油地校融合前沿阵地优势，高水平建设东营科教园区，市区共建高端化工新材料科技创新园。鼓励优势企业联合高校、科研院所、上下游企业共建技术创新中心、新型研发机构、工程研究中心、企业技术中心、制造业创新中心等技术创新平台。积极培育发展海洋油气钻采关键装备技术创新中心、先进锂电材料技术创新中心、中国石油大学（华东）东营科学技术研究院等科技创新平台。加快提升重质油国家重点实验室碳中和联合研究院创新平台建设运营水平。重组现有市级重点实验室，推动省级、

市级重点实验室围绕行业发展和区域创新需求组建实验室创新联盟，开展共性重大科学问题和战略方向的联合研究。深化新型研发机构与现有高校院所、头部企业等合作对接、协同攻关，努力在技术联合、成果转化、人才互动方面实现更大突破。到2025年，新型研发机构总量达到7家，其中省级1—2家。（牵头单位：区科技局；责任单位：区发展改革局、区工业和信息化局、区油地校融合办、东营市科教园区管理服务中心，各镇、街道，东营高新区）

18.加速培育孵化平台。坚持政府主导、多元发展、市场运作，培育一批品牌科技企业孵化器和众创空间，增强新产业、新业态、新模式源头培育能力。着眼优势产业转型和新兴产业培育，着力通过市场化机制提高创新资源配置效能，布局建设一批创新创业共同体或产业技术研究院，打造产业创新综合体。做强油城创新走廊，链接东营科教园区、东营高新区创新两端，集成胜利大学生创业园、黄河三角洲大数据港、梦立方数字产业基地、中开院蓝马创新孵化基地等高能级创业园区和众创孵化平台，构建"研发—孵化—中试—金融—产业"的全生命周期创新链条。推进胜利大学生创业园二期建设，争创山东省科技企业孵化链条试点。（牵头单位：区科技局；责任单位：各镇、街道，东营高新区）

19.加快技术攻关。大力推广"揭榜挂帅""赛马制""军令状"等重大科研任务组织方式，每年在优势产业领域组织实施5项左右重大关键技术攻关项目。持续实施"技术攻关+产业化应用"科技示范工程，推动产业链创新链深度融合。面向传统产业转型升级，开展装备制造、石油化工等技术攻关。面向新兴产业培育壮大，开展新材料技术、生物医药技术等技术攻关。面向重大需求和场景赋能，开展新一代信息技术、现代农业技术、生态修复保护技术等技术攻关。深化生态环境领域科技创新，加快节能降碳先进技术研发和推广应用。充分发挥中国石油大学（华东）研究生院、山东石油化工学院等驻地高校作用，加强基础科学研究，强化共性基础技术攻关。（牵头单位：区科技局；责任单位：区工业和信息化局、东营生态环境分局，各镇、街道，东营高新区）

（二）突出企业创新主体地位

20.梯次培育科技型企业。建立用好高新技术企业培育库，持续挖掘潜力企业入库，对库内企业开展"一对一"精准对接、上门辅导。2025年，高新技术企业总数突破300家，国家科技型中小企业信息库入库企业达到400家。强化政策创新和要素集成，建立覆盖企业全生命周期的普惠性创新政策体系，推行企业创新积分制，定制化提供科技政策服务。大力培育"瞪羚"、"独角兽"、专精特新"小巨人"、制造业"单项冠军"等优质企业，三年累计培育40家以上。（牵头单位：区科技局、区工业和信息化局；责任单位：各镇、街道，东营高新区）

21.持续优化创新生态。鼓励企业加大研发投入力度，建立研发投入增长机制和研发准备金制度，支持大型骨干企业牵头承担重大科技项目。鼓励骨干企业科技设施、科研数据、技术验证中试环境与中小企业共享共用，构建产业链上中下游、大中小企业融通创新生态。加大科技成果转化类贷款政策宣传力度，为科技型中小企业融资提供支撑，积极开展科技企业融资服务专属行动。充分发挥主导产业规模优势、高校集聚优势、油地融合优势，扩大国际科技交流合作，积极融入全球协同创新网络。（牵头单位：区科技局；责任单位：区工业和信息化局、区地方金融监管局，各镇、街道，东营高新区）

22.构建科技成果转化服务体系。加快融入全国科技大市场，构建标准统一、资源共享的技术市场体系。发挥东营协同创新研究院统筹作用，促进科技成果等技术要素有效配置。打造高水平技术经理人队伍，为技术要素市场化提供人才支撑。组建高校院所支撑、龙头企业牵头、市场主体密切协同的科技成果转化联合体，构建"头部企业+研发平台+技术转移服务机构”产学研协同和成果转化模式。协助企业拓宽多元化融资渠道，搭建多种形式的科技金融合作平台。积极引进知名创投机构和优质创新资源。（牵头单位：区科技局；责任单位：区发展改革局、区地方金融监管局，各镇、街道，东营高新区）

（三）激发人才创新创造活力

23.积极构建全方位引才格局。瞄准“高精尖缺”方向，培育引进顶尖人才、一流科技领军人才和创新团队、青年科技人才、海外高层次人才、卓越工程师。持续办好“在外油城子女同城朋友圈”“石油装备产业对接洽谈会”等系列人才活动，赴重点人才集聚地召开人才工作推介会。深入挖掘、拓展青年人才增量渠道，落实全市“人才新政40条”和东营区“人才新政20条”，发挥好人才专项资金作用，多渠道集聚更多青年科技人才。加速培育黄河三角洲人才工程专家队伍，积极推选黄河三角洲学者和产业领军人才。实施全周期高水平工程师培养计划，推进高技能人才队伍建设。支持企业健全职业经理人选用机制，面向国内国际引聘经营管理人才。（牵头单位：区委组织部、区人力资源社会保障局；责任单位：区发展改革局、区工业和信息化局、区教育局、区科技局、区农业农村局、区卫生健康局、区海洋渔业发展服务中心，各镇、街道，东营高新区）

24.优化良好人才发展生态。持续深化人才制度改革，探索建立完善授权松绑和约束监督相结合的机制，坚持“破四唯”和“立新标”并举，突出创新价值、能力贡献导向。深化双向挂职、“揭榜挂帅”成果，用好人才“金桥工程”，健全“油城人才幸福家园”服务体系。进一步深化党委联系服务专家制度，建立分级分类联系服务专家工作网络。建设“一站式”人才服务平台，统筹解决高层次人才住房、配偶就业、子女入学等问题，积极为高层次人才提供优质服务。加大先进典型宣传力度，营造尊重人才、求贤若渴的社会氛围。（牵头单位：区委组织部、区人力资源社会保障局；责任单位：区科技局，各镇、街道，东营高新区）

25.支持发展高等教育和职业教育。全方位服务支持山东石油化工学院发展，支持其建设成为石油石化特色鲜明的高水平应用型高校。支持中国石油大学（华东）研究生院发展，推进开展技术创新研究、成果转化和涉油领域研究生培养工作。构建更加完善的现代职业教育体系，深化产教融合、校企合作，支持区职业中专创建省级示范化学校。聚焦技术性、实践性较强的专业推行现代学徒制，加快实习实训基地建设，探索打造“集团驻校＋名企引领＋共建平台＋项目驱动”产教融合发展模式，争创部省共建省域现代职业教育体系新模式省级试点。（牵头单位：区教育局；责任单位：区发展改革局、区工业和信息化局、区科技局、区人力资源社会保障局、区油地校融合办，各镇、街道，东营高新区）

四、持续深化新旧动能转换，建设现代产业体系

始终把发展经济的着力点放在实体经济上，把制造业高质量发展作为经济高质量发展的重中之重，坚决淘汰落后动能，坚决改造提升传统动能，坚决培育壮大新动能，发力主攻链条经济，加快突破“四新”经济、数字经济，推进产业基础高级化、产业链现代化，着力打造具有持续竞争力的现代产业体系。到2025年，“四新”经济占地区生产总值比重年均提高2个百分点，制造业增加值占比稳定在17%左右，高新技术产业产值占比达到48%。（牵头单位：区发展改革局、区工业和信息化局、区科技局；责任单位：东营生态环境分局、区农业农村局、区商务局）

（一）加快传统支柱产业绿色化高端化发展

26.有序推动传统产业转型升级。严格落实石油化工行业产能置换，严控新增产能，加快重点行业节能降碳步伐，推动产业绿色高质量发展。石油化工产业，引导炼化企业节能减排、清洁生产，对炼化技术和装置改造升级，深化产业链条接续配套，生产终端消费产品；抓好神驰新智汇C4综合利用暨新材料、海科50万吨/年生物基航空燃料技术改造及配套等重点项目建设，加快高端化工向精细化工、新材料方向加速转型；推进东营区化工产业园区提质升级，积极争取扩区发展，促进园区绿色低碳、集约集聚、创新高效发展，积极争创中国智慧化工园区试点示范单位、中国绿色化工园区（创建）试点示范单位。到2025年，化工企业入园率达到60%，化工园区（含纳入园区管理的化工重点监控点）产值占全行业90%左右。精密铸造产业，推动精密铸造产业绿色发展，重点推动嘉信汽车核心零部件智能化生产线改造、华腾机械智能制造等项目建设，打造东营区绿色精铸产业集群基地。（牵头单位：区工业和信息化局、区贸促会；责任单位：区发展改革局，史口镇、牛庄镇，东营高新区）

27. 加快工业绿色低碳转型。深入实施节能降碳行动，加快重点用能行业节能降碳技术及装备的创新和应用，强化能源梯级利用，带动全行业绿色低碳转型。开展制造业质量提升行动，实施产业基础再造工程，构建产业链上下游、大中小企业间紧密配套、协同降碳的优良产业生态。深入推进清洁生产，促进工业领域数字化智能化绿色化融合发展，加快发展绿色工业园区和生态工业园区。到2025年，建成省级及以上绿色工厂3家。（牵头单位：区工业和信息化局、区发展改革局、东营生态环境分局；责任单位：各镇、街道，东营高新区）

28. 促进“两高”行业规范健康发展。严格落实“两高”管控政策，坚持“四个区分”，严控“两高”项目。新上“两高”项目严格执行窗口指导、提级审批，落实“五个等量或减量替代”，主要产品能效水平对标国家能耗限额先进标准并力争达到国际先进水平。存量“两高”项目实施分类处置、改造提升，稳妥有序退出低效落后产能。依托省“两高”行业电子监管平台，推行清单化、动态化、精准化监管，聚焦炼化、煤电等重点耗能行业，强化环保、质量、技术、节能、安全标准引领，持续推进“两高”行业能效升级。（牵头单位：区发展改革局、区行政审批局、区工业和信息化局；责任单位：区市场监管局、东营生态环境分局，各镇、街道，东营高新区）

（二）培育壮大新兴产业

29. 聚力发展新兴产业。立足服务国家战略和产业转型需求，培育壮大高端石油装备、新材料、生物医药、信息技术、节能环保等新兴产业，形成发展新动能。高端装备产业，以东营高新区为核心承载，放大高端石油装备省级产业集群优势，加强海洋油气装备、非常规油气装备、智能油气能源装备等关键共性技术攻关和高端大型成套产品研发，提升海洋工程装备研发制造能力，重点开发海洋钻采平台、水下生产系统及其配套设备，建成胜利泵业高新采油装备制造基地、智慧油服产业基地等项目，加快向“装备+工程+技术+油服+品牌”全链条发展，打造创新活跃、结构优化、规模领先的高端石油装备产业制造基地。新材料产业，集中要素资源推动化工新材料产业做大做强，建成投用亿科高端树脂新材料产业园、东营新智汇新材料产业园，填补全区新材料产业空白。生物医药产业，聚焦医药中间体、原料药、化药、生物制品和保健食品等产业链，支持天东制药加大生物制品研发生产力度，鼓励诺康、九州通等企业扩大产能，推动泰诚疫苗等项目建成投用。节能环保产业，重点围绕污染治理、固废资源化利用、环境监测、垃圾分类回收等方向，推动华新环保设备系统优化升级、海瀛16万吨/年油泥砂处理等项目建成投产，完善再生资源回收体系建设，提高资源再生和就地转化能力。（牵头单位：区工业和信息化局；责任单位：区科技局、区市场监管局、区海洋渔业发展服务中心、东营生态环境分局，各镇、街道，东营高新区）

30. 构建优质高效服务业体系。积极培育和引进一批领军型服务企业，鼓励技术创新、商业模式创新和服务产品创新，提升研究开发、工业设计、信息服务、商务会展、检验检测、技术成果转化等生产性服务业发展效能。围绕城市更新改造和高铁建设，引进培育现代物流、楼宇经济、总部经济、会展经济、夜间经济、电商经济等现代服务业态，聚力打造特色楼宇、特色街区、现代物流园区。聚焦消费升级新需求，积极运用新一代信息技术赋能提质，促进传统商贸服务业转型升级，培育壮大文化、旅游、体育、健康养老等幸福产业，激活夜间经济、数字消费、创意消费等消费潜力。大力培育省级现代服务业集聚区、省级服务业创新中心。（牵头单位：区服务业发展促进中心；责任单位：区贸促会、区发展改革局、区工业和信息化局、区教育局、区科技局、区卫生健康局、区商务局、区文化和旅游局、区投资促进发展服务中心，各镇、街道，东营高新区）

（三）积极发展数字经济

31. 做大做强数字产业。软件和信息技术服务业，依托黄河三角洲大数据港、东营高新区能源信息港等平台载体，积极发展业务流程外包和高附加值知识流程外包，推动软件和信息技术服务业集聚化发展，形成一批具有自主知识产权的软件产品。互联网和相关服务业，打通对接东营市胜利油田工业互联网标识解析综合二级节点，支持胜利石油工程公司石油工程 MRO 等工业互联网平台做大做强，推动广域科技、云科汉威等软件企业高端升级。通信业，支持电信企业加强移动互联网、物联网、云计算、智能终端等创新应用，推进核心技术成果转化和产业化，壮大电信增值业务。新兴信息技术产业，前瞻布局新兴信息技术产业，聚焦 5G、人工智能、区块链、量子计算等领域及关联产业，实施产业培育和商业化服务。（牵头单位：区工业和信息化局；责任单位：各镇、街道，东营高新区）

32. 加力提速布局数字基础设施。推进城域网优化及千兆光网普及，大幅扩容城市互联网出口带宽，加快公共资源开发，不断提升网络支撑能力。实施“双千兆”网络提升工程，巩固国家级“千兆城市”创建成果，推进 5G 网络深度覆盖和行业应用。大力推进新型数据中心建设，积极创建省级工业大数据分中心、边缘中心。加快建设黄河三角洲算力中心，布局建设数字经济产业集聚区。加快 IPv6 规模部署，推进全区城域网 IPv6 升级，持续提升 IPv6 端到端贯通能力。推进全区范围内北斗导航、遥感卫星系统配套基础设施建设，助力全区构建高宽带、广覆盖的“空天地”一体化网络体系。（牵头单位：区工业和信息化局、区综合执法局、区大数据服务中心；责任单位：区财金控股集团有限公司，各镇、街道，东营高新区）

33. 全面深化数字赋能。推进制造业企业智能提升，培育一批人工智能创新应用智能工厂、数字化车间。工业方面，聚焦产业数字化领域典型应用场景，统筹“工业互联网 + 工业大数据中心 +5G”数字化体系协同布局，培育面向石油化工、石油装备产业的专业化、场景化工业大数据解决方案，打造工业大数据应用示范项目。农业方面，提升农业生产集约化、精准化、智能化水平，强化大数据在承载力评价、环境预测、病害防控、动物检疫、畜产品质量安全监管等方面的应用，支持重点园区、产业基地创建智慧农业应用基地。服务业方面，推进电子商务、直播电商、新零售、智慧物流等重点领域数字赋能升级，创新服务业新模式、新业态、新场景。（牵头单位：区工业和信息化局；责任单位：区发展改革局、区农业农村局、区商务局、区大数据服务中心、区畜牧业发展服务中心，各镇、街道，东营高新区）

五、加快城市更新改造，建设高品质现代化城市

着眼宜居城市、绿色城市、韧性城市、智慧城市、人文城市建设，坚持公共优先、系统观念，片区化、系统化推进城市更新，进一步优化西城城市发展框架和空间布局，持续提升城市综合实力和竞争力。

（一）打造生态宜居的魅力城区

34. 科学推进城市更新。凸显“油、河、湖、湿、城”特色风貌，系统谋划城市发展蓝图，明确各区域城市功能和发展定位，着力打造“北拓、中优、南扩”空间发展格局。加大公共要素投入，腾出更多空间建设公园、绿地、教育、卫生等公共服务设施，协调推进城市设施、产业、功能和环境建设。建立城市体检制度，构建完善“基础指标＋特色指标＋人居满意度调查”相结合的城市体检指标，为规划布局和片区更新提供重要依据。突出抓好老旧小区、老旧厂区、老旧街区、城中村等“三老一村”存量资源改造，加快推动东辛片区、油田中心医院片区、科教园片区开发建设，有序实施胜利新区片区、区人民医院片区、东胜片区更新，结合功能定位精准施策，加快构建特色鲜明、优势互补、结构合理的城市片区布局。（牵头单位：区住房城乡建设局、东营自然资源和规划分局；责任单位：区综合执法局，各镇、街道）

35. 抓好城市系统治理。推动城市运行“一网统管”，深化5G、区块链、人工智能等先进技术应用，增强城市整体运行管理、决策辅助、应急处置能力。加大城市防灾减灾设施建设力度，完善城市排水防涝工程体系，重点抓好城市排水“两个清零、一个提标”，加快建设海绵城市。突出建管并重、纠治并举，常态化实施精细化管理，建立健全城市管理长效机制，系统化治理“城市病”。统筹推进市政设施配套，启动建设一批垃圾处理、污水处理、公厕、充电桩、供暖等配套基础设施，确保通过全国文明城市复审。（牵头单位：区综合执法局、区区域治理运行管理中心；责任单位：区水利局、区应急局，各镇、街道）

36. 全面优化城市生态。坚持用生态的办法治理生态，深挖城区内湿地、河湖等生态资源潜力，因地制宜进行湿地建设、景观打造、生态修复、苗木补植等工作，促进城市生态与公园形态交织相融。加强城市设计和风貌管控，深入推进城市增绿和绿化品质提升，完善城市公园体系，合理布局蓝绿空间，打造全国公园城市建设先行区、示范区。启动胜利中央公园建设，因地制宜建设街心绿地和湿地，打造落实习近平总书记重要指示要求的生动典范。高起点规划建设城北湿地公园，提升区域雨洪调蓄、防洪排涝能力，优化生态空间布局，打造“高品质生活＋石油文化＋湿地生态”的特色功能组团。对已建成公园游园开展评估，广泛征求群众的意见建议，针对性地开展提升改造。（牵头单位：区综合执法局；责任单位：区教育局、区民政局、区医保局，各镇、街道）

（二）建设韧性宜居的智慧城市

37. 实施新型智慧城市提升行动。加快推进城镇通信网络、基础算力、智能终端等信息基础设施建设，打造数字孪生城市。到2025年，建成具有东营区特色的“城市大脑”。实施智慧社区突破行动，智慧社区覆盖率达到90%以上。推广全领域全周期数字化场景应用，加快智慧校园、智慧医院、智慧景区、智慧商圈、智慧停车场等建设，完善数字化惠民服务体系。（牵头单位：区区域治理运行管理中心；责任单位：区教育局、区工业和信息化局、区住房城乡建设局、区商务局、区文化和旅游局、区卫生健康局、区综合执法局、区大数据服务中心，各镇、街道）

六、坚定不移扩大内需，服务和融入新发展格局

将实施扩大内需战略同深化供给侧结构性改革有机结合，纵深推进“十大扩需求”行动，促进消费扩容提质，扩大精准高效投资，更好服务畅通国内大循环，融入国内国际双循环。

（一）促进消费扩容提质

38. 充分激发消费市场潜力。支持新能源汽车等绿色消费，建设二手车交易市场，打造汽车交易综合平台。提质发展养老育幼、体育健身、家政服务，拓展绿色消费、数字生活、文化旅游、生态体验等消费新场景、新模式。促进绿色智能家电消费，开展家电“以旧换新”。发挥中国直播产业创新基地（东营）、京东数字经济产业园等平台作用，加快培育电商基地和特色产业带，推动线上线下消费有机融合，实物商品网络零售额占社会消费品零售总额比重逐年提升。（牵头单位：区商务局；责任单位：区教育局、区民政局、区财政局、区文化和旅游局、区市场监管局、区大数据服务中心，各镇、街道，东营高新区）

39. 积极开拓城乡消费市场。推动打造智慧商圈和特色街区，迭代升级银座商城、商业大厦等传统商圈，应用大数据赋能万达万恋街、商河路商业街等省市特色商业街区，积极发展首店经济、首发经济。系统改造提升社区便民消费服务中心、标准化社区商业中心等各类综合服务设施，加强乡镇商贸中心和区级物流配送中心等基础设施建设，畅通农产品进城和消费品下乡双向通道。到2025年，实现东营区“城市一刻钟便民生活圈”全覆盖。推进内外贸一体化发展，促进内外贸质量标准、认证认可衔接。（牵头单位：区商务局；责任单位：区发展改革局、区交通运输局、区农业农村局）

（二）扩大精准高效投资

40. 分类推进优质项目建设。充分发挥地方政府专项债券引导带动作用，聚焦社会事业、农林水利等补短板项目建设，规范项目推进和资金使用。聚焦黄河重大国家战略、城市建设、园区发展、油地融合等重点工作，滚动接续实施省市区三级重点项目，每年推动200个左右区级重点项目。加强投资运行调控，强化对制造业、基础设施、房地产投资等重点研究、跟踪监测。瞄准国家政策导向、投资方向，争取政策性开发性金融工具支持，积极申报省市重点项目，全力做好中央和省预算内资金、地方政府专项债券争取，让更多项目纳入上级“盘子”。（牵头单位：区发展改革局；责任单位：区工业和信息化局、区财政局、区住房城乡建设局、区交通运输局、区水利局、区农业农村局、区投资促进发展服务中心）

41. 创新投融资体制机制。用好政府引导基金、财政贴息政策、支持发展政策性担保等手段，充分发挥财政资金的引导和撬动作用。用好专项债券资本金政策，全力做好专项债券项目储备和申报，争取更多资金流入我区“口袋”。加大与央企、大型产业集团、头部创投机构合作力度，积极争取生态环境导向的开发（EOD）模式融资，探索开展基础设施领域不动产投资信托基金（REITs）试点。（牵头单位：区财政局；责任单位：区发展改革局、区地方金融监管局、东营生态环境分局）

（三）打造综合交通物流网络

42. 构建现代流通体系。全力配合推进津潍高铁、东青高速改扩建、G220东深线改建等重大交通基础设施工程，提升对外联通能力，构建沿黄达海通道。加快推进中心城区综合物流园建设，培育壮大现代物流企业，打造集粮食储运、商贸物流、冷链配送、物资仓储、快递集散等于一体的现代化综合性物流产业园。完善多式联运体系，推进多式联运“一单制”和大宗货物“公转铁”，规划建设黄河三角洲铁路物流园，推广冷链运输、高铁快运、网络货运等先进运输方式，打造沿黄流域重要物流节点城市。深化城乡高效配送专项行动，构建区镇村三级物流网络，积极争创全国城乡交通运输一体化示范区。（牵头单位：区交通运输局；责任单位：区发展改革局、区商务局，各镇、街道）

43. 建设高效低碳智慧交通。加快构建满足不同出行需求，覆盖全域、衔接顺畅、快速高效的客运枢纽体系，发展协同创新、融合开放的智慧交通，推进“互联网+交通运输服务”建设，降低空载率和不合理运输周转量，提升运输工具能源利用效率。加快淘汰高耗能老旧车辆，大力推广新能源和清洁能源车辆在城市公交和出租车领域的使用，协助推动新增和更新城市公交车、出租车新能源及清洁能源占比达到100%。（牵头单位：区交通运输局；责任单位：各镇、街道）

七、持续深化改革，激发高质量发展动力

坚持社会主义市场经济改革方向，推动更深层次改革，打造有效服务市场经济发展的体制机制环境，充分释放发展动能。

（一）激发市场主体活力

44. 提高国企核心竞争力。全面巩固国企改革三年行动成果，完善中国特色国有企业现代公司治理机制，持续深化三项制度改革，提高企业现代化管理水平。强化以“利润总额、营业收入利润率、资产负债率”为核心的高质量发展指标评价体系，加大区属国企招商引资力度，鼓励与央企、省属市属国企合作，做大做强产业项目，加快市场化转变，持续提升核心竞争力。（责任单位：区财政局）

45. 支持民营经济改革发展。大力营造市场化、法治化、国际化营商环境，平等对待各类所有制企业，依法保护企业产权和企业家权益，促进各类经营主体公平竞争，建立健全政企沟通机制，加大助企纾困力度，支持民营企业发展壮大。以行业领军企业和专精特新企业为主体，建立完善培育创建体系、政策服务体系、项目支撑体系，争创世界一流、全国一流企业。实施企业家素质提升行动，发挥好东营区企业家协会作用，加强理想信念教育，开展青年企业家培育工程，成立青年企业家委员会。完善商会组织体系，有序扩大商会组织覆盖和会员覆盖，在战略性新兴产业、国民经济支柱性产业、区域经济主体产业加大组建商会力度，提升商会发展质量。优化政企面对面、政企直通车、亲清恳谈会等平台，着力推进政企沟通协商常态化、制度化和规范化。发挥立法协商、法律维权、法治宣传、商会调解、企业合规等平台功能，营造公正透明的法治环境，用法治护航民营经济发展。重视和加强涉民营企业控告申诉案件办理，加大依法保护民营企业和企业家权益力度。大力弘扬企业家精神，构建亲清新型政商关系。（牵头单位：区工商联、区工业和信息化局；责任单位：区检察院、区发展改革局、区民政局、区财政局、区人力资源社会保障局、区住房城乡建设局、区商务局、区行政审批局、区地方金融监管局）

46. 建设高标准市场体系。积极融入全国统一大市场建设，推动土地、劳动力、资本、技术、数据等要素高效配置。建立城乡统一的建设用地市场，深入开展“亩产效益”评价改革，鼓励城镇低效用地再开发。坚决废除妨碍统一市场和公平竞争的规定和做法，引导劳动力合理畅通有序流动，鼓励海科新源、胜利监理、天东制药等企业通过对接资本市场扩大直接融资规模。推进能源、交通、公用事业等自然垄断行业竞争性环节市场化改革，激发技术要素供给活力，促进数据共享开放。（牵头单位：区市场监管局、区工业和信息化局；责任单位：区交通运输局、区商务局、区地方金融监管局、区大数据服务中心、东营自然资源和规划分局）

（二）深化财税金融体制改革

47. 推进财政体制改革。加快建立健全权责配置更为合理、收入划分更加规范、财力分布相对均衡、基层保障更加有力的财政体制。按照省市财政体制改革要求，制定我区财政体制改革实施意见，完善财力性转移支付稳定增长机制，加强镇（街道）财力保障。接续落实县级基本财力保障机制，完善区域经济发展财政激励引导机制，积极利用高质量发展以及工业、现代农业、科技创新等特色强县扶持政策。（责任单位：区财政局）

48. 探索创新绿色金融生态产品价值实现机制。加大绿色金融项目、资金和政策的支持力度，推动绿色金融政策与产业政策协调配合，积极向省绿色金融重点项目库和省碳金融项目库推送项目，助力全区产业结构低碳转型绿色发展。鼓励辖区银行金融机构充分用好碳减排政策工具、碳减排支持工具、支持煤炭清洁高效利用专项再贷款等政策工具，协调市人行、东营银保监分局争取政策倾斜。（牵头单位：区地方金融监管局；责任单位：区发展改革局、区科技局、区财政局、

东营自然资源和规划分局）

（三）打造一流营商环境

49. 建设高效能服务型政府。深化“一窗受理、一次办好、一网通办”，推进政务服务“集成办、跨域办、智能办、帮代办”，加快政务服务标准化、规范化、便利化，推行个性化定制、精准化服务，提升政务星级服务水平。打造“爱山东”政务服务平台移动“总入口”，丰富服务内容，提升服务质效。实施电子政务外网“一网多平面”升级建设，提升网络多业务支撑保障能力，配合市级有关部门加快推进跨部门“一件事”联办和多跨协同应用。实现“一件事”部门数字化协同办理。（牵头单位：区行政审批局、区大数据服务中心；责任单位：各镇、街道，东营高新区）

50. 持续推进政府职能转变。深化“放管服”改革，持续加强法治政府建设，全面落实政府权责清单制度，严格落实重大行政决策程序。全面落实监管责任，持续完善“双随机、一公开”监管和“互联网＋监管”等新型监管机制，实现事前事中事后全链条全领域监管。（牵头单位：区政府办公室；责任单位：区委编办、区发展改革局、区司法局、区行政审批局、区市场监管局、区大数据服务中心）

八、统筹推进区域协调发展，拓展对外开放合作新优势

坚持城乡一体、区域融合，深入落实区域协调发展战略、新型城镇化战略，加快推动油地融合，大力提升对外开放水平，推动形成全面开放新格局，提高发展的整体性、协同性。到2025年，常住人口城镇化率达到81%左右。（牵头单位：区发展改革局、区商务局；责任单位：东营公安分局、区住房城乡建设局、区农业农村局、区油地校融合办）

（一）构建区域协调发展格局

51. 深化区域合作交流。深度融入山东半岛城市群建设，加快融入省会经济圈，以实现同城化为方向，强化开放通道、基础设施互联互通，打造一小时交通圈和省会经济圈便捷通道。加强与周边县区及环渤海地区沿海市县区合作，合力提升对外开放能力和水平。积极融入毗邻区域产业分工体系，按照绿色化、品牌化、高端化理念加快培育特色产业集群，形成优势明显、布局合理、配套完备的产业集群发展格局。加强与沿黄地区城市在生态保护修复、污染综合治理、防洪安全、科技文教等方面的交流合作。按照共建共享、互利共赢的原则，适度发展“飞地园区”。（牵头单位：区发展改革局；责任单位：区工业和信息化局、区教育局、区科技局、区交通运输局、区水利局、区农业农村局、区商务局、区文化和旅游局、区投资促进发展服务中心、东营黄河河务局、东营自然资源和规划分局、东营生态环境分局，各镇、街道，东营高新区）

52. 深化油地校融合发展。加强油地校各层级沟通对接，完善工作机制，共同推动重大共建事项落地落实。做大做强石油装备产业链，服务油田页岩油勘探开发，持续推进油田供应链企业招商，做好东营原油库、输油站运营服务和配套建设。积极推动山东石油化工学院打造人才高地，加快中国石油大学（华东）研究生院、东营科学技术研究院等重大平台建设，推进胜利油田科研院所集聚发展。全面建成全国油气勘探开发技术公共创新基地，深化公司混改、人才招引、科研成果产业化等方面合作，促进科技共享、人才共用、产业共育。持续擦亮“油城 e 家 · 幸福家园”品牌，扎实做好油田“三供一业”和办社会职能移交“后半篇文章”，深化油区治安综合治理、油地警务联调联战，全面建设幸福家园、平安油区。（牵头单位：区油地校融合办；责任单位：区委组织部、区委政法委、区发展改革局、区科技局、区教育局、区人力资源社会保障局、区住房城乡建设局、区城乡基层治理服务中心、东营自然资源和规划分局、东营公安分局，东营高新区）

53. 加快新型城镇化建设。以绿色化、智慧化、均衡化、双向化为引领，促进农业转移人口全面融入城市，扎实推进以人为核心的新型城镇化。围绕公共服务、环境卫生、市政公用、产业培育等设施提质增效，高质量建设省级城乡融合发展试验区。以微型产业集聚区为空间单元，规范发展特色小镇。（牵头单位：区发展改革局；责任单位：区工业和信息化局、区住房城乡建设局、区农业农村局、区商务局、区综合执法局、区大数据服务中心、东营自然资源和规划分局、东营公安分局、东营生态环境分局，各镇、街道、东营高新区）

（二）推进高水平对外开放

54. 推进外贸提质增效。稳步做大外贸总量，助推外贸高质量发展，培育以质量、标准、技术、品牌和服务为核心的外贸竞争优势，推动全区进出口向高端化、精细化发展。优化进出口产品结构，稳定原油等大宗产品进口，扩大先进技术设备、关键零部件和生活消费品进口，推动石油装备、精密铸造、精细化工、生物医药等优势产品出口。抢抓国家级跨境电商综合试验区建设机遇，推动龙工场（东营）跨境电商产业园扩大规模，支持东营出口产业带发展，推动石油装备、精密铸造等优势产业特色产品通过线上方式宣传推介、开拓市场。推动服务贸易和服务外包协同发展，优化服务贸易结构，实现以工程带动设备和技术服务出口，提升服务贸易发展质量和水平。指导企业用好中欧班列线路，推动更多“东营区造”走进“一带一路”和 RCEP 市场。（牵头单位：区商务局；责任单位：区市场监管局，东营高新区）

55. 提高招商引资质量。建立招商引资数据库，编制重点产业招商图谱，实现科学招商、精准招商、有效招商。大力开展产业链招商，加强产业基础梳理分析，以企招商、以商引资，精准招引行业龙头企业，吸引上下游企业聚集。瞄准世界 500 强、中国 500 强、央企国企等具有行业引领作用的企业，制定“一对一”精准对接方案和招引工作路线图，靶向招引一批标杆性企业、引擎性项目。落实全区外资企业全生命周期协同监管服务工作机制，提升外商投资自由化、便利化水平，推动我区外资利用高质量发展。到 2025 年，制造业实际使用外资占全区实际使用外资比重达到 40%。（牵头单位：区投资促进发展服务中心、区商务局；责任单位：各镇、街道，东营高新区）

56. 提升对外合作水平。打造高能级对外开放平台，支持东营高新区、东营区化工产业园区积极培育国际合作产业，开展国际项目合作。深化与“一带一路”沿线国家和地区的对接合作，充分利用国家和省、市、区现有合作机制和平台，推动出口与进口、引进外资与对外投资有机结合，形成平衡发展互利共赢的投资合作新机制。全面提升对外投资发展水平和质量，鼓励本地优势行业、龙头企业实现产能境外转移，增强企业国际竞争力。进一步完善境外营销网络，加大境外投资，提高境外承包工程水平，鼓励有实力的企业积极承揽境外工程。密切关注海外利益安全，做好风险预警工作，加强风险防控。（牵头单位：区商务局；责任单位：区发展改革局、区工业和信息化局、区委外办，东营高新区）

九、加快农业农村现代化步伐，推动乡村全面振兴

坚持农业农村优先发展，畅通城乡要素流动，系统抓好乡村发展、乡村建设、乡村治理等重点工作，加快农业农村现代化建设步伐，促进农业高质高效、乡村宜居宜业、农民富裕富足。以国家农业现代化示范区创建为统领，整体推进“三农”工作、“五大振兴”，打造东营区特色乡村振兴齐鲁样板“升级版”。到 2025 年，全区农林牧渔业总产值达到 34.2 亿元，基本实现农业现代化。（牵头单位：区农业农村局；责任单位：区委组织部、区委宣传部、区人力资源社会保障局、区乡村振兴局、东营生态环境分局）

（一）加强盐碱地综合利用

57. 实施国家盐碱地等耕地后备资源综合利用试点。按照“集中连片、一体开发”的治理思路，兼顾盐碱耕地提质改造，统筹实施综合开发治理工程，积极稳妥推进六户、史口、辛店片区盐碱地等耕地后备资源综合利用试点项目建设，确保按时完成试点任务。（牵头单位：区发展改革局；责任单位：区水利局、区农业农村局、东营自然资源和规划分局，六户镇、史口镇、辛店街道）

58. 推动盐碱地农业创新。坚持“由治理盐碱地适应作物向选育耐盐碱植物适应盐碱地转变”理念，聚焦盐碱耕地质量产能提升、耐盐碱作物品种选育等领域，推进综合利用技术系统集成，打造盐碱地农业创新示范基地。聚焦种业关键，积极开展特色作物育种攻关，稳步推进金丰农场省级农作物新品种展示评价中心、金色粮仓农业综合体等项目建设，全力推动耐盐大豆、玉米、小麦等作物品种筛选。深化与科研机构、高等院校的合作，扎实推进利全滨海盐碱地开发基地建设，加快高耐盐经济植物筛选繁殖。紧抓农高区打造盐碱地综合利用创新高地有利契机，充分发挥毗邻优势，积极对接盐碱地作物中试、推广基地，合作共建“飞地经济”。盘活黄河路街道胜南片区2800余亩土地，打造盐碱地农业推广示范基地。（牵头单位：区科技局、区农业农村局；责任单位：各镇、街道）

（二）优化农业稳产保供体系

59. 强化耕地保护与建设。采取“长牙齿”的硬措施，严守耕地保护红线，开展耕地红线守护情况季度监测，充分利用好“空天地”一体化自然资源监测监管系统，加强永久基本农田建设，强化粮食生产功能区和重要农产品保护区建设管护，全方位夯实粮食安全根基。（牵头单位：东营自然资源和规划分局、区农业农村局；责任单位：区水利局，各镇、街道）

60. 提升重要农产品保供能力。严格落实粮食安全党政同责，健全种粮农民收益保障机制和利益补偿机制，稳定粮食播种面积。深入实施粮食绿色高质高效行动和粮食节约行动，持续推进节粮减损，严防“割青毁粮”，坚决反对粮食浪费现象。贯彻落实大食物观，加快构建粮经饲统筹、农林牧渔结合、植物动物微生物并举的大食物供给体系，实施蔬菜水果和畜产品稳产保供工程。到2025年，全区粮食综合生产能力稳定在14万吨，肉蛋奶总产量稳定在3.5万吨，蔬菜产量稳定在8万吨。（牵头单位：区农业农村局；责任单位：区发展改革局、区畜牧业发展服务中心，各镇、街道）

（三）培育高质高效农业

61. 推动农业全链条融合发展。结合省市级现代农业产业园、国家和省级农业强镇、省市级乡村振兴示范片区等创建，因地制宜建设乡村产业集聚区，打造农业特色产业集群。以“粮头食尾”“农头工尾”为着力点，加快农产品仓储保鲜冷链物流设施建设，推进农产品产地初加工、精深加工及综合利用协调发展。以海勤供应链、胜大物流配送中心等龙头企业为牵引，加快预制菜企业培育、品牌创建、产品开发，推动预制菜产业高质量发展。加快农业全产业链建设，努力将蓝海、鲁通米业等大中型农业产业化龙头企业培育为链主企业，促进产业深度融合。（牵头单位：区农业农村局；责任单位：区工业和信息化局、区商务局，各镇、街道）

62. 加快推进农业绿色发展。因地制宜发展高效节水农业，加大品种节水、工程节水和农艺节水力度，推广应用水肥一体化、微滴灌等高效节水技术，提高水资源利用率。加强农业面源污染综合治理，推进化肥、农药使用量负增长，统筹抓好农业废弃物资源化利用，保证农作物秸秆综合利用率和畜禽粪污综合利用率均稳定在95%以上。（牵头单位：区农业农村局；责任单位：区水利局、区畜牧业发展服务中心、东营生态环境分局，各镇、街道）

63. 打响农产品质量品牌。推行食用农产品承诺达标合格证制度，推动“从农田到餐桌”全过程可追溯管理。推进农产品“三品一标”培育，着力打造“吕韵黄河口”农产品整体品牌形象。强化食用农产品产地准出与市场准入衔接，开展食用农产品流通环节监督性抽检，监督食品销售

单位、餐饮单位守法经营，保障食用农产品质量安全。（牵头单位：区农业农村局；责任单位：区市场监管局，各镇、街道）

64. 大力培育农业新型业态。推动现代农业产业园、农业产业强镇、乡土产业名品村扩面增量、提档升级，“一村一品”发展特色经济。规范提升农村电商、乡村旅游等产业，拓展农业多种功能、挖掘乡村多元价值。立足乡村特色资源，支持“农业+”新业态，大力发展认养农业、康养农业、会展农业等，释放农业多种功能，建设一批带动作用显著的智慧农业园区、基地。深化数字赋能，推动黄河口兰花谷花卉基地、海勤供应链生产物流电商产业园等项目提档升级，示范引领一批“智能+”功能应用场景，打造全链条数字化改造升级样板区。（牵头单位：区农业农村局；责任单位：区商务局、区文化和旅游局，各镇、街道）

（四）提升农民生活品质

65. 巩固拓展脱贫攻坚成果。健全完善防止返贫动态监测帮扶机制，及时消除返贫致贫风险，坚决守住不发生规模性返贫底线。加强农村低收入人口摸排，及时将符合救助条件的纳入到救助保障范围，实现向乡村全面振兴过渡转换。发展壮大特色产业，完善联农带农机制，促进脱贫人口稳定增收。强化重点区域帮扶发展，做好黄河南展区迁建后续扶持，确保搬得出、稳得住、能发展、可致富。（牵头单位：区乡村振兴局；责任单位：区发展改革局、区工业和信息化局、区民政局、区财政局、区住房城乡建设局、区农业农村局，各镇、街道）

66. 鼓励农民创业创新。开展高素质农民培育、实用人才技能培训，积极开展新型职业农民职称评审，发挥乡土优秀人才“头雁”引领作用，带动乡村人才创新创业。发展壮大家庭农场，推进农民合作社规范运营，支持各类农业社会化服务主体做大做强。在农业农村基础设施建设领域推广以工代赈方式，逐步扩展至政府投资重点工程项目，深入开发乡村公益性岗位，帮助群众就近务工，实现就业增收。（牵头单位：区人力资源社会保障局、区农业农村局；责任单位：区发展改革局，各镇、街道）

（五）推进美丽乡村建设

67. 优化农村人居环境。完善农村路网、电网、供水、物流、清洁取暖等设施，开展数字乡村试点，推广应用东营区智慧社区管理平台，推进城乡基础设施和数据互联互通。到2025年，新建改建农村公路90公里，行政村5G网络通达率达到100%。实施农村人居环境整治提升五年行动，巩固扩大农村改厕成果，建立常态化服务管护机制。深化城乡环卫一体化，完善城乡生活垃圾收运处置体系，率先实现垃圾分类、源头减量。分区分类推进农村生活污水治理，保持农村黑臭水体动态清零。实施农房质量安全提升工程，打造乡村特色风貌。持续开展美丽乡村和“美丽庭院”建设，每年创建省级美丽乡村示范村2个。（牵头单位：区农业农村局、区综合执法局；责任单位：区交通运输局、区水利局、区大数据服务中心、区供电公司、区妇联、区住房城乡建设局）

68. 持续深化农村综合改革。推动乡村振兴政策集成改革试点，依托全区农村集体“三资”监管平台，将宅基地管理和农村产权交易纳入管理，推动规范化运行。全面推开“三资”清管一体专项行动，盘活用好农村集体资产资源，稳妥有序推进集体经营性建设用地入市工作。规范农村集体经济组织管理和资产运营，多渠道发展壮大村集体经济。（牵头单位：区纪委监委机关、区农业农村局、东营自然资源和规划分局；责任单位：各镇、街道）

69. 加强和改进乡村治理。持续加强农村基层党组织建设，加快形成党建引领、支部带头、党员在前的格局。实施村党组织带头人“头雁领航”工程和农村基层干部素质能力提升工程，持续选派第一书记和工作队抓党建促乡村振兴。加强乡村治理体系建设，深化农村网格化服务管理工作，全面实行村党组织、村民委员会职责任务清单管理，不断提

升乡村治理水平。（牵头单位：区委组织部、区农业农村局；责任单位：区委宣传部、区民政局、区乡村振兴局）

十、繁荣发展文化事业和文化产业，不断增强文化软实力

坚持以先进文化为引领，涵养城市文化底蕴，培育区域特色文化品牌，提高公共文化服务水平，更好满足人民群众精神文化需求。

（一）深入推进文明东营区建设

70. 深化实施文明创建。强化社会主义核心价值观培育践行，以文明城市创建为龙头，牵引推动文明创建活动提质增效。深入开展群众性精神文明创建，常态化寻找最美家庭、“好婆婆 好媳妇”等优秀家庭（角色），深化文明村镇、文明单位、文明校园创建，建立动态管理机制，构建全面全域全民全程创建格局。到2025年，新创建省级文明村镇5个、省级文明单位8个、省级文明校园1所。（牵头单位：区委宣传部；责任单位：区教育局、区文化和旅游局、区总工会、区妇联，各镇、街道，东营高新区）

71. 持续强化文明培育。倡树新时代美德健康生活方式，推动明大德、守公德、严私德，提高人民道德水准和文明素养。统筹推进美德山东和信用山东试点区建设，大力弘扬诚信文化。加强家庭家教家风建设，擦亮“闪亮的讲台”家长学校品牌，实施全环境立德树人。加强全民国防教育，实施军校共建，推进国防教育进校园、进家庭。改进创新典型选树管理，建立完善典型礼遇关爱机制，深化道德模范、时代楷模、最美人物、山东好人等典型选树宣传。（牵头单位：区委宣传部；责任单位：区总工会、区妇联，各镇、街道，东营高新区）

72. 拓展新时代文明实践。高质量推进新时代文明实践中心（所、站）建设，拓展文明实践基地、家庭站功能，形成一批可复制、可推广的经验做法。聚力打造文明实践网格，建立“五聚”资源配送机制，提升文明实践服务精准度。扎实推进省级志愿服务标准化试点，打造志愿服务孵化中心，项目化抓好“五为”志愿服务。修订完善《志愿服务管理办法（试行）》，开展志愿服务专业化培训，推行“社会工作+志愿服务”“邻舍邻里”等工作模式，广泛开展“党的声音进万家”主题文明实践活动。（牵头单位：区委宣传部；责任单位：区总工会、团区委、区妇联，各镇、街道，东营高新区）

73. 着力提升新闻舆论质效。贯彻落实各级关于深化宣传引导创新的部署要求，强化重大主题宣传全域联动机制建设，推动正能量澎湃大流量。突出区融媒体中心传播力服务力建设，积极构建“新闻+政务+服务+商务”融合发展模式，聚力打造区域主流舆论阵地、综合服务平台和社区信息枢纽。加强和改进新闻发布工作。持续拓展国际传播渠道及领域，每年在涉外媒体平台刊发稿件50篇以上，积极组织参与国际文化交流活动。（牵头单位：区委宣传部；责任单位：区财政局、区文化和旅游局、区融媒体中心，各镇、街道，东营高新区）

（二）健全现代公共文化服务体系

74. 传承弘扬中华优秀传统文化。大力保护传承弘扬黄河文化、石油文化、吕剧文化、红色文化，持续开展文化资源普查，完善文化资源名录，实施分级分类保护管理。推动地方优秀传统文化“双创”工作深入开展，开展“集美”非遗集市品牌活动和“非遗游走馆”“我来手造”系列展示体验活动，壮大非遗传承人队伍，打造省内知名“山东手造”重点企业、重点品牌。积极推动“吕剧文化之乡”建设，实施人才培育工程，开展“吕剧进课堂”校本课程标准化工程，加强现实题材、地域文化特色作品的创作生产。到2025年，创作2部有影响力吕剧大戏。（牵头单位：区委宣传部、区文化和旅游局；责任单位：各镇、街道）

75. 创新实施文化惠民工程。完善提升公共图书馆、文化馆、镇（街道）综合文化站、农家书屋等基础文化设施。实施文化数字化行动计划，到2025年，力争村居（社区）文化广场数字化全覆盖。推动公共文化数字化建设，广泛开展“文化进万家”、“一年一村两场戏”、“新六艺”公益培训等公共文化活动。到2025年，力争每年文化惠民活动不少于800场。实施全民阅读三年行动计划，积极开展形式多样的全民阅读推广活动，计划每年开展讲座、展览等阅读活动不低于500场次，建设完成城市书房不少于6家。（牵头单位：区委宣传部、区文化和旅游局；责任单位：区教育局、区财政局、区大数据服务中心，各镇、街道）

（三）推动文旅深度融合发展

76. 加快发展文化创意产业。制定东营区文化创意产业发展规划，积极培育发展网络视听、移动传媒、创意设计等新兴业态，推动形成工艺产品、舌尖美食、农副产品等系列特色产品体系。引导鼓励社会资本进入文化创意产业，支持文化小微企业、社会组织发展，培育带动力强的文化创意企业集团，争创国家文化产业示范基地。积极培育文化消费市场，打造文化旅游消费聚集区。到2025年，文化及相关产业增加值占GDP比重达到7%。（牵头单位：区委宣传部、区文化和旅游局；责任单位：区农业农村局，各镇、街道）

77. 深化文化旅游融合发展。加快建设黄河国家文化公园（东营区段），讲好黄河故事，推进创造性转化、创新性发展。以高标准规划为引领，统筹吃住行、游购娱，策划特色文旅线路，建成投用新城吾悦文旅综合体、大宋风云等重点文旅项目，大力发展乡村旅游、特色民宿、文旅康养等潜力优势业态，建设宜居宜业宜游、独具风情魅力的现代文旅新城。推进“文旅+”融合发展，实施乡村旅游精品建设工程。到2025年，争创省级旅游民宿集聚区、省级生态旅游示范区、省级文旅康养融合示范区、省级文旅康养强县，培育1个省级旅游休闲街区、1个省级乡村旅游重点村、2个省级景区化村庄。（牵头单位：区文化和旅游局；责任单位：各镇、街道）

十一、持续增进民生福祉，高效推进共同富裕

坚持把实现好、维护好、发展好最广大人民根本利益作为发展的出发点和落脚点，扎实推进共同富裕，抓好社会民生，推动基础教育高质量发展，提升卫生健康保障水平，促进居民就业增收，健全基本公共服务体系，不断增强人民群众获得感、幸福感、安全感。到2025年，居民人均可支配收入年均增长5.5%以上，人均预期寿命达到82岁左右。（牵头单位：区发展改革局、区卫生健康局；责任单位：区民政局、区财政局、区人力资源社会保障局、区农业农村局、区医保局）

（一）打造教育满意之区

78. 落实立德树人根本任务。坚持不懈用习近平新时代中国特色社会主义思想铸魂育人，构建全学段一体化思政工作体系。实施思政课课程体系拓展、教师培优育强、教学提质创优、教研科研助力、实践赋能增效、学校强基固本“六大行动”，全面提升全区教育教学水平，办好人民满意教育。持续深入推进山东省全环境育人实验区建设，推动“德智体美劳”五育融合，健全学校家庭社会育人机制，培养担当民族复兴大任的时代新人。（牵头单位：区委宣传部、区教育局；责任单位：区卫生健康局、区妇联，各镇、街道）

79. 推动教育高质量发展。实施学前教育、特殊教育提升行动计划，健全基础教育高质量发展体系。大力发展素质教育，全面落实“双减”政策，持续提升教育强镇筑基行动，加快推进义务教育优质均衡发展和城乡一体化。到2025年，创建成为全国义务教育优质均衡发展区。调整优化义务教育结构，确保义务教育学位主要由公办学校提供或通过政府购买学位方式提供。（牵头单位：区教育局；责任单位：区发展改革局、区财政局，各镇、街道）

80. 着力完善教育保障条件。落实教育优先发展战略，全面建成胜利二小、胜利五十八中等17个学校改扩建项目，提升办学基础设施水平。健全完善学生资助政策体系，全面落实从学前教育到高等教育针对家庭经济困难学生的各项资助政策，确保实现应助尽助。深入推进义务教育学校教师“区管校聘”管理改革，多渠道招引人民老师，加强人才队伍建设，满足教育教学需求。强化教育信息化基础设施建设，推进智慧校园、智慧班级建设，到2025年，中小学校全部建成“智慧校园”。深化学校放管服改革，完善学校管理和教育评价体系，推进新时代教育督导体制机制改革。（牵头单位：区教育局；责任单位：区财政局、区住房城乡建设局、区人力资源社会保障局，各镇、街道）

（二）促进居民就业增收

81. 提高城乡居民收入水平。实施居民收入、中等收入群体十年“双倍增”行动，多措并举增加居民经营性、财产性收入，持续提高低收入群体收入，扩大中等收入群体。深化收入分配改革，提高居民收入在国民收入分配中的比重、劳动报酬在初次分配中的比重；完善再分配调节机制，发挥慈善事业第三次分配作用，探索先富带后富、帮后富机制，鼓励高收入群体和企业更多回报社会。（牵头单位：区发展改革局；责任单位：区民政局、区财政局、区人力资源社会保障局、区农业农村局、区乡村振兴局，各镇、街道，东营高新区）

82. 促进高质量充分就业。健全就业公共服务体系，加强劳动者权益保障，让就业更加充分、更有价值、更有尊严。有效保障农村转移劳动力、在校大学生、登记失业人员等重点群体就业，开展常态化高质量多层次职业技能培训，全面提升劳动者素质。滚动实施城乡公益性岗位扩容提质行动，大力开发公共管理、公共服务、社会事业等城乡公益性岗位，力争到2025年底累计创设3600个左右城乡公益性岗位，2023—2025年累计城镇新增就业2.1万人，确保零就业家庭动态“清零”。（牵头单位：区人力资源社会保障局；责任单位：区教育局、区工业和信息化局、区财政局、区农业农村局，各镇、街道）

83. 推动创业带动就业。落实国家和省、市扶持创业优惠政策，持续开展“人才贷”业务，加大对初创实体、小微企业支持力度，降低创业融资成本，努力促进创业带动就业。创新载体建设，培育一批省级、市级创业创新示范综合体。加强返乡创业孵化平台建设，吸引有创业意愿和创业能力的各类群体返乡就业创业，举办东营区高素质农民领军人才培训班，提升创新创业水平。（牵头单位：区人力资源社会保障局；责任单位：区工业和信息化局、区教育局、区科技局、区财政局、区农业农村局、区地方金融监管局，各镇、街道）

（三）提升卫生健康保障水平

84. 健全公共卫生体系。实施公共卫生能力提升行动，强化突发公共卫生事件应对能力，提高老年人、妇女、儿童、慢性病患者等重点人群管理服务质量，2023年人均基本公共服务标准提高到89元/年。推进区疾控中心标准化建设，提升重大疾病和重大传染病监测预警和研判处置能力。推动中医药传承创新发展，基层医疗机构共享中医药房使用覆盖率达到80%。广泛开展爱国卫生运动，强化农贸市场、窗口单位、“八小”行业、疾病控制和医疗卫生等重点领域专项治理，持续提高城市卫生管理水平和全民健康生活质量。（牵头单位：区卫生健康局；责任单位：区财政局，各镇、街道）

85. 提升医疗卫生服务能力。高标准实施医疗机构服务能力提升项目，建成启用区中心医院门诊病房楼、康复楼，区妇幼保健院综合楼和区中医院医技楼，完成区新区医院整体装修改造，抓好区人民医院康养中心、胜利新区医院建设，配齐配全诊疗设备及信息化软硬件设备，打造大中小联动、差异化发展、特色化突出的区域医疗高地。加强县域医疗卫生资源整体谋划和规划建设，实施基层服务能力提升行动，到2025年，乡镇卫生院、社区卫生服务中心全部达到国家基本标准，50%以上达到国家推荐标准。深化医药卫生体制改革，加强以区人民医院为核心的紧密型医共体建设，扎实推进与市人民医院、油田中心医院、市妇幼保健院合作共建事项，全面完善分级诊疗体系。完善“互联网＋医疗健康”便民惠民服务，实施新一轮医疗服务能力“攀登计划”，积极申报省、市级临床重点专科。配合推进医保支付方式改革，实现DIP支付方式覆盖所有具备条件开展住院业务的医疗机构，使医保基金使用更加高效，群众受益更加明显。（牵头单位：区卫生健康局、区医保局；责任单位：区财政局、区大数据服务中心，各镇、街道）

86. 加快建设体育强区。高质量、高水平举办东营黄河口龙舟争霸赛，打造东营赛事品牌。鼓励体育社团开展体育活动，推动全民健身进社区、进农村，实现“月月有赛事”。实施青少年和学校体育促进计划，确保学生在校每天不少于1小时体育锻炼时间，学生体质优良率达到50%以上。落实全市体育生活满意度“五大提升工程”任务，为老旧小区和无体育器材的小区配备更新室外体育健身器材。（牵头单位：区教育局；责任单位：区住房城乡建设局、区文化和旅游局，各镇、街道）

（四）促进人口长期均衡发展

87. 构建生育友好社会环境。优化人口发展战略，完善三孩生育政策配套措施，建立生育成本政府、社会和家庭共担机制，降低生育、养育、教育成本。实施母婴安全行动提升计划，大力发展普惠托育服务，开展家庭教育指导服务、家庭教育实践活动，到2025年，每千人口拥有3岁以下婴幼儿托位数达到5个。推进儿童友好城市建设，出台并实施《东营区儿童友好城市建设行动方案（2023—2025年）》，为儿童成长发展提供适宜的条件、环境和服务。（牵头单位：区卫生健康局；责任单位：区妇联、区发展改革局、区教育局，各镇、街道）

88. 完善养老服务体系。积极应对人口老龄化，推进互助养老服务，支持家庭承担养老功能。建立健全区、镇（街道）、村（社区）、家庭四级养老服务网络，到2025年，养老机构护理型床位占比达到75%，社区养老服务设施配建达标率达到100%，城乡社区日间照料服务全覆盖。发展普惠养老服务，鼓励专业养老服务机构连锁化、规模化、品牌化发展，培育养老行业龙头和标杆企业。完善政府购买居家养老服务、适老化改造、特殊困难老年人探访关爱等基本养老服务制度，加快发展银发经济，提升医养结合示范建设水平。（牵头单位：区民政局；责任单位：区发展改革局、区财政局、区卫生健康局，各镇、街道）

（五）增强社会民生保障能力

89. 全面完善社会保障体系。深入实施全民参保计划，推进农民工、灵活就业人员、新业态就业人员社会保险精准扩面，推动基本养老、医疗、失业、工伤等保险应保尽保，健全城乡统筹的社会保障体系。落实重特大疾病医疗保险和救助制度，健全门诊保障机制，建立城乡居民长期护理保险，稳步推进基层医保服务站（点）建设工作，在全区建成160个医保服务站（点），构建全区范围内的“15分钟医保服务圈”。到2025年，基本养老、医疗保险参保率均不低于全市平均水平，失业、工伤保险参保人数分别达到6.6万人、11.4万人。（牵头单位：区人力资源社会保障局、区医保局；责任单位：区财政局、区卫生健康局、区大数据服务中心，各镇、街道）

90. 兜牢基本民生保障底线。健全完善以基本生活救助为基础，专项救助为支撑，急难救助为辅助，社会力量参与为补充的分层分类、城乡统筹的救助体系。完善低收入人口动态监测和常态化救助帮扶机制，分类实施社会救助，确保应救尽救。坚持男女平等基本国策，推动妇女儿童发展规划实施，保障妇女儿童合法权益。完善未成年人保护工作体系，严格落实孤困儿童基本生活保障制度，加强区未保中心、镇街未保工作站规范化建设，打造三级未保服务品牌。完善残疾人社会保障制度和关爱服务体系，促进残疾人事业全面发展。坚持“房住不炒”，按需增加保障性租赁住房供给，促进房地产业良性循环和健康发展。（牵头单位：区民政局、区妇联；责任单位：区残联、区住房城乡建设局，各镇、街道）

十二、统筹发展和安全，建设更高水平平安东营区

坚持统筹发展和安全两件大事，把安全发展贯穿经济社会发展各领域和全过程，不断提高安全工作水平。坚决守牢粮食、能源、金融、生态和产业链供应链安全等“一排底线”，为绿色低碳高质量发展塑造安全、稳定、和谐发展环境。

（一）保障人民生命健康安全

91. 加强疾病防控与救治。深化疾病预防控制体制改革，积极争取省级改革试点，争创国家慢性病综合防控示范区，顺利通过省级健康教育基地验收。完善常态化疫情防控措施，提高重大传染性疾病早发现能力，遏制重大传染性疾病传播。加强疾控机构设施与人员队伍建设，健全疾控机构与城乡社区联动工作机制，推进监测预警、风险评估、流行病学调查、检验检测、应急处置等协同联动。健全医疗救治体系，加强综合医疗卫生设施建设，增强公共卫生防控救治能力。强化应急储备能力，完善物资储备体系。（牵头单位：区卫生健康局；责任单位：区发展改革局、区工业和信息化局、区应急局、区疾控中心，各镇、街道，东营高新区）

92. 筑牢安全生产底线。深入开展安全生产规范提升行动，强化道路交通、危化品、建筑施工、消防、特种设备、燃气危化品等重点领域隐患排查治理，积极落实“八抓20条”举措，坚决防范较大及以上事故发生，推动安全生产形势趋稳向好。严格落实镇街属地管理责任，坚持辖区之内安全监管无禁区、全覆盖，建立各尽其职、各负其责、齐抓共管的安全监管责任体系。压紧压实部门监管责任，按照“管行业必须管安全、管业务必须管安全、管生产经营必须管安全”和“谁主管谁负责、谁审批谁负责”的要求，做到责任到岗、到人、到位。加强对企业负责人的安全警示教育，通过驻点、总监配备、“面对面”谈话等方式督促企业落实落细安全生产主体责任，全面提高安全保障水平和事故防范能力。（牵头单位：区应急局；责任单位：区住房城乡建设局、区交通运输局、区市场监管局、区综合执法局、区消防救援大队，各镇、街道，东营高新区）

93. 强化食品药品安全监管。强化食品药品全过程安全监管，健全“两个责任”分层分级包保常态化机制，持续深化饮食用药安全宣传，构建全域覆盖、全链贯通、全面协同的监管机制。强化生物安全等全链条风险管控，完善生物安全风险防控和治理体系。（牵头单位：区市场监管局；责任单位：各镇、街道）

（二）确保经济运行安全

94. 保障粮食能源安全。抓好市场化收购，促进粮食流通，完善粮食应急网点建设，与我区粮食企业签订粮食应急物资优先供应协议，保障我区粮食应急供应能力。夯实能源供应保障基础，加强煤、电、油气供应保障，统筹新能源大规模发展和化石能源清洁高效利用，加强矿产资源勘查和合理开发利用。（牵头单位：区发展改革局、区油地校融合办、东营自然资源和规划分局；责任单位：各镇、街道，东营高新区）

95. 妥善防范化解金融风险。综合考虑政府债务率和重点项目建设需要，满额争取政府债券资金，加强对政府债券借、用、管、还全方位监管。严禁违法违规举债，积极化解存量债务，稳妥推进融资平台市场化转型。抓好企业债务风险防控，强化风险监测预警，推动省重点风险企业与资产管理公司、各债权银行多元化合作，加快大额不良贷款处置进程，防范化解已处置不良贷款再次追偿引发的次生风险。强化对重点担保圈风险监测，多渠道缓解优质企业代偿风险。密切关注国有企业债务风险，加强风险评估，完善预警机制，指导国有企业建立常态化债务风险管控机制，细化还本付息资金来源，分类管控资产负债率，有效强化国有企业债务风险管控。（牵头单位：区财政局、区地方金融监管局；责任单位：各镇、街道，东营高新区）

96. 完善现代应急管理体系。加大一体化指挥平台、防汛监测预警系统、视频监控等系统平台融合应用力度，提升监测预警、指挥调度、应急保障等功能。完善科技、金融、贸易、粮食、能源、就业、房地产等领域应急预案，有效应对各类事故和自然灾害。加强应急力量建设，提高灾害事故应急处置能力。加强经济运行调度调节，强化重要经济指标动态监测、分析研判、预调微调，确保经济健康平稳运行。（牵头单位：区应急局、区区域治理运行管理中心、区发展改革局；责任单位：区科技局、区人力资源社会保障局、区住房城乡建设局、区商务局、区地方金融监管局、区大数据服务中心、东营自然资源和规划分局、区工业和信息化局、区财政局、区统计局，各镇、街道，东营高新区）

（三）维护社会大局和谐稳定

97. 不断提升基层治理现代化水平。健全“一站式”矛盾纠纷多元化解调处机制，提升平安东营区综合体运行标准，完善网格化管理、精细化服务、信息化支撑的基层治理平台，加快区域社会治理现代化。优化完善东营区智慧社区管理平台，推进智慧社区建设。进一步畅通和规范群众诉求表达渠道，加大初信初访案件办理工作考核权重，不断提升信访案件办理质量，积极争创全国信访工作示范区。（牵头单位：区委政法委、区区域治理运行管理中心、区信访局；责任单位：区司法局、区大数据服务中心、东营公安分局，各镇、街道）

98. 完善社会治安防控体系。筑牢意识形态安全底线，健全舆情快速联动应急处置机制，稳妥处置网上突发敏感舆情。严格落实网络安全工作责任制，组织开展网络安全事件通报处置和反馈，提升网络安全整体防护能力。高标准推进现代警务体系建设，完善全区执法办案中心和一体化作战中心（侦查中心）建设，深化新一轮禁毒人民战争，常态化推动扫黑除恶，提升防范和打击各类违法犯罪的专业化水平，建设更高水平的平安东营区。（牵头单位：区委宣传部、区委政法委、东营公安分局；责任单位：区大数据服务中心，各镇、街道）

十三、强化组织实施

99. 全面加强党的领导。把党的领导贯穿到绿色低碳高质量发展的全过程和各领域各环节，发挥地方党委把方向、管大局、作决策、保落实作用。加强基层党组织建设，充分发挥广大党员先锋模范作用，激励全区党员干部始终保持昂扬的精神状态和务实的工作作风，加强干部斗争精神和斗争本领养成。大力选拔敢于担当作为、善于改革创新，敢闯敢试、表现优秀的干部，弘扬“不等不靠、先干起来”的工作精神。（牵头单位：区委办公室、区委组织部）

100. 健全组织实施机制。成立由区委、区政府主要领导同志担任组长的区推动绿色低碳高质量发展领导小组，统筹研究重大政策、重大改革、重大工程，协调解决重大问题。领导小组办公室设在区发展改革局，强化工作职能，加强工作力量，实行专班化运行，牵头实施三年行动计划和年度工作任务，推动各项工作快布局、快落实。（牵头单位：区委组织部、区委编办、区发展改革局）

101. 健全政策支持体系。围绕科技创新、生态产品价值实现、绿色低碳技术应用等领域，加强与国家、省、市有关部门衔接，研究制定配套政策。健全预算绩效管理体系，增强绿色低碳高质量发展重大战略任务财力保障。强化市场化政策工具，鼓励财政金融协同发展，健全有利于绿色低碳高质量发展的财政金融政策，与土地、价格、生态环境、社会等公共政策形成合力，引导更多资源要素投向绿色低碳高质量发展。在市统一部署下，设立绿色低碳高质量发展重大项目库，对

入库项目实行年度集中遴选、适时动态调整。（牵头单位：区发展改革局、区财政局、区税务局、区地方金融监管局）

102. 强化统筹督导调度。加强对各项重点任务推进情况的跟踪和督促检查，全区各有关部门单位立足本单位职责分工，突出落实绿色低碳高质量发展，主动向国家、省、市汇报衔接，争取更多重大政策事项、重大工程项目、重大载体平台向我区倾斜。（牵头单位：区发展改革局）

103. 营造浓厚社会氛围。挖掘提炼全区深入推动绿色低碳高质量发展的举措成效，以群众喜闻乐见的方式宣传先进典型、经验做法和工作亮点，引导形成全面推动绿色低碳高质量发展的社会风尚。瞄准上头版、发头条、上大稿，积极对上推介典型案例，力争将我区深入推动绿色低碳高质量发展的生动实践融入到大报大台大刊发稿中。统筹各类线下宣传渠道及阵地，加强在村居社区、机关单位、公园广场、车站景区、企业商户等各类场所推介宣传，努力形成人人关心、人人参与、人人共享绿色低碳高质量发展的生动局面。（牵头单位：区委宣传部、区发展改革局）

中共东营区委 东营区人民政府
关于推进东营区自然资源（土地类）节约集约利用的实施意见

（2023 年 7 月 24 日）

为贯彻落实上级关于自然资源节约集约利用部署要求，充分发挥我区油地融合的特色优势，围绕强化土地要素支撑，深入挖掘内部潜力，推动资源配置更加持续合理、服务发展更加精准高效，充分发挥自然资源（土地类）节约集约示范县（市）引领作用，结合我区实际，制定本实施意见。

一、指导思想

坚持以习近平新时代中国特色社会主义思想为指导，贯彻落实党的二十大精神和习近平总书记视察东营重要指示要求，完整、准确、全面贯彻新发展理念，抢抓黄河流域生态保护和高质量发展重大战略机遇，把节约集约用地与生态文明建设、经济高质量发展相结合作为主攻方向，通过开展自然资源节约集约利用，使全区土地利用效率显著提高、空间开发布局更加合理、绿色低碳高质量发展更具活力、生态人居环境更加优美。

二、创建目标

2025 年底，将我区打造成为油地融合绿色低碳高质量发展典型区、油地携手贯彻落实习近平总书记重要指示要求示范区、培育土地资源高效利用增长极，谱写油地深度融合发展新篇章。示范期内，实现单位国内生产总值建设用地下降率年均保持在 15% 左右。到 2025 年，全区土地供应率实现 100%，开发区实际建成率达到 96%，已供应土地闲置率维持在 1% 以下，城乡建设用地规模不高于 40.2 万亩，目标落实率低于 110%，人均城镇建设用地面积由 269 平方米 / 人下降至 248 平方米 / 人，节约城镇建设用地 2.67 万亩，违法用地面积占新增建设用地总面积的比例控制在 5% 以内，违法用地占用耕地面积控制在 2% 以内，通过实施土地整治补充耕地面积 1500 亩，盘活建设用地空间 1000 亩。

三、主要举措

（一）完善政策引领机制，加快实现以更规范为方向的势能升级

1. 推动政策规范化。充分研究国家、省关于节约集约示范县（市）支持政策，以政策为导向，跟进掌握土地利用的新政策新措施，研究探索自然资源节约集约利用新模式，推动机制创新、制度创新、管理创新和技术创新。坚持政策优先理念不动摇，在土地收储、供应、村居改造、安置用地等方面加强顶层设计，以建设高品质现代化新西城为主要抓手，聚焦城市更新和改善生态环境，出台《东营区村居改造与安置用地细则》，科学编制《东营区湿地保护与修复方案》，油地共同制定《黄河口油气勘探开发生态保护差异化管理办法》，进一步优化《高品质现代化城市建设拆迁评估管理办法》《东营区土地储备成本核算与管理办法》《东营区城市更新补偿安置实施意见》，努力把政策机遇转化为发展优势。（牵头单位：东营自然资源和规划分局；责任单位：区住房城乡建设局、区油地校融合办，各镇、街道，东营高新区、东营区化工产业园区）

2. 推动标准规范化。以标准促规范，加快实现油地用地指标、优化服务标准化。产业用地控制标准不得低于国家和省制定的用地控制指标以及相应行业土地使用标准。节约集约示范县（市）示范期内，新签订供地合同的工业项目，容积率 1.1 以上的项目占比，在 2023 年不得低于 5%，2024 年不得低于 10%，2025 年不得低于 15%。各镇街（园区）要会同相关部门单位对拟落地项目的固定资产投资、能耗、工艺布局、环保等情况进行充分论证，对拟投资建设单位的资金实力、社会信誉等情况进行核查，从源头保证项目质量符合标准。（牵头单位：东营自然资源和规划分局；责任单位：区行政审批局、区工业和信息化局、区住房城乡建设局、区交通运输局、区投资促进发展服务中心、东营生态环境分局，各镇、街道，东营高新区、东营区化工产业园区）

3. 推动评价规范化。以评价为牵引，稳步推进油地多部门、各业务全链条执法监管，对易出现违法行为的环节实现闭环管理。构建双重评价机制，由属地镇街（园区）负责对项目用地的选址、规划、指标、是否占压生态保护红线、是否压占基本农田、是否工业类位于合规工业园区、是否具有占用林地定额等进行综合分析，确保拟用地块有规划、有指标，具备办理建设用地使用权手续条件。东营自然资源和规划分局、区住房城乡建设局、区综合执法局、区农业农村局等有关部门联合对镇街（园区）和项目用地单位工作开展情况进行监督管理，确保辖区内拟实施的各类项目依法依规落地，未批先建、未供即用的现象基本消除，良好土地管理秩序持续保持。实行土地绩效后位约束，加强 GDP 地耗等方面的土地管理考核。（牵头单位：各镇、街道，东营高新区、东营区化工产业园区；责任单位：区住房城乡建设局、区综合执法局、区农业农村局、东营生态环境分局、东营自然资源和规划分局）

（二）完善空间利用机制，加快实现以更深层为方向的潜能升级

4. 推进全域土地综合整治。结合《自然资源部关于开展全域土地综合整治试点工作的通知》（自然资发〔2019〕194 号）、《自然资源部生态修复司关于印发〈全域土地综合整治试点实施要点（试行）〉的函》（自然资生态修复函〔2020〕37 号）和山东省有关全域土地综合整治相关规定要求，编制东营区四街四镇（文汇街道、黄河路街道、辛店街道、胜园街道、六户镇、牛庄镇、史口镇、龙居镇）全域土地综合整治规划，通过农用地整理、建设用地整理，坑塘、河道修复、城乡居民点的生态环境和景观改善，统筹谋划一批整治工程，优化生产、生活和生态空间布局，增加耕地面积，提升耕地质量，改善农田生态环境，提高农田集中连片程度，盘活低效闲置建设用地，补齐各类设施短板，探索农业地整理、农业数字化发展相关标准，促进土地节约集约利用，构建建设用地循环利用新模式，打造城乡活力空间互动新格局，营建绿色土地

综合整治新样板，探索全域土地综合整治新机制，争创省级以上全域土地综合整治试点，为改善农村人居环境、加快推进乡村振兴提供基础平台和重要抓手。（牵头单位：区农业农村局、东营自然资源和规划分局；责任单位：区住房城乡建设局、区水利局、东营生态环境分局，各镇、街道）

5. 实施油田工矿废弃地更新挖潜。以生态优先、节约集约为出发点和落脚点，积极推进工矿废弃地挖潜利用，衔接相关政策实施油田工矿废弃地增减挂钩，补充耕地并探索耕地等级提升标准，改善生态环境，盘活利用废弃土地，提升自然资源综合利用价值。编制《2023—2025 年废弃地治理专项规划》，有序推进废弃地修复、利用，逐步实现空间布局优化和自然资源要素有机融合发展。研究制定《东营区工矿废弃地综合利用实施意见》，立足恢复生态功能、优化空间结构、推进可持续发展。按照“宜农则农、宜建则建、宜水则水、宜留则留”的原则，将符合规划且有开发建设价值的废弃工矿地，由区政府纳入储备，待条件成熟后依据国土空间规划进入土地市场实施供应。按照统一规划、分片实施的原则，油地共同实施 11 个城市更新片区的“三旧”改造和更新升级，科教园片区、胜利新区、中心医院等片区更新进一步提速，每年实现再开发利用土地 1200 亩以上，打造集城市景观、石油文化、工业科普于一体的城市名片。（牵头单位：东营自然资源和规划分局；责任单位：区住房城乡建设局、区油地校融合办，各镇、街道，东营高新区、东营区化工产业园区）

6. 推进油田生产用地节约集约利用。用好增量和挖潜存量相结合、破解制约和完善机制相结合，在自然资源节约集约利用上持续发力，对油田生产用地重新统筹规划，制定《油田井场标准化布局建设规范》，推动“井工厂”建设，破解城市更新发展和油田勘探开发和谐并存难题。借助高新钻井工艺水平，实现油田产能建设项目节约集约用地向纵深发展。统筹规划井场、道路和站点用地，通过盘活利用老井场、持续优化地面工艺和场站集成布局等措施，从源头控制增量，低效利用土地得到高效优化利用，破解油田在城区“地上无空地、地下有潜力”的开发难题，打造辐射多断块立体开发井网，绘制出“井在景中、景中有井”的城市景观，共同蹚出一条城市更新发展与能源生产保障携手奋进的新路径。示范期内，油田勘探开发建设实现节约集约用地 1000 亩以上。（牵头单位：东营自然资源和规划分局；责任单位：区油地校融合办，各镇、街道，东营高新区、东营区化工产业园区）

7. 实施低效用地盘活挖潜。向存量要效益，充分利用国家和省关于节约集约模范县支持政策，加大闲置低效土地清理处置。全面梳理调查各类低效用地，分析其存在问题原因，客观评价低效用地特征及开发潜力情况，建立低效用地数据库。深入开展批而未供、闲置土地、低效工业用地三项清理处置，列出时间节点和路线图，一地一册，一宗一卷，确保按期完成。向空间要效益，鼓励企业利用自有土地实施技术改造，引导社会资本参与多层标准厂房建设经营，支持小微企业通过利用存量土地、租赁标准厂房等途径解决生产经营场所。向创新要效益，对国土空间规划确定的用途近期无法实施的已批准地块，通过改变土地用途供地，提升土地开发利用效率，促进经济发展。做好东辛、胜利中央公园等片区更新，着力补齐功能短板，活跃城市经济，聚力建设品质、幸福、活力新片区，为城市高品质、高质量发展注入不竭动力。通过挖潜更新着力搭建空间格局优化、基础设施完善、景观风貌提质、产业发展提效、城市品质提升的总体框架，努力提升城市能级，建设宜居宜业的现代化城市。（牵头单位：东营自然资源和规划分局；责任单位：区住房城乡建设局、区工业和信息化局，各镇、街道，东营高新区、东营区化工产业园区）

8. 积极有效盘活农村集体存量建设用地。创新农村土地节约利用、集约经营、城乡一体、致富农民的节地增收新机制，探索“依法公平取得、节约集约使用、自愿有偿退出”的农村宅基地制度，在土地权利人自愿的前提下，放弃其农村存量宅基地或集体建设用地相应权利并实施复垦验收后，对其核发明确相应权利和义务的凭证（以下称“地票”）。鼓励地票按规定流转使用，实现“既盘活农民闲置资产，提高农民财产性收入，又盘活农村集体存量建设用地，拓展城乡发展空间”的工作目标。（牵头单位：区农业农村局；责任单位：区住房城乡建设局、东营自然资源和规划分局，各镇、街道，东营高新区、东营区化工产业园区）

（三）完善计划调节机制，加快实现以更精准为方向的动能升级

9. 指标投放更加精准。坚持量入为出、总量控制、动态调控，坚持分级分类保障、突出保障重点、鼓励存量挖潜，坚持“计划指标跟着项目走，项目跟着规划走”，以真实有效的项目落地作为用地配置计划指标的依据，对用地计划实行差别化管理，确保增量安排更精准、更有效。示范期内，用地指标90%以上用于重点项目建设，优先保障亿科高端树脂新材料项目、中心城综合物流园项目、胜机工业园及园区配套项目、中农北斗东营数字农批冷链物流产业园项目等市区重点项目。（牵头单位：东营自然资源和规划分局、区发展改革局；责任单位：区工业和信息化局、区综合执法局、区住房城乡建设局、区农业农村局、区交通运输局，各镇、街道，东营高新区、东营区化工产业园区）

10. 空间规划更加精准。从公共政策、规划编制、设计导则、技术规定、制度规范、利用监管、成效评价等多层面构筑全面管控的规划体系，实行分区引导，加强产业布局引领，不断优化土地利用结构和布局，努力实现土地效益最大化，一张蓝图绘到底。将油田用地需求和批而未供土地优先纳入国土空间规划，探索布局预留区，为城镇重大战略功能合理布局留白6955.5亩用地。合理调整规划用途，通过规划对布局、结构、用途、规模等的强约束，实现对国土空间开发保护格局的优化，定期进行规划体检评估，多措并举促进土地节约集约利用，并确保项目用地合法合规。（牵头单位：东营自然资源和规划分局；责任单位：区工业和信息化局、区综合执法局、区住房城乡建设局、区农业农村局、区交通运输局、区油地校融合办，各镇、街道，东营高新区、东营区化工产业园区）

11. 耕地保护更加精准。采取“长牙齿”的硬措施，实施“全链条”遏制违法，严格执行城市用地规模审核制度，用地规模与城镇建设项目服从国土空间规划，细化耕地保护制度、探索试点末端田长与网格员相结合的耕地保护管理激励措施，建立耕地保护补偿机制，从严控制各类建设占用耕地，做好闲置设施农业土地的充分利用，增加有效耕地1500亩以上，不断提高耕地质量，积极建设高标准农田，全面促进农地集中、居住集聚、用地集约、效益集显。（牵头单位：东营自然资源和规划分局；责任单位：区人大常委会机关、区政协机关、区法院、区检察院、区审计局、区农业农村局、区综合执法局，各镇、街道，东营高新区、东营区化工产业园区）

（四）完善用地管控机制，加快实现以更严格为方向的效能升级

12. 严格控制用地标准。建立工业项目用地准入制度，禁止资源消耗高、环境危害大、产能过剩、土地利用强度低、投入产出效益差的项目落地。严格工业用地使用条件，工业项目的投资强度、注册资金、容积率、建筑系数、绿地率、非生产设施占地比例等控制性指标必须符合上级规定的要求。按照《山东省建设用地控制标准》，综合行业、产业用地控制指标及单位面积投资强度等因素，确定建设项目供地数量，严格控制用地规模。分期建设的大中型工业项目可以预留规划范围，根据其实际到账资金和建设进度进行分期供地，不得先供待用。申请增资扩建用地的，将已

有的土地与新申请用地数量一并计算用地指标。对无标准或超标准建设项目，严格落实节地评价制度，确保项目用地节约高效。（牵头单位：东营自然资源和规划分局；责任单位：区工业和信息化局、区住房城乡建设局、东营生态环境分局，各镇、街道，东营高新区、东营区化工产业园区）

13.强化土地市场建设。严格落实工业和经营性用地招标拍卖挂牌出让制度，探索经营性基础设施用地有偿使用，缩小划拨供地范围。出台城区企业“退二进三”和城中村改造用地支持政策，在符合国土空间规划的基础上，支持企业利用已有存量土地和原有厂房兴办信息服务、研发设计、创意产业、第三方物流等现代服务业。实施工业用地差别化土地政策，对项目投资大、产业层次高、科技含量高、经济效益好、环境影响小、节约集约的工业项目，公开出让底价可以按国家发布的工业用地出让最低价标准的70%确定，其它工业项目实行以市场评估价为底价进行公开出让。积极推进集体建设用地流转，有效盘活集体存量土地资产。（牵头单位：东营自然资源和规划分局；责任单位：区工业和信息化局、区住房城乡建设局，各镇、街道，东营高新区、东营区化工产业园区）

14.探索混合用地管控。鼓励结合产业发展需要，按照产业关联、功能互动、用地兼容的原则，在控制性详细规划编制中设置混合产业用地，探索同一地块内工业、仓储、研发、办公、商业等用途混合布置，增加混合产业用地供给，推动建立不同产业用地类型合理转换机制，顺应市场新产业新模式发展状况，切实提高土地利用效能。在推进产业协同发展的基础上，推动服务设施集中布设共享共用，提升综合保障水平，实现土地资源高效配置。（牵头单位：东营自然资源和规划分局；责任单位：区工业和信息化局、区住房城乡建设局，各镇、街道，东营高新区、东营区化工产业园区）

15.提档“标准地”管控。深化“标准地”改革，用土地搭建经济高质量发展的踏板，将企业投资项目涉及的区域评估事项，调整为政府统一服务事项，提前开展。“变企业办为政府办、变企业出钱为政府买单”，通过实施告知承诺制，事先明确承诺事项清单和内容，减少项目开工审批环节；“变审批办为承诺办、变先批后建为先建后验”，真正做到“拿地即开工”，营造良好的营商环境；变“项目等地”为“地等项目”，切实提高工业项目审批效率，争创市场有效、政府有为、企业有利的新常态。示范期内，新增工业用地100%按照“标准地”出让。鼓励探索“标准地”出让制度向其他领域投资项目延伸推广，以东营高新区为试点，深化制度创新和流程再造，形成可复制、可推广的改革经验。（牵头单位：东营自然资源和规划分局；责任单位：区工业和信息化局、区住房城乡建设局、区行政审批局、区投资促进发展服务中心、东营生态环境分局，各镇、街道，东营高新区、东营区化工产业园区）

16.深入用地保障管控。开展专题研究，编制工业用地出让年期指南，结合产业类型和产业生命周期实行工业用地弹性出让，完善差别化供应政策，混合产业用地推行弹性年期出让，实行以公开方式租赁，满足约定条件后以协议方式“先租后让”。鼓励拓展工业用地发展空间，大力推行标准化厂房、高标准厂房建设。以东营胜利石油科技创新园标准厂房项目为依托，建设一批配套型产业综合体，推动工业园区内存量企业建设多层标准厂房常态化发展，新投资主体不断引入，实现“腾笼换鸟”。（牵头单位：东营高新区、东营区化工产业园区、东营自然资源和规划分局；责任单位：各镇、街道）

17.强化监管与目标考核。实行自然资源执法监察网格化管理，完善执法监管体系，建立健全覆盖到镇（街道）、村（社区）、村民小组的三级自然资源监管体系。扎实开展土地和矿产卫片执法检查整改工作，限期消除违法状态，确保实现“双零”目标。加强动态巡查，强化土地利用批前、批中、批后监管，创新联合执法方式，提升执法效果。严格依法查处违法用地案件，提高土地执法的震慑力。按照“既查事又查人”的要求，依法追究相关人员的责任。落实属地管理责任，切实维护社会稳定。建立和运行自然资源节约集约高效利用控制性指标考核机制，对自然资源节约集约高效利用相关核心指标进行考核，将考核结果纳入绩效目标考核。（牵头单位：区委组织部、东营自然资源和规划分局；责任单位：区纪委监委机关、区法院、区综合执法局，各镇、街道，东营高新区、东营区化工产业园区）

18.有序推进城市更新。抢抓国土空间规划编制有利时机，高标准编制城市更新总体规划，以高质量规划引领高品质建设。认真落实《“十四五”新型城镇化实施方案》要求，将老旧小区、老旧厂区、老旧街区、城中村等“三区一村”统一纳入更新范围，深入开展调查摸底，稳步推进大片区、圈层式更新。按照“统一规划、统一配套、统一实施”的思路，由街道负责编制片区规划，按批复规划提出用地规划设计条件，鼓励带设计方案供地，推动“点状开发”变“片区更新”。坚持先“城中村”后“城郊村”的思路，结合下步重点片区更新，有计划地推进科教园片区北王屋村、张屋村，东营原油库片区东西现河村、南李社区，胜利石油管理局片区刘家村等未实施或未完成的村居改造，确保改一个、成一个。坚持政府主导一级市场，将村居改造用地纳入中心城区房地产供地计划，村居改造用地原则上通过招拍挂方式公开出让，村居可提出建设条件纳入供地方案，报批后统一供应。明确政府、村居主体职责，建立科学合理的土地增值收益分配关系，政府主导实施规划编制、基础配套、开发建设，村居配合做好土地熟化、搬迁迁占等工作，努力实现双赢局面。（牵头单位：区城建指挥部；责任单位：区住房城乡建设局、区综合执法局、东营自然资源和规划分局，各镇、街道）

四、进度安排

（一）全面建设阶段（创建认定至中期评估）。各部门单位对照自然资源节约集约示范县（市）验收标准和指标体系，逐项落实土地节约集约利用具体内容，强化引领激励措施，加强可达性分析，强化调度考核，放大特色优势，补齐差距短板，实现各项指标全面达标。

（二）创新提高阶段（中期评估至期末总结）。总结近年来自然资源节约集约利用方面取得的经验和成绩，围绕油地融合用地节地模式创新，形成好做法、新机制、新制度，认真查摆问题，并将成功经验上升为制度规范，深入研究制定节约集约利用土地的政策意见，健全长效管理机制。

（三）核查验收阶段（期末总结）。按程序向省自然资源厅提出评估申请，抓好省级预审交办问题整改落实，通过省级预审后上报自然资源部，全力争取自然资源部来我区组织现场核查，确保如期高质量通过考核验收，与此同时继续做好创建全国自然资源节约集约利用示范县（市）各项工作，保持荣誉称号。

五、保障措施

（一）加强组织领导。成立由区委、区政府主要领导牵头负责、胜利油田有关部门配合的区推进自然资源（土地类）节约集约利用工作领导小组，充分发挥牵头抓总、统筹协调作用。各成员单位对照职责，细化目标任务，落实部门和人员，抓好创建任务的推进落实，按时报告创建工作方案执行情况，及时总结工作成效，查找问题不足，做好中期评估和期末总结，确保按期实现创建目标。［牵头单位：区政府办公室；责任单位：区推进自然资源（土地类）节约集约利用工作领导小组各成员单位］

（二）组建工作专班。结合创建工作实际，由东营自然资源和规划分局牵头组建区级工作专班，抽调区直有关部门单位、镇街及园区工作人员集中办公，具体负责创建工作保障、运行调度和宣传报道等工作，推进落实创建工作相关部署要求，协调解决创建工作推进过程中的困难问题。

（牵头单位：东营自然资源和规划分局；责任单位：区工业和信息化局、区农业农村局，东营高新区、东营区化工产业园区）

（三）严格监督考核。建立自然资源节约集约利用工作部门协同机制和油地结合的共同责任机制，把自然资源节约集约利用列入年度综合考核，作为对镇街及园区、相关部门单位考核的重要内容，结合油地双向挂职，与胜利油田相关单位开展双向评价考核。领导小组办公室要对照创建指标，强化调度、跟踪督办，及时通报考核情况。（牵头单位：区委组织部；责任单位：各镇、街道，区油地校融合办，东营高新区、东营区化工产业园区）

（四）加大投入力度。各镇街及园区要将自然资源节约集约利用有关项目作为公共财政支出的重点，安排专项资金支持废弃油井、废弃工矿用地、土地综合整治等重点工程项目建设。同时，要不断拓宽融资渠道，建立多元化投融资机制，引导鼓励社会资本以多种形式参与自然资源节约集约利用工作。（牵头单位：区财政局；责任单位：各镇、街道，东营高新区、东营区化工产业园区）

（五）强化舆论宣传。各镇街及园区、相关部门单位要将自然资源节约集约利用工作纳入宣传计划，加强舆论宣传，营造创建氛围。充分调动部门单位和社会力量，全民参与、创先争优，努力营造示范区创建的强大声势。充分利用油地报刊、广播、电视、新媒体等传播平台，动员和鼓励社会各界积极参与自然资源节约集约利用，凝聚各方共识，传播正能量，切实增强节约资源、低碳消费、绿色发展的意识，形成全社会共同参与创建的良好氛围。（牵头单位：区委宣传部、东营自然资源和规划分局、区融媒体中心；责任单位：各镇、街道，东营高新区、东营区化工产业园区）

中共东营区委
关于在全区深入开展学习贯彻
习近平新时代中国特色社会主义思想
主题教育的实施意见

（2023年9月20日）

为深入学习贯彻习近平新时代中国特色社会主义思想，用党的创新理论统一思想、统一意志、统一行动，根据中央部署和省委、市委安排，结合东营区实际，就在全区深入开展学习贯彻习近平新时代中国特色社会主义思想主题教育制定如下实施意见。

一、总体要求

在全党深入开展学习贯彻习近平新时代中国特色社会主义思想主题教育，是党中央为全面贯彻落实党的二十大精神、动员全党同志为全面建设社会主义现代化国家、全面推进中华民族伟大复兴而团结奋斗所作的重大部署，是深入推进新时代党的建设新的伟大工程的重大部署。全区各级党组织和广大党员、干部要把深入开展主题教育作为重大政治任务，深入学习领会习近平总书记关于主题教育系列重要讲话和重要指示批示精神，不折不扣落实党中央决策部署，高标准高质量开展好主题教育，全面、系统、深入学习习近平新时代中国特色社会主义思想，增强忠诚核心、拥戴核心、维护核心、捍卫核心的政治自觉、思想自觉、行动自觉，弘扬伟大建党精神，牢记“三个务必”，锚定打造石油科技之城、活力宜居之地、教育满意之区、吕剧文化之乡“四大目标定位”，创新实干、事争一流，奋力开创高水平现代化强区建设新局面。

这次主题教育要紧紧围绕“学思想、强党性、重实践、建新功”的总要求，牢牢把握深入学习贯彻习近平新时代中国特色社会主义思想这一主题主线，充分借鉴运用第一批主题教育成功经验，坚持学思用贯通、知信行统一，坚持同第一批主题教育衔接联动，全面落实“以学铸魂、以学增智、以学正风、以学促干”的重要要求，确保实现凝心铸魂筑牢根本、锤炼品格强化忠诚、实干担当促进发展、践行宗旨为民造福、廉洁奉公树立新风的目标。要把握正确政治方向，深刻领悟“两个确立”的决定性意义，增强“四个意识”、坚定“四个自信”、做到“两个维护”。要突出问题导向，聚焦理论学习、政治素质、能力本领、担当作为、工作作风、廉洁自律等6个方面，立足基层实际，既解决党员干部自身存在问题，又解决群众急难愁盼的问题，既解决制约高质量发展的问题，又解决全面从严治党中的问题。要强化基层基础，增强基层党组织的政治功能和组织功能，充分发挥基层党组织战斗堡垒作用和党员先锋模范作用。要注重开门搞教育，虚心听取群众意见，自觉接受群众监督，主动接受群众评判，用群众的获得感、幸福感、安全感检验主题教育效果。要坚持严实作风，力戒形式主义、官僚主义，真抓实干、担当作为，在注重实效、提高质量上下功夫，不做表面文章，不搞花样翻新，把工作抓实、基础打实、步子迈实，确保主题教育取得扎实成效。

这次主题教育以县处级以上领导干部为重点，不划阶段、不分环节，把理论学习、调查研究、推动发展、检视整改、建章立制等贯通起来、贯穿始终，有机融合、一体推进。参加单位包括区直机关及其直属单位和企事业单位，各镇、街道、东营高新区和村、社区，非公有制经济组织、社会组织和其他基层党组织，从2023年9月开始，2024年1月基本结束。

这次主题教育涉及的单位和人员范围广、类型多、数量大、任务重。要按照中央部署和省委、市委要求，结合东营区实际，区分不同层级不同行业领域对象特点，有针对性地解决以下重点问题。区级领导班子及区直部门单位要聚焦树立和践行正确政绩观、提振精神、提升能力、转变作风等方面，着力解决以人民为中心的发展思想树得不牢、推动高质量发展的能力本领不强、担当作为的精气神不足和政绩冲动等突出问题，正确认识和处理好“显绩”与“潜绩”的关系，凝心聚力干事创业，奋力推进高水平现代化强区建设。各镇、街道要着眼打通贯彻落实上级决策部署、服务群众的“最后一公里”，着力解决推动政策落地、强化基层治理、为民办事服务、化解社会矛盾、建强基层组织等方面存在的问题，进一步强化宗旨观念、改进工作作风、狠抓工作落实，切实提高基层治理水平。村和社区要围绕巩固脱贫攻坚成果、加快乡村振兴、提高基层治理能力、提升服务群众质效，着力解决组织动员能力不强、为民服务水平不高、带领致富办法不多等问题，充分发挥基层党组织战斗堡垒作用和党员先锋模范作用，努力建设宜居宜业的和美乡村、人民群众的幸福家园。国有企业要聚焦加强党的建设、增强科技创新驱动力，着力解决党的领导融入公司治理不够有效、企业资产收益率不高甚至亏损、盲目负债投资、偏离主责主业、风险管控不到位等问题，进一步深化改革，优化公司治理，完善决策机制，健全内控机制，在推动企业不断做强做优做大上用力，着力提升国有企业核心竞争力。学校要紧扣立德树人的根本任务，着力解决在思想政治工作、师德师风建设、校园安全等方面存在的问题，全面贯彻落实党的教育方针，坚守为党育人、为国育才，打造教育满意之区。医院要聚焦全面建立优质高效的医疗卫生服务体系，落实党委领导下的院长负责制，着力解决医疗服务水平不高、群众看病就医不够便利、医药领域风腐交织等问题，提升卫生健康水平，打造区域医疗高地。非公有制经济组织、社会组织和新经济组织、新社会组织、新就业群体要聚焦发挥党组织作用，着力解决党的组织和工作覆盖质量不高、对本领域人员的政治引领思想引领不够、党员归属感不强等问题，下大气力把党员组织起来、把党的工作开展起来、把群众凝聚起来，增强基层党组织政治功能和组织功能，推动党员立足岗位多作贡献。

二、从严从实抓好区级领导班子和县处级领导干部主题教育

区级领导班子和县处级领导干部要建立完善学习、调研、问题、创新举措“四张清单”，高标准、严要求抓好各项重点措施落实，示范带动主题教育走深走实。

（一）全面深化理论学习。大力弘扬马克思主义学风，全面深入学习贯彻习近平新时代中国特色社会主义思想，坚定理想信念，筑牢对党忠诚，站稳人民立场，不断提升政治能力、思维能力、实践能力。

1. 突出深研细悟。坚持读原著学原文悟原理，认真通读研读党的二十大报告、党章、《习近平著作选读》、《习近平新时代中国特色社会主义思想专题摘编》等学习材料，深入学习习近平总书记关于主题教育系列重要讲话精神，关于树立和践行正确政绩观的重要论述。要在深化、内化、转化上聚力用劲，全面系统把握习近平新时代中国特色社会主义思想的科学体系、核心要义、实践要求，把握好这一重要思想的世界观、方法论和贯穿其中的立场观点方法，做到对党的创新理论入心见行、善思善用。要坚持干什么学什么，紧扣职能职责，结合工作实际，认真学习习近平总书记对山东工作和视察东营重要指示要求、关于本部门本领域的重要讲话和重要指示精神，用党的创新理论指导实践、推动工作。

2. 丰富学习载体。区级领导班子要分 4 个专题举办读书班，每个专题安排 2—3 天，组织领导班子成员开展集中学习和研讨交流，累计不少于 7 天。读书班不能以理论辅导、专家讲座代替集体学习研讨。党委（党组）理论学习中心组要列出若干专题，安排专题研讨。开展研讨要联系思想、工作实际和具体事例，讲认识感悟、讲收获体会、讲思路举措，不搞表态发言。严格落实“第一议题”制度，及时跟进学习习近平总书记最新重要讲话和文章。全过程抓紧抓实个人自学，组织领导干部制定学习计划，明确进度安排，确保完成规定材料的学习任务。

3. 提升学习质效。领导班子成员要在深入学习思考的基础上，结合实际工作讲好专题党课，主要负责同志带头讲，其他班子成员到所在党支部或分管领域、部门等基层单位讲。深化理论学习中心组联学制度，开展油地、市区结对联学，深度融合。深入开展“循迹溯源学思想”体悟学习，组织领导干部到胜利油田勘探开发研究院、东营原油库等地，开展体悟学习，教育引导党员干部深学细悟习近平总书记视察东营重要指示要求，感悟党的创新理论的实践伟力。开展党史党性党风现场教育，到东营革命陈列馆、“三老四严”传统教育室等红色教育基地接受革命传统教育。围绕推动绿色低碳高质量发展、服务保障国家能源安全等重大专题，举办报告会。党委（党组）通过述学讲学、座谈发言、面谈交流等方式，检验理论学习成效。

（二）扎实开展调查研究。按照党中央关于大兴调查研究工作部署和省委、市委安排，念好“深、实、细、准、效”五字诀，查堵点、破难题，摸清社情民意，解决实际问题。

1. 聚焦调研重点。全面承接中央、省、市确定的调研任务，聚焦区委确定的 20 个方面调研重点，根据职责任务和本部门本单位实际，围绕贯彻落实党中央决策部署和省委、市委、区委工作安排，着眼最突出最迫切的问题，从群众反映强烈的急难愁盼、事关改革发展稳定的大事要事急事、政策贯彻执行中的堵点淤点难点中梳理确定调研内容，制定调研清单。领导班子成员结合分工，牵头组织开展专题调研，同时针对工作中最突出的难点问题进行专项调研，加强综合分析和深度研究，形成高质量调研成果。

2. 优化调研方式。采取“一线工作法”“四不两直”等方式，多到困难多、群众意见集中、工作打不开局面的地方和单位开展调研。认真抓好典型案例解剖式调研，确定1个正面和1个反面案例，进行复盘剖析，解剖麻雀、举一反三，实现“解剖一个案例、解决一类问题”的效果。结合分管工作转换角色、走进群众，全面了解群众和企业所感所需、所急所盼，把情况摸清、把问题找准，在感同身受中寻找破题良策。注重强化工作统筹，党委（党组）要建立重大调研活动清单报备制度，合理安排调研时间、人员、地点，清单化管理，项目化推进。区委实行调研计划备案管理，搞好调研选题的上下衔接，规范入企调研，避免扎堆调研、多头调研、重复调研。严格落实调研联络员机制，严禁层层陪同，切实减轻基层负担。

3. 强化成果运用。开好调研成果交流会，运用习近平新时代中国特色社会主义思想的立场观点方法对调研情况进行分析研判，特别是对具有普遍性和制度性的问题、涉及改革发展稳定的深层次关键性问题，领导班子要深入交流调研情况，客观全面分析，研究对策措施，形成破解难题的思路措施，制定创新举措清单，并抓好组织实施。要注重调研成果转化运用，加强跟踪问效，建立成果转化机制，真正把调研成果转化为改进工作、推动发展的实际举措。上级机关形成的调研成果要归口提供下级机关借鉴参考，下级单位调研发现的共性问题要及时报上级机关，上下联动、形成合力。区委要建立基层单位调研直报联系点、推动高质量发展观察点，开展常态化调研。

（三）全力推动高质量发展。围绕推动党的二十大精神、习近平总书记视察东营重要指示要求落地见效，紧盯高质量发展这个首要任务，全力以赴破难题、促发展，惠民生、解民忧，推动高质量发展有新突破、人民生活品质有新提升，以高水平现代化强区建设的新成效检验主题教育成果。

1. 加快塑造高质量发展新优势。领导班子和领导干部根据职责，结合理论学习和调查研究，深入查找分析在贯彻新发展理念、构建新发展格局、推动高质量发展中的问题短板及其根源，找准工作切入点、发力点，举一反三抓好整改落实，不断提升工作质效。全面对标习近平总书记对山东工作和视察东营重要指示要求，抢抓黄河流域生态保护和高质量发展、山东绿色低碳高质量发展先行区建设重大战略机遇，坚决扛牢生态保护治理之责、盐碱地综合利用之责、服务保障国家能源安全之责、安居富民之责，奋力开创高水平现代化强区建设新局面。提升境界标准，主动学习先进地区经验做法，建立寻标对标清单，力争各项工作走在前、作表率。坚持抓党建促发展，认真落实“党建引领齐鲁前行”行动，进一步完善干部担当作为激励和保护机制，为推动高质量发展提供坚强组织保障。

2. 聚焦事关发展大局的大事要事集中攻坚。学习运用“千万工程”经验案例，全面贯彻落实党中央和省市部署要求，统筹抓好扩大市场需求、大力推动现代化产业体系建设、加力提速工业经济高质量发展、加快推进科技自立自强、加快发展数字经济、优化民营企业发展环境、打造乡村振兴齐鲁样板、推进城乡融合等重点任务，推动高质量发展有新突破、人民生活品质有新提升。聚力建设高品质现代化新西城，加快打造各具特色、功能互补的城市片区布局，“全市第一、全省一流、全国知名”的教育满意之区，大中小联动、差异化发展、特色化突出的区域医疗高地，多园相连、布局均衡、功能完善、全龄友好的公园城市，让舒朗大气、生态宜居的魅力城区特质更加彰显。坚持项目向园区集聚、要素向园区倾斜，加快东营高新区创建国家高新区步伐，加力建设“千亿”级生态化工产业园区，进一步优化东营科教园区发展布局，扎实推进中心城区综合物流园建设，构建差异化、特色化园区发展矩阵。坚持一切围绕项目转、一切聚焦项目干，高位推进省市区重点项目建设，聚焦“四新”经济、数字经济等领域高标准谋划储备一批大项目、好项目，以实际成效为高质量发展夯基赋能。

3.在发展中保障和改善民生。全面树牢以人民为中心的正确政绩观，采取学习培训、先进典型示范、反面案例剖析等方式，回答好“政绩观为谁而树、树什么样的政绩、靠什么树政绩”等重大问题，多做打基础、利长远，增后劲、惠民生的好事实事。着力抓好青年人就业、“一老一小”保障、困难群体帮扶等重点工作，落实“民呼我为”“接诉即办”等机制，用心用情用力解决好群众急难愁盼的具体问题。严格落实党员干部直接联系群众制度，组织区直机关及其直属单位和企事业单位领导干部到社区报到，对群众普遍关切的问题及时解疑释惑、回应诉求。在落实好上级安排部署的民生项目，推进好区级民生实事的基础上，聚焦教育、医疗、就业、养老等重点民生领域，精准谋划实施一批群众关切的好事实事，不断增进群众的获得感、幸福感、安全感。守牢安全生产、生态环保、食品药品、社会稳定等民生底线，切实防范化解重大风险，做好舆情风险、地方金融和城投债风险、社会矛盾风险、生产安全风险处置化解工作，保障群众生命财产安全。

4. 奋力开创油地共兴共赢新局面。拓宽与油田产业合作空间，盯紧靠牢、全力服务油地共建的重大产业项目建设，加快高端石油装备和油服、高端化工等“全油”产业链条升级，持续推进油田供应链企业招商，聚力保障国家能源安全。优化整合区域创新资源，抓好全国油气勘探开发技术公共创新基地建设，用好用活“双向挂职”“金桥工程”“揭榜挂帅”等制度载体，广泛搭建产学研合作和科技成果转化高端平台，促进“政产学研金服用”等要素高效集聚、协同创新。团结共建美好幸福家园，油地协同推进矿区资源优化整合，扎实做好油田办社会职能移交“后半篇文章”，为油城居民提供优质服务，凝聚城市共建、社会共治强大合力。

（四）增强检视整改成效。坚持分类整改与集中整治相结合，大力发扬刀刃向内的自我革命精神，边学习、边对照、边检视、边整改，深入查摆不足，抓好突出问题整改整治。

1. 全面检视查摆问题。领导班子和领导干部要聚焦习近平总书记、党中央关心关注的问题，影响制约高质量发展的问题，人民群众急难愁盼的问题，防范化解重大风险中的问题，全面从严治党中的问题，深刻检视剖析、深挖思想根源、深入整改落实。要广开言路、畅通渠道，系统梳理调研发现的问题、推动发展中的问题、群众反映强烈的问题，结合巡视巡察、审计监督、民意调查、信访反映、督导考核等渠道掌握的问题，形成全面、准确、有分量的问题清单。

2. 切实增强整改实效。强化效果导向，对查摆出的问题逐项制定整改措施，明确完成时限、责任分工，实行动态管理、滚动销号，确保整改到位。对涉及多个部门单位的问题，要协调联动、系统整改、一体推进解决。承接第一批主题教育整改问题的单位，要前后衔接、上下贯通，整体推进问题解决。坚持开门整改，以适当方式向党员群众通报整改整治情况。上级机关要坚持以上率下推进整改，并采取适当方式督促问题有效解决。适时开展“回头看”，对效果不理想、群众不满意的回炉补课。

3. 从严抓实专项整治。持续抓好第一批主题教育中确定的“半拉子工程”“形象工程”“面子工程”问题，统计造假问题，基层治理不良现象及不担当不作为乱作为假作为问题，房屋产权确权颁证历史遗留问题，涉法涉诉信访问题，区属及权属企业亏损、地方金融机构风险资产占比高问题等专项整治，开展农村集体“三资”侵占挪用问题、城投债化解、政府拖欠账款等专项整治。持续整顿软弱涣散基层党组织，解决少数基层党组织瘫痪、失能的问题，把基层党组织建设成为有效实现党的领导的坚强战斗堡垒。同时，紧盯群众反映强烈、长期没有解决的问题，平时工作中最担心、最怕出事的问题，实事求是、量力而行确定专项整治项目，不贪多求全、盲目追求数量。建立专项整治事项备案制度，加强对下级专项整治事项审核。

4. 深刻开展党性分析。自觉从政治、思想、能力、作风、纪律等方面进行检视剖析，对标党风要求找差距、对表党性要求查根源、对照党纪要求明举措。注重用好各类党性教育基地，采取专题辅导、现场学习等方式，开展党性教育、廉政教育，提升党性分析实效。主题教育结束前，县处级领导班子要召开专题民主生活会，严肃认真开展批评和自我批评。

（五）搞好建章立制。坚持“当下改”与“长久立”相结合，注重从体制机制上解决问题，不断提升学习贯彻党的创新理论的实际成效。

1. 健全制度机制。坚持边实践边总结，重点围绕学习贯彻习近平新时代中国特色社会主义思想、贯彻落实习近平总书记重要指示批示精神、推动高质量发展、保障和改善民生、纵深推进全面从严治党等方面的好经验好做法，及时提炼上升为制度。建立巩固深化主题教育成果的长效机制，健全学习贯彻党的创新理论的制度机制，确保常态长效。理论学习方面，重点围绕端正学风、学以致用等方面完善举措；调查研究方面，重点围绕经常性调研、不调研不决策、转化运用调研成果等方面制定规范；推动高质量发展方面，重点围绕研究发展战略和重大政策、改进政绩考核、解决民生领域问题等方面健全机制；检视整改方面，重点围绕常态检视、整改跟踪、结果公开等方面明确措施。

2. 严格贯彻执行。对建立的各项制度，区级领导班子要带头落实，维护制度权威。要把制度执行情况作为党委（党组）落实全面从严治党主体责任的重要内容，加大监督检查力度，通过自查、抽查、督查等方式，及时掌握面上情况，发现存在问题，督促整改落实。

三、分级分类指导推进基层党组织主题教育走深走实

除区级领导班子和县处级领导干部之外的基层党组织、基层干部党员和普通党员，以党支部为单位，依托“三会一课”、主题党日等，采取务实管用、简便易行的措施开展主题教育。

（一）抓实理论学习。组织党员抓好个人自学，通读党的二十大报告、党章，学习《习近平新时代中国特色社会主义思想专题摘编》，掌握基本内容、基本观点、基本要求。要立足企业、农村、机关、学校、医院、社区、社会组织等基层单位实际，引导党员、干部紧密联系岗位职责和工作要求，认真学习领会习近平总书记有关重要讲话精神。党支部要制定学习计划，通过召开党员大会、支委会、党小组会开展学习讨论，基层党委书记、党支部书记要讲1次党课。把习近平新时代中国特色社会主义思想作为基层党组织主题党日首学内容，行业系统党委、基层党委要对所属党组织开展学习研讨进行巡听旁听。区委组织部对村（社区）党组织书记进行集中轮训，区委各直属党（工）委、行业系统党委要对所属党组织书记进行集中轮训，各镇（街道）党（工）委要依托基层党校（党员教育中心）等，对其他领域党组织书记、所辖村（社区）党员进行集中培训。注重用好“学习强国”学习平台、共产党员网、“灯塔—党建在线”等平台，“我来讲党课”、油城榜样直播间等载体，灯塔书屋等阵地，采取制作推送短视频、推广“书记茶摊”等方式，组织党员开展学习。用好区委讲师团、宣讲团资源，并将学得好、讲得清、做得实的先进典型纳入宣讲队伍，组织开展进机关、进

企事业单位、进农村、进社区、进校园、进各类新经济组织和新社会组织宣讲活动，把党的创新理论讲深讲透讲活。组织优秀基层党组织书记、优秀共产党员、“四进”工作队队员、驻村第一书记和工作队队员等上讲台，交流学习贯彻习近平新时代中国特色社会主义思想的感悟体会。结合油地校干部双向挂职，动员各基层党组织积极与油田干部挂职单位对接，丰富联建共建活动形式和学习内容，鼓励联合开展主题党日、党性教育活动等组织生活。加强对青年党员的思想道德和纪法教育，引导他们坚定理想信念、提升党性觉悟、涵养道德操守、严守纪法规矩。有条件的地方，可组织党员利用本地红色教育资源、党组织生活共享阵地就近就便开展党性教育。

（二）搞好调查研究。根据《关于在全区大兴调查研究的实施方案》安排，区直部门单位党组（党委）要围绕贯彻落实党中央决策部署，省委、市委工作要求和区委工作安排，聚焦最突出最迫切的问题，积极做好与上级部门的对接，开展调查研究，争取同题共答、同力共促。各镇（街道）党（工）委要着眼主题教育需要解决的重点问题，细化研究内容，务实开展调研，把问题研究得更深更透、对策提得更准更实，主动调研化解辖区本级能解决的问题矛盾。鼓励村（社区）、企业、学校、医院、社会组织等其他领域党组织，结合工作中的难点，开展“小切口”式调研，重在解决具体问题。

（三）聚力实干争先。要引导党员立足岗位积极参加“我为发展献良策、解难题、建新功”系列活动，在推动发展、基层治理、服务群众中发挥先锋模范作用，推动思想大解放、能力大提升、作风大转变、工作大落实。要丰富党员服务群众、奉献社会载体，深化“双报到”“有困难找党员”等工作，每名党员至少参加 1 次志愿服务，至少为群众办 1 件实事好事。鼓励和引导党员发挥自身专长，通过调解矛盾纠纷、提供法律援助、开展就医服务和就业咨询等，力所能及为身边群众办好事、解难题。紧扣中心工作和重点任务，通过设立党员示范岗、党员责任区，开展承诺践诺、竞赛比武等活动，组建行动党支部、党员突击队，组织党员立足岗位作贡献，在公务员专项考核中充分发挥党建引领作用，推动重点项目、重大任务快落实、快见效；建立应急动员发挥作用机制，动员党员在抗击自然灾害、应对突发事件等关键时刻冲在前、作表率。组织引导广大党员在网络空间充分发挥先锋模范作用，敢于亮剑、主动发声，勇于和错误言论作斗争，切实守好阵地、把好关口。要积极争创“创新实干　事争一流”综合表彰和担当作为好书记（好干部）、干事创业好班子（好团队）表彰，选树“发现榜样”“最美公务员”等先进典型，引导党员崇尚先进、学习先进、争当先进，在推动发展中践行初心使命。

（四）认真检视整改。基层党组织要利用主题党日，结合日常工作，组织党员、干部深入基层、深入群众，开展社情民意大走访，面对面听取意见，找准问题靶向整改。基层党组织要全面梳理主题党日督导、党务督查、党员评议、群众反映等情况，围绕执行上级组织决定、严格组织生活、加强党员教育管理监督、联系服务群众、抓好自身建设等方面进行检视分析，找准查实问题短板。党员要对照习近平新时代中国特色社会主义思想，对照党章党规党纪，对照群众提出的意见建议，从政治觉悟、党员意识、为民服务、遵规守纪、道德操守、作用发挥等方面，深入查找自身存在的差距和不足，深挖思想根源，找准症结所在。基层党组织组织制定整改措施，实行销号管理，逐项整改到位，整改情况采取适当方式向党员群众公开。主题教育结束前，党支部召开 1 次专题组织生活会，开展民主评议党员。

坚持覆盖全员、有效参与。对流动党员，可以参加流动党员党组织或流入地党组织的主题教育，流出地党组织要督促流出党员及时向流入地党组织报到，通过线上、邮寄等方式发送学习资料，指导开展自学和党性分析；流动党员党组织和流入地党组织要与流出地党组织衔接，将流入党员纳入管理，组织参加主题教育。新经济组织、新社会组织、新就业群体党员，要发挥园区、楼宇、商圈党组织和平台企业、物流企业、街道社区党组织作用，用好党群服务阵地、党组织生活共享阵地，鼓励采取“指尖课堂”“流动课堂”等小型分散、灵活简便的方式，组织参加主题教育。对年老体弱党员，可采取送学上门、结对帮学等方式组织参加主题教育。

四、抓实重要载体推动主题教育见行见效

突出效果导向，立足东营区实际，将“干部作风建设提升行动”和“油地干部下基层”活动作为推进主题教育的重要载体，不折不扣落实党中央决策部署和省委、市委工作安排，特别是关于做好下半年经济工作的部署要求，着力解决基层长期久拖不决的难点问题，提升主题教育工作成效。

（一）推动“油地干部下基层”活动走深走实。组织党员干部扑下身子、深入一线，掌握真实情况和民情民意，在面对实际、解决问题中加深对党的创新理论的理解，运用党的创新理论研究新情况、解决新问题，转变工作作风，提高履职本领。党委（党组）加强对干部收集反馈问题的分析研判，针对工作中最突出的难点问题确定专项课题，采取点题调研的方式由班子成员带队攻坚突破，推动形成一批务实管用、群众认可的机制制度和政策成果。认真落实“您提我办”实事项目，建立常态化为民服务机制，及时回应群众关切、解决群众诉求。对照群众反映集中的问题，深入检视剖析，深挖问题根源，提升检视整改成效。

（二）推动干部作风全面提升。按照“干部作风建设提升行动”要求，结合调查研究，摸清找准本地本部门单位存在的“不严实”“不担当”“不会干”“不作为”问题，并纳入主题教育问题清单，集中推动整改，以干部队伍精神大提振、作风大提升，推动工作大改进、事业大发展。开展专项整治，注重查找领导班子和党员干部的作风问题，运用正反案例教育警示，特别是要对形式主义、官僚主义进行深入检视，分析根源，对症下药，切实改出成效。增强斗争精神，提高斗争本领，引导干部敢于向歪风邪气亮剑，敢于接难啃的“硬骨头”，主动到艰难困苦一线经受磨炼，承担责任不推诿，直面矛盾不上交，在与复杂形势和突出矛盾斗争中经风雨、壮筋骨、长才干。大力倡树“创新实干　事争一流”的鲜明导向，完善干部担当作为激励和保护机制，积极创设竞赛比武、观摩交流等载体，健全完善督考机制，推动干部把精力集中在谋事、干事上，真正做到敢为、敢闯、敢干、敢首创。

（三）推动重点难点问题有效破解。开展“理旧账、化积案、解疙瘩”专项行动，深入开展摸底排查和研判分析，对领导干部调研发现的长期积累、久拖不决的问题、“12345”热线重复反映的问题和多年未化解的信访积案等，纳入主题教育整改整治范畴，集中时间、集中力量做好问题化解工作。运用好“四下基层”制度，落实领导干部下访接访包案化解制度，组织干部下基层开展信访工作，集中化解信访突出问题，攻坚解决一批涉众型矛盾、群体性问题和长期重复信访事项。建立上下联动解决问题机制，对“表现在基层、根子在上面”和单靠基层难以解决的问题，有关单位要主动认领、形成“回路”、合力解决。

（四）推动高质量发展再谱新篇。聚焦贯彻落实习近平总书记视察东营重要指示要求，抢抓黄河重大国家战略机遇，紧扣省委、市委工作要求和区委工作安排，绘好幸福家园“一张蓝图”，抓实财源建设、社会民生“两个聚焦”，攻坚城市建设、园区发展、油地融合“三项重点”，锚定打造石油科技之城、活力宜居之地、教育满意之区、吕剧文化之乡“四大目标定位”，攻坚克难、砥砺前行，把主题教育成果体现在经济社会高质量发展的成效上。牢牢抓住企业发展这个关键，深化“干部进企业、部门进工地”工作，主动帮助解决企业生产经营、项目建设等遇到的困难问题。把完成全年目标任务作为检验主题教育成效的重要标尺，对照2023年度高质量发展综合绩效考核指标，补短板、强弱项，全力推动年度各项工作争先进位。

五、切实加强组织领导

各级党委（党组）要坚决扛牢政治责任，加强领导指导，有力有序推进，确保圆满完成主题教育各项任务。

（一）压紧压实领导责任。各级党委（党组）要成立主题教育领导小组及其办公室，完善工作运行机制，加强统筹协调，精心组织实施，切实把主题教育谋划好、组织好、落实好。区委是主题教育的关键层级，既要抓自身、示范带动，又要抓基层、督促落实。各级党委（党组）书记要切实履行第一责任人职责，亲自谋划、靠前指挥、加强指导，带头学、带头改、带头抓。基层党组织书记要吃透精神、把准要求，当好开展主题教育的“明白人”，推动各项任务落到实处。要采取谈心谈话、制定责任清单等方式，层层压实各级党组织书记责任。要把主题教育开展情况，作为领导班子领导干部年度考核、党组织书记抓党建述职评议考核和高质量发展综合绩效考核的重要内容。

（二）从严从实加强督导。根据上级要求，区级不组建指导组，区委主题教育领导小组及其办公室要建立完善各项工作运行机制，充分发挥职能作用，强化对全区主题教育开展情况的统筹调度。各级党委（党组）主题教育领导小组及其办公室要采取随机抽查、个别访谈、参加有关会议活动等方式，实时掌握工作进展，及时发现和解决问题，确保主题教育健康有序推进。行业系统主管部门要发挥对本行业系统的指导作用。要以群众满意不满意为根本评判标准，把过程评价和总结评估结合起来，对主题教育开展情况和取得成效作出科学、客观评估。

（三）强化舆论宣传引导。深入宣传习近平新时代中国特色社会主义思想，深入宣传习近平总书记关于主题教育系列重要讲话和重要指示批示精神，深入宣传党中央部署要求，及时传递党中央声音，及时通报省委、市委、区委工作安排，及时宣传好经验好做法，全面反映主题教育工作进展和成果成效。要坚持网上网下协同发力，统筹用好各级媒体和宣传教育平台、官网官微，办好主题教育专题专栏，营造良好舆论氛围。

（四）力戒形式主义、官僚主义。要准确把握主题教育总要求和目标任务，坚决不搞形式主义，坚决克服官僚主义，认真落实党中央部署要求和省委、市委、区委工作安排，抓好主题教育规定动作，把功夫下在解决问题、改进工作上，不搞不必要的形式创新，不随意增加“自选动作”，不增加基层负担，坚决防止形式化、套路化、表面化，坚决防止“低级红”“高级黑”，确保主题教育的政治性和严肃性。各级党委（党组）主题教育领导小组及其办公室要强化底线思维和风险意识，加强政治把关和政策指导，对可能出现的形式主义问题提前预判、有效防范，对所属部门单位开展的“自选动作”进行认真审核。要把握正确导向，加强舆情监测和引导调控，对在主题教育中搞形式主义，出现“低级红”“高级黑”现象，造成严重影响的，要及时调查核实、依规依纪作出处理。

索　引

索 引

说 明

本索引各主题词按汉语拼音顺序排列，同音字按音调排列，首字相同按第二字音序排列，以此类推。

索引名称后的数字表示内容所在的页码，数字后的拉丁字母a、b、c分别表示该页的左、中、右栏。

“特载”“大事记”“附录”等的具体内容未作索引。

索引词一般采用中心词和简称。

A

B

C

D

F

G

H

J

K

L

M

N

S

Y

Z